역주 옥선몽
譯註 玉仙夢

AKS 역주총서 045

역주 옥선몽

譯註 玉仙夢

임치균 · 이태희 · 장유승 · 김지영 · 이민호 역해

한국학중앙연구원출판부

해제

1.

『옥선몽(玉仙夢)』의 이본은 총 4종으로 알려져 있는데, 이 책은 오탈자는 다소 있으나 내용 파악에 전혀 무리가 없는 국립중앙도서관 소장 『옥선몽』(이하 국도본)을 번역 중심 자료로 삼았다. 그리고 필요한 경우, 장효현 등이 교감한 「옥선몽」(『(校勘本 韓國漢文小說) 英雄小說 1』, 고려대학교 민족문화연구원, 2007, 427~559쪽)도 참고하되 연구진의 토론을 거쳐 수정할 부분이라고 판단되면 고쳤다.

『옥선몽』은 상하권으로 이루어진 만큼 분량이 적지 않다. 이해를 돕기 위해 줄거리를 요약 제시하면 다음과 같다.

1) 조선의 허거통이 중국에서 전몽옥으로 탄생한다.

2) 전몽옥은 성장하면서 시준과 대화한다.

3) 부모를 잃은 전몽옥이 선산에서 도인을 만나 대화한다.

4) 깨달은 전몽옥이 천하를 유람하러 길을 나섰다가 계 소저와 인연을 맺

• 본 해제는 임치균, 「『옥선몽』의 창작과 문헌의 활용(1)」(『고소설연구』 52, 2021)과 「『옥선몽』의 창작과 문헌의 활용(2)」(『한국고전연구』 56, 2022), 문근영, 「〈玉仙夢〉 연구: 〈水滸傳 수용 양상을 중심으로」(한국학중앙연구원 한국학대학원 석사학위논문, 2024)를 바탕으로 작성하였다.

는다.

5) 도적으로 인해 계 소저와 이별한 전몽옥은 진계를 만나 토론한다.
6) 전몽옥은 기이한 꿈을 꾸고 두희탁의 과부 딸 채릉을 만난다.
7) 채릉이 결연으로 인해 고민하다가 자결하는데, 전몽옥은 살인 혐의를 받아 유뷰죄를 다투는 논쟁 끝에 양주로 유배를 당한다.
8) 전몽옥은 양주에서 소희맹과 교류하고, 임금에게 올릴 지부의 글을 대신 써 준다.
9) 선덕 원년에 사면령으로 풀려난 전몽옥은 과거에 급제하고 옹주와 혼인한다.
10) 전몽옥이 국용필의 난을 평정하고, 국웅필의 딸 채란을 데려와 인연을 맺는다.
11) 전몽옥은 옹주의 주선으로 궁궐에 꽃을 팔러 온 계 소저를 다시 만난다.
12) 부귀영화를 누리던 전몽옥은 꿈에서 깨어 허거통으로 돌아온 후, 세상을 나선다.

여기에서 몇 군데 흥미로운 지점을 볼 수 있다. 조선인이 중국인으로 태어나는 부분, 주인공이 살인 혐의를 받는 부분 등이다. 어찌 보면 『옥선몽』의 내용은 분량에 비해 간단하다. 그런데도 막상 읽어 보면 내용이 만만치 않다. 그것은 그 안에 수많은 지식과 정보가 담겨 있기 때문이다. 위의 서사 단락을 살펴보면, 『옥선몽』에는 밑줄 친 것 같이 대화와 토론이 다수 설정되어 있음을 확인할 수 있다. 실제로 『옥선몽』에서는 이를 통하여 지식과 정보를 드러낸다. 지적 정보뿐만 아니라 소송과 관련된 문서 작성법(물론 방법을 직접 가르쳐 주지는 않지만, 실제 제시된 문서를 통하여 간접적 학습이 가능하다.) 등도 자세하게 보여준다. 혼인의 경우에는 그 과정을 자세하게 서술하면서 많은 중국의 시문을 활용한다. 이렇게 본다면 『옥선몽』은 소설의 내용보다는 지식과 정보 수록에 적극적이었다고 판단해도 무리가 아니다. 『옥선몽』이 다른 소설에 비하여 '서사성의 약화'를 보인다는 지적을 받는 이유이기도 하다.

기본적으로 『옥선몽』에서 보여주는 지식과 정보는 작가가 가진 역량이 표출된 것이다. 하지만 작가의 역량도 학습한 문헌을 바탕으로 형성되었을 것이다. 그렇다면 『옥선몽』의 작가는 어떤 문헌을 학습하고, 그것을 작품 속에서 어떻게 활용하였을까?

2.

『옥선몽』의 본격적인 서사는 조선의 파락호 허거통이 꿈속에서 중국 인물인 전몽옥으로 탄생하는 데에서부터 시작된다고 할 수 있다. 이는 형식적으로는 『구운몽』에서 성진이 꿈속에서 양소유로 탄생하는 구조와 크게 다르지 않다. 하지만 그 이후의 전개는 사뭇 다르다. 『옥선몽』에서는 대화를 통하여 엄청난 지식과 정보를 제공한다.

> 柴生曰 一藝一善 物各有之 畧畧可聞歟 對曰 1)蜂蟻之忠 虎狼之孝 鵙鳩之別 2)雉善聽 狼善視 狐善疑 猶善豫 駱駝善知泉 象善知地之虛實 3)蜣善丸 蠶善織 蟻善知雨 鳶善知風 蜘蟵善經綸 物皆有一藝一善 而人皆兼之 故惟人最貴
>
> 시준이 말하였다. "한 가지 재능이나 한 가지 장점을 만물이 각기 가지고 있다고 한다. 간략하게 들려줄 수 있겠느냐?"
>
> "벌과 개미는 충직하며, 호랑이는 효성스럽고, 물수리는 암수가 유별합니다. 꿩은 소리를 잘 듣고, 이리는 보기를 잘하며, 여우는 의심을 잘하고, 원숭이는 예비를 잘합니다. 낙타는 샘이 있는 곳을 잘 알고, 코끼리는 땅의 허실을 잘 압니다. 쇠똥구리는 똥을 잘 굴리며, 누에는 실을 잘 만들며, 개미는 비 올 것을 잘 알고 솔개는 바람이 불 것을 잘 압니다. 거미는 줄을 잘 엮습니다. 만물

에는 모두 하나의 재능과 하나의 장점이 있으나, 사람은 이를 모두 겸비하였습니다. 그렇기에 오직 사람만이 가장 존귀한 것입니다."

이는 『옥선몽』에서 전몽옥이 뛰어난 선비 시준을 만나 대화를 나누는 장면이다. 밑줄 친 부분은 모두 중국 문헌에 바탕을 두고 있다. 1)은 『연재각지신록(燕在閣知新錄)』「각물일륜(各物一倫)」의 "虎狼有父子 而蜂蟻有君臣 鵙鳩有夫婦 而鴻雁有長幼 物得天之偏 人得天之全 人去五倫 是人不如物也"에서 찾아볼 수 있다. 『옥선몽』의 작가는 효를 앞세운 「각물일륜」과 달리 충을 앞세우며 군신, 부자, 부부를 충, 효, 별(別)로 요약 제시한다. 2) 역시 『연재각지신록』「조물생화부제(造物生化不齊)」에 그대로 기술되어 있다. 「조물생화부제」에는 "鵠雉善聽 狼善視 狐善疑猶豫 駱駝善知泉 象善知地之虛實"로 되어 있다. 여기서 '鵠雉善聽', '狐善疑猶豫'는 『옥선몽』의 '雉善聽', '狐善疑 猶善豫'와 차이가 난다. '鵠'이 빠진 것이 큰 문제라고 할 수는 없겠지만, '狐善疑猶豫'과 '狐善疑 猶善豫'은 의미에서 큰 차이가 나기 때문에 보다 면밀한 원전 비평이 필요하다. 3)은 작가가 2)를 바탕으로 덧붙여 넣은 것으로 보인다. 마지막 부분의 "物皆有一藝一善"은 「조물생화부제」의 "物各有能有不能也"의 보다 완화된 표현이라고 볼 수도 있을 것이다.

한 가지 예만 제시하였지만, 『옥선몽』에는 이러한 경우가 적지 않다. 『옥선몽』은 『달마상법(達磨相法)』(『마의상법(麻衣相法)』), 『주자어류(朱子語類)』, 『속서보(續書譜)』, 『산당사고(山堂肆考)』, 『연재각지신록』, 『문기유림(問奇類林)』, 『통아(通雅)』, 『오악산인집(五嶽山人集)』, 『문장변체휘선(文章辨體彙選)』, 『사림광기(事林廣記)』, 『시인옥설(詩人玉屑)』, 『거업록(居業錄)』, 『담예록(談藝錄)』 등 다양한 중국 문헌에 있는 지식과 정보를 수록하거나 변용하면서 서사를 진행하고 있다. 그중에서도 특히 『동파시집주(東坡詩集註)』는 내용 구성에 중요한 역할을 한다.

조선 후기 소설에서는 중국의 소설이나 문헌과 관련이 깊은 작품을 쉽게 찾아볼 수 있다. 이들 작품에는 다양한 지식과 정보가 들어 있다. 소설을 창작하거나 읽으면서 교양을 과시하거나 높일 수 있는 작가와 독자 쌍방의 요구가 반영된 것으로 보인다. 다양한 분야를 분명하게 다루고 있는『경화연(鏡花緣)』을 "이 진짓 쇼셜에 대방가요 박남ᄒᆞ기의 웃듬이라"고 한 홍희복의 평가에서도 당시 이러한 소설에 대한 인식의 일단을 살필 수 있다. 홍희복의 평가는 정확한 지식과 정보를 담는 소설의 의미와 가치를 말하는 것으로, 소설을 지은 사람의 지적 능력과 읽는 사람이 느낄 수 있는 효용성을 두루 지적한 것이다. 조선 후기 고전소설에서 특히 이러한 경향이 드러나게 된 데에는 당시의 문화적 분위기가 한몫했음은 물론이다. 조선 후기에 창작된 탕옹(宕翁)의『옥선몽』도 이러한 경향의 연장선에 있는 조선 후기의 한문 소설로 볼 수 있다.

3.

『옥선몽』에서 더욱 주목되는 것은 작품 곳곳에『수호전(水滸傳)』을 담고 있다는 점이다. 어휘, 문장, 시문 등을 전재하거나 변용하고 있는데 그 몇 가지를 제시하면 다음과 같다.

1) 桂娘粲然啓齒 和香和笑 鬨動春心

계 소저가 하얀 이를 드러내자 온화한 향과 미소에서 춘정이 일어났다.

2) 黑鬒鬒鬓兒 細彎彎眉兒 光溜溜眼兒 香噴噴口兒 粉瑩瑩臉兒 玉纖纖手兒 花簇簇鞋兒

검고 무성한 머리카락, 가늘고 예쁘게 굴곡진 눈썹, 빛나는 눈동자와 향기로운 입술, 화장하여 빛나는 볼, 섬섬옥수, 꽃 같은 신발

3) 斑毛老子 倉黃地不定喘息 綠發兒郎 奔走 處殺開血

백발노인은 창황한 지경에 헐떡거리며 숨을 가다듬지 못했고, 젊은이들은 어지럽게 달리며 도망치다가 살해되어 피를 흘렸다.

4) 醉鄕一夜頭須白 無人知廣陵散

취중 별천지에서 하룻밤 사이에 머리가 하얘졌는데 아무도 거문고 곡조 광릉산을 알지 못하네.

1)은 계 소저가 전몽옥을 만난 후 보이는 모습에서 사랑하는 마음이 일어난다는 내용이다. 이는 100회본『수호전』제24회의 "那婦人也有三杯酒落肚 哄動春心 那裏按納得住 只管把閑話來說 武松也知了八九分 自家只把頭來低了 卻不來兜攬他(반금련이 서너 잔 술을 마시고는 마음에 억누를 수 없는 춘정이 일어 잡소리만 하였다. 무송은 반금련의 속마음을 알아차리고 목을 숙여 가만히 있으며 보려고 하지 않았다.)"에 나오는 구절이다. 반금련의 불륜적 사고를 강조하는 구절을 가져다가 전몽옥과 계 소저의 젊고 순수한 사랑의 감정으로 바꾼 것이다.

2)는 계 소저의 외모를 묘사하는 글이다. 100회본『수호전』제44회의 "黑鬒鬒鬢兒 細彎彎眉兒 光溜溜眼兒, 香噴噴口兒, 直隆隆鼻兒, 紅乳乳腮兒, 粉瑩瑩臉兒, 輕裊裊身兒, 玉纖纖手兒, 一撚撚腰兒, 軟膿膿肚兒, 翹尖尖腳兒, 花簇簇鞋兒(검고 무성한 머리카락, 가늘고 이쁘게 굴곡진 눈썹, 빛나는 눈동자와 향기로운 입술, 드높은 코와 붉은 뺨, 화장하여 빛나는 볼과 가벼운 몸, 섬섬옥수, 가는 허리, 부드러운 배, 뾰족하게 치솟은 발과 꽃 같은 신발)" 문장에서 발췌한 것이다.『수호전』의 글은 석수(石秀)가 의형제 양웅(楊雄)의 부인 반교운(潘巧雲)을 처음 본 장면에 나오는 묘사이다.『옥선몽』의 작가는『수호전』의 묘사가 계 소저의 아름다움을 형상화하는 데 적합하다고 판단하여 취사선택한 것으로 보인다. 특히 허리 아랫부분에 대한 묘사는 과감하게 제외하고 있는 것은 조선의 정서와 관련이 있지 않을까 한다.

3)은 도적들이 이화동으로 들어가 여기저기 노략질을 해대며 불을 지르는 장면에 나온 표현이다. 이는 100회본『수호전』제66회의 "斑毛老子 猖狂 燎盡白髭鬚 綠髮兒郎 奔走 不收華蓋傘(백발노인은 정신없이 날뛰며 흰 수염을 다 태웠

고, 검은 머리 젊은이는 도망쳐 화려한 일산만 버려져 있었다.)"라는 구절에서 온 것이다. 이는 『수호전』에서 군사 오용(吳用)이 노준의(盧俊義)와 석수(石秀)를 구하기 위해 북경성을 공격하는 장면의 서술이다. 두 작품 모두 전란 속에 일반 백성들이 당황하는 모습을 보여준다. 다만 『옥선몽』의 작가는 『수호전』의 '猖狂', '燎盡白髭鬚', '不收華蓋傘'을 '倉黃地不定喘息', '處殺開血'로 변용하여 좀 더 참혹함과 위급함을 드러내고자 한 듯하다.

4)는 전몽옥이 고향을 떠나 산수를 유람하는 도중에 창작한 사(詞) 중의 한 구절이다. 이는 100회본 『수호전』 제72회의 "四海無人識 離愁萬種 醉鄕一夜頭白(세상에 알아주는 사람이 없네. 근심이 만 가지라. 취중 별천지에서 하룻밤 사이에 머리가 하얘졌네.)"에 나온다. 이는 『수호전』에서 송강이 기생 이사사(李師師)를 다시 만나 주흥을 타고 양산박의 적막함을 노래한 것이다. 『옥선몽』의 작가는 '離愁萬種'을 제외하고, '四海'를 '廣陵散'으로 변용함으로써 전몽옥이 산수를 유람하는 과정에서 세태에 대한 근심 대신 사물이 덧없고 세월이 바뀌는 모습에 초점을 맞출 수 있었다.

이 외에도 『옥선몽』에서 『수호전』을 수용한 부분을 쉽게 찾아볼 수 있다. 공식적으로 『수호전』에 대하여 비판적이던 사회 분위기 속에서 이러한 수용이 일어났다는 것은 간과할 수 없다. 조선 후기에 『수호전』을 정확히 읽기 위한 서적인 『어록해(語錄解)』가 존재했다는 사실도 예사롭지 않다. 최근 연구자 홍현성이 『남정팔난기』에 『수호전』이 수용되고 반영되었다는 사실을 규명한 것도 주목할 필요가 있다. 어쩌면 드러내놓지는 못하였지만 조선 후기 『수호전』에 대한 탐독은 하나의 숨겨진 유행이었을지도 모른다.

게다가 『옥선몽』은 고문(古文)과 백화(白話)를 뒤섞어 서술한 작품으로 해석이 매우 까다롭다. 『수호전』 역시 고문과 백화가 섞인 문장이라는 점에서 『옥선몽』과 『수호전』의 관계는 밀접하다고 할 수 있다. 물론, 작가의 언어적 역량이 뛰어나다는 사실도 인정한다.

4.

『옥선몽』은 많은 중국 문헌을 활용하여 서사를 구성하고 있다. 이들 문헌은 모두 조선에서 향유된 것이다. 이는 조선 후기에 광범위하게 행해진 중국 서적의 수입과 독서 방식의 변화와 밀접한 관련이 있다. 조선 후기에는 명과 청에서 출간된 서적들이 다수 수입되었으며, 적지 않은 장서가들도 존재하였다. 이에 따라 독서 방식과 경향도 큰 변화가 일어나는데 그 속에서 가장 특징적인 것은 박학(博學)의 추구이다. '백과사전적 읽기'라고 할 수 있을 정도로 다양한 분야의 서적을 대상으로 독서가 이루어졌다. 『옥선몽』의 작가는 이러한 경향을 충실히 따른 인물로 보인다. 『옥선몽』에는 다양한 중국 문헌의 글은 물론, 송사 관련 글, 이두, 간찰 등 실용적인 문장, 임금에게 올리는 전(箋) 등의 글에 겉봉을 싸는 방식, 한자 물명에 대한 한글 표기 등 관리나 민간인이 실생활에서 유용하게 쓸 수 있는 내용들이 대거 들어 있다. 실로 박학의 글 읽기에 따른 백과사전적 지식을 그대로 드러낸 것이다. 『옥선몽』의 작가는 서사의 진행에 따라 드러나는 장면 속에 그에 합당한 문헌의 글을 찾아 활용하고 있다. 어쩌면 작가는 자신의 지식을 드러내기 위하여 역으로 서사를 이용했을 가능성도 크다. 어떤 경우든 『옥선몽』의 작가는 자신이 알고 있는 내용을 힘써 소설에 쏟아 넣었다. 왜 이들 문헌을 활용했는지는 작가의 개인적 독서 이력이기에 밝히기가 쉽지 않다. 알려지지 않은 장서가일 가능성도 있다. 어쨌든 작가는 당시의 독서 경향에서 벗어나지 않은 지식인이었음에 틀림없다. 그리고 자신의 박학적 능력을 소설 창작에서 펼치고 있다. 홍우건(洪祐健)이 『육미당기』에 대하여 '이는 거의 운고 서유영 선생 육십 년 학력이 미루어 나온 것'이라고 평가하였듯이, 『옥선몽』의 작가 역시 작품 속에 자신의 지적 능력을 최대한 담아 내려 한 것으로 보인다.

차례

옥선몽 정서 · 주해

일러두기

1. 이 책의 번역 대본은 국립중앙도서관 소장『玉仙夢(卷上, 卷下)』이다.

2. 번역

- 주인공의 벼슬이나 호, 자 등으로 표기된 다양한 호칭은 대화에 나오는 경우를 제외하고 모두 이름으로 통일하였고, 중국의 왕을 지칭하는 '천자', '제' 또한 '임금' 또는 '왕'으로 통일하였다.
- 전고(典故)와 인물 등이 서사와 밀접한 관련이 있는 경우에는 내용이 달라지지 않는 선에서 설명을 추가하였다.
- 본문 좌우 여백의 해당 행에 원전의 면수를 표기하여 정서·주해와 비교하며 읽을 수 있게 하였다. 같은 행에 다른 면의 내용이 이어질 경우 문맥상 크게 벗어나지 않는 범위까지 포함하였다.
- 책은『 』, 작품은「 」, 시부·서간 등은 〈 〉, 인용은 " ", 대화 속의 인용은 ' '를 사용하여 표기하였다.

3. 정서·주해

- 원전의 면수를 기준으로 본문을 나누었으며, 원전 첫째 면을 '01'로 표시하였다.
- 원문을 탈초하여 문맥에 맞게 띄어 쓰고 주석을 달았다. 이때 본문에 언급된 인물이나 전고의 인용 맥락과 출처를 밝히고 그 내용을 해설하였다.
- 관련 자료 및 원문의 흐름을 검토하여 원전의 오기를 바로잡았다.
- 원문의 소자쌍행주는【 】안에, 한자 오른편의 부기는 [ ]를 사용하여 표기하였다.

옥선몽 번역

옥선몽 상권

탕암 지음

제1권

〈01〉

허거통은 지리산으로 들어가고 전몽옥은 영계촌에 적강하다

바다 동쪽 땅에는 소중화가 있다. 무궁화가 그 나라의 꽃이고, 가자미가 그 나라의 물고기이며, 별자리인 석목(析木)이 그 나라의 구역에 해당한다. 동쪽 끝에는 큰 바다가 있고, 남쪽 끝에는 탐라가 있으며, 서쪽 끝에는 패강 곧 압록강이 있고, 북쪽 끝에는 서수라가 있다. 수천 리의 둘레를 경계로 삼아 나라를 세웠는데, 그 영토 안에는 금강산, 마니산, 한라산이라 불리는 유명한 산이 있다. 중국에서는 이들을 삼신산이라 일컬었다.

천지가 개벽한 이래 그 나라에는 자못 기이한 일이 많았다. 신령한 곰이 신단수에 이르니 제석(帝釋)인 환인이 사람, 즉 단군을 탄생시켰고, 영험한 까치가 상자를 뒤따랐다고 하여, 차차웅인 신라 남해왕이 까치를 뜻하는 작(鵲)에서 떼어 성씨로 석(昔)을 하사하여 그곳에서 태어난 아기는 석탈해가 되었다. 만석중은 앉은 상태로 부처가 되었고, 녹족부인은 사슴 발을 가진 녹녀(鹿女)로 환생하여 중국 수나라의 침입에서 고구려를 지키는 데 힘을 더했다. 설총이 지은 「화왕계(花王戒)」에는 장미가 향기로운 휘장 안에서 모란을 시중들고자 했다고 쓰여 있는데 참인가? 거짓인가? 『삼국사기(三國史記)』에서는 삼국 통일의 의지를 가진 신라 김유신이 석굴에 들어가 목욕재계하고 어떤 노인에게 비결을 전하여 받았다는데 사람의 일인가? 귀신의 일인가? 『지봉유설(芝峯類說)』에는 황생(黃生)이라는 사람이 천지개벽의 주체가 되었다는 글이 있고, 『기력서록(箕歷敍錄)』에는 어리석은 승려가 바위틈 속 나라에 들어갔다는 이야기가 있다. 이런 황당한 글들은 분명히 흥밋거리를 좇는 사람들의 입에서 나온 것이니 진실로

〈02〉 믿을 수 없다. 대개 산천이 허황하고 괴상한 정령들을 만들어 내는 까닭에 기이하고 놀라운 일이 왕왕 뒤따라 있던 것이다.

푸르른 대지의 주맥은 백두산(白頭山)이라 부르는데, 우거진 삼림이 빽빽하게 모여 있다가 천만 자손을 둔 듯이 흩어져 퍼져 나갔다. 마치 투구를 쓴 것처럼 우뚝 솟은 모습은 장수가 태어날 자리이며, 관을 쓰고 손을 모아 절하는 듯한 모습은 재상이 태어날 자리이기도 했다. 백두의 남쪽 산맥 하나가 동남쪽으로 비스듬히 수천여 리를 이어져 가다가 우뚝 솟아 지리산(智異山)이 되었다. 지리산의 서쪽은 호남 땅인데 해안을 따라 경계를 이루며 명산대천이 한없이 이어졌으며 지세는 산이 날고 물이 달리는 듯 세상과는 대치되는 형상이었다. 또 대인과 군자가 본보기를 세워 가르쳐 준 일이 없었기 때문에 그 풍속이 강팍하고 인색하여 농사짓는 일을 편안히 여기는 마음은 없고 허황하고 경박한 습속만 있으니 풍속이 본래 그러한 것을 좋아했다.

중국 명나라 대종(代宗, 재위 1450~1456) 말에 전라도 만경현(萬頃縣)에 집안의 재산을 몽땅 털어먹은 파락호가 있었다. 이름은 허한(許僩)이고 자는 거통(巨通)으로 마음이 넓어 사소한 일에 얽매이지 않았는데 뜻이 매우 커서 늘 스스로 말했다.

"대장부로서 바닷가 구석진 땅에 태어나 가슴에 품은 웅장한 뜻을 펴지 못하니 참으로 애석하다. 내가 다음 생애에 중국의 너른 땅에 태어나 36개의 명구(名區)를 두루 돌아보고 조정에 들어가 황제를 자극하여 기운을 일으키고 삼공구경(三公九卿) 높은 벼슬의 반열에 드나들며 허다한 어려움과 즐거움을 만끽한다면 그 후에는 죽어도 여한이 없을 것이다."

그러던 어느 날, 허거통은 누런 관을 쓰고 짚신을 신은 채 지리산 청학동에
〈03〉 올라가 한 암자에서 쉬고 있었다. 4월의 화창한 날이었는데, 허거통은 나른함이 밀려오고 눈앞이 흐릿해져 금강불 앞 탁상에 기대 잠이 들었다. 갑자기 영혼이 연기처럼 떠오르더니 중국의 산천 쪽으로 지향 없이 날아갔다. 얼마 지나지

않아 전당(錢塘) 천목산(天目山) 아래에 떨어지니 바로 영계촌(靈鷄村)에 사는 전순화(錢循華)의 집이었다.

이때는 명나라 영락제가 즉위한 지 10년이 지난 임진년(1412) 8월 1일이었다. 이날 밤 전순화는 아내 양씨(楊氏)와 함께 천장을 올려보며 탄식했다.

"우리가 40세 가까이 되도록 자식 하나가 없어 선조의 제사를 봉양할 수 없으니 천지간의 한 죄인입니다."

전순화와 양씨 부인이 마주 보며 울다가 얼마 후 잠이 들었다. 허거통의 영혼이 이에 양씨 부인의 태중으로 들어갔다. 이듬해인 계사년(1413) 5월 5일에 백옥처럼 흰 어린 신선이 하늘에서 내려와 전순화에게 두 번 절하며 말했다.

"대인의 자식이 되어 전생의 한을 풀고자 합니다."

전순화가 별안간 놀라 깨어 보니 양씨 부인은 이미 아이를 출산했고, 시각은 삼경이 지났다. 조개에서 진주가 나온 듯하고 연못에서 교룡이 나온 듯한 건강한 아이를 얻자 온 집안이 기뻐하며 마침내 이름을 전몽옥(錢夢玉)이라고 했다. 얼마 후 전순화가 말했다.

"이 아이가 태어난 것은 우리 집안의 큰 경사이지만 5월 5일에 태어난 아이는 성장하여 키가 문에 닿을 즈음이 되면 아비에게 이롭지 못한 일이 있다고 합니다. 내가 살날이 불과 10여 년이 아니겠습니까?"

양씨 부인이 말했다.

"사람의 운명이 문에 달려 있다면 문을 높이면 그만입니다. 이는 단오에 태어 〈04〉
났던 전문(田文, 전국시대 제나라 승상인 맹상군의 이름)이 한 말입니다. 전문이 그 아비에게 이롭지 못했단 말은 들어본 적이 없습니다. 대장부가 어찌 이리 속 좁은 말씀을 하십니까?"

이에 전순화가 기뻐하여 웃었다. 잠시 후 어떤 여도사가 문에 와 양식을 구했다. 전순화가 나가 보니 여도사가 예를 갖춘 후 축하하며 말했다.

"상공의 가문에 뜻밖의 경사가 있었던 게 틀림없습니다."

전순화가 말했다.

"어떻게 아십니까?"

도사가 말했다.

"상공의 얼굴을 보니 오행 가운데 토화(土火)의 기운이 눈에 모여 있고, 눈 밑 부분은 은은히 빛나 노란빛이 있으니 반드시 귀한 아들을 낳았을 것입니다."

전순화가 놀라 말했다.

"과연 도사님의 말씀과 같습니다. 도사님은 정말 기이한 분이십니다. 제 자식의 골격으로 상을 보아 타고난 수명을 알려 주시기를 청합니다. 도사님이 허락하실지 모르겠습니다."

여도사가 말했다.

"빈도가 어찌 타고난 목숨의 길고 짧음을 알겠습니까마는 한 번 시험 삼아 보고자 합니다."

전순화가 기뻐하며 집 안으로 들어가 강보에 싸인 전몽옥을 데리고 나와 보여 주었다. 여도사가 한 번 보더니 두 손을 맞대고 공경하며 말했다.

"빈도가 많은 사람의 상을 보았으나 이 아이와 같은 관상은 없었습니다. 이 아이의 관상은 오악, 곧 이마·코·좌우 광대·턱이 높고 우뚝한데 서로 대응하고 있고, 삼정, 곧 이마·코·턱이 평평하고 고르며 넓고 기니, 절로 대인의 기상이 있습니다. 미간에 광채가 있으니 학업이 형통할 것이며, 재성(才星)이 밝고 높으니 재물이 풍족할 것입니다. 눈썹은 넓고 길어 소뿔을 달아맨 것 같고 모양은 초승달 같으며, 코끝은 우뚝 솟아 쓸개를 매단 것 같고 대통을 다듬은 것 같
〈05〉 습니다. 귀는 높고 색이 희며, 입은 네모나고 입술이 붉으며, 어깨는 나란하니 분명 문무를 겸비한 인재입니다. 관직의 운세는 눈이 솟고, 코가 들창코이며, 귀가 뒤집히고, 입술이 걷혔으며, 목젖이 튀어나온 오로(五露)를 가지고 있으니 곧 정대하여 무리에서 뛰어날 관상입니다. 훗날 부귀영화를 누려, 나아가면 장군이 되고 들어오면 재상이 되어 명성이 천하에 가득하여 끝이 없을 것입니다. 그

러나 눈이 둥글고 광대가 높아 기운이 붉은 하늘을 위협하니 중년에는 반드시 형벌을 당할 재앙이 있겠으나 생명에는 지장이 없을 것입니다."

전순화가 절하여 사례하고 예를 갖춰 전송했다. 어언간 세월이 흘러 전몽옥이 대여섯 살이 되었다. 재주가 뛰어나고 용모가 빼어났으며 학업도 일취월장하고 기예와 음악 곡조에도 통달했다. 열 살 때는 이미 대인의 기상이 있었고, 오경【시경(詩經), 서경(書經), 주역(周易), 예기(禮記), 춘추(春秋)】과 구류(九流)【유가(儒家), 도가(道家), 법가(法家), 명가(名家), 음양가(陰陽家), 묵가(墨家), 잡가(雜家), 농가(農家), 종횡가(縱橫家)】, 제자백가【노자(老子), 장자(莊子), 현진자(玄眞子), 포박자(抱朴子) 등】, 전서, 추서, 초서, 예서 등에 두루 통달했다. 천문, 역법, 풍수지리, 점술, 산수, 병법, 도교, 불교 등의 이치를 한 번 보면 바로 깨달으니, 전순화가 매우 기특하게 여기며 손바닥 위의 진주 보듯 소중하게 여겼다.

한편 강 서쪽에 사는 큰선비 약야거사(若耶居士) 시준(柴準)은 아들 거(車)와 함께 은거하며, 잠 깨면 노래하고 질탕하게 글을 썼다. 세상에서 구하는 것이 없는 시준은 전순화와 죽마고우였다. 하루는 전순화를 방문하여 손을 잡고 옛일을 이야기했는데, 오래된 사이였음에도 정성이 더욱 곡진했다. 전순화가 전몽옥을 불러 보여 주며 말했다.

"내가 늦게서야 못난 아들을 얻었는데 천성이 맑고 연약하여 훗날 성장하여 입신할지 알 수가 없네. 고명한 자네에게 자문하고자 하네."

시준이 크게 될 인물임을 알아보고 귀중히 여겨 입이 마르도록 칭찬하다가 〈06〉
전몽옥에게 물었다.

"네가 글을 배웠느냐?"

전몽옥이 대답했다.

"엄한 부친께서 훈계하시면 마땅히 순종하고 밝은 스승께서 인도하시면 마땅히 받아들여야 하니 어찌 감히 배우지 않겠습니까?"

시준이 물었다.

“그러하면 크고 작은 것과 길고 짧은 것, 모난 것과 둥근 것, 그른 것과 바른 것을 낱낱이 풀이할 수 있느냐?”

전몽옥이 대답했다.

“첫째로 큰 것을 천(天)이라고 합니다. 천은 건(乾)의 본체입니다. 둘째로 작은 것을 시(示)라고 합니다. 시는 땅의 신입니다. 동(東)이란 글자가 기니 해가 처음 떠서 아침 볕이 가장 길며, 서(西)라는 글자는 짧으니 해가 진 후에 저녁 볕이 가장 짧습니다. 이것이 크고 작음과 길고 짧음의 본체가 아니겠습니까? 구(口)자는 4획으로 네모난 것은 사방의 끝 지점이 방정한 뜻을 취한 것이며, 심(心)자는 5획으로 둥근 것은 오행의 원만함에서 뜻을 취한 것입니다. 붕(朋) 자는 기울어졌으니 소인은 붕당을 이루어 결국 사특한 데로 빠지는 것이요, 당(黨)자는 바르니 군자는 당쟁에 연루되어 화를 당하여도 끝내 바른 데로 돌아갑니다. 이것이 모난 것, 둥근 것, 그른 것, 바른 것의 형상이 아니겠습니까?”

“하늘의 둘레는 몇 도 몇 분이며, 땅의 넓이는 몇 리 몇 보이더냐?”

“하늘의 둘레는 365도 235분이며, 지름은 그 3분의 1입니다. 땅의 넓이는 2억 3만 3천 5백 75보이며, 둘레는 그 네 배입니다.”

“세상에서 가장 큰 물건과 가장 작은 물건이 무엇이냐?”

“새 중에 가장 큰 것은 천지(天池)에서 나는 대붕(大鵬)이며, 물고기 중 가장
큰 것은 북쪽 큰 바다에 있는 곤(鯤)입니다. 사람 중 가장 큰 자는 왕망씨(汪罔
〈07〉 氏)로 키가 30척이며, 말씀 중 가장 큰 것은 문강(文康)이 하늘 수레를 굴려
해·달·별이 시들도록 한다는 것입니다. 새 중에 가장 작은 것은 동해에 사는 초붕(鷦鵬)으로 모기의 눈썹에 살며, 물고기 중 가장 작은 것은 남공(南灨)에 있는 새우로 돌이끼에 붙어 삽니다. 사람 중 가장 작은 자는 초요씨(僬僥氏)로 키가 3척이며, 말씀 중 가장 작은 것은 송옥(宋玉)이 이의 간을 썰어 고조부터 손자의 손자에 이르는 구족을 배불리 먹였다는 것입니다.”

“사람의 뼈마디가 몇 개이며, 터럭은 얼마나 되느냐? 눈은 두 개인데 입이 하

나인 것은 어째서이냐?"

"사람의 뼈는 360개이며, 모공은 4만 8천 개입니다. 눈이 두 개인 까닭은 넓게 보기 위함이며, 입이 하나인 것은 말을 신중하게 하기 위함입니다. 눈과 코는 구멍이 둘이니 이는 ☷, 곧 효가 다 떨어진 곤삼절(坤三絶) 괘를 본떴고, 입과 배꼽과 항문은 구멍이 하나이니 이는 ☰, 곧 효 세 개가 다 이어진 건삼련(乾三連)의 괘를 본떴으니 합하여 하늘과 땅이 소통하여 만물의 교류가 활발해지는 태평성대를 이루는 지천태괘(地天泰卦)가 되는 것입니다. 코와 입의 중간을 인중(人中)이라 하는 이유는 그것이 건과 곤의 중심이기 때문입니다."

"기운의 변화가 같지 않은 것과 형상과 변화가 고르지 않은 것도 낱낱이 설명할 수 있느냐?"

"사람은 똑바로 서서 살고 나무는 거꾸로 서서 살며 짐승은 가로로 누워 삽니다. 태(胎)에서 난 것은 구멍이 아홉이고, 알에서 난 것은 구멍이 여덟입니다. 태에서 난 것은 눈꺼풀이 위에서 아래로 덮이지만, 알에서 난 것은 눈꺼풀이 아래에서 위로 덮입니다. 습한 곳에서 난 것은 눈꺼풀이 없어 잠을 자지 않고, 스스로 변화하여 태어나는 것은 눈구멍은 없으나 광채가 있습니다. 초목 가운데 뿌리로 번식하는 것은 태에서 나는 부류이며, 열매로 번식하는 것은 알에서 나
는 부류입니다. 마름과 가시연은 습한 곳에서 나는 것이며, 버섯은 저절로 변화 〈08〉
하여 생겨나는 것입니다. 물고기와 자라는 암컷만 있고 수컷이 없으며, 벌과 전갈은 수컷은 있으나 암컷이 없습니다. 거북이는 비록 코가 있으나 귀로 숨을 쉬고, 소는 비록 귀가 있으나 코로 소리를 듣습니다. 용과 이무기는 날 수 있으나 날개가 없고, 거위와 오리는 날개가 있으나 날 수는 없습니다. 양기를 따르는 새는 날 때 머리를 펴고 발을 움츠리지만, 음기를 따르는 새는 날 때 머리를 움츠리고 발을 폅니다. 눕고 일어설 때 말은 앞다리부터 눕고 일어서지만, 소는 뒷다리부터 눕고 일어섭니다. 사슴과 돼지는 앞으로 곧게 가지만 뱀과 지렁이는 지그재그로 갑니다. 게는 옆으로 가며 기종(夔鐘)은 뒷걸음질로 갑니다. 중국

상산(常山)에 있다는 뱀인 솔연(率然)은 머리로 가고, 자벌레는 몸을 구부렸다
펴면서 갑니다. 먹이는 먹지만 물은 마시지 않는 것은 누에입니다. 누에는 50일
이 되면 고치가 됩니다. 물은 마시지만 먹이는 먹지 않는 것은 매미입니다. 매미
는 30일을 살고 죽습니다. 먹이도 먹지 않고 물도 마시지 않는 것은 하루살이입
니다. 하루살이는 아침에 태어나 해 질 녘에 죽습니다. 기(夔)는 다리가 하나이
고, 놜(豽)은 다리가 둘이며, 말은 다리가 넷이고, 거미는 다리가 여섯입니다. 게
는 다리가 여덟이고, 지네는 다리가 마흔 개이며, 노래기는 다리가 백 개이며 뱀
은 다리가 없습니다. 다리 없는 것이 다리 있는 것에서 다리를 얻을 수 없고, 다
리 적은 것이 다리 많은 것에서 다리를 취할 수 없으니 이것은 상수(象數)가 고
르지 못한 까닭입니다. 서강(西崗)의 역(鶂)이라는 새는 바람에 감응하여 잉태
하고, 고죽(觚竹)의 제(鶗)라는 새는 별에 감응하여 잉태합니다. 가릉(嘉陵)의
봉(鳳)은 물에 감응하여 잉태하고, 부상(扶桑)의 요광(搖光)은 해에 감응하여
잉태합니다. 이것들은 모두 정을 나누지 않고도 감응하며, 교배하지 않고도 태
어나는 것입니다. 나무는 모두가 다 속이 차 있으나 파나수(婆羅樹)라는 나무
〈09〉 는 속이 비어 있고, 대나무는 모두 속이 비어 있으나 광슬죽(廣膝竹)이라는 대
나무는 속이 차 있습니다. 옥은 반드시 물에 가라앉으나 서강(西羌)에서는 물
에 뜨는 옥을 예물로 하고, 깃털은 반드시 물에 뜨나 초요(焦僥)에서는 물에 가
라앉는 깃털을 보배로 합니다. 침향목은 지극히 가벼우나 물에 던지면 가라앉
고, 냉천(冷泉) 또한 물이지만 주석으로 만든 그릇에 담으면 샙니다. 쇠는 옥을
자를 수 없으나 곤오산(昆吾山)의 쇠로 만든 곤오도(昆吾刀)는 옥을 자를 수 있
으며, 소산(蕭山)의 불은 지극히 차가우나 밥을 짓기에는 충분합니다. 참새가
대합으로 변할 때는 깃털이 껍질이 되고, 뱀이 용으로 변할 때는 허물이 비늘이
됩니다. 꿩이 이무기로 변할 때는 깃털이 비늘이 되며, 쥐가 메추라기로 변할 때
는 털이 깃털이 됩니다. 썩은 옻나무가 나비로 변할 때는 생명력이 없던 것이 생
명력 있는 것이 되며, 지렁이가 백합으로 변할 때는 생명력이 있던 것이 생명력

없는 것이 됩니다. 이것은 기운의 변화가 다르기 때문입니다."

"만물은 각기 한 가지 재능이나 한 가지 장점을 가지고 있다고 하는데 간략히 들려줄 수 있겠느냐?"

"벌과 개미는 충직하고, 호랑이는 효성스러우며, 물수리는 암수가 유별합니다. 꿩은 소리를 잘 듣고, 이리는 보기를 잘하며, 여우는 의심을 잘하고, 원숭이는 방비를 잘합니다. 낙타는 샘이 있는 곳을 잘 알고, 코끼리는 땅의 허실을 잘 압니다. 쇠똥구리는 똥을 잘 굴리고, 누에는 실을 잘 만들며, 개미는 비 올 것을 잘 알고, 솔개는 바람이 불 것을 잘 알며 거미는 줄을 잘 엮습니다. 만물은 다 한 가지 재능이나 한 가지 장점을 가지고 있으나 사람은 이를 모두 겸비했기 때문에 가장 존귀한 것입니다."

시준이 한마디 한마디 칭찬하며 말했다.

"기특하고 기특하구나! 옥 허리띠를 두르고 가벼운 옷에 살찐 말을 탄 신령이 인간 세상에 내려온 것이 아니라면 은거하기 좋은 초수와 삽수에 있는 정령이 이 집에 있는 것이 아닌가? 방흘(方訖)이 공자와 한 대화나 양수(楊修)가 공융 〈10〉
(孔融)과 한 대화도 이보다는 못할 것이다. 내 자식 거(車)가 거칠게나마 문자를 읽을 수 있으나 이 아이와 비교하면 몇 등급이나 떨어지는지는 알 수 없으니 훗날 시중드는 사람이 되기에 적당할 것 같구나."

말을 마치고는 전순화에게 수없이 치하하고 돌아갔다. 이해 겨울 전순화는 괴이한 병에 걸렸다. 황제 때의 명의인 유부(俞跗)의 돈으로도 살 수 없는 약제와 전한 때의 명의인 창공(倉公)의 골수를 씻어내는 처방도 하늘이 정해 놓은 수명을 늘릴 수 없었다. 갑작스레 세상을 떠나게 된 전순화는 임종을 앞두고 전몽옥의 손을 잡으며 말했다.

"성취는 네게 달려 있고 가난함과 부귀함은 하늘에 달려 있으니 힘쓰고 힘쓰거라."

전몽옥은 울며 명을 받들 뿐 말을 잇지 못했다. 상중에 있은 지 몇 달 만에 양씨 부인마저 세상을 떠났다. 11세인 전몽옥이 부모를 여의고 한없이 슬퍼하는 모습은 차마 눈뜨고 볼 수 없었다. 그러나 부모의 죽음을 슬퍼하는 절차와 상복을 입는 예의며 행동거지가 모두 예절에 부합했다. 서너 명의 노비를 데리고 아침저녁으로 제사를 지내며 가사 또한 능숙하게 처리하니 엄연히 노숙한 사람 같았다. 그해 2월 부옥산(浮玉山) 좌측 기슭에 부모를 안장했다.

하루는 선산에 올라 곡을 하고 구불구불 초수와 삽수 사이를 걸었다. 바위들은 수려함을 뽐냈고, 많은 골짜기에서는 다투어 물이 흘러내렸다. 어린 듯 홀린 듯 경치를 구경하며 즐거움과 슬픔을 느끼다 보니 어느덧 날이 저물어 물이 흐르는 곳과 구름이 피어나는 곳을 분별할 수 없었다. 깎아지른 절벽은 우뚝 솟아 있었고 학은 구름 속에서 울고 있는데 홀연 바람을 타고 웃음소리가 들려
〈11〉 왔다. 분명 기이한 일이 있다고 생각하고는 마침내 암벽을 기어올라 푸른 초목 사이를 살펴보았다. 구름이 자욱한 가운데 한 노인이 칠성건(七星巾)을 쓰고 육수의(六銖衣)를 입었으며 비운리(飛雲履)를 신은 채 바위 사이에 서 있다가 껄껄 한 번 웃고는 시 한 수를 읊었다.

> 행여라도 흰 관을 쓴 사람 보고 싶구나.
> 상중의 사람 수척하고
> 마음은 괴롭고 근심스럽구나.

전몽옥이 황망하여 두 손을 모아 절하고 말했다.

"저는 하늘에 닿을 만큼 많은 죄를 지어 부모를 여의고 홀로 의지할 곳이 없습니다. 다행히 선영 근처에서 대인을 만났으니 이는 곧 눈먼 아이가 눈을 뜨는 날입니다. 대인께서는 가르침을 아끼지 마십시오."

"네가 여기 올 것을 알고 있었기에 잠시 이곳을 거닐고 있었다."

"대인께서 노니시는 곳을 여쭈어도 되겠습니까? 이곳은 과연 어디입니까?"

"이곳은 사은(四恩, 세상의 네 가지 은혜, 즉 천지은·부모은·동포은·법률은)을 벗어난 땅으로 구선산(九仙山)이 있으니, 중국 후한 때의 도사 좌원방(左元放)과 진나라의 도인 허매(許邁)가 수양하던 곳이며, 선종의 6대조 노행자(盧行者) 혜능과 당나라의 승려 설두사(雪竇師)가 설법하던 곳이다. 나는 허매의 후손으로, 물려받은 도를 수습하여 도교와 불교 사이에서 노닌 지가 이미 108년이다."

"속세의 사람은 아무리 마음을 쓰고 애를 태워도 양생(養生)의 술법을 깨달을 수 없으니 대인께서 가르쳐 주십시오."

"도에는 열두 가지가 있는데 그중 도교와 불교가 첫째이다. 도교는 허탄에 가
깝고 불교는 소멸에 가까우나, 진실로 근본을 구해 보면 허망하여 근거 없는 결 〈12〉
과로 귀결되지는 않는다. 다만 들어보니 『선경(仙經)』에서는 '최고의 선비가 형체를 들어 하늘로 오르는 것을 천선(天仙)이라 하고, 중간의 선비가 명산에 노니는 것을 지선(地仙)이라 하며, 낮은 선비가 죽은 뒤 사람의 형체에서 벗어나는 것을 시해선(尸解仙)이라 한다.'라고 했다. 도교에서는 향초 지출(芝朮)을 사르고 누린내 나는 고기와 맵고 독한 냄새가 나는 마늘 등을 멀리하며, 초목에 부는 맑은 바람 소리와 산골짜기에 가득한 고상한 향기를 귀하게 여긴다. 그러므로 노니는 땅은 현포(玄圃)와 낭풍(閬風), 10주(十洲)와 3산(三山), 12복지(十二福地), 36동천(三十六洞天)이니 모두 신선이 거처한다는 은대(銀坮), 금궐(金闕), 금상(金牀), 옥국(玉局), 산심(算心)이 있는 곳이다. 먹는 것은 장생불사한다는 청정(青精), 옥지(玉芝), 금광초(金光草), 사조화(四照花), 도당씨 때의 신선 악전(偓佺)의 소나무 열매, 신농씨 때의 신선 적송자(赤松子)의 빙옥(氷玉), 진나라 때의 신선 안기생(安期生)의 석창포(石菖蒲), 하은주에 걸쳐 767년을 살았다는 전갱(籛鏗)의 운모(雲母) 가루, 동진 때 갈홍(葛洪)이 저술한 『포박자(抱朴子)』에 나오는 황정(黃精), 교리화조(交梨火棗), 벽도화(碧桃花), 수계화(水桂花), 비등약(飛騰藥) 등이다. 또 좋은 길로 나아가도록 수련하는 방법이 있으니 능양자(陵陽子)는 '봄에는 아침 이슬을 먹고 여름에는 항해(沆瀣)를 먹는다.'라고 했다.

향해는 밤이슬이다.

도가 경전에서 말하는 수련법인 존상법(存想法)에서는 '마음과 생각은 마땅히 피지 않은 연꽃 같아야 한다.'라고 했으며, 고숭자(古嵩子)는 '쇠와 돌을 녹여 아홉 번 불려 만든 약인 구전단(九轉丹)을 먹으면 세상에서 불로장생하는 지행선(地行仙)이 된다.'라고 했다. 이처럼 도교에서는 밖으로는 쇠와 돌을 제련해 불사약을 만들어 먹고, 안으로는『용호비결(龍虎秘訣)』에서 말한바 태아와 같은 호흡법인 용호태식(龍虎胎息), 묵은 것을 뱉고 새것을 들이마시는 호흡법인 토
〈13〉 고납신(吐故納新) 등을 한다. 이것이 수련하는 첫 번째 방법이다.

이른바 '해의 기운을 삼키는 법'이란 해가 처음 뜰 때 동쪽을 향하여 윗니와 아랫니를 아홉 번 마주쳐 소리를 내고 주문을 외운 뒤 눈을 감고 주먹을 꽉 쥐고 있는 것이다. 그러면 오색 기운이 내 몸에 와 닿고, 이때 햇빛이 안개와 같이 입안으로 함께 흘러 들어온다. '달의 기운을 삼키는 법'은 초승달이 뜰 때 서쪽을 향하여 윗니와 아랫니를 열 번 마주쳐 소리를 내고, 주문을 외운 뒤 눈을 감고 주먹을 꽉 쥐고 있는 것이다. 그러면 달빛과 정기가 입안으로 함께 들어온다. 이 방법을 익히면 해와 달의 신선이 될 수 있다. 그러므로『구성경(九星經)』에서는 '푸르디푸른 달이 해와 함께 떠오르네. 둘이 합쳐 하나 되어 입에서 나와 뱃속으로 들어가는데 탄환 정도의 크기에 귤처럼 노랗다. 가운데 좋은 맛이 있어 꿀같이 다니, 그대는 얻게 되면 삼가 잃지 않도록 하라.'라고 했다.『황정경(黃庭經)』에서는 '단전의 정기가 미약하면 입안의 침으로 살을 찌운다.'라고 했으며, 또 '촌전(寸田)과 척택(尺宅)으로도 삶을 영위할 수 있다.'라고 했다. 촌전은 마음이요, 척택은 얼굴이다. 또 '비신(脾神)의 이름은 상재(常在)요, 자는 혼정(魂庭)이니 주야로 존재하여 장생할 수 있다.'라고 했다. 혼정은 곧 중앙을 뜻하는 황정(黃庭)이다.

이른바 하거반운법(河車搬運法)이란 것은 정기를 돌이켜 뇌를 보하는 방법이다.『황정경』에서는 '북방의 정기를 하거(河車)라 칭한다.'라고 했는데, 이는 우왕

의 아버지 곤(鯀)이 황하를 거꾸로 흐르게 하여 물의 움직임을 억제한 방법이다. 그러므로 이 방법을 빌려 '환정반운술(還精搬運術)'을 깨우친 것이다. 『선경(仙經)』에서는 '수련할 때 먹는 납이 끊기면 하거가 비어 행하는 모든 것이 반드시 효과가 없을 것이며, 납이 소실되어 하거가 끊기면 만사가 생겨나지 않는다.' 〈14〉
라고 했고, 『도결(道訣)』에서는 '옆구리와 배와 허리가 구불구불하면 황하수가 역류한다.'라고 했다. 하거는 물을 끌어당기니 아마도 이것이 반운법일 것이다.

대저 양생술에서 삼가야 하는 것은 정욕이다. 그러므로 『황정경』에서는 '장생하기 위해서는 방중술을 급히 하지 않도록 지극히 삼가야 한다. 어찌하여 죽을 짓을 하여 신을 울게 만드는가?'라고 했고, 또 '삼정(三庭, 곧 뇌·심장·비장)의 좋은 곡식에 해충이 생긴다.'라고 했다. 해충은 색욕을 가리킨다.

이른바 금단술(金丹術)에는 해의 정기와 달의 정기, 백호와 청룡, 수련약인 진연(眞鉛)과 정홍(正汞)이 있으니 모두가 오행 가운데 명성을 얻은 것의 이름이다. 대개 해는 하늘에 떠 있지만 기운은 땅에 있어 단사(丹砂)가 된다. 그러므로 『연진보경(鍊眞寶經)』에서는 '단사의 상품은 광명사(光明砂)라 부르니 태양의 바르고 참된 정기를 받은 것이다. 중품은 백마아사(白馬牙砂)라 부르니 태양의 화평한 기운을 받은 것이다. 하품은 자령사(紫靈砂)라 부르니 자연에서 태양의 신령한 기운을 받은 것이다.'라고 했다. 또 '단사를 불에 제련하여 백은(白銀)이 되면 한 번이라 부르고, 백은이 변하여 모래가 나온 것을 불에 달구어 두드리면 황은이 되는데 이를 두 번이라 부른다. 이러한 변화가 아홉 번에 이른 뒤에야 신단(神丹)이 된다.'라고 했다. 용과 범은 쇠와 나무이니, 쇠는 범이 되고 나무는 용이 된다. 범의 다른 이름은 진연금수(眞鉛金水)이며, 용의 다른 이름은 진홍목화(眞汞木火)이다.

이른바 침을 삼키며 수련하는 타연수법(唾咽漱法)이라는 것이 있다. 『노자절해(老子節解)』에서는 '침이란 것은 넘치면 감미로운 샘물이 되고, 모이면 옥장 〈15〉
(玉漿)이 되며, 흐르면 화지(華池)가 되고, 흩어지면 진액(津液)이 되며, 흘러내

리면 감로(甘露)가 된다. 입을 헹구어 삼키면 저장되어 몸을 윤택하게 하고 온 혈맥으로 흘러가 정신을 자라게 하며 관절과 모발을 견고하게 하여 젊음을 길게 한다.'라고 했다.

옛적에 선부진인(仙府眞人)이 당나라의 승려 계허(契虛)에게 '자네는 삼팽(三彭)의 해악을 끊어 냈는가?'라고 물었는데 계허가 대답하지 못했다. 대개 삼팽이라는 것은 세 가지 해로운 벌레이다. 상등 벌레는 이름이 팽거(彭居)로 사람의 머리 안에 있고, 중등 벌레는 이름이 팽질(彭質)로 사람의 배 안에 있으며, 하등 벌레는 이름이 팽교(彭蹻)로 사람의 발 속에 있다. 모발이 있어 모습이 어린아이 같은데, 사람이 죽으면 마침내 귀신이 된다. 비자(榧子)는 모치(牡痔), 빈치(牝痔), 맥치(脈痔), 장치(腸痔), 기치(氣痔)의 다섯 가지 치질을 치료하고 삼팽을 제거하니, 이를 복용하면 눈이 밝아지고 몸이 가벼워진다. 대저 부적으로 나쁜 것을 없애는 도사들의 행위인 척화만리(擲火萬里)나 삼청령(三清令)이라는 법기(法器)를 흔들어 귀신과 마귀를 물리치는 유령팔가(流鈴八衢) 등은 도교의 설이지만 세상 사람들이 믿을 바가 아니니 설명할 필요가 있겠느냐?

손으로는 붉은 전서로 쓰인 천년 비술 전하고
입으로는 황정경 양 권을 왼다네.
황새는 천단의 홰나무 그림자 속에 있는데
찾는 이 없이 지게문 오래 닫혀 있어 고요하네.

여동빈(呂洞賓)의 시인데, 이것이 도교를 깨우치는 지점이다.

불교에는 삼겁(三劫)이 있으니 청정법신비로불(淸淨法身毗盧佛)은 전겁(前劫)이요, 백억화신석가불(百億化身釋迦佛)은 현겁(現劫)이요, 당래화생미륵불(當來化生彌勒佛)은 미래겁(未來劫)이다. 부처는 천축국에서 태어났는데 키가 1장 6척에 황금색이고 정수리 중앙에는 일월의 빛을 띠고 있으며 변화가 무쌍하여 중생을 크게 구제했다. 대저 정신은 형체 안에 머무니 참새가 병 안에 있다가 병이 깨지면 날아가는 것과 같다. 불송(佛頌)에서는 다음과 같이 노래한다. 〈16〉

새가 병 속으로 날아 들어오면
비단을 펼쳐 그 입구를 막는다.
천이 뚫리면 새가 날아가니
신명 또한 업을 따라 달아난다.

그렇기에 불가에서 귀하게 여기는 것은 고요하고 빈 마음을 수련하여 심신이 번뇌의 세상에서 벗어나고 본래에서 흘러 본래로 돌아가 삶도 죽음도 없는 것이다. 『능엄경(楞嚴經)』에서는 '속세의 인연을 끊으니 근심의 뿌리는 발붙일 데가 없게 된다. 이처럼 흐름을 돌이켜 완전히 하면 육근(六根), 곧 안근(眼根) · 이근(耳根) · 비근(鼻根) · 설근(舌根) · 신근(身根) · 의근(意根)의 여섯 가지 작용이 행해지지 않는다.'라고 했고, 『원각경(圓覺經)』에서는 '구름이 가니 달이 움직이는 것 같고 배가 가니 언덕이 움직이는 것 같다. 단일한 근원으로 육근을 되돌리면 육근이 모두 훤히 드러난다. 번뇌가 사라지는 데 도달하면, 불가사의한 힘을 지닌 청정세계의 보물인 마니보주(摩尼寶珠)가 오색에 비치면 방향에 따라 달리 보이는 것과 같다. 깨달음은 눈병 난 사람이 허공에서 꽃을 보았지만 눈병이 사라지면 허공의 꽃도 함께 없어지는 것과 같다.'라고 했다. 그러므로 『유마경(維摩經)』에서는 '속세의 티끌을 털어 내야 세상을 보는 눈이 맑아진다.'라고 했다. 대저 불가의 깨우치는 방법은 비유하자면 하나의 등불로 백 개, 천 개의 등에 불을 붙이는 것과 같으니 어두운 것이 모두 밝아지고 밝음은 끝내 사라지지 않는다. 이것이 깨달음의 극치이다.

세상의 모든 형체는

꿈과 허상, 물거품과 그림자 같으며
이슬이나 번개와도 같으니
마땅히 이처럼 살펴보아야 한다.

부처의 사구 게송(偈頌)인데, 이것이 이른바 육관(六觀)이다.『능엄경』에서 '밝은 것은 해로 보내며, 어두운 것은 달이 없는 그믐에 보내고, 통하는 것은 문과 창틈으로 보내고, 막힌 것은 담벼락과 지붕에 보내고, 인연은 분별로 돌려보내며, 빈 것은 허공에 보내고, 흙비는 티끌로 보내고, 맑은 기운은 갠 날씨로 돌려보낸다.'라고 했는데, 이것이 이른바 팔환(八還)이다.『전등록(傳燈錄)』에서는 '신
〈17〉 기(神機)가 서로 겨루니 예리한 화살이 걸려 있는 듯하다.'라고 했다. 이것이 설법의 오묘한 경지이다.

유마힐(維摩詰)은 천녀(天女)에게 '너희가 이미 깨달음의 경지에 이르려는 마음을 품었으니 불법(佛法)을 통해 얻는 마음의 기쁨을 스스로 즐길 것이요, 다시는 오욕(五慾)을 즐거워하지 않아야 할 것이다.'라고 경계했다. 오욕은 음욕, 수면욕, 식욕, 명예욕, 재물욕이다. 불교에는 재물과 색정은 칼에 묻은 꿀과 같아 어린아이가 그것을 핥아먹다가는 혀가 잘리게 된다는 말이 있다. 문수보살(文殊菩薩)이 '불이법문(不二法門)이 무엇입니까?'라고 물었는데 유마힐은 아무 말도 하지 않았다. 문수보살이 감탄하면서 '좋습니다. 문자와 언어가 없는 경지에 이르렀으니 이것이 진실로 불이법문의 경지에 들어선 것입니다.'라고 했다. 이것이 바로 생각이 맑고 고요히 비추는 때이다.『유마경』에서는 '이 몸은 번개 같아서 찰나에도 머물러 있지 않다.'라고 했고,『능엄경』에서는 '있는 듯하면서 없고, 사라진 듯하면서 사라지지 않는 것을 비상비비상(非想非非想)이라 부른다. 그러므로 무상한 인생을 대각의 경지에서 바라보면 바다에서 생겨난 물거품 하나와 같다.'라고 했다.

불교에서는 '내가 세상의 육진(六塵), 곧 심성을 더럽히는 색(色)·성(聲)·향

(香)·미(味)·촉(觸)·법(法)이 변하고 사라지는 것을 보고 오직 텅 비고 고요한 것으로서 모든 마음의 작용이 소멸된 상태인 멸진정(滅盡定)을 수련하니 심신이 천 겁 백 겁을 지내도 마치 손가락 튕기는 시간처럼 짧았다.'라는 말이 있다.

몸은 깨달음의 나무와 같고
마음은 맑은 거울과 같으니
시시각각 힘써 털고 닦아서
먼지가 쌓이지 않게 해야 한다.

중국 당나라의 선승인 신수(神秀)의 게송이다. 같은 시대의 선승인 혜능(慧能)은 이에 다음과 같이 답했다.

깨달음은 본래 나무가 없고
밝은 거울은 받침대가 없네.
본래부터 아무것도 없거늘
어디에 먼지가 쌓인단 말인가? 〈18〉

『금강경(金剛經)』에서는 '수다원(須陀洹)은 잘못된 견해를 탈피하여 비로소 깨달음의 흐름에 들어섰다는 의미로 이름했으나 들어가는 것이 없다. 이것이 불교에서 말하는 열반의 경지인 멸도(滅度)이다.'라고 했다. 당나라의 선승 양개 선사(良价禪師)는 자신의 그림자를 보다가 크게 깨달아 게송을 지었다.

내가 이제 홀로 가니
곳곳에서 그를 만나는구나.
그는 바로 지금의 나이지만

나는 지금 그가 아니네.

어떤 사람이 당나라 말기의 선승인 용광화상(龍光和尙)에게 물었다.

'하나의 몸으로 어떻게 사방 천지에 베풀 수 있습니까?'

용광화상이 답했다.

'천 개의 강에 하나의 달이 뜨고, 만 개의 집이 모두 봄을 만난다.'

이것이 불교의 극히 오묘한 경지이다.

백전단(白旃檀)을 온몸에 바르면 극심한 마음의 괴로움 일체를 물리쳐 청량한 마음을 얻을 수 있다. 설법하기에 이르면 이미 마음에 거리낌이 없는 삼매경(三昧境)에 들어서는데, 이때 하늘에서 만다라 꽃이 비처럼 내린다. 그러므로 『유마경』에서는 '천녀가 뿌린 꽃이 대제자에게 닿자 몸에 붙어 떨어지지 않았다. 모든 제자가 신력으로 꽃을 떼려 했으나 뗄 수가 없었다.'라고 했다. 이것이 그 득도의 오묘하고 참된 것이다.

달이 지면 밝은 낮이 되고, 꽃이 늦은 봄에 피는 것은 자연스러운 현상이다. 『능엄경』에서는 '깨달음의 밝음과 허공의 어둠이 서로 기다리며 흔들리므로 풍륜(風輪)이 세상을 잡아 지탱하는 말세의 현상과 함께 치상(癡想), 즉 어리석은 생각이 일어난다.'라고 했다. 부처가 말하는 세계는 하나의 치상으로 이루어진 것이다. 이로써 불교의 시는 이렇게 읊었다.

뜬구름이 흩어져 홀로 달이 떠오르니
대천세계가 일시에 밝아지네.
도화동 꽃핀 후에는
봄바람이 없이도 봄이라네.
금빛 두타는 끊임없이 웃고,
두어 봉우리 청산은 초가집과 마주해 있네.

속세의 나무로 만든 허수아비를 불러 물으니 〈19〉

이 이치는 종래부터 앎에 속하지 않는다네.

총명했던 선사인 송나라의 야보도천(冶父道川)이 노래했다.

밤은 고요하고 물이 차가워 입질이 없으니

배 가득 달빛만 싣고 돌아오네.

이것이 불교에서 말하는, 모든 대상이 사라진 공적(空寂)의 기상이다. 대체로 한 번 차면 한 번 비워지는 것이 세상의 바른 이치이기에 유교에서는 삶이 있으면 죽음이 있다고 한다. 지극히 아득하고 지극히 텅 빈 것이 기화(氣化)의 본연이기에 불교에서는 삶도 없고 죽음도 없다고 한다. 유구하고 장구한 것이 우주의 영기(靈機)이므로 도교에서는 삶은 있으나 죽음은 없다고 한다. 그러나 어린 너는 유학자이니 유교 중에서 절로 즐거운 데가 있을 것이니, 불교의 인과(因果)를 흠모하고 도교의 호흡법인 구허(呴嘘)를 배울 필요가 있겠느냐? 훗날 세상에서 이룰 명성과 이로움의 장에서 날개를 떨치고, 출세의 가도에서 용솟음칠 것이다. 네가 배울 만한 것이 이 책에 있으니 너는 부지런히 보아라."

그러고는 소매에서 금실로 꿰맨 책 한 권을 꺼내 주니 곧 『태을보경(太乙寶經)』이었다. 전몽옥은 절한 뒤 책을 받았다. 다시 백 번 절하고 감사의 눈물을 흘리며 물러 나왔다. 잠시 후 도사가 난학이 모는 수레를 타고 훨훨 날아 하늘로 올라 떠나갔다. 전몽옥이 돌아와 그 책을 보니 병법과 산수, 신묘한 변화의 술법이 들어 있었다. 세월이 흘러 삼년상을 마쳤다. 전몽옥이 부모를 다시 잃은 것처럼 허전하여 밤낮으로 울음을 그치지 못하다가 탄식하며 말했다.

"토끼는 태어난 지 3일 만에 밭을 달리고, 물고기는 태어난 지 3일 만에 강을 헤엄치는데, 부모님이 내게 가르치신 것은 단지 보잘것없는 집을 지키는 것과

묘소에 제사하는 것뿐이다. 남자가 태어날 때 뽕나무 활과 쑥대 살로 사방을
〈20〉 쏘는 것은 천하에 뜻을 두기 때문이다. 내가 어찌 여자의 연약한 태도를 보이며
집안의 자질구레한 일에 얽매이겠는가?"

이에 사촌 형제에게 집안일을 맡기고 여러 가지 집안 잡일에서 벗어나 문을 열고 떠났다. 전몽옥이 어디로 향했을까? 다음 권을 보라.

제2권
진짜 대장부는 좋은 경치를 노래하고 가짜 여도사는 차 이야기로 풍류의 진을 친다

각설. 전몽옥이 나귀를 타고 어린 종을 거느리고 후조문(候潮門)을 나서서 절강 동쪽의 물소리를 듣고 강개하여 말했다.

"옛날 전국시대 진나라의 정치가 감라(甘羅)는 열두 살에 왕공 앞에서 칭찬받았고, 당나라의 문인 왕발(王勃)은 열네 살에 자연 속을 방탕히 유람했다. 나는 감라보다는 나이가 많고 왕발보다는 나이가 적은데, 두 사람에게 으뜸을 양보할 필요가 있겠는가? 우선 산수의 경치로 뜻을 삼아 포부를 넓히고, 그 후 나라에서 관직을 구하여 모든 관리의 반열에 함께하리라."

마침내 한해당(捍海塘)을 지나 용금문(湧金門) 밖에 있는 큰 술집의 누각에 올라 휴식을 취하며 서호의 여섯 다리 위의 풍경을 내려보다 보니 목동이 부는 피리 소리에 천고 흥망의 감흥이 일어났다. 빽빽한 나무숲 그늘에 줄지어 서 있는 기생 무리가 말했다.

"흰 마름꽃 핀 포구 나루에서는 어부들이 뱃전을 두드리며 이야기하고, 여뀌가 붉게 물든 여울 가에서는 매번 낚시꾼들이 노를 치며 노래한다."

전몽옥은 자기도 모르게 시상이 용솟음쳐 시 한 수를 읊었다. 〈21〉

자욱한 연기 푸른 비단 창을 감싸고
온 하늘은 흰 갈매기 같은 파도에 잠겨 있네.
흥망의 지난 자취 무엇 하려 묻는가?
노래하고 춤추던 누대에 저녁 까마귀 깃드네.

인하여 술 파는 여인을 불러 술을 가져오게 하니 향기가 병을 뚫고 나올 정도였다. 술잔에 담아 거나하게 마신 뒤 취기가 올라 〈서강월(西江月)〉 한 수를 읊었다.

한바탕 부귀는 개미의 꿈이요
백 년 세월은 새가 지나듯 빠르구나.
역사에 드리울 이름조차 없다면
귀신이 된 등우는 나를 비웃겠지.
꽃은 거친 바람에 수척해지고
달은 괴상한 구름에 가려졌구나.
취향에서의 하룻밤에 머리와 수염 하얘졌는데
거문고 곡조 광릉산을 아는 이 아무도 없네.

이에 붓을 내려놓고 술집에서 내려와 강변을 거닐며 성곽과 누대의 웅장하고 화려한 모습을 두루 유람했다. 동쪽의 망해루(望海樓)에 올랐다. 누대의 높이는 18장이었는데, 꼭대기에 올라 눈으로 볼 수 있는 가장 멀리를 바라보니 한 가닥 은실이 구름 사이에 가로놓인 듯하여 물어보니, 그것은 남해의 파도였다. 인하여 오언절구 한 수를 읊었다.

누대에 올라 아름다운 바다를 보려 했지만
그저 수평선만 보이는구나.
구름과 나란히 할 수만 있다면
응당 온 바다를 보게 되련만.

그러고는 비스듬히 난 길을 따라 보운사 누각에 올랐다. 수많은 집이 금빛과 푸른빛으로 빛나 족히 사람의 눈과 마음을 웅장하게 했다. 발길을 옮겨 송나라의 은사인 고산처사(孤山處士) 임포(林逋)의 옛집을 찾아갔다. 학의 골격을 지닌 임포는 벌써 신선이 되어 사립문이 적막했다. 그러나 임포가 시에서 읊은 대로 높은 나무에서 지저귀는 자고새 소리와 진흙을 지나가는 게는 옛날의 풍경 〈22〉
과 흡사했다. 이에 감흥이 일어 〈만강홍(滿江紅)〉 한 곡조를 읊었다.

처사의 유적 찾을 수 없어
방생지 둔덕에는
다만 가지 없는 늙은 홰나무뿐
옛 다리는 가운데가 끊어져
청산으로 가려 해도 소식이 없어
석양 무렵 돌아와 나무꾼과 벗하네.
흔들리는 달 가운데
여라의 가지는 푸른 휘장같이 드리웠고
바위는 파리하며
꽃은 빛바랬고
풀뿌리는 드러나 있으며
새소리 어지럽네.

전몽옥이 발길을 옮겨 이화촌(梨花村)을 지나는데 온갖 나무에 꽃이 다 지고 향기만 땅에 배어 있었다. 다방에 들어가 차를 주문하니 찻집 종업원이 말했다.

"뜨거운 물로 우려내는 포차(泡茶)만 있는데 품질이 좋지 않아 손님 입에 맞지 않을 듯합니다."

전몽옥이 말했다.

"이 마을 어느 곳에 좋은 차가 있습니까?"

"동쪽 마을 계 징사 댁에 응당 좋은 차가 있을 것입니다. 그러나 본래 차를 파는 집이 아니니 어떻게 마실 수 있겠습니까?"

"계 징사 댁의 차가 정말 최상품입니까?"

다방의 노파가 종업원을 대신해 답했다.

"계 징사 댁 소저가 차를 끓이는 데 신통하니 딱 한 잔만 마셔도 겨드랑이에 시원한 바람이 부는 것을 문득 깨달을 것입니다."

"그렇다면 계 소저는 정말 기특한 인재이군요."

노파가 말했다.

"차를 끓이는 데에만 뛰어난 것이 아니라 용모도 빼어나 막 떠오른 달처럼 황홀하고 반쯤 핀 꽃처럼 아리땁습니다. 지금 남편감을 구하고 있지만 짝할 만한 좋은 배필은 절대 없을 겁니다."

〈23〉 "노파께서 저를 위해 중매를 해주시겠습니까?"

"계 징사가 어찌 다방 노파의 말만 믿고 과객인 상공과 혼인을 허락하겠습니까?"

"그렇다면 어떤 방법을 써야 낭자의 아리따운 얼굴을 볼 수 있겠습니까?"

노파가 오랫동안 생각하다가 미간을 찡그리더니 갑자기 생각이 난 듯 말했다.

"상공께서 만약 여도사로 변장하여 차를 팔러 다니는 행색으로 계 징사 댁에 들어가기만 하면, 반드시 상공의 옥 같은 자태를 좋아할 것입니다. 그리되면 아마도 규방에까지 들어갈 수 있을 것입니다. 이것이 계 소저를 만날 방법입니다."

전몽옥은 노파의 계획이 생각지도 못한 방법이라고 여겼다. 곧바로 치마와 저고리를 빌려 입고 여도사의 모양으로 꾸미고는 차 시장으로 갔다. 소룡단(小龍團) 열 개를 사서 푸른 보자기에 싸고는 계 징사의 집으로 가 곧장 문으로 들어서니 어린 여종이 막아서며 물러가라고 소리쳤다. 여도사 행색의 전몽옥이 말했다.

"경성의 재상 부인들도 여도사의 출입을 막지 않는데 하물며 이 차 파는 여인이 얼마나 사납다고 이처럼 엄히 막아서는가?"

시끌벅적할 즈음 계 징사의 부인이 문득 차 파는 여인이 왔다는 말을 듣고 여종에게 막지 말라고 명했다. 전몽옥이 마침내 안으로 들어가 예를 올리자 부인이 말했다.

"자네가 사는 곳은 어디입니까? 차의 품질은 어떠합니까?"

"저는 건주(建州)의 무이계(武夷溪) 근처에 삽니다. 팔려고 하는 차는 북송의 정치가 채군모(蔡君謨)가 황제에게 바치려고 만들었다는 소룡단입니다."

부인이 계 소저를 불러 차의 품질을 평가하게 했다. 한 번 보았지만, 계 소저 〈24〉
의 아리따운 자태와 온화한 말씨는 사람의 굳센 간장을 무르게 할 정도였다. 계 소저가 엷게 웃으며 말했다.

"이 차는 송홧가루로 겉면을 꾸민 것이 아닙니까?"

"제가 비록 차를 팔아 살아가지만, 지금껏 이처럼 사람을 놀리는 속임수는 배우지 못했습니다."

"제가 농담한 것입니다. 용서하십시오. 그러나 차의 품질은 용봉단(龍鳳團)보다 귀한 것이 없는데 결이 실하고 윤택한 것을 중요하게 여깁니다. 그런 까닭에 여덟 덩어리의 무게가 한 근입니다. 그대의 차는 비록 최하품은 아니지만 약간 가볍고 보랏빛 윤택이 나지 않습니다."

"건주의 차는 천하제일입니다. 낭자께서 어찌 이리 폄훼하십니까?"

계 소저가 웃으며 말했다.

"제가 들으니 건주 사람은 차 끓이기를 잘한다고 합니다. 그대 또한 건주 사람이니 저와 차 끓이기 시합을 해보시렵니까?"

전몽옥이 웃으며 말했다.

"어찌 감히 겨루겠습니까? 다만 이 차가 대룡단보다는 못하더라도 속립아(粟粒芽), 섭가백(葉家白) 같은 잡품보다는 훨씬 뛰어나다는 말씀입니다."

계 소저가 말했다.

"그대와 차에 대해 함께 논하고 싶은데 괜찮으십니까?"

"좋습니다."

"어떤 색이 상품이 되며, 어떤 품종이 버금이 됩니까?"

"육우(陸羽)의 『다경(茶經)』에서는 '자색이 상품이 되며 녹색이 버금이다. 죽순 모양의 찻잎이 가장 좋고 싹 모양의 잎이 그다음이다.'라고 했습니다. 그러나 호주(湖州)의 자순차(紫筍茶)는 녹색 잎줄기가 아래로 늘어집니다. 그러므로 차 중에서 최상품으로 치는데 자주색과 녹색을 겸비한 것을 귀하게 여기기 때문입니다."

"어느 땅에서 나는 것이 최상품입니까?"

"양자강에 있는 중냉수(中冷水)는 세상에서 차를 가루로 만들어 우려내는 점
〈25〉 차(點茶)에서 일품으로 꼽습니다. 무석(無錫) 혜산사(惠山寺)의 석천수(石泉水)가 다음입니다. 일주(日注)는 절강 동서를 아울러 일품이었으나 홍주(洪州)의 백아(白芽)가 또한 일주보다 등급이 높습니다. 호주(湖州)의 금사천(金沙泉)에서 나는 것은 하나하나가 매우 아름다워 홍주와 절강에서 나는 것과 등급이 같습니다. 촉주(蜀州)에는 작설(雀舌), 조취(鳥嘴), 간아(揀芽), 맥과(麥顆) 등의 품종이 있으나 이들은 모두 어린 찻잎을 이르는 명칭이므로 평가하기에는 부족합니다."

"차를 달이는 방법을 듣고자 합니다."

"『다경』에서는 '찻물을 끓이는 데 세 단계가 있으니 물고기 눈처럼 작게 소리 내며 끓는 것이 첫 번째 단계이고, 사방으로 샘이 용솟음치듯 물방울이 이어지는 것이 두 번째 단계이며, 파도가 높이 솟구치는 것이 세 번째 단계이다. 세 번째 단계의 끓는 물은 이미 늙은 것이다.'라고 했습니다. 이약(李約)은 '모름지기 차는 약한 불로 덖고 센 불로 달인다.'라고 했습니다. 센 불이라는 것은 숯의 화염이 사방으로 일어나는 것입니다. 아마도 약한 불이 진액을 우려내기 때문일

것입니다.”

계 소저가 매우 기뻐하며 말했다.

“그대의 차에 대한 품평은 『다경』을 지은 당나라 문인 육우와 대적할 만하며, 동진의 화가 고개지(顧愷之)보다 뛰어납니다. 외모와 생각이 이처럼 정묘하시니 가슴에 품은 바를 이루 헤아릴 수 없을 것입니다. 악기 연주에도 모르는 것이 없으실 것이니 아무쪼록 재능을 숨기지 말고, 깊은 규방에 있는 어리석은 저를 깨우쳐 주시기 바랍니다.”

“초록 치마와 흰 저고리를 입은 거리의 평민으로 단지 차 마시고 밥 먹는 것만 알 뿐입니다. 어찌 들으실 만한 지혜와 기술이 있겠습니까?”

“그대는 음률의 격식에 대하여도 반드시 모르는 것이 없을 것입니다. 오음(五音)의 본질에 대해 듣고자 합니다.”

“제가 비록 아는 것이 없습니다만 일찍이 『관자(管子)』「지원편(地員篇)」에서 〈26〉
는 ‘치(徵)는 새끼 돼지를 데려갈 때 어미 돼지가 놀라 우는 소리 같고, 우(羽)는 말이 들에서 우는 소리 같고, 궁(宮)은 소가 우리에서 우는 소리 같고, 상(商)은 무리에서 떨어진 양이 우는 소리 같고, 각(角)은 닭이 나무에 올라 우는 소리 같다.’라고 했습니다. 『예기(禮記)』에서는 ‘궁은 임금, 상은 신하, 각은 백성, 치는 일, 우는 사물에 해당한다. 다섯 가지 음이 서로 어지럽지 않으면 화음이 고르지 못할 걱정이 없으니 이것이 오음의 본질이다. 쇳소리는 쟁쟁, 돌소리는 퉁퉁, 박의 소리는 삐릴리, 흙의 소리는 쿵쾅, 가죽의 소리는 동당, 나무의 소리는 똑딱, 실의 소리는 맑고 높으며, 대나무 소리는 높고 명랑하다. 이것이 팔음(八音)의 본질이다.’라고 했습니다. 무릇 소리에서 높은 소리인 고성(高聲)은 깨지는 듯하고, 바른 소리인 정성(正聲)은 늘어지는 듯하며, 달통한 소리인 달성(達聲)은 풀려 있는 듯하고, 작은 소리인 미성(微聲)은 들릴 듯 말 듯하며, 급박한 소리인 치성(侈聲)은 빨리 사라지고, 깊은 소리인 엄성(弇聲)은 답답한 듯하며, 얇은 소리인 박성(薄聲)은 흔들리는 듯하고, 두터운 소리인 후성(厚聲)은 돌처럼 단단하니 모두가 혀끝의 조화와 손가락의 변화에 달려 있습니다.”

계 소저가 즉시 일어나 몸을 받들어 예를 갖추며 말했다.

“제가 지금부터는 스승과 제자의 예로 모시는 것이 마땅하겠습니다. 제게 비파가 하나 있는데 선생께서 한 번 연주하여 기막힌 재주를 보여 주시기를 청합니다.”

“소리의 번다함과 생략, 격절함과 부드러움으로 충분히 감동한 후에야 함께 음악을 의논할 수 있을 것입니다. 저의 자그마한 재주로 어찌 고귀한 소저의 칭찬을 감당하겠습니까?”

“선생께서는 지나치게 겸양하지 마십시오.”

마침내 계 소저가 비파 하나를 꺼내왔다. 나사(邏沙) 지역에서 자란 박달나무로 몸통을 만들었고, 학과 비슷하게 생긴 큰 닭인 곤계(鵾鷄)의 힘줄로 줄을 만
〈27〉 들었으며, 슬픈 소리를 더 잘 내려고 아홉 아들을 둔 과부의 귀걸이로 줄을 조절하는 약(約)을 장식했다. 매우 좋은 향나무인 용향(龍香)으로 술대를 만들었으니, 튕기지 않아도 소리가 몸통에 담겨 있고 고르지 않아도 곡조가 손끝에 있었다. 전몽옥이 거듭 사양하다가 비파를 가져다가 연주했다. 향기로운 술대로 천천히 줄을 튕기니 마치 조화옹의 손 안에서 요동치는 것 같았다. 칠반령(七盤嶺) 위의 난새의 울음소리 같은 방울의 울림과 무산(巫山)의 십이봉(十二峯) 꼭대기 운우(雲雨)의 곡조에 구절마다 마음을 담았고 마디마다 간장을 녹였다. 연이어 전관육요(轉關六幺)와 호색양주(護索梁州), 옥련쇄(玉連瑣) 등을 연주하니 하나하나가 옥쟁반에 구슬이 구르는 듯, 얼음에 물방울이 떨어지는 듯했다. 듣는 이들은 숨죽이고 귀를 기울여 듣다가 날이 저무는 것도 깨닫지 못했다. 하물며 진실로 풍류를 아는 여자인 계 소저는 절로 심장이 날뛰어 마음을 진정할 수 없었다. 잠시 후 침실에 촛불을 켜고 화려한 음식을 차렸다. 창에는 거북등 모양의 장식이 가로 걸려 있었고 향내가 진동했다. 속이 비치는 노란 비단 주렴은 큰 새우의 수염으로 만든 실에 말려 있고, 밝은 보름달은 자색 비단에 걸

려 있었다. 이때 계 소저가 버들잎 같은 눈썹을 한 번 찡긋하더니 손 가는 대로 시를 지었다.

꽃 등불은 은은히 밝게 빛나는데
향기는 부드러운 가슴에 스며들어 옥으로 둘렀네.
미인은 거센 비바람 막기 어려우니
되레 봄날의 시름에 비파를 타네.

전몽옥이 노래에 화답했다.

가짜 화초가 봄빛을 다투지만
궁궐 주렴에 둘러 수놓은 고니만 못하네.
만 섬만 한 가슴속 끝없는 마음을 〈28〉
아름다운 여인의 비파 연주에 부치네.

계 소저가 노랫말의 의미를 이상하게 여겨 표정을 고치며 물었다.

"선생께서 읊으신 것이 어딘가에 마음을 전하는 뜻이 있는 것 같습니다. 어떤 사연인지 감히 여쭈어도 되겠습니까?"

여인 복장의 전몽옥이 웃으며 말했다.

"아녀자의 회포는 남부끄러워 말하기 어려우니 다른 사람에게 들려줄 만한 것이 못 됩니다."

"노래하고 읊는 것은 본래 여자가 능사로 할 일은 아닙니다. 그런데 이런 것들을 쉽게 하시니 속마음을 드러내는 데에는 비파를 연주하는 것만 한 것이 없을 것입니다. 사양하지 마시고 다시 한 곡을 연주해 주십시오."

전몽옥이 표정을 고치고 다시 자세를 바로잡아 비파를 연주했다. 두세 번 튕기기도 전에 계 소저가 말했다.

"지금까지 연주하신 곡들은 제가 약간이라도 들어 보았던 것입니다. 혹시 세간에 알려지지 않은 곡조로 비루함을 씻어 주실 수 있습니까?"

"저는 옥관진인께 악보를 배웠는데, 그 가운데에 〈금전두(錦纏頭)〉라는 곡이 있습니다. 이것이 세상에 알려지지 않았으니 소저를 위해 한 번 연주해 보겠습니다."

이에 술대를 잡아 줄을 뜯어 연주하니 그 노랫말은 다음과 같았다.

곤계의 현, 쇠 술대 세상에 다시 없으니
악부의 옛 가락 하회지에게 전수받았네.
고운 꿈 품은 가슴에 소식이 없으니
비파를 끌어안고 백발이 되었네.
신선 궁전의 작은 선녀 이팔청춘 때
흉노의 아내 된 왕소군에게 연주법 훔쳐 배웠네.
여와씨가 아득한 천지에 흙으로 빚어 놓았는데
사모하는 님은 짝도 없이 많은 눈물만 흘리네.
푸른 적삼으로 분포 어귀의 손님을 만났더니
붉은 소매에 비파의 대가 조강의 손을 하고 있네.
잘못된 인연으로 추남 애태타와 엮일까 두려워
베옷 입고 몸소 물 긷고 절구질했네.
〈29〉 내 미모는 반악과 위개도 부끄럽게 하니
그 누가 화당에 천거하여 합환주를 마시게 하랴.
육요와 호색을 연주하면 신기가 있는 듯
우레처럼 일제히 소리나 대나무 창을 울리네.
네 줄을 한 번 튕기고 소매 걷고 일어서서

손 모아 신선 복숭아 드려 그대 장수를 기원하네.
세상 사람 다만 금전두를 알 뿐이니
뉘 알까? 장석이 이미 두난향과 짝 되었음을.

계 소저는 문득 노래 중간에 남녀 사이의 곡진한 정이 있음을 듣고 십분 의아하여 몰래 등불 아래로 눈길을 흘려 쳐다보았다. 노래의 마지막에 이르러 느릿느릿 꼬리를 치듯 끝을 맺으니, 그 형상이 빠르게 드러났다. 주변 사람들은 노래의 의미를 알지 못한 채 다만 서로 돌아보며 큰 소리로 외치며 칭찬할 뿐이었다. 계 소저는 비로소 속은 것을 알았다. 눈썹이 문득 찌푸려지고 입술은 절로 굳어지며 단지 얼굴빛이 붉어질 뿐 어찌할 바를 알지 못했다. 계 소저가 마음속으로 생각하며 혼잣말했다.

'내가 이미 남에게 속았으나 탁 펼쳐 밝힐 수가 없구나. 기이한 사내의 불측한 속임에 빠져 나의 자취를 드러내고 말았으니 규방 여자의 흠이 될 것이다. 스스로 조용히 흔적을 덮어 다른 사람이 알아채지 못하게 해야겠다.'

인하여 표정을 풀고 감정을 자제하며 말했다.

"이 노래는 일찍이 들어 본 적이 없습니다. 온갖 새가 시끄럽게 지저귀는 가운데 비로소 외로운 한 마리 봉황이 보이니 사람을 맑고 시원하게 합니다."

마침내 고개를 숙이고 묵묵히 생각했다.

'이 사람의 풍류와 재주가 매우 뛰어나니 내 상대가 될 만하다. 옛날 곧고 아름다운 자태를 가진 탁문군(卓文君)도 사마상여(司馬相如)가 비파를 타며 부른
〈봉구황곡(鳳求凰曲)〉에 끌려 절개를 잃었으나 오히려 천고의 미담이 되었다. 〈30〉
어찌 내가 정절을 아껴 이처럼 만나기 어려운 사람을 거절하겠는가?'

잠시 후 밤이 깊어 사람들이 흩어지자 단지 두 사람만 등불 앞에 남아 있었다. 전몽옥이 옷깃을 여미며 무릎을 꿇고 말했다.

"소저께서는 무얼 고민하십니까? 제가 무슨 잘못이라도 한 것입니까? 마음

이 심히 불안합니다.”

계 소저가 화난 낯빛을 띠며 말했다.

“늪의 사슴이 호랑이 가죽을 쓰고 터무니없이 남을 속이고, 무도(武都)의 신령이 남자로서 예쁜 여자가 되어 촉나라 왕비가 되는 재주를 부리기도 했습니다만, 어찌 여인에게 해를 끼치고, 또 장부의 광명정대함에 흠을 내십니까? 이는 남을 속이려다가 스스로 자기 자신을 속인 것이 아니겠습니까?”

전몽옥이 곧장 자리에서 일어나 사죄하며 말했다.

“제가 죽을죄를 지었습니다. 어리석고 노둔한 재주로 여자의 옷을 입고 당돌히 규방에 들어와 낭자를 만나 보려 했습니다. 대저 앵무가 말을 할 수 있어도 새의 본성을 버리지 못하고, 원숭이가 사람의 얼굴을 했어도 짐승의 형상은 고칠 수가 없습니다. 그런 까닭에 낭자의 뛰어난 관찰력에 저의 정체를 숨길 수가 없습니다. 비록 제가 스스로 저의 죄를 자책하려고 해도 더 이상 입을 놀릴 수가 없으니 낭자께서 죽이든 살리든 하십시오.”

“옛말에 ‘바람이 없으면 나무가 흔들리지 않고 배가 움직이지 않으면 물이 흐려지지 않는다.’라고 했습니다. 모두 제가 삼가 잘 지키지 못한 까닭에 스스로 부끄러운 지경에 떨어진 것입니다. 어찌 감히 장부의 허물이라 하겠습니까? 감

〈31〉 히 묻고자 합니다. 당신의 고향과 성씨와 이름이 어떻게 됩니까?”

전몽옥이 말했다.

“저는 전당 사람이며, 성명은 전몽옥입니다. 부모님을 여의고 집을 떠나 유랑하다가 이곳에 와 죽을죄를 짓는 지경에 이르고 말았습니다. 다행스럽게도 낭자께 큰 은혜를 입어 생명을 보존했으니 조물주가 정해 둔 인연이 아니라면 오늘 저녁 절묘한 만남이 있었겠습니까?”

계 소저가 하얀 이를 드러내자 온화한 향과 미소가 춘정을 불러일으켰다. 이때 뜰의 난초 향이 바람 따라 방에 퍼지고 밤새도록 차조기는 향내를 풍겼다. 초승달이 갈 수 없는 구름 끝에 있는 것이 너무 싫었고, 연밥 송이가 여전히 붉

어 아름다운 꽃이 잎사귀 밑에 숨겨진 것이 무척 안타까웠다. 맑은 눈동자가 반짝이니 봉섭(封涉) 같은 남자라도 정욕이 일어나고, 거문고 연주로 은근히 도발하니 전설 속의 선녀인 마고(麻姑)와 같은 여자라도 마음이 끌렸다. 잠자리에서 남녀 간에 열정이 샘솟지 않으면 불꽃 같은 지혜만 드러나고, 베갯머리에서 운우의 정을 부끄러워하고 겁내면 산과 바다와 같은 아름다운 맹약만 맺지만, 다행히도 이날 밤 두 사람은 아교와 옻칠처럼 긴밀했고, 물고기가 물을 만난 듯했다. 온갖 아름다운 모습은 그림으로도 다 묘사할 수 없다. 검고 무성한 살쩍과 가늘고 이쁘게 굴곡진 눈썹, 빛나는 눈동자와 향기가 짙게 풍기는 입술, 밝게 화장한 볼과 가늘고 옥 같은 손, 꽃무늬 가득한 신발이 멀리서 보면 말을 알아듣는 꽃을 보는 듯했고, 가까이서 보면 향기 나는 옥을 보는 듯했다. 이때 계 소저가 소약란(蘇若蘭)의 〈직금회문선기도(織錦回文璿璣圖)〉를 주었다.

龜紋圖體 〈32〉

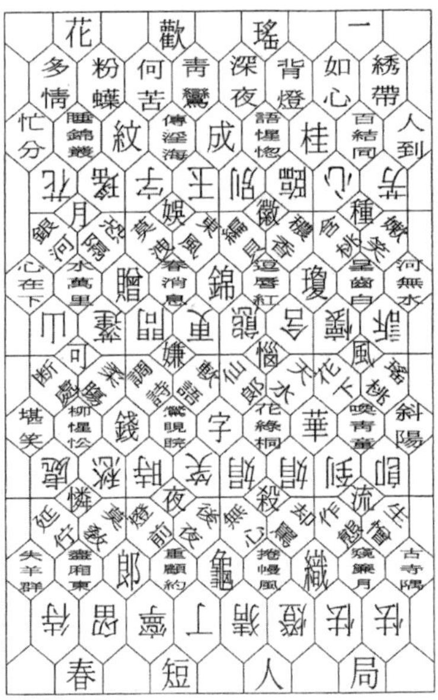

〈33〉 전몽옥은 잠깐 집중하다가 〈직금회문도(織錦回文圖)〉를 본떠 만들어 주었다.

織錦圖體

〈34〉 한 번 시를 읊으며 화답하기를 마치고 서로 칭찬하며 전몽옥이 말했다.

"낭자의 문장은 기러기 울음이 슬퍼도 절주에 맞고, 꾀꼬리 울음이 울려 퍼져도 조리가 있는 것 같습니다. 눈을 버들개지에 비유하여 읊어 재주를 뽐낸 동진 때의 유명한 여류 문인인 사도온(謝道蘊)과 대월지사(待月之詞)를 지은 『앵앵전(鶯鶯傳)』의 뛰어난 여주인공 최앵앵도 낭자와 비교하기엔 부족하다 하겠습니다."

"여인의 솜씨가 본래 졸렬하여 대장부의 큰 재주에 미치기 어렵습니다. 낭군의 시는 마치 노을의 광채와 별의 색채가 절로 빛나고 용의 문양과 봉의 색깔이 꾸미지 않아도 절로 기이한 것과 같습니다. 어찌 애써 다듬어 만든 보잘것없는 글귀로 아름다움과 우열을 겨루겠습니까?"

"급히 지은 것이 완벽할 수 없음은 예술가들이 늘 논했던 것입니다. 저 역시 창졸 간에 생각을 엮고 지었으나 다듬지 못했으니 어찌 칭찬받을 수 있겠습니까?"

마침내 서로 간에 사랑이 넘치고 맹세가 굳어, 비록 한때의 이별을 슬퍼하는 뜻이 있으나 평생 서로 따를 것을 약속했다. 시간이 흘러 붉은 해가 떠올랐다. 계 소저의 부모는 이러한 기미를 알지 못한 채 차를 파는 부인네로만 알 뿐이었다. 잠시 후 음산한 바람이 참담하게 불어오며 살기가 능선을 타고 흘렀다. 바야흐로 이상하게 여길 즈음 마을 뒤 대숲에서 함성이 크게 일고 포성이 산을 뒤흔들더니 한 무리 도적 떼가 바람을 일으키며 산 아래로 달려왔다. 계 소저가 놀라며 급히 전몽옥에게 말했다.

"강회 땅 사이의 도적 떼가 이곳에 들이닥친 것이 틀림없습니다. 낭군께서는 저를 염려하지 마시고 서둘러 피신하십시오."

전몽옥은 황망히 담을 넘어 도주했다. 도적들은 곧장 이화동으로 들어가 여 〈35〉
기저기 노략질을 해대며 어지럽게 흩어져 공격했다. 오래지 않아 인적이 뜸한 집의 뜰에서 불길이 일어나 하늘 높이 치솟았다. 청색, 흑색, 진홍색 깃발이 어지럽게 부딪치고 방울, 큰 징, 작은 징을 울리는 소리가 요란했다. 곱게 단장한 사족 여인들의 무리 속에서는 금이 떨어지고 옥이 부서졌고, 경치를 즐기던 유랑객은 삽시간에 성화같이 달려 구름처럼 흩어졌다. 머리가 하얗게 센 노인들은 황당하고 어지러운 상황에 헐떡거리며 숨을 가다듬지 못했고, 젊은이들은 죽어 피가 흐르는 곳을 어지럽게 달리며 도망쳤다. 부모를 부르거나 아이를 찾다가 창과 칼에 도륙되었고, 이리저리로 달아나던 관리와 상인들은 화살과 총포 앞에 간과 뇌수를 길에 쏟으며 죽었다. 그 나머지 사로잡혀 간 사람의 수는 이루 헤아릴 수 없었다. 전몽옥은 어떻게 도망했을까? 다음 권을 보라.

제3권
소주현의 진계가 도를 논하고
창문 외곽에 사는 염공이 꿈을 풀이하다

전몽옥은 화를 피해 살길을 찾아 계 소저 집 담장을 넘어 곧장 찻집으로 달
려갔다. 치마와 비녀를 벗고 관과 망건을 갖추고는 급히 하인을 불러 사잇길로
〈36〉 황망히 도주했다. 대략 30리가 못 되는 곳에 이르러 호흡을 겨우 가다듬고 마
침내 주점으로 들어갔다. 놀란 가슴을 진정시키려고 술 한 잔을 마시자, 한 번
의 재앙이 꿈속에서 호랑이를 만난 것 같아 이따금 머리카락이 곤두섰다. 다만
계 소저가 어떻게 되었는지 알 수 없어 절로 두렵고 슬퍼 여러 날 우울해했다.
마침내 북산(北山) 수운정(垂雲亭)으로 가 삼료천(參寥泉)의 물을 마시고 소동
파(蘇東坡)가 지은 구절을 읊었다.

> 북산은 스스로 높은 것 아니니
> 천 길 높이도 내 발에 달려 있다네,

인하여 소영(蘇穎) 사이로 나와 고소대(姑蘇台)를 지났다. 오나라 왕 합려(闔閭)의 무덤은 이미 잡초로 뒤덮여 있고, 서나라 왕과의 약속을 지키기 위해 그가 생전에 갖고 싶어 한 자신의 칼을 무덤가에 걸어 신의를 지킨 계찰(季札)의 높은 풍격도 이미 아득한 옛일이었다. 춘추시대 오나라 왕의 궁궐이었던 향섭랑(響屧廊)과 관계궁(舘桂宮)에는 오직 사슴의 흔적만이 눈에 띄었고, 명승지인 백화주(百花洲)와 채향경(採香逕)에는 새 지저귀는 소리만 들렸다. 인하여 옛날을 회고하며 시 한 수를 읊었다.

충신 오자서의 눈을 뽑아 동문에 걸었는데
백 척 고소대엔 푸른 이끼 흔적뿐
텅 빈 거울 속 흰 달만 비치고
청산에 해 지니 황혼에 접어드네.
서시가 눈 한 번 깜빡하자 오나라는 폐허 되고
오자서는 천 년 되도록 물고기 밥이 되었네.
과객이 석양 녘에 한없이 눈물 흘리니
구슬픈 원숭이와 새들도 원통함을 참지 못하네.

그러고는 법화산(法華山)에서 흥복원(興福院)으로 향하여 태호(太湖)를 바라
보며 상주(常州)와 호주(湖州) 지역에 도착했다. 진택(震澤), 즉 태호가 상주·수
주(秀州)·소주(蘇州)·호주 네 개 주에 걸쳐 있고, 큰 산 작은 산이 있어 무릇
명승지가 72곳인데, 그 가운데 으뜸은 동정호(洞庭湖)이다. 7백 리 길이에 파도
가 세차게 치고 4만 경의 넓이에 마름이 출렁거린다. 해와 달이 호수 가운데 있
는 모래톱 사이에서 뜨고 지고, 바람과 연무가 섬 사이로 들고나니 참으로 천하 〈37〉
의 장관이다. 비로소 사마천(司馬遷)의 문장을 알아 과연 이를 보고 더욱 깊어
질 수 있는 사람이라야 무릇 악양루(岳陽樓)에 올라 난간에 기대 피리 한 번 불
며 아득히 푸른 하늘을 넘고 우주로 나가려는 뜻이 생겨날 것이다. 그러나 앞
사람들도 갖추지 못한 상태이니 거기에 군더더기를 더할 필요가 없기에 절구
시를 짓지 않고 다만 사패(詞牌) 〈낭도사(浪淘沙)〉 한 곡을 지었다.

낭도사 - 마음에 계 소저가 담겨 있네

술잔 쥐고 호수에 뜬 달을 맞이하니
강산은 멀고 아득하구나.

사내들 몇이나 스러졌나?
죄다 그 시절 이별했던 곳이로구나.
몽롱한 경치 손에 잡힐 듯한데
만나고 헤어짐은 슬프게도 어긋났네.
그저 백발로 늙어감이 두렵나니
동정호엔 나뭇잎 지고, 파도 물결 이는구나.
내일 아침 팔 흔들며 떠나감이 애석하니
풍경들은 어렴풋해져만 가네.

인하여 강개한 감정이 일어 표연히 누각에서 내려와 길을 떠났다.

이때는 명나라 3대 임금인 영락제(永樂帝) 재위 22년인 갑진년(1424)이었다.
그해 4월에 영락제가 가마를 타고 북경을 떠나 몸소 출정하여 아노태(阿魯台)를
공격하여 물리쳤다. 7월에 군사를 돌려 돌아오던 영락제가 유목천(楡木川)에서
숨을 거두었다. 영락제가 궁궐 밖에서 죽은 사실을 감추느라 초상 절차를 행하
지 못하다가 8월에 시신을 넣은 관이 북경에 도착해서야 비로소 장례를 치렀
다. 태자가 즉위하니 바로 인종(仁宗)이다. 당시 온 세상에 음악 소리가 끊겼고,
사람들은 흰 상복을 입고 애통해했다. 전몽옥은 더는 산수 유람으로 즐거움을
삼을 수 없었기 때문에 마침내 호주에서 돌아와 소주에 도착했다. 소주에는 학
문에만 정진하고 세상일은 모르는 진계(陳繼)라는 사람이 현인이라는 소문이
〈38〉 있었다. 전몽옥은 소문을 듣고 찾아가 뵙고 도학의 연원과 문장의 바른 격식을
토론했는데, 마치 종을 치면 소리가 울리고 돌을 던지면 물에 잠기듯 서로 잘
맞았다. 전몽옥이 물었다.

"감히 묻습니다. 태곳적에도 도학의 옳은 말씀이 있었습니까?"

진계가 답했다.

"문자가 만들어지기 이전까지는 명확히 뒷받침할 만한 근거가 없습니다. 그러

나 도의 근원은 하늘에서 나오는 것이니, 하늘이 있으면 곧 도도 있는 것입니다. 그러므로 복희(伏羲)는 도를 얻어 팔괘를 만들었고, 염제(炎帝)는 도를 얻어 농사를 시작했으며, 황제(黃帝)는 도를 얻어 실덕(實德)에 힘썼고, 소호(少昊)는 도를 얻어 신과 인간을 조화롭게 했으며, 전욱(顓頊)은 어지러워진 덕을 바로잡았고, 제곡(帝嚳)은 중도를 잡아 다스렸습니다. 요임금은 그 덕이 하늘과 땅에 닿았고, 순임금은 그윽한 덕으로 알려졌으며, 우임금은 교화가 사해에 미쳤습니다. 『서경(書經)』에서는 '인심은 위태하고 도심은 은미하니, 오직 정밀하고 일관되게 하여 진실로 그 중도를 잡아야 한다.'라고 했는데, 이것이 요, 순, 우임금 세 성인이 서로에게 전한 심법(心法)입니다. 탕왕에게 전해져 성스러운 덕과 공경하는 덕이 날로 발전했고, 문왕에게 전해져서 그 계책이 크게 드러났으며, 무왕에게 전해져서 공덕이 크게 이어졌습니다. 무왕까지는 윗자리에 임금으로 있었기 때문에 유학의 도가 행하여져서 천지가 제자리를 찾고 만물이 자라 천체의 운행을 측정하는 혼천의(渾天儀)를 적절히 돌리듯 태평성대를 이루니, 말하지 않아도 사계절이 정확하고 만물이 조화로웠습니다. 기자(箕子)가 도를 전하여 『홍범(洪範)』을 저술했고, 주공(周公)은 도를 얻어 『주례(周禮)』를 제정했으며, 공자(孔子)가 이어받아 『춘추(春秋)』를 지었고, 맹자가 이어받아 『맹자』 일곱 편을 저술했습니다. 주나라가 쇠망하자 성인의 도가 쇠약해졌고, 흘러 흘러 세상이 기나긴 밤에 들어서 욕망으로 회유하고 이익으로 이끌고 있습니다. 천문을 말하는 이들도 있었고, 문장을 잘하는 이도 있었으며, 희고 단단한 돌은 존재할 수 없으며 서로 다르다는 궤변을 늘어놓는 자도 있었고, 완곡하게 정곡을 〈39〉
찔러 분쟁을 해소하는 이도 있었습니다. 어떤 이는 합종연횡을 설파하고, 어떤 이는 불로 태웠으며, 혹자는 무력으로 정벌했습니다. 한(漢)나라 때 동중서(董仲舒)가 도를 말했으나 박학하지 못했고, 당나라 때 한유(韓愈)가 도를 논했으나 정밀하지 못했으니 천여 년 후에 유학이 거의 땅에 떨어졌습니다. 그러나 도는 끝내 사라질 리 없습니다. 태어날 때 3일 동안 기이한 향기가 퍼져 '향내 나는 아이', 곧 향해(香孩)라고 불린 송 태조 조광윤이 천명을 받아 나라를 세우자 학문의 기운이 회복되었습니다. 정자(程子)가 세상에 나와 떨어진 실마리를 찾았고, 주자(朱子)가 세상에 나와 끊어진 학문을 창도했습니다. 기자 이후로는 아래 자리에 신하로 있었기 때문에 학설이 오래 전해졌고, 필부가 백 년의 스승이 되었으며, 말 한마디가 천하의 법이 되기도 했습니다. 삼강(三綱)에서 포폄의 기준을 잡고, 오전(五典)인 '인·의·예·지·신'을 음악의 준거로 삼았으며, 나라의 표준이 되는 도량형은 실현 불가능한 빈말에서 왕도에 붙게 되었고, 예악과 형벌은 빈자리라고 불린 도와 덕을 기준으로 성인의 제도로 세워졌습니다. 아! 천지가 다하고 만고에 이르도록 임금이 임금답고 신하가 신하다우며, 아비가 아비답고 자식이 자식다우며, 남편이 남편답고 아내가 아내다워서 금수를 면한 것은 누구의 덕분이겠습니까? 성인이 없었다면 우리는 머리를 풀고 옷깃을 왼쪽으로 여미는 오랑캐가 되지 않았겠습니까? 감히 고명한 그대의 옳고 그름에 관한 의견을 듣고자 합니다. 마땅히 바로잡을 부분이 있을 것입니다. 이단(異端)이 성인의 도와 다른 이유는 무엇입니까?"

전몽옥이 대답했다.

"하늘의 도는 넓고 넓으니 어찌 크지 않겠습니까? 삶과 죽음에는 한계가 있고, 잘 다스려짐과 어지러움 사이에는 여러 길이 있습니다. 그러므로 한계가 있는 사람에게 말이 없을 수가 없으며, 또한 여러 길이 있는 일에 갈래가 없을 수가 없습니다. 고집스럽고 스스로 높은 체하는 무리가 성인의 규범에서 벗어나
〈40〉 도리에 어긋난 말을 하며, 인의에 어긋나는 말로 도의(道義)와 다른 논리를 세워 은밀히 성인의 도를 무너뜨리고 별도로 사특한 길을 열어 세상의 우매한 자들이 이단에 속하면 그 세운 자를 주인처럼 받들고, 나가면 노비같이 대하게 되었습니다. 그런 까닭에 노자(老子)는 자신의 사상을 바탕으로 경전을 재해석한 오묘한 학문인 현학(玄學)을 숭상했습니다. 이에 자그마한 은혜를 인(仁), 자그마한 선행을 의(義), 보아도 보이지 않는 것을 이(夷), 들어도 들리지 않는 것을

희(希)라고 했습니다. 자신의 날카로움을 무디게 하고 얽힌 것을 풀며, 빛과 조화를 이루고 세상과 함께 어울려야 한다고도 했습니다. 천지는 만물을, 성인은 백성을 제사가 끝나면 버려지는 풀로 만든 개 인형인 추구(芻狗)처럼 여기며, 천지는 풀무와 같아 텅 비어 있지만 다함이 없고 움직일수록 더 나온다는 설과 도는 만물을 생성하는 텅 빈 골짜기와 같은데 그곳의 신은 현빈(玄牝), 곧 신비한 암컷이라는 주장을 펼쳤습니다. 노자는 '성인과 단절하고 지식을 버리면 백성의 이익이 백 배가 되고, 인을 끊어 내고 의를 버리면 백성이 다시 효성스럽고 자애로워지며, 기술을 끊고 이로움을 버리면 도적이 없을 것이다.'라고 했습니다. 그 책이 바로 5천여 자의 글로 지어진 『도덕경(道德經)』입니다.

장자(莊子)는 사람의 정신을 혼란스럽게 합니다. 천지를 달팽이의 두 눈에 빗대고, 사람을 쥐의 간에 비교하며, 터럭을 큰 것과 같다 하고, 죽은 것은 마찬가지이니 8백 년을 산 팽조(彭祖)와 요절한 상(殤)의 수명이 같다고 합니다. 상자를 열어 물건을 훔치는 도적을 막기 위해 끈으로 묶거나 자물쇠를 채우는데, 큰 도적은 상자째 훔치기 때문에 오히려 끈이나 자물쇠가 약할까 염려한다는 말과 배를 산속에 깊이 감추어도 힘이 있는 자가 지고 달아나면 어리석은 자는 알지 못한다는 비유를 떠들어댑니다. 언어의 맥락이 마치 불교 선종의 가르침과 같이 날카로워, 일찍이 질탕하지 않음이 없고 실없는 행동이 아닌 것이 없습니다. 그러나 남송(南宋)의 정치가 진량(陳亮)은 '세상에 이런 사람이 없을 수 없고 이런 책 또한 없을 수 없다.'라고 했고, 진(晋)나라 사상가 곽자현(郭子玄)은 '이 책이 경전은 아니지만, 제자백가 중에서는 으뜸이다.'라고 했습니다. 과시하고 희롱하며, 거스르고 맞서는 것이 비록 공자를 모욕하고 제자백가를 꾸짖는 듯하나, 실상은 겉으로 배척하면서 속으로 옹호하는 것입니다. 그 책이 이른바 『장자 남화경(莊子南華經)』 48편입니다.

열자(列子)는 황당한 거짓을 좋아합니다. 바람을 타고 날아다닌다는 지혜, 잡은 사슴을 파초 잎으로 숨겨 두었다가 찾지 못하여 꿈으로 여겼다가 다른 사람이 가져가자 소유권을 다투며 벌였다는 소송, 노성자(老成子)가 환술을 배워 깨우쳤다는 이야기, 공수자(公輸子)가 대나무로 까치를 조각하여 날렸는데 3일이

〈41〉 되도록 내려오지 않았다는 비유가 실재하는 것과 실재하지 않는 것 사이에서 교묘하고, 현명함과 어리석음 사이에서 비웃고 놀립니다. 지금 열자는 '천지를 가득 채우고 있는 것은 처음에는 정해진 자리가 없었고, 애초에 실재의 자취도 없었다. 면면히 이어져 존재하며 작용하는 데에 힘들이지 않아 스스로 생겨나고 스스로 변화하며, 스스로 자라고 스스로 사라진다.'라고 했습니다. 이는 모두 노자와 장자가 남긴 기풍이 더욱 기괴하게 된 것입니다.

부처는 번뇌의 세상에서 벗어난 높은 경지인 적멸(寂滅)을 강조합니다. 공(空)은 큰 깨달음 속에서 생기고, 마음은 지극히 고요한 경지에 다다른다고 했습니다. 그러므로 '큰 도는 어렵지 않으니 오직 선택을 꺼릴 뿐이다.'라고 했고, 또 '이 법은 평등하여 고하가 없다.'라고 했습니다. 자비로운 마음으로 중생을 구제하고 인과응보로 법을 삼아 극락정토에 마음이 깃들게 합니다. 그래서인지 내적 갈등이 사라진 깨달음의 경지를 쓴 시가 있습니다.

두 마리 진흙 소가 싸우다 바다에 빠졌는데
지금까지 소식이 없네.

또 다른 시도 있습니다.

문득 산중 사찰의 종소리 들려오니
다시 덧없는 인생에 하루가 더해졌네.

이는 교리의 깨달음에 있어 지극히 깊고 오묘한 경지입니다. 그런 까닭에 이천(伊川) 정이(程頤)는 '불교 서적은 음탕한 소리와 아름다운 미녀 같아서 사람

을 유혹하기 쉽다.'라고 했습니다. 그 책이 이른바 『대장경(大藏經)』 540함(函)입니다.

자신의 털 하나가 세상을 이롭게 한다 하더라도 절대 뽑지 않겠다고 한 양주(楊朱)는 자신만을 위하는 것이 지나쳐 임금을 무시하는 과실이 있으며, 남을 위해서라면 머리부터 발꿈치에 이르기까지 갈아 버릴 수 있다는 묵적(墨翟)은 모두를 똑같이 사랑하는 것이 지나쳐 부모를 무시하는 과실이 있습니다. 그런 까닭에 집안에서 싸움이 나면 머리를 풀어 헤친 상태라고 해도 갓을 쓰고 나가 말려야 하는데 갓끈을 묶을 생각도 하지 않고, 마을에서 싸움이 났을 때는 머리를 풀어 헤친 상태에서 갓만 쓰고 나가 말리는 것은 잘못된 것이기에 그저 문을 닫아 버려도 되는데 닫을 줄을 모르게 된 것입니다.

고자(告子)는 인은 내면에 있고 의는 밖에 있다고 주장하는데, 인을 버드나
무, 의를 버드나무로 만든 그릇에 비유하면서 내외를 구분하지 않으면 버드나
무가 그릇이 되는 격이라고 한 배권(桮棬)의 주장과 여울물이 터놓은 방향대로
흘러가듯이 사람의 본성도 인도하는 방향에 따라 선악이 정해진다고 본 단수
(湍水)의 논리에서 오류가 보입니다. 이 둘은 모두 인위적으로 외부의 힘이 가해
지는 것이어서 본성의 자연스러움에 어긋납니다. 양웅(揚雄)은 사람의 본성에
는 선과 악이 혼재되어 있어서 선을 닦으면 선인이 되고 악을 닦으면 악인이 된
다는 성선악혼설(性善惡混說)을 주장했는데, 인간의 본성에 선인 상(上), 상하 〈42〉
로 옮겨 갈 수 있는 중(中), 악인 하(下)의 세 등급이 있다는 설로 왜곡되었습니
다. 신불해(申不害)와 한비자(韓非子)는 도교의 하나인 황로학(黃老學)에 의탁
하며 강력한 법치를 중심으로 하는 형명학(刑名學)을 주창했습니다. 송나라 부
잣집의 담장이 무너졌을 때 아들과 이웃 사람이 도둑이 들지 모르니 빨리 고치
라고 권했으나 늦장을 부린 탓에 그날 밤에 도둑이 들자 부자는 아들은 총명하
다고 칭찬하고 이웃 사람을 도둑으로 의심했다는 이야기나, 초나라 사람이 진
귀한 구슬을 목란(木蘭)으로 고급스럽게 만든 상자에 넣어 정나라 사람에게 팔

았는데 그 사람이 상자만 사가고 구슬은 돌려주었다는 이야기는 이로움만을 도모함이 심하여 인(仁)을 수양하는 데 흠이 될 뿐입니다. 그러므로 '대낮의 해는 반드시 쬐고 손에 칼을 쥐었으면 반드시 베어야 한다.'라고 말합니다. 그 책은 이른바 「세난(說難)」, 「고분(孤憤)」 편 등입니다. 진상(陳相)과 허행(許行)은 신농씨(神農氏)에 가탁하여 억지로 끌어다가 사실처럼 꾸몄습니다. 어진 임금은 아침저녁을 직접 농사지어 먹어야 한다는 주장과 시장에서 같은 물건은 가격의 차이가 없어야 한다는 주장은 혜택은 전혀 없고 큰 덕을 가로막는 것이며, 사사로운 정에 빠져 큰 이치를 흐릴 뿐입니다. 그래서 그 법에서는 좋은 곡식과 나쁜 곡식을 하나로 보아 같은 값을 매기고 임금과 백성이 나란히 서서 함께 밭을 갈아야 한다고 합니다. 진량(陳亮)이 의리와 이로움을 동시에 행해야 한다고 주장한 의리쌍행(義利雙行)과 육상산(陸象山)이 바탕과 꾸밈은 서로 상관관계가 있다고 주장한 문질상몽(文質相蒙)은 별개의 문호를 세우고 스스로 가법을 이룬 것일 뿐입니다. 어찌 바르고 반듯하며 광대하고 공평하여 크거나 작은 것, 정밀하거나 소홀한 것 모두가 의리의 근본에 합당한 우리 유학의 도와 같을 수 있겠습니까? 이제 감히 유학의 아홉 경서인 구경(九經)에 관하여 여쭙겠습니다. 각자 입문하는 한 조목의 큰 요지와 큰 강령이 있을 것인데 하나하나 풀어 주실 수 있겠습니까?"

진계가 답했다.

"『대학』은 학문의 강령이 됩니다. 『대학』을 먼저 배우지 않으면 강령을 지닐 수 없어, 『논어』, 『맹자』의 정밀함에 끝내 이를 수 없습니다. 『논어』와 『맹자』를 참고하지 않으면 사물의 이치에 통할 수 없어, 『중용』의 깊고 중요한 뜻에는 끝내 이를 수 없습니다. 대저, 사물의 도리를 깨달아서 앎에 이른다는 치지(致知)는 곧 꿈속에 있는지 깨어 있는지 가르는 관건이며, 뜻을 정성스럽게 한다는 성의
〈43〉 (誠意)는 선인이 되느냐 악인이 되느냐의 관문입니다. 『논어』의 말에는 어느 하나 빠진 것이 없어, 사람에게 보여 주는 것은 심지를 바로잡고 학문을 넓혀 심성

을 닦는 요체이자, 체험하고 확충하는 단서가 아님이 없으니 단 한 글자도 더할
것이 없습니다. 『맹자』는 명백하고 친절하며 특별히 의심되는 것 없이 문단마다
통쾌하고 자구마다 확실하여 반드시 그렇게 되는 효능이 있습니다. 『중용』은 온
화하며 광택이 있고 엄격하며 명백하여 마치 아름다운 옥과 같은데 그 핵심은
'성(誠)' 한 글자일 뿐입니다. 『중용』을 읽는 자는 높은 것을 넘보지 말고 기이한
것에 현혹되지 않으며, 반드시 구두(句讀)와 문의(文義) 사이에 깊이 잠겨 그 귀
결을 이해해야 하고, 반드시 보지 않고 듣지 않은 것을 삼가고 경계하며 실재인
것을 실천해야 합니다. 『시경』이 경서가 된 것은 아래로는 사람의 일이 가득하
고, 위로는 하늘의 도가 구비되어 한 가지 이치도 갖추지 못한 것이 없기 때문
입니다. 그러므로 이남(二南), 즉 임금의 교화가 잘 이루어지는 것을 노래한 「국
풍(國風)」의 〈주남(周南)〉과 〈소남(召南)〉을 근본으로 삼아 그 단서를 구하고,
여러 나라의 풍속을 참고하여 그 변화를 모두 살펴보며, 엄정한 아(雅)에서 그
법규를 크게 하고, 화합의 송(頌)에서 그 법도를 얻게 합니다. 『시경』의 선한 말
은 사람의 착한 마음이 일어나게 하고, 악한 말은 사람의 방탕한 마음을 징계
합니다. 『서경(書經)』은 이제삼왕(二帝三王), 즉 요·순과 하(夏)나라 우왕(禹王),
은(殷)나라 탕왕(湯王), 주(周)나라 문왕(文王)의 마음을 곧장 보여 주니, 공경
한다는 의미인 '흠(欽)' 한 글자가 이 책의 서두를 여는 제일의 요지입니다. 『예경
(禮經)』을 배우려면 먼저 『의례(儀禮)』를 보아야 합니다. 『의례』는 예의의 실행을
수록하고 있고 『예기(禮記)』는 그 이치를 밝히고 있습니다. 대저 예의(禮儀) 3백
가지는 곧 『의례』에 실려 있는 사관례(士冠禮), 제후관례(諸侯冠禮) 등 큰 조목
3백 조입니다. 위의(威儀) 3천 가지는 관례의 첫 번째 절차로 상투를 틀고 치포 〈44〉
관(緇布冠)을 쓰는 시가(始加), 관례의 두 번째 절차로 초립이나 유건을 쓰고 신
을 신는 재가(再加), 관례의 세 번째 절차로 복두나 갓을 쓰고 도포를 입는 삼
가(三加), 제사에 신위 대신 앉는 시동(尸童)처럼 바르게 앉아야 하는 좌여시(坐
如尸), 제사를 지내기 위하여 몸과 마음을 깨끗이 하며 행동할 때처럼 바르게

서 있어야 하는 입여재(立如齋) 등 작은 조목 3천 조입니다. 『주례(周禮)』는 광대
하고 정밀한데 주나라의 법도를 구비하고 있습니다. 『주역(周易)』은 문자의 조상
이며 의리(義理)의 근원입니다. 복희씨가 괘를 만들 때 단지 홀수 획과 짝수 획
만 있었다면 어찌 일찍이 허다한 이야기가 있었겠습니까? 문왕(文王)이 요사
(繇辭)를 지었고, 주공(周公)이 효사(爻辭)를 지었으나 역시 점치는 말이 되었
고, 공자에 이르러서야 비로소 의리에 따라 설명하게 되었습니다. 무릇 태극의
음양과 사상(四象), 팔괘(八卦)는 또한 학문의 강령이자 책의 첫 번째 요지입니
다. 이른바 태극은 상수(象數)가 형상으로 드러나기 전에 이미 그 이치가 갖추
어져 있는 것을 칭합니다. 형태가 이미 갖추어졌으나 그 이치는 조짐이 없다는
조목은 무위(無爲)이면서 유위(有爲)와 무형(無形)의 주인이 된다는 것입니다.
합쳐서 말하면 만물이 하나의 태극으로 통합되며, 나누어서 말하면 하나의 물
건이 하나의 태극을 각각 갖추고 있는 것입니다. 태극은 실로 조화의 중추이며,
만물의 바탕이기에 '무극이 태극인 것이요, 태극 밖에 또 다른 무극이 있는 것
이 아니다.'라고 하는 것입니다. 그 기(氣)와 형태가 없어도 천지 만물의 이치가
여기 없던 적이 없었으므로 '무극이 태극이다.'라고 하는 것입니다. 태극은 음양
을 낳고, 음양은 사상을 낳고, 사상은 팔괘를 낳고, 팔괘는 16괘를 낳고, 16괘는
〈45〉 32괘를 낳고, 32괘는 64괘를 낳습니다. 낳고 낳는 것이 그치지 않으니 변화가
무궁합니다. 대저 성경(聖經)의 오묘한 이치는 함부로 논할 수 없으니, 고명하심
에 탄복하고 마땅히 한 걸음 물러서서 머리를 숙일 뿐입니다. 듣자 하니 활쏘기
를 배우려는 자는 먼저 과녁을 배우고, 비파를 논하려는 자는 먼저 악보를 이
야기한다고 합니다. 유독 문장만 어찌 말할 만한 표준이 없겠습니까?"

전몽옥이 대답했다.

"돈의 형태는 둥글고 병풍은 네모납니다. 고리는 구부러진 것을 높이 치고, 젓가락은 곧은 것을 높이 칩니다. 공교함에도 부문이 나누어져 있어 물건이 각각의 형상을 이루는 것입니다. 그러므로 제관(祭官)의 말은 웅장하면서 엄숙하

고, 군사의 말은 씩씩하면서 엄격합니다. 임금과 신하가 조회할 때의 말은 크면서 화락하고, 잔치 때의 말은 즐거우면서 법식이 있습니다. 악부(樂府)는 웅장하고 고결하여 사람의 기운을 끌어올리고, 초(楚)나라 이소(離騷)는 의미가 깊고 길어서 사람의 뜻을 이끌어 냅니다. 해하가(垓下歌)는 떠돌다가 지어졌고 자두시(煮豆詩)는 급박한 상황에서 지어졌으나 둘 다 공교하며 깊은 정과 평소의 뜻이 표출되어 말을 이루니 이것이야말로 문장의 권례(權例)입니다. 문장의 갈래에는 서(書), 주(奏), 설(說), 책(策), 변(辨), 논(論), 해(解), 록(錄), 전(傳), 서(序), 기(記), 발(跋)이 있습니다. 시의 갈래에는 부(賦), 송(頌), 명(銘), 찬(贊), 뇌(誄), 잠(箴), 행(行), 음(吟), 제(題), 원(怨), 탄(嘆), 편(篇), 조(操), 인(引), 요(謠), 구(謳), 가(歌), 곡(曲), 사(詞), 조(調)가 있습니다. 한 구가 석 자인 삼언시(三言詩)는 서진(西晉)의 문장가인 하후담(夏侯湛)에게서 시작되었고, 사언시(四言詩)는 순임금이 지어 부른 노래에서 시작되었으며, 오언시(五言詩)는 한나라 장군 소무(蘇武)와 이릉(李陵)에게서 시작되었고, 육언시(六言詩)는 한나라 문인 곡영(谷永)에게서 시작되었으며, 칠언시(七言詩)는 한 무제가 백량대(栢梁臺)에 〈46〉
서 신하들에게 시를 짓게 한 데서 시작되었고, 구언시(九言詩)는 고귀향공(高貴鄕公)으로 불렸던 위나라 임금인 조모(曹髦)에게서 시작되었으며, 사륙문(四六文)은 당나라 시인 왕발(王勃)과 낙빈왕(駱賓王)에게서 시작되었습니다. 이름은 하나의 뿌리에서 나뉘었으나 문체는 만 가지이므로 시는 뜻을 말하되 화려하고, 부(賦)는 일을 진술하되 맑고 밝으며, 비(碑)는 덕을 서술하되 질박함과 세련됨이 고르고, 뇌(誄)는 슬픔을 진술하되 처량함을 위주로 합니다. 명(銘)은 후세에 보이려는 것이므로 넓고도 간략하며 온화하고 윤택합니다. 잠(箴)은 경계를 펼치는 것이므로 간결하고 웅장합니다. 송(頌)은 빛나고 무성하게 공덕을 높여 짓습니다. 논(論)은 정밀하게 의견을 나누어 득실을 논의합니다. 주(奏)는 투철하고 품위가 있습니다. 설(說)은 훌륭하면서도 속임이 있습니다. 변(辨)은 시비를 가리며 분석에 뛰어납니다. 해(解)는 의혹을 해소하며 명백한 것을 귀하게 여깁니다. 록(錄)은 사실을 항목대로 열거하며, 전(傳)은 유명한 사적만을 차례로 서술합니다. 찬(贊)은 예의와 범절을 찬미하며, 서(序)는 뜻을 널리 알립니다. 기(記)는 간명함과 정제됨을 귀히 여기면서 본 것을 서술하며, 발(跋)은 예스러움과 기이함을 귀히 여기면서 저술한 것을 평가합니다. 책(策)은 천하를 다스리는 이치를 담으며 격렬한 것을 귀하게 여기며, 서(書)는 편지이니 곡진한 정을 다합니다. 그 나머지 각 문체는 나뉘는 갈래마다 표준이 없지 않습니다. 가령 시의 경우는 모든 문장의 종주이며, 만물의 집입니다. 그러므로 이합체(離合體), 회문체(回文體), 건제체(建除體), 육갑체(六甲體), 호침체(蒿砧體), 잡조체(雜組體), 미자체(謎字體), 괘명체(卦名體), 침혈체(鍼穴體), 장군체(將軍體), 조수초목체(鳥獸草木體)가 있습니다. 그리고 평두(平頭), 상미(上尾), 봉요(蜂腰), 학슬
〈47〉 (鶴膝), 대운(大韻), 소운(小韻), 방뉴(旁紐), 정뉴(正紐) 등의 팔병(八病)이 있습니다. 그리고 정명대(正名對), 동류대(同類對), 연주대(連珠對), 쌍성대(雙聲對), 연면대(連綿對), 쌍의대(雙擬對), 선격대(扇格對), 회문대(回文對), 격구대(隔句對), 향자대(響字對) 등의 대구(對句) 형식이 있습니다. 조화(造化)를 읊으면 음양이 중심을 잃고, 산하(山河)를 읊으면 물과 봉우리가 기품을 잃으며, 자연을 읊으면 계절의 순서가 운용하는 것을 잊습니다. 바야흐로 읊고 기뻐 흥분하는 사이에 정은 은밀하여 드러나지 않고, 생각은 사라져 나오지 않으며, 넋이 나간 듯 답답한 듯 풀어내려 해도 형언할 수 없어 흐릿하고 요란하여 느껴지나 통하지 않습니다. 눈을 감고 귀를 기울여 생각을 다하고 마음을 정하니, 벼락이 내리쳐도 두렵지 않고 귀신이 재촉해도 놀라지 않습니다. 그 정기와 사물이 얽히기에 이르면 형상과 신령이 통하여 손에 잡힐 듯 한 구를 이루며, 구가 이어져 장을 이룹니다. 마음속으로 천지를 희롱하고, 붓끝으로 만물을 꺾습니다. 친밀함에서 정을 모아도 사람들이 그 구애됨을 병으로 여기지 않으며, 천하 사방에서 뜻을 본받아도 사람들이 그 방탕함을 책망하지 않습니다. 장할씨고! 문원(文苑)의 기수(氣帥)로다! 그러니 천박한 식견과 어설픈 말로 어찌 쉽게 설명할

수 있겠습니까?

또 서법(書法)은 여러 번 변하여 그 서체가 하나가 아닙니다. 『주례(周禮)』「보씨(保氏)」에 육서법(六書法)이 있다고 하는데 그 첫째는 상형(象形)이고, 둘째는 지사(指事)이며, 셋째는 형성(形聲)이고, 넷째는 회의(會意)이며, 다섯째는 전주(轉注)이고, 여섯째는 가차(假借)입니다. 창힐(蒼頡)이 새 발자국을 보고 지은 조적서(鳥跡書) 이후로 무릇 다섯 번 변했으니 고문(古文), 주서(籀書), 전서(篆 〈48〉
書), 예서(隸書), 초서(草書)입니다. 각종 서체가 여기저기에서 나왔으니 종정전(種鼎篆), 과두전(科斗篆), 인서(麟書), 용서(龍書), 수로전(垂露篆), 현침전(懸針篆), 곡두전(鵠頭篆), 봉미전(鳳尾篆), 인전(印篆), 새전(璽篆), 기자전(奇字篆), 비백전(飛白篆), 영락전(瓔珞篆), 옥저전(玉箸篆), 도해전(倒薤篆), 구절전(九節篆), 수운전(垂雲篆) 등입니다. 그 규칙이 하나가 아니니 소전(小篆)에서 갈라져 팔분체(八分體)【한(漢)나라 왕차중(王次仲)이 만든 것이다.】가 되었고, 팔분체에서 떨어져 나와 예서(隸書)【진(秦)나라 정막(程邈)이 만들었다.】가 되었으며, 예서가 두루 퍼지며 행서(行書)가 만들어졌습니다. 행서가 광(狂)이라면 초서는 성(聖)입니다. 예서 이하로는 볼 만한 것이 없습니다. 구양순(歐陽詢)은 「팔결(八訣)」에서 '점(丶)을 찍을 때는 높은 봉우리에서 떨어지는 돌같이 하고, 을(乙)을 쓸 때는 높은 하늘에 새 달이 뜬 것처럼 하며, 일(一)을 쓸 때는 천리에 구름이 뻗친 것처럼 하고, 곤(丨)을 쓸 때는 만 년 묵은 등나무처럼 하며, 불(㇏)을 쓸 때는 고개의 소나무가 꺾여 넘어져 절벽에 걸린 듯이 하고, 야(㇖)를 쓸 때는 어마어마한 힘으로 활을 당기는 것처럼 하고, 별(丿)을 쓸 때는 날카로운 칼이 뿔을 자르는 듯이 하고, 이(㇏)를 쓸 때는 붓의 흐름에 세 번 굴곡이 있어야 한다.'라고 했으니, 이것이 글씨 쓰는 법의 강령입니다. 무릇 자음에는 일곱 개가 있는데 첫째는 각아음(角牙音)【개(皆), 쾌(快) 같은 종류이다.】, 둘째는 치설음(徵舌音)【디(池), 티(治), 니(尼) 같은 종류이다.】, 셋째는 상치음(商齒音)【지(之), 치(齒), 시(時) 같은 종류이다.】, 넷째는 우순음(羽唇音)【비(非), 피(皮), 미(眉) 같은 종류이다.】, 다섯째는 궁후음(宮喉音)【이(異), 시(屎) 같은 종류이다.】, 여섯째는 변치반설음(變徵半舌音)【리(梨) 같은 종류이다.】, 일곱째는 변궁반후음(變宮半喉音)【이(而) 같은 종류이다.】이라고 부릅니다. 소리에는 맑음과 탁함이 있는데 전청(全淸)【강(江), 동(東) 같은 종류이다.】, 차청(次淸)【호(呼), 회(灰) 같은 종류이다.】,
〈49〉 전탁(全濁)【호(豪), 재(在) 같은 종류이다.】, 불청불탁(不淸不濁)【왕(王), 명(明) 같은 종류이다.】이라고 부릅니다. 이것으로 음률(音律)을 고르게 하여 아악을 바로잡는 것입니다."

진계가 표정을 고치고 공경하는 태도로 말했다.

"탁월하고 너른 식견은 범상치 않은 뛰어난 재주라 할 만합니다. 훗날 그대가 조정의 인재가 되지 못한다면 누가 되겠습니까?"

이윽고 여러 날 서로 더불어 대화하며 그간 쌓아 둔 학식을 모두 나누니 진계가 전몽옥을 매우 기특하게 여겼다. 전몽옥이 절하고 물러 나와 마침내 고소성(姑蘇城) 밖 오추리(吳趨里)에 집을 구해 머물렀다. 인하여 소주부(蘇州府)에 호적을 두고 과거에 응시하고자 했다. 그러던 어느 날 밤에 전몽옥 자신은 천 길 낭떠러지에 있는데, 연잎으로 만든 옷을 입은 선녀가 공중에서 꽃을 꺾어 장난을 치다가 순식간에 흔적 없이 사라지더니 큰 벌레 하나가 뛰어나오므로 깊은 수풀과 좁은 지형에서 거의 호랑이 입에 들어가는 재앙을 피하기 어려울 듯했는데 홀연 아미타불이 나타나 한마디 말로 꾸짖자 큰 벌레가 달아나는 꿈을 꾸었다. 두근대고 놀란 마음으로 소스라쳐 자리에서 일어났는데 너무 무섭고 두려워 길흉을 알 수 없었다. 이에 창문(閶門) 밖에 몽점(夢占)을 잘 치는 염일(閻日)이라는 자가 있다는 소문을 들은 전몽옥은 이튿날에 은 한 냥을 들고 찾아가 물었다. 염일이 배꼽 빠질 듯이 웃으며 말했다.

"무릇 꿈에는 여섯 가지가 있습니다. 첫째는 편안한 상태에서 저절로 꾸는 정몽(正夢), 둘째는 놀라서 꾸는 악몽(蘁夢), 셋째는 깨어 있을 때 무언가를 생각하다가 꾸는 사몽(思夢), 넷째는 깨어 있다가 졸려서 꾸는 오몽(寤夢), 다섯째는 기뻐하며 꾸는 희몽(喜夢), 여섯째는 두려워하며 꾸는 구몽(懼夢)입니다. 그대는 어떤 꿈을 점치려 하십니까?"

전몽옥이 말했다. 〈50〉

"아름답지만 끝내 함께할 수 없는 낙포(洛浦)의 선녀를 만나는 것이 어찌 좋은 징조라고 하겠습니까? 살구를 곡식으로 바꾸어 가난한 이를 구제하는 동선(董仙)을 속이며 합당한 곡식을 내놓지 않으면 호랑이가 나타나 물어 죽이는데 그것을 어찌 나쁜 징조라고 하겠습니까? 부처에게 구함을 받는 것은 어찌 덕이겠습니까? 신령은 영험하여 물으면 응답하니, 느낀 대로 정확하게 풀이하여 감추지 말고 밝게 일러 주시기를 엎드려 바랍니다."

염일이 말했다.

"한 몸에서 일어나는, 채워지고 비워지며 사라지고 자라는 모든 것은 천지에 서로 통하며, 만물에 서로 응합니다. 그러므로 음기가 왕성하면 큰물을 건너며 두려워하는 꿈을 꾸고, 양기가 왕성하면 큰 불을 밟아 타는 꿈을 꿉니다. 음양이 둘 다 왕성하면 죽거나 사는 꿈을 꿉니다. 심히 배부르면 나눠 주는 꿈을 꾸고, 심히 굶주리면 가져오는 꿈을 꿉니다. 허망함이 병통인 사람은 꿈에서도 반드시 공중에 뜨며, 침통함이 병통인 사람은 꿈에서도 반드시 가라앉습니다. 허리띠를 깔고 자면 뱀 꿈을 꾸며, 꿈에서 술을 마신 사람은 근심하고, 꿈에서 노래하고 춤춘 사람은 곡을 합니다. 이런 까닭에 하늘의 도는 마음에 앞서 운명을 정하며, 사람의 일은 물정에 따라 귀신이 일을 꾸밉니다. 당신의 꿈은 한 가지는 기쁘고 한 가지는 두려워 길흉이 반반이니 감히 점칠 수가 없습니다."

이에 향을 사르고 거북 껍데기를 털며, 마음을 맑게 하여 기도하고 글을 불사르며 괘를 보고는 마침내 다음과 같이 점사로 주사(繇辭)를 지었다.

토여! 목이여!

금이여! 백이여!

초승달이 원통하다 부르짖고
꽃 속 꾀꼬리는 재앙이라 화답하네.
가혹함은 땅을 나누고
큰 재액은 하늘에 들리네.
도독을 만나 조금 풀리고
산을 만나 진실이 밝혀지리.

전몽옥이 말했다.

"점사인 주사(繇辭)가 헤아릴 수 없이 미묘하여 이해하기 어렵습니다. 선생께서 상세히 가르쳐 주시기를 바랍니다."

염일이 말했다.

〈51〉 "훗날 스스로 깨닫게 될 터인데 번거롭게 천기를 누설할 필요가 없습니다."

전몽옥이 절하고 물러났다. 마침내 전몽옥의 신세는 어찌 될까? 다음 권을 보라.

제4권

인봉루에서 채릉이 편지를 던지고 소주 감옥에서 금옥이 죄를 진술하다

전몽옥이 꿈의 길흉을 점쳐 보고 돌아와서 마음속으로 매우 의아하게 여겼으나 주사(繇辭)의 글귀를 끝내 이해할 수 없었다. 이웃에는 소주에서 이름난 부자인 두희탁(杜希卓)이라는 선비가 살고 있었다. 두희탁에게는 과부가 된 딸이 하나 있었다. 그녀는 인봉루(引鳳樓)라고 하는 아름다운 누각에서 지냈다. 인봉루는 전몽옥의 집과 처마가 맞닿아 있었다. 전몽옥은 부유한 이와 교유하려 하지 않았기에 전혀 왕래하지 않고 날마다 경서(經書)와 사서(史書) 공부에만 힘썼다. 이때는 마침 9월 중양절로, 노란 국화꽃이 피어나고 붉은 단풍이 떨어지고 있었다. 전몽옥이 바야흐로 서책을 읽다가 졸음이 쏟아져 책을 덮고 나가서 산책을 했는데, 갑자기 큰 눈송이 같은 국화꽃 한 송이가 날아와 옷자락에 붙었다. 전몽옥은 바람에 날려 온 줄 알고 대수롭지 않게 여겼는데, 갑자기 이번에는 국화 가지 하나가 발등에 떨어졌다. 전몽옥이 국화가 재차 자신에게 떨어진 것에 놀라서 위를 쳐다보니 곱고 어여쁜 미인이 산호 주렴을 걷고 앉아 있었다. 그녀의 미간에는 살짝 잠들었던 흔적이 있었다. 얼굴이 반쯤 희미하게 〈52〉 보였는데, 빙그레 웃는 모습은 태양이 아침놀 위로 떠오르는 듯, 연꽃이 맑은 물 위로 나온 듯하여 겨우 한 번 보았을 뿐인데도 사람의 애간장을 녹이는 듯했다. 이러한 감정을 느낀 전몽옥이 눈짓으로 정을 보내 서로 그윽하게 바라보았지만, 자신은 허공을 오르기가 어렵고 날개도 없어 아득히 솟은 누각 위에 올라갈 방도가 없었다. 이에 그만두자 그녀가 편지 한 장을 아래로 떨어뜨렸다. 전몽옥이 급히 주워서 펼쳐 보니 〈접련화(蝶戀花)〉 한 곡조가 적혀 있었다.

몇 번의 황혼과 새벽 보냈나?
비단 거문고 줄 끊어졌으니
꽃다운 인연 누가 그르쳤나?
나비 이미 떠나고 꽃도 시들었는데
조화옹에게 새 총애 입었다고 방초를 시기하네.
슬플 땐 너무 많고 기쁠 땐 적으니
예부터 이 이치를
누가 알리오?
홀로 난간에 기대니 정은 끝없는데
꽃도 무정하고 나비도 괴롭구나.

끝에는 글을 몇 줄 덧붙였다.

"오늘 밤이 깊어 아무도 없을 때, 누각 서쪽 끝에 있는 계당(桂堂)의 동쪽을 보시면 판자문 하나가 있을 것입니다. 문 안쪽에 쇠사다리가 있으니, 제가 여기에서 오로지 기다린다면 혹시 발걸음해 주시겠습니까?"

전몽옥이 이를 읽고 매우 기뻐하며 날이 저물기만을 기다리다가 사람이 없을 때를 틈타 날듯이 계당 동쪽으로 달려갔다. 길을 찾아 사다리를 밟고 올라
〈53〉 가니 그녀가 정말로 구슬발 안에서 기다리고 있었다. 촛불을 밝히자 비단으로 꾸민 방은 비어 있었다. 좌우를 둘러보니 붉은 담벼락에 산초와 계수나무의 진액을 발랐고, 침단목(沈檀木)으로 만든 기둥과 서까래에는 기이한 짐승의 형상이 새겨져 있었다. 벽에 두른 붉은 휘장은 석양에 비치는 해처럼 빛나고, 흰 병풍이 은하수를 담은 부채처럼 펼쳐져 있었다. 옷걸이에 걸려 있는 머리 장식인 계(髻)는 말을 타면 그 등까지 드리워질 정도로 길어 싸게 보아도 천금(千金)은 될 듯했고, 걸상에 놓여 있는 봉황이 새겨진 금비녀는 엄청난 거금인 백붕(百朋)보다 값비싸 보였다. 고운 비단 베개에는 원앙이 함께 깃들어 잠들어 있었

고, 또렷한 거울 함에는 봉황이 쌍으로 날고 있었다. 또 푸른 옥으로 만든 책상 위에는 『열녀전(烈女傳)』 한 권이 놓여 있는데 붉은 옥 표지로 제목을 붙였고, 수정 필통에는 붉은 금사전(金沙牋) 여러 장이 끼워져 있었다. 벼루는 자룡란(紫龍卵)으로 만들었고, 먹은 사향노루 배꼽으로 만든 것이었다. 오색 붓이 붓꽂이에 어지러이 꽂혀 있고, 사자 향로에는 차가 끓고 있었다. 진한 향기가 코에 감도니 마음과 눈이 일렁거려 신선의 궁에 들어온 듯했다. 그녀가 전몽옥을 보고 부끄러워 고개를 들지 못한 채 예를 갖추고 앉았다. 전몽옥이 인사를 하고 꿇어앉아 말했다.

"낭자의 아름다움은 결코 이 세상 여인의 것이 아닙니다. 다행히 삼생(三生)의 인연이 있어 궁벽한 나그네를 도외시하지 않고 이렇게 불러 주시니 감사하고 송구할 따름입니다."

그녀가 얼굴빛을 바꾸어 공손히 말했다.

"저는 선비 두희탁의 딸로 이름은 채릉입니다. 아버님께는 다른 후사가 없이
저 하나뿐이라 애지중지하셨고, 제 나이 겨우 열다섯에 진씨(秦氏) 집안의 아들
을 사위로 골라 두었습니다. 그러나 저에게 전생에 다 없애지 못한 액이 있어 시 〈54〉
집가기도 전에 남편이 죽는 슬픔을 당하여 홀로 외로운 누각에서 지내며 수절
한 지 이미 2년이 되었습니다. 운명이 박복하여 독수리자리에 있는 열다섯 개의
별 중에서 가장 밝은 하고(河鼓) 동쪽에 짝 없이 홀로 있는 포과성(匏瓜星) 같
은 신세를 한탄했고, 남녀의 인연을 끊을 수도 없어 직녀에게 낭군이 있음을 부
러워했습니다. 외로운 난새가 거울에 비친 자신을 보고 서로 슬퍼하듯 연약한
창자가 마디마디 끊어지고, 중매하는 이가 없는 거문고 속의 봉황처럼 고운 얼
굴만 헛되이 늙어 가고 있었습니다. 마침 갈바람이 불고 나무도 시들어 가는 때
를 맞아 조금이나마 시름을 풀어 보고자 주렴을 걷고 둘러보다가 다행히 법도
와 풍류가 뛰어난 그대를 보고는 어리석게도 곡진한 정을 이기지 못했습니다.
그래서 감히 어지럽게 쓴 편지 한 장으로 존귀하신 이를 어렵게 오게 했으니 당

돌한 아녀자의 죄는 몸이 백 개라도 씻기 어려울 것입니다. 진실로 부끄러워 죽고 싶을 뿐입니다."

전몽옥이 웃으며 위로했다.

"백 년 인생이 사나운 새가 눈앞을 지나가는 것처럼 빠르니 어찌 꼭 수절의 의리에 얽매여 아리따운 젊은 시절을 헛되이 보내겠습니까? 오늘 밤의 만남은 당나라 배항(裵航)이 옥절구를 얻어 운영과 인연을 맺은 일 아니면 선녀인 악록화(萼綠華)가 양권(羊權)에게 내려와 옥팔찌를 주며 한 약조와 같으니, 종이와 붓을 빌려 제 성의를 보이고자 합니다."

채릉이 웃으면서 일어나 금사전 한 장을 꺼내어 주자 전몽옥이 붓을 잡고 칠언율시 한 수를 썼다.

홀로 잠자는 항아 하늘 원망하지 않으나
어이 고운 얼굴로 꽃 같은 시절 보내려나.
〈55〉 공강이 다른 데 가지 않겠다 맹세했으나
장랑과 해후하게 된 인연을 어찌하겠나?
천천히 움직이며 담황색 치마 흰 피부를 담고,
버선발 사뿐히 옮겨 금빛 연꽃을 밟네.
아옥에게 홀로 굳은 절개 지키게 하지 말라.
내가 바로 색계의 신선 양가이니.

지은 시를 전하자, 채릉도 단하전 한 장을 꺼내 율시 한 수로 사례했다.

만 섬의 붉은 시름이 흰 가슴에 쌓여 있는데
그대 마주하곤 한 번 웃으며 억지로 수줍어하네.
비록 채염처럼 절개가 무너진 것 부끄럽지만

감히 탁문군이 몰래 밤에 따른 일 아쉬워하네.
월하노인이 분명 전생의 인연을 맺어 주고
조물주가 이미 이 밤의 만남을 허락한 것이네.
내일 아침 그대와 이별한 뒤에
다시 첩첩 봉래산에 막혀 보지 못할까 두렵다오.
【난외: 이 한 구절이 옥사에 연루되어 실제로 갇히게 되는 이유이다.】

채릉이 시를 짓고는 푸른 유리병을 꺼내어 칠보잔(七寶盞)에 강남의 오정주(烏程酒)를 따라 한 잔 권했다.【난외: 술은 색정을 매개한다.】 전몽옥이 사양할 수 없어 마시고 취하여 책상을 어루만지며 마침내 〈청옥안사(青玉案詞)〉를 읊었다.

【난외: 청옥안(青玉案)】
밤 깊도록 비단 휘장으로 겹겹이 가렸으니
초승달이 잠자리를 엿볼까 두려워서라네.
꽃 같은 푸른 적삼에 잠잤던 흔적 있고
물시계 소리가 밤 재촉하는데
미인이 웃으면서
한 잔 술을 권하네.
흰 자태 가냘파 세상을 미혹할 만하니
이 밤의 풍류를 누가 금하겠는가?
믿지 못할 존재에게 중매하라 할 일도 없네.
혹 봄소식이 새어 나갈까 걱정스러우니
꾀꼬리들이 오래도록 입 다물기를 바랄 뿐.
【난외: 시참(詩讖)이다.】

〈56〉 채릉이 사를 읽고 문득 슬퍼져서 마침내 〈점강순(點絳脣)〉 한 곡조를 읊었다.

어떠한 풍류는
꽃다운 맹세 지키기 어려워 가련하니
죽음도 사양치 않으나
꽃이 마를 지경이 됨을 한탄하네.
아름다운 청춘을
그저 거문고만 타며 보낼 뿐
그대는 아실까?
그대 떠나보낸 뒤
다시는 이 밤처럼 취할 수 없음을.

전몽옥이 이 말의 뜻을 이해하지 못하고 부드러운 어조로 그녀를 달랬다.

"호사다마라고 하지만 저와 낭자가 이미 백년가약을 맺었으니 굳이 다른 사람의 말을 두려워하여 인연을 거절할 필요가 있겠습니까? 내일 누추한 저의 거처에 함께 간다면, 비록 함께 도망쳤지만 살아가기 위해 화로에 술을 데운 탁문군이나 그릇을 닦은 사마상여처럼 어렵고 가난하게 지낸다고 해도 부끄러울 것이 없을 것입니다. 낭자께서는 어찌 이렇게 고민하십니까?"

채릉이 말했다.

"옛사람이 '정을 나누려고 서로 약조할 때는 근심하지 않지만, 정을 이루자마자 근심한다.'라고 했으니, 곧 제가 근심할 때가 된 것입니다. 제가 박복한 모습으로 비록 그대에게 한 번 돌아봐 주는 은혜를 입었으나, 어찌 일개 아녀자로서 가문에 폐를 끼치고 부모를 부끄럽게 할 수 있겠습니까?"

바로 이때 채릉의 여종 금옥(錦玉)이 잠자는 방에 있으면서 문틈으로 몰래 들어 보려고 했는데 신발 소리가 제법 났다. 이에 채릉이 고갯짓을 하여 말을 멈추고 함께 잠자리에 들어 즐거움을 나누었다. 바다와 산에 맹세하며 삼생의 인연을 거듭 맺었는데, 비와 구름이 뒤엉키는 운우의 정 속에서 여인의 애교가 몹시 사랑스러웠다. 즐겁게 정을 나눈 뒤 각자 옷매무새를 정돈한 후 손을 마주 잡고 작별하면서 전몽옥이 채릉을 돌아보며 말했다. 〈57〉

"이후로는 밤마다 어울리며 일평생 정을 이어 가고자 하니 부디 잠깐의 이별에 슬퍼하지 마십시오."

채릉이 말했다.

"어떻게 그렇게 될 수 있겠습니까?"

이에 길을 잃은 듯 막막한 심정으로 헤어진 전몽옥이 누각에서 내려와 초당으로 몰래 돌아오니, 때는 사경(四更) 일점(一点)이었다. 전몽옥은 시동 의동을 불러 다시 촛불을 켜게 한 후 이불을 펴고는 잠자리에 들었다. 전몽옥을 보낸 채릉은 베갯머리에서 이리저리 뒤척이며 심란하여 잠을 이루지 못했다. 여러 가지 근심이 일어나자 채릉은 깊이 생각하고는 말했다.

"전몽옥과의 약조를 지키고자 하면 부모님께 욕이 될 것이고, 가문에는 일생 일대의 폐를 끼칠 것이다. 전몽옥과의 약조를 지키지 않는다면 군자에게 신의를 잃어 내게는 백 년의 한이 될 것이니 진퇴양난이구나. 차라리 죽어서 아무것도 모르는 것이 나을 수도 있다. 그저 젊은 나의 박명함이 원통할 따름이다."

이어 흐느낌을 이기지 못했다. 거의 오경이 다 지날 때쯤 금옥을 불러 촛불을 끄고 물러가게 하고는 벽에 걸려 있는 칼집에서 작은 패도를 꺼내 제 손으로 자결했다. 채릉의 손이 닿은 곳에서 꽃처럼 아름다운 넋이 끊어졌고 칼을 떨어뜨릴 때 어여쁜 몸도 죽음에 이르렀다. 날이 밝을 때가 가까워 겨우 잠에서 깬 금옥이 휘장 친 방 안으로 들어와 안부를 살폈다. 문득 깜짝 놀라 머리털이 곤두섰으니, 베갯머리에서는 숨소리가 없고 방석 위에는 피비린내가 진동하는 것이었다. 놀라고 당황하여 침실로 들어가 채릉을 어루만지니, 놀랍게도 한 구의 시신이 되어 있었다. 금옥은 숨이 막히고 소리가 빨라지는 것도 느끼지 못한 채 〈58〉

주인 내외를 급히 부르며 말했다.

"아가씨가 죽었습니다!"

두희탁 부부가 매우 놀라 정신없이 쓰러질 듯 급히 달려가 보니, 시신은 차갑게 식은 지 오래였다. 가슴을 치며 기가 막혀 그저 '채릉아! 이것이 도대체 무슨 일이냐?' 하며 부르짖으니, 그 광경이 참담하고 가여워서 차마 볼 수가 없었다. 두희탁이 한참 동안 울다가 겨우 정신을 차리고 수상쩍은 점을 물으니, 금옥이 대강 간밤의 일을 말했다. 이 일이 인근 마을에 퍼지니 모두 놀라 슬퍼했으나 그간의 곡절은 알지 못했다. 그러나 이따금 이 일을 알아챈 자가 있어 암암리에 전몽옥을 지목하니 동네의 사무를 맡은 이정(里正)이 말했다.

"이 일은 그냥 묻어 버릴 수 없으니, 마땅히 부(府)에 아뢰어 원통함을 풀어야 할 것입니다."

마침내 사실을 보고하는 보첩(報牒)을 올렸다.

> 오추리(吳趍里)의 이정이 보고합니다. 본 오추리에 사는 선비 두희탁의 여식은 나이가 이제 겨우 열여섯으로 남편을 잃고 과부살이를 하고 있었습니다. 어젯밤에 돌연 칼에 찔려 목숨을 잃었는데, 사건에 이해하기 어려운 부분이 있고 의심스러운 점도 있습니다. 그런 까닭에 위에 보고하는 첩정(牒呈)을 보내오니 삼가 살펴서 시행해 주십시오. 첩정이 잘 도달하기를 바랍니다. 이상 지부의 관아에 보고함.
>
> 영락 22년 갑진년(1424) 9월 10일, 오추리 이정 서압(署押).

〈59〉 부의 장관인 지부가 보첩을 읽은 뒤 곧바로 문서 작성을 맡은 관리와 죄인을 지키던 간수에게 법을 집행하는 기구와 죄인을 신문할 때 쓰는 몽둥이 등을 챙기게 하고는 떠들썩하게 오추리로 행차했다. 바로 두희탁의 집에 이르러 지부가 친히 검안해 보니 피살자의 몸 어디에도 상한 곳이 없이 그저 목에 칼로 찌른 흔적이 있을 뿐이었다. 칼끝은 목 약간 오른쪽을 찔러 왼쪽으로 살짝 비스듬히 지나갔다. 칼은 그 곁에 떨어져 있었는데 혈흔이 칼에 반 촌 정도 스며들어 있었다. 즉시 시신을 석회로 단단히 봉하게 하고, 부친 두희탁을 불러 죽음에 이르게 된 경위를 물었다. 두희탁은 그저 시비 금옥이 이 일을 상세히 알고 있다고 말했다. 지부가 금옥을 잡아들이게 하고 문서를 작성하는 아전에게 죄인을 심문할 조목을 쓰게 했다.

"아뢰거라. 너의 주인 아가씨가 죽음에 이른 연유를, 너는 항상 그 곁에 있었으니 분명 자초지종을 자세히 알 것이다. 너의 주인 아가씨가 남편을 잃고 홀로 지내는 원통함을 이기지 못해 스스로 자결한 것인지, 혹은 밤에 무례한 사람이 일부러 속여 죽음에 이르게 한 것인지, 아니면 여색에 굶주린 자가 떠나자고 꼬드기자 예를 갖추고 자신을 지키다가 도리어 그 사람에게 해를 입게 된 것인지, 죽음에 이른 곡절을 하나도 빠짐없이 낱낱이 이실직고하여라."

"채릉 아가씨의 시비인 저 금옥은 나이가 열세 살입니다. 제가 아가씨를 여러 해 동안 모시며, 일찍이 곁을 떠난 적이 없습니다. 아가씨가 과부살이를 한 뒤 〈60〉
로는 쭉 동방에서 가까이 모셨기에 모르는 동정이 하나도 없습니다. 그런데 어제 초경(初更) 무렵에 이 댁 담장 동쪽에 거처하는 수재(秀才) 전몽옥이 몰래 누각에 들어왔는데 아가씨는 매몰차게 거절하지 못했습니다. 제가 비록 중요한 내용은 모르지만, 이전에 약조한 일이 있는 듯했습니다. 서로 글을 주고받으며 노래하다가 전몽옥은 끝내 함께 떠나기를 원했습니다. 아가씨는 어찌 일개 아녀자의 일로 부모에게 누를 끼칠 수 있겠느냐며 굳게 거절했습니다. 수재 전몽옥이 재삼 간청했지만, 아가씨는 끝내 허락하지 않았습니다. 제가 막 창호지를 핥아 훔쳐보려 했더니 수재 전몽옥이 제 발소리를 듣고는 손을 저어 물리치고 말을 그치기에 중요하지 않은 일로 여겨서 물러가 잠들었습니다. 이후의 일은 알지 못하오나 필시 떠나자고 강요하다가 끝내 딱 잘라 거절당한 까닭에 이 흉측한 일을 벌인 게 틀림없습니다. 삼가 세세하게 일의 요점을 헤아리셔서 채릉아가씨의 원수를 갚아 주시길 간곡히 바랍니다."

지부가 즉시 전몽옥을 잡아 오라고 명령하여 엄한 형틀을 씌우고 주위에 몽둥이를 들게 하고는 조목조목 심문했다.

"아뢰거라. 너는 이 지역에 잠시 몇 년을 거주했고, 두씨의 집에 며칠 정도 왕
〈61〉 래했을 뿐이다. 그런데 깊은 밤 사람이 없을 때 과부가 홀로 거처하는 방에 몰래 들어갈 때, 서로 화답하고 응하는 간계는 어떤 것이 있었는가? 사대부의 여식을 교묘하게 꾀어 함께 떠나자고 할 때, 여인을 농락하는 흉악한 마음은 어떤 것이었는가? 억지로 꾀어도 끝내 넘어오지 않자 그 악독한 손길을 뻗쳐 절의를 지키던 여인을 살해하였으니, 대체 무슨 까닭으로 죽이기까지 하였는가? 네가 한 흉악한 짓의 정황을 조금의 거짓도 없이 낱낱이 이실직고하여라."

"죄인 전몽옥은 나이가 열세 살입니다. 저는 본래 전당(錢塘)에 살던 유생인데, 일찍 부모를 여의고 지부께서 다스리시는 오추리에서 타향살이를 한 지가 한 달이 채 되지 않았습니다. 제가 거처하는 집은 두희탁의 집과 담장이 맞닿아 있지만 빈부의 차이가 있어 서로 오간 적이 없습니다. 그런데 이번 달 아흐렛날 제가 마침 집에서 책을 읽다가 졸려서 뜰을 거닐 때였습니다. 국화 한 송이가 날아와 제 옷소매에 떨어지기에 머리를 들어 위를 보니, 한 젊은 낭자가 누대 위에서 장난을 치고는 이어 편지 하나를 떨어뜨렸습니다. 편지에는 어두울 때를 틈타 위로 올라오라는 내용이 들어 있었습니다. 제가 백 번을 심사숙고하다가 낭자가 어린 나이에 마음이 흔들려서 행한 일을 도리어 정욕에 이끌린 것으로
〈62〉 여겼습니다. 그래서 해가 지길 기다렸다가 죽음을 무릅쓰고 몰래 들어갔습니다. 그 낭자가 주렴 너머에서 기다리다가 반갑게 맞이하기에 저는 그녀와 함께 한때의 바람을 모두 풀고, 또 약간의 글로 마음 가득한 회포를 다 펼치려 했습니다. 그 낭자가 쓴 글에 '감히 탁문군이 몰래 밤에 따른 일 아쉬워하네.'라는 구절이 있기에 제가 사마상여의 일에 빗대어 의중을 떠보았는데, 낭자는 가문에 폐를 끼칠까 꺼렸습니다. 이에 제가 감히 억지로 청할 수 없어 그대로 돌아

와 잠들었으니, 그 후에 이런 망측한 변고가 있으리라고는 생각하지도 못했습니다. 제가 겪은 것은 이뿐이기에 더 자백할 일이 없습니다. 어제 낭자가 누대에서 던진 편지와 밤에 주고받은 시축(詩軸)을 낱낱이 살펴보시고 저의 억울함을 풀어 주시기를 간절히 바랍니다."

지부가 물었다.

"어젯밤에 네가 집에 돌아올 때 혹시 목격한 자가 있느냐?"

전몽옥이 진술했다.

"제 등불을 들어 주는 종 의동이 알 것입니다. 달리 눈에 걸리적거렸던 사람은 없었습니다."

지부가 즉시 명하여 시축을 바치게 하고 의동을 잡아 오게 하여 다시 물었다.

"아뢰거라. 너의 주인 몽옥이 어젯밤에 과부 두 낭자의 집에 가서 간악한 짓을 저지른 정황을 너는 필시 잘 알 것이다. 그가 틈을 엿보아 들어간 때가 언제 〈63〉
이며 돌아온 것은 또 언제인가? 두씨와 즐거이 간통했다는 내막이며, 끝내 무슨 이익이나 손해가 있어 수절하는 여인을 죽인 것인지, 네 마음에 의심스러운 것이 있다면 숨김없이 모조리 세세하게 이실직고하여라."

"전몽옥의 종인 저 의동은 나이가 열네 살입니다. 제 주인은 어젯밤 저물녘에 중문으로 나가 서쪽으로 갔습니다. 저는 흥이 올라 달빛을 보러 나가신 줄로 알아서 처음에는 이상하게 여기지 않았습니다. 저는 잠을 좋아해 곯아떨어져서 코를 골며 자고 있었습니다. 밤이 깊은 뒤, 주인이 집에 돌아와 저를 깨우고 촛불을 밝히라 하셔서 놀라 일어나서 등불을 켰습니다. 그 모습이 엄숙했던 까닭에 감히 어디를 다녀오셨느냐 묻지 못했는데, 자다가 일어나 보았을 때 시간을 알리는 큰 북소리는 막 사경 일점을 알리고 있었습니다. 주인은 베개에 기대 잠에 취해 있다가 아침밥을 올리는 시간에 딱 맞게 일어나셨습니다. 간악한 일을 한 여부는 제가 자세히 알지 못합니다. 두 낭자가 칼에 찔린 것은 이미 통행금지가 해제된 파루(罷漏) 뒤의 일이라 하니, 이는 주인이 돌아온 이후입니다. 주인이 이러한 무고를 당한 것은 매우 애매한 일입니다. 세세히 살피시어 주인 전몽옥에게 아무 죄가 없음을 밝혀 주시기를 삼가 간절히 바랍니다."

〈64〉 지부가 각자 진술한 내용을 모두 받아 든 후 전몽옥 등 각 죄인을 전부 엄한 형틀에 가두고 각별하게 잘 지키도록 명령하는 한편 시체를 검안하여 도독부(都督府)에 자세히 보고했다.

처음으로 시체를 살핀 초검관(初檢官) 소주 지부(蘇州知府)가 보고합니다. 본 소주 관문으로부터 남쪽으로 10리 떨어진 오추리에 선비 두희탁 여식의 시체를 임시로 보관한 곳이 있습니다. 아전으로 검안에 참여한 각각의 응참인을 데리고 달음질하여 와서 시체를 검사해 보니 나이 16세가 된 여자가 남쪽에 머리를, 북쪽에 발을 두고 반듯하게 누워 죽어 있었습니다. 빛이 있는 곳으로 내어 와서 이리저리 몸을 뒤집어 살펴봤는데 온몸 어디에도 상처는 없고 목에 한 부분에만 칼로 찌른 흔적이 있었습니다. 대개 이 송사는 의심되는 부분이 꽤 많습니다. 청상과부가 미남자를 보고 잠깐 정욕이 일었고, 날이 저문 뒤 남자가 몰래 들어가기로 여인과 약속했고, 여인의 철석간장이 절로 녹아 글에 정을 드러내었습니다. 금옥의 입에서 나온 말로는 두 낭자가 절개를 잃은 것이 탄로 나 가문에 폐를 끼칠까 걱정했다고 하고, 전몽옥의 진술에도 두 낭자가 확실하게 거절했다는 내용이 분명히 들어 있습니다. 처음에는 절개를 잃을 것도 생각하지 않고 밀회를 약속했으나 결국 야반도주하는 것을 부끄럽게 여겨 이처럼 목숨을 끊은 것입니다. 칼로 찌를 때에 이를 목격한 증인이 없으니 두
〈65〉 낭자를 죽인 것이 누구이겠습니까? 굳게 거절했는데도 재삼 강요했으니 전몽옥의 죄가 아니겠습니까? 스스로 목숨을 끊었다고 한다면, 두 낭자는 과부의 한을 푼 날에 무슨 아쉬움을 품고 자결까지 했겠습니까? 죽임을 당한 것이라 한다면, 전몽옥이 정을 호소한 그 밤에 정인을 죽이고 악을 자행한 일은 분명히 없었을 것입니다. 그러니 밤을 틈타 담장을 넘어와서 다른 이의 절개를 빼

앗은 것은 거기에 해당하는 법이 있지만, 함께 떠나자고 유혹하여 죽음에 이르게 한 것은 무슨 죄목에 해당하겠습니까? 비록 제 손으로 찌른 일이 없다고 해도 '모든 것이 나 때문이라는 형률', 곧 유아지율(由我之律)의 죄를 면하기 어려울 것인데, 이미 강요한 흔적이 있으니 고소당한 데 따른 법을 또한 어찌 피할 수 있겠습니까? 전몽옥은 천자(天字)로 순서 매긴 본부의 시체 검안서에 주범으로 일단 올렸고, 두 낭자의 시비 금옥은 전후 동정을 밖에서 몰래 엿들었다 하기에 증인으로 올렸고, 전몽옥의 노비 의동은 그 주인이 출입할 때 이미 목격했다고 하니 일의 낌새를 꽤 알고 있을 것이기에 관련자로 올렸습니다. 그 나머지 전몽옥의 이웃 등은 따로 증언하여 물을 만한 이가 없었습니다. 잠시 죄인을 보석하도록 하고 처분을 기다립니다. 그런 까닭에 보고 문서인 첩정을 보내니 삼가 살펴서 시행해 주십시오. 첩정이 잘 도착하기를 바랍니다. 위의 첩정을 도독부에 올립니다. 영락 22년 갑진년 9월 16일, 소주 지부【서압(署押)】

그날로 관리가 다급히 와서 이 일을 보고했다. 과연 도독은 어떻게 판결할까? 다음 권을 보라.

〈66〉 제5권
절동의 도독이 의문스러운 사건을 아뢰고 형부 상서가 해당 사건을 판결하다

소주부에서 시체를 검안한 문서가 이르자 도독이 이를 읽고서 즉시 회신했다.

"시체 검안서가 올라왔지만, 이번 사건의 정황은 전부 의심스러운 안건인데, 두 낭자가 꽃을 던져 남자를 희롱한 일은 쫓겨났다고 하여 절개를 버리고 다른 남자에게 시집가 버린 제나라 환공(桓公)의 부인 채희(蔡姬)의 일보다 더 심하다. 전몽옥이 밤을 틈타 누각에 들어간 것은 선녀의 유혹에도 끝내 넘어가지 않은 봉척(封陟)에게는 죄인이 될 만하나 여인이 색을 즐기면 철석같이 동요하지 않을 남자가 얼마나 있겠는가? 『시경』「정풍」〈장중자(將仲子)〉에서 '장중자여, 우리 마을로 넘어 오지 마세요. 우리 집 버드나무도 꺾지 마세요. 어찌 그것이 아깝겠습니까? 저의 부모님이 두렵습니다.'라고 노래한 것처럼, 아무리 남자가 그리웠어도 부모에게 끼칠 누를 또한 생각해야 했다. 휘장을 걷어 사내를 만났으니 애초에는 자신을 그르칠 정욕에 이끌린 것이나 예를 갖추고 자기를 지켰으니 끝내 함께 가자는 남자의 요청을 거절한 것이다. 요염하게 눈짓하며 정을 전하여 방탕한 여인의 오랜 소원에 부응하였다면 어찌 원한을 품고서 갑자기 죽음으로써 시시한 절개를 풀었겠는가? 정이 흔들리고 마음이 일렁여 산과 바다와 같은 고운 맹세를 하였다면 또 어찌 싫어하는 마음이 일어 칼로 사람을 죽이는 악독한 수단을 썼겠는가? 전몽옥을 강제로 기만한 죄로 돌리는 것은 시비 금옥의 진술로 분명히 밝힐 수 있다. 두씨를 전몽옥과 상종한 일이 없다는 설로 말한다면 편지에 은밀히 담긴 뜻이 또한 증거가 된다. 그러나 자결한 이유

가 분명하지 않다고 해서 더 이상 따질 필요가 없는 죄로 돌린다면 죽은 자가 〈67〉
저승에서 깊은 원한을 품기 쉽고, 범행의 실상이 드러나지 않았는데도 그냥 두어 형을 받게 한다면 살아 있는 자가 누명을 쓰기 쉬울 것이다. 이렇든 저렇든 모두 애매한 부분이 있으니 이 옥사는 쉽게 판결할 수가 없다. 이는 마땅히 연유를 갖추어 임금님께 아뢰어야 할 것이고, 전몽옥을 비롯해 심문을 받을 사람 등은 따로 엄히 가두어 지키되 나머지 이웃 사람 등은 일단 풀어 주고 기다리게 하라. 임금님이 결정하는 대로 처분함이 마땅하다."

이렇게 회신한 뒤에 도독이 즉시 연유를 갖춘 문서를 써서 알렸다.

【편지 첫 면】 추밀원(樞密院)【우리 조정에서는 승정원(承政院)이라 함.】

【편지를 봉한 부분】 신(臣) 아무개는 삼가 봉합니다.

【편지 뒷면】 저는 절동의 도독 아무개입니다.

본 성(省)에 속한 소주의 선비 두희탁의 딸은 어린 나이에 과부가 되었습니다. 그녀는 누대에서 이웃에 사는 전몽옥을 보고는 꽃과 편지를 던져 깊은 밤에 만나기로 약속했습니다. 기뻐하며 간통한 사실은 이미 여러 사람이 자백한 진술서에 드러나 있는데, 그날 밤 갑자기 칼에 찔려 죽었으니, 이 일은 애매하여 증명할 수 없는 사안입니다. 전몽옥은 꽃을 찾는 다정한 마음이었으니, 분명 여색을 즐긴다고 사랑하는 여인을 죽이는 흉악한 일을 저지르지는 않았을 것입니다. 두 낭자는 여인이 멋진 남자에게 귤을 던져 관심을 표했던 것처럼
행동하고 어루만졌으니, 그릇된 일을 저지른 뒤에 죽음으로 절개를 지켰을 리 〈68〉
가 없습니다. 죽은 이에게나 산 자에게나 모두 의문이 많은 사건이라 감히 제 마음대로 처리할 수 없기에 절차를 갖추어서 아룁니다. 영락 22년 9월 20일, 절동 도독 신 아무개.

임금의 답신이 이르렀다.

"중대한 살인 범죄의 정황을 명백히 알 수 없으니 지방관에게 그 죄인을 통제하게 하고 사로잡아 형부로 보내 따로 사실을 조사하게 하라. 이로써 죽은 자는 원통함이 없게 하고, 산 자는 함부로 벌하지 않아 형벌을 신중히 내리고자 하는 나의 뜻을 따르도록 하라."

임금의 답신이 내려온 날, 도독이 신속하게 소주부에 공문을 보내 죄인과 목격자 여러 사람을 단속하고 급히 잡아 오게 했다. 임금이 특별히 형부에 명하여 집무하도록 하고 법률을 살펴 죄상을 밝히게 했다. 형부 상서 진산(陳山)이 심문하니, 각 사람이 자백한 진술서가 모두 올라왔다. 시체 검안서와 지부가 올린 보고서를 참고하여 세세하게 심리하고 판결을 뒤집었다.

"소주부에서 올린 시체 검안서와 보고서 및 각각이 자백한 진술서를 살펴보니 두 낭자가 자결한 것은 틀림이 없다. 검안 보고서에 따르면 칼끝이 목덜미 오른쪽을 뚫고 약간 왼쪽으로 향해 있었고 옆에 떨어져 있던 칼에는 혈흔이 반 촌 정도 스며들어 있었다고 한다. 만약 갑이 을의 목을 찌를 경우 갑의 오른쪽은 을의 왼쪽이 되고, 갑의 왼쪽은 을의 오른쪽이 된다. 갑이 오른손으로 을의
〈69〉 목을 찔렀다면 혹 잘못 찔렀다 하더라도 칼끝은 당연히 목 왼쪽에서부터 오른쪽으로 약간 비스듬히 들어갔을 것이다. 어떻게 오른쪽에서 왼쪽으로 향하게 찌를 수가 있겠는가? 만약 을이 목을 스스로 찔렀다면, 오른손으로 목 오른쪽을 찔렀을 것이고 왼쪽을 향해 약간 비스듬한 형세가 될 것이 분명하다. 이것이 두 낭자가 자결했다는 첫 번째 근거이다.

또한 무릇 사람을 찌르는 자는 반드시 죽이고자 그를 찌르는 것이다. 칼이 몇 촌 정도 들어가더라도 오히려 죽지 않을까 걱정할 것이니 어찌 피가 반 촌 정도 스미는 데에서 그만두겠는가? 필시 그 목을 스스로 찔렀기 때문에 깊이 찌를 새도 없이 고통을 느끼고 기절하여 끝내 목숨을 잃게 되었을 것이니, 혈흔이 어떻게 깊게 스며들 수 있었겠는가? 이것이 곧 두 낭자가 자결했다는 두 번째 근거이다.

금옥이 촛불을 끌 때, 두 낭자는 분명 살아 있었는데 시각은 이미 오경 끝 무렵이었다. 의동이 등불을 켤 때, 전몽옥은 이미 집에 돌아와 있었는데 시각은 겨우 막 사경이 지났을 즈음이었다. 사경에 집에 돌아온 사람이 어떻게 오경에 누대에 있던 사람을 살해할 수 있겠는가? 이것이 두 낭자가 자결했다는 세 번째 근거이다.

두 낭자는 필시 타고난 성품이 강직하여 예로써 자기를 지킬 수 있었지만, 정욕이 일어남을 이기지 못했고 비록 절개를 잃었으나 슬기로워서 오히려 부모에게 욕이 될까 걱정했을 것이다. 한편으로는 군자와의 약속을 저버리기 어렵고, 다른 한편으로는 가문에 폐를 끼칠 수도 없는 진퇴양난이기에 깊은 근심에 싸
인 채 꽃다운 혼이 남몰래 죽은 것이다. 그녀가 편벽되고 인색하여 모난 성품을 〈70〉
지녔다면, 차라리 죽는 것이 나은 줄도 모르고 지금까지 경솔하게 살아 있어 소소한 신의나 지켰을 것이다. 전몽옥은 지극히 애매하지만 이미 그간에 죄를 범했으니 유아지율에 해당하는 허물이 없지 않다. 이는 사형에서 한 등급을 감한 형법에 해당하니 전몽옥을 3년 유배형에 처하고 관련자와 증인 등은 모두 풀어 주어야 할 것이다. 해당 부서는 이러한 뜻으로 임금님께 문서를 올리도록 하라."

이에 형부에서 아뢰었다.

"소주의 여인이 죽음에 이른 옥사에 대해 상세하게 살펴보니 두 낭자가 자결한 것이 분명하고, 전몽옥이 흉악한 짓을 저질렀다고 보기는 매우 애매합니다. 그러므로 유아지율에 따라 전몽옥을 3년간 유배 보내는 것이 어떠하겠습니까?"

임금이 문사를 내렸다.

"윤허한다."

이날 전몽옥은 감옥에서 나왔고, 형을 받을 유배지는 양주(洋州)로 정해졌다. 전몽옥이 처음에는 그물에 걸린 기러기처럼 액운을 만나 재앙에 빠질 뻔했으나 끝내 새옹지마의 복을 받아 저승의 문턱에서 살아 돌아왔으니 하늘의 이치

는 되돌아오길 좋아한다는 말은 속일 수가 없다. 하늘이 장차 전몽옥의 명성을 드날려 국가의 성대함을 노래하게 하려고 먼저 이유도 없는 화를 입게 해서 심지를 괴롭혀 놀라 허둥지둥하게 한 것은 필시 부족한 능력을 더욱 키우라는 뜻인 것이다.

〈71〉 전몽옥은 12월에 양주로 떠났다. 양주는 곧 강남의 명승지로 유배객과 시인이 많이 모이는 곳이었다. 눈에 가득한 풍광에 사물을 만지지 않고도 흥이 일어나고, 경치에 따라 정이 생겨 노래를 짓고 시를 읊기에 좋았다. 전몽옥은 여산(廬山)과 한수(漢水) 사이를 오가다가 태평흥국사(太平興國寺)에 투숙한 어느 날, 막 꽃을 피운 야생 매화를 보게 되었다. 쓸쓸한 물가에 꽃이 핀 것을 기뻐하다가 문득 감회가 일어나 자기의 처지를 생각하며 〈남향자(南鄕子)〉 한 곡조를 지었다.

대지 가득 찬 연기 푸르스름하고
막 피어난 꽃은 두려워 먼 물가에서 반기네.
추위 잘 견뎌 아리땁고도 여리게 피어나니
겨울 신이 위세를 떨칠 힘이 없었네.

달은 산호 병풍에 걸리고
살짝 눈 쌓인 가지엔 분 향기 어른거리네.
옅은 화장에 소복 입고 누구 기다리며 우뚝 서 있는지
이별한 이 머리털 하얗게 세게 하는구나.

이윽고 양주부 안에 거처하며 덧없이 세월만 보냈다. 섣달 그믐밤에 여관의 찬 등불 아래 잠을 이루지 못하는데 옛일을 돌이켜 생각하니 시름과 번민을 달랠 길이 없어 도소주(屠蘇酒) 한 잔을 억지로 마시고 〈수조사(水調詞)〉 한 곡조를 지어 가슴속 회포를 쏟아 내었다.

바람에 한 가닥 향기 실려 와
계곡의 늙은 매화나무에 봄이 들었네.
한 해가 저묾에 홀로 우두커니 서 있으니
신령한 닭의 울음소리 어디에서 들려오는가?
내 구름 타고 날아가고자 하여
그저 오나라 산과 초나라 강을 보니
쓸쓸히 먼 안개뿐이로다.
석양은 서리처럼 희어
눈동자에 비치는 햇살이 쓸쓸하더라. 〈72〉
구름 장막 헤치고
밝은 달빛 아래 신음하니
바닷가 하늘이 나직하네.
귀양 온 신선은 한탄하나니
나를 구름사다리로 올려 줄 사람 없음을.
그저 사면 소식 기다리다
피리 소리 견디기 어려워
술잔 들어 눈물 흘리네.
기운 달이 어느 때에 가득 차오를까?
미소를 머금고 난간 서편에 기대어 보네.

새해는 곧 인종 임금의 홍희(洪熙) 원년인 을사년(1425)이었다. 전몽옥이 여산(廬山) 아래 다미동(荼蘼洞)에 자미노인(紫微老人)이라는 사람이 사주를 잘 본다는 말을 듣고는 찾아가서 자신의 운명을 묻고자, 공손하게 꿇어앉아 말했다.

"저는 본래 오월국(吳越國)을 세운 무숙왕(武肅王) 전류(錢鏐)의 후예로 성은 전이요, 이름은 몽옥이라고 합니다. 대대로 전당(錢塘)에 터를 잡았는데 운명이 기박하여 일찍 부친을 잃고 절개 굳은 행실에 힘쓰지 못하여 횡액을 당하고 유배지로 쫓겨났습니다. 모든 길흉화복은 자초하지 않은 것이 없거늘 아직 우매하여 깨우치지 못했습니다. 그러므로 도를 아는 분께 나아와 바로잡고자 하니, 바라건대 도사께서 가르침을 주십시오."

자미노인이 말했다.

"군자의 사주가 어떻게 됩니까?"

전몽옥이 말했다.

"제 팔자는 계사년 무오월 신축일 기해시입니다."

자미노인이 점칠 때 쓰는 시초(蓍草)를 펼치고 댓개비를 집고는 묵묵히 헤아려 본 뒤에 말했다.

"군자의 명운은 먼저 울었다가 뒤에 웃는 격입니다. 훗날 이룰 일은 추측할 수 없습니다."

그러고는 점사(占辭)를 내었다.

"이 사주를 보니, 먼저는 막히다가 나중에 크게 됩니다. 연(年)에는 땅에 의한 재앙으로 인해 한곳에 머물러 있지 못하고 자주 이동하게 되어 객지 생활을 하게 되는 지살(地殺)이 둘렀으니 일찍 양친을 잃을 것입니다. 태(胎)에는 말이나
〈73〉 행동을 잘못하여 자기를 망치게 되는 망신(亡身)이 끼었으니 뜻밖에 그물에 걸려들 것입니다. 이번 해에는 틀림없이 재앙과 곤액이 따르는 흉한 요(曜)가 있어 보름 전, 즉 열다섯까지는 길이 막힐 것이나, 태양의 궤도에 이미 정해진 복의 운세가 있으니 스무날, 즉 스무 살 이후에는 탄탄대로를 만나 관운이 흥하여 지위가 오를 것이고 벼슬길이 트일 것입니다. 상서로운 흰 이무기가 태양을 끼고 있고, 성군의 우산이 서쪽에 임했으니 검은 거북이 때를 타서 구름을 치달려

북으로 날아갈 것입니다. 재성(才星)이 귀인을 끼고 있으니 심궁(沁宮)에서 금슬을 탈 것이고, 진성(辰星)이 창고에 들었으니 한나라 광무제(光武帝)가 처남인 곽황(郭況)에게 금보(金寶)를 많이 내려 준 곽씨 집의 금혈과 같을 것이요, 문무의 길한 별이 집안을 비호하고 있으니 조정에 들어가면 한림원에 이르고 나와서는 병마절도사를 맡을 것입니다. 부귀공명은 세상에서 다복하기로 유명한 분양왕(汾陽王)에 비길 만할 것입니다. 고기 먹으며 부유하고 귀한 생활을 누린 40년이 일장춘몽과 같으리니 하루가 얼마나 되겠습니까? 남쪽 나뭇가지 아래에서 잠들어 헛된 꿈을 꾼 일을 알아보십시오."

점사를 쓰고 나서 자미노인은 시초와 거북을 거두어 넣은 후 굽은 상자 속에서 귀한 책을 꺼내어 주면서 말했다.

"군자는 훗날 반드시 이 책을 쓸 만한 곳이 있을 것이니 잘 기억해 두십시오."

전몽옥이 그 책을 보니 모두 신장(神將)인 육정육갑(六丁六甲)의 비결을 담은 것이었다. 전몽옥이 이에 감사를 표하고 돌아왔다. 이 책을 얻은 뒤 앞서 경험한 일로 이후의 일을 미루어 생각해 보니 귀양살이의 시름을 조금이나마 위로받을 수 있었다.

양주에 사는 선비 소희맹(蘇希孟)은 남쪽 지역에서 이름난 사람이었다. 문장과 글이 뛰어났으며 집안도 그리 가난하지 않아 다른 사람에게 베풀기를 즐겨하고 재주 있는 선비를 더욱 좋아하여 그런 이가 있다는 이야기를 들으면 천 리 거리를 문지방 드나들듯 여겨 반드시 찾아갔고, 만나면 재산을 모두 내줄 정도로 마음을 다하여 즐겁게 사귀었다. 그러므로 남방의 사람들이 그를 풍류백(風流伯)이라 불렀다. 하루는 소희맹이 전몽옥의 명성을 듣고 여관으로 찾아와 보자마자 상 아래 엎드려 절하며 말했다. 〈74〉

"군자는 제게 모범이 되는 분입니다. 청컨대 백 척 누각 아래에 한 자만큼의 땅을 빌려주셔서 졸렬한 제가 빈 전대로 왔다가 가득 싣고 돌아가게 해주신다면 그 얼마나 다행이겠습니까."

전몽옥이 말했다.

"어찌 선생께서는 지나친 겸손으로 귀양 온 사람의 마음을 불안하게 하십니까?"

소희맹이 마침내 전몽옥과 교분을 맺고 떠났다. 그 후로도 두세 번을 더 찾아왔는데, 두 사람의 사귀는 정이 두터워진 뒤에 소희맹이 말했다.

"전 형께서 제 거처에 한 번 오신다면 마을에 빛이 나고 둔한 저의 가치도 더 높아질 것입니다. 어찌 전 형은 발걸음 한 번 하는 데에 그리 인색하십니까?"

전몽옥이 말했다.

"감히 말씀을 따르지 않을 수 있겠습니까?"

하루는 날씨가 따뜻하여 비단결처럼 고운 숲에 꽃향기가 진동하고 유리알처럼 맑은 강물에 햇살이 일렁였다. 전몽옥은 절로 마음이 깨끗해지고 정신이 편안해져 채비하여 밖으로 나서서 소희맹의 집을 찾아갔다. 소희맹은 마침 꽃구경하며 낚시 놀이를 하고 있었다. 시인과 문인들이 그 집에 가득 모여 농담하고 수수께끼를 풀며 앞에서 노래하면 뒤에서 답했다. 당 아래에 있는 작은 연못에는 물고기가 헤엄치며 놀았고, 못가에는 모란이 풍성하게 피어 있었다. 노란색은 세상에 나온 지 10년이 채 못 된 희귀한 것으로 천 개의 이파리에 노란 꽃이 피어 '꽃 중의 왕'으로 불리는 요씨(姚氏) 집 모란의 종자로 키웠고, 붉은색은 천 개의 이파리에 붉은 꽃이 피는 것으로 나무꾼이 수안산(壽安山)에서 캔 것을 사서 키워 '꽃 중의 왕후'로 불리는 위인부(魏仁溥)의 집 모란의 향기를 지녔다. 모란의 하나인 정홍(鞓紅)이 한창 흐드러져 붉은 열매가 부평초를 헤치고 나오는 듯했고, 옥벽(玉湢)이 막 꽃을 피워 무성하니 흰 구슬이 조개를 열고 나온 것 같았다. 봄나들이를 나선 여인들과 꽃을 아끼는 시인들이 그곳에 다 모인 듯했다. 전몽옥이 제일 늦게 도착하여 조심스레 오르니, 소희맹이 보고는 놀라 기뻐하며 당에서 내려와 맞이했다.

"전 형께서 천금과 같이 귀한 몸을 아끼지 않고 누추한 곳에 왕림해 주셨으니, 영광이 이 연회 자리에 넘쳐 많은 보화를 얻은 것보다도 좋습니다."

소희맹이 더할 나위 없이 기뻐하며 만면에 웃음을 띠니, 전몽옥이 인사하며 앉았다. 얼마 지나지 않아 몇 순배 술을 돌리고 소희맹이 종이 한 폭을 가져와 〈75〉
전몽옥에게 올리며 말했다.

"전 형께서 좋은 글귀를 하나 지어서 이날의 멋진 모임을 기념해 주셨으면 합니다. 형의 뜻은 어떠하십니까?"

"제 모자란 글은 고아한 연회를 아름답게 꾸미기엔 부족하니 사양하겠습니다."

"전 형께서는 부디 겸손하게 사양하지 마십시오."

이에 '꽃구경과 고기잡이'라는 뜻의 '상화조어(賞花釣魚)'를 제목으로 삼고 '춘경(春景)' 가운데 제비로 뽑아 '경'을 운자로 하여 전몽옥이 마침내 한 편을 지었다.

선인이 녹옥장을 짚고
신령한 산을 떠받친 흰 자라의 머리를 밟고 올랐네.
공중을 걷다가 홀연히 아래를 굽어보니
추연의 피리 소리가 봄의 경치를 품었구나.
붓을 잡고 그 기이함을 묘사하니
천지에 온갖 식물 펼쳐지네.
연못은 쪽빛과 감색으로 물들었고
산봉우리에서 술기운을 머금었네.
주인에게 풍류와 운치 넘쳐
바라보며 한바탕 웃는다오.
시상은 바람 실은 돛대처럼 일어나고
이야기는 건장한 말처럼 내달리네.

난형난제 모일 자리 마련하니
마음은 흔들리지 않는 삼매의 경지에 통달하네.
꽃잎은 어리석게도 나그네 옷깃에 붙고
물고기는 점점이 사람 그림자 피해 숨으니
천하의 봄기운을 손에 쥐고
난간에서 동정을 살피네.
이백은 노는 것을 그치지 않고
도리원(桃李園)에서 밤에 촛불 밝혔지.
좌중에 있는 나그네
맛있는 자라 삶은 솥에 손가락이나마 담가 보네.
바라노니, 그대 따라 노닐며
덕과 재물로 사람 구한 팔고와 팔주의 차를 마시리.

소희맹이 시를 한 번 읽고 손으로 무릎을 치며 칭찬하며 말했다.

"당나라 때의 대단한 시인이라 해도 여기에 덧붙일 말이 없을 것입니다."

자리한 이들 모두가 시를 돌려 보고는 자신의 붓을 내려놓고 성명을 물으며
〈76〉 전몽옥 앞에 바싹 다가와 앉았다. 가장 상석에는 한 사람이 사모관대를 하고
엄숙하고 단정하게 앉아 있었는데, 바로 양주 지부였다. 전몽옥의 시가 돌고 돌
아 지부에게 이르렀다. 지부가 시를 읽고는 탁자를 치며 말했다.

"어떤 이가 이렇게 시원하고 맑은 어감으로 시를 지었는가?"

소희맹이 말했다.

"이 시는 귀양살이하는 전 수재가 지은 것입니다."

지부가 갑작스레 깨닫고는 말했다.

"본 부의 죄인 명부에 실려 있는 전몽옥이라는 군자가 아닙니까?"

전몽옥이 대답했다.

"바로 제가 그 사람입니다."

지부가 말했다.

"눈이 있는데도 태산 같은 이를 알아보지 못하여 선생께서 천한 곳에서 욕을 당하게 하고, 오히려 한 번 정성스럽게 대접하지도 못했으니 진실로 부끄럽습니다. 혹시 한 번 오셔서 제 마음에 싹튼 비속하고 인색한 생각을 없애 주실 수 있겠습니까?"

전몽옥이 말했다.

"공적인 일이 아니면 관청에 가지 않는 것은 공자의 제자인 자유(子游)의 참모였던 자우(子羽)가 조심했던 일입니다. 또 저는 이제 막 죄인 명부에 올라 이곳에 내침을 당했는데, 어찌 감히 법관이 계신 곳에 발을 들이겠습니까?"

지부가 말했다.

"대장부는 뜻이 맞는 사람을 만나면 절로 물불을 가리지 않습니다. 굳이 세속의 법도에 구애되어 속마음을 알아주는 사람을 잃어버리면 되겠습니까?"

어느덧 석양이 산에 드리웠다. 지부가 돌아가려 하니 소희맹이 자리에서 일어
났고, 전몽옥 또한 절하고 물러 나왔다. 전몽옥을 알게 된 이후 지부는 날마다
안부를 묻고 부엌을 음식으로 풍성하게 해주며 하인을 보내어 거처에 필요한 〈77〉
것을 마련해 주었다. 그러나 전몽옥은 굳이 사양하고 받지 않았다.

그러던 어느 날, 지부가 망운루(望雲樓)에서 연회를 베풀었다. 전몽옥도 그 연회에 참석했는데, 지부의 풍류는 어떠했을까? 다음 권을 보라.

옥선몽 하권

탕암 지음

제6권 〈01〉

망운루에서 태수가 연회를 베풀고 천한대에서 유배객이 별을 보다

양주 지부가 망운루(望雲樓)를 손질하여 고치고는 완공을 축하하는 의식을 거행하며 큰 잔치를 열었다. 망운루는 횡호(橫湖) 가에 있어 대숲과 갈대밭이 눈앞에 펼쳐졌다. 망월대(望月臺)와 함허정(涵虛亭)이 빙 둘러서 서로 이어지고 30여 개의 정원과 못이 있지만 그중에서도 망운루가 가장 좋았다. 지부가 가마를 보내어 전몽옥을 초대했다. 전몽옥이 두세 번 사양하다가 마지못해 참석했다. 지부가 전몽옥을 상석으로 이끌고 함께 용마루와 처마의 법식을 두루 살폈다. 망운루는 지붕 네 모서리의 추녀가 높게 솟아 시원하고, 여덟 겹의 문이 밝게 탁 트여 있었다. 침단목으로 만든 박공은 날개를 드리운 봉황이 마주한 듯했고, 대나무를 엮어 만든 세살창은 눈을 뜬 늙은 용이 쌍쌍이 있는 듯했다. 대들보 위에 세워 마룻보를 받쳐 주는 짧은 기둥인 대공(臺工)에는 화려한 무늬를 새기고는 많은 나무 기둥으로 서로 지탱하게 했으며, 벽돌에 무늬 있는 돌을 넣어서 아름답고 화려하게 만들었다. 지부는 옷자락의 솔기가 사방으로 트인 창의(氅衣)를 입고 탕건을 쓰고 부채를 부치며 망운루 위를 노닐었다. 곁에는 배자를 입고 가까이에서 모시는 자, 사내가 입는 저고리를 입고 명령을 받드는 자가 있었고, 행주치마를 입고 꿇어앉아 술을 올리는 시녀와 물건을 담는 전대 〈02〉
(纏袋)를 가지고 따라와서 소반을 올리는 하인이 있었다.

조금 뒤 손님들이 차례로 앉았다. 큰 상이 갖춰져 올라왔는데, 물과 육지에서 나는 진미가 모두 담겼고, 날짐승·길짐승 중의 맛좋은 음식이 전부 있었다. 옛날 한나라 때 누호라는 사람이 성제의 외삼촌들인 다섯 명의 제후에게 각각 받은 어육(魚肉)을 한데 넣어 끓여 비빔으로 맛있는 음식의 대명사가 된 오후지청(五侯之鯖)은 갖가지 양념이 조화를 이루었고, 신선과 진인이 사는 나부산에서 영로가 먹었다는 어육 등을 섞어서 곤죽처럼 범벅이 되게 끓인 골동갱, 곧 잡탕에는 단맛·쓴맛·신맛·짠맛·매운맛의 오미가 들어 있었다. 제비의 대퇴부인 연비(燕髀), 고라니와 사슴의 얼굴 부분을 말린 성순(猩脣), 모우(髦牛)를 삶은 고기인 모잔(髦殘), 코끼리 지방인 상백(象白) 등 여덟 가지 진미(珍味)가 상 위에 벌여 있고, 황 복어, 종달새인 단류(丹鸐), 서리 내릴 때 잡은 사막 새 탈구(鵽鳩), 이슬 내릴 때의 고니인 노고(露鵠) 등으로 끓인 아홉 가지 탕이 솥에 담겨 있었다. 초파일에 먹는 해동의 어채(魚菜), 양젖의 지방질을 굳혀 만든 북방의 양락(羊酪), 우유로 만든 죽인 남방의 의이(醷酏)와 호깨나무 열매로 빚은 향신료인 서역의 구장(蒟醬) 등 동서남북의 성찬과 봄날 반죽에 꽃잎을 붙여 지져 먹는 화전(花煎), 여름날 삶은 경단에 꿀물을 넣고 잣을 얹어 먹는 수단(水團), 가을에 먹는 꿀떡 밀병(蜜餠), 겨울에 먹는 우유로 만든 음료인 타수(酡酥) 등 춘하추동 사계절의 진미가 있었다. 게탕이 끓고 있는 노구솥에는 게 다리가 튀어나와 있고, 탕평채는 돼지처럼 배가 불룩한 냄비에 올려져 있었다. 꿀과 쌀을 섞어 둥글게 만든 산자인 거여(粔籹)는 붉은 비름으로 물들였고, 강정에는 황금빛 곡식 알갱이를 붙였는데 길이가 길고 붉은 것은 요화(蓼花), 길이가 짧고 빨리 튀겨져 올라온 것은 수채(水菜)라고 했다. 약과·사과·중계·연근·정과·백자·박산 등의 과자는 형형색색이었고, 산승·경단·야자·만두·용안·수차와 같은 갖가지 품목이 기기묘묘했다. 위나라의 정원 기원(淇園)에서 난 대나무에서 추출한 즙 죽력(竹瀝), 형양(衡陽) 땅의 특산물인 귤병(橘餠), 옛날 남쪽에 있던 나라 월상(越裳)의 특산물인 전갈을 꿀에 절인 계두(桂蠹), 조선(朝鮮)의 조개는 토산물이 아닌데 어떻게 온 것인가? 선명하고 화려한 빛의 배, 붉은빛의 밤, 수탉의 볏같이 생긴 가시연밥, 고욤은 제철 과일이 아닌데도 올라왔다. 고기
〈03〉 를 고아 만든 곰탕은 등걸 숯불 위에서 이제 막 끓고 있었고, 전립골에 담긴 산

적은 적쇠에 놓여 초벌로 구워지고 있었다.

잔치에 올라온 술로는 마시자마자 취하지만 곧 취기가 사라지는 준둔주(逡迍酒), 천 일 동안 길게 취해 있는 천일주(千日酒)가 있었다. 술도가에서 새로운 방식으로 담근, 세 번 빚은 삼중주(三重酎)와 하룻밤 만에 마실 수 있는 일숙포(一宿醭)와 같은 술에 도공(陶工)의 신묘한 기술로 만든, 두 번 술이 도는 술잔인 이경작(二經爵)과 세 가지 술잔인 삼아준(三雅樽)도 있었다. 청주(淸酒)와 탁주(濁酒)를 모두 내왔는데 맑은 것은 표(醥)라 하고 탁한 것은 앙(醠)이라 하고, 맛이 진한 술과 옅은 술을 모두 갖추었는데 진한 것은 농(醲)이라 하고 옅은 것은 이(醨)라 했다. 형남(荊南)의 오정주(烏程酒)는 따뜻한 기운이 편안하게 퍼져 취하게 하지 않았고, 예북(豫北)의 죽엽주(竹葉酒)는 소리가 거세게 일어나 뇌리에 파고들었는데 센 것은 제물론초우잠순(齊物論椒雨蘸唇), 부드러운 것은 양생주미로관정(養生主薇露灌頂)이라 했다. 서량(西凉)의 포도주 맛은 양귀비가 폐를 적셨다는 사실을 기억나게 했고, 서하(西河)의 구기자주(枸杞子酒)는 비방으로 선녀가 수명을 연장했다고 알려졌다. 달면서도 매운 것은 계피와 꿀로 빚은 술이고, 강하면서도 향이 있는 것은 배와 생강을 섞어서 달여 걸쭉하게 만든 술이다. 동정춘(洞庭春) · 운안춘(雲安春)은 자연의 이름을 따온 술이고, 도화주(桃花酒) · 연엽주(蓮葉酒)는 화초에서 좋은 이름을 붙인 것이었다. 기도(箕都)의 홍로주(紅露酒)는 한 잔만 마셔도 곧 사람을 취하게 하고, 해관(海關)의 백수주(白酥酒)는 세 사발을 마시면 언덕을 넘지 못할 정도가 된다. 홍소산(紅消散) · 벽영고(碧英膏)는 음식을 소화하는 데 좋은 약제이고, 옥예차(玉蕊茶) · 난영주(蘭英酒)는 술을 깨는 데 효험이 있다. 그 외에 가마솥에서 피어오르는 밥 짓는 연기며, 탁자 위에 차려진 음식은 이루 다 말할 수 없었다. 쩝쩝이며 음식을 먹고 난 뒤에는 너울너울 춤사위가 벌어졌다. 잔뜩 취해 잠자려고 하는 〈04〉
자, 곤드레만드레 취해서 주정을 부리며 어지럽히는 자, 흐트러져서 바르게 있지 못하는 자, 사리 분별을 못하고 성을 내며 절제하지 못하는 자가 있었으니,

그 각각의 광경은 이루 다 말할 수 없었다.

지부가 곧바로 크게 음악을 펼치게 했다. 이와 함께 기이한 물건들을 내와 음악의 도구로 쓰게 했다. 미인들이 계단을 두 줄로 둘러서자 한 가닥 생황에 맞춘 노랫소리가 당(堂) 아래에서 들려왔다. 노래는 〈춘답답가(春踏踏歌)〉, 〈산유화가(山有花歌)〉, 〈장진주가(將進酒歌)〉, 〈자야오가(子夜吳歌)〉였는데, 모여 부르는 것이 제비와 꾀꼬리가 지저귀는 듯했다. 춤은 취회회(醉回回), 활관음(活觀音), 유청낭(柳靑娘), 포로아(鮑老兒)였는데, 이끄는 것이 벌과 나비가 어지러이 나는 듯했다. 어떤 이는 덩덩거리며 장구를 치고, 어떤 이는 둥둥거리며 북을 쳤다. 맑고 깨끗한 거문고 소리는 완연히 여울물 흐르는 소리 같고, 높고도 밝은 생황 소리는 분명 꽃들이 골짜기 밖으로 나오는 소리 같았다. 태평소(太平簫)에 맞춘 〈삼난곡(三難曲)〉은 '임금 노릇도 신하 노릇도 어렵고, 나라는 세우기도 지키기도 어려우며, 집안도 몸도 보전하기 어렵다.'라는 노래이고, 구리소(九里簫)에 맞춘 〈회심곡(回心曲)〉은 소리가 한 번 높았다가 한 번 낮아졌다. 선녀가 전했다는 곡조인 〈보허사(步虛詞)〉는 가야금으로 연주되었고, 당비파(唐琵琶)로 연주되는 〈귀안조(歸雁操)〉는 나그네의 애간장을 끊었다. 해금과 세피리로 박자를 맞추고 가로로 입에 대고 부는 횡적(橫笛)과 아쟁을 사이사이 연주하니 모든 것이 순(舜)임금의 우(虞)나라에서 음악을 맡았던 기(夔)가 음률을 조화롭게 하고 진(晋)나라의 악사인 사광(師曠)이 소리를 바르게 했던 것과 같았다.

뒤이어 여러 가지 재주와 놀이가 연이어 상연되었다. 북을 두드리며 춤을 추는 자는 네 개의 북채로 일제히 움직이고, 노 젓는 춤을 추며 배따라기를 부르는 자는 만경창파에 떠다니는 듯했다. 두 마리 용이 여의주를 가지고 노는 고부막춤을 추는 자는 부채로 에워싼 채 덩실덩실 뛰었고, 한 마리 학이 하늘을 향하는 춤인 등따락이를 추는 자는 꽃 등불을 안고 훨훨 날아가는 것 같았다. 푸른 통모자를 쓴 난쟁이 악공은 참회하는 글을 읊으며 발을 구르고, 저고리에 물을 뿌리고 노니며 작은 눈을 껌뻑이는 광대는 격식에 따라 머리를 흔들었다.
힘 겨루는 씨름 놀이, 『수호전』에서 무송이 선보인 무술인 원앙각(鴛鴦脚)과 옥 〈05〉
환보(玉環步)에 사람들이 일제히 박수갈채를 보냈다. 솟대쟁이가 줄에 거꾸로
매달린 재주는 마치 거미발 같고 게걸음 같아 모두가 포복절도했다. 검은 관모
를 쓴 꼭두각시 인형은 각각 앞에선 옳다 하고 뒤에선 비방하며, 푸른 승복을
입은 사당패는 구름처럼 물처럼 떠돌아다녔다. 줄지어 서서 제기를 차는 이들
은 두 다리를 날듯이 가벼이 움직이며 떨어뜨리지 않을 것이라 장담했고, 무리
를 나누어 줄다리기하는 이들은 두 팔로 힘차게 당기며 지지 않겠다고 맹세했
다. 가락지를 손에 감추는 팔검질 놀이를 잘하는 자는 채찍을 들고 어디에 있느
냐 물었고, 손에 쥔 갯수 맞히는 놀이를 잘하는 이는 은자(銀子)를 쥐고서 수가
어찌 되는지를 물었다. 몸이 가벼워 재빨리 숨는 아이들은 숨바꼭질 놀이, 말
의 뜻을 날카롭게 분별하는 아이들은 수수께끼 놀이를 했다. 한 발을 손으로
잡고 외발로 상대를 넘어뜨리는 깨금발 놀이(닭싸움)를 하는 사람들은 이리저
리 비틀대며 기우뚱거렸고, 손등 치기를 하는 사람들은 손깍지를 끼고 옆을 쳤
다. 관이병(貫耳瓶)으로 즐기는 투호에서는 화살을 가로 눕혀 던지는 절도가 있
고, 양편이 서로 가두면서 두는 바둑은 알을 차례로 놓아 가며 조여 가는 법칙
이 있었다. 장기판에서는 차와 말이 달리고, 쌍륙 놀이에서는 다섯이야 일이야
소리를 쳤다. 골패(骨牌)를 집을 때면 쌍쌍의 백구가 성근 빗줄기 속에 나는 것
같았고, 찌를 던지며 하는 투전놀이는 두 강물이 백로주(白鷺洲)를 만나 중간
에 나뉜 모양 같았다. 그 외 산대놀이와 물놀이 등을 했고, 앉아서 연주하는 좌
부(坐部)와 서서 연주하는 입부(立部)의 악기를 모두 연주하니 기이한 광경과
사치한 음악은 이루 다 기록할 수 없었다.

지부가 말했다.

"오늘 같은 날 선생의 뛰어난 글을 얻지 않을 수 없습니다. 편액을 꾸미고자 하니 상량문을 지어 주십시오."

전몽옥이 생각에 잠겨 글을 읊조리더니 차 한 잔 마시는 사이에 붓을 잡고 글을 써서 올렸다.

〈06〉 읊노라. 용왕이 도읍을 옮겨 이십팔수의 마지막 별인 진수(軫宿)에 물의 나라를 정하니, 훌륭한 장인들이 지혜를 발휘하여 남쪽 구석에 신선의 누대를 펼쳤다. 수정 쟁반 같은 물이 솟구치고 소용돌이치는데 한 조각 섬은 어디에서 떠왔는가? 오색 안개 속에 신기루처럼 공중에 솟은 백 층 누각에는 소식(蘇軾)이 사방을 설경으로 장식하여 설당(雪堂)을 지은 공교함과 등자경(滕子京)이 악양루(岳陽樓)를 중축한 법도가 있어 예전 것을 바탕으로 수리하고 새로이 아름답게 꾸몄다. 태수는 과거 급제자 명부에 향기로운 이름을 남기고 조정 반열에서 아름다운 명망을 얻었다. 공자의 제자인 자천(子賤)이 단보 땅을 다스릴 때 석 달 동안 거문고만 켰는데도 새끼 꿩이 울음소리에 아름다운 가락을 머금고 있는 것같이 자연히 백성을 교화했으나, 유비의 신하인 방통(龐統)처럼 백 리 정도의 땅을 맡아 다스리기에는 넘치는 재주가 아까워, 위엄 있고 격식 있는 봉황이 가시나무에 깃든 꼴이다. 높은 벼슬을 가리키는 금 인장이 빛을 발하며 멀리 남방의 신 축융(祝融)의 옛터를 비추고, 몸을 장식하는 옥패(玉佩) 소리가 은하수 왼편으로 내려왔다. 사계절의 경치를 전부 문예로 완상하니 백성들은 풍류태수(風流太守)라 칭하고, 서른 개의 연못을 모두 관리하면서 스스로는 강산주인(江山主人)이라 일컬었다. 이름난 선비와 뛰어난 학자들과 함께 노닐어 향기 가득한 지초와 난초의 방을 이루어 동화되었고, 유배객과 나그네가 이곳에 모이니 타향을 고향처럼 알게 되었다. 다스려 교화시키니 백 리에 풍속이 같고, 천 리에도 같은 바람이 불며, 노닐며 완상하다 보니 다섯 걸음마다 하나의 누대가 있고 열 걸음마다 하나의 전각이 있다. 듣자니 남창부(南昌府)를 지키는 등왕각(滕王閣)에는 계수나무와 난초 궁전이 있고, 군산(君山)에 자리한 동정호(洞庭湖)에는 은빛 금빛의 대궐이 있다고 한다. 유람할 만한 호수나 산에 어찌 웅장하고 화려하게 꾸민 누대가 없을 수 있겠는가? 돌아보니 이 땅엔 일 벌이기를 좋아하는 사람이 전혀 없어 오직 이 누대만 지었는데 그것도 이미 오래된 일이었다. 듬성듬성해진 서까래와 부서진 벽은 백 겁의 세월을 보냈고, 아름답게 꾸몄던 창은 삼강(三江)의 비바람을 가득 맞았다. 단청은 벗겨져 벽에 있던 문여가(文與可)의 대나무 그림은 찾을 수 없었고, 뜰과 집은 황량하니 지사(芝師)가 달구경 하던 주렴은 어디 있는가? 〈07〉
서까래를 바꾸어 새롭게 정비하지 않는다면 좋은 경치를 찾은 여러 손님을 어떻게 모시겠는가?

이에 등양(鄧襄)에서 장인(匠人)을 부르고 형촉(荊蜀)에서 재료를 옮겨 왔다. 좋은 나무를 베어 들보를 만들 때 뛰어난 기술자 공수반(公輸般)이 끌을 휘둘렀고, 철산(鐵山)을 무너뜨려 쇠못을 만들 때 곤오(昆吾)가 용광로에서 녹였다. 비단 휘장에 별이 흘러 누런 먼지 너머로 반짝반짝하고, 옥 처마 끝은 햇살을 받아 푸른 하늘을 꿰뚫고 우뚝하다. 기둥 위에서 처마를 지탱하는 두공(斗栱)은 꿩이 날개를 편 듯한 모습으로 오호(五湖)의 안개를 재우고, 자벌레 소리 울리는 익랑(翼廊)은 칠택(七澤)의 바람을 들이니 문인들이 함께 모이는 곳이요 과객이 와서 쉬어 가는 곳이로다. 푸른 하늘에서 농옥(弄玉)의 퉁소 소리 들려 선학(仙鶴)이 용마루에 내려앉고, 꽃피는 시절에는 푸른 연꽃 벼루를 올리고 선녀가 난간에 기대어 있다. 높은 언덕에서 아름다운 풍광을 찾으니 꾀꼬리와 꽃은 풍부했고, 한가한 날에 극진히 즐기다 보니 자연을 좋아하는 것이 고질병이 되었다. 이에 뛰어난 풍경 감상할 물품을 갖추고 즐길 도구를 모두 챙긴다. 부엌에서 맛있는 밥 지으니 절동(浙東)의 장요미(長腰米)요, 금 쟁반엔 은빛 회가 쌓였으니, 잡지 못하도록 뗏목으로 물을 막았다는 물고기인 사두축항편(槎頭縮項鯿)이요, 얼룩 기린이 오색구름 속 솥을 나르니 주목왕의 여인인 성희(盛姬)가 전한 반찬이요, 옥룡(玉龍)이 구하(九霞)의 술통을 졌으니 마고(麻姑)가 보낸 술이라. 뛰어난 악사 지(摯)가 곡을 연주하니 거문고는 용문(龍門)의 푸른 오동나무를 깎아 만든 것이요, 반악(潘岳)이 가락을 맞추니 생황은 문양(汶陽)의 푸른 대나무를 벗겨 만들었도다. 오직 빼어나게 꾸민 편액만 없어 마침내 외람되이 궁궐에 명(銘)을 새겼던 산현경(山玄卿)의 솜씨를 부려본다. 용을 타고 온 신이 백옥루(白玉樓)에서 찾아와 나무를 보여 주었으니 이미 하늘의 허락을 받은 것이로다. 난새 술잔이 외람되이 초가에까지 미

〈08〉 쳤기에 감히 보잘것없는 정성을 다하여 한마디를 삼가 올리니 상량문 끝에 붙이는 노래인 육위(六偉)를 함께 불러 보세.

어영차! 들보 동쪽에 떡을 던지니
새벽해 몰아가는 소리 울리네.
붉은빛이 호수 가운데를 깨치고 나오니
해가 바다에서 떠오른단 말 믿지 못하겠구나.

어영차! 들보 남쪽에 떡을 던지니
광려산 한 자락이 쪽빛처럼 푸르구나.
높이 솟은 청산이 고고한 선비와 같으니
꿈에서 응당 혜원 고사의 암자를 찾으리.

어영차! 들보 서쪽에 떡을 던지니
복사꽃 지고 봄바람 낮게 부네.
근래 들으니, 서왕모는 머리가 하얀데
쓸데없이 주목왕은 팔준마를 타고 온다지.

어영차! 들보 북쪽에 떡을 던지니
밤에 호수의 달빛 밟으며 북극성에 절하네.

상원절에 정성을 다 펴 보이고자 하나
신령한 빛 떠나고 머묾은 실로 예측하기 어렵네.

어영차! 들보 위쪽에 떡을 던지니
궁궐 문 열리고 맑은 하늘은 넓고도 크다.
선동이 적송자를 따라가는지,
공중에서 홀연히 허공을 걷는 소리 들린다.

어영차! 들보 아래쪽에 떡을 던지니
구주의 푸른 연기 온 주야에 가득하네.
삼공의 자리로도 이 자연과 바꿀 수 없으니
저물녘 서쪽 바위에서 낚시하는 이 바라본다.

삼가 들보를 올린 뒤 사람은 우열을 가리기 어려운 인재가 되고, 땅은 좋은 때, 아름다운 경치, 감상하는 마음, 즐거운 일 등 네 가지 아름다움을 갖추기를 바라네. 호리병 속의 신세계는 술에 취한 이에게 긴 봄을 머물게 하고, 거울 속의 산천은 글 짓는 선비에게 번갈아 주인이 된다. 필묵과 벼루에 강호의 달빛 비치니 흰 갈매기가 유리 같은 푸른 물결 깨트리는 듯, 책상에 오초 땅의 안개가 어리니 상서로운 적오(赤烏)가 붉은빛이 도는 진귀한 보석을 안고 오르
는 듯하다. 백 대에 전해진 이름난 옛 건물은 무너지지 않았으니, 천추의 세월 〈09〉
을 지낼 누각이 새롭구나.

지부가 손뼉을 치며 유쾌하게 웃다가 좋은 목소리로 크게 읽어 보고는 바로 나무에 새겨서 걸라고 명했다. 얼마 지나지 않아 해가 지고 민가에서 밥 짓는 연기가 피어오르자 잔치 자리를 거두고 음악을 물린 후 전몽옥과 함께 관아로

돌아왔다. 다음 날 지부가 다시 갈대 섬에서 노닐고자 했는데, 전몽옥이 그럴 수 없다며 말했다.

"즐거운 일은 지극한 데까지 추구해서는 안 됩니다. 지극한 데에 이르면 슬퍼지게 되니 옛사람들이 이를 경계했습니다. 또한 오늘 저녁, 하늘의 활동을 관찰해 보니 북두성 앞에 구름의 기운이 누렇게 차 있습니다. 필시 새벽녘에 비가 내릴 조짐입니다. 아침에 동쪽을 보니 구름이 흙을 쌓아 둔 것 같았는데, 저녁에 서쪽 하늘을 보니 구름이 점점 많아지는 것 같았습니다. 돼지가 은하를 뛰어넘고, 거북이 북두 사이에서 움직이니 이는 모두 큰비가 오려는 징후입니다. 내일 어찌 감히 노닐 일을 계획하겠습니까?"

지부가 놀라며 말했다.

"선생은 정말 온갖 이치에 통달한 사람이구려!"

밤이 되었다가 하늘이 밝아 올 때쯤 과연 퍼붓듯이 비가 쏟아지더니 종일을 내리고서야 그쳤다. 지부는 전몽옥의 영험함에 탄복했다. 다음 날 밤은 하늘이 맑고 공기가 깨끗해 달빛이 낮과 같이 환했다. 이날은 바로 4월 14일이었는데, 지부가 전몽옥과 함께 천한대(天漢臺)에 올라 달구경을 했다. 구경을 마치고 전몽옥이 하늘을 살펴보더니 갑자기 놀라 당황한 기색을 보였다. 지부가 이상하게 여겨 물으니 전몽옥이 말했다.

"하늘의 움직임이 매우 범상치 않습니다."

지부가 굳이 그 이유를 알고자 하니, 전몽옥이 목소리를 낮추어 대답했다.

"이는 신하 된 자로서 감히 말할 수 없는 것입니다. 유성이 자미원(紫微垣)을
범하여 천주(天柱)에서부터 천상(天床)을 지나갔고 음덕성(陰德星)이 매우 밝
〈10〉 습니다. 또한 목성(木星)도 자미원을 범했으니 나라에 필시 우환이 있을 것입니
다. 대개 자미원은 임금님이 상주하는 별을 상징합니다. 목성과 유성이 함께 이
를 범했으니, 분명 나라에 초상이 날 것입니다. 천주는 정치와 법을 세우는 관
아를 나타내는데 유성이 이를 범했으니 임금님께 근심이 있을 것입니다. 천상

은 잠자고 휴식하는 것을 관장하는 별인데 유성이 이를 범했으니 임금님의 자리가 바뀔 것입니다. 음덕성은 덕을 베푸는 것을 관장하는 별입니다. 이 별이 밝으면 새로운 군주가 자리를 잇게 됩니다. 하늘에서 내리는 재앙의 조짐이 이와 같으니 진실로 이상한 일입니다."

지부가 이 말을 듣고 절로 상심하여 조용히 눈물을 흘릴 뿐이었다. 이에 흥이 깨져 돌아왔다. 이날 밤 인종(仁宗)이 사천대(司天臺)에 올라 별의 움직임을 보고 탄식하며 말했다.

"천명이로구나."

다음 날 건의(蹇義)와 양사기(楊士奇)를 불러 이를 말하며 주르륵 눈물을 흘리고 마침내 두 개의 조서를 꺼내어 그들에게 주었다. 그 후에 암행어사 두사영(杜士榮)이 강호의 여러 읍을 살피다가 양주부(洋州府)에 이르렀다. 두사영은 두희탁의 조카뻘 되는 친척이었다. 양주 지부가 전몽옥과 밤낮으로 어울리는데 자못 우정이 깊다는 이야기를 듣고는 크게 노하여 말했다.

"죄인이 어찌 감히 태수와 어울려 정을 쌓으며 함께 노닌단 말인가? 이것은 또한 체통을 잃은 것이니 그 죄를 따져 위에 알리지 않을 수 없다."

곧 본부에 명하여 전몽옥을 잡아 가두게 하고 임금에게 아뢰는 상주문(上奏文)을 써서 장차 올리려 했다. 그날 밤 침상에 기대어 선잠이 들었는데, 비몽사몽간에 구슬프게 우는 소리가 멀리서부터 점점 가까이 들리더니 한 여인이 앞에 이르렀다. 살펴보니 육촌 누이 채릉이었다. 두사영이 놀라서 말했다.

"누이는 이미 이 세상 사람이 아닌데 무엇을 하소연하고자 나를 찾아왔는가?"

채릉이 눈물을 거두고 말했다.

"오라버님께서 망령된 행동을 하려 하심은 무고한 사람을 오해하셨기 때문입니다. 이에 감히 여기 와서 말씀드리니, 이미 죽은 자라고 하여 외면하지 마십시 〈11〉
오. 저는 전 낭군과 전생에 다하지 못한 인연이 있어 과분하게도 하룻밤 정을 나누었으니 죽어서도 남은 영예가 있습니다. 이에 결초보은하고자 했으나 도리어 저로 인해 무수한 곤욕을 당하고 또 천 리의 먼 땅에 유배되었습니다. 이것은 모두 저의 죄입니다. 제가 이제 옥황상제께 하소연하여 은혜를 갚고자 하니 얼마 되지 않아 무죄로 풀려날 것입니다. 오라버님께서 다시 그 앞길을 막으시면 이 훌륭한 분을 만 길 구덩이에 빠뜨리는 일이 됩니다. 오라버님께서 만약 길을 구분하여 정하지 않으신다면 장차 오라버님께 뜻밖의 재앙이 닥칠 것입니다. 삼가고 또 삼가십시오."

말을 마치자 잠깐 어두워졌다 잠깐 밝아졌다 하다가 한 가닥 휘파람 소리가 나더니 채릉이 홀연히 사라졌다. 두사영은 혼백이 놀라 문득 깨어 일어나서는 한참을 심사숙고하다가 잘못을 깊이 깨닫고 즉시 전몽옥을 풀어 주라고 명했다. 지부의 관아에 사람을 보내어 귀찮을 정도로 번거로이 사과하고는 다음 날 공경히 예우하고 떠났다.

5월 11일 인종의 병세가 위독해지자 건의 등이 유지를 받아 남경(南京)에 있는 세자를 불렀다. 다음 날 인종이 승하(昇遐)했다. 세자가 6월 초3일에 남경에서 돌아와 비로소 애도를 시작했다. 중앙과 지방의 여러 신하가 각기 위로의 뜻을 담은 진위전문(陳慰箋文)을 올리는데, 양주 지부는 전몽옥에게 글을 지어 달라고 청했다. 전몽옥이 마침내 대신 글을 지어 올렸다.

양주 지부 신(臣) 아무개는 삼가 홍희 원년(1425) 5월 12일에 대행황제(大行皇帝)【우리 조정에서는 '대행대왕'이라 한다.】께서 승하하셨다는 소식을 듣고 가

〈12〉 슴을 부여잡고 애통해하며 지극한 슬픔을 이길 길 없어 삼가 전문을 올려 위로를 드립니다. 신 아무개는 진실로 황공하여 머리를 조아리고 글을 올립니다.

삼가 아룁니다. 책력에서 임금님께서 재위하시는 동안 바야흐로 간절히 복을 빌었으나 용을 타고 하늘로 올라가시듯 돌아가시어 이별을 준비하지 못한 우리는 떨어뜨리신 활을 잡고 우는 슬픔을 갑자기 당했습니다. 이 슬픔이 두

루 미치니 어찌 위로하지 않을 수 있겠습니까? 생각건대【欽惟: 우리나라에서는 '공유(恭惟)'라고 한다.】 황제 폐하【우리나라에서는 '존호주상전하(尊號主上殿下)'라고 한다.】께서는 앞선 임금님께서 내리신 교훈을 우임금이 순임금의 뜻을 이은 것같이 계승했습니다. 하루 세 번 음식이 어떠신지 문안 인사를 하며, 세자로서 신하들과 강론하던 주연(胄筵)의 자리에서는 선대의 뜻에 따라 효를 이루었고, 앞선 어른들이 그랬듯 일념으로 뜰을 오르내리시며 전해 받은 으뜸의 복을 끊임없이 빛나게 하셨습니다. 어찌 임금님을 영영 뵙지 못하고 갑자기 삼베 면관을 쓰는 슬픈 일을 당할 줄을 생각이나 했겠습니까? 신은 벼슬이 남쪽 고을에 매였으나 진실로 마음은 북쪽 궁궐을 향해 있어 그저 따라갈 수 없는 한탄만 절절하여 땅을 치며 가슴을 부여잡고 달려가 위문하고자 하는 뜻을 이룰 수 없어 하늘을 우러러보며 위로의 글을 바칩니다. 우러러보매 애통하고 황공한 마음을 금할 길 없어 삼가 전문을 올려 위로드립니다.

홍희 원년(1425) 6월 초5일 양주 지부 신(臣) 아무개가 삼가 전문을 올립니다.

【봉투 겉면】 양주 지부 신 아무개가 삼가 봉합니다.【관인을 찍음】

【궤에 넣고 봉함】 신은 삼가 봉합니다.

【모피로 싸고 끝부분을 묶음】 양주 지부 신 모【서명】 삼가 봉합니다.

【보자기로 싸고 위에 인장을 찍음】 양주 지부가 대행황제께 올리는 진위전(陳慰箋)

이달 12일에 세자가 즉위하니 곧 선종황제(宣宗皇帝)이다. 중앙과 지방의 여러 신하가 모두 임금 자리에 오른 것을 하례하는 전문을 올리자 지부가 이번에도 전몽옥에게 글을 지어 달라고 부탁했다. 전몽옥이 대신 글을 지어 올렸다.

양주 지부 신 아무개는 홍희 원년 6월 12일에 임금님께서 보위를 이어 등극

하신 날을 맞이하여 경축하며 기쁜 마음을 가눌 길 없어 삼가 전문을 올려
〈13〉 하례합니다. 신은 진실로 기뻐하며 머리를 조아리고 글을 올립니다.

삼가 아뢰옵니다. 하늘의 운수가 몸에 있어 요임금을 잇고 선대 임금님께서 남기신 기업을 우러르니 온 백성이 칭송하며 우임금의 아들 계(啓)에게 귀의했듯, 법도를 세워 새 아름다움을 보이니 제왕의 덕이 거듭 빛나고 사람과 문물이 다시 밝아졌습니다. 임금님께서는 덕이 강건한 하늘의 운행과 합치되고 천하를 밝게 다스리는 이명(離明)의 운을 타고나셨습니다. 세자로 있으면서 좋은 계책을 펼쳐 이미 수많은 백성의 바람을 위로하셨고, 천명을 받아 예닐곱 성스러운 임금님께서 닦아 놓은 왕업의 기초를 훌륭하게 계승하셨습니다. 이에 세자궁에서 제사를 주관하시고 뒤에 대궐에서 임금님 자리에 오르시게 되었습니다. 신의 정성은 뭇 별이 북두성을 에워 호위하듯 깊지만, 벼슬이 남쪽에 얽매여 있어 성군의 때를 몸소 만났어도 조정에서 조회하는 반열에 들지 못했습니다. 먼 땅에 머물러 있으며 그저 임금님께서 등극하시는 것을 우러러볼 뿐입니다. 우러러보매 간절하고 황공한 마음을 금할 길 없어 삼가 전문을 올려 하례를 드립니다.

홍희 원년(1425) 6월 12일 양주 지부 신 아무개가 삼가 전문을 올립니다.

【봉투 겉면은 위와 같음】

선종이 연호를 바꾸어 이듬해를 선덕(宣德) 원년으로 삼고 천하에 크게 사면령을 내리고 글을 반포했다.

임금은 말한다. 이 나라를 안정시켰으니, 임금의 효는 왕업의 계승을 중시하고, 이미 돌아가신 왕들을 높이 모셨으니, 성인의 자리는 전하여 받는 것이 공적인 일이다. 이 때문에 내가 감히 돌아가신 임금님의 대업을 맡았노라. 나는
〈14〉 돌아가신 임금님의 미약한 후예로서 나라의 위태로운 때를 만났다. 후손에게

좋은 계책을 남기셔서 비록 밤낮으로 삼가고 두려워했지만, 고기로 입을 즐겁게 하면서도 농사일의 어려움은 알지 못했다. 순임금께서 승하하자 계(啓)는 도를 계승할 책무를 버려 두고 오동나무 침대에서 삼베 관을 쓰고 일념으로 상중에 있었다. 헌원씨(軒轅氏)가 죽었을 때 신하들은 그가 남긴 활을 붙들고 울고 온 세상에는 음악 소리가 사라졌다. 그러나 억조창생에 군주가 없을 수 없고 만 가지 나랏일을 두고 헛되이 세월을 보낼 수는 없다. 노래하고 송사하는 백성들이 모두 귀의하여 함께 천명을 지키고, 바른 법도를 이에 세우면 나를 기꺼이 받들 것이다. 오행의 운행이 서로 밀어주니 계절은 번갈아 돌아오는 하늘의 질서 안에 있고, 해와 달과 별, 즉 삼령(三靈)이 옮겨 자리 잡으니 해와 달은 번갈아 비추는 하늘의 법칙에 맞게 되었다. 나는 힘써 뭇 백성의 마음을 좇아 제위에 올랐다. 한 고조는 나라를 다스림에 봄처럼 온화한 사면의 전교를 내렸고, 당 태종은 왕업을 계승하고는 우레와 비가 일어나듯 죄 있는 자를 너그럽게 풀어 주는 은택을 널리 베풀었다. 이미 때를 잘 만나고도 천운을 잡았기에 자신의 마음으로 남을 헤아려 대사면의 은혜를 행한 것이다.

이번 달 25일 동트기 전부터 모반대역죄를 지은 자, 모반죄를 지은 이의 자손, 조부모와 부모를 계획적으로 죽였거나 때리고 욕한 자손, 남편을 계획적으로 죽인 아내 또는 첩, 주인을 계획적으로 죽인 노비, 다른 사람을 계획적 또는 고의로 죽인 자, 주술이나 미신으로 사람을 죽이거나 독살한 자는 삼강오륜과 같은 나라의 법도를 어긴 죄를 지은 것이다. 또한 뇌물수수, 강도, 절도죄와 같은 잡범(雜犯)이지만 사형죄를 지은 자들도 있다. 이들을 제외하고 강제 노동을 하는 도형(徒刑), 외딴곳으로 유배 보내는 유형(流刑), 그 이하 유배지로 가는 중간 지점에 머무는 중도부처(中途付處), 유배지 가운데서도 일정 지역에만 머물게 하는 안치(安置), 군대에 배치하는 충군(充軍)에 해당하는 죄인은 유배지에 도착했건 도착하지 않았건, 범행 사실이 밝혀졌건 밝혀지지 않았건, 판결을 받았건 받지 않았건 간에 모두 그 죄를 용서하라. 감히 이 사면 조 〈15〉

서 이전의 사건으로 서로 고발하는 자가 있다면 그 죄를 물어 처벌할 것이다. 관직에 있는 자에게는 각각 한 등급을 더해 주되, 진급 상한선인 자궁(資窮)에 해당되면 손자·조카·동생·사위 등을 대신 진급시키는 대가(代加)를 하도록 하라. 오호라! 왕위를 계승할 때 큰 복을 누렸으니 간혹 사면령을 내려서 하늘이 내린 복에 답한 것이다. 그러므로 이같이 조시(詔示)【우리 조정에서는 '교시(敎示)'라고 한다.】하니 이 뜻을 잘 알지어다.

곧 천하에 널리 알리도록 명하니, 조서가 이르는 곳마다 피폐해진 백성들이 흥에 겨워 떨치고 일어났다. 양주 지부가 전몽옥을 불러서 임금의 사면령을 알려 주고 술을 올려 축하했다. 전몽옥이 절하여 임금의 은혜에 감사를 표하고 감격하여 눈물을 줄줄 흘리자 양주 지부가 말했다.

"선생은 오늘 이후로 과거에 매진하여 조속히 공명을 이루십시오."

전몽옥이 공손히 그리하겠노라 대답했다. 다음 날부터 흥국사(興國寺)에 묵으며 이전에 공부했던 것을 거듭 궁구하고 부지런히 연마했다. 이에 문예가 날로 풍부해져 매우 높은 경지에 이르니, 과거 공부는 거의 지푸라기를 줍듯 쉬운 일이었다. 8월에 응천부(應天府)에서 실시하는 향시(鄕試)에 응했는데 전몽옥이 과거에 급제했는지 어떤지는 알 수가 없다. 다음 권을 보라.

제7권
사면받은 자가 향시에 붙어 이름을 날리고
장원하여 첫째 등급인 갑과에 이름을 올리다

이때 왕위를 이은 새 임금은 과거 제도를 엄정하게 하면서, 공명정대한 인물을 특별히 가려 성적을 관리하는 고공관(考功官)으로 삼고 좋은 날을 택하여 과거를 실시했다. 시(詩)·부(賦)·의(義)·의(疑) 네 과목의 시험 문제가 걸렸다.
시 문제는 '남가몽'이고, 부 문제는 '오유선생'이며, 의(義) 문제는 '몽택(夢澤)이 〈16〉
다스려졌다.'이고, 의(疑)의 핵심 문제는 "맹자는 '덕이 넉넉한 자는 악한 세상도 그를 어지럽힐 수 없다.'라고 했는데, 다른 사람과 비교할 수 없는 덕을 지닌 공자는 진(陳)·채(蔡) 사이에서 어려움을 면하지 못했다. 어째서인가?"였다. 전몽옥이 즉시 글을 지어 올리니, 시는 다음과 같았다.

【남가몽(南柯夢)】

낮이라고 깨어 있다고 여김은 달관하지 못한 것이니
고망과 부락 지역에서는 낮이 모두가 꿈이라네.
파초에 숨긴 사슴 잃은 자의 송사는 꿈을 좇은 것이요
장자가 꿈에서 나비로 변했다는 풍유도 거짓이 아니네.
화서국 꿈을 꾼 황제가 있던 시대는 아득해 여섯 꿈 물을 길 없어
미련한 배 차지 않아 술을 세 순배나 마셔 대네.
세상에 지금 순우분이라는 이가 있는데
반평생을 너무도 바쁘고 바쁘게 살았다네.
형초 땅에서 호방한 기개로 달을 꾸짖고 검을 노래하며

곤궁한 중에도 온 세상을 업신여기네.
생일 저녁에 명인 유백타가 빚은 좋은 술에 억지로 취했는데
따뜻한 태양은 좋은 아교를 달군 듯 난간에 떠오르고
광릉(廣陵) 동쪽 10리 떨어진 영이 맑은 땅에는
하늘을 찌를 듯한 큰 홰나무가 골목 어귀에 서 있네.
이 몸은 꿈속 화서국에서 노니는 듯한데
정신은 술 단지 속 초파리처럼 나왔다 들어갔다 하네.
자줏빛 옷을 입은 사신들이 괴안국의 왕명 받아 이르니
별처럼 늘어선 시중들이 외치며 어지러이 맞이하고 송별하네.
푸르게 기름칠한 작은 수레에 흰 말을 매니
북방 시원한 곳으로 날아올라 맑은 바람에 씻은 듯하네.
동화관은 휘장과 화초로 둘러싸여
신선인 모군의 삼십 통천(洞天)에 들어간 듯하다.
비단옷에 벼슬 영화로워 인자롭게 정치하고
옥피리의 인연 깊어 진나라의 봉황을 올라탔네.
늘그막에 남가군에 요양하러 갔다가
좋은 날에 태수 되어 말 끌고 노닐게 되었구나.
수놓은 신발과 은쟁반 존귀함 극에 달했고
〈17〉 둘러싼 병사, 기녀들과 시종이 무리 이뤘네.
괴안국을 침입한 단라국을 한칼에 토벌하여
작은 땅의 어지러운 전쟁을 깨끗이 쓸어 버렸구나.
대나무 가지에 붉은 수건 걸었던 예전 일 떠올리며
요방과 상선자와 화락하여 함께 웃었는데
한바탕 베개 베고 잔 사이에 기장밥도 익지 않아
잠깐 사이에 깨어나 보니 정신은 쓸쓸하고 몽롱하다.

그동안의 부귀가 모두 허상이었으니
미친 듯 노래하여 흉금을 한번 씻고 세상에 용납되지 못하는 울분을 바치노라.
세상만사 꿈이 아닌 것 없으니
껄껄 웃으며 조화옹이 공놀이하는 듯하구나.

부(賦)는 다음과 같았다.

【오유선생(烏有先生)】
현허를 이은 뛰어난 후손이여
성씨의 중엽에는 혼돈이 있네.
허탄한 자취 남아 허깨비 꽃 같고
빈 이름만 내걸어 뜬구름 같구나.
어렴풋한 데에서 신인을 보니
사마상여의 말이 의아하네.
허랑하게 전하는 말에서 조짐이 없는 것을 가려내면
어떤 거짓말에 아름다운 이름을 붙여 주리오?
『담총(談叢)』에 떠도는 기이한 이야기에
선생을 운운한 바가 있고
『해사(諧史)』에 오른 기괴한 이야기엔
세상 물정 모르는 선비의 공허한 담론 실려 있네.
작은 꾀꼬리도 오히려 자질을 갖추고 있고
모기 눈썹에 둥지를 트는 곤충이 있다니 황당하구나.
푸른 언덕에 올라 삼가 살펴보니
그 속에 사람이 있는 듯하다.

자허(子虛)를 불러 사냥한 일 말하고
망시공(亡是公)과 함께 토지를 논했네.
가슴속이 어찌나 크고 넓은지
구백 리 운몽택(雲夢澤) 삼키고도 작은 겨자같이 여기네.
보려고 해도 보이지 않으니
그 사람은 과연 어떻게 생겼는가?
그림자 주변 희미한 윤곽이 그림자에 묻는 것과 같고
사람을 만나 꿈을 말하는 것처럼 실체가 없구나.
무형의 밖에도 도(道)가 있으니
〈18〉 아, 말하지 못할 뿐이로다.
허황함에 의지하는 그림자와 메아리는
있었던 적이 없으니 곧 없는 것이요,
면목이 없는데 드러나고
자취가 있어도 형용하기는 어렵네.
존재하는 것을 스승 삼았으나 잡히는 것 없으니
'어찌 있으랴'라는 뜻인 오유(烏有)로 칭함이 마땅하다.
어지러이 꽃을 돌며 가상 인물인 경기자와 함께
가짜 이름을 써서 일제히 소리 내네.
허공을 가리키며 길을 인도하고
공중에 가설하여 누대를 세움과 같으니,
네 글자로 그 정신을 전하면
'무중생유(無中生有: 무에서 유가 생겨남)'로다.
빈 골짝에 숨어 살며 발소리를 듣고 기뻐하고
까마귀는 검은 물 들이지 않아도 검다고 명언을 하네.
남곽자기(南郭子綦)처럼 나를 잊은 것도 아니고

벌집만 한 집에 숨어 사는 것과도 다르다네.
얼음에 조각하고 눈에 새긴 듯 구상은 정교한데
허공을 오르고 공중을 뚫는 격으로 근거가 없네.
지어낸 비평을 올려 위아래 모두가 보니
문원(文園: 사마상여)의 기량이 뛰어나구나.
허한 곳은 실한 듯, 실한 곳은 허한 듯하다는 말 따르고
있는 것이 없는 듯, 없는 것이 있는 듯하다는 이치 담았네.
대추꽃을 가정하여 제나라를 살피고
달팽이 뿔에 있다는 촉국을 거짓으로 만들어 초나라에 대해 말했네.
실로 근거가 없음은 매한가지이니
어찌 이 사람이 진실로 존재하겠는가?
거짓 일을 꾸며서 비유를 삼아
손끝에서 〈대인부(大人賦)〉를 이어 지었다네.
막고야(藐姑耶)에 산다는 신선 과연 있는가?
망상(罔象)이라 불리는 신은 어디에 사는가?
아, 들은 적 없고 본 적도 없으니,
그는 어떤 사람이런가?
천년의 세월을 한바탕 웃음에 부치고
그 허탄함을 즐거워하며 글을 엮노라.

의(義)는 다음과 같았다.

【몽택이 다스려졌다.[夢作乂]】

아, 지금의 몽택(夢澤)은 옛날의 몽택이 아닌가? 옛날에 경작할 수 없던 곳을 지금 어떻게 경작하게 되었는가? 옛날에 다스려지지 않았는데 지금 어떻게

다스려질 수 있었는가? 아! 9년 동안의 홍수를 다스려서 몽택에 둑을 쌓았으
〈19〉 니, 천 리의 육지가 잠겨 있었다면 어떻게 몽택이 다스려졌겠는가? 세 길 깊이의 흙탕물에 귤과 유자밭이 잠겨 있다면 몽택 같으나 몽택이 아니고, 만 이랑의 푸른 물결에 줄풀과 부들이 물가에 넘실대면 몽택이 되고자 해도 몽택이 될 수 없다. 물이 많으면 몽택이 될 수 없으리니 아! 내 백성이 경작할 수 없구나. 큰 몽택의 물로 깨달으니 아! 넓은 밭은 다스릴 것도 없도다. 우임금은 순임금이 검은 규(圭)를 내려 줄 정도로 공적을 펼쳐 물길을 몰아 골짜기로 돌아가게 했고, 물을 다스리는 비책이 담긴 금간옥서(金簡玉書)로 길함을 알아 회수(淮水)와 사수(泗水)의 물길을 빼서 강으로 흐르게 했다. 육지 전체를 드러내어 땅의 가장 낮은 곳에서부터 올라갔고, 관리들은 진흙탕에 있었으나 백성은 언덕에서 내려와 밭을 일구게 되었다. 8백 리에 수해가 사라진 뒤에야 내 꿈을 점쳐 보는데, 일만의 백성이 짝을 이루었다 했으니 그 꿈은 무엇인가? 쟁기와 호미로 함께 경작했으니, 무엇인들 꿈속의 일이 아니랴? 도랑과 길을 다스렸으니, 사람은 모두 꿈에서 만난 것이다. 이 경계 저 경계 없이 그대와 함께 꿈꾸길 좋아했는데, 처음 백곡을 파종하매 모두 내 꿈이 길하다고 한다. 밭 갈고 김을 맨 뒤에야 조를 거두는 꿈을 꿀 수 있고, 심은 씨앗에서 싹이 터야 벼와 기장을 수확하는 꿈을 꿀 수 있다. 그러니 농사짓는 백성은 모두 봄 꿈을 꾸고 있는 것이다.

내가 『서경』 「우공(禹貢)」에 실린 '몽작예(夢作乂)'의 의미를 보고는 꿈에서 깨어난 듯하여 이에 뜻을 펼쳐 보인다. 대개 꿈에 물속에 잠겨 있어 9년을 경작하지 못하다가, 물길이 통한 뒤에야 꿈속의 땅이 비로소 다스려졌기에 '몽작예'라고 이른 것이 아니라고 하면 무엇으로 설명할 수 있겠는가? 큰 물길을 한
〈20〉 창 나눌 때 몽택의 땅이 가장 낮았기에 다스리지 않고 경작하지 않은 지 오래되었다. 요임금이 탄식하고 우임금이 노심초사하여 산과 진흙탕에 수레를 끌고 가서 물길을 트고 여울을 없앴다. 예전에 하지 못했던 일을 지금 어떻게 할

수 있게 된 것일까? 예전에 다스리지 못했던 곳을 지금 어찌 다스릴 수 있게 된 것일까? 이 글을 지은 것은 꿈 이야기를 한 것이다. 이로 보면, '작(作)'에는 '비로소 다스려졌다.'라는 뜻이 있다. 꿈속의 밭이 물길을 댄 뒤에 처음으로 다스려졌기에 '몽작'이라고 한 것이 마땅하다. '예(乂)'에는 '더욱 잘 다스려졌다.' 라는 뜻이 있다. 꿈속의 땅이 여울을 없앤 뒤에 더욱 잘 다스려졌기에 '몽예'라고 한 것이 적절하다. 이 뜻을 감히 모호해서 모르겠다 하겠는가? 대저 구름같이 높이 쌓인 흙을 처음 보았다고 '운작예(雲作乂)'라고 말할 수 없고, 출렁이던 못의 물이 처음 안정되었다고 '진작예(震作乂)'라고 할 수는 없다. 꿈에서 본 땅으로 말하자면, 흙이 이미 다 없어졌고 물이 안정된 지 오래이니 '작예(作乂)'라고 함이 옳다. '작예'라고 한 것이 어찌 꿈 밖의 일을 말한 것이겠는가?

오호라! 하늘에 닿을 만큼 높던 파도가 이미 잠잠해지니 검은 말이 꿈에서 비로소 깨어나고, 눈길 다하는 곳까지 물가가 이미 평평해져 해오라기 꿈은 한창 한가롭다. 언덕과 밭 두둑이 점점 보이는데 아득한 들판에는 풀만 우거져, 땅을 다스려 비로소 구획을 나누니 푸른 밭 두둑에 버들이 늘어졌다. 이때 빼어난 농부가 더러운 묵정밭에 가서 함께 경작하고 수레를 비로소 일으켜서 들의 진흙 벌에 나가 다스렸다. 일구고 개간하자 거의 날마다 다스려졌고, 풀이 썩고 우거지는 일이 그치자 더 왕성하게 다스려졌다.

'작예'의 교훈은 그 꿈을 음미한 것이라 하겠다. 아! 천 년이 지나면서 경전의 뜻이 점점 희미해지니 누가 '몽작'의 뜻을 밝힐 수 있겠으며, 누가 '몽예'의 뜻을 잘 묘사할 수 있겠는가? 말세에 경전을 담론하자니 깨달음의 문턱에 다다른 자 없구나. 아! 삼가 이치를 풀어 밝히는 문체인 의(義)를 쓰노라. 〈21〉

의(疑)는 다음과 같았다.

【맹자는 "덕이 넉넉한 자는 악한 세상이 그를 어지럽힐 수 없다."라고 말했는

데, 다른 사람과는 비교할 수 없는 덕을 지닌 공자는 진(陳)·채(蔡) 사이에서 어려움을 면하지 못했다. 어째서인가?】

나는 답한다. 오호라! 한 자의 안개가 하늘을 가려도 큰 하늘에는 아무런 해가 없고, 한 치의 구름이 해를 가려도 밝은 해는 아무렇지 않으니, 공자께서 진나라와 채나라 사이에서 어려움을 당한 것이 한 자 안개가 하늘을 가리고 한 치 구름이 해를 가린 것과 어찌 다르겠는가? 아! 미혹되지 않는 것이 공자의 덕이요, 악에 물들지 않는 것이 공자의 덕이다. 공자께서 진·채에서 겪은 어려움은 뜻밖에 닥친 불행에 불과하다. 그 불행이 미혹되지 않는 공자의 덕을 변하게 할 수는 없다. 진·채에서 겪은 환란은 뜻밖에 생긴 근심에 불과하다. 그 근심이 악에 물들지 않는 공자의 덕을 어지럽힐 수는 없다. 그러므로 공자께서 계속하여 '그것이 나에게 뭘 어떻게 하겠느냐?'라는 가르침을 주셨다. '덕이 넉넉한 자는 악한 세상이 그를 어지럽힐 수 없다.'라는 말의 뜻이 공자를 통해 더욱 증명된다. 어찌 공자께서 당한 어려움을 가지고 '악한 세상이 어지럽힐 수 없다.'라는 말의 의미를 의심하겠는가? 아! 생각지도 못한 변고가 생기면 비록 성덕이 있어도 벗어나기 힘들고, 뜻하지 않은 환난이 일어나면 비록 성스러운 덕이 있어도 피하기 어렵다. 그래서 지극한 덕을 지녔던 주 문왕이 일찍이 은나라 주왕에 의해 유폐되어 유리 땅의 옥에 갇혔던 적이 있고, 아름다운 덕을 지녔던 성탕도 하나라의 감옥인 하대에 수감되는 화를 당했다. 그렇지만 유리에 갇힌 일이 주 문왕의 덕을 더럽혔다는 말은 듣지 못했고, 또 하대에 갇힌 일이 성탕의 덕을 변하게 했다는 말도 들어보지 못했다. 그런즉 지금 공자께서 비록 진·채에서의 환란을 면하지는 못했으나 그 덕은 태연하여
〈22〉 상하지 않았다. 이는 곧 한 잔의 탁한 물이 황하와 제수의 맑은 강물을 흐릴 수 없는 것과 같고, 한 마리 파리가 백옥의 윤기에 흠낼 수 없는 것과 같다. 크도다, 공자의 덕이여! 안에 쌓은 덕으로 다스려진 곳과 어지러운 곳을 모두 바로잡고, 마음에 간직한 덕으로 다스려진 곳과 어지러운 곳에서 변함이 없었던

까닭에 광 땅의 사람들이 사납게 굴었으나 해를 입힐 수 없었고, 송나라의 환퇴가 어리석게 굴며 죽이려고 했으나 더럽힐 수 없었다. 미덥구나! 덕이 넉넉하면 어지럽혀지지 않는다는 맹자의 가르침은 바로 공자를 가리켜 한 말이리라. 그래서 끝내 "덕이 이미 공자께 갖춰져 있으니 악한 세상이 하늘의 떳떳한 이치를 어지럽힐 수 없다. 공자같이 성덕이 뛰어난 사람이 있는데 왜 진·채에서는 운수의 변화를 받아들일 수 없었겠는가?"라고 말한다. 하늘의 떳떳한 이치로 말한다면 맹자의 가르침은 반드시 그렇게 된다는 뜻이고, 운수의 변화로 말한다면 공자께서 당한 재액은 또한 벗어나기 어려운 것이다. 그런즉 뜻밖에 만난 재앙은 세상의 악함에서 기인한 것이지만 성인을 어찌 상하게 하겠는가? 난폭한 자에게 당한 모욕은 백성의 어지러움에서 비롯된 것이지만 성덕에 무슨 손해를 끼치겠는가? 광 땅에서 포위되었던 일이 어렵고 힘든 재앙이었지만 그 지조가 흔들리지 않았으니, 어찌 악한 세상에 어지럽혀졌다고 말할 수 있겠는가? 환퇴가 나무를 뽑아 모욕한 것은 난폭한 일이긴 했지만 떳떳함을 바꾸지 못했으니, 그 덕을 어지럽히지 못한 것이다. 세운 뜻이 확고하여 악한 세상이 그 덕을 어지럽히지 못한 것은 성인이 떳떳함을 지킨 것이요, 때를 잘못 만나 뜻하지 않은 근심이 생겨난 것은 성인이 변수에 잘 처신한 것이다. 맹자 〈23〉
의 의론과 공자의 불행은 양쪽을 같이 말해도 모순됨이 없다. 미덥구나. '덕이 넉넉하면 어지럽혀지지 않는다.'라는 말은 공자께서 진·채에서 곤액을 당할 때의 일과 딱 들어맞는구나!

대저 성현이 자신의 의론을 펼침에 미묘하고 깊은 의미가 그것에 담겨 있다. 만약 반복해서 비교하여 살피고 이리저리 자세히 따져 보면, 흑백의 구분을 잘못하는 일이 거의 없을 것이고, 바름과 사악함 사이의 아리송한 것도 밝힐 수 있을 것이다. 지금 만약 이것을 깊이 파고들어 연구하지 않고 뒤섞여 어지러운 말, 어물쩍 넘기는 말만 가지고 옥신각신한다면 어찌 성인의 도를 안다고 할 수 있겠으며 또 이 장의 뜻을 안다고 할 수 있겠는가? 이는 성현의 뜻

> 을 살펴 밝혀낸 것이니 깊고도 절실하다. 만약 그 실상을 탐구하지 않고 그 이치를 찾지 않는다면 거울을 가리고서 비친 형상을 찾는 것과 무엇이 다르겠는가? 내가 일찍이 이것을 깨닫고자 하여 선각자의 의론을 한 번 살펴보니 아름다웠다. 지금 집사관의 물음에 감히 모두 고하지 않겠는가? 아! 삼가 답하노라.

짓기를 마치고 송나라의 서예가인 조맹부(趙孟頫)의 아름다운 송설체로 깨끗이 써서 과거시험 답안지인 시권을 바쳤다. 시험관이 보더니 무릎을 치며 칭찬했다.

"필체가 굳세고 글이 씩씩하여 무르고 둔탁한 느낌이 전혀 없으니, 지금 세상의 문인 가운데 으뜸이라 해도 무방하다."

네 차례 시험에 모두 합격하여 갑과 제1인으로 뽑히니 강호에 명성이 자자했다. 향시 급제자끼리 겨루는 회시의 날짜가 9월로 정해졌다. 응시생의 지역에 따라 남권(南卷)과 북권(北卷)으로 선비를 뽑는 전례에 따라, 전몽옥은 남권 유생으로서 북경으로 가서 과거에 응시했다. 선비들이 모여 있는 시험장에 담당관이 나와 논(論), 표(表), 책(策) 세 문제를 출제했다. 논의 주제는 소설에 관해 쓰는 「패설론(稗說論)」, 표의 주제는 옥황상제의 인간 세상 신하 허거통이 부귀를 청하는 것에 빗대어 지으라는 「의옥황하토신허풍산걸부귀(擬玉皇下土臣許風産乞富貴)」, 책의 주제는 근거 없는 말에 대하여 문제를 제기하는 「문무계지언(問無稽之言)」이었다.

〈24〉 논은 다음과 같다.【「패설론」】

> 성인은 일이 사소하다고 해서 지극한 이치를 소홀히 여기지 않고, 글이 서투르다고 해서 옳은 말을 버리지 않습니다. 그러므로 비루하고 속된 이야기도 의리를 마음으로 느껴 떨쳐 일어나게 하고, 미쳐 분개하는 말도 거취를 은밀히

풍자하는 경우가 있으니, 오직 듣는 사람이 살펴서 선택할 뿐입니다. 세상의 논자들은 패설(소설)을 들을 만한 것이 못 되는 것으로 여기지만, 저만 유독 그렇지 않다고 여깁니다. 어째서이겠습니까?

성인이 죽자 뜻이 깊고 미묘한 말은 끊어지고, 처사가 여기저기 많이 나오면서 소설이 등장했습니다. 그러므로 기이한 것을 좋아하는 자가 간혹 근거 없는 말을 하고, 박식한 자가 터무니없는 논의를 하는 경우가 유독 많았습니다. 바른 논의는 담박하여 재미가 없지만, 잡설은 기묘하면서도 쉽게 깨우치기 때문입니다.

노나라의 문인 좌구명(左丘明)이 과장하는 말을 처음으로 지어내자, 사가(史家)에서 역사와 같으냐 다르냐 하는 논의가 생겼으며, 장자가 기괴한 이야기를 처음으로 만들자 도가(道家)에 황당한 자취가 생겼습니다. 심지어 궁벽한 것을 캐내고 괴상한 일을 행하는 무리와 허구를 세우고 천착하는 부류가 뒤따라 허황하고 근거 없는 글을 지어내는 바람에, 연의(演義), 잡기(雜記), 사론(傞論), 쇄록(瑣綠), 별전(別傳), 신어(新語), 유설(類說), 고사(故事)라는 것들이 즐비합니다.

그러므로 그 이야기는 귀신이 아니면 꿈이요, 전쟁이 아니면 도둑질입니다. 무당으로 증명하고 짐승에 가탁하여 천지개벽할 때의 일을 근거도 없이 자세히 이야기하고 지옥의 자취를 증거도 없이 확실하게 전하기도 하니, 그 글은 본디 본받으면 안 되고 그 이야기는 본디 표준으로 삼아서도 안 됩니다. 〈25〉

그러나 문인들의 입심은 새로운 것을 좋아하고 기이한 것을 탐내기 마련입니다. 비록 문호를 따로 세우고 경계를 따로 짓고자 하더라도 그 속내는 모두 유교의 아홉 가지 경전에서 나온 것입니다. 그러므로 감히 타고난 천성에 배치되는 것이 없고, 법도 없는 곳에 발을 디디는 일이 없습니다. 결국은 권선징악이라는 원리로 귀결되니, 황당하다고 해서 전부 긴요하지 않은 부류라고 치부하면 안 됩니다. 선을 닦는 방도를 설정하여 반드시 선행에 대한 보답을 받게 하고, 악을 저지르는 자취를 만들어 반드시 곤액을 당하는 대가를 받게 하니, 보는 사람은 놀라서 허물을 고치려는 마음이 생기고, 읽는 사람은 자연스레 행실을 깨끗이 하려는 뜻이 생깁니다. 이로 보건대 소설의 공로 또한 확인할 수 있습니다. 어찌하여 그런가 밝히겠습니다.

진수(陳壽)가 『삼국지(三國志)』를 짓자 충신이 자기 몸 돌보는 것을 잊었고, 『수호전(水滸傳)』이 완성되자 의로운 선비들이 일어났습니다. 『서유기(西遊記)』가 나오자 괴이한 귀신들이 요술 부리기를 멈추었고, 『금병매(金瓶梅)』를 짓자 사나운 부녀가 투기하는 마음을 경계했습니다. 『초한연의(楚漢演義)』를 짓자 영웅이 운수는 결정된 것이 있음을 알았고, 『전등신화(剪燈新話)』가 성행하자 방탕한 자가 풍류에도 절도가 있어야 한다는 것을 알았습니다. 태사공(太史公) 사마천(司馬遷)의 이른바 '이야기가 은연중에 맞으면 분란을 해결할 수 있다.'라는 말이 패관잡기를 두고 한 말이 아니겠습니까?

대저 육예(六藝)의 글과 오경(五經)의 말은 드넓고 거세며 드높고 빼어나 더할 수 없이 광대합니다. 이는 콩과 조로 지은 밥을 날마다 먹으면서도 그 맛을
〈26〉 모르는 것과 같다고 비유할 수 있습니다. 패관소설로 말하자면 몹시 기괴하고 색채가 화려하며 예봉이 날카롭습니다. 비유하면, 이는 입에 맞는 안주와 배를 즐겁게 하는 반찬으로서 산해진미와 진하고 부드럽고 정갈하고 기름진 맛을 구비한 음식을 항상 먹을 수는 없고 때때로 먹어야 하는 것과 같다고 비유할 수 있습니다. 본디 순임금과 탕임금의 바른 음악인 소호(韶護)에서 물러나 음란한 음악인 정위(鄭衛)로 나아가서도 안 되고, 내 숫돌을 중시하느라 귀한 옥을 경시해서도 안 됩니다. 삼가 논합니다.

표(表)는 다음과 같다.【「옥황상제의 인간 세상 신하 허거통이 부귀를 청하는 것에 빗대어 지으라」】

곤궁하면 더욱 견고해지고 늙으면 더욱 씩씩해져야 하는데, 영리함은 적고 어리석음은 많아 부끄럽습니다. 일을 도모하는 것은 사람에게 달려 있고, 일을 이루는 것은 하늘에 달려 있습니다. 몸이 귀해지고 집이 부유해지고자 하는 것은 뜬구름 같다거나, 부귀를 얻을 수 있다면 채찍을 잡는 천한 일이라도 하겠다는 두 마음을 어찌 살피지 않겠습니까?

삼가 생각건대, 신의 몸은 인간 세상에 있으나 운명은 하늘에 달려 있습니다. 절름발이도 권법을 쓰고, 벙어리도 소식을 전할 수 있습니다. 설사 모든 재주를 갖추었다고 하더라도 유명한 변설가인 소진(蘇秦)도 망발할 때가 있고 상당한 무예가인 항우(項羽)도 말에서 떨어져 다칠 때가 있는 법입니다.

매번 한때의 액운을 만나니 생각건대, 미천한 신은 세상 물정을 몰라 평생
팔자가 기구했습니다. 생계는 동쪽을 부수어 서쪽을 보충하는 식으로 융통하
며 살았지만, 풍년에 밥을 비는 처지를 면치 못했고, 신세는 반쯤 올라갔다 떨
어졌으니, 재(齋)를 마치고 할 일이 없는 승려와 같습니다. 10년 공부는 나무
아미타불이 되고 말았으니 매번 귓불만 만진다는 속담처럼 손써 볼 방도가 없
어 되는 대로 두고 볼 뿐이고, 7년 동안 실속 없이 수다스럽게 듣기 좋은 덕담
만 늘어놓는 은빛 광대는 콧대만 믿고 있습니다. 그러므로 표주박을 차고서
바람을 잡으려는 것처럼 성사되지 않을 것을 뻔히 알면서도 헛되이 하려는 어
리석음만 간절하고, 목이 말라야 우물을 파는 것처럼 평소에 준비 없이 지내 〈27〉
다가 일이 생기고 나서야 허둥지둥 서두르는 계책을 함부로 꾸밉니다. 진나라
의 부자 석숭(石崇)의 마름과 왕개(王愷)의 청지기가 마치 난쟁이가 가마 메는
데 끼듯 자기 처지를 생각하지 않고 턱없는 일에 참여하기를 바라고, 돈녕부
(敦寧府)의 자제와 홍문관(弘文館)의 사대부가 늘 사마귀가 수레바퀴를 막아
서듯 분수도 모르고 무모하게 덤비는 것을 생각합니다.

고생이 뼈에 사무쳐 가난한 선비라는 이름을 억지로 듣고, 부귀로 몸을 일으키는 것은 오직 조물주의 처분에 달려 있다고 보았습니다. 이에 맨손으로

집안을 일으키겠다는 소원을 가지고 감히 백골난망의 은혜를 바랍니다. 구사일생했으니 감히 하늘의 도를 이해하기 어렵다고 할 수 있고, 일거양득이니 운수가 대통하리라 점칠 수 있습니다. 수염이 석 자라도 먹어야 양반이니 스스로 분수가 있다고 말하지 말고, 쓸개가 백 근이라도 방 안에만 있는 왈짜이니 어찌 억지로 큰소리칠 필요가 있겠습니까?

지금 만약 한때의 영화를 허락하신다면 가는 곳마다 낭패당하는 일을 면할 수 있을 것입니다. 종2품 이상의 벼슬아치가 타는 초헌(軺軒)을 탄 사람과 종1품 이상의 벼슬아치가 타는 평교(平轎)를 탄 손님이 '저 사람도 장부이고 나도 장부이다.'라고 할 만하며, 추녀 좌우에 부챗살 모양으로 만든 선자연(扇子椽)과 기둥을 높게 세운 고주문(高柱門)이 있으니 어찌 김 부자, 이 부자를 부러워하겠습니까? 고래 등 같은 기와집 안에서 누가 오만하고 속없이 겉으로 잘난 척하겠습니까? 곱디고운 계알 탕건 앞에서 스스로 호랑이 코와 같은 관상으로 부귀를 누리는 것이 신의 소원입니다. 옥황상제께서는 유념하소서.

임금님께서 은혜를 내려 미천한 신의 간절한 심정을 굽어 살피기를 삼가 원합니다. 그렇게 하면, 태평한 운수가 오고 꽉 막힌 운수가 갈 것이니, 어찌 뿔이 울타리에 걸린 숫양처럼 이러지도 저러지도 못하는 근심이 있겠습니까? 적은 것을 가지고 큰 것을 바라니, 마침내 보잘것없는 돼지 다리 하나로 제사 지내고는 풍년을 바라는 소원을 이룰 것입니다. 신은 삼가 이마를 땅에 대고 턱을 하늘에 걸며 구층탑을 세워, 피부를 적시고 뼈에 스미는 은택에 보답하기
〈28〉 를 도모하고, 아주 위태로운 백 척이나 되는 높은 장대 위에서 한 걸음 나아갈 것이니 어찌 머리끝부터 발끝까지 갈아 없앨 생각을 소홀히 하겠습니까?

책(策)은 다음과 같다.

묻노라. 옛사람이 "근거 없는 말은 듣지 말라." 했는데, 옛 책에도 근거 없는

말이 있는가? 음양(陰陽)이 나뉘기 전, 하늘과 땅이 갈라지기 전인 홍몽(鴻濛) 상태에서 처음 갈라졌을 때는 근거 삼을 만한 말이 있는가? 하늘이 무너지자, 여와(女媧)가 오색의 돌을 구워서 메우고, 자라의 발을 잘라 기둥을 세웠다는 말은 어느 책에 나오는가? 소리가 처음 생기자 아홉 하늘이 서로 나아 오고, 빛이 처음 생기자 열 개의 태양이 나왔다는 말은 어느 역사에서 살필 수 있는가? 여와의 암탉이 새벽에 울고, 황제 헌원(軒轅)을 태우고 승천하던 용이 수염을 끊어 붙잡고 같이 오르려던 신하들을 떨어트렸다는 말은 도저히 믿을 수 없다. 요임금이 감옥에 갇히고 순임금이 멀리 쫓겨난 일은 지극한 도리에 어긋나는데, 성인의 위대한 덕으로도 근거 없는 모함에서 벗어나지 못하는 것인가?

이미 삶아진 진나라 목공(繆公)의 대추가 바닷속에서 피어난다고 거짓으로 말한 자는 누구인가? 이미 삶아진 자산(子産)의 물고기가 연못에서 헤엄친다고 속이며 말한 자는 누구인가? 이미 죽은 몸이기에 썩은 해골로 있는 것이 임금 노릇보다 즐겁다고 했다는데 그 말을 전한 자는 믿을 만한가? 작은 뱁새가 남쪽에서 9만 리를 나는 거대한 붕새를 비웃었다고 하는데, 그것을 말한 자는 진실한가? 무도(武都) 땅의 사내가 어찌 여자로 변할 리가 있겠으며, 회남(淮南) 땅의 노인이 어찌 어린아이로 변할 술법이 있겠는가? 무덤 속의 사람이 시를 짓고 그림 속 여인이 노래 불렀다는 근거 없는 말을 일일이 짚으며 증명할 수 있겠는가?

동방삭의 어머니인 뽕잎을 따던 노파가 예전에는 황미옹(黃眉翁)의 아내였고, 혜림사(惠林寺)의 승려 원택이 훗날 비단 잠방이를 입은 여인의 아들로 태
어났으며, 항창자(亢倉子)는 귀로 보고 눈으로 들었다고 하고, 마고(麻姑)는 털 〈29〉
을 깎고 뼈를 바꾸었다고 한다. 모두 거짓투성이이니 믿을 수 없다. 무슨 말과 무슨 근거를 따른 것인가?

대저 옛 성인은 말을 할 적에 진실함을 세워, 선행을 없애는 사악한 말을 경

계하고 진실을 어지럽히는 음란한 말을 추방했다. 중심이 되는 것에 신중하고 우스갯소리를 금지한 뒤에야 만세 동안 당당한 논의를 할 수 있으나, 결국 말세의 그릇된 말을 없애지는 못했다. 그 이유는 무엇인가?

우리 명나라는 홍라산(紅羅山)에서 기틀을 열고 금갑(金甲)으로 천명에 응하여 다스리는 방도에 거짓이 없고 언로가 지극히 올바르다. 여염의 풍속과 조정 안에는 근거 없는 논의가 없어 하늘을 이야기하고 용무늬처럼 잘 꾸미는 무리가 마음껏 변론하지 못하며, 허구를 꾸미고 쓸데없는 공론만 하는 무리가 모두 입을 닫았다. 마땅히 근거 없이 말하는 폐단을 없애야 하는데, 어찌하여 근래에는 이전에 과묵하던 자가 종종 입을 모아 공허한 것을 말하고, 이전에 어눌하던 자가 차츰 혀를 놀려 괴이한 것을 말하는가? 풍속이 믿을 수 없는 거짓을 좋아하여 그러한 것이 아닌가? 아니면 바로잡을 방법에 어두워 그러한 것인가? 유생들은 옛일을 살피어 공부하는 자이나 지금은 말을 실천할 때이다. 어찌하여 각기 뜻을 말하지 않는가?

대답합니다.

아, 말을 듣는 방법은 반드시 그것이 사실인지를 따져 보는 것입니다. 그러면 말하는 자가 감히 함부로 말할 수 없습니다. 지금 집사보다 뒤에 온 자가 "내가 길에서 보니 다리가 없어서 한 걸음도 걷지 못하는 사람이 순식간에 천 리 길을 오고, 머리가 없어서 광주리 하나도 이지 못하는 사람이 뛰어올라 하늘
〈30〉 기둥을 박았습니다. 두 사람이 끝이 없는 들판에서 만나자, 다리 없는 자는 발을 들어서 차고, 머리 없는 자는 목을 늘여 쳤습니다. 개미가 개미굴 속에서 싸우는데 소리가 천지를 흔들고, 모기가 창틈에서 소란을 피우는데 형세가 산을 기울였습니다. 바퀴 빠진 수레가 개울가를 드나들고, 발을 다친 망아지가 언덕을 오르내렸습니다. 순식간에 거인 거무패(巨無霸)가 연뿌리 구멍에서 나오고, 도교의 신인 화광장(華光藏)이 박 입구에서 나와 큰 도끼를 휘두르며 산뿌리를 가르자 산 뿌리가 조각조각 부서지고, 쇠 창을 짚고 땅을 찌르니 땅이

낱낱이 갈라졌습니다. 팔뚝 잘린 군사가 무거운 활을 가득 당기고, 다리 부러진 병사가 군센 쇠뇌를 밟아 펼쳤습니다. 안개도 없는데 하늘과 땅이 어두워지고, 바람도 없는데 깃발이 펄럭였습니다. 만 마리 말이 내달렸으나 모래에 발자국이 남지 않았고, 삼군의 모든 군사가 다치지 않았는데 피가 흘러 방패를 띄웠습니다. 이때 그믐밤의 달빛은 밝고, 한겨울의 꽃은 활짝 피었습니다. 콩알만 한 사람이 손톱만 한 말을 타니, 구경하는 자가 구름 같았습니다. 말 못하는 이가 그 승부를 말하고, 보지 못하는 이가 그 형세를 구경했습니다. 승려는 갓을 벗어 상투를 드러낸 채 꾸짖고, 처녀는 잠방이를 벗고 불알을 흔들며 달아났습니다. 산 앞의 돌부처는 손뼉을 치며 큰 소리로 웃고, 길가의 장승은 소매를 펼치고 일어나 춤추었습니다. 잠시 후 하늘이 노하고 땅이 성을 내며 해와 달은 거꾸로 움직이고 강과 바다는 반대로 흐르며 불길한 사물을 일제히 꾸짖어 금지했습니다. 다리 없는 자는 신을 신고 달아나 주둥이 없는 병 속으로 들어가고, 머리 없는 자는 두건을 기울여 쓴 채 달아나 틈 없는 창문으로 들어가니, 눈 깜짝할 사이에 홀연 보이지 않았습니다."라고 말한다면 집사가 〈31〉
믿겠습니까? 이치에 어긋나는 말과 의리 없는 이야기는 성인이 믿지 않습니다.

대체로 성인의 말은 어느 쪽에도 치우치지 않아 이치에 맞고 의리에 합당한 뒤에 입에서 나와 귀로 들어가는 법입니다. 그러므로 높은 것을 말하는 자는 반드시 하늘이라 하고, 낮은 것을 말하는 자는 반드시 땅이라 합니다. 부자 관계에서는 효도를 논하고, 군신 관계에서는 충성을 논합니다. 귀로 듣고 눈으로 보며, 손으로 잡고 발로 걷습니다. 실을 자아 옷을 만들고, 쌀을 쪄서 밥을 짓습니다. 소금으로 장을 만들고 누룩으로 술을 빚으니, 모두 그 성질을 따라 인도합니다. 그러니 그 말에 어찌 근거 없다는 탄식이 있었겠습니까?

어리석은 저는 평소 근거 있는 말로 중요한 위치에 있는 군자에게 한번 아뢰고 싶었습니다. 다행스럽게도 지금 집사는 사람들의 말이 점차 그릇되는 것을 걱정하고 그 폐단을 바로잡고자 임금님의 말씀을 받들어 문제를 내고 개혁할 방도를 찾고 있습니다. 어리석은 제가 감히 기쁘게 말씀드리지 않을 수 있겠습니까? 마침내 다음과 같이 말씀드립니다.

공자 옛집의 벽 안에서 나온 경전에서는 사악한 말이 선행을 없앤다는 경계를 남겼고, 『맹자』에서는 책임을 회피하려고 꾸며 대거나 발뺌하는 말에서 궁색함을 안다고 했습니다. 대개 말은 덕과 맞는 징표이니, 덕이 있으면 말은 반드시 바르게 됩니다. 말은 마음의 기틀이니, 기틀이 변하면 말은 반드시 정도에서 벗어나게 됩니다. 그러므로 일을 헤아리고 이치를 이해하여 사악한 것을 물리쳐 듣지 않고, 법도를 따라 절도에 합치하여 입을 조심하며 함부로 하지 않으면 듣는 사람들에게 전파되어 한 시대의 바른 논의가 되고, 역사책에 전하여 만고에 믿을 만한 자취가 됩니다.

아! 세도가 어지럽고 풍속이 거짓스러워 후세에 남기는 글이 오류투성이이
〈32〉 고 세상에 필요한 논의가 점차 과장이 심해지니, 어찌 책이라고 다 믿을 수 있겠으며 말마다 들을 수 있겠습니까? 이 때문에 반드시 그 사람을 헤아려 그 의리를 바로잡고, 그 일을 헤아려 그 이치를 이해하면 교묘한 말로 남을 현혹하여도 듣는 사람이 속임수라는 것을 알고, 감언이설로 남을 유혹하여도 듣는 사람이 사악하다는 것을 압니다. 산을 옆구리에 끼고 바다를 뛰어넘는다는 말은 저절로 편벽되고 사악한 것으로 귀결되고, 얼음과 먼지에 글씨를 새긴다는 의견은 저절로 허망한 것으로 귀결되니, 누가 감히 실상 없는 말로 듣는 사람의 마음을 바꿀 수 있겠습니까?

비록 그러하나 마음이 바르지 않으면 말이 진실하지 않고, 말이 진실하지 않으면 일을 믿을 수 없습니다. 그러므로 그 일을 믿게 하려면 먼저 말을 진실하게 하고, 그 말을 진실하게 하려면 먼저 마음을 바르게 해야 합니다. 마음이 바르면 내 말이 도리에 어긋나지 않고, 마음이 바르면 남의 말을 반드시 자세히 듣습니다. 옛일을 살펴 의리에 합당한 다음에야 말하고, 지금을 살펴 이치에 합당한 다음에야 믿습니다. 그러므로 그저 거짓말이 진실을 어지럽히는 것

만 미워할 뿐 거짓을 바로잡을 방법을 모르고, 그저 남을 그르치는 사악한 말만 물리칠 뿐 돌이켜 바로잡을 방도를 찾지 않는다면, 거울을 뒤집어 비춰 보기를 바라는 것에 가깝지 않겠습니까?

반드시 내 마음을 바로잡아 만백성의 마음을 바로잡고, 백성의 마음을 바로잡아 사방 사람들의 마음을 바로잡은 다음에야 근거 없는 말이 저절로 나타났다가 저절로 사라질 것입니다. 만약 언로가 바르게 되기를 바란다면 어찌 마음을 바로잡는 데서 구하지 않습니까? 밝으신 물음에 따라 조목별로 아뢰겠습니다.

천지개벽부터 270만 년을 10기로 나누는데, 7기 순비(循蜚) 이후 10기 소흘(疏仡) 이전에는 인문(人文)이 처음 열렸으나 사물을 드러내는 글자인 서계(書契)가 아직 나오지 않아 사적이 애매모호하니 어찌 살필 방도가 있겠습니까? 바위를 구워서 하늘을 메우고, 자라의 다리를 잘라 기둥을 세웠다는 말이 『회 〈33〉
남자』와 『산해경』의 글에 나오나 하찮고 궁벽한 곳에 있는 말을 어찌 믿을 수 있겠습니까? 아홉 하늘이 서로 다투고 열 개의 태양이 번갈아 나왔다는 말이 유자(劉子)와 노자(盧子)의 책에 드러나니, 믿기 어려운 거짓을 좋아하는 논의는 실제의 자취가 되기 어렵습니다. 여와가 법률을 만들고 황제 헌원을 교산(喬山)에 장사 지냈으니, 암탉이 울고 용을 타고 승천했다는 의심은 굳이 살피지 않아도 깨뜨릴 수 있습니다. 순임금은 하남으로 도피했고, 우임금은 양성으로 도피했으니, 감옥에 갇히고 멀리 쫓겨났다고 하는 무고는 굳이 변론하지 않아도 저절로 밝아집니다.

아! 거짓을 일으키고 비방을 만드는 무리가 현인을 헐뜯고 성인을 모욕하는 말에 어찌 붓을 적셔 묻고 답할 필요가 있겠습니까? 찐 대추에서 꽃이 핀다는 것은 경공(景公)의 속임수 질문에 안자(晏子)가 은근하게 풍자한 말이며, 삶은 물고기가 헤엄친다는 것은 연못을 지키는 교인(校人)의 속임수 대답인데, 맹자가 비유를 취한 것입니다.

아! 농담을 잘하더라도 지나치지 않는 도리가 있고, 그럴듯한 말로는 속일 수 있어도 속일 수 없는 이치가 있습니다. 해골이 즐겁다고 한 것은 무너져 혼란스러운 상태에서 나온 방탕한 말이지 썩은 해골이 말할 수 있다는 것을 일컫는 것은 아닙니다. 뱁새의 웃음은 『제해(齊諧)』의 이야기에서 나온 것이지 벌레와 새가 웃을 수 있다는 뜻이 아닙니다.

아, 장자(莊子)가 사물을 똑같이 보는 마음과 질탕한 회포로 은밀한 언어를 만든 것이니, 절로 풍자하는 뜻이 있습니다. 무도(武都)의 여인은 촉(蜀)나라 왕이 음란하여 장차 망하려는 나라에 반드시 괴이한 물건이 먼저 나타난 것입니다. 신선이라는 소산(小山)이 어린아이가 되었다는 것은 회남왕 유안(劉安)이 현혹된 바이니, 신선을 좋아하는 사람에게는 반드시 요망한 술법을 말하러 오는 자가 있습니다. '오래 자느라 새벽이 오는 줄도 모른다.'라는 시구가 무덤 속의 사람이 화답한 것이라는 정교(鄭郊)의 말은 실로 의심스러운 안건입니다.
〈34〉 '아녀자들이 봄빛에 푸른 풀 위를 걷네.'라는 곡조가 그림 속의 여자가 부른 것이라는 당나라 선비의 말 역시 명백한 증거가 없습니다. 이처럼 근거 없는 말을 어찌하여 누누이 펼치겠습니까?

황미옹(黃眉翁)의 전생 인연은 동방삭(東方朔)이 근거 없이 전한 말이고, 승려 원택(圓澤)의 후신이라는 증거인 아이를 이원(李源)이 만났다는 것이 황당합니다. 항창자(亢倉子)의 눈과 귀는 노자(老子)의 현묘하고 공허한 도에 근본을 두고 있고, 마고(麻姑)의 털과 뼈는 신선의 환골탈태하는 방술에 근본을 두고 있습니다. 본디 근거가 없는 일이기에 근거 없는 글에 실려 있고, 본디 믿을 만한 자취가 아니므로 믿을 수 없는 입에서 나온 것입니다. 어찌 그 의심을 거두고 번거롭게 말하겠습니까?

대저 말은 사람의 입에서 나오고, 입은 마음의 명령을 따릅니다. 그러므로 마음이 선하면 말도 선하고, 마음이 악하면 말도 악합니다. 마음이 거짓이면 말도 반드시 거짓이고, 마음이 망령되면 말도 반드시 망령됩니다. 예부터 지금까지의 시간과 위아래 사방의 공간에 백만 천만의 사람이 있으니, 백만 천만의 일이 있습니다. 백만 천만의 일이 있으니, 백만 천만의 말이 있습니다. 현실성이 없는 괴이한 선비, 속이고 믿을 수 없는 사람이 그 사이에서 종종 생겨 올바른 법도를 지키지 못하고 당당한 균형을 유지하지도 못합니다. 간혹 의리를 잘못 본 자도 있고, 간혹 심술이 바르지 않은 자도 있습니다. 간혹 자기의 생각을 별도로 내어 평지에 의심의 산을 쌓기도 하고, 빈 숲에서 환상의 꽃을 만들어 숨겨진 것을 끌어내고 허위를 날조하여 남의 이목을 현혹하는 자가 있습니다. 이것이 근거 없는 말이 생기는 이유입니다.

만약 올바른 군자가 모범을 세우고 인도하여, 말하는 자가 예가 아니면 말하
지 않고 의가 아니면 말하지 않으며 듣는 자가 예가 아니면 듣지 않고 의가 아 〈35〉
니면 듣지 않는다면 말세의 화두를 바로잡아 한 시대를 바른길로 이끌 수 있
을 것입니다. 어찌 집집마다 깨우치고 설득해 가며 거짓되고 터무니없는 말을
하지 말라고 할 필요가 있겠습니까?

공경히 생각건대, 태조께서 잉태되실 때 어머니가 붉은 옷을 입은 신인이 나타나 금빛 환약을 먹는 꿈을 꾸었습니다. 성스러운 우리 왕조는 금빛 환약의 꿈에 호응하고 붉은 옷의 상서로움에 조응하여 학교를 세우고 예의의 풍속을 일으키며 언어를 조심하고 보고 듣는 것을 조절했습니다. 조정에는 바른말 하는 신하가 있고, 사관이 있는 곳에는 바른 글 쓰는 선비가 있습니다. 허위를 일삼는 무리가 교묘한 재주를 부릴 수 없고, 덧없는 자들이 기예로 마음을 홀려 흐리게 할 수 없습니다. 제나라 거리 장악(莊嶽)에서 초나라 사람이 떠드는 소리를 들을 수 없듯이 조정에서는 해학에 능했던 제나라 데릴사위 순우곤처럼 우스갯소리를 하는 사람을 볼 수 없습니다. 금과옥조 같은 법이 가지런하여 온갖 사악한 말을 물리치고 한 시대의 정확한 논의만 모여 있으니, 그 논의가 모두 올바른 곳으로 귀결되는 것은 당연합니다. 기억하고 외는 것은 잘못된 곳으로 들어가지 않으니, 백성은 근거 삼을 말이 있고, 선비는 근거 삼을 글이

있습니다. 어찌하여 근래 이후로는 백성의 풍속이 괴이한 것을 탐하여 지붕의 참새에게 뿔이 있다고 하고, 선비의 습속이 공허하고 거짓된 것을 좋아하여 거북의 털을 긁어 내어 털방석을 만든다고 하는 것입니까? 반드시 없는 말을 가지고 반드시 있는 일처럼 지어내니, 견강부회하고 허무한 것을 날조하여 사람의 눈과 귀를 흔듭니다. 듣는 자도 자세히 살피지 않고 믿을 만하다고 여깁니다. 온갖 거짓이 무리 지어 일어나는데 올바르게 되돌릴 방책은 없습니다. 그 이유가 무엇이겠습니까?

어리석은 저는 근거가 없는 폐단을 바로잡는 방법은 마음을 바로잡는 것이
제일이라고 생각합니다. 어째서이겠습니까? 마음은 목구멍과 혀의 주인으로
신령하고 자취가 없으니, 마치 수레바퀴가 굴러가듯 멈춤이 없고, 문지도리가
움직이듯 그만두는 법이 없습니다. 귀로 듣고 눈으로 보아 기교가 층층이 생겨
〈36〉 나 목구멍과 혀로 나오니, 간혹 전쟁을 일으키게도 하고 우호를 맺게 하기도
합니다. 진실로 올바름에서 벗어나면, 속임수를 보아도 속임수를 즐거워하고
거짓됨을 들어도 거짓됨을 즐거워합니다. 비유하자면 공작새의 무늬가 파란색
이었다가 점차 녹색이 되고 녹색이었다가 점차 노란색이 되고 노란색이었다가
점차 붉은색이 되는 것처럼 점차 지극히 기이하고 교묘한 지경으로 들어가는
것과 같습니다. 그러니 목구멍과 혀에서 나오는 말은 오직 마음과 의지의 명령
에 따라 지극히 기이하고 교묘한 말을 만들어 내어, 이치에 어긋나고 의리를
손상하며 일을 지어내고 정사를 해칩니다. 그러므로 마음이 바름을 잃지 않으
면 치아에서 나오고 혀가 움직여서 하는 말은 모두 곱자로 원을 그리고 직각
자로 네모를 그리는 것 같고, 먹줄을 따라 직선을 그리고 수준기로 수평을 잡
는 것과 같이 분명하고 정확합니다. 아름답게 꾸미고 사실을 기록하는 말도
저절로 법도에 맞아 어긋나지 않습니다. 비유하자면 평탄한 길에 이리저리 달
리는 말이 없고, 똑바로 솟은 나무에 구부러진 가지가 없는 것과 같습니다. 말
한마디가 천하의 올바른 법이 되고, 한 글자가 백 대의 올바른 논의가 됩니다.

듣는 사이에 머뭇거리고 의심할 단서가 없으며, 논의하는 사이에도 가짜 솥과 가짜 옥이라는 비난이 없습니다. 질서정연하여 그 말에 근거가 있고, 간곡하여 그 말이 믿을 만합니다. 만약 마음을 바로잡는다면 어찌 말에 근거가 없다고 걱정하겠습니까? 온 세상 사람마다 공자의 제자로 덕행이 뛰어난 안연(顏淵)과 민자건(閔子騫)의 말을 하고, 집집에서는 사관으로 곧은 글을 쓴 사어(史魚)와 동호(董狐)의 필법을 쓸 것이니, 순수하고 진실하며 거짓이 없어 만백성을 하나의 '믿을 신(信)' 자 위에 올려놓을 수 있습니다.

글의 끝에 또 한마디 말을 덧붙이니, "마음을 바로잡는 것이 말을 바로잡는 〈37〉
근본이며, 마음을 바로잡는 방도는 성실이 제일이다."라는 것입니다. 그러므로 『대학』에서는 "마음을 바로잡고자 하는 자는 먼저 그 뜻을 성실하게 한다."라고 했으며, 『주역』에서는 "사악함을 막아 성실함을 보전한다."라고 했습니다. 성실은 만사의 근본이며 마음의 주인입니다. 성실을 보전하면 말이 저절로 순해지고, 성실을 발휘하면 글이 저절로 충실해집니다. 입을 열면 함부로 나오는 말이 없고, 붓을 들면 궁벽한 글이 없습니다. 맑은 하늘의 환한 태양처럼 분명하여 노예도 모두 맑고 환하다는 것을 알고, 수후(隋侯)가 뱀을 살려 주고 얻은 구슬이나 화씨가 찾은 형산(荊山)의 옥처럼 찬란하여 부녀자도 모두 그것이 보물인 줄 압니다. 더구나 마음을 바로잡고자 하면서 성실로써 하지 않는다면 어떻게 남의 말을 바로잡고 남의 말을 살필 수 있겠습니까? 삼가 바라건대, 집사께서는 전하여 아뢰어 주기 바랍니다. 아! 삼가 대답합니다.

전몽옥은 잠시 말을 탄 채 글을 짓는 빼어난 재주로 임금의 뜻을 얻고자, 용의 턱 아래에서 구슬을 찾는 조심스러우면서도 위험한 솜씨를 펼쳤다. 짓기를 마치고 곧장 바치니 담당 시험관이 장원으로 뽑았다. 진사시의 합격 방을 발표한 뒤 임금과 함께하는 연석(筵席)에서 전몽옥이 갑과(甲科) 제1인이라고 보고했다. 임금이 무어라 기리고 칭찬했는지 모르겠다. 다음 권을 보라.

제8권
장원을 진계가 추천하고
소녕 옹주의 궁에서 시거가 혼례를 맡다

이때 임금이 총애하는 후궁 설 귀비에게는 아직 부마를 간택하지 못한 옹주
〈38〉 가 한 명 있었다. 임금이 말했다.

"이번 장원 중에 문벌과 용모가 빼어난 사람이 있으면 내 사위로 정하겠소."

과거 급제자를 발표하자 전몽옥이었다. 임금이 곁에 있는 신하에게 물었다.

"전몽옥은 어떤 사람인가?"

한림학사 진계가 나아가 대답했다.

"신은 전몽옥과 평소 교분이 있어 그의 포부와 선대를 대략 압니다. 그 내력은 오월국(吳越國)의 시조인 무숙왕(武肅王) 전류(錢鏐)의 후예로 높은 벼슬이 대대로 빛났으며, 또 잘생긴 것으로 유명한 반악(潘岳)과 위개(衛玠)의 풍채가 있으며, 겸하여 이백(李白)과 두보(杜甫)의 문장을 지녔으니, 지금 세상의 인걸이라 하겠습니다. 신이 예전에 소주에서 전몽옥과 한 달 내내 어울렸는데, 그 도량과 재능, 조예는 신들이 미칠 수 있는 바가 아니었습니다."

임금이 몹시 기뻐하며 말했다.

"과연 경의 말대로라면 고금에 얻기 어려운 인물이다. 경은 그만하라. 나의 사위는 정해졌다."

이튿날 임금이 참여한 가운데 치러지는 3차 시험 전시(殿試)를 시행하여 진사시에 합격한 유생들의 이름을 차례로 불렀다. 전몽옥이 머리에는 검은색 비단으로 만든 두건을 쓰고, 몸에는 상·하의가 이어지고 소매가 없는 살구색 난삼(襴衫)을 입은 채 예를 갖추어 허리를 숙이고 빠른 걸음으로 나아갔다. 임금

이 몹시 기뻐하며 말했다.

"기특하다. 기특하다. 내가 직접 만나 그 재주를 시험하겠다."

즉시 과거에 새로 합격한 사람들을 불러 벼슬에 나아가거나 물러나는 것을 주제로 하는 진퇴시(進退詩)를 일곱 걸음 안에 지어 올리라고 명하고는, 걸음이 빠른 궁녀에게 궁궐 안의 꽃무늬 벽돌 길을 걷게 했다. 내시가 재촉하여 시를 지으라는 명을 내리고 겨우 여섯 걸음에 이르렀을 때 전몽옥이 바로 응대했다.

> 한 덩이 붉은 구름이 임금님의 상을 받들고
> 조정 가득한 관원들은 엄숙히 걸어가네.
> 하늘은 지극히 넓어 버리는 물건 없는데
> 작은 마음이 어찌 총애에 보답하길 도모하랴? 〈39〉

임금이 대단히 칭찬하면서 따로 잠(箴), 명(銘), 송(頌) 세 가지 문체를 지어 바치라고 명했다. 첫째는 임금은 배요, 백성은 물이라는 주제로 쓰는 「군주민수잠(君舟民水箴)」, 둘째는 영대의 여덟 개 창을 주제로 쓴 「영대팔창명(靈坮八窓銘)」, 셋째는 오직 임금이 규범이 되어야 한다는 주제의 「유황작극송(惟皇作極頌)」이었다. 전몽옥이 명을 받고 물러나 반나절 구상하고는 제목에 따라 지어 올렸다.

잠은 다음과 같다.【「군주민수잠」】

> 삼가 아뢥니다. 백성이 없으면 임금 노릇을 할 수 없으니 망할 것처럼 염려하며 깊은 뿌리를 가진 뽕나무에 굳게 매어 놓아야 하고, 어리석은 사내도 나를 이길 수 있으니 썩은 새끼줄로 말을 모는 것처럼 조심하고 두려워해야 합니다. 이 때문에 성인은 장차 깊은 못에 빠질 것처럼 두렵게 여겼고, 옛 현인은 감히 방자하게 할 수 없다는 것을 알았습니다. 그리하여 임금 노릇은 어렵고도 신

중하게 해야 한다는 기미를 살피고, 지극히 위험한 물건으로 비유했습니다. 온 세상이 큰물에 휩쓸려 흘러가듯 마음속에서 천 리를 가고, 아득히 멀리 떠나니 만경창파의 일엽편주와 같습니다. 강을 건너는데 닻줄과 노가 없으면 이 배를 무슨 배라고 불러야겠습니까? 평지에도 풍파가 일어나니 비록 물은 아니지만 역시 물과 같습니다.

이 때문에 『주역』에서는 '큰 시내를 건너는 것이 이롭다.'라는 효사(爻辭)를 귀하게 여겨 나무를 타고 강을 건너가는 지극한 상(象)을 남겼습니다. 『시경』에는 '물에 빠지는 근심을 두려워하여 깊은 못에 임한 것처럼 하라.'라는 분명한 경계가 있습니다. 배는 가는 곳을 모르는데 물의 깊이를 측량하기 어려운 것에 비유할 수 있습니다. 중류에서 풍랑을 만난다는 것은 배가 뒤집히는 것을 염려한 가의(賈誼)가 눈물을 흘린 이유입니다. 이는 제도가 정해지지 않으면 강을 건너면서 닻줄과 노를 잃은 것과 같아 중류에서 풍파를 만나면 배가 반드시 뒤집힐 것이라는 탄식입니다. 물이 없는 땅에서 배를 끌고 다닌 것이 은(殷)나라 주왕(紂王)이 나라를 망하게 한 이유입니다. 이는 아무 때 아무 곳에서나 유흥에 빠졌던 것을 이르는 말입니다. 배를 띄웠으니 조심해야 하지 않겠습니까? 깊은 곳으로 나아갔으니 역시 위태롭다고 하겠습니다. 신은 손 모아 절하고 잠(箴)을 바칩니다.

〈**40**〉 통행할 수 없는 곳을 건너가니
지극히 위험한 것이 배입니다.
깊이를 헤아릴 수 없으니
지극히 험난한 것이 물입니다.
임금 노릇 어렵게 여기니
그 어려움이 배와 같습니다.
두려워할 것은 백성이 아니겠습니까?

그 두렵기가 물과 같습니다.
임금이 그 덕을 밝힌다면
배가 어찌 위험하겠습니까?
백성이 그 생업에 안주하면
물이 어찌 두렵겠습니까?
진실로 그 덕을 어긴다면
장차 그 배를 뒤집을 것이고
진실로 그 생업을 잃는다면
그 물은 더욱 깊어질 것입니다.
두려워하고 조심하여
배와 물을 소홀히 여기지 마소서.
신은 절하고 잠을 올려
감히 한 잔의 물 같은 작은 정성 밝힙니다.

명은 다음과 같다.【「영대팔창명」】

삼가 아뢥니다. 넓은 천하에 살면서 그 집을 영대(靈臺)라고 합니다. 마음은 덕으로 들어가는 문이니, 증자(曾子)의 『대학(大學)』에 극명하게 드러나 있고, 누군들 문으로 나가지 않겠냐는 의리를 『맹자(孟子)』에서 들었습니다.

사람은 만물 중에 가장 신령하고, 마음은 한 몸의 중심입니다. 하늘과 땅의 현묘한 관건을 체득하여 편의대로 열고 닫힙니다. 마음의 단전(丹田)은 자취 없이 사물에 응하니, 주자(朱子)는 해를 향해 열려 있는 대나무 창문에서 형상을 취하고, 주돈이(周敦頤)는 바람 부는 대로 자연스럽게 열렸다 닫혔다 하는 문짝에 뜻을 담았습니다. 선을 아뢰고 사악함을 막는 데 있어서 군자는 이를 위해 알기 쉬운 방법으로 설명하고, 마음에 들어가 틈을 파고드는 데 있어서 성인은 그 밝게 깨닫는 것을 귀히 여깁니다.

이에 영대를 문왕(文王)에게 주었으니 재앙을 살피는 이름이고, 창문을 복희씨에게 의뢰했으니 괘(卦)를 그리는 숫자입니다. 고요하여 밝은 기운을 받으니 그 신령이 환하고, 깨끗하여 사사로이 외물에 얽매이지 않으니 어찌 여기에 정성을 다하지 않겠습니까? 삼가 붙잡아 깨우치는 뜻에 힘입어 감히 대야에 명을 새기는 뜻을 본받아 마침내 명(銘)을 짓습니다.

〈41〉 내 집은 몹시 넓으니
물은 지혜롭고 산은 어집니다.
영대가 있으니
반 이랑 못가에 있습니다.
누가 이를 경영합니까?
오직 마음입니다.
정신이 담겨 있으니
영험하고 맑습니다.
이에 창문을 다니
그 수는 여덟입니다.
들어가면 편안한 집이요
나오면 바른길입니다.
활짝 열리고 빛나며 밝으니
가리는 물건이 없습니다.
바른길을 막지 마소서,
화(禍)를 일으키는 문입니다.
사사로운 길을 넓히지 마소서,
이익을 구하는 관문입니다.

명(銘)의 말이 여기에 있으니
백성을 깨우칩니다.

송(頌)은 다음과 같다.【「유황작극송」】

삼가 아룁니다. 만 가지 다른 것을 합쳐 하나의 극(極)으로 돌아가니 이는 천하의 표준이 되고, 다섯 가지 복을 모아들이고 삼황(三皇)의 교화를 베풀어 가장 때에 맞는 지위를 얻었습니다. 백성이 두루 은덕을 입으니, 대인 군자가 아니면 누가 그렇게 하겠습니까? 아! 하늘의 도가 백성을 깨우치니 우임금이 낙수에서 만난 거북의 등에 있는 무늬로 낙서(洛書)를 만든 것처럼 거북의 무늬에 호응하고, 임금의 영령이 사물을 다스리니, 군자의 덕을 가지고 치우침 없는 지극히 바른 자리에 있다는 사실에 부합합니다. 사방의 기강을 통솔하여 바치는 것과 지키는 것이 있으니, 한 집의 대들보와 용마루같이 편당도 없고 치우침도 없는 것에 비유할 수 있습니다.

덕으로 말하자면 모든 교화의 기반이요, 도를 전하면 모든 왕이 법도를 같이합니다. 임금의 자리에서 백성에게 복을 주면 그 법칙이 있는 곳으로 모여들고 그 법칙이 있는 곳으로 돌아올 것이며, 만물을 교화하여 편안하게 만들면 너의 법칙을 누리고 네가 법칙을 보존하게 해줄 것이라고 했습니다. 천지에 상서를 불러들이니 만물이 다스려지고, 중앙에 황택(黄宅)을 세우니 백성이 표준으로 삼을 것입니다. 그리하여 북극에서 형상을 취하고 기자의 홍범구주에 교훈을 굳게 남겼습니다.

아, 우리 왕조가 군주의 길에 올라 평탄한 곳을 밟으니 여러 지방에서 모범 〈42〉
으로 삼고, 보위를 차지하여 교화를 살피니 모든 업무가 길을 함께 합니다. 비와 이슬이 꽃을 두루 적시니 모두 지극히 바르고 바른 도리로 귀의하고, 천지가 제자리를 찾으니 해 그림자를 재는 도구인 규얼(圭臬)과 천문을 관측하는 동혼(銅渾)과 같은 표준이 널리 펼쳐집니다. 아! 칭송하는 소리가 다시 홍라산에서 일어나니 어찌 임금이 먼 옛날에만 아름답겠습니까? 마침내 절하고 춤추며 발 구르고 손뼉 치며 송을 바칩니다.

하늘에 북극성 있으니
뭇 별이 줄지어 향하고
『주역』에 태극이 있어
팔괘가 이루어졌습니다.
기울지도 치우치지도 않은 것은
오직 나라를 다스리는 표준뿐입니다.
사해구주(四海九州)가
오직 임금님의 표준에 귀의합니다.
부자와 군신이
오직 임금님의 표준에서 만나니
다섯 가지 복을 거두어
골고루 나누어 줍니다.
붕당을 만들지 않고
감히 사사로운 행위를 하지 못합니다.
엄숙히 위에 있으면서
중도를 지킵니다.
임금의 덕은 허물이 없어
낯빛이 온화합니다.
선비는 정기를 품고
백성은 악을 제거하니
임금의 표준을 세우지 않으면

어떻게 인도하겠습니까?
아름다운 제목을 우러러보고
나라에 송을 받들어 올립니다.

임금이 직접 살펴본 뒤 직접 붓을 들어 구절마다 비평하며 대단히 칭찬했다. 마치 당 태종이 명재상 적인걸(狄仁傑)을 얻고 송나라 진종이 구양수와 비견되는 안수(晏殊)를 얻은 듯 황홀해했다. 곧장 장원급제를 주고 사흘 동안의 잔치를 베푼 뒤 특별히 한림학사에 제수했다. 즉시 천문을 살피는 일관(日官)에게 좋은 날을 고르게 하고 혼인할 궁을 설치하여 소녕 옹주를 전몽옥에게 시집보내겠다는 뜻으로 조서를 내렸다. 전몽옥은 상소를 올려 굳게 사양했다.

【겉봉】 임금님 앞에서 뜯어볼 것 【종이를 붙인 곳】 서명하고 '삼가 봉합니다.' 【이어진 종이의 뒷면】 서명.

신(臣) 한림학사 전몽옥은 참으로 황공하여 머리를 조아리며 삼가 백 번 절하고 임금님께 아룁니다. 삼가 생각건대, 신은 본디 형편없는 미천한 사람으로 〈43〉
가난한 집안에서 태어나 문벌이 지극히 미약하며 자질이 지극히 졸렬합니다. 시골에 숨어 살면서 감히 민간의 아이들 입에도 이름이 오르지 않았는데, 단지 글 짓는 작은 재주로 과거 시험장에서 글을 엮어 우연히 고향에서 치러진 향시에 장원하고, 이후 회시를 치를 태학의 공사(貢士) 명단에 들어갔으니, 영광이 이미 지극하고 분수를 넘었습니다. 임금님을 만난 지 사흘 만에 장원급제를 내리시는 은혜를 입고, 또 한림의 직임을 제수받았습니다. 조화옹이 길러 준 은혜와 천지가 교화하는 덕이 산처럼 높고 바다처럼 깊은데 보답하고 싶어도 방법이 없어 손 모아 하늘에 기원할 뿐입니다. 꿈에라도 전혀 생각지 않았는데 화려한 부마 선발이 외람되게도 천부당만부당한 미천한 신에게 미쳤습니다. 신은 명을 들은 날 곧장 땅을 뚫고 도망가고자 했으나 그렇게 할 수 없었습니다.

삼가 생각건대, 신의 용모는 분을 바른 듯한 하안(何晏)의 아름다움이 없고, 재주는 난초를 읊은 우위(于尉)의 훌륭함에 미치지 못하니, 스스로 제 몸을 돌아보건대 한 가지도 취할 점이 없습니다. 해와 달 같은 감식안을 가지신 임금님께서 신에게 무슨 취할 점이 있다고 이처럼 분수에 넘치는 영광과 총애를 내리시는 것입니까? 신이 비록 형편없으나 감히 분수를 잊고 함부로 나아갈 수 있겠습니까? 삼가 바라건대, 임금님께서는 굽어살펴 속히 명을 거두고 특별히 면직을 허락하소서. 신은 지극히 두렵고 간절히 바라는 마음을 견디지 못

〈44〉 하겠습니다. 삼가 죽음을 무릅쓰고 아뢰옵니다.

선덕(宣德) 원년(1426) 10월 10일, 한림학사 신 전몽옥

임금이 답했다.

"상소를 보고 내용은 잘 알았으나 혼사 논의에 대한 나의 뜻은 이미 정해졌으니 그대가 피하기를 도모할 바가 아니다. 그대는 사양하지 말고 속히 예를 거행하라."

바로 조서를 내려 혼삿날을 정하라고 재촉하자, 일관이 아뢰었다.

"이달 18일은 천지사방, 곧 육합(六合)이 상응하고 결혼에 좋지 않은 날인 홍사(紅紗)가 없습니다. 결혼에 불리한 천적(天賊)과 궁합에 살이 끼는 원진(元嗔) 등 좋지 않아 꺼리고 피해야 할 것도 없습니다. 어떻게 해야겠습니까? 감히 여쭙니다."

임금이 명령을 내리는 글을 내렸다.

"그리하라."

당일로 옹주의 혼례를 주관하는 혼례도감(婚禮都監)에 특별히 전당 사람 시거(柴車)를 정식 절차를 거치지 않고 추천·임명하는 구전 방식으로 차출하여 예부에 임명했다.

> 선덕 원년(1426) 10월 10일, 행 추밀원 도승지 신 아무개가 담당하여 구전으로 감찰어사(監察御使) 시거를 본관으로 벼슬을 옮기도록 【아무개가 나아올 수 있도록】 구전으로 시행하라 【했으므로】 살펴 시행하기 바란다. 부디 이 문서가 도착하기를. 이 문서는 감찰어사 시거에게 내린다. 선덕 원년 10월 10일 상서, 시랑【착압(著押: 이름이나 직함 대신에 일정한 글자를 쓰는 행위. 지금의 서명)】

18일 해 뜨는 아침, 혼례도감이 궁궐의 길을 청소하고 의장을 준비하여 소녕궁(昭寧宮)에서 기다렸다. 먼저 신랑집에서 신붓집으로 예물을 보내는 납징(納徵)의 예를 1품의 관례대로 행했다. 예물은 청저사 3필과 홍저사 1필, 예복인 산송특계 1정(頂), 대수삼하피배자 1투(套), 평상복인 추취첨사관 1정, 녹선장 〈45〉 오장군 4투, 금팔찌 1쌍, 금연주촉 1쌍, 은연지합 1개, 당분합 2개, 능사라 각 8필, 비단 32필, 면 백 냥, 대홍라 1대(對), 각지 1대, 차 20대(袋), 양 8뢰(牢), 돼지 6척(隻), 거위 12척, 술 16병, 과일 4반(盤), 국수 40대, 떡 백 개다.

다음으로는 신랑집에서 혼인할 날짜를 정하여 신부의 집으로 보내는 청기(請期)의 예를 행했다. 예물은 홍저사 1대, 양 2뢰, 술 10병, 과일 2반이다.

다음으로 신랑이 신부를 맞이하는 친영(親迎)의 예를 행했다. 예물은 홍저사 1대, 채단 1필이다. 예물을 준비한 뒤 옹주가 여러 사내아이가 노는 모습을 그린 백자도(百子圖) 휘장을 드리우고 금색과 푸른색의 족두리를 쓰고서 귀비의 궁을 나와 혼인할 궁으로 갔다. 상궁 이하 비빈과 궁녀들이 저마다 옥으로 장식하고 은으로 꾸미니, 하나하나가 달의 자태요, 꽃의 용모였다. 앞뒤를 둘러싸니 진한 향기와 상서로운 채색이 사람들의 눈길을 빼앗았다.

한림 전몽옥이 만 가닥의 실로 지은 옷을 입고 무지갯빛 가마를 타고서 한림원에서 혼인할 궁으로 나아갔다. 궁감(宮監) 이하 왕실의 여러 잡무를 담당한 액정서의 하급 관리와 하인, 승정원의 하인이 화려한 옷을 입고 좌우에서 빽빽

이 둘러쌌다. 온갖 음악이 일제히 연주되고 많은 사람이 다투어 따랐다. 혼례도
감에서 준비한 푸른 깃발과 비취색 천막, 붉은 깃발과 진홍색 휘장이 질서정연
했다. 양옆에는 공작을 그린 병풍을 진열하고, 사방 아래에는 누런 고니를 그린
발을 둘러쳤다. 꽃이 떨어지고 물이 흐르는 자줏빛 솜 요 위에는 '만복의 근원'
〈46〉 이라는 글자를 수놓고, 진홍색에 금색으로 장식한 칠보 의자 앞에는 '오륜의 시
작'이라고 새겼다. 백옥 같은 동자가 향주머니를 안고서 나란히 서고, 황금빛 귀
한 닭이 진귀한 과일을 물고 쌍쌍이 날았다. 침상 위에 치는 사각형 말 모양의
틀에 매단 휘장인 붉은 비단 복두장(復斗帳)에 비단을 서로 꼬아서 만든 매듭
으로 남녀의 사랑을 상징하는 백 번 맺은 동심결(同心結), 쇠로 만든 문고리인
금굴술(金屈戌), 노란 비단으로 만든 살구색 휘장, 신랑 신부가 합환의 정표로
든 부채 두 장에 옥롱송(玉籠鬆)이 있었다. 중간에는 향남목(香楠木)에 무늬를
새기고 금을 끼워 장식한 상감(象嵌) 기법에 옥을 새겨 넣은 영롱한 탁자를 설
치했다.

대궐 부엌에서는 봉황 같은 음식을 준비하고, 궁중 주방에서는 비단 같은 떡을 바쳤다. 신선의 음식을 나열하고 예식의 물품을 안배했다. 채색 종이를 오려 상에 펼치니 하나의 꽃대 받침에 꽃이 둘 달린 연꽃으로 부부를 상징하는 병체련(幷蔕蓮)은 붉은빛이 은은하고, 금을 조각하여 자리에 붙이니 서로 다른 뿌리에서 자란 나무가 하나로 연결되어 역시 부부를 상징하는 연리지(連理枝)는 푸른빛이 가득했다. 옹주는 궁중의 화장을 갖추어 금을 두르고 옥을 매달며 꽃을 조각하고 달을 새기고는 신랑이 나무로 깎은 기러기를 들고 오는 전안례(奠鴈禮)를 기다렸다. 얼마 후 한림 전몽옥이 도착하자 두 집안의 사자가 오고 가며 '배(拜)'를 외치며 칭송하는 글을 올렸다.

삼가 아룁니다. 혼인의 예는 중대하니 이는 실로 인륜의 큰일이며, 짝을 정하는 의리에 해당하니 종가의 일을 계승하기를 생각합니다. 혼례용 푸른 천막을

설치하고 화촉을 밝힙니다. 개구리밥과 마름을 바치며 제사 지내니 먼저 사당에 알현하는 의식이 엄숙하고, 대추와 개암을 폐백으로 준비하여 집안 어른에게 절하는 예법을 행합니다. 구슬 장식 신발을 신고 대모 장식 비녀를 꽂은 손님이 모이고, 금비녀를 꽂고 옥 귀걸이를 단 손님이 둘러서서 경사스러운 모임의 아름다운 밤에 성대한 일을 구경하며 즐깁니다. 오리를 새긴 보배 화로에 연기가 피어오르니 이미 수침향(水沈香)을 집어넣었고, 걸음마다 금빛 연꽃을 새긴 촛불이 둘러싸니, 내려와 향을 태우고 절하기를 청합니다.

〈자고천(鷓鴣天)〉 사(詞)는 다음과 같습니다. 〈47〉

혼인한 오늘 아침 어른에게 절하는 예 행하고
성심으로 오로지 옥 향로에 의지하네.
위아래 천신과 지신이 함께 왕림하고
서왕모와 동왕공이 함께 상서를 내리네.
물고기는 물을 얻고 수컷 봉은 암컷 황을 찾으니
기뻐하는 기운이 신방에 가득하네.
백 년 부부가 오늘 밤 만났으니
곰과 큰곰의 꿈을 꾸고 일찍 아들 얻으리.

신랑 신부가 맞절할 때 칭송하는 글을 올렸다.

삼가 아룁니다. 남자는 하늘의 도리를 따르고, 여자는 땅의 모습에 순종합니다. 예법에는 높고 낮은 차이가 있으나 절에는 먼저와 나중의 차이가 없으니, 남자가 먼저 무릎을 굽히면 여자는 치마에 손을 대고 간략히 인사합니다. 비록 부부가 서로 손님처럼 보며 늙을 때까지 서로 공경하는 거안제미(擧案齊眉)를 본받는다고 해도 용모와 행동을 조금이나마 도울 서툰 시구가 없을 수 있겠습니까?"

〈문 막기(신부가 오면 하객과 집안사람들이 문을 막고 돈을 요구하는 행위)를 청하는 시〉

선녀가 은은히 인간세계로 내려와
지척의 신선 마을로 영예롭게 돌아가네.
오늘 문간에는 기뻐하는 사람 많으니
꽃 상자 속의 상금을 아낄 것 없다네.

〈문을 막은 이들에게 답하는 시〉
원래 군자는 돈을 생각하지 않으니
이 뜻을 되새기면 마음 더욱 깊어지네.
여러 친척이여! 대충 하시어
〈48〉 주선한다고 오래 고생하지는 마시오.

〈신랑 신부의 맞절을 청하는 시〉
예나 지금이나 남자가 여자를 찾았지만
여자가 남자를 찾아도 무방하다네.
양쪽에서 나란히 절하기를 청하고
오늘 밤 함께 신방으로 들어가네.

〈들러리를 청하는 시〉
은촛대와 붉은 촛불에 빛과 그림자 교차하고
음악 소리 노랫소리 잔칫집에 떠들썩하네.
잔치의 좋은 손님들에게 알리니

들러리가 되어 신랑을 인도하길 청하네.

〈들러리를 교대하는 시〉
유신과 완조가 진짜 신선을 만난 좋은 날에
고맙게도 봄의 신이 들러리 맡으라는 명을 전하네.
재주 없음은 부끄러우나 사양해도 소용없으니
화려한 잔치 자리에서 모시며 직을 맡으리라.

〈상금을 청하는 시〉
아리따운 직녀가 신랑을 바라보니
아스라이 물시계 소리 더디다 말하지 말게.
모름지기 붉은 비단과 상금을 찾아
난새와 봉황처럼 신선 고을로 돌아가리. 〈**49**〉

〈여인이 상금을 요구하는 시〉
푸른 난새 소식 물고 진나라 누각으로 들어오니
붉은 잎에 시를 써서 초나라 도랑에 부치네.
오늘 저녁 좋은 날 기쁘게도 만났으니
머리에 쓰는 비단을 넉넉히 주어도 무방하리.

〈들러리에게 꽃을 꽂는 시〉
봄기운의 운행을 빌리지 않더라도
한 가지 붉은 계수나무 십분 봄이라네.
광한전 안에서 예전에 직접 꺾었으니
휘장 왼편에서 돕는 사람에게 꽂아 주네.

〈또 다른 시〉

어젯밤 봄기운이 약속한 은혜를 베풀더니
꽃의 신이 한 가지에 봄을 누설했네.
젊은이가 이처럼 하늘의 새로운 뜻 얻었으니
휘장 오른편에서 돕는 사람에게 꽂아 주네.

〈신랑을 찾아 청하는 시〉

북두성 돌고 별 움직여 밤은 이미 깊은데
진나라 누각의 선녀에게 알려 주네.
비단 자리에 온 고운 신랑 맞이하고 청하여
〈50〉 지금 곧장 비단 휘장으로 들여보내네.

〈수대화(壽帶花)를 청하는 시〉

선녀가 이 자리에서 신선 신랑을 만나니
은촛대 높이 타오르며 고운 화장 비추네.
감히 백 년 장수하는 수대화(꽃을 수놓은 목숨 잇는 대)를 청하여
꽂고서 난새와 봉황처럼 선계로 돌아가리.

〈수대화 비녀 시〉

아름다운 수대화는 어디에서 왔는가?
미인의 섬섬옥수로 만들어 낸 것이라네.
고운 신랑에게 주어 머리에 꽂게 하니
오늘 밤 해당화 가지 하나가 피었네.

〈신랑 인도를 청하는 시〉

물시계에서 떨어지는 물소리 한참 더딘데
바로 신랑이 장막으로 들어갈 때라네.
다시 오운곡을 작게 불라 청하고
일제히 데려가 비단 휘장으로 보내네.

〈신랑이 자리에 들어오는 시〉

좋은 기운 울창하게 화려한 집에 가득한데
아름다운 밤 피어오르던 향 연기 스러지네.
신선 같은 신랑에게 비단 자리로 가라 청하니 〈51〉
술 석 잔 마시고 신방으로 들어가네.

〈문 열기를 청하는 시〉

구름 덮인 무산은 만 리나 깊숙한데
물시계 소리 조용하고 밤은 깊어가네.
붉은 문 닫으니 도리어 한가로워
선녀의 오랜 바람 저버릴까 걱정이네.

〈장막을 거두기를 청하는 시〉

물시계 다하고 떨어지는 물소리만 남았는데
문수가 선녀 채란을 만나는 것을 보지 못했네.
침실에 봄빛이 좋다고 하니
모두 함께 비단 주렴 걷고 보네.

〈휘장 걷기를 청하는 시〉

비단 휘장 걷으니 옥 같은 모습 드러나
두 사람 묵묵해도 마음은 요동치네.
지금 봄바람 같은 얼굴 한 번 보니
동심결 맺지 않아도 마음은 같네.

〈침상에서 내려오기를 청하는 시〉

서로 떨어진 거리 다해 봐도 한 걸음이니
채색 구름은 원래 무산을 떠나지 않는 법.
두 사람의 마음 이미 모두 기울었으리니
〈52〉 남 앞에서 억지로 어려워할 것 없네.

〈맞절을 청하는 시〉

한 번 절하면 도로 한 번 절하는 의식
어찌 뻣뻣한 목으로 버틸 필요 있으랴?
원앙 휘장 아래에서 무릎을 꿇리지 마라.
남 앞에서 기꺼이 하지 않던 때 기억나니.

〈꽃을 뽑도록 청하는 시〉

빼어난 자태는 보통 꽃과 같지 않으니
천지조화의 솜씨를 교묘히 빼앗았네.
모두 머리 가득 봄빛이 아름답다고 하는데
유랑은 붉은 가지 하나를 알아보고 취하네.

〈옷깃을 풀도록 청하는 시〉

북두성 돌고 별 움직여 밤은 이미 깊은데
신선 같은 신랑과 신부가 나지막이 읊조리네.
비단 휘장에서 풍류의 일을 펼치고자 하니
섬섬옥수로 옷깃 푸는 것이 무슨 문제랴?

이렇게 해서 전안례(奠鴈禮)와 초례(醮禮)를 마쳤다. 신랑 신부가 술잔을 주
고받는 합근(合巹)과 한 그릇에 담긴 음식을 먹는 공뢰(共牢)를 하니 참으로 이
른바 신선이 산다는 예주궁(蘂珠宮)의 선녀가 속세로 내려오고, 옥황상제 조정
의 관원이 하늘에서 내려왔다고 하겠다. 비단옷이 마주 보고 꽃을 꽂은 사모가
쌍쌍이며, 붉은 도포가 빼곡하고 비단 두루마기가 가득하니 보는 사람들은 어 〈53〉
깨와 등을 맞댄 채 모두 떠들썩하게 아름답다고 했다. 예를 마치고 함께 침소로
들어가니 한림 전몽옥의 탁월한 용모와 옹주의 아리따운 자태는 두 가지 아름
다움이 모두 합했다고 하겠다.

이튿날, 임금이 명령서인 마고(麻誥)를 내려 전몽옥에게 부마도위 겸 병부시랑을 더하고, 비단 짜는 마을인 직금방(織錦坊)에 집을 하사했다. 5백 칸의 집, 3백 경의 밭, 2천 명의 사내 노비와 함께 참외만 한 금덩이인 과자금(瓜子金) 50정(錠), 주제산에서 나온 주제은(朱提銀) 백 류(流), 밤에도 빛나는 구슬인 야광벽(夜光璧) 10매(枚), 페르시아에서 생산된 진주인 대진주(大秦珠) 10곡(斛), 유리로 된 장막인 유리장(琉璃帳) 1사(事), 마노로 만든 마노반(瑪瑙盤) 2좌(座), 산호로 만든 붓걸이인 산호필격(珊瑚筆格) 1개(箇), 호박으로 만든 술잔인 호박주종(琥珀酒鍾) 2쌍, 대완포(大浣袍) 1영(領), 얼음처럼 맑고 깨끗한 비단으로 만든 요인 빙금욕(氷錦褥) 1건, 수유나무 무늬가 있는 비단인 수유금(茱萸錦) 3백 필, 가을 구름이 수놓아진 얇은 비단 추운라(秋雲羅) 5백 대(對)를 하사하니, 각종 물건이 집에 가득하여 한때의 부귀와 영예가 한 시대를 놀라

게 했다. 당일, 시랑 전몽옥이 대궐에 들어가 사은하고 소녕궁으로 물러났다. 며칠이 지나 묘소를 정비하고자 전당으로 가려는 전몽옥이 이러한 뜻으로 글을 올렸다.

> 부마도위 겸 병조시랑 신 전몽옥은 다음과 같이 삼가 아룁니다.
>
> 신은 신의 부모 산소가 절서성(浙西省) 전당 땅에 있는데, 여러 해 서울에 있느라 성묘하지 못했습니다. 내려가서 성묘하기를 바라므로 아룁니다. 삼가 아룁니다.

〈54〉 선덕 원년(1426) 11월 1일

임금이 특명으로 휴가를 주어 이튿날 길에 올랐다. 붉은 바퀴와 푸른 덮개가 도로와 거리를 가득 메웠다. 열흘 동안 길을 가서 비로소 전당 경계에 도착했다. 전당 태수는 존경의 표시로 쇠뇌와 화살을 짊어진 채 앞장서서 말을 몰았고, 민간의 부녀자와 아이들은 붉은 휘장을 걸어 축하하며 눈을 비비고 광경을 바라보며 감탄하고 부러워했다.

신주를 모신 옛 사우는 황폐해졌고 조상들의 묘소가 희미하게 보였다. 전몽옥은 서글픈 마음을 견디지 못하여 먼저 선영을 찾아가 인사하고 눈물을 몇 움큼 흘렸다. 이어서 묘역을 재정비한 후 각기 묘를 관리하는 노비를 두어 나무꾼과 목동이 들어오지 못하게 지키도록 했다. 친족과 친구를 모두 불러 큰 잔치를 열어 경축하니, 마치 가난했던 유세가 소진(蘇秦)이 크게 성공하여 고향인 낙양으로 돌아오고 송나라 재상 한기(韓琦)가 신하 중 제일이 되어 고향인 상주(相州)로 돌아온 것처럼 금의환향하는 영광이 온 세상에 자랑스럽고 온 고을에 영예로웠다.

수십 일을 머물렀다. 부마 전몽옥은 조정의 중신으로 감히 지방 고을에 마음대로 머무를 수 없다고 여겨 부득이 친지들과 작별했다. 전몽옥의 거취가 어떻게 될지 모르겠다. 다음 권을 보라.

제9권
길안부 역적 국용필이 처형되고 철문동 국씨 여인이 귀화하여 인연을 맺다

전몽옥이 전당에서 서울로 돌아온 뒤 입궐하여 알현하니 임금이 몹시 기뻐하며 노고를 위로했다. 전몽옥이 머리를 조아리고 공손히 사례하며 물러났다. 〈55〉

무신년(1428) 2월, 길안부의 지방 도적 국용필 등이 난리를 일으켰는데 길안부를 다스리는 지부(知府)가 제압하지 못했다. 임금은 즉시 지부를 파직하라고 명하고, 인재를 뽑는 관리인 전관(銓官)에게 벼슬의 고하나 권세의 여부에 구애받지 말고 2품 이상의 벼슬에 있는 관원 가운데 문무를 겸비한 사람을 골라 길안부의 지부 후보자로 추천하라는 글을 내렸다. 이부에서 부마 전몽옥을 추천했다. 비록 아끼는 사람이라 난감했지만 이미 글로 명령을 내린 상황이라 임금이 부득이 낙점했다. 전몽옥이 당일로 감사의 인사를 올리고 하직한 뒤 역마를 타고 길에 올랐다.

부임한 날에 길안부의 문무 관리들을 불러 적의 소굴에 대하여 자세히 물었다. 국용필은 재력과 세력을 가진 길안부의 토호로, 관아에서 50리 거리에 있는 철문동(鐵門洞)이 그의 사유지였다. 국용필은 대대로 철문동에 살면서 금광을 얻어 부자가 되었는데, 재산이 수만이나 되고 남자 노비가 수천 명이었다. 또 사방의 바람 소리로 길흉을 점치는 풍각(風角)과 몸을 감추거나 바꾸는 둔갑(遁甲)의 술법을 알아 어리석은 백성을 유혹하여 죄를 지어 도망한 이를 불러들이고 반역한 이를 받아들이니 그 무리가 4만여 명이었다. 창을 휘두르고 봉을 휘두르는 법을 가르쳐 36개 부대로 나누고, 각 부대를 두령 한 사람이 거느렸다. 국용필은 으뜸인 도두령이 되어 스스로 '천마 장군'이라 부르니, 고을의 절반이 거의 적의 소굴이 되었다. 지부 전몽옥이 듣고서 말했다.

"이 역적은 맹세코 1년을 넘기지 못할 것이다."

이튿날 관아의 정문인 아문(牙門)에 천금의 현상금을 걸고 모집 공고를 내었다.

"재주와 지혜, 용기와 힘이 남보다 뛰어나면서 나를 따르고자 하는 자는 내가 힘을 다해 그와 일하고, 함께 임금님의 조정에 서겠다."

〈56〉 10여 일이 지나자 여덟 명의 옹골찬 사람들이 나타났는데, 흉측하고 거칠어 하나하나 무쇠로 만든 것 같았고 단단한 구리로 주조한 듯했다. 팔뚝에는 천백 근을 들 기력이 있고, 눈동자는 수만 리에 차가운 빛을 쏘았다. 주먹으로 치면 사자도 심장이 떨리고, 다리로 차면 뱀도 간이 떨어질 것 같았다. 거미 같은 배에는 멧돼지 이빨을 매달고, 해오라기 같은 넓적다리에는 표범 가죽 바지를 단단히 둘렀다. 살구 같은 둥근 눈으로 흘겨보고 늘어뜨린 수염을 높이 흔들며 문을 밟고 서서 말했다.

"우리는 지부 상공을 만나 한바탕 한가로운 이야기를 나누고 싶소."

문지기가 놀라서 눈이 떨리고 입을 멍하니 벌리게 되니 어찌 막을 수 있겠는가? 지부 전몽옥이 소란스러운 소리를 듣고 사람을 시켜 알아보게 하고는 즉시 맞아들였다. 전몽옥이 마루에서 내려가 읍하고 윗자리로 이끌어 예를 행한 뒤 말했다.

"저는 견문이 고루하여 선생들을 한 번 만난 적조차 없었습니다. 오늘 외람되게 누추한 거처에 찾아오셨으니 감사한 마음 한량없습니다. 감히 묻건대, 여러 선생의 이름 이외의 별호는 어떻게 됩니까?"

여덟 사람이 대답했다.

"저희는 떳떳하여 어떤 경우에도 이름을 바꾸지 않습니다."

그러고는 첫째는 궉올라(鴌兀羅), 둘째는 동돌몽(佟突瞢), 셋째는 먀모노(乜矛奴), 넷째는 을지요(乙支幺), 다섯째는 신우주(侁于丟), 여섯째는 걸복우(乞伏

咋), 일곱째는 굴돌관(屈突關), 여덟째는 오록사(五鹿唆)라고 했다.

권올라가 일어나 말했다.

"저희는 타고난 성품이 거칠어 세속과 어울리지 못합니다. 그러나 가슴속에 〈57〉
뜨거운 피가 가득하여 말은 깨끗하면서 행동은 더러운 사람이 되는 것이 부끄러웠으나 의지할 것 없이 떠돌아다니며 강호에서 슬피 노래한 지 여러 해가 되었습니다. 만약 우리를 알아준다면 불 속으로 가라고 하면 불 속으로 가고, 물 속으로 가라고 하면 물속으로 갈 것입니다. 근래 그대의 명성이 우레가 귀에 울리는 듯하기에 감히 이렇게 찾아뵌 것입니다. 그러나 반딧불의 빛으로는 사람을 분명하게 비추지 못하는 것처럼 역량이 부족하니 그대는 헤아려 주십시오."

전몽옥이 두 번 절하고 말했다.

"말은 몇 마디 하지 못하고 대화는 한바탕하지 못했으나 오늘 선생들을 만나니 분명 하늘이 눈을 뜬 것같이 밝습니다. 그대들과 형제의 의리를 맺어 같은 날 태어나기는 바라지 못했으나 단지 같은 날 죽기를 바랄 뿐입니다."

여덟 사람이 감읍하고 일어나 초를 꽂는 것처럼 굽혀 여섯 번 절하고는 납작 엎드리며 말했다.

"형님! 우리의 살을 발라내든 목을 베든 마음대로 하십시오."

전몽옥이 말했다.

"나의 머리부터 발끝까지 모두 임금님께서 하사하신 것인데 조금도 보답할 방법이 없었소. 마침 이 땅을 맡았는데 역적 국용필이 하늘을 모르는 큰 죄를 저질러 우리 강토를 어지럽히고 우리 백성을 짓밟았소. 지금이야말로 내가 목숨 바쳐 나라에 보답할 때이나 방법이 허술하고 재주가 부족하여 힘쓸 방법을 몰라 높은 지위에 있는 귀족이 하는 쓸데없는 싸움을 면치 못할 것이오. 현명한 아우들이 어찌 나에게 계책을 가르쳐 주지 않겠소?"

먀모노가 무릎을 꿇고 말했다.

"병법에 군사를 쓸 수 없으면 장수를 적에게 주는 것이요, 무기가 날카롭지 않으면 군사를 적에게 주는 것이라고 했습니다. 지친 군사는 군사가 없는 것과 같고, 둔한 무기는 빈손과 다름없습니다. 삼가 바라건대, 형님은 갑옷 입은 병사를 꼼꼼히 선발하고 무기를 날카롭게 수리하소서."

〈58〉 걸복우가 이어서 응대했다.

"하늘이 주는 기회는 지리적인 우세보다 못하고, 지리적인 우세는 사람들 간의 화합보다 못합니다. 삼가 바라건대, 형님은 먼저 백성의 마음을 얻으십시오."

궉올라 이하가 입을 모아 대답했다.

"저희는 일에 따라 힘을 다하고, 적과 함께 살아가지 않을 것을 맹세합니다."

전몽옥이 말했다.

"삼가 가르침을 받겠소. 참으로 이른바 말을 하면 별과 달이 광채를 잃고, 설파하면 강과 냇물이 거꾸로 흐른다고 하니, 말을 더 해봐야 아무 의미가 없을 듯하오. 내 더 이상 말하지 않겠소."

전몽옥은 또 형초 땅의 용사와 재주가 뛰어난 검객을 모집하여 교사왜(丂俟矮), 독고답(獨孤膌), 구방알(九方空), 울지함(尉遲喊), 감팔팔(闞八八), 당풍거(党風車), 조총이(刁摠肄), 낙울루(駱鬱壘), 가흘박(柯肐膊), 능벽력(凌霹靂) 등 10인을 자기의 지휘를 받는 비장(裨將)으로 삼았다.

이튿날 장군단을 설치하여 회의를 열고 군병을 점검했다. 노약자는 전부 돌려보내고, 나이 16세 이상 40세 이하를 모아 정예병 3천 명을 얻어 푸짐하게 음식을 베풀어 먹이고는 활 쏘고 말 타는 기예를 가르쳤다. 임금이 내려 준 금 40정과 은 80류를 내어 심줄과 뿔로 활을 만드는 근각장(筋角匠)과 동이나 쇠로 무기나 생활용품을 만드는 동철장(銅鐵匠)을 불러 각종 군사 기구를 만들게 하니 아각창(鴉角鎗) 천 자루, 찬풍찬(攢風鑽) 5백 자루, 안령도(鴈翎刀) 만 자루, 장팔모(丈八矛) 3백 자루, 철태궁(鐵胎弓) 천 장, 낭아전(狼牙箭) 4만 개, 화거노(撣車弩) 3백 장, 금초부(金蘸斧) 3백 자루, 개산부(開山斧) 백 자루, 수마편(水磨鞭) 5백 수, 계심추(鷄心鎚) 5백 건이었다. 모든 무기가 정련되어 날카로웠고, 군병은 모두 정예병이었다. 또 읍민을 안정시키고 먼 곳에서 온 사람들을 위로하니, 백성이 안도하고 복종하며 모두 전몽옥을 위해 죽기를 원했다. 〈59〉

이에 전몽옥은 철문동으로 격문을 보내어 10월 3일에 옥곶교[玉串橋]에서 싸우기로 약속했다. 전몽옥은 군진 중앙에 살구색 깃발을 세우고 철총마를 탄 채, 3천 병마를 거느리고 팔문진(八門陣)을 펼쳤다. 점을 치는 것으로 볼 때 그 문(門)은 생(生), 상(傷), 두(杜), 경(景), 사(死), 경(驚), 개(開), 휴(休)이고, 그 신(神)은 봉(蓬), 임(任), 충(冲), 보(甫), 영(英), 금(禽), 예(芮), 주(柱), 심(心)이었다. 『주역』에서 말하는 팔궁(八宮)의 방위가 바로잡히면 숫자가 틀리지 않고 신이 현혹되지 않는다. 그러므로 그 문을 여덟 개 만들어 방위를 정한 것이다. 수레의 가로목은 밖을 막고, 수레 축은 안에 펼쳤으며, 동서남북 네 방위의 사이사이에 풍우(風雨) 자를 붙인 것은 사물을 갖추기 위함이다.

호익진(虎翼陳)의 범은 날개를 펼치고 나아가고, 사반진(蛇蟠陳)의 뱀은 적을 향하여 똬리를 틀었으며, 비룡진(飛龍陳)의 용과 상조진(翔鳥陳)의 새는 위아래로 세를 펼쳐 실제에 다 쓰이게 했다. 적의 눈을 속이기 위해 거짓으로 만든 군사를 설치하여 남은 땅을 굳게 지키고, 유격군에게 뒷줄을 막게 했다. 문이 열린 뒤에야 만나 싸우는데 풀고 당기면 좌측과 우측의 군대가 번갈아 나오고, 앞뒤를 협공하면 여덟 진 가운데 호익진, 사반진, 비룡진, 상조진의 군사가 뒤에서 나와 반드시 굳센 진을 정복하게 하고 깊은 보루를 무너뜨리게 하니 마치 별이 달리고 하늘이 돌며 우레가 치고 산이 부서지는 듯했다.【이는 황제(黃帝)의 신하로 병서 『악기경(握奇經)』을 저술한 풍후(風后)가 남긴 법이며 당나라 재상으로 『풍후팔진도기(風後八陣圖記)』를 저술한 독고급(獨孤及)이 지은 비결이다.】

지부 전몽옥은 대 위에 앉아 세 번 명령하고 다섯 번 거듭 말하며 장수들을 지휘했다. 첫째로 궈올라를 부르며 교사왜에게 호응하여 행동하게 하고, 둘째로 동돌몽을 부르며 독고답에게 호응하여 행동하게 했다. 셋째로 먀모노를 부르며 구방알에게 호응하여 행동하게 하고, 넷째로 을지요를 부르며 조총이에게

호응하여 행동하게 했다. 다섯째로 신우주를 부르며 낙울루에게 호응하여 행
〈60〉 동하게 하고, 여섯째로 걸복우를 부르며 가흘박에게 호응하여 행동하게 했다.
일곱째로 굴돌관을 부르며 능벽력에게 호응하여 행동하게 하고, 여덟째로 오록사를 부르며 울지함에게 호응하여 행동하게 했다. 또 감팔팔과 당풍거를 숨어 있다가 적을 치는 유격장(游擊將)으로 삼아 각기 기병 백여 명을 거느리고 대기하도록 했다. 지부 전몽옥은 봉의 깃으로 꾸민 투구인 봉시회(鳳翅盔)를 쓰고 순은으로 만든 난은갑(爛銀甲)을 입어 전부 무장하고 병영 앞의 깃발 아래 서서 꽃무늬가 있는 화강고(花腔鼓)를 가져다 한 번 쳤다.

국용필은 서른여섯 명의 두령을 이끌고 생선 비늘처럼 빽빽이 포진하고 기러기 날개처럼 나란히 벌여 섰다. 북소리를 듣고는 입속에서 휘파람 소리를 내면서 게의 눈과 학의 머리처럼 그저 앞만 보고 왔다. 그 선봉으로 말하면 제1 부대는 용필의 아우인 웅필(熊弼)이, 제2 부대는 용필의 조카인 승천(承天)이, 제3 부대는 웅필의 딸인 채란(綵蘭)이 이끌었다. 이것이 이른바 국씨 집안의 친위 부대 셋이다. 제6 부대는 무두역(武斗繹), 제8 부대는 단공접(段空接), 제10 부대는 두억신(杜億身), 제11 부대는 당별악(唐鱉惡), 제15 부대는 호도독(胡刀督), 제18 부대는 모란창(毛蘭槍), 제19 부대는 자저비(刺豬飛), 제21 부대는 송골매(宋骨買), 제25 부대는 우격(于格), 제30 부대는 호통(扈通)이 이끌었다. 이것이 이른바 국씨 집안의 무적 부대 열이다.

궉올라가 국용필의 군사를 바라보고 바람 소리를 내며 화살 하나를 진의 최전방에서 쏴서 적과의 거리를 가늠하고 신호로 포를 세 번 쏜 후, 양쪽의 군사가 일제히 움직였다. 칼은 천 리에 눈처럼 희게 깔리고, 깃발은 하늘 전체에 노을처럼 펼쳐졌다. 창을 들고 나와 찌르는 자도 있고, 활과 화살을 들고 나와 쏘는 자도 있었다. 여덟 명의 범같이 용맹한 장수와 열 명의 비장이 번갈아 일어나 채찍과 철퇴를 이리저리 내리쳤다. 메뚜기가 날아가듯 화살을 쏘고 비가 쏟
〈61〉 아지듯 때리며 한나절 동안 실컷 싸웠으나 승부를 결정하지 못했다. 두 번째로

동돌몽을 부르니 불타오르는 기세로 큰 도끼를 휘두르며 적진으로 뛰어들었다. 국용필의 제9 부대 장군 살노자(殺老姿)가 창을 흔들며 나와서 말했다.

"덤벼라, 덤벼! 너를 무서워한다면 대장부도 아니다."

동돌몽이 입가에 우레처럼 고함을 치며, 허둥지둥 곧바로 적의 정수리를 내리칠 큰 도끼 '금초부'와 가슴팍을 찔러 댈 무쇠 창 '혼철창'으로 반나절을 싸웠다. 살노자가 갑자기 말을 돌려 벌판으로 달아났다. 동돌몽이 한창 뒤쫓을 때, 독고답이 마치 우레같이 갑자기 소리치며 나타나 짐승처럼 포효하며 말을 달려 합세하여 함께 살노자를 뒤쫓았다. 국용필의 제4 부대 장군 발각장(跋覺長)이 나와서 살노자를 도와 한참 동안 싸우니, 나는 봉황이 난새를 맞이한 듯 뒤섞여 있었다. 얼마를 더 싸우지 않아 매가 토끼를 잡듯 동돌몽이 살노자를 잡아 육젓으로 만들고 독고답은 발각장을 때려 땅에 눕히고 두 조각으로 베니, 국용필의 군사 두 부대가 남김없이 소탕되었다.

지부 전몽옥이 몹시 기뻐하며 두 사람에게 큰 상을 내리자, 장수들이 이기려고 힘써 기력을 다해 나가 싸웠다. 연달아 아홉 부대를 격파하고 아홉 두령의 목을 베자, 역적 국용필은 군사를 거두어 물러났다. 이틀 뒤 다시 싸웠는데 양쪽 군대가 만나 부딪친 지 얼마 되지 않아 먹구름이 사방에 가득하고 거센 바람이 일어났다. 우레는 불 짐승을 타고 위엄을 부렸으며, 번개는 금빛 뱀 모양을 길게 늘이며 위엄을 떨쳤다. 큰 나무는 뿌리째 뽑히고, 깊은 물결은 땅을 말 정도로 바닥까지 이어졌다. 멧돼지와 사나운 개가 보루로 달려와 진을 부수고 들어오고, 큰 이무기와 사나운 뱀이 하늘을 때리고 땅을 뚫었다. 맹수 산예는 발톱을 휘두르며 움켜잡고, 사자는 머리를 흔들며 깨물었다. 길안부의 진 모서리가 하나하나 쓰러지니, 장수들이 놀라 혼이 몸에 붙어 있지 못했다.

지부 전몽옥이 말했다.

"내가 들으니 역적 국용필은 둔갑술을 조금 알아 비바람을 부를 수 있다고는 하나, 이는 분명 보잘것없는 요술이오. 나는 예전에 자미노인을 만나 육정육갑

(六丁六甲) 신장에 관한 비결을 받았으니, 오늘 이 술법을 써서 도리어 보잘것없는 자들을 고생하게 만들겠소."

〈62〉 이에 학창의(鶴氅衣)를 입고 군사를 지휘하는 장대에 올라 칠성기를 흔들며 공중을 향해 중얼중얼 주문을 외우더니 하늘의 천강성(天罡星)과 북두성(北斗星) 자리에 맞춰 걸으며 기도했다. 잠시 후 바람이 불고 우렛소리가 들리더니 각종 사나운 짐승이 모두 국용필의 진을 향해 달려갔다. 역적 국용필은 막을 방법이 없어 졸개들이 태반이나 흩어지고 죽었다.

전몽옥이 말했다.

"조정의 군사는 올바른 도로 적을 굴복시켜야 하오. 굳이 요술로 흉악한 자를 제거할 필요는 없지만 단지 신명을 보인 것일 뿐이오."

다시 북두성을 향해 중얼중얼 주문을 외우니 잠깐 사이에 바람과 우렛소리가 그치고 흉악한 짐승의 자취가 없어졌다. 장수들이 모두 신기하고 훌륭하다고 칭찬했다. 국용필의 군사는 더 이상 싸우지 못하고 사흘 동안 진문을 닫은 채 조용하여 소식이 없었다. 전몽옥이 장수들을 불러 계책을 물었다.

"적의 계책은 헤아리기 어렵소. 저들은 장차 우리가 대비하지 않을 때를 엿보아 속임수를 쓸 것이니 그대들은 각별하게 준비하여 변화에 대응하시오."

걸복우가 나아 와 말했다.

"저놈의 간사한 계책은 오록 땅의 고개에 군사를 숨기고 우리를 경내로 유인하는 것에 불과합니다. 소장이 선봉이 되어 오록 고개로 가서 복병이 갑자기 나오는 것을 막으면 장수들이 저들의 경내로 뛰어들어 저 역적들과 육박전을 벌여 적의 소굴을 소탕할 수 있을 것입니다. 이 또한 상대방의 계략을 역이용하는 방법입니다."

을지요가 말했다.

"저 역적들이 있는 곳은 초목이 무성하고 갈대가 빽빽합니다. 지금 가을 서리를 맞아 시들었으니 화공(火攻)을 하기에 참으로 합당합니다. 소장은 화공에 필요한 도구를 준비해서 진 뒤쪽에서 응대하겠습니다.”

굴돌관이 나아 와 말했다.

“철문동 뒤에 은광이 있는데 그곳에 수천 군사를 숨길 수 있습니다. 소장이 한 무리를 이끌고 산의 움푹한 곳에 숨어 있다가 양군이 접전할 때 뛰어 나오겠습니다. 저들은 형세가 나뉘어 힘을 잃을 것이니, 적을 이기는 방도가 될 것입 〈63〉
니다.”

그리하여 장수들이 각기 장소를 맡고 각기 은밀한 지휘를 받았다. 이리이리 여차여차 분배가 정해질 무렵, 국용필의 병영에서 격문을 보내 내일 싸우기를 청하기에 암호를 정했다.

이튿날 새벽, 만나 싸운 지 한참이 지나자 국용필의 군사가 패배한 척하고 달아났다. 걸복우가 수백 명 기마병을 이끌고 말을 달려 뒤쫓다가 오록 고개 위에 이르자 머무른 채 나아가지 않았다. 단공접이 한 무리의 군마를 거느리고 산골짜기 사이에서 고함을 지르며 나왔다. 걸복우와 가흘박이 단공접과 무기를 맞대고 싸울 때, 궈올라는 수천 군사를 거느리고 국용필의 군사를 뒤쫓아 이미 철문동 입구로 들어갔다. 한참 동안 힘껏 싸우니 국용필의 군사가 불리해지자 한 무리 병사가 철문동 뒤 은광에서 큰 소리를 지르며 나왔다. 바로 길안부 병영의 제7 부대 장군 굴돌관이었다. 좌충우돌하며 동쪽 서쪽으로 치니, 국용필의 군사는 견디지 못하고 물러나 보루로 들어가려 하는데 홀연 진 뒤쪽에서 휘파람 소리가 들리더니 큰불이 일어났다. 유황과 염초가 비처럼 쏟아지고 바람이 한 번 불자 화르륵 딱딱 거세게 불이 일어났다. 잠시 후 온 하늘에 갈대와 수목이 불타고, 연달아 보루와 병영까지 태워 화염이 하늘에 가득했다. 국용필의 군사는 대패했다. 여섯 두령을 사로잡아 우격과 호통을 베어 죽였다. 잠시 후 두 명의 두령이 연기와 불을 무릅쓰고 죽기를 각오하고 뛰어 나와 곧장 전몽옥 앞으로 향했다. 바로 웅필과 채란이었다. 채란이 말 위에서 칼을 휘두르니 온몸이 배꽃 같았으며, 온통 바람 속에 나는 나비 같았는데 활을 쏘아도 화살이 들

〈64〉 어가지 않고, 창으로 찔러도 창날이 들어가지 않았다. 전몽옥이 보니 몹시 날렵하고 늘씬하여 아름답기가 봄의 난초가 푸른 잎을 토하는 듯하고, 어여쁘기가 가을 연꽃이 붉은빛을 머금은 듯했다. 전몽옥이 큰 소리로 외쳤다.

"예의 없는 저 낭자는 어찌하여 반역한 네 아버지를 따라 임금님께서 임명한 관리를 해치려 하는가?"

채란이 말했다.

"소녀는 하늘이 높고 임금이 신령하다는 것을 모르지 않으나 아버지의 명은 따르지 않을 수 없습니다. 소녀의 본뜻이 아닙니다."

한창 소란할 때 장수들이 말을 달려 사방에서 모여 힘껏 우두머리 장군 전몽옥을 구하고자 했다. 웅필은 감히 다가갈 수 없어 공중제비를 넘어 달아났다. 채란이 한창 포위 속에 있는데, 전몽옥이 장수들에게 그녀를 다치게 하지 말고 그저 산 채로 잡으라고 명했다. 전몽옥이 소리쳤다.

"낭자! 그대는 이미 이 속에 들어왔으니 달아날 길이 없소. 속히 귀순한다면 그대를 화려한 집에 살게 할 것이오."

채란이 대답했다.

"만약 부친의 목숨을 살려 준다면 살아서는 목숨을 바치고 죽어서는 결초보은할 것입니다. 감히 그대를 모시라는 명령을 따르지 않을 수 있겠습니까?"

전몽옥이 말했다.

"이는 어렵지 않소. 그대가 지금 그대의 아버지를 타일러 함께 귀순한다면 나는 그대의 얼굴을 보아 모두 편히 살도록 할 것이오."

채란이 글을 써서 약속하고 자기 아버지의 병영에 화살을 쏘아 보냈다. 웅필이 즉시 수하의 기마병 백여 명을 이끌고 와서 항복했다.

이보다 앞서 채란이 꿈에서 여신 구천현녀(九天玄女)를 만난 적이 있는데, 현녀가 말했다.

"그대는 부마 전몽옥과 붉은 끈으로 맺어진 인연이 있으니 속히 귀순하여 부귀의 즐거움을 누리어라."

그러므로 채란이 국용필에게 귀순하라는 뜻으로 설득했다. 국용필이 듣지 않자, 아버지 웅필과 함께 진을 빠져나와 곧장 전몽옥 앞으로 갔다. 부친을 살 〈65〉
리고자 한 것이다. 일부러 충돌하여 마침내 부녀가 모두 살았으니, 충성과 효도를 모두 보전했다고 하겠다.

국용필은 이미 두 친위부대를 잃었고 열여덟 명의 두령이 꺾였다. 당나귀가 처음에 울음소리로 호랑이를 놀라게 한 것 같은 사람을 현혹하는 재주는 이미 다했고, 개가 사냥감을 잡기 위해 굴 앞에 숨어 있는 것 같은 복병의 계책도 이미 실패했다. 뜨거운 냄비 위의 개미처럼 달아날 길이 없고, 머리를 긁어도 가려운 곳을 모르는 것처럼 그저 괴로이 소리칠 뿐이었다. 얼마 지나지 않아 겨우 길 하나를 열고 그저 옥곶교의 한 줄기 연기를 바라보며 달렸다. 감팔팔, 당풍거, 신우주, 오록산 등이 말을 달려 뒤쫓았다. 적장 무두역, 두억신, 당별악, 모란창 등이 죽기를 각오하고 힘껏 싸우다가 옥곶교 남쪽에서 만났다. 한 사람은 거령신(巨靈神)처럼 분노하며 큰 도끼를 휘둘러 산 뿌리를 부수고, 한 사람은 화광장처럼 성을 내며 쇠 창을 짚고 기대어 땅을 쪼갰다. 한 사람은 두 눈을 번쩍 부릅뜨고 휘휘 도끼를 비스듬히 휘두르고, 한 사람은 뿌드득 이를 갈며 화염이 일어나듯 창을 휘둘렀다. 싸운 지 오래 지나지 않아 무두역은 신우주에게 찔려 땅에 쓰러지고, 두억신은 오록산에게 베여 두 동강이 났으며, 당별악과 모란창 두 두령은 사로잡혔다. 감팔팔, 당풍거 두 장수는 곧장 다리 남쪽으로 달려 국용필을 바라보며 빠르게 뒤쫓았다. 일찌감치 길안부의 복병 낙울루에게 가로막힌 역적 국용필은 말을 넘어뜨리기 위해 설치한 줄인 반마삭(絆馬索)에 걸려 쓰러졌다. 말이 땅에 거꾸러지면서 역적 국용필은 두 발이 하늘을 향하며 떨어졌다. 겨우 힘을 다해 일어났을 때, 감팔팔과 당풍거 두 장수가 창을 휘두르고 큰 소리를 지르며 나아갔다. 〈66〉

"이 오랑캐 같은 도적아! 네가 어디로 달아나겠느냐? 오늘 너의 목숨을 빨리 가져가겠다.”

마치 금빛 갑옷을 입은 천신이 손에 악마를 잡는 항마보저(降魔寶杵)를 잡고 허공에서부터 곧장 머리를 향해 내리치듯이, 단 한 번의 창질에 태산 같은 몸이 무너져 땅에 쓰러졌다. 즉시 쇠줄로 묶고 말 위에 실어 춤추며 돌아왔다. 단공접은 걸복우에게 붙잡히고, 승천은 궉올라에게 붙잡혔으며, 호도독, 자저비, 송골매 등은 동돌몽, 먀모노, 을지요 등에게 붙잡혔다. 일시에 소굴을 전부 소탕하니, 온 마을 관아에서 개선가를 부르고 춤을 추었다. 그날부터 하늘과 땅이 밝아지고 온화한 기운이 성에 가득 찼다.

전몽옥은 장막과 의자를 설치하고 앉은 채로 장수들이 바치는 포로의 잘린 왼쪽 귀를 받았다. 당 태종이 유무주(劉武周)를 격파하고 지은 파진악(破陣樂)을 연주하자 서른여섯 바퀴의 춤추는 무리가 일제히 서고, 스무 명의 악공이 뒤섞여서 나왔다. 노래는 〈하성조(賀聖朝)〉, 〈감황은(感皇恩)〉이니 태평의 음악이고, 춤은 〈탈곤륜(奪崑崙)〉, 〈입자새(入紫塞)〉이니 공로를 칭송하는 곡이다. 전몽옥은 임금이 있는 북쪽을 향하여 네 번 절하고 만세를 불렀다. 이에 승리를 알리는 문서인 노포(露布)를 갖추고 적의 머리를 조정에 바쳤다.

> 삼가 아룁니다. 어진 이에게는 맞설 자가 없으니 먼 고을에서 임금님의 영령에 기대었습니다. 적은 평정할 정도도 못 되어 군 통수권의 권한으로 하늘이 내린 벌을 완수했습니다. 군막에서 용맹한 군사를 거느리고 저 무리를 쫓았습니다. 용과 뱀의 무리를 어린아이 같은 백성으로 변화시키고 그 우두머리를 섬멸했습니다. 임금님의 마음은 살리기를 좋아하시기에 본디 너그러움과 엄격함을 각기 적절하게 하고, 백성의 마음은 순종을 본받아 요사한 기운이 깨끗이
> 〈67〉 없어짐을 기뻐하니, 파죽지세로 적을 격파한 날, 비단을 걸고 나아갔습니다.
>
> 삼가 생각건대, 우리 명나라 임금님인 선덕 성인께서는 제후국 한왕(漢王) 주고후(朱高煦)를 복종시킴에 재상 원길(原吉)의 무기를 거두어 전쟁을 그치게

하는 방책을 사용했고, 평진(平鎭)에서 여리(黎利)를 토벌함에 회유를 거부하고 술잔을 던져버린 하충(何忠)의 충성을 정표(旌表)했습니다. 이에 가까이는 한 고조가 백등(白登)에서 흉노를 정벌하다가 포위된 것 같은 근심이 없었고, 멀리는 당나라 때 주차(朱泚)가 반란을 일으켰던 것 같은 난리가 없었는데, 애통하게도 도적이 갑자기 나타나 방자하게 큰 나라를 원수로 여겼습니다. 도적들이 장난을 쳤으니 순임금 때 교화를 거역하고 반란을 일으킨 묘족(苗族)과 무엇이 다르겠으며, 연 심은 논에서 농기구를 휘둘렀으니 주나라 문왕 때 공손하지 않았던 밀인(密人)과 거의 같습니다. 대개 사람이 많이 모이면서 혼란의 싹이 터서 마침내 요사한 자가 일어나 꼬리를 흔들어 시정의 무뢰배를 몰아 생업에 종사하는 백성의 땅을 침범했습니다. 저는 작은 도적이 반드시 망하고 귀신과 사람이 모두 분노할 줄 알았으니, 누가 이곳에 살면서 도적질할 수 있겠습니까?

임금님께서 '아!' 하시더니 신을 번진의 난을 제압한 당나라의 병부상서 마수(馬燧)와 같은 신료라 하시고, 신에게 토호의 폐해를 잘 다스린 당나라 때의 영천 태수(穎川太守) 조광한(趙廣漢)과 같은 임무를 맡기셨습니다. 이에 변방 고을의 수령이 되어 외방의 장군으로 역적을 잡는 공로를 행했습니다. 혁혁하고 높은 엄격함으로 위로는 진노하신 임금님의 위업을 받들고, 정정당당한 진에는 아래로 날뛰는 졸병을 두었습니다. 장교들이 깃발을 들고 다투어 성곽에 오르니, 전군이 말에 올라 용맹을 떨쳤습니다. 남아는 전쟁에서 죽어 시신을 가죽에 싸서 돌아와야 한다는 하나라 장군 마원(馬援)의 소원을 품고 호랑이 굴을 찾아 끝까지 가기로 맹세하며, 진나라 장군 조적이 출전하면서 뱃전을 치며 평정하지 못하면 다시는 이 강을 건너지 않겠다며 노래한 마음을 떨쳤으니, 그가 닭 우는 소리를 듣고 일어나 길조라며 춤추던 마음을 감당해냅니다. 〈68〉

이에 곰과 범 같은 군사를 몰아 어미를 잡아 먹는 올빼미와 아비를 잡아 먹는 파경과 같은 흉악한 무리를 마주했습니다. 임금의 교화로 말하자면 두 섬

돌 사이에서 춤을 추자 묘족이 70일 만에 귀순한 순임금과 같았고, 전쟁에서의 공로로 말하자면, 오랑캐를 평정하며 한 달에 세 번 승리하겠다고 한 주나라 선왕과 같습니다. 짐승들의 요망한 술법을 미리 꺾자 하늘이 마음을 달래주었고, 오록 고개의 복병을 앞서 막으니, 장수들이 명을 따랐습니다. 개돼지 같은 자들이 겉으로나마 바뀌니 맑은 하늘에 싸우는 소리가 없고, 고래 같은 도적이 죽임을 당하니 길한 날에 무공을 세웠습니다. 금계(金鷄) 울음에 꿈을 깨어 날이 새기도 전에 옷을 입고, 해가 진 뒤에야 저녁을 먹을 정도로 부지런히 정사를 보는 노고에서 다소 쉬게 되었고, 옥룡과 실컷 싸우고는 상한 비늘과 해진 갑옷을 너도나도 보았습니다. 처음에는 반란이 언제 평정될까 했는데, 지금은 승전보를 올려 대낮같이 밝습니다.

임금이 몹시 기뻐하며 조원전(朝元殿)에 나아가 하례를 받고 장군들에게 차등 있게 상을 내리고 전몽옥을 이부 상서로 승진시켰다. 개선하여 종묘에 고하고 술을 마시며 경축하는 날에 임금이 직접 춘명문 밖에서 맞이하고 몹시 총애했다. 귀비 이하 임금의 친척과 외척이 모두 기뻐 경하하고 위로하며 맞이했다.

얼마 후 사헌부의 관리가 아뢰었다.

"『예기』에서는 '역적 집안의 자식과는 혼인하지 않는다.'라고 했습니다. 지금 전몽옥이 역적 국용필의 조카딸과 혼인하여 예모를 크게 잃었습니다. 또 부마가 어찌 감히 마음대로 첩을 둘 수 있겠습니까? 전몽옥의 품계를 낮추고 국씨 여인을 유배하여 조정의 기강을 엄숙히 하소서."

임금은 비록 그 상소를 그만두게 했으나 부마가 듣고는 황송하여 즉시 국채란을 민가로 돌려보냈다. 국채란은 원통함을 견디지 못하여 손가락을 깨물어 나오는 피로 글을 써서 나라에 올렸다.

〈69〉 길안부의 역적 무리에서 귀화한 여인 국채란【수결, 즉 자필로 쓴 신분을 나타내는 부호】은 다음과 같이 아룁니다.

신은 본디 역적 국용필의 조카딸로 어리석게도 하늘이 높고 임금님께서 신령한 줄 모르고 감히 임금님의 군대에 저항했습니다. 비록 역적 숙부의 다그침을 받는 바람에 스스로 양심을 지킬 수 없었다고 해도 그 죄를 벌준다면 뼈가 가루가 되고 몸이 문드러진다 해도 그 죄를 징계하기에는 족하지 않습니다. 다행히 임금님의 명을 받은 관리의 관대함과 인자함에 힘입어 이 개미 같은 목숨이 천지 사이에서 용납되었습니다. 이는 모두 임금님의 은혜 덕택입니다. 백성이 생긴 이래로 나라의 은혜를 입은 자 중에 신처럼 유난히 후하게 받은 사람은 없을 것입니다. 신의 머리카락을 뽑아 만분의 일이라도 임금님의 덕에 보답하고 싶지만 산보다 높고 바다보다 깊어 갚을 방법을 모르겠습니다. 그러므로 임금님께 보고하는 사람에게나마 보답하고자 스스로 규방에 의탁한 것입니다. 외람되이 속인 죄를 다스린다면 변명하기 어렵다는 것을 스스로 잘 알고 있었는데, 과연 공론을 피하기 어려워 사헌부 신하가 글을 올려 신의 죄가 부마의 몸에까지 미치고 말았습니다. 부마는 비로소 잘못을 깨닫고 신을 민가로 보내어 감히 다시 가까이하지 않고 방에 거적을 깔고 앉은 채 임금님의 처분을 기다리고 있습니다. 신은 비록 만 번 죽더라도 영광이어서 불쌍히 여길 것 없지만, 부마는 어찌 원통하고 애석하지 않겠습니까?

다만 삼가 생각건대, 외롭고 불안한 처지인 신은 형벌을 받고 죽은 혼령이 되지 않고 잠시나마 천하에 서게 되어, 위로는 임금님이 있고 아래로는 남편이 〈70〉 있습니다. 스스로 눈을 감고 죽음으로 나아가야 하지만, 아녀자의 얕은 생각으로 또 감히 만에 하나의 은혜를 바랍니다. 예전에 물든 악행을 용서하고 다시 빗자루와 쓰레받기를 받드는 부마의 여종으로 삼았으니, 신은 죽는 날이 오히려 태어난 해가 되었습니다. 시종일관 곡진히 보전해 주는 은혜가 어떠하겠습니까? 이에 감히 만 번 죽기를 무릅쓰고 피눈물을 흘리며 하늘 같은 임금님께 호소하며, 특별히 성은을 입기를 바랍니다. 이러한 이유로 삼가 아룁니다.

무신년(1428) 12월 3일, 신 국채란 【수결】

임금이 보고서 그 뜻을 불쌍하게 여겼다. 국채란에게 나라에서 내리는 은혜가 어떻게 될까? 다음 권을 보라.

제10권

계 소저는 살아 규방으로 돌아오고
노화참은 구름다리를 솜씨 있게 만들다

임금이 부마 전몽옥에게 국채란을 불러오라 명했다. 임금이 국채란에게 군부인의 직위를 더해 주어 부마의 잉첩 반열에 있게 하고 전몽옥에게는 왕세자를 가르치는 춘방학사를 겸하게 하여 국정을 맡기려 했다. 그러자 전몽옥이 굳게 사양하는 상소를 올렸다.

"신이 궁궐을 부탁받아 맡고 조정에도 참여한다면 단지 신의 몸에 재앙이 옮 〈71〉
겨질 뿐 아니라 천하의 사람들이 모두 '임금이 천하를 사적으로 다스린다.'라고
할 것입니다. 임금님의 덕에 손실이 없을 수가 있겠습니까?"

임금이 기특하게 여겼다. 전몽옥이 그날로 글을 올려 상서의 직책에서 해임해 주기를 비니 임금이 특별히 명하여 다른 사람으로 직책을 바꾸는 것을 허락했다. 다만 춘방의 관직은 유지하고 닷새에 한 번 조회에 나오게 했다.

하루는 어떤 꽃 파는 여인이 각종 조화를 손에 들고 와서 소녕궁으로 들어왔다. 대궐 안의 계집종들은 금포도·수파련·당모란·왜수단 등 한 가지씩 다투어 사서 옹주에게 바쳤다. 보자니 매우 기묘하여 진짜인지 가짜인지 구분하기 어려웠다. 옹주가 즉시 명하여 불러 보니, 꽃 파는 낭자는 더러운 의복을 입었고 비틀어진 신을 신었으며 씻지 않아 얼굴에는 때가 끼었고 잠깐 감춘 근심은 눈썹에 걸려 있었다. 마치 비 온 뒤의 꽃처럼 어쩔 줄 몰라 했고 구름 속의 달처럼 선명하지 않아 비록 참모습이 모두 드러나지는 않았지만 그래도 사람을 감동케 하는 정은 있었다. 옹주가 아름답고 총명함을 아껴서 한참 동안 이야기를 나누었다. 옹주는 본디 음률을 좋아했다. 마침내 대화가 음률에 미치자, 꽃 파는 낭

자가 세세히 품평하는데 말이 마치 옥 조각 같았다. 옹주가 곧장 거문고를 잡고서 연주하라 명했다. 꽃 파는 낭자가 겸손히 사양하다가 어쩔 수 없이 마침내 한두 곡을 연주하니, 구슬프고 절절하여 모르는 사이에 슬픔으로 넋이 나가게 했다. 옹주가 듣다가 정색하고 손을 내밀어 멈추게 하고는 말했다.

"낭자는 얼마나 슬프고 원통한 일이 있기에 손가락 끝에서 나타나는 것인가? 그 이야기를 듣고 싶네."

꽃 파는 낭자가 얼굴빛을 단정히 하고 꿇어앉으며 말했다.

〈72〉 "귀하신 옹주마마께서 이미 소녀의 마음속을 간파하셨으니, 소녀가 감히 원통한 마음을 모두 아뢰지 않을 수 있겠습니까? 소녀는 옛날에 지나가던 나리와 인연을 맺어 겨우 하룻밤 얼굴을 접했는데 마침 도적의 난동을 맞닥뜨려 목숨을 보전하느라 서둘러 도망했습니다. 그 바람에 나리가 가신 곳을 알지 못한 채 길에서 갈팡질팡했습니다. 이별할 때 쪼개어 나누어 가진 거울은 성도에서 합하기 어려워졌고, 견우와 직녀가 만날 수 있도록 은하에 다리 만드는 일도 기약이 없어져 지극한 원통함이 가슴에 가득 차게 되었습니다. 그런 연유로 손끝의 연주에서 저절로 표현되었을 뿐입니다."

옹주가 그 말을 듣고 슬퍼하며 불쌍히 여기다가 웃으며 낭자를 달랬다.

"내 마땅히 낭자의 거처를 위하여 상서의 규방에 소개하겠소. 낭자는 기꺼이 나와 같은 반열에 있어 주겠소?"

계 소저는 마음으로 매우 감복했으나 함부로 말투에 나타내지 못하고 겸손히 사양하며 말했다.

"저는 거리에서 지내 온 터라 대단히 천하고 누추합니다. 감히 옹주마마께 같은 부인으로 화목하게 지내는 은택을 바랄 수 있겠습니까?"

옹주가 바로 비단과 연분을 주어 머리 감아 기름 바르고 옷을 단정히 입게 하여 동방에 거처하게 하고는, 드디어 부마 전몽옥을 청하여 들어가서는 말했다.

"대감께서는 근래 국채란 낭자의 일 때문에 조심하시느라 반드시 여색을 경계하는 마음이 있으실 것입니다. 이는 실로 장부의 풍류에 흠이 됩니다."

전몽옥이 말했다.

"옹주는 무엇 때문에 이런 말을 하는 겁니까?"

옹주가 말했다.

"제가 대감을 위해 중매를 하려고 합니다. 대감의 뜻은 어떠하신지요?"

전몽옥이 말했다.

"옹주는 이 천한 남편을 대간이 거듭 탄핵하게 하려는 것이오?"

옹주가 빙그레 한 번 웃고는 마침내 꽃 파는 낭자를 불러 전몽옥에게 보여 주었다. 전몽옥이 얼핏 한번 보고서 미처 알아채지 못하자 계 소저가 눈물을 뚝뚝 흘리며 말했다.

"제가 오늘에야 나리의 존귀한 얼굴을 다시 뵈니 죽어도 여한이 없습니다." 〈73〉

전몽옥이 괴이하게 여겨 의문스러워하자 계 소저가 말했다.

"나리께서는 이화동의 계경화를 잊으셨습니까?"

전몽옥이 알아차리고 무척이나 놀라며 말했다.

"낭자가 어찌하여 여기까지 이르렀소?"

계 소저가 '흑흑' 소리를 급히 억누르고 한참 만에 눈물을 거두고는 말했다.

"제가 이화동에서 난리를 만난 뒤 남장한 채 붙잡혀서 양산박의 도적 소굴에 있었습니다. 몇 달이 되어도 도적의 괴수는 제가 여자인 줄을 몰랐습니다. 괴수가 말 잘하는 저를 아껴서 문지기로 삼았기에 요행히 강포한 능욕은 면했습니다. 어찌나 다행인지 도적들의 이합집산이 무상하여 하루아침에 흩어져 버렸기에 제가 비로소 벗어날 수 있었습니다. 부모님은 벌써 해를 입어 제 한 몸만 쓸쓸히 홀로 남았으니, 실낱같은 목숨을 스스로 끊어 길가의 흙이 되고 싶었습니다. 그러나 그저 나리를 뵙고 뱃속 가득한 피맺힌 원한을 한번 토해 내고 죽고 싶었기에 구차하게 삶을 도모하느라 소실산(少室山) 아래에 있는 칠진관(七眞觀)에 몸을 맡겨 여도사가 되었습니다. 아침저녁으로 도를 강론하며 금강불 앞에서 발원했으나 끝내 나리의 소식을 듣지 못했습니다. 칠진관에는 위연사라는 이가 있었으니, 바로 저의 여스승입니다. 하루는 여러 곳을 돌아다니며 수행하는 스님인 운유가 양주 지역에서 돌아와 강남의 기이한 소문을 전해 주었습니다. 전당 사람 전 수재라는 이가 있는데, 두씨 과부의 사건으로 투옥되었다가 곧 풀려나 양주 지역에 유배되었는데, 강남에서 첫째가는 인물이라 일컬어진다고 했습니다. 그러므로 저는 마음속으로 나리인 줄 알았으나 길이 너무 멀어 결
〈74〉 단하여 떠날 방법이 없어 남쪽 구름을 향하여 울기만 하느라 여린 속 마디마디가 재가 되었습니다. 지난해 봄여름 사이, 길안부에서 피란 온 사대부 여성들이 소실산 속으로 많이 들어왔습니다. 제가 길안부의 도적 토벌의 일을 물어보니 '길안부 수령 전 부마가 바야흐로 군사작전을 계획하고 있으니 조만간 평정될 것이다. 그리고 전 부마는 전당 사람 전 아무개이다.'라고 답했습니다. 저는 그 말을 들은 날 꿈에서 깬 듯하여 비로소 나리가 커다란 고난을 다 겪어 내고 이미 높은 벼슬에 올랐고 아울러 부마의 귀한 자리에 이르렀음을 알았습니다. 그러나 어지러이 나부끼는 꽃의 신세라 한자리에 붙어 있을 수 없음을 스스로 슬퍼하며 단지 나리가 개선가를 부르실 날만 기다렸다가 기어서라도 문에 이르러 나리의 풍모를 다시 접하기만 하면 죽어도 영광이었으니, 어찌 감히 옹주마마께서 아랫사람에게 생각이 미치시어 저를 나리께 시중드는 반열에 넣어 줄 것을 바랐겠습니까?"

전몽옥이 옛일을 생각하고는 서글프게 눈물을 흘리며 정신이 나간 듯 꿈을 꾸는 듯 마음을 가누지 못했다. 옹주가 듣고 더욱 측은해하며 말했다.

"낭자야말로 여자 중의 의사입니다. 지난번에 숨겨서 드러내지 않은 것은 내가 질투할까 걱정되어 그런 것이오?"

계 소저가 재배하며 사죄했다.

"제가 죽을죄를, 죽을죄를 지었습니다. 지난번에는 어긋난 행동으로 그저 옹주마마께 죄를 얻을까 걱정되어 우물쭈물 드러내지 못했다가, 나리의 모습을

뵙자, 안개 속에 떨어진 듯 천지 분간을 못하고 저절로 원통한 마음을 토로하고 말았습니다. 죄 위에 죄를 더했으니, 저의 목숨은 옹주마마께 달려 있습니다. 마마께서 죽이든 살리든 하실 수 있습니다."

옹주가 웃으며 너그럽게 대했다.

"낭자는 나를 걱정하지 말고 나리의 시중이나 잘 받드세요." 〈75〉

그러고는 마침내 동쪽 방과 서쪽 방을 만들어, 각각 국채란과 계경화 두 낭자를 거처하게 했다.

임자년 봄, 임금이 직접 제목을 적어 〈의란조(猗蘭操)〉와 〈초은조(招隱操)〉와 〈직부사(織婦詞)〉를 내고는 곁에 있는 신하들에게 번갈아 글을 지어 제출하게 했다. 임금이 친히 〈의란조〉를 지었다.

> 으슥한 골짜기에 난초가 피어
> 그 꽃향기 아름답네.
> 어진 사람이 초야에 묻혀 있어
> 그 도가 빛나고 있네.
> 아! 난초는 무성하지만,
> 뭇 풀들과 섞여 있구나.
> 아아! 어진 사람이여!
> 너는 나를 보좌하여라.

전몽옥이 화답으로 지어 임금에게 바쳤다.

> 난초가 볕 드는 골짜기에 피어
> 그 꽃향기 퍼지네.
> 어진 사람이 태평성대를 만나

그 빛을 드날리네.
아! 난초는 곧아서
쑥 덤불과 섞인 것을 수치로 여기네.
아아! 성스러운 군주여!
덕이 없으니 어찌 보좌할까?

임금이 잘했다고 칭찬했다.

그 뒤 을묘년 정월에 임금이 죽고 세자가 등극하니, 바로 영종(英宗)이다. 이듬해 병진년에 연호를 정통(正統)으로 고쳤다. 전몽옥이 계해년에는 「호자야야(鬍子爺爺)의 그림에 붙이는 찬(贊)」을 지었다. 호자야야는 소주 사람 진일(陳鎰)인데, 전몽옥은 그와 잘 지냈다. 진일은 섬서성을 10년간 다스렸는데, 백성들이 그의 아름다운 수염을 좋아하여 호자야야라고 불렀다. 그가 죽자 백성들이 그의 초상을 그려 신처럼 섬겼다. 이에 찬을 지었다.

〈76〉 이제 꽃을 거울 표면에 놓으면 거울 속의 꽃이 가짜임을 분별하기 어렵다. 이제 달이 물 위로 비치면 물속의 달이 환영임을 구분하지 못한다. 그러나 거울 속의 꽃은 향기가 없고 물속의 달은 광채가 없으니, 이것은 무슨 까닭인가? 비록 조물주의 신묘한 재주로도 조짐이 없는 본래의 경지를 베껴 낼 수는 없다. 하물며 이 7할을 비슷하게 만들어 내는 솜씨라고 해도 어찌 사람을 똑같이 그릴 수 있겠는가? 진 공과 오랜 친분이 있는 나는 그의 용모와 행동을 익히 안다. 8척의 신장, 일곱 아름이나 되는 덩치, 희고 훤한 얼굴, 맑고 밝은 눈에 눈썹은 성글고 이마는 넓다. 턱 위 뺨 아래에 수염이 드리워져 아름답고 길며 희끗희끗하다. 근래 섬서성 백성 중에 공의 참모습을 본떠 그려 가진 이가 있었다. 내가 그 초상을 보니 신장이 8척이요 덩치가 일곱 아름이며, 얼굴은 희고 훤했고, 눈은 맑고 밝았으며, 눈썹은 과연 성글었고, 이마는 과연 넓었으

며, 턱 위 뺨 아래에는 과연 수염이 드리워져 아름답고도 길며 희끗희끗하여
공의 모습과 그다지 차이가 나지 않았다. 그래서 진짜 공이 아닌 줄을 알지 못
하고 흐뭇해했다. 대해 보니 평소와 같았지만 유독 괴이하게도 말을 붙여도 답
하지 않고 농을 걸어도 웃지 않은 채 조심스럽고 묵묵히 있어 이전에 친하게
대하던 모습이 조금도 없었다. 가까이 가서 어루만져 보니 고요한 한 폭의 비 〈77〉
단이었다. 그제야 그저 훌륭한 장인이 베껴 그린 빈껍데기인 줄을 알게 될 따
름이었다. 담소하고 움직이는 순간에 이르러서는 털끝만큼도 비슷하거나 닮지
못했으니, 하물며 고요하고 공허한 가운데 있는 한 조각 마음에 있어서랴! 이
것이야말로 북송의 화가 이공린(李公麟)이나 동진의 화가 고개지(顧愷之)라도
붓을 내려놓고 죽을 때까지 그릴 수 없는 것이다.

그러한즉, 공의 모습은 그렸으되 공의 마음을 그리지 못했으니, 공의 장점을 볼 수가 없다. 이것은 거울 속의 꽃이 향기가 없고 물속의 달이 광채가 없는 것과 같은데 다시 무엇으로 닮아 보이게 한 것인가? 그의 아름다운 수염으로 그렇게 한 것이다. 그러므로 그를 호자야라고 부르는 것이다. 그렇게 부르는 이는 누구인가? 섬서성 백성이다. 마침내 다음과 같이 찬을 짓는다.

"어쩌면 그리도 훤하고 어쩌면 그리도 긴지! 봄바람 같은 그 얼굴과 가을 물 같은 그 정신이여! 공이 처음 태어날 때는 신령한 존재가 상서로움을 알렸고, 공이 세상에 처할 때는 많은 백성이 칭송했지. 그 문호가 번성함은 공이 훌륭해서가 아니랴? 이 백성을 평안하게 하여 따르게 한 것은 공의 능력이 아니었겠는가? 공의 마음 씀씀이는 단청처럼 빛이 나니, 공의 모습 바라보면 누가 사랑하고 공경하지 않겠는가?"

세월이 훌쩍 흘러 부마 전몽옥은 나이가 마흔에 가까웠다. 두 임금을 대대로 섬겼고, 공로가 이미 지극하여 정해진 분수 밖의 것을 또 찾을 필요가 없다는 생각이 들자 벼슬할 마음이 점점 옅어졌다. 이에 시원한 누대와 따뜻한 정자를

〈78〉 직금방(織錦坊) 안에 건축하고 옥같이 고운 풀과 구슬같이 아름다운 꽃을 나란히 심어, 날마다 그 가운데에서 옹주와 즐겁게 노닐며 국채란에게는 검무를 추게 하고 계경화에게는 거문고를 연주하게 하면서 전몽옥은 스스로 호방한 노래를 지어 소리 내어 불렀다. 비록 당나라 재상 배도가 시인들과 풍류를 즐긴 녹야당(綠野堂)의 정취와 당나라 시인 왕유가 은거하며 시를 짓고 즐긴 망천장(輞川莊)의 즐거움이라고 해도 이보다 더할 수는 없었다.

집안일을 맡아서 하고 시중을 드는 청지기 노화참(盧火參)은 소주에서 있었던 살인 관련 범죄를 다루던 사건에 참여했던 어린 종으로, '의로운 아이'로 이름난 사람이었다. 시종일관 모시고 다니며 충성과 의리를 매우 잘 지켜 전몽옥이 그를 아들처럼 사랑했다. 전몽옥이 은퇴를 청한 뒤에 노화참은 주인을 위해 소일거리를 마련하느라 큰 다락을 하나 엮어 이름을 채운붕(彩雲棚)이라고 했다. 유리로 모형을 담는 감실을 만들어 사면에 오색 비단 휘장을 드리우고 그 가운데에 각양각색의 머리띠로 장식한 것들을 두었는데, 모두 얼굴과 움직이는 장치가 있었다. 당간(撞竿)을 세우고 붉은 명주실을 걸며 백 장 길이의 노끈을 매달아 드러난 여러 어린 광대가 익살스럽게 연기하며 웃음 짓게 했다.

첫 번째. 조연인 장외(裝外)는 머리에 오색 꽃이 달린 관을 쓰고 손에는 3척의 적삼을 늘어뜨리고 호박으로 장식한 갓끈을 턱 아래에 꽉 매고 발에는 연꽃잎 신을 단단히 신었다. 두 개의 넓은 비단으로 만든 전폭의 띠를 배에 둘러 두 줄 늘어뜨리고 자줏빛 두 줄 끈을 정강이에 살짝 매고서, 흰 비단 버선으로 사뿐사뿐 걸으며 붉은 접시꽃 같은 부채로 느릿느릿 박자를 맞춘다.

두 번째. 조연인 인희색(引戲色)은 각이 지고 위가 평평한 모자인 검푸른 복두(幞頭)에 삐죽삐죽 빨간 깃털을 매고, 비단에 꽃을 수놓은 예복인 난삼(襴衫)에 살랑살랑 물총새 깃털을 달았는데, 노란 비단 버선은 둘레의 높이가 낮은 단요화(短靿靴) 위에 드러나고 붉은 복숭아색 부채는 가벼운 비단인 저사(紵紗)로 만든 수건에 단단히 묶여 있다. 사자놀음에서는 머리를 미친 듯 흔들었고, 원숭이 춤에서는 빈정거리며 놀리듯이 손을 벌렸다.

세 번째. 주연인 말색(末色)은 머리에 쓴 구두모(毬頭帽)가 건들건들, 마름모 〈79〉 꼴이 서로 엮인 무늬를 가진 첩승(疊勝) 적삼이 얼룩덜룩한 가운데 옛이야기를 구절구절 풀어내는데 눈같이 흰떡을 얼렸다 구웠다 하는 듯했고, 신비하고 기이하며 이상한 일을 하나하나 꾸며 내는데 도깨비의 간담을 놀라게도 하고 웃게도 하는 듯했다. 잡문을 읊는데 입 하나에 혀가 백 개 있는 것 같고, 신령한 예언인 영참(靈讖)을 외는데 열은 참이고 아홉은 거짓.

네 번째. 조연인 정색(淨色)은 둘씩 함께 떠들고 쌍쌍이 마주 노래한다. 악보에 따라 곡조에 가사를 붙여 곡을 연주하고, 전형을 살펴서 익살을 부리며 판을 연다. 이야기가 전형에 이르니 음률에 정통하고 노래, 악기 연주, 작곡에 모두 뛰어났던 당나라 음악가 이구년(李龜年)도 혀를 접을 지경이었고, 교묘하게 수식하여 꾸며 내는 말을 뽑아 내니 꾀가 많아 전략이 무궁무진하다고 평가받은 당나라 장군 고하우(高霞寓)도 기절할 판이다.

다섯 번째. 정색과 짝을 맞춰 연기하는 조연인 첩정(貼淨)은 품격이 의심스럽고 눈을 희번덕거리며 이마에는 한 줄 밝은 금빛을 바르고 얼굴에는 두 가지 색 분가루를 칠하고 미끌미끌 반질반질한 벽마두(辟魔頭)를 쓰고 치렁치렁 너덜너덜한 연극용 저고리 발희오(潑戲襖)를 입었다.

이에 잡극(雜劇)을 공연했다. 관리 역을 맡은 배우 장고(裝孤)가 무대 위에서 이리저리 뛰어다니고 많은 배우가 여러 입을 모아 시끌벅적하니 재담을 늘어놓음에 따라 일제히 갈채를 보낸다. 분장한 것은 태평한 시절에 모든 나라에서 조회하러 오고, 평화로운 시대에 초대된 여덟 신선이 서왕모의 장수를 축원하는 모습이다. 공연은 당나라 현종(玄宗)이 꿈속에서 광한전(廣寒殿)에서 노닐고, 송나라의 명장 적청(狄青)이 밤에 곤륜관(崑崙關)을 빼앗는 내용이다.

잠시 후 범패(梵唄)에서 악기 연주하는 어산화랑(魚山花郎) 하나가 얼굴에는 서량 탈을 쓰고 손에는 접었다 폈다 할 수 있는 쥘부채를 쥐고 온갖 교태를 떨어 대며 덩실거리면서 나온다. 머리를 한 번 흔들고는, 왼쪽 어깨 으쓱! 오른쪽 어깨 으쓱! 왼쪽, 왼쪽, 오른쪽, 오른쪽 어깨를 연이어 으쓱대고는 잠깐 사이 주문을 왼다.

"바야라훔. 아미타불. 극락세계. 일광대주(日光大主). 대감마님께서 올라오신다. 대감마님께서 올라오신다."

채색된 줄을 당기며 '하하' 한 번 웃는다.

〈80〉 흐느적 흐느적!
대감마님이 올라오신다. 무엇을 탔는가?
사자에게 재갈을 물려 끌채를 씌우고
난새와 봉황을 채찍질해 수레를 호위한다.
흐느적 흐느적!
대감마님이 올라오신다. 무엇을 입었나?
푸른 구름옷에 흰 신선의 치마라.
편안히 우아하게 춤추다가 잠시 배회한다.
흐느적 흐느적!
대감마님이 올라오신다. 무엇을 생각하나?
곽분양의 부귀인가?
이태백의 풍채인가?
신령한 닭은 '꼬끼오 꼬끼오' 우는데
고국을 돌아보니 마음이 슬프구나.
세상 공명 모두 버렸는데
어인 일로 저와 같이 높이 걸려 있나?
흐느적 흐느적!
대감마님이 올라오셨다 다시 내려가시네.

결(闋)은 다음과 같다.

붉은 여뀌 핀 여울 가.
흰 네가래 핀 모래톱.
흰 달빛은 허공에 짙푸르게 엉겼네.
이곳저곳에서 재주를 멈추고
다만 신선의 땅 봉래의 소식을 기다린다.
헤아려 보니 천지는 달팽이 뿔처럼 시시하고
세상 근심은 만 가지이니
영웅은 속아 흰머리가 되었네.

게(偈)는 다음과 같다.

사람을 미혹하는 육근에 속박된 지 여러 해이고
사람을 구성하는 네 요소에 얽매인 지 이미 오래라.
안타까워라. 전광석화 짧은 세월에
공중제비를 몇 번이나 넘었던가.
아! 인간 세상의 모든 중생아!
진흙더미 속에서 자주도 울부짖는구나.

대감마님이 내려가신다. 〈81〉

세환여무(世鬟女巫) 하나가 다홍색 치마, 송홧가루색 저고리를 입고 방울 두 개 흔들며 또랑또랑 말한다. 손을 모아 절 한 번 하고 잠깐 주문을 왼다.

"천수천안(千手千眼) 관자재보살. 나무극락세계(南無極樂世界), 월광계주(月光季主). 옹주마마께서 올라오신다. 올라오신다."

채색 줄을 당기며 '허허' 한 번 웃는다.

옹주마마께서 올라오신다.

아름다워라, 아름다워라.
옹주마마께서 올라오신다. 무엇을 탔는가?
어여쁜 난새에 멍에 메고 푸른 봉황 채찍치고
허공을 걸어간다. 버선에 먼지 일며.
아름다워라, 아름다워라.
옹주마마께서 올라오신다. 무엇을 입었는가?
백 번 맺은 같은 마음 합환의 비단 입고서
가벼운 바람에 나부끼며 하늘로 올라가네.
아름다워라, 아름다워라.
옹주마마께서 올라오신다. 무엇을 생각하나?
달빛 가득한 진루에는 퉁소 소리 흐느끼는데
신선 태운 학은 어찌 이리 더디 오는지?
아름다운 집에서 호화롭게 백 년 삶을 마치고
다시 원앙 되어 푸른 연못에 노닐 테지.
비단 금침, 옥 침상은 모두 버렸는데
어인 일로 저와 같이 높이 걸려 있나?
아름다워라, 아름다워라.
옹주마마께서 올라오셨다 다시 내려가시네.

사(詞)는 다음과 같다.

배꽃에 달이 떠서 배회하고
난초 떨기에 이슬방울 촉촉하구나.
옥녀에게 묻노니
이런 날 이런 때에
이는 회포 어떻게 막을까? 〈82〉
바람 앞의 촛불 같은 생애
흐르는 물 같은 세월
헤아려 보면 뭐가 그리 바쁜가?
물총새 울음 한바탕 취한 나부산의 꿈 깨우고
일렁이는 봄바람은 뜨락 가득 향기 채우네.

게(偈)는 다음과 같다.

나서부터 인과를 알지 못한 채
반평생을 화려한 궁실에서 나고 자랐네.
한번 음양의 붉은 끈으로 인연을 맺었으나
다시 소매 속 금방울이 되고 마네. 쯧!

옹주마마께서 내려가신다.

백운화상(白雲和尙) 하나가 칠가사(七袈裟)를 입고 육환장(六環杖)을 짚었는데, 새롭게 깎은 검고 둥근 민머리에, 갓 꿰맨 승복은 노랗고 번쩍번쩍하네. 가래를 두드리며 '흠흠' 하고 염불하며 합장하고 예를 갖춰 느릿느릿 범패를 읊는다.

"한 조각 향을 봉헌하오니, 그 덕과 쓰임은 헤아리기 어렵습니다. 뿌리는 속세에 서려 있고, 잎은 수미산 다섯을 덮습니다. 나무대세지보살(南無大勢祇菩薩).

광명세계. 옥화부인(玉華夫人). 계 소저께서 올라오신다. 올라오신다."

채색 줄을 당기며 '하하' 한 번 웃는다.

계 소저께서 올라오신다.

꽃은 은근한 정을 보내네. 꽃은 은근한 정을 보내네.
계 소저께서 올라오신다. 무엇을 입고 있나?
주름 잡힌 선홍색 석류 빛 치마와
꼭 끼는 담황색 행자 빛 적삼이라네.
꽃은 은근한 정을 보내네. 꽃은 은근한 정을 보내네.
계 소저께서 올라오신다. 무엇으로 단장했나?
웃으며 돌리는 발그레한 뺨, 꽃받침처럼 아름답고
검은 머리 빗고 나니 채색 구름 멈추네.
쪽찐머리에 머리 장식 보요 달고 봄놀이 떠나는데
사뿐사뿐 선녀의 버선발, 달빛 띠고 가는구나.
꽃은 은근한 정을 보내네. 꽃은 은근한 정을 보내네.
계 소저께서 올라오신다. 무엇을 한스러워하나?
물안개 속에 이별한 지 모두 몇 년 되었던가?
서쪽 행랑에서 기다려도 달은 더디 올라오네.
금색 실로 짠 휘장 속 맺은 인연 나빴던 건지
별빛 반짝이는 한밤에 홑이불 안고 돌아오네.
꽃은 은근한 정을 보내네. 꽃은 은근한 정을 보내네.
계 소저께서 올라오셨다 다시 내려가시네.

사(詞)는 다음과 같다.

남녘 하늘 휑하니 넓은데 〈83〉
무리를 떠나 만 리나 날아온 기러기는
화들짝 놀라 흩어지네.
제 그림자 돌아보고 찬 연못으로 내려가려는데
풀은 마르고 모래는 깨끗하며
물은 잔잔하고 하늘은 멀기만 하다.
글자로는 글을 이룰 수 없어
그저 한 점 그리움만 부칠 수밖에.
저녁 해는 빈 해자에 비치고
새벽안개 옛 참호에 엉기는데
호소도 허다한 애원을 다 못하네.
갈대꽃을 다 추려 보아도 머물 곳 없어
어느 때나 옥관에서 다시 볼까 탄식하네.
우수에 찬 울음소리 목이 메고
강가에도 머무르기 어려워 한스럽구나.
보시오! 내년 봄날 돌아오면
채색 들보엔 쌍쌍이 제비일 텐데.

게(偈)는 다음과 같다.

이화촌의 계 소저는
비단 휘장 속에서 자랐으나
비파 한 곡조가 사람을 그르쳐
천 리 호수 구름에 애가 끊누나
아!

성대한 잔치에 한 번 올라 정분에 감동해
비단 휘장 지키며 한평생을 마치네.

계 소저께서 내려가신다.

도사인 금문우객(金門羽客) 하나가 학창의(鶴氅衣)를 입고 흰 깃털 부채를 든 채로 옥으로 만든 경쇠를 두드리며 거들먹거리며 온다. 천강성(天罡星)을 밟고 북두성을 걸으며 영경(靈經)을 왼다.

"푸르고 푸른 달이여! 해와 함께 올라서 둘 합하여 하나 되니 크기는 탄환 같고 노랗기는 귤과 같네. 일만 팔 겁 청량세계(淸凉世界). 금화부인(金華夫人). 국 소저께서 올라오신다. 올라오신다."

〈84〉 채색 줄을 당기며 '하하' 한 번 웃는다.

국 소저께서 올라오신다.

빨간빛 하늘하늘 초록빛 하늘하늘
국 소저께서 올라오신다. 무엇을 입고 있나?
군대식 복장에 궁중식으로 꾸며
표범 가죽 잠방이에 물총새 깃 치마라네.
빨간빛 하늘하늘 초록빛 하늘하늘
국 소저께서 올라오신다. 무엇으로 단장했나?
석류꽃을 솜씨 좋게 물들여 흰 피부를 드리웠고
어침을 밝게 펼쳐 검은 머리에 붙였네.
빨간빛 하늘하늘 초록빛 하늘하늘
국 소저께서 올라오신다. 무엇을 한스러워하나?
학을 굽고 거문고 태워 위태롭게 되었으나
향기를 사랑하고 옥을 아끼니 인연을 느꼈네.

보검 속에 보은이라는 글자 새기고는
참회하고 정성 다해 만물의 주재자에게 축원했네.
빨간빛 하늘하늘 초록빛 하늘하늘
국 소저께서 올라오셨다 다시 내려가시네.

사(詞)는 다음과 같다.

천연의 풍격을 가진 저 매화의 혼이여!
빨간빛 쌓이고 흰빛 엉기어
진흙 속에 잘못 태어났으나
꿋꿋이 홀로 서서
검은 먼지에 오염되지 않았네.
봄은 심부름꾼 남겨 두어
해마다 꽃소식을 전하려 생각했지.
어젯밤 앞마을에는
눈 속에 매화 한 가지 먼저 터트렸네.
그대를 생각하면
그저 오래 만나고 싶을 뿐이지만
송옥이 부(賦)를 지어
내 쓸쓸함을 가련히 여김에 감동하네.
화가에게 묻노니
이것을 어떻게 그릴 수 있나? 〈85〉
혹여 하룻밤 광풍도 두렵거늘
한층 더하여
오랑캐의 두서 마디 피리 소리 들리네.

원컨대 그대가 매화로 국에 간을 맞추되
행인에겐 따지 말라 하소서.

게(偈)는 다음과 같다.

국채란이여! 국채란이여!
도적의 소굴에서 몸을 일으켜
두 사람이 서로 적의 칼이 되었다가
총체적으로 은혜를 갚으려는 마음이 됐네.
홀연히 전화위복이 되어
옹주 궁으로 날아들어 잠자리를 시중들었네.
쯧쯧!
구층탑 쌓을 수 있게 해준다면
이 마음, 어찌 만 냥 금을 아끼겠는가?

국 소저께서 내려가신다.

연극이 끝나자 자리를 잡고 음악을 펼쳤다. 북은 둥둥, 장군은 깡깡, 거문고는 띵띵, 피리는 닐리리, 젓대는 휘휘. 날마다 즐기면서 은총과 모욕을 모두 잊은 듯했다.

전몽옥의 만년은 어떨까? 다음 권을 보라.

제11권
전몽옥은 영은사에서 참선하고 허거통은 청학동에서 꿈을 깨다

기사년(1449) 봄에 옹주가 병으로 세상을 떠났다. 겨우 나이 서른일곱에 부 〈86〉
부가 사별하는 아픔을 만난 전몽옥은 세상일에 아주 극도로 마음이 없어졌다. 나라에서 내려 준 땅문서, 남녀 노비, 별궁을 국가에 반납하고, 또 매화 마을 가운데 사저를 지어서 오직 국채란·계경화하고만 방에서 지냈다. 임금이 첫째인 옹주의 이른 죽음을 아파하고 전몽옥과의 교분이 끊어짐을 개탄하며 다시 전몽옥을 예부상서의 벼슬로 불렀다. 하지만 전몽옥은 임금에게 글을 올려 굳게 사양했다.

이듬해 경오년에는 북쪽 오랑캐가 대대적으로 침입해 왔는데, 임금의 군대가 연달아 패했다. 중원이 어지러워지자 임금이 북쪽으로 가서 정벌했다. 9월에 성왕(郕王)이 즉위하니 바로 경태제(景泰帝)인데, 멀리 있는 영종(英宗)을 높여 태상황(太上皇)으로 삼았다. 나랏일이 뒤집히는 것을 본 전몽옥은 한밤중에도 베개를 어루만지며 탄식하고 분개했다. 비유하자면 마치 큰 건물이 기울어져 나무 하나로는 지탱할 수가 없는 상태와 같았다. 전몽옥은 벼슬에서 물러나게 해달라고 상소를 올려 간청했다. 세 번 상소에 경태제가 허락했다. 이에 국채란, 계경화와 함께 약간의 겸종(傔從)을 거느리고 전당(錢塘)으로 돌아가서 늙고자 천목산(天目山) 아래에 집을 지었다. 문 위에 가로 대는 문미에 열락당(悅樂堂)이라고 편액을 걸었으니, 도연명의 〈귀거래사(歸去來辭)〉에서 '친척과 정다운 이야기 나눔을 기뻐하고, 거문고와 책을 즐기며 근심을 없애리라.'라고 했던 뜻을 취한 것이다. 전몽옥은 날마다 겨레붙이, 친구와 함께 열락당에서 잔치를 벌이며 여생을 보냈다.

그러던 어느 날, 전몽옥은 작은 가마를 타고 천목산에 올라 초수(苕水)의 근원을 찾아 찬 샘물 한 잔을 마시고, 이어서 영은사(靈隱寺)에 투숙하여 두세 법
〈87〉 사와 인과의 이치를 이야기하고 공(空)과 색(色)의 근원을 물었다. 이때, 푸른 창 있는 추운 터에 마을 입구의 동문(洞門)은 안개가 감싸고 도사의 단약을 끓이는 부엌이 따뜻할 때 석실(石室)은 구름에 잠겼는데, 흰 사슴은 꽃을 머금은 채 숲을 뚫고 가고 푸른 원숭이는 과일을 들고 바위를 넘어왔다. 삼청전(三淸殿) 위에서 금종을 울리니 도사가 신 주위를 돌며 경을 읊고, 사성당(四聖堂) 앞에서 옥경(玉磬)을 두들기니 득도한 진인(眞人)이 북두성에 예를 올린다. 전몽옥은 궤 안에 기대어 앉아서 멍하니 자기 자신을 잃은 듯, 마음은 술에 취한 듯 점점 세상의 허다한 기쁨과 슬픔을 잊어버렸다. 잠시 후에 동천(洞天)이 갑자기 낮아지더니 구름과 안개로 어둑어둑해졌다. 정신이 우물 속의 별처럼 가물가물하고 바람 앞의 연기처럼 흔들흔들하여 있는 듯 없는 듯하더니, 별안간 공중으로부터 한 줄기 소리가 맑게 울렸다. 이윽고 퍼뜩 깨니 어떤 몸이 완연히 금강불 앞의 향로 탁자 아래에 있고 누런 관과 짚신이 곁에 흩어져 있는데, 예전과 변함이 없는 파락호인 허거통이었다. 그 땅을 살펴보니 바로 지리산 청학동이었다. 지난 40년의 분명한 일들이 모두 한바탕 환상이 되어 버렸다. 노생을 잠재워 꿈에서 부귀영화를 누리다가 깨게 한 한단(邯鄲) 땅 여옹(呂翁)의 베개, 괴안국(槐安國)에 들어가 뜻을 펼치다가 깨어난 순우분(淳于棼)의 꿈과 매한가지로 허황한 일이었다. 허거통이 꿈에서 전몽옥이 된 것인지, 전몽옥이 꿈에서 허거통이 된 것인지 알지 못하니, 인생 백년의 영욕이 일장춘몽이 아님이 없었다. 세상에서 부귀영화를 추구하는 자들이 어찌 이것을 살펴보지 않는가? 허거통은 이어서 감개하고 슬퍼하며 도를 깨우치고 출가했는데 어떻게 삶을 마쳤는지는 모른다고 한다.

옥선몽 정서·주해

옥선몽 상권

01

玉仙夢 卷之上 宕翁[1] 著

第一弓

許巨通入智異山 錢夢玉降靈鷄村

左海之壖, 有小中華焉, 槿其花, 鰈其魚, 析木[2]其分也. 東至于大瀛, 南至于耽羅, 西至于浿江, 北至于西脩羅,[3] 環數千里, 而區以爲國焉. 域中有名之山, 曰金剛也, 曰摩尼也, 曰漢挐也, 中國所謂三神山者也. 盖自草昧之時, 頗多靈異之事, 神熊降檀, 而桓因【帝也 釋】誕化【檀君丙生】, 靈鵲隨櫝, 而慈充[4]【巫也 新羅南解王[5]之稱】錫姓【昔解脫[6]所生】, 滿石僧也,[7] 而坐化爲佛. 綠竹女[8]也, 而幻生於鹿女,[9] 薔薇之願薦香帷,[10] 是耶非耶【薛聰[11]之言】? 金庾信之授語石

---

1 宕翁: 『옥선몽』의 저자 탕암. 서강대본에는 '宕庵 炅'라고 되어 있다. 이외의 정보는 알려진 바 없다.

2 析木: 고대 중국의 별자리인 12星次의 하나이다. 28宿의 箕星·尾星과 짝이 되며 分野로는 고대의 연나라와 幽州에 속한다.

3 西脩羅: 함경북도 경흥군에 속한 지명으로 '西水羅'로 쓰는 것이 일반적이다. 한반도 최북단의 항구이다.

4 慈充: 次次雄. 『삼국사기』「신라본기」〈南解次次雄〉에 다음의 기록이 있다. "南解次次雄立 次次雄或云慈充 金大問云 方言謂巫也 世人以巫事鬼神 尚祭祀 故畏敬之 遂稱尊長者 爲慈充(남해차차웅이 왕이 되었다. 차차웅은 혹 자충이라고도 한다. 김대문은 '방언으로 무당이다. 세상 사람들이 무당으로서 귀신을 섬기고 제사를 받들기에 두려워하고 공경했는데, 마침내 존장자를 일컬어 자충이라 한다.'라고 했다.)"

5 南解王: 신라 시조 박혁거세의 장남으로 신라 제2대 왕이다.

6 昔解脫: 昔脫解의 오기. 서강대본에도 '昔解脫'로 되어 있다. 신라 제4대 왕이다. 『삼국사기』에 따르면 석탈해는 본래 多婆那國 출생이다. 알로 태어나 버림을 받았는데, 그 알이 辰韓까지 흘러가 한 노파가 주워 그를 키웠다. 까치 떼가 알을 따라다녔다고 하여 '鵲'이란 글자에서 '昔'을 떼어 성씨로 삼았다.

7 滿石僧: 만석중의 이두 표기로 보인다. 만석중은 고려시대부터 전승된 만석중 놀이의 주인공이며, 萬石, 曼碩, 忘釋 등으로도 표기된다. 만석중 놀이는 만석이라는 중이 부처의 깨달음을 얻는 과정을 표현한 인형극이다.

8 綠竹女: 녹족부인의 이두 표기로 보인다.

9 鹿女: 녹족부인. 고구려의 '호국지모신화'와 평안남도의 '열두삼천리벌' 지명 전설에 등장하는 인물이다. 녹족부인은 사슴 발을 가지고 있었는데 세 아들도 모두 어머니의 발을 닮아 사슴의 발을 가지고 있었다. 아들들이 사슴 발을 보고 놀리는 동네 아이를 때려 죽이는 바람에 녹족부인은 화

窟,[12] 人也鬼也【新羅曺】, 黃生夢爲開闢之主[13]【出芝峰類說】, 愚僧幻入石竇之

를 피하려고 바닷가로 옮겨가 살았다. 어느 날 폭풍우가 불어 집에 있는 아들들이 모두 쓸려가고 말았는데, 훗날 수나라 군대에 사슴 발을 한 장수들이 있다는 소문이 들려왔다. 녹족부인이 그 장수들을 찾아가 자기 발을 보여 주어 모자임을 확인했다. 이후 세 장수는 고구려에 합세하여 수나라의 침략을 물리치는 데 큰 공을 세웠다고 한다.

10 薔薇之願薦香帷: 설총의「花王戒」에 다음의 기록이 있다. "忽有一佳人 朱顔玉齒 鮮粧靚服 伶俜而來 綽約而前 曰 妾履雪白之沙汀 對鏡淸之海 而沐春雨以去垢 快淸風而自適 其名曰薔薇 聞王之令德 期薦枕於香帷 王其容我乎(홀연히 한 아름다운 여인이 붉은 얼굴과 옥 같은 이에 곱게 화장하고 맵시 있는 옷을 입고 한들거리며 걸어와 얌전히 앞으로 나와 말했다. '첩은 눈같이 흰 모래밭을 밟고, 거울처럼 맑은 바닷물을 대하며, 봄비로 목욕하여 때를 씻고, 맑은 바람에 상쾌해하며 만족하고 지냅니다. 이름은 장미라고 하는데, 왕의 훌륭한 덕망을 듣고 향기로운 장막 속에서 하룻밤을 모시려고 합니다. 왕께서 저를 받아들이시겠습니까?')"

11 薛聰: 설총은 원효대사의 아들로 이두를 집대성했으며,「화왕계」등의 작품을 남겼다.

12 金庾信之授語石窟:『삼국사기』「열전」〈김유신〉에 다음의 기록이 있다. "公年十七歲 見高句麗百濟靺鞨侵軼國疆 慷慨有平寇賊之志 獨行入中嶽石崛 齊戒告天盟誓曰 敵國無道 爲豺虎以擾我封埸 略無寧歲 僕是一介微臣 不量材力 志淸禍亂 惟天降監 假手於我 居四日 忽有一老人 被褐而來曰 此處多毒蟲猛獸可畏之地 貴少年爰來獨處何也 答曰 長者從何許來 尊名可得聞乎 老人曰 吾無所住 行止隨緣 名則難勝也 公聞之 知非常人 再拜進曰 僕新羅人也 見國之讐 痛心疾首 故來此 冀有所遇耳 伏乞長者憫我精誠 授之方術 老人黙然無言 公涕淚懇請不倦 至于六七 老人乃言曰 子幼而有幷三國之心 不亦壯乎 乃授以秘法曰 愼勿妄傳 若用之不義 反受其殃 言訖而辭行二里許 追而望之不見 唯山上有光 爛然若五色焉(공이 열일곱 살에 고구려와 백제, 말갈이 나라의 강역을 침범하는 것을 보고 비분강개하여 외적을 평정할 뜻을 품었다. 홀로 중악의 석굴에 들어가 목욕재계하고 하늘에 맹세했다. '적국이 무도하여 승냥이와 범처럼 우리의 영토를 어지럽혀 평안한 해가 거의 없습니다. 저는 한낱 보잘것없는 한미한 신하로 재주와 힘을 헤아리지 않고 재앙과 난리를 없애려는 뜻을 품었으니 하늘께서 굽어살피시어 저에게 도움을 주십시오.' 4일이 지나 갑자기 한 노인이 거친 베옷을 입고 나타나 말했다. '여기는 독충과 맹수가 많은 무서운 땅이다. 귀한 소년이 혼자 와 있는 것은 무엇 때문인가?' 공이 답했다. '어르신께서는 어디서 오셨습니까? 존함을 들을 수 있겠습니까?' 노인이 말했다. '나는 일정하게 머무는 곳이 없고 인연에 따라서 가거나 머무는데 이름은 난승이다.' 공이 이 말을 듣고, 보통 사람이 아님을 알아 두 번 절하고 나아가 말했다. '저는 신라 사람입니다. 나라의 원수를 보니 마음이 아프고 머리에 근심이 가득 차서 이곳으로 와 만나기를 바랐습니다. 엎드려 바라오니 어르신께서는 저의 정성을 가엽게 여기시어 비법을 알려 주십시오.' 노인은 잠자코 말이 없었다. 공이 눈물을 흘리며 그치지 않고 예닐곱 번이나 간청하자 노인이 그제야 말했다. '그대는 어린데도 삼국을 병합할 뜻을 품었으니, 또한 장하지 않은가?' 이윽고 비법을 가르쳐 주며 말했다. '삼가 함부로 전하지 마라. 만약 의롭지 않은 일에 쓴다면 도리어 재앙을 받을 것이다.' 말을 마치고 작별하여 2리쯤 갔을 때 좇아가 멀리 보았으나 보이지 않고, 오직 산 위에 찬란한 오색 빛만이 비출 뿐이었다.)"

13 黃生夢爲開闢之主:『지봉유설』「語言部」〈諧謔〉에 다음의 기록이 있다. "楊根有黃生者 頗讀經史 聞天地開闢之說 常以爲憂 殆成心疾 人謂之迂生 嘗獨處一室 不意風雨暴至 霹靂交作 家後大山崩墜 聲振天地 生荒忙走出 見天地暗黑 不卞咫尺 如混沌未判 生益懼謂是天地開闢之會 因自解曰 開闢之際 人物消盡而我今得脫 古者天皇氏生於人物未生之前 故得爲天皇氏 我當作天皇氏無疑 又自念在古天皇氏時 未有文字 我則能解文字 當勝於古之天皇氏 心竊喜幸

國[14]【出箕歷叙錄[15]】, 這箇荒唐說話, 班班在好事者之口, 而固未可準信也. 盖其山川毓其譎慌

02

靈怪之精, 故可怪可愕之類, 往往鐘出棊棋寘焉. 青壄之主脈, 曰白頭山也, 蟠鬱叢萃, 散出爲千兒萬孫, 而峻拔如介胄之形者, 出將之地也. 拱揖如冠冕之形者, 出相之地也. 靑南一脈, 東迤南走, 數千餘里, 崛起爲智異之山. 其西卽湖南地也, 沿海爲區, 無名山大川之限, 地勢山飛水走, 有與世背馳之象, 又無大人君子立型範以提警, 故其俗忮懻纖嗇,[16] 無著土安業之意, 有荒誕浮浪之習, 俗尙固其然也. 景泰[17]末萬頃縣,[18] 有一破落戶, 姓許名儁, 巨通其字也, 磊落不羈, 志大嘐嘐, 嘗自言曰: "大丈夫生於海隅偏邦, 不能伸肺腑間磈礧之

及天明 劃然開霽 則天地山川 一無變遷 獨其家舍爲山水頹壓 基址不復尋矣 生於是愕然自失 隣里皆來慰生 生具道夜間事如此 聞者莫不絶倒 遂呼生爲天黃氏云(양근에 황생이라는 사람이 있었다. 자못 경서와 역사책을 읽었는데, 천지개벽에 관한 이야기를 듣고는 늘 우울해하다가 거의 마음의 병이 되니, 사람들이 물정 모르는 선비라고 일컬었다. 일찍이 홀로 방에 있는데 갑자기 비바람이 몰아치며 천둥과 번개가 번갈아 치더니 집 뒷산이 무너지는 소리가 천지에 울렸다. 황생이 당황하여 급히 밖으로 나가 보니 온 천지가 암흑이라 지척을 분간할 수 없어서 마치 뒤섞여 세상이 정리되기 전과 같았다. 황생이 더욱 두려워하며 이것이 천지가 개벽하는 때라고 여겨 스스로 풀어 말했다. '개벽 때에는 사람과 사물이 모두 사라지는데 나는 지금 벗어났다. 옛날 천황씨는 사람과 사물이 생겨나기 전에 태어났기 때문에 천황씨가 되었다. 나는 마땅히 의심 없이 천황씨가 될 것이다.' 또 스스로 옛날 천황씨 때에는 문자가 없었지만 나는 문자를 해독할 수 있으니 마땅히 옛날의 천황씨보다 낫다고 생각하고는 마음속으로 몰래 기뻐하며 즐거워했다. 날이 밝자 확실하게 날씨가 개었는데 천지와 산천은 하나도 변하지 않았다. 오직 황생의 집만이 산에서 흘러내린 물에 무너져 그 터를 찾을 수 없었다. 황생이 놀라 넋이 나갔다. 이웃 사람들이 와서 황생을 위로했다. 황생이 밤새 있었던 일을 자세히 말하자 사람들이 모두 포복절도하며 황생을 천황씨로 불렀다고 한다.)"

14 愚僧幻入石竇之國: 미상.

15 箕歷叙錄: 미상.

16 纖嗇: '纖嗇'의 오기. 재물을 아끼는 태도가 몹시 지나치다. 어떤 일을 하는 데 대하여 지나치게 박하다.

17 景泰: 중국 명나라 7대 임금 代宗의 연호이다.

18 萬頃縣: 전라북도 김제시 일대에 있던 옛 고을.

氣, 良可慨憐, 若使吾後身, 生於中華廣宕之地, 遍踏三十六名區, 立於天子之朝, 激昂萬乘之主, 出入九棘之班, 飫喫許多苦樂, 然後死無所憾矣." 一日, 以黃冠[19]草屩, 上智異山靑鶴洞, 得一菴

03

子憩焉, 正是四月和暢時分也. 烟景惱神, 煐花纈眼, 凭睡於金剛佛前香卓之下, 精神忽若烟浮, 飛入中國山川, 漭無所適, 已而墜於錢塘天目山下, 靈鷄村錢姓循華之家. 是時, 大明永樂[20]皇帝卽位十年, 壬辰八月初一日也. 是夜, 循華與其妻楊氏, 仰屋而歎曰: "吾年近四十, 尙無繼續, 無以奉先祀, 天地一罪人也." 夫婦相對而泣, 已而就寢, 許生之精, 仍以托胎焉. 翌年癸巳五月初五日, 有一白玉仙童, 自天而降, 再拜而言曰: "願爲大人遺體, 以釋前生之恨." 無何間, 吻咋而寤, 則夫人已解胎, 時分三更時候也. 得一嶷然漢兒, 彷彿明珠之出蚌胎, 驪淵之産蛟子, 擧家歡忻, 遂錫其名曰夢玉. 已而生曰: "此兒之生, 吾家之大慶, 然而五月五日之兒, 長與戶齊, 不利其父, 自此以往, 吾之在世, 不過十餘年乎?" 夫人曰: "人生受命

04

於戶, 則高其戶爾, 此田文[21]之確言也, 未聞田文不利於其父,[22] 大丈夫出言,

19 黃冠: 풀로 만든 평민 또는 도사가 쓰는 관. 벼슬하지 못한 사람을 일컫는 말이다.

20 永樂: 명나라 3대 임금 成祖의 연호이다.

21 田文: 중국 전국시대 제나라 승상인 孟嘗君의 이름이다.

22 五月五日之兒~田文不利於其父: 『사기』「열전」〈맹상군〉에 다음의 기록이 있다. "初 田嬰有子四十餘人 其賤妾有子名文 文以五月五日生 嬰告其母曰 勿擧也 其母竊擧生之 及長 其母因兄弟而見其子文於田嬰 田嬰怒其母曰 吾令若去此子 而敢生之 何也 文頓首 因曰 君所以不擧五月子者 何故 嬰曰 五月子者 長與戶齊 將不利其父母 文曰 人生受命於天乎 將受命於戶邪 嬰默然 文曰 必受命於天 君何憂焉 必受命於戶 則可高其戶耳 誰能至者 嬰曰 子休矣(당초 전영에게는 40여 명의 자식이 있었다. 그중 이름이 전문인 천한 첩이 낳은 아들이 있었다. 전문은 5월 5일에 태어났다. 전영이 전문의 어미에게 말했다. '키우지 마라.' 전문의 어미가 남몰래

胡如是不弘也?" 於是, 生喜而笑焉. 居無何, 有一女道士, 踵門而丐糧, 生出視之, 道士施禮而仰賀之曰: "相公之家, 必有不冀之慶." 生曰: "何以知之?" 道士曰: "相公之面, 土火聚於龍宮, 臥蠶隱明而有黃色, 必生貴子矣." 生大驚曰: "果如尊師之言耳, 尊師大是異人, 請相迷兒之骨格, 以定壽夭之限, 不知尊師肯諾否?" 道士曰: "貧道何以知大命之長短? 然請嘗試之." 生喜而入, 以錦褓裹兒而出視之, 道士一見, 叉手欽敬而言曰: "貧道相人多矣, 無如此兒之相矣. 此兒之相, 五岳高隆朝應 三停平等寬長, 自是大人之氣像, 命宮光明, 學業須通, 才星瑩隆, 財帛豐足, 眉角寬長, 如懸犀新月之樣, 準頭高聳, 如懸膽截筩之狀, 耳高而色白, 口方而

05

脣紅, 肩如一字, 必是文武兼全之才, 官貴五露,[23] 政是正大超群之像. 他日, 富貴榮華, 出將入相, 名滿天下, 不可限量. 然而眼圓顴聳, 氣侵丹霄, 中年必有刑肉之災, 而無損於性名矣." 錢生拜而謝之, 敬禮而送之. 於焉, 歲月荏苒, 夢玉年至五六, 才格超倫, 容貌魁偉, 學業日就而月將, 技藝曲暢而旁通, 十歲已有大人之氣像. 五經【詩·書·易·禮·春秋】, 九流【儒家·道家·法家·名家·陰陽家·墨家·雜家·農家·縱橫家】, 諸子【老子玄莊子朴眞子抱子之類[24]】百家之

키웠다. 장성하자 전문의 어미가 형제들을 통해 전영이 그 아들 전문을 만나게 했다. 전영이 노하여 그 어미에게 말했다. '내가 너에게 이 자식을 버리라고 했는데 감히 낳아 키운 것은 무슨 까닭이냐?' 전문이 머리를 조아리며 말했다. '아버님께서 5월에 태어난 자식을 키우지 못하게 한 까닭이 무엇입니까?' 전영이 말했다. '5월에 태어난 자식이 키가 문설주 높이와 같아지면 그 부모에게 해를 끼치게 된다.' 전문이 말했다. '사람이 태어나면 하늘에서 운명을 받습니까? 문설주에서 운명을 받습니까?' 전영이 묵묵히 있자 전문이 말했다. '필시 하늘에서 운명을 받는다면 아버님께서는 무엇을 근심하십니까? 문설주에서 운명을 받는다면 그 문설주를 높이면 됩니다. 누가 닿을 수 있겠습니까?' 전영이 말했다. '아이야, 알겠으니 그만하여라.')"

23 五露: 눈이 솟고 코가 들창코이며 귀가 뒤집히고 입술이 걷혔으며 목젖이 튀어나온 상을 일컫는다.

24 老子玄莊子朴眞子抱子之類: 얼핏 보면 '老子·莊子·玄眞子·抱朴子之類'의 오배열이다. 서강대본에는 '老子莊子玄眞子朴抱子之類'로 되어 있다.

書, 篆籒草隷之文, 不無周通, 星曆, 堪輿, 卜筮, 算數, 兵學, 仙道, 僧佛之術, 一覽輒悟. 循華甚奇之, 視之若掌上之珠矣. 若耶居士柴準者, 江左鴻儒也, 與其子車, 隱居寤歌, 跌宕文史, 無求於世者也. 與循華有竹馬之舊, 一日, 來訪循華, 與之握手道故, 傾盖款甚, 呼夢玉而示之曰: "僕晩得一豚, 天質淸弱, 後來成立, 未知何如, 請質諸高明." 柴生見之, 太加器重, 讚

06

不容口, 因夢玉[25]: "汝能學書否?" 對曰: "嚴父誡之, 當順承之, 明師導之, 當順受之, 安敢不學?" 柴生曰: "然則大小長短之體, 方圓邪正之象, 歷歷可解否?" 對曰: "一太曰天, 天者, 乾之體也, 二小曰地之神,[26] 東字長, 日初出而朝景最長, 西字短, 日將沒而夕景最短, 此非大小長短之體乎? 口字四畫而方, 取義於四極之方正也, 心字五畫而圓, 取義於五行之圓滿也. 朋字斜, 小人朋比,[27] 而終歸邪, 黨字正,[28] 君子黨錮,[29] 而終歸於正, 此非方圓邪正之象乎?" 柴生曰: "天之徑圓, 幾度幾分, 地之周廣, 幾里几步?" 對曰: "天之圓, 三百六十五度,

25 因夢玉: '因問夢玉曰'의 오기. 서강대본에는 '因問夢玉曰'로 되어 있다.

26 一太曰天~二小曰地之神: 『字觸補』「說部」〈二小爲地〉에 있는 "何燕泉引宋人易義 一而大謂之天 二而小謂之地(하연천이 송나라 사람이 『주역』을 풀이한 글을 인용하여, 첫째이면서 큰 것을 하늘이라 하고, 둘째이면서 작은 것을 땅이라고 했다.)"라는 기록을 변용한 것이다.

27 朋比: 붕당을 지어 자기편을 두둔하는 것을 일컫는다. '朋化'로 되어 있는 것을 문맥에 따라 수정했다.

28 西字短~黨字正: 『續書譜』「眞」에 있는 "字之長短小大斜正疏密 天然不齊 孰能一之 謂如東字之長 西字之短 口字之小 體字之大 朋字之斜 黨字之正 千字之疎 萬字之密(글자는 길거나 짧거나 작거나 크거나 기울어지거나 바르거나 성기거나 빽빽하여 본래 고르지 않으니 어떻게 하나로 할 수 있겠는가? 예로는 긴 동 자, 짧은 서 자, 작은 구 자, 큰 체 자, 기운 붕 자, 바른 당 자, 성긴 천 자, 빽빽한 만 자 같은 것이 있다.)"라는 기록에서 가져온 것이다. 『山堂肆考』「字學」〈不以意添〉에는 다음의 기록이 있다. "凡字之體 不能齊一 如東字之長 西字之短 口字之小 體字之大 朋字之斜 黨字之正 千字之疎 萬字之密(무릇 글자체는 하나같이 고르게 할 수 없다. 긴 동 자, 짧은 서 자, 작은 구 자, 큰 체 자, 기운 붕 자, 바른 당 자, 성긴 천 자, 빽빽한 만 자 같은 것이다.)"

29 黨錮: 중국 후한 말 환관들의 권세에 대항하던 선비들이 죽임을 당하거나 종신 금고의 화를 입은 일을 가리킨다.

二百三十五分, 徑三之一. 地之廣, 二億三萬三千五百里, 七十五步, 周一之四."

柴生曰: "天下至大者, 何物? 至小者, 何物?" 對曰: "鳥之至大者, 天[30]池之鵬, 魚之至大者, 北溟之鯤,[31] 人之至大者, 汪罔氏[32]之

07

長三十尺, 言之大者, 文康之轉天輪,[33] 而凋三光[34]也. 鳥之至小者, 東海之鷦鵬,[35] 棲於蛟睫,[36] 魚之至小者, 南瀛之鰕, 寄於石髮,[37] 人之至小者, 僬僥氏[38]之

---

30 天: '天天'으로 되어 있으나 중복된 글자 중 하나를 삭제하고 번역하지 않았다. 이하 같다.

31 鵬~鯤: 鵬은 상상의 새이고, 鯤은 상상의 물고기인데 모두 매우 큰 것으로 알려져 있다. 『장자』 「내편」 〈逍遙遊〉에 다음의 기록이 있다. "北冥有魚 其名爲鯤 鯤之大 不知其幾千里也 化而爲鳥 其名爲鵬 鵬之背 不知其幾千里也 怒而飛, 其翼若垂天之雲(북쪽 바다에 물고기가 있는데 그 이름은 곤이다. 곤의 크기는 몇천 리가 되는지 알 수 없다. 변하여 새가 되는데 그 이름이 붕이다. 붕의 등은 몇천 리나 되는지 알 수 없다. 힘써 날아오르면 그 날개는 마치 하늘에 드리운 구름과 같다.)"

32 汪罔氏: 사람 중에 가장 큰 사람으로 일컬어진다. '防風氏'로도 불린다. 『사기』 「공자세가」에 다음의 기록이 있다. "仲尼曰 禹致群神於會稽山 防風氏後至 禹殺而戮之 其節專車 此爲大矣(공자가 말했다. '우임금이 여러 신들을 회계산에 불러 모았는데, 방풍씨가 늦게 왔습니다. 우임금이 그를 죽였는데 그 뼈마디가 수레에 가득 찼습니다. 이렇게나 컸던 것입니다.')"

33 文康之轉天輪: 문강은 전설에 나오는 胡人 신선이다. 남북조시대 시인 周舍는 〈上雲樂〉에서 "西方老胡 厥名文康 遨游六合 傲誕三皇(서방의 늙은 호인은 그 이름이 문강이다. 육합에서 노닐고 삼황에게도 거만하게 굴었다.)"이라고 했으며, 이백 또한 〈상운악〉에서 "大道是文康之嚴父 元氣乃文康之老親 撫頂弄盤古 推車轉天輪(우주의 대도는 문강의 엄한 아버지요, 자연의 원기는 문강의 늙은 아버지이다. 이마 문지르며 반고와 놀며, 수레를 몰아 하늘 수레바퀴를 돌렸다.)"이라고 노래했다.

34 三光: 해, 달, 별.

35 鷦鵬: '焦冥' 또는 '焦螟'의 오기. 인용 원문에 '焦冥'으로 되어 있다.

36 棲於蛟睫: '棲於蚊睫'의 오기. 서강대본에는 '棲於蚊睫'으로 되어 있다. 『안자춘추』 「외편 下」 〈景公問天下有極大極細晏子對〉에 다음의 기록이 있다. "公曰 天下有極細乎 晏子對曰 有 東海有蟲 巢於蚊睫 再乳再飛 而蚊不爲驚 臣嬰不知其名 而東海漁者 命曰焦冥(경공이 물었다. '세상에서 가장 작은 것이 있는가?' 안자가 대답했다. '있습니다. 동해에 벌레가 있는데, 모기 눈썹에 둥지를 짓고 삽니다. 거듭 낳고 거듭 날아다녀도 모기가 놀라지 않습니다. 저 안영은 그 이름을 모르지만, 동해의 어부는 초명이라고 부릅니다.')"

37 魚之~石髮: 南瀛은 미상. 石髮은 물가 돌 위에 생기는 이끼류.

38 僬僥氏: 아주 작은 사람. 『사기』 「공자세가」에 다음의 기록이 있다. "仲尼曰 僬僥氏三尺 短之至也(공자가 말했다. '초요씨는 키가 3척으로 가장 작았습니다.')"

三尺, 言之小者, 宋玉之膾虱肝, 而飽九族也.[39]" 柴生曰: "人之骨節幾何? 毛數幾何? 兩其目而一其口者, 何象也?" 對曰: "骨節三百六十, 毛孔四萬八千,[40] 兩其目者, 欲廣其明也, 鼻也, 耦其孔而象坤三絶,[41] 口也, 臍也, 肛也, 奇其孔而象乾三連[42] 合以爲天地泰卦,[43] 故中於鼻口之間, 而謂之人中, 以其坤乾之中也." 柴生曰: "氣化之不同, 象數[44]之不齊, 亦可一一指陳耶?" 對曰: "人順生, 草木倒生, 禽獸橫生, 胎生者九竅, 卵生者八竅. 胎生者, 眼胞自上而瞑, 卵生者, 眼胞自下而瞑, 濕生者, 眼無胞而不寐, 化生者, 眼無竅而有光. 草木之以根活者, 胎生類也, 以實産生者, 卵

08

生類也, 菱芡, 濕生者也, 芝菌, 化生者也, 有雌無雄, 魚鱉是也, 有雄無雌, 蜂蠆是也, 龜雖有鼻而息以耳, 牛雖有耳而聽以鼻, 龍唇[45]能飛而無翼, 鵝鴨有翼而不飛, 陽鳥之飛, 頭伸而足縮, 陰鳥之飛, 頭縮而足伸, 馬之臥起, 自前足, 牛之臥起, 自後足, 鹿豕直行, 蛇蚓曲行, 郭索橫行, 夔鐘[46]却行, 率然[47]頭行, 蠖

39 宋玉~飽九族也: 송옥은 전국시대 말기 초나라 문인으로 〈九辨〉, 〈招魂〉 등의 작품이 유명하다. 그가 쓴 〈小言賦〉에 다음 구절이 있다. "烹虱脛 切蟣肝 會九族而同噬 猶委余而不殫(이의 넓적다리를 삶고 서캐의 간을 썰어 구족을 모아 함께 먹어도 오히려 내게 맡기면 바닥나지 않는다.)"

40 四萬八千: 다른 문헌에는 대부분 '八萬四千'으로 되어 있다. 예를 들어 『오주연문장전산고』「人事篇」〈身形〉에는 다음의 기록이 있다. "三萬四千孫絡生三百六十五骨節 三百六十五骨節生三百六十五大穴 三百六十五大穴生八萬四千毛竅(3만 4천의 손락이 365개 골절이 되고, 365개 골절이 365개 대혈이 되며, 365개 대혈이 8만 4천 개의 모공이 된다.)"

41 坤三絶: ☷. 곤괘의 상형으로 세 개의 효가 모두 떨어져 있는 괘이다. 하늘처럼 굳건한 형이다.

42 乾三連: ☰. 건괘의 상형으로 세 개의 효가 모두 연결된 괘이다. 땅처럼 모두를 수용하는 형이다.

43 泰卦: 64괘 중 하나로, 하늘과 땅이 조화를 이루는 것을 나타낸다.

44 象數: 『주역』의 괘에 나타난 형상과 변화를 의미한다.

45 龍唇: '龍蜃'의 오기.

46 夔鐘: '莬踵', '夔踵'으로 표기한 문헌도 있다. '기'와 '종'은 모두 다리가 하나인 동물이라는 공통점이 있다. 『산해경』「中山經」에 다음의 기록이 있다. "又西二十里 曰復州之山 其木多檀 其陽多黃金 有鳥焉 其狀如鴞而一足彘尾 其名曰跂踵 見則其國大疫(다시 서쪽으로 20리에 복주산

屈伸行.[48] 食而不飮者, 蠶也, 蠶之壽, 五十日而果, 飮而不食者, 蜩也, 蜩之壽, 三十日而化, 不飮不食者, 蜉蝣也, 蜉蝣之壽, 朝生而暵死.[49] 夔[50]一足, 貍[51]兩足, 馬四足, 蜘蟵六足, 鰲[52]蟹八足, 蝍蛆四十足, 蚿百足, 帶無足矣. 無者不資於有, 少者不資於多,[53] 此所以象數之不齊者也. 西崗之鶂,[54] 感風而孕, 觚竹[55]

이 있는데 박달나무가 많다. 그 남쪽에는 황금이 많다. 새도 있는데 그 모습은 부엉이 같고 다리는 하나이며 돼지와 같은 꼬리를 가지고 있다. 그 이름을 기종이라고 하는데, 그 새를 보면 나라에 큰 전염병이 돈다.)" 분명하지 않은 경우, 작품의 서술대로 번역했다. 이하 같다.

47 率然: 중국 常山에 산다고 하는 뱀이다.『손자 하』「九地」에 다음 구절이 있다. "故善用兵者 譬如率然 率然者 常山之蛇也 擊其首則尾至 擊其尾則首至 擊其中則首尾俱至(고로 군을 잘 쓰는 것은 솔연에 비유할 수 있다. 솔연은 상산의 뱀이다. 머리를 치면 꼬리가 덤비고 꼬리를 치면 머리가 덤비고 가운데를 치면 머리와 꼬리가 모두 덤빈다.)"

48 人順生~蠖屈伸行:『燕在閣知新錄』「造物生化不齊」에 나오는 구절이다. 원전에는 '草木之以根活者'가 '草木可揷而活者', '頭行'이 '兩頭行', '蠖'은 '蚨蠖'으로 되어 있다. 원전을 참고하되 작가의 서술을 그대로 살려 번역했다.

49 食而不飮者~暵死:『問奇類林』「博物 下」에 나오는 구절을 변용한 것이다. 원전에는 '蠶之壽', '蜩之壽', '蜉蝣之壽'가 없다. 작가가 친절하게 설명하려고 한 듯하다. 비슷한 구절이『연재각지신록』「조물생화부제」에도 있으나 순서까지 같은 것은『문기유림』의 기록이다.

50 夔:『산해경』「大荒東經」에 다음의 기록이 있다. "東海中有流波山 入海七千里 其上有獸 狀如牛 蒼身而無角 一足 出入水則必有風雨 其光如日月 其聲如雷 其名曰夔 黃帝得之 以其皮爲鼓 橛以雷獸之骨 聲聞五百里 以威天下(동해 가운데 유파산이 있는데, 바다로 7천 리 들어간다. 그 위에 소의 모습을 한 짐승이 있는데 몸이 푸르고 뿔이 없으며 다리는 하나이다. 물속으로 드나들면 반드시 비바람이 쳤다. 그 빛은 해와 달같이 빛나고 그 소리는 우레와 같았다. 그 이름은 기이다. 황제가 기를 얻어 그 가죽으로 북을 만들고 천둥소리를 내는 괴물인 뇌수의 뼈로 치니 그 소리가 5백 리까지 들려 천하에 위엄을 보였다.)"

51 貍: '貀'의 오기.『爾雅疏』「釋獸」에 다음의 기록이 있다. "貀無前足 釋曰 字林云 獸無前足 似虎而黑者 名貀 郭云 晉太康七年 召陵扶夷縣 檻得一獸 似狗豹文 有角兩脚 卽此種類也(놜은 앞발이 없다. 풀이는 다음과 같다.『자림』에서는 앞발이 없는 짐승이 있는데 호랑이와 비슷하면서 검은색이며 이름은 놜이라고 했다. 곽박이『산해경』에서 진나라 태강 7년에 우리에서 짐승 하나를 얻었는데 표범 무늬에 개처럼 생겼으며 뿔과 두 다리가 달렸다고 한 것이 바로 이 종류이다.)"

52 鰲: '螯'의 오기.

53 夔一足~少者不資於多:『연재각지신록』「天機自動」에 나오는 구절을 변용한 것이다. 원전에는 모든 '足' 다음에 '也'가 있다. '帶無足矣'도 '帶無足也'로 되어 있다. '蜘蟵'는 '蜘蛛'로 되어 있으나 의미상 차이가 없다. '鰲蟹'는 '螯蟹'의 오기이니 원전의 '螃蟹'와 뜻이 같다. '少者不資於多 此所以象數之不齊者也'는 원전에는 없는 작가의 말이다. '少者不資於多'는 원전의 '無者不資於有'와 대를 이루기 위한 서술이며, 그 뒤의 글은 작가의 친절한 설명이다.

54 鶂: 白鶂. 새의 일종.『장자』〈天運〉에 다음의 기록이 있다. "夫白鶂之相視 眸子不運而風化 蟲雄鳴於上風 雌應於下風而風化 類自爲雌雄 故風化(백역이라는 새는 암수가 서로 바라보면서

之鶗,[56] 感星而孕, 嘉陵之鳳,[57] 感水而孕, 扶桑之搖光, 感日而孕, 此皆不情[58]而感, 不交而生者也.[59] 木皆中實, 而婆羅樹則

09

中空, 竹皆中空, 而廣膝竹[60]則中實. 玉必沈水 而賚浮玉於西羌, 羽必浮水,

눈동자가 움직이지 않는데도 새끼를 뱁니다. 충이라는 벌레는 수컷이 바람 부는 위쪽에서 울고 암컷은 바람 부는 아래쪽에서 호응하여 새끼를 뱁니다. 유란 짐승은 스스로 암수를 겸하기 때문에 스스로 새끼를 뱁니다.)" 『장자』에서 말한 '풍화'는 암수 교배 없이 새끼를 밴다는 의미인데, 작가는 상권 각주 59의 자료 내용을 바탕으로 바람에 감응한다고 서술했다.

55 觚竹: 옛 나라 이름. '觚'를 '孤'로 쓰기도 한다. 『이아』「釋地」〈野〉에 "觚竹北户西王母日下 謂之四荒(고죽, 북호, 서왕모, 일하를 일러 사황이라고 한다.)"이라는 기록이 있다. 그 주석에는 "觚竹在北 北户在南 西王母在西 日下在東 皆四方昏荒之國 次四極者(고죽은 북, 북호는 남, 서왕모는 서, 일하는 동에 있는데 모두 사방에서 가장 먼 나라이다. 다음이 사극이다.)"라고 되어 있다. 朱子는 『楚辭集注』〈離騷〉의 "忽反顧以游目兮 將往觀乎四荒(문득 고개 돌려 둘러보며 장차 사방 끝을 구경하러 가리라.)"이라는 구절에 대한 주석에서 "荒 遠也 [···] 故復反顧而將往觀乎四方絶遠之國(황은 먼 것이다. [···] 거듭 돌아보며 장차 사방의 가장 먼 나라를 구경하러 가려는 것이다.)"이라고 설명했다.

56 鶗: 문헌에 따라서는 '鵜'으로 기록되어 있기도 하다.

57 鳳: 인용 원전에는 '鳶'으로 되어 있다.

58 不情: '不精'의 오기.

59 西崗之鶂~不交而生者也: 『天禄閣外史』「天文」에 있는 다음의 기록을 변용한 것이다. "徐淵遊於蜀山 見蒼禽集西崗之坡 順風而交鳴 徐淵異之 歸而問諸徵君曰 此何禽也 曰 蒼鶂乎 鶂之孕 不精而感 不交而生 其感也以風 其生也以睨 此之謂氣化 其鳥載於爾雅者也 子不聞觚竹之荒有鳥曰鶗 翼生於股 熒惑見則孕 是以禽而感於星也 嘉陵之墟有鳥曰鳶 鳶臨溪而啄影則孕 吐於口而生 是感於水也 扶桑之野有鳥曰搖光 感日之精 千歲一孕 其形如龜 是感於日也 此三禽者, 爾雅不得而載焉(서연이 촉산에서 노닐다가 서강 언덕에 푸른 날짐승이 모여 바람을 타며 번갈아 우는 것을 보았다. 서연이 이상하게 여겨 돌아와 징군(나라에서 불러도 벼슬에 나가지 않는 은사)에게 물었다. '이것이 무슨 날짐승입니까?' '푸른 역이라는 새입니다. 역이 새끼를 밸 때는 교배하지 않아도 교감하여 생깁니다. 바람으로 교감하며 바라보는 것으로 새끼를 배기에 이를 일러 기화라고 합니다. 이 새는 『이아』에 실려 있습니다. 그대는 천지의 끝인 고죽에 있는 제라는 새에 대하여 들어 보지 못했습니까? 날개는 넓적다리에서 생겨나고 형혹성을 보면 새끼를 뱁니다. 이는 날짐승으로 별에 감응하는 것입니다. 가릉의 빈터에는 연이라는 새가 있습니다. 연은 시내에 임하여 그 비친 모습을 쪼면 새끼를 배고 입으로 토해 내어 새끼를 낳습니다. 이는 물에 감응하는 것입니다. 부상의 들판에는 요광이라는 새가 있습니다. 햇빛의 정기에 감응하여 천 년에 한 번 새끼를 뱁니다. 그 모습은 거북이 같은데 이는 태양에 감응한 것입니다. 『이아』에서는 이 세 날짐승을 싣지 못했습니다.')" 『문기유림』「박물 하」에서도 유사한 내용을 찾을 수 있다.

60 廣膝竹: '廣藤竹'의 오기.

琛沒羽[61]於焦僥,[62] 沈香木至輕也,[63] 而投積水則沈中, 冷泉[64]亦水也, 而盛錫器則洩. 金不能切玉, 而昆吾刀可以切玉,[65] 蕭山火至涼也,[66] 而可以供爨也.[67] 雀化爲蛤, 羽而甲也, 蛇化爲龜, 蟄而介也, 雉化爲蜃, 羽而鱗也, 田鼠化爲鴽, 毛而羽也. 朽桼化爲蝴蝶, 無情而有情也, 山蚯化爲百合, 有情而無情也, 此所以氣化之不同者也."[68] 柴生曰: "一藝一善, 物各有之, 畧畧可聞歟?" 對曰: "蜂蟻

61 沒羽: 물에 가라앉는 깃털. 『藝文類聚』「帝王部」〈帝堯陶唐氏〉에 "僬僥民來貢沒羽(초요국 백성이 와서 물에 가라앉는 깃털을 바쳤다.)"라는 기록이 있다.

62 焦僥: 나라 이름. 『산해경』「大荒南經」의 "有小人 名曰焦僥之國 幾姓 嘉穀是食(난쟁이들이 있는 곳은 이름을 초요국이라고 했는데 성씨가 모두 기이고, 좋은 곡식을 먹었다.)"이라는 구절에 "皆長三尺(그곳 사람은 다 자라야 삼 척이다.)"이라는 주석을 달아놓았다. 庾信의 〈哀江南賦〉에는 "西賮浮玉 南琛沒羽(서쪽에서는 물에 뜨는 옥을 예물로 바치고, 남쪽에서는 물에 가라앉는 깃털을 보배로 바친다.)"라는 구절이 있다.

63 沈香木至輕也: 『法苑珠林』「華香篇」〈引證部〉에 "其心至堅者 置水則沈 名曰沈香 其次 在心白之間 不甚堅精 置之中 不沈不浮與水面平者 名曰棧香(고갱이가 지극히 견고하여 물에 넣어 가라앉는 것을 침향이라고 한다. 그다음 고갱이 사이가 심히 굳거나 정밀하지 않아 물에 넣으면 가라앉지도 뜨지도 않은 채 수면과 평행을 이루는 것을 잔향이라고 한다.)"이라는 구절이 있다.

64 冷泉: 문헌에 따라서는 '丹井'으로 되어 있다. 『明一統志』「寧波府」에 "丹井[在象山縣西棲霞觀 相傳陶弘景 取此水以煉丹 其水盛以錫器則液滲於外 又名透瓶泉](단정[상산현 서쪽 서하관에 있다. 도홍경이 이 물로 단약을 제련했다고 전한다. 그 물을 주석으로 된 그릇에 담으면 밖으로 흘러나온다. '투병천'이라고도 한다.])"이라는 기록과 주석이 있다.

65 昆吾刀可以切玉: 『열자』「湯問篇」에 "周穆王大征西戎 西戎獻昆吾之劍 火浣之布 其劍長尺有咫 練鋼赤刃 用之切玉 如切泥焉(주나라 목왕이 서융을 크게 정벌했다. 서융이 곤오검과 화완포(불에 빠는 천)를 바쳤다. 그 칼의 길이는 한 척 여덟 치이며 제련된 강철로 만든 붉은 칼날로 되어 있었다. 그 칼을 이용하여 옥을 자르면 마치 진흙을 자르는 것과 같았다.)"이라는 구절이 있다.

66 蕭山火至涼也: 『草木子』「管窺篇」에 "康節云 世有溫泉而無涼火 蓋陰能從陽 陽不能從陰也 此說固然 乃常理也 然北方蕭山 亦有涼火也(소강절은 세상에는 따뜻한 샘은 있으나 차가운 불은 없으니 대개 음은 양을 따를 수 있으나 양은 음을 따를 수 없기 때문이라고 말했다. 이 설은 진실로 그러하며 떳떳한 이치이다. 그러나 북방의 소산에는 또한 차가운 불이 있다.)"라는 구절이 있다.

67 木皆中實~可以供爨也: 『연재각지신록』「조물생화부제」에 나오는 구절을 변용한 것인데, 그곳에는 "玉必沈水 而賮浮玉於西羌 羽必浮水 琛沒羽於焦僥(옥은 반드시 물에 가라앉지만, 서강에서는 물에 뜨는 옥을 예물로 삼고, 깃털은 반드시 물에 뜨지만, 초요에서는 물에 가라앉는 깃털을 보배로 삼습니다.)"라는 내용은 없다. '而投積水'는 '以水沈之', '盛錫器則洩'은 '錫器盛之洩', '金不能切玉 而昆吾刀可以切玉'은 '昆吾刀亦金也 而可以切玉', '供爨也'는 '供爨'으로 되어 있으나 내용상 큰 차이가 없다.

68 雀化爲蛤~此所以氣化之不同者也: 『문기유림』「박물 하」에 나오는 구절이다. '毛而羽也' 다음에 '老楓化羽人', '無情而有情也' 다음에 '婦人化石'이 더 있다. '此所以氣化之不同者也'는 작가의

之忠, 虎狼之孝,[69] 鵙鳩之別,[70] 雉善聽, 狼善視, 狐善疑, 猶善豫, 駱駝善知泉, 象善知地之虛實,[71] 蜣善丸, 蝅善織, 蟻善知雨, 鳶善知風, 蜘蛛善經綸, 物皆有一藝一善, 而人皆兼之, 故惟人最貴." 柴生節節稱賞曰: "奇哉! 奇哉! 若非玉帶毬馬[72]之神, 復降人寰, 無乃雪雲苕水之精, 專在此家耶? 此兒之博涉穎悟,

10

雖方訖之對夫子,[73] 楊兒之對孔融,[74] 無以加此, 僕之賤息阿車, 粗解文字, 而

말이다. 작가가 '老楓化羽人'과 '婦人化石'을 제외한 것은 굳이 두 개의 예를 들 필요가 없다고 생각했기 때문이 아닌가 한다. 『述異記』에 "南中有楓木鬼 楓木之老者爲人形 亦呼爲靈楓 蓋癭瘤也(남중 땅에는 풍목귀라고 하는 것이 있다. 단풍나무가 오래되어 사람의 형태가 된 것이니 또한 영풍으로 부르기도 한다. 대개 뭉쳐서 튀어나온 영류이다.)"라는 기록이 있다. 『본초강목』「木之一」〈風香脂〉에 "荀伯子臨川記云 嶺南楓木 歲久生瘤如人形 遇暴雷驟雨則暗長三五尺 謂之楓人(순박자의 〈임천기〉에 영남에 단풍나무가 있는데 세월이 오래되면 영류가 생겨 사람의 형태가 된다. 맹렬한 우레에 소낙비를 만나면 모르는 사이에 15척까지 자라기에 풍인이라고 한다고 했다.)"이라는 주석이 있다. 또한 『본초강목』「人之一」〈人傀〉에는 '婦人化石'이 '賢婦化爲貞石(어진 부인이 곧은 바위로 변하다.)'으로 되어 있고, 그 뒤에 "自有情而之無情也(유정한 것에서 무정한 것으로 된 것이다.)"라는 서술이 이어진다.

69 虎狼之孝: 『장자』〈천운〉에 다음의 구절이 있다. "商大宰蕩問仁於莊子 莊子曰 虎狼 仁也 曰 何謂也 莊子曰 父子相親 何爲不仁(상나라 재상 탕이 장자에게 仁을 물었다. 장자가 말했다. '범과 이리가 어집니다.' '무슨 뜻입니까?' '아비와 새끼가 서로 친한데, 어찌 어질지 않다고 하겠습니까?')"

70 蜂蟻之忠~鵙鳩之別: 『연재각지신록』「物各一倫」에 "虎狼有父子 而蜂蟻有君臣 雎鳩有夫婦 而鴻雁有長幼(범과 이리에게는 부자의 윤리가 있고, 벌과 개미에게는 군신의 윤리가 있다. 물수리와 비둘기에게는 부부의 윤리가 있고 크고 작은 기러기에게는 장유의 윤리가 있다.)"라는 서술이 있다.

71 雉善聽~象善知地之虛實: 『연재각지신록』「조물생화부제」에 나오는 구절이다. 다만 '狐善疑 猶善豫'는 '狐善疑猶豫(여우는 의심하며 머뭇거리기를 잘한다.)'로 되어 있다. 다른 문헌에서는 '狐善疑' 이후 '駱駝'로 이어질 뿐 '猶豫'가 있는 표현은 찾을 수 없다.

72 玉帶毬馬: 소식의 〈表忠觀碑〉에 "曄如神人 玉帶毬馬(신인처럼 빛나는 분이 관복에 옥대를 두르고 큰 말을 탔었지.)"라는 구절이 있다.

73 方訖之對夫子: 방흘은 「孔子童子問答」의 주인공이다. 지혜로운 소년 방흘이 공자의 질문에 막힘없이 대답하는 반면 공자는 방흘의 질문에 말문이 막힌다는 내용이다. 중국 돈황에서 발견된 「孔子項託相問書」에 연원이 있고, 이것이 명말의 「小兒論」으로 이어지다가 우리나라에 수용된 것으로 보인다. 중국의 경우 어린아이의 이름은 項橐 또는 項託이다.

74 楊兒之對孔融: '楊兒'는 중국 東漢의 문인 楊修. 공융은 중국 후한 말기의 학자로 공자의 20대손. 『東坡詩集註』「酬答 中」〈次韻曺九章見贈〉의 "正平獨肯從文擧(예형만이 공융을 따르려고

較之於此兒, 則不知落下幾層, 後日適足爲此兒之傔從矣." 因百拜致賀於循華而去. 是年冬, 循華猝遘怪祟, 兪跗[75]克金之劑, 倉公[76]洗髓之方, 無益天定之限, 遽爾捐舘 臨訣之際, 握夢玉之手而語曰: "成就在汝, 窮達在天, 勉之勉之." 夢玉泣受末[77]語, 斬然在疚, 居數月, 楊氏又以天年終. 夢玉年才十一, 並失怙恃, 哀毁罔極之狀, 令人不忍見, 然而擗踊之節, 袒括之儀, 動合禮節, 與數三婢僕, 朝夕奉奠, 又能措家事, 儼然如老成之人也. 是年二月, 營兆於浮玉山左麓, 一日, 往哭楸原, 迤過苕霅之間, 千岩競秀, 萬壑爭流, 依稀鏡剡間, 風物覽物, 興悲行行, 日已晩矣, 轉到水窮雲起之處, 層崖絶壁, 削立千仞, 鸛鶴磔磔雲霄間, 忽聞咳笑

하였네.)" 구절에 대한 주석에 다음의 서술이 있다. "後漢 禰衡字正平 唯善孔融楊修 嘗曰 大兒孔文擧 小兒楊德祖 餘子碌碌不足數(후한 때 자가 정평인 예형은 오직 공융과 양수만을 좋게 여겨 일찍이 이렇게 말했다. '큰 젊은이는 공융(문거는 공융의 자)이고, 작은 젊은이는 양수(덕조는 양수의 자)이다. 나머지 사람들은 평범하고 보잘것없어 넣어줄 수 없다.')" 『예문유취』「果部 하」〈楊梅〉에 다음의 구절이 있다. "郭子曰 楊氏子年九歲 孔君平詣其父 設果有楊梅 孔指示兒曰 此實君家果 兒應聲答曰 未聞孔雀是夫子家禽(남북조시대 郭澄之가 편찬한 「곽자」에서는 '양씨 아들의 나이가 아홉 살이었다. 孔坦(군평이 그의 자)이 그의 아버지를 방문했는데 양매라는 과일이 차려져 있었다. 공탄이 아이에게 가리켜 보이며 말했다. '이것이 실로 그대 집안의 과일인가?' 그 말에 아이가 답했다. '공작이 선생님 집안의 새라는 소리는 들어본 적이 없습니다.')" 이것이 양수와 공융 사이의 일로 전하기도 한다. 『太平御覽』「宗親部 八」〈子〉에는 다음의 서술이 있다. "郭子曰 楊修字德祖 九歲聰惠 孔文擧詣其父 父不在 乃呼修 修爲設果 果有楊梅 融指示兒曰 此君之家果耶 修應聲曰 未聞孔雀是夫子之家禽獸(「곽자」에서 '자가 덕조인 양수는 아홉 살에 매우 총명했다. 공융이 그의 아버지를 방문했다가 아버지가 없자 양수를 불렀다. 양수가 양매라는 과일을 차려 나가자 공융이 아이에게 가리켜 보이며 말했다. '이것이 그대 집안의 과일인가?' 그 말에 양수가 답했다. '공작이 선생님 집안의 새라는 소리는 들어 본 적이 없습니다.')"

75 兪跗: 중국 고대 황제 때의 名醫. 『사기』「열전」〈扁鵲倉公〉에 다음의 서술이 있다. "臣聞上古之時 醫有俞跗 治病不以湯液醴灑鑱石撟引案扤毒熨 一撥見病之應 因五藏之輸 乃割皮解肌 訣脈結筋 搦髓腦 揲荒爪幕 湔浣腸胃 漱滌五藏 練精易形(저는 상고 때의 의원 유부는 병을 고치는 데 있어서 탕약이나 약주, 돌침, 도인술, 안마, 고약을 사용하지 않고 옷을 풀어 헤쳐 진찰하여 병의 반응을 보고는, 오장의 경혈에 따라 피부를 가르고 살을 열어 맥을 통하게 하고 힘줄을 이었으며, 척수와 뇌수를 누르고 고황을 건드리며 횡격막을 움켜잡고 장과 위를 씻어 내며 오장을 씻어 내어 정기를 다스리고 모습을 바꾸어 놓았다고 들었습니다.)"

76 倉公: 전한 문제 때의 명의 淳于意. 太倉令으로 일한 적이 있어서 창공 혹은 태창공으로 불린다.

77 末: '未'의 오기. 서강대본에는 '未'로 되어 있다.

11

之聲, 因風吹下, 心知其必有異也. 遂攀崖緣壁而上, 第見玉樹青葱, 香雲掩冉中, 有一老人, 頂七星巾, 披六銖衣, 乘飛雲履,[78] 立於岩崁之際, 囅然一笑, 因賦詩一章曰: "庶見素冠兮, 棘人欒欒兮, 勞心慱慱兮."[79]

夢玉慌忙, 叉手而拜曰: "小子積戾稽天, 幷訣怙恃, 伶伶俜俜, 靡所底控, 幸逢大人於靈瑩之地, 此乃矇兒開明之日也. 願大人勿秘玉音." 老人固知孺子之到此, 故暫此彷徨矣. 夢玉曰: "敢問杖屨之所, 果在那邊?" 老人曰: "此去四恩[80]之地, 有九仙山, 卽左先生【左元放[81]】· 許眞人【許邁[82]】, 鍊形之地,[83] 盧行

---

78 飛雲履: 검은 비단에 흰 명주로 구름 모양을 넣어 만든 신발. 『雲仙雜記』 〈飛雲履〉에 다음의 서술이 있다. "白樂天燒丹於廬山草堂 作飛雲履 玄綾爲質 四面以素綃作雲朵 染以四選香 振履則如煙霧 樂天着示山中道友曰 吾足下生雲 計不久上升朱府矣(백낙천이 여산 초당에서 단약을 다릴 때 비운리를 만들었다. 검은 비단을 바탕으로 하여 사면에는 흰 솜으로 구름 다발을 만들어 달고 四選香으로 염색했는데, 신을 흔들면 연무가 이는 듯했다. 백낙천이 신고는 산속 도닦는 친구들에게 보여 주며 말했다. '내 발밑에서 구름이 생기니 곧 신선이 있는 곳으로 오르리라.')"

79 庶見素冠兮~勞心慱慱兮: 『시경』 「檜風」 〈素冠〉에 나오는 구절이다.

80 四恩: 세상에서 받는 네 가지 은혜. 『韻府群玉』 「十二文」에서는 『大乘本生經』을 인용하면서 "四恩 父母師長國王施主(사은은 부모은, 스승은, 국왕운, 시주운이다.)"라고 했다. 반면 『閱藏知津』 「大乘經藏方等部 第二之六」 〈大乘本生心地觀經〉에서는 "世間四恩 一父母恩, 二衆生恩 三國王恩 四三寶恩(세상의 사은은 첫째 부모은, 둘째 중생은, 셋째 국왕은, 넷째 삼보은이다.)"이라고 했다.

81 左元放: 東漢 말기의 도사 左慈. 『신선전』에 다음의 기록이 있다. "左慈者 字元放 廬江人也 少明五經 兼通星緯 見漢祚將盡 天下亂起 乃嘆曰 値此衰運 官高者危 財多者死 當世榮華不足貪也 乃學道術 尤明六甲 能役使鬼神 坐致行廚 精思於天柱山中 得石室內九丹金液經 能變化萬端 不可勝紀(좌자는 자가 원방으로 여강 사람이다. 어려서 오경에 밝았고 아울러 점성학에도 능통했다. 한나라가 곧 망하여 천하에 난이 일어날 것을 알고 탄식하며 말했다. '이렇게 나라가 쇠하는 운세일 때는 높은 벼슬을 하는 자는 위태롭고, 재물이 많은 자는 죽을 것이니 현세의 부귀영화는 탐낼 것이 못 된다.' 이에 도술을 배웠는데 특히 둔갑술인 육갑에 밝아 능히 귀신을 부려 앉은 채로 요리가 나오게 할 수 있었다. 천주산에서 정성을 다하여 수련하다가 석실 안에서 구단금액경을 얻어 온갖 것으로 변할 수 있게 되었으니, 모두 기록할 수는 없다.)"

82 許邁: 晉나라의 도사. 『진서』 「열전」 〈허매〉에 다음의 기록이 있다. "許邁 字叔玄 一名映 丹陽句容人也 家世士族 而邁少恬靜 不慕仕進 未弱冠 嘗造郭璞 […] 父母尙存 未忍違親 […] 朔望時節 還家定省而已 父母旣終 乃遣婦孫氏還家 遂携其同志遍遊名山焉(허매는 자가 숙현이다. 허영이라고도 한다. 단양 구용 사람이다. 집안이 대대로 사족인데, 어려서 성품이 고요하여 벼슬에 나아가는 것을 원하지 않았다. 약관이 되기도 전에 일찍이 진나라 도사 곽박을 만났다. […] 부모가 살아 있을 때는 차마 어버이를 떠날 수 없어서 […] 삭망 때에는 집으로 돌아와 혼정신성

者[84]·雪竇師,[85] 說法之所也. 老儂卽許眞人之雲仍也. 捃摭餘道, 遨遊於仙佛之間者, 已百八年矣." 夢玉曰: "塵世之人, 膏火煎心, 未解頤生之術, 願大人指敎." 老人曰: "道有十二, 而仙佛居其一, 仙近於誕, 佛

12

近於滅, 而苟求其本, 則不可歸之於虛妄不根之科者也. 第聞仙經云, '上士擧形昇虛, 謂之天仙, 中士遊於名山, 謂之地仙, 下士先死後蛻, 謂之尸解仙也.'[86] 焚芝朮辭羶葷·淸籟飂飅於草木, 天香氛氳於崖谷, 此道家之所貴也,[87]

할 뿐이었다. 부모가 죽자 아내 손씨를 내보내 집으로 돌아가게 하고는 마침내 뜻을 같이하는 사람들의 손을 잡고 명산을 두루 노닐었다.)"

83 有九仙山~錬形之地: 『동파시집주』「산악」〈宿九仙山〉 제목에 다음의 주석이 있다. "九仙山 東晉葛洪許邁 煉丹之地(구선산은 동진 사람 갈홍과 허매가 수련하던 곳이다.)" 또한 같은 시의 "玉室金堂餘漢士"라는 구절에 다음의 주석이 있다. "許邁與王逸少書云 自山陰南至臨安 多有金堂玉室 左元放之徒 漢末諸得道者 皆在焉(허매가 왕희지에게 준 글에서 '산음에서 남쪽으로 임안에 이르기까지 금과 옥으로 지은 집이 많이 있는데, 좌자의 무리와 한나라 말기 여러 득도한 자들이 모두 그곳에 있다.'고 했다.)"

84 盧行者: 당나라 禪宗 六祖 慧能禪師를 달리 칭하는 말. 『불광대사전』〈노행자〉에 "俗姓盧 初在蘄州(湖北)黃梅憑茂山 五祖弘忍門下修道 稱爲盧行者 或盧居士(세상에서 부르는 성은 노이다. 처음에 호북 기주 황매현 빙무산에서 오조 홍인의 문하에서 도를 닦았다. 노행자 또는 노거사로 불린다.)"라는 구절이 있다.

85 雪竇師: 『불광대사전』〈雪竇〉에는 당나라에서 명말청초까지 모두 여덟 명의 승려가 기술되었다. 다만 앞의 '노행자'를 고려하면 당나라의 승려 설두를 가리키는 것으로 보인다. 『불광대사전』〈설두〉의 설명은 다음과 같다. "唐代僧 河北人 俗姓李 號常通恆通 出家於鵲山 二十歲受戒於本鄕開元寺 學習經律七年 後參謁長沙景岑 竝嗣其法 大順二年 應郡守之請 始開浙江雪竇山盛興敎化(당나라 때 승려로 하북 사람이다. 속세의 성은 이이다. 호는 상통 또는 항통이다. 작산에서 출가하여 스무 살에 고향에 있는 개원사에서 계를 받았다. 7년 동안 경률을 학습하고 후에 장사에서 경잠 선사를 만나 그 법통을 아울러 이었다. 대순 2년(891)에 군수의 청에 응하여 절강 설두산에서 시작하여 교화를 이루었다.)"

86 第聞仙經云~謂之尸解仙也: 『동파시집주』「居室」〈遷居一首〉의 "雖慙抱朴子 金鼎陋蟬蛻(비록 포박자 보기에는 부끄럽지만, 단약 향로는 볼품없이 껍질만 남아)"라는 구절에 있는 주석을 변용한 것이다. '第聞仙經'이 "抱朴子按仙經云(포박자에 '선경을 살펴보니 이렇게 말했다.')"으로, '尸解仙也'가 '尸解仙'으로 되어 있을 뿐 다른 내용은 같다.

87 焚芝朮辭羶葷~此道家之所貴也: 『동파시집주』「亭榭」〈種德亭〉의 구절 "小圃傍城郭 閉門芝朮香(조그마한 밭이 성곽 옆에 있고, 닫힌 문에서는 지초와 차조 향이 새어 나온다.)"에 있는 주석이다.

故所遊之地, 玄圃[88]閬風,[89] 十洲[90]三山, 十二福地,[91] 三十六洞天,[92] 而皆有銀坮[93]·金闕[94]·金牀·玉局[95]·算心[96]之所. 所服之物, 靑精[97]玉芝,[98] 金光[99]四

88 玄圃: 곤륜산 정상에 있다고 하는 신선의 거처. 『漢書』 「郊祀志 第五十」의 "黃帝時爲五城十二樓" 구절에 다음의 주석이 있다. "應劭曰 崑崙玄圃五城十二樓 仙人之所常居(응소가 말했다. '곤륜산 현포의 5성 12루는 선인들이 항상 거처하는 곳이다.')" 『文選』 「京都中」 〈東京賦〉의 "左瞰陽穀 右睨玄圃" 구절에 다음의 주석이 있다. "陽穀日出之處 玄圃在崑崙山上 瞰望也 睨視也 善曰 淮南子曰 懸圃在崑崙閶闔之中 玄與懸 古字通(양곡은 해가 뜨는 곳이다. 현포는 곤륜산 위에 있다. 감은 바라보는 것이다. 예는 보는 것이다. 이선이 말했다. '회남자에 현포가 곤륜산 안에 있다고 했다.' 玄과 縣은 옛글자에서 통용된다.)" 〈동경부〉는 자가 平子인 후한의 문인 張衡의 작품이다.

89 閬風: 곤륜산의 신선이 산다고 전해지는 곳. 『후한서』 「열전」 〈張衡傳〉의 "登閬風之曾城兮 搆不死而爲牀"의 구절에 章懷太子에 대한 다음의 주석이 있다. "閬風山名 在崐崙山上 楚辭曰 登閬風而緤馬 淮南子曰 崐崙山有曾城九重 高萬一千里 上有不死樹在西(낭풍은 산 이름이다. 곤륜산 위에 있다. 초사에서는 '낭풍에 올라 말을 매어 놓다.'라고 노래했다. 회남자에는 '곤륜산에 아홉 겹의 증성이 있는데 높이가 만 천 리이다. 그 위에 죽지 않는 나무가 서쪽에 있다.'라고 했다.)"

90 十洲: 고대 신선이 산다고 전해지는 곳. 『海內十洲記』에 다음의 글이 있다. "漢武帝既聞王母說八方巨海之中 有祖洲瀛洲玄洲炎洲長洲元洲流洲生洲鳳麟洲聚窟洲 有此十洲 乃人跡所稀絕 又始知東方朔非世常人 是以延之曲室 而親問十洲所在 所有之物名(한무제는 이미 서왕모가 '팔방의 큰 바다 가운데 조주, 영주, 현주, 염주, 장주, 원주, 유주, 생주, 봉린주, 취굴주 등이 있는데 이 열 개의 주는 인적이 아주 드문 곳'이라고 한 말을 들었다. 또한 비로소 동방삭이 세상의 평범한 사람이 아님을 알고 깊은 밀실로 이끌고는 이 열 개의 주가 있는 곳과 그곳에 있는 물명 등을 친히 물었다.)"

91 十二福地: '七十二福地'의 오기. 인용 원문에 '七十二福地'로 되어 있다.

92 福地~洞天: 복지와 동천은 도교의 언어로 신령이 사는 아름다운 산과 장소를 가리킨다. 당나라 杜光庭은 『洞天福地記』 「十大洞天」에 "太上曰 十大洞天者 處天地名山之間 是上天遣群仙統治之所(태상노군이 말했다. '10대 동천은 천지의 명산 사이에 있는데, 이는 천제가 파견한 여러 신선이 통치하는 곳이다.)"라고 했다. 같은 책 「三十六小洞天」에서는 "太上曰 其次三十六小洞天 在諸名山之中 亦上仙所統治之處也(태상노군이 말했다. '그다음은 서른여섯 개의 소동천인데 여러 명산 속에 있다. 또한 하늘에 올라간 신선인 상선이 통치하는 곳이다.)"라고 했다. 같은 책 「칠십이복지」에서는 "太上曰 其次七十二福地 在大地名山之間 上帝命眞人治之 其間多得道之所(태상노군이 말했다. '그다음은 72개의 복지인데 대지의 명산 사이에 있다. 이는 상제가 도를 깨달은 사람에게 명하여 다스리는데 그 안에 득도하는 곳이 많다.)"라고 했다.

93 銀坮: 서왕모가 산다고 전해지는 곳. 『문선』 「경도 중」 〈思玄賦〉의 "聘王母於銀臺兮 羞玉芝以療飢(은대에 있는 서왕모를 초빙하여 요기하라고 옥지를 올린다.)" 구절에는 다음의 주석이 있다. "王母 西王母也 銀臺 王母所居 […] 善曰 史記曰 三神山仙人在焉 黃金白銀爲宮闕 王母仙者 故假言之 本草經曰 白芝一名玉芝(왕모는 서왕모이다. 은대는 서왕모가 거처하는 곳이다. […] 이선이 말했다. 『사기』에서는 삼신산에는 선인들이 있는데 황금과 백은으로 궁궐을 만든다고 했다. 서왕모가 신선이기 때문에 가탁하여 말한 것이다. 『본초경』에서 백지는 일명 옥지라고 하고 있다.)" 〈사현부〉는 장형의 작품이다.

94 金闕: 신선이 사는 곳. 동방삭이 편찬한 『神異經』에는 "西北荒中有一金闕, 相去百丈 有明月珠徑二尺 光照二千里(서북 끝에 금궐이 하나 있다. 백 길 떨어진 곳에 지름이 2척 되는 명월주가

照,[100] 偓佺之松子,[101] 赤松之水玉,[102] 安期生之石菖蒲,[103] 籛鏗之雲母粉,[104] 抱

있는데 빛이 2천 리를 비춘다.)"라는 서술이 있다.

95 玉局: 도관의 이름. 『無上秘決』「正一炁治品」〈玉局治〉에는 "上應鬼宿 昔永壽元年正月七日 太上老君乘白鹿張天師乘白鵠來此 坐局腳玉牀 即名玉局治 在成都南門左(위로 28수의 하나인 귀수에 응한다. 옛날 영수 원년(155) 1월 7일에 태상노군이 흰 사슴을, 장천사가 흰 고니를 타고 이곳에 와서 굽은 받침의 옥상에 앉았기에 옥국치라고 이름한 것이다. 성도 남문 왼쪽에 있다.)"라는 서술이 있다.

96 算心: 사람의 마음을 읽어 내는 술법. 『동파시집주』「송별 상」〈送范景仁遊洛中〉의 "蘚書標洞府" 구절에 다음의 주석이 있다. "堯卿曰 按潁陽石唐山一峰 特峙勢雄秀 獨支徑通 絕頂有石室 邢和璞算心處(요경이 말했다. '살펴보니 영양 땅 석당산의 한 봉우리가 특히 산세가 뛰어난데 오솔길 하나만 통한다. 정상에는 석실이 있는데 당나라 때 도사인 형화박의 산심처이다.')"

97 青精: 도교에서 辟穀할 때 먹는 환약. 青精飯, 青精石飯이라고도 한다. 송나라 林洪은 『山家清供』〈청정반〉에서 "仙方又有青精石飯, 世未知石爲何也 按本草 用青石脂三觔 青粱米一斗 水浸三日 搗爲丸如李大 白湯送服 一二丸可不飢(도교의 처방에는 또한 청정석반이 있는데, 세상에서는 돌이 무엇인지 알지 못한다. 본초를 살펴보면 청석지 세 근, 청량미 한 말을 물에 3일 동안 담갔다가 빻아서 자두 크기만 하게 환약을 만들어 끓인 물로 복용하면 한두 알만으로도 배가 고프지 않다.)"라고 했다.

98 玉芝: 도교에서 먹는 음식. 상권 각주 93 참고. 『후한서』「열전」〈馮衍傳〉의 "飮六醴之清液兮 食五芝之茂英(은대에 있는 서왕모를 초빙하여 요기하라고 옥지를 올린다.)" 구절에 장회태자의 다음의 주석이 있다. "茅君內傳曰 句曲山上有神芝五種 一曰 龍仙芝 […] 第二名參成芝 […] 第三名燕胎芝 […] 第四名夜光芝 […] 第五名曰 玉芝 剖食(모군내전에서 말했다. '구곡산 위에는 신비한 지초 다섯 종이 있다. 첫째는 용선지이다. […] 둘째는 삼성지이다. […] 셋째는 연태지이다. […] 넷째는 야광지이다. […] 다섯째는 옥지이다. 쪼개서 먹는다.)"

99 金光: 금광초. 고대 전설에 나오는 신선초이다. 『光群芳譜』「卉譜」〈금광초〉에 다음의 서술이 있다. "廣異記 謝元卿至東岳夫人所居 有異草 葉如芭蕉 花正黃色 光可以鑑 曰 此金光草也 食之化形靈 元壽與天齊 […] 唐李白 願餐金光草 壽與天齊頃(당나라 문인 戴孚가 지은 『광이기』에서는 '사원경이 동악부인의 거처에 이르렀는데 기이한 풀이 있었다. 잎은 파초와 같았고 꽃은 샛노란색이며 광택이 날 정도로 빛이 났다. 동악부인이 이는 금광초이니 먹으면 신령하게 되고 수명은 무한정이 될 것이라고 말했다.'라고 했다. […] 당나라 시인 이백은 '금광초를 먹어 수명이 하늘과 같아지기를 바라네.'라고 했다.)"

100 四照: 사조화. 사방을 두루 비추는 꽃이다. 『산해경』「南山經」에 "南山經之首曰䧿山 其首曰招搖之山 臨于西海之上 多桂多金玉 有草焉 其狀如韭而青花 其名曰祝餘 食之不飢 有木焉 其狀如穀而黑理 其花四照 其名曰迷穀 佩之不迷(「남산경」의 첫머리는 작산이다. 작산의 첫머리는 소요산인데 서해 가에 임해 있다. 계수나무가 많고 금과 옥이 많다. 풀이 있는데 생김새는 부추 같고 푸른 꽃이 핀다. 이름을 축여라고 한다. 이것을 먹으면 배가 고프지 않다. 나무가 있는데 생김새는 닥나무 같고 결이 검으며 빛이 사방을 비춘다. 이름을 미곡이라고 한다. 이것을 몸에 차면 길을 잃지 않는다.)"라는 서술이 있다.

101 偓佺之松子: 악전은 陶唐氏 때의 仙人이다. 『搜神記』에"偓佺者 槐山採藥父也 好食松實 形體生毛長七寸 兩目更方 能飛行逐走馬 以松子遺堯 堯不暇服 松者 簡松也 時受服者 皆三百歲(악전은 괴산에서 약초 캐는 노인으로 소나무 열매를 즐겨 먹었다. 몸에는 털이 났는데 일곱 치나 자랐고, 두 눈은 네모났다. 능히 날아 달리는 말을 따라갈 수 있었다. 소나무 열매를 요임금에게 보냈으나 요임금은 먹을 틈이 없었다. 소나무는 간송이다. 이때 그것을 먹은 사람들은 모

朴子之黃精,[105] 而交梨火棗,[106] 碧桃水桂, 飛騰之藥[107]焉. 又有補導修鍊之方,

두 3백 년을 살았다.)"라는 서술이 있다.

102 赤松之水玉: 적송자는 신농씨 때 비를 관할하던 신. 『열선전』에는 다음의 서술이 있다. "赤松子者 神農時雨師也 服水玉以教神農 能入火自燒 往往至崑崙山上 常止西王母石室中 隨風雨上下 炎帝少女追之 亦得仙俱去 至高辛時 復爲雨師 今之雨師本是焉(적송자는 신농 때의 우사이다. 수옥을 복용하며 신농에게 가르쳐 주었다. 불에 들어가 스스로 태울 수 있었다. 왕왕 곤륜산에 이르러 늘 서왕모 석실에 머물렀다. 바람과 비를 쫓아 오르내렸다. 염제의 딸이 쫓아다니다 또한 신선이 되어 함께 떠났다. 고신 때에 다시 우사가 되었다. 오늘의 우사가 본래 이것이다.)" 『산해경』「남산경 제1」의 "多水玉" 구절에 다음의 서술이 있다. "水玉 今水精也 相如上林賦曰 水玉磊砢 赤松子所服(수옥은 지금의 수정이다. 사마상여의 〈상림부〉에서는 수옥이 무척이나 많이 쌓여 있다고 노래했다. 적송자가 복용한 것이다.)"

103 安期生之石菖蒲: 안기생은 중국 秦나라 사람으로 봉래산에 들어가 신선이 되었다고 전해진다. 『고사전』〈안기생〉에 다음의 기록이 있다. "安期生者 琅琊人也 受學河上丈人 賣藥海邊 老而不仕 時人謂之千歲公 秦始皇東遊 請與語三日三夜 賜金璧直數千萬 出置阜鄉亭而去 留赤玉舄爲報 留書與始皇曰 後數十年 求我於蓬萊山下(안기생은 낭야 사람이다. 하상장인에게 수학했다. 해변에서 약을 팔며 늙도록 벼슬에 나가지 않았는데 당시 사람들은 그를 '천세공'이라고 했다. 진시황이 동유하면서 청하여 함께 3일 밤낮을 이야기하고는 수천만 값어치의 금과 보배를 내려 주었지만 이를 부향정에 두고 떠나면서 붉은 옥 신발을 남겨 보답했다. 진시황에게 편지를 남겨 '수십 년 뒤에 저를 봉래산 아래에서 찾으십시오.'라고 했다.)" 『南方草木狀』〈창포〉에는 다음의 서술이 있다. "番禺東有澗 澗中生昌蒲 皆一寸九節 安期生采服仙去 但留玉舄焉(번우 땅 동쪽에는 계곡이 있다. 계곡 안쪽에는 창포가 자라는데 크기가 모두 한 치 아홉 마디였다. 안기생이 따서 먹고 신선이 되어 떠나면서 옥 신발을 남겨두었다.)"

104 籛鏗之雲母粉: '籛鏗'은 '籛鏗'의 오기. 서강대본의 '籛鏗'도 오기. 전갱은 하나라에서 은나라 말까지 살았던 선인이다. 『열선전』〈彭祖〉의 기록은 다음과 같다. "彭祖者 殷大夫也 姓籛名鏗 帝顓頊之孫陸終氏之中子 歷夏至殷末八百餘歲 常食桂芝 善導引行氣 歷陽有彭祖仙室 前世禱請風雨 莫不輒應 常有兩虎在祠左右 祠訖 地即有虎跡 云後升仙而去(팽조는 은나라 대부이다. 성은 전이요, 이름은 갱이다. 황제 전욱의 손이요, 육종 씨의 둘째 아들이다. 하나라를 거쳐 은나라 말까지 8백여 년을 살았다. 늘 계피와 영지를 먹고, 몸을 풀고 기를 운용하는 수련법을 잘했다. 역양에는 팽조의 도교 사당이 있다. 이전 세대에서 기도하며 비바람을 청하면 곧바로 응답하지 않은 적이 없었다. 항상 호랑이 두 마리가 사당 좌우에 있었다. 사당은 없어졌지만, 땅에는 호랑이 흔적이 있다. 후에 신선이 되어 올라갔다고 한다.)" 『신선전』〈팽조〉의 기록은 다음과 같다. "彭祖者 […] 善於補養導引之術 并服水桂雲母粉麋鹿角 常有少容(팽조는 […] 섭생을 통해 배양하고 몸을 푸는 기술에 뛰어나며 아울러 수계, 운모분, 미록각을 복용하여 항상 젊은 모습이었다.)"

105 抱朴子之黃精: 포박자는 동진의 葛洪. 신선의 방약과 불로장수의 비법을 저술한 도교 서적인 『포박자』를 저술했다. 『포박자』「내편」〈仙藥〉에 "黃精一名兎竹 一名救窮 一名垂珠 服其花勝其實 服其實勝其根 但花難多得 […] 服黃精僅十年 乃可大得其益耳(황정은 토죽, 구궁, 수주라고도 한다. 그 꽃을 복용하는 것이 열매를 복용하는 것보다 낫고, 열매를 복용하는 것이 뿌리를 복용하는 것보다 낫다. 다만 꽃을 많이 얻기가 어렵다. […] 황정을 10년 정도 복용하면 큰 이로움을 얻을 수 있다.)"라는 서술이 있다. 『박물지(博物志)』에는 "天老曰 太陽之草 名黃精 餌之可以長生(황제의 재상 천로가 말했다. '태양의 풀은 이름이 황정인데, 먹으면 장생할 수 있다.')"이라는 기록이 있다.

陵陽子[108]曰, '春食朝霞, 夏食沆瀣.' 沆瀣者, 夜中之氣也.[109] 道經存想心法[110]曰, '想心當如未開蓮花.' 古嵩子[111]曰, '服九轉丹[112]者, 爲者行仙.'[113] 故道家以烹

---

106 交梨火棗: 신선이 먹는 배와 대추. 『鼇海集』「귀신류」에는 다음의 서술이 있다. "老氏之言交梨火棗者 盖梨乃春花秋熟 外蒼內白 雖雪梨亦微蒼 故曰交梨 有金木交互之義 棗味甘而色赤爲陽, 有陽土生物之義 故曰火棗(노자는 교리화조를 말했다. 대개 배는 봄에 꽃이 피고 가을에 익는데 겉은 파랗고 안은 하얗다. 비록 눈처럼 흰 설리라고 해도 약간 푸르다. 그래서 섞여 있다는 뜻으로 교리라고 하는 것이니 금과 목이 서로 호환하는 의미이다. 대추는 달고 붉은색이니 양이 된다. 양토에서 사물이 생기는 의미이다. 그래서 화조라고 하는 것이다.)"

107 飛騰之藥: 『眞誥』「運象篇」〈팔월칠일석〉에 "玉醴金漿 交梨火棗 此則飛騰之藥 不比於金丹也(옥례, 금장, 교리, 화조는 날아올라 신선이 되게 하는 약이다. 금단과는 비교할 수 없다.)"라는 서술이 있다.

108 陵陽子: 陵陽子明. 『열선전』「능양자명」에는 다음의 서술이 있다. "陵陽子明者 銍鄉人也 好釣魚於旋溪 釣得白龍 子明懼解鉤 拜而放之 後得白魚 腹中有書敎子明服食之法 子明遂上黃山採五石脂 沸水而服之 三年龍來迎去 止陵陽山上百餘年(능양자명은 질향 사람이다. 선계에서 낚시를 즐겨하다가 백룡을 낚았다. 자명이 두려워 낚싯바늘을 풀고 절하며 놓아주었다. 후에 흰 물고기를 잡았는데 배 속에 도교의 양생법을 자명에게 가르쳐 주는 글이 있었다. 자명이 마침내 황산으로 올라가 오석지를 캐어 물에 끓여 복용했다. 3년이 지나 용이 와서 맞아 가니 능양산 위에서 백여 년을 머물렀다.)"

109 春食朝霞~夜中之氣也: 『동파시집주』「누각」〈浴日亭〉의 "更煩沆瀣洗衰顔(다시 번거롭게 이슬을 받아 수척해진 얼굴 씻는다.)"이라는 구절에 있는 주석이다. 다만 그곳에는 '陵陽子曰'이 '列仙傳 陵陽子言'으로 되어 있다. 그러나 『열선전』에는 이 글이 없다. 『장자』 등 여러 문헌을 참고할 때 이 글은 『능양자명경』에 있는 것으로 확인된다.

110 存想心法: 도가 수련법의 일종. 『天隱子』〈存想〉에 "存謂存我之神 想謂想我之身 閉目即見自己之目 收心即見自己之心 心與目皆不離我身 不傷我神 則存想之漸也 凡人目終日視他人 故心亦逐外走 終日接他事 故目亦逐外瞻 營營浮光 未嘗復照 奈何不病且夭邪(存은 나의 정신을 두는 것을 이른다. 想은 나의 몸을 생각하는 것을 이른다. 눈을 감으면 자기의 눈을 보고, 마음을 모으면 자기의 마음을 본다. 마음과 눈은 모두 내 몸을 떠나지 않고 내 정신을 해치지 않으면 바로 존상의 단계가 된다. 대저 사람의 눈은 종일 다른 사람을 보기 때문에 마음 또한 밖을 좇아 나가고 종일 다른 일을 접하기 때문에 눈 또한 밖을 좇아 보게 된다. 분주하게 떠도는 눈빛이 돌이켜 비춰 본 적이 없었으니 어찌 병들어 일찍 죽지 않겠는가?)"라고 서술했다.

111 古嵩子: 미상.

112 九轉丹: 아홉 번 불려 만든 丹藥. 『포박자』「내편」〈금단〉에 다음의 서술이 있다. "九轉丹 服之三日得仙 若取九轉之丹 內神鼎中 夏至之後 爆之鼎熱 內朱兒一斤於蓋下 伏伺之 候日精照之 須臾翕然俱起 煌煌煇煇 神光五色 即化爲還丹 取而服之一刀圭 即白日昇天(구전단은 3일 복용하면 신선이 된다. 만약 구전단을 취해 신정 속에 넣고 하지 뒤에 솥의 열로 말리며 주아 1근을 뚜껑 아래 넣고 엎드려서 그것을 살펴 태양의 정기가 비추기를 기다리면 잠시 후에 합쳐져서 모두 일어나는데 번쩍번쩍한 오색 빛이 생기고는 곧 변화해 환단이 된다. 취하여 도규(계량 도구) 하나 정도의 분량을 먹으면 대낮에 신선이 되어 올라간다.)"

113 爲者行仙: '爲地行仙'의 오기. 서강대본에는 '爲地行仙'으로 되어 있다. 『동파시집주』「송별 상」〈王頤赴建州錢監求詩及草書〉의 "丹砂伏火入頰紅" 구절에 다음의 주석이 있다. "道家言服九

鍊金石爲外丹, 龍虎胎息, 吐故納新爲內,[114] 此乃補鍊之第

13

一方也. 所謂呑日氣法者, 常以日初出時, 東向叩齒九通, 呪畢, 瞑目握固存, 五色流霞, 來接一身, 於是, 日光流霞, 俱入口中. 呑月氣法, 常以月初生時, 西向叩齒十通, 哭畢,[115] 瞑目握固存, 月色精光, 俱入口中, 能修此道, 則奔日月之神仙也.[116] 故九星經云, '靑靑之月, 與日同昇, 合兩成一, 出彼玉池, 入乎金屋, 大如彈, 黃如橘, 中有佳味, 甛如蜜.' 子能得之, 愼勿失.[117] 黃庭經曰, '丹田之中起[118]微, 玉池淸水[119]上生肥.'[120] 又曰, '寸田尺宅, 可理生.' 寸田, 心也, 尺宅, 面也.[121] 又曰, '脾神常在字魂庭, 晝夜存之可長生.' 魂庭卽黃庭也,[122] 所謂河車

轉丹砂者, 爲地行仙(도가에서는 구전단사를 복용한 사람은 지상선이 된다고 했다.)"

114 道家以烹~爲內: '爲內'는 '爲內丹'의 오기. 서강대본에는 '爲內丹'으로 되어 있다. 『동파시집주』「송별 중」 〈送蹇道士歸廬山〉의 "內外丹成一彈指" 구절에 있는 주석이다. 이 주석에도 '爲內丹'으로 되어 있다.

115 哭畢: '呪畢'의 오기. 앞 문장에도 '呪畢'로 되어 있다. 서강대본도 '呪畢'로 되어 있다.

116 呑日氣法者~日月之神仙也: 『동파시집주』「堂宇」 〈衆妙堂〉의 "我自日月誰使呑" 구절에 있는 주석이다. '呑日氣法者'는 '呑日氣法', '呑月氣法'은 '呑月法', '奔日月之神仙也'는 '奔日月神仙也'로 되어 있을 뿐 거의 같다.

117 故九星經云~愼勿失: 『동파시집주』「酬答 上」 〈次韻沈長官三首〉의 "玉池淸水自生肥" 구절에 있는 주석이다. '九星經云'이 '九星上經云'으로, '甛如蜜'이 '甛如蜜子'로 되어 있을 뿐 차이가 없다.

118 起: '氣'의 오기.

119 玉池淸水: 도가에서 옥지는 입을 가리키는 말이고, 청수는 침을 가리키는 말이다. 『雲笈七籤』「黃庭外景經」 〈上部經 第一〉의 "玉池淸水灌靈根" 구절에 대한 주석에서 "口爲玉池 太和宮 唾爲淸水 美且鮮 唾而咽之 雷電鳴 舌爲靈根 常滋榮(입은 옥지이니 태화궁이다. 침은 청수이니 아름답고 신선하다. 침을 삼키면 우레같이 울린다. 혀는 영근이니 항상 무성하다.)"이라고 했다.

120 黃庭經曰~玉池淸水上生肥: 『동파시집주』「仙道」 〈次韻定慧欽長老見寄八首〉 "玉池自生肥" 구절에 있는 주석이다. '黃庭經曰'이 '黃庭外景經'으로, '丹田之中起微'가 '丹田之中精氣微'로 되어 있어 차이가 있다. 이 주석은 「수답 상」 〈차운심장관삼수〉에도 있다. 다만 거기에서는 출처를 '黃庭內景經'으로 적었는데 잘못된 것이다. 『옥선몽』에서는 '胞'로 썼다가 '肥'로 고쳐 썼다.

121 寸田尺宅~面也: 『동파시집주』「簡寄」 〈聞正輔表兄將至以詩迎之〉의 "寸田尺宅今誰耕" 구절에 있는 다음의 주석을 활용한 것으로 보인다. "黃庭經云 寸田尺宅可理生 蓋道家以丹田曰寸

搬運法者, 卽還精補腦之術也.[123] 黃庭經曰, '北方正氣名河車.' 此乃繇之所以倒流黃河抑運之法也, 故借以喩之於還精鞶運之術. 仙經[124]云, '鉛絶河車空, 所作必無功, 鉛失河

14

車絶, 萬事無所出.' 道訣[125]云, '脋腹腰曲綠, 黃河水逆流, 河車挽水, 盖搬運之法也.'[126] 大抵, 養生之術, 所愼者, 情慾也, 故黃庭經曰, '長生至愼房中急, 何爲死作令神泣.'[127] 又曰, '三庭佳穀生螟蝗.' 螟蝗指色慾也.[128] 所謂金丹之術, 有日魄月,[129] 白虎靑龍, 眞鈆正汞, 盖五行强名者也,[130] 盖日流於天, 而其氣在

田 面曰尺宅也(『황정경』에서는 촌단과 척택으로 삶을 영위할 수 있다고 했다. 대개 도가에서는 단전을 촌전, 얼굴을 척택이라고 한다.)"

122 脾神常在字魂庭~魂庭卽黃庭也: 『동파시집주』「간기」〈聞正輔表兄將至以詩迎之〉의 "賴我存黃庭" 구절과 「遊賞」〈遊羅浮山一首示兒子過〉의 "中宵起坐存黃庭" 구절에 있는 주석이다. 다만 거기에서는 출처를 '黃庭內景經'으로 밝히고 있다. 또한 '魂庭卽黃庭也'에도 '注云'이 앞에 있다.

123 河車搬運法者, 卽還精補腦之術也: 『동파시집주』「雜賦」〈旦起理髮〉의 "浩浩朝黃宮" 구절에 있는 주석인 "嘗云 若要不老 還精補腦 故有河車擊運之法(일찍이 이르기를 만약 늙지 않으려면 정기를 돌이켜 뇌를 보해야 한다. 그래서 하거격운법이 있는 것이라고 했다.)"을 변용한 것으로 보인다.

124 仙經: 도교 경전의 통칭.

125 道訣: 도교에서 전해지는 비법.

126 黃庭經曰~盖搬運之法也: 『동파시집주』「송별 상」〈王頤赴建州錢監求詩及草書〉의 "河車挽水灌腦黑(하거로 물을 당겨 검은 머리를 적신다.)" 구절에 있는 주석이다. 다만 '黃庭經曰'이 '黃庭經云'으로 되어 있고, "此乃繇之所以倒流黃河抑運之法也 故借以喩之於還精鞶運之術"이 없다.

127 黃庭經曰~何爲死作令神泣: 『동파시집주』「懷舊 上」〈岐亭五首〉의 "未死神已泣(죽기도 전에 신이 이미 울고 있네.)" 구절에 있는 주석이다. 다만 '曰'이 없다.

128 三庭佳穀生螟蝗 螟蝗指色慾也: 『동파시집주』「성곽」〈芙蓉城〉의 "願君視觀三庭 勿與佳穀生螟蝗(바라건대 그대는 시선을 거두어 삼정을 보고 좋은 곡식에 메뚜기가 생기게 하지 마라.)" 구절과 그 주석인 "三庭 道家事 佳穀生螟蝗 言色慾之賊身如螟蝗之賊佳穀(삼정은 도가의 일이다. 좋은 곡식에 메뚜기가 생긴다는 것은 색욕이 몸을 해치는 것이 메뚜기가 좋은 곡식을 해치는 것과 같다는 말이다.)"을 활용한 것이다.

129 有日魄月: '有日魂月魄'의 오기. 인용 원문에 '有日魂月魄'으로 되어 있다.

130 金丹之術~盖五行强名者也: 『동파시집주』「수답 상」〈和章七出守湖州二首〉의 "鼎中龍虎黃金

地, 爲丹砂, 故鍊眞寶經云, '上品曰, 光明砂, 受太陽正眞之精. 中品曰, 白馬牙砂, 受太陽平和之氣. 下品曰, 紫靈砂, 受太陽山澤之靈.'[131] 又云, '將丹砂修煉伏火後, 皷[132]成白銀, 名之爲一返也, 將白銀化出砂, 令伏火鼓之, 乃成黃銀, 名之爲二返也,[133] 如此變化, 至於九返而後爲神丹也.' 謂之龍虎者, 金木也, 金爲虎, 木爲龍, 虎之異名, 眞鉛金水也, 龍之異名, 眞永木火也.[134] 所謂唾咽漱法者, 老子節解[135]曰, '唾者, 溢爲醴

15

泉, 聚爲玉漿, 流爲華池, 散爲津液, 降爲甘露, 瀨以咽之, 旣藏潤身, 以流百

賤(솥 속에 청룡과 백호가 있으니 황금이 귀하지 않고)" 구절에 있는 주석이다. 다만 '五行强名者也'는 '五行强名耳'로 되어 있다.

131 日流於天~受太陽山澤之靈: 『동파시집주』「雜賦」〈觀張師正所蓄辰砂〉의 "自隨初日吐虹霓(떠오르는 해가 무지개를 토하니)" 구절에 있는 다음의 주석을 축약한 것이다. "日流於天, 其氣之在地者 結爲丹砂 鍊眞寶經云 上品 光明砂者 受太陽洞通澄明正眞之精氣 降結紅光曜如日色 中品 白馬牙砂者 受太陽平和柔順氣 結白光燦燦如雲母色 下品 紫靈砂者 受太陽山澤之靈 結紅紫色(해는 하늘에 떠 있지만 기운은 땅에 있어 맺혀 단사(丹砂)가 된다. 『연진보경』에서는 '상품 광명사는 태양의 바르고 막힘이 없이 맑고 참된 정기를 받은 것으로 내려와 맺혀 붉은빛이 태양빛처럼 빛난다. 중품 백마아사는 태양의 화평하고 유순한 기운을 받은 것으로 맺혀 흰빛이 운모색처럼 찬란하다. 하품 자령사는 자연에서 태양의 신령한 기운을 받은 것으로 맺혀 홍자색을 띤다.)" 밑줄 친 부분이 작품에서 빠진 부분이다. 물론 '上品曰 光明砂'가 '上品光明砂者'로 되어 있는 등 한두 글자 차이는 있으나 같다고 보아도 무방하다.

132 皷: '鼓'의 오기. 같은 문장의 뒷부분에서도 '鼓'라고 적혀 있다. 서강대본에도 '鼓'로 되어 있다.

133 將丹砂~名之爲二返也: 『동파시집주』「수답 하」〈和猶子遲贈孫志擧〉의 "要是丹砂銀(필요한 것은 단사은일 뿐)" 구절에 있는 주석이다. 다만 '乃成黃銀'은 '爲黃化銀(황화은이 된다.)'으로 되어 있다.

134 謂之龍虎者~眞永木火也: 『동파시집주』「수답 하」〈乞數珠贈南禪湜老〉의 "龍虎看舒卷(용호가 펴지고 걷힌다.)" 구절에 있는 주석이다. 다만 '謂之龍虎者'는 '夫龍虎者'로 되어 있다.

135 老子節解: 도교의 양생수련법으로 『노자』를 주해한 서적. 『隋書經籍志考證』「도가」에서는 다음과 같이 서술하고 있다. "老子節解 不著撰人 釋文敍錄曰 節解二卷 不詳作者 或云老子所作 一云河上公作 […] 案宋史藝文志有葛玄老子道德經節解二卷 或此書爲葛仙公所撰 未可知也(『노자절해』는 편찬자를 알 수 없다. 『석문서록』에서 말했다. '『노자절해』 두 권은 작자가 분명하지 않다. 어떤 사람은 노자가 지었다고 하는데, 한편에서는 하상공이 지었다고도 한다.' 『송사』「예문지」를 살펴보면 갈현이 지은 『노자도덕경절해』 두 권이 있다. 그래서 혹 『노자절해』도 갈현이 지은 것이라고도 하지만 알 수 없다.)"

脉, 化養精神, 支節毛髮, 堅固長春.'[136] 昔仙府眞人, 問唐僧契虛,[137] 曰, '汝絶三彭之仇乎?', 契虛不能答.[138] 盖三彭者, 三尸虫也. 上尸名彭居, 在人頭中, 中尸名彭質, 在人腹中, 下尸名彭蟜, 在人足中, 有毛狀如小兒. 人旣死, 遂作鬼焉.[139] 榧子能止五痔去三尸, 服則令人明目輕身者也.[140] 大抵, 擲火萬里,[141] 流鈴八衢,[142] 此乃道家之說也, 而非世人之所信者, 何足辨說? 呂飛仙【洞賓】[143]

---

136 老子節解~堅固長春: 『동파시집주』「수답 중」〈次韻子由病酒肺疾發〉의 "初如雪花積 漸作櫻珠大(처음에는 눈이 쌓인 것 같더니 점차 큰 앵두가 되네.)" 구절에 있는 주석이다.

137 契虛: 당나라의 승려. 『태평광기』「신선」〈僧契虛〉에 다음의 서술이 있다. "有僧契虛者 本姑臧李氏子 其父爲御史於玄宗時 契虛自孩提好浮圖氏法 年二十 髡髮衣褐 居長安佛寺中 及祿山破潼關 玄宗西幸蜀門 契虛遁入太白山 採柏葉而食之 自是絶粒(스님 계허는 본래 고장 지방 이씨 집안의 아들이다. 그의 아버지는 현종 때 어사 벼슬을 했다. 계허는 어린 시절부터 불법을 좋아했다. 스무 살이 되자 머리를 깎고 가사를 입고 스님이 되어 장안에 있는 절에 거처했다. 안녹산이 난을 일으켜 동관을 격파하고 현종이 서쪽 촉으로 피난 가자, 계허는 태백산으로 숨어들어 잣나무 잎을 따 먹으며 지냈다. 이때부터 곡식을 끊었다.)"

138 仙府眞人~契虛不能答: 『동파시집주』「遊賞」〈遊羅浮山一首示兒子過〉의 "契虛正欲仇三彭(계허는 바로 삼팽을 원수같이 여기려고 했는데.)" 구절에 있는 주석 "唐僧契虛遇人導遊稚川仙府眞人問曰 汝絶三彭之仇乎 契虛不能答(당나라 스님 계허가 사람을 만나 치천에 가서 놀았는데 선부진인이 물었다. '너는 삼팽의 해악을 끊어냈는가?' 계허가 대답하지 못했다.)"을 변용한 것이다.

139 上尸名彭居~遂作鬼焉: 『동파시집주』「수답 중」〈차운자유병주폐질발〉의 "三彭恣啖齧(삼팽이 제멋대로 갉아 먹는다.)" 구절에 있는 주석이다. 다만 '上尸 彭居'라고 하여 '名'이 없다. 中尸, 下尸도 마찬가지이다. '遂作鬼焉'은 '遂作鬼耳'로 되어 있다. 모두 내용상 차이는 없다.

140 榧子~輕身者也: 『동파시집주』「과실」〈送鄭戶曹賦席上果得榧子〉의 "驅攘三彭仇(삼팽의 해악을 몰아내다.)" 구절에 있는 주석 "按本草 榧實味甘無毒 主五痔去三尸(『본초』를 살펴보면 비자의 열매는 맛이 달고 독이 없어 오치를 관장하고 삼팽을 없앤다고 한다.)"와 "已我心腹疾(나의 깊은 질병을 물리치다.)" 구절에 있는 주석 "多食三升佳不發病 服則令人能食消穀 明目輕身(석 되를 더 먹으면 좋아 병이 생기지 않는다. 복용하면 사람이 음식을 먹어도 소화를 시켜 눈이 밝아지고 몸이 가벼워진다.)"을 활용한 것이다.

141 擲火萬里: 도가에서 더러운 것을 해결하는 데 사용하는 부적의 문구.

142 流鈴八衢: 도사가 전국을 돌며 三清令이라는 法器로 귀신과 마귀를 물리치는 일.

143 呂洞賓: 당나라 하중 사람으로 종남산에서 수도한 팔선 중 하나로 전해진다. 『淸嘉錄』「사월」〈神仙生日〉에 다음의 서술이 있다. "案史纂云 神仙姓呂名巖 字洞賓 曾祖延之浙東節度使 祖渭禮部侍郎 父讓海州刺史 唐貞元十四年四月十四日巳時生 擧進士不第 遇正陽眞人鍾離子得道(『사찬』을 살펴보니 '신선은 성이 여요, 이름은 암이며 자는 동빈이다. 증조 연지는 절동절도사, 할아버지 위는 예부시랑, 아버지 양은 해주자사를 지냈다. 당나라 정원 14년(798) 4월 14일 사시에 태어났다. 진사 시험을 보았으나 급제하지 못했다. 정양진인 종리자를 만나 득도했다.)"

詩曰: '肘傳丹篆千年術, 口誦黃庭兩卷經, 鸛鶴天壇槐影裡,[144] 悄無人跡戶長局.'[145] 此是仙道悟解處也. 佛有三劫, 淸淨法身毗盧佛,[146] 前劫也, 百億化身釋迦佛, 今劫也, 當來化生彌勒佛, 後劫也. 佛生於天竺之國, 長丈六尺黃金色 頂中佩日月光, 變化無方,

16

大濟衆生,[147] 大抵, 精神居形內, 猶雀藏甁中, 破則雀飛去. 佛頌云: '鳥來入甁中, 羅縠掩其口, 縠穿鳥飛去, 神明隨走.'[148] 故佛之所貴, 修其空寂, 滅其身心,[149] 流元返元, 無生無死者也. 楞嚴經[150]曰, '塵旣不緣, 根無所寓, 反流全一, 六用[151]不行.'[152] 圓覺經[153]曰, '雲駛月運, 舟行岸移,[154] 一元返根, 六根皆照,[155]

---

144 鸛鶴天壇槐影裡: 여동빈의 「절구」 가운데 열세 번째 시. 문헌에 따라 '槐影裡'는 '松影裏'로 수록되기도 한다. 다만 '天壇'은 『동파시집주』 「仙道」 〈回先生~市有可觀者〉의 "忽見黃庭丹篆句(홀연히 황정경을 붉은 전서체로 쓴 구절을 보네.)" 구절과 『施注蘇詩』의 같은 구절에 대한 주석에서만 찾아볼 수 있다. 다른 문헌에는 '古壇'으로 되어 있다. 『옥선몽』 작가와 『동파시집주』의 친연성을 알 수 있다.

145 局: 扃의 오기.

146 淸淨法身毗盧佛: 석가의 화신 가운데 하나.

147 佛生於天竺之國~大濟衆生: 『동파시집주』 「釋老 上」 〈贈淸涼寺和長老〉의 "施佛空留丈六身" 구절의 다음 주석을 활용한 것이다. "西域天竺國有佛道 長丈六尺黃金色 頂中佩日月光 變化無方 無所不入而大濟衆生(천축국에는 불교가 있는데 키가 1장 6척에 황금색이고 정수리 중앙에는 일월의 빛을 띠고 있다. 변화무쌍하고 통하여 들어가지 못하는 것이 없어 중생을 크게 구제했다.)"

148 精神居形內~神明隨走: 『동파시집주』 「선도」 〈三朶花〉의 "未暇遠尋三朶花 兩手欲遮缾裏雀(멀리 삼타화를 찾을 겨를이 없어 두 손으로 병 속의 참새를 막으려 하네.)" 구절에 있는 주석이다. '破則雀飛去'는 '破則雀飛去矣', '佛頌云'은 '師藏經大智度論頌云', '神明隨走'는 '神明隨業走'로 되어 있다.

149 修其空寂 滅其身心: 『동파시집주』 「歌」 〈次韻吳傳正枯木歌〉의 "生成變壞一彈指" 구절의 다음 주석을 활용한 것이다. "楞嚴經言 我觀世間 六塵變壞 惟以空寂 修於滅盡 身心乃能度百千劫猶如彈指頃(『능엄경』에서 말했다. '내가 사람의 본성을 흐리게 하는 육진은 변하여 허물어지는 것임을 보았으니 오직 공적으로 멸진을 닦으면 몸과 마음이 백천 겁 뛰어넘는 것은 마치 손가락 튕기는 시간 정도와 같을 것이다.')"

150 楞嚴經: 불교의 이치와 수행의 방법을 구체적으로 제시한 불교 경전.

151 六用: 六根(여섯 개의 감각기관인 눈, 귀, 코, 혀, 몸, 마음)의 공능.

及其圓 則如淸淨摩尼寶珠,[156] 映於五色, 隨方各見,[157] 覺 則如翳人見空中花, 翳病若除花於空滅.'[158] 故維摩經[159]曰, '遠塵離垢, 得法眼淨.' 大抵, 釋家傳心之法, 譬如一燈燃百千燈, 冥者皆明, 明終不盡,[160] 此悟道之極也. 如來四句偈[161]曰: '一切有爲法, 如夢·幻·泡·影, 如露, 亦如雷, 應作如是觀.' 此所謂六觀者也.[162] 楞嚴經曰, '明還日輪, 暗還黑月, 通還戶牖, 塞還墻字,[163] 緣還分別, 頑虛還空, 鬱㪍還塵, 淸明還霽.' 此所謂八還者也.[164] 傳燈錄[165]云, '神機交

152 楞嚴經曰~六用不行: 『동파시집주』「석로 하」〈明日南禪和詩不到故重賦數珠篇以督之二首〉의 "六用都懷卷(육용이 모두 거두어지네.)" 구절에 있는 주석이다. '楞嚴經曰'이 '楞嚴經云'으로 되어 있다.

153 圓覺經: 대승불교의 근본이 되는 경전 중 하나로 알려져 있다. 본 명칭은 『大方廣圓覺修多羅了義經』이다.

154 圓覺經曰~舟行岸移: 『동파시집주』「서화 하」〈書晁說之考牧圖後〉의 "舟行無人岸自移(사람 없이 배가 움직이니 언덕으로 절로 이동하네.)" 구절에 있는 주석이다. '圓覺經曰'이 '圓覺經云'으로 되어 있다.

155 一元返根 六根皆照: 『동파시집주』「雜賦」〈次韻子由浴罷〉의 "返流歸照性(돌이켜 성을 비춘다.)" 구절에 있는 주석이다. 다만 '一元'은 '一源'으로 되어 있다.

156 摩尼寶珠: 신비로운 불가사의한 보배 구슬. 摩尼는 산스크리트어의 音寫로, 麽尼, 摩抳, 磨抳, 末尼로도 쓰인다.

157 則如淸淨~隨方各見: 『동파시집주』「古跡」〈廉泉〉의 "五色爛摩尼(오색이 비치는 마니보주)"에 있는 주석이다. 여기에서는 '則如淸淨'이 '圓覺經云 譬如淸淨'으로 되어 있다. 이 주석은 다른 문헌에서도 찾아볼 수 있지만 『옥선몽』의 특징을 고려하여 『동파시집주』의 것을 택했다.

158 則如翳人~除花於空滅: 『동파시집주』「의약」〈贈眼醫王生彦若〉의 "空花誰開落(공중의 꽃 누가 피고 지게 했나)" 구절과 『동파시집주』「잡부」〈病中夜讀朱博士詩〉의 "洗我空中花(내 공중의 꽃을 씻어 낸다)" 구절의 주석이다.

159 維摩經: 불교 경전으로 『不可思議解脫經』, 『維摩詰所說經』 등으로 불리기도 한다.

160 譬如一燈~明終不盡: 『동파시집주』「泉石」〈軾欲以石易書 […] 三詩之意〉의 "授之無盡燈(무진등을 주네)" 구절에 있는 주석이다.

161 四句偈: 불교의 가르침을 운문으로 표현한 짧은 시구.

162 如來四句偈曰~此所謂六觀者也: 『동파시집주』「천석」〈六觀堂老人草書詩一首〉의 "夢幻無根成斯須 方其夢時了非無 泡影一失俯仰殊 淸露未晞電已徂(뿌리 없는 꿈은 짧은 시간에 이루어진다. 꿈을 꿀 때는 없지 않은 듯하나 물거품처럼 순식간에 사라지네. 이슬이 마르기도 전에 번개가 치듯)" 구절에 있는 주석이다. '四句偈曰'은 '四句偈云'으로 되어 있다.

163 字: '宇'의 오기. 작가가 인용한 문헌과 서강대본 모두 '宇'로 되어 있다.

164 楞嚴經曰~此所謂八還者也: 『동파시집주』「송별 중」〈送蹇道士歸廬山〉의 "此身正在無還間" 구절에 있는 주석인 "楞嚴經云 佛謂阿難 當示汝無所還地 且以八還語之 明還日輪 暗還黑月

激, 若住於箭鋒.'[166] 此是設法妙悟之境也. 傳燈維摩詰[167]戒天女曰, '汝等已發道意, 有法樂可以自娛, 不應復樂五欲也.' 五欲者, 曰淫慾欲, 曰睡眠欲, 曰飮食欲, 曰自恣欲, 曰貪慾欲也.[168] 佛言財色於人, 譬如刀刃有蜜, 小兒舐之, 有截舌之患矣.[169] 文殊舍利問維摩詰曰, '何等是菩薩不二法門?'[170] 維摩詰默然無語, 文殊舍利歡曰, '善哉! 善哉! 乃至無有文字言語, 是眞入不二法門者也.'[171] 此正是湛然寂照之時也. 維摩經云, '是身如電, 念念不住.'[172] 楞嚴經云,

---

通還戶牖 塞還墻宇 緣還分別 頑虛還空 鬱㪍還塵 淸明還霽 而阿難復問 無還云何(능엄경에서 말했다. '부처가 아난에게 마땅히 너에게 돌아갈 곳이 없다는 것을 보여 주겠다고 말했다. 또한 밝은 것은 해로 돌아가고, 어두운 것은 달이 없는 그믐으로 돌아가고, 통하는 것은 문과 창틈으로 돌아가고, 막힌 것은 담벼락과 지붕으로 돌아가고, 인연은 분별로 돌아가고, 빈 것은 허공으로 돌아가고, 흙비는 티끌로 돌아가고, 맑은 기운은 갠 날씨로 돌아간다는 팔환을 이야기하자, 아난이 돌아갈 곳이 없다는 것은 무엇을 말하는 것인지 다시 물었다.')"를 활용한 것이다.

165 傳燈錄: 송나라 道原禪師가 편찬한 불교 서적. 송나라 眞宗의 연호를 써서 『景德傳燈錄』이라고도 한다. 원래 제목은 『佛祖同參集』으로, 선종 여러 고승의 불법 전수를 다루고 있다.

166 傳燈錄云~若住於箭鋒: 『동파시집주』「고적」〈金山妙高臺〉의 "機鋒不可觸(접촉할 수 없는 기봉)" 구절에 있는 주석이다. '傳燈錄云'은 '傳燈錄序云', '若住於箭鋒'은 '若拄於箭鋒'으로 되어 있다. 『전등록』 序에는 '神機'가 '機緣'으로 되어 있다. 機鋒은 선승이 서로 문답하며 상호 계발하는 것으로 화살이 기구를 통해 예리함을 펼치는 것에 비유한 것이다.

167 傳燈維摩詰: '維摩詰'의 오기. 작가가 인용한 문헌과 서강대본 모두 '維摩詰'로 되어 있다. 유마힐은 『유마경』의 주인공으로 淨名, 無垢稱으로 불리기도 한다. 대승불교의 수행자이다.

168 傳燈維摩詰~曰貪慾欲也: 『동파시집주』「亭榭」〈次韻劉景文登介亭〉의 "至樂謝五欲(지극히 즐거워 오욕을 사양하네.)" 구절의 주석을 활용한 것이다. '維摩詰戒天女曰'은 '維摩詰云', '不應復樂五欲也'는 '不應復樂五欲'으로 되어 있는데, 이 구절은 '曰貪慾欲也' 뒤에 있다. 순서가 바뀐 것이다. '五欲者'는 '五欲曰', '曰貪慾欲也'는 '曰貪欲欲'으로 되어 있다.

169 佛言財色於人~有截舌之患矣: 『동파시집주』「歌」〈安州老人食蜜歌〉의 "老人心肝小兒舌(노인의 심장에 어린아이의 혀로다)" 구절에 있는 주석이다. '有截舌之患矣'가 '有截舌之患也'로 되어 있을 뿐이다.

170 不二法門: 모든 현상과 모순의 상대적 차이를 초월하여 절대적이고 평등한 진리를 나타내야 한다는 뜻의 불교 용어.

171 文殊舍利問維摩詰曰~是眞入不二法門者也: 『동파시집주』「고적」〈維摩像唐楊[惠之]塑在天柱寺〉의 "俛首無言心自知(머리를 숙이고 말하지 않으니, 마음이 절로 아네.)" 구절의 주석이다. '問維摩詰曰 何等'은 '問維摩詰 何等', '維摩詰默然無語'는 '時維摩詰默然無語', 不二法門者也'는 '不二法門也'로 되어 있는 차이가 있을 뿐이다.

172 維摩經云~念念不住: 『동파시집주』「송별」〈送潞都曹〉의 "那作露電身(어찌하면 이 몸을 번개처럼 드러낼까?)" 구절의 주석이다. '念念不住'는 '念念不忘'으로 되어 있는 차이가 있을 뿐

'如存不存, 如盡不盡, 如是一類, 名非想非非想,[173] 故空生大覺中, 如大海一漚發. 佛言我觀世間六塵[174]壞, 惟以空寂, 修於滅盡身心, 乃能度百千劫, 猶如彈指頃.'[175] 神秀[176]偈曰, '身是菩提樹, 心如明鏡臺, 時時勤拂拭, 莫遣有塵埃.' 六祖慧能[177]題其傍曰, '菩提本無樹, 明鏡本[178]無臺, 本來無一事,

18

何處有塵埃.'[179] 金剛經[180]曰, '須陀洹[181] 名爲入流, 而寔無所入,[182] 此所佛之

이다.

173 楞嚴經云~名非想非非想: 『동파시집주』「酬答」〈見和仇池〉의 "上窮非想亦非非(위로 궁극에 처해 상념을 끊었지만 다 끊은 것도 아니네.)" 구절의 주석이다. 말미에 處가 이어지나 작가는 원문으로 착각하여 적지 않은 듯하다.

174 六塵: 심성을 더럽히는 六識의 대상으로 色, 聲, 香, 味, 觸, 法의 六境을 지칭한다.

175 佛言~猶如彈指頃: 『동파시집주』「歌」〈次韻吳傳正枯木歌〉의 "生成變壞一彈指(생기고 자라고 변하고 허물어지는 것이 손가락 튕기는 정도의 짧은 시간)" 구절에 있는 주석이다. '佛言'은 '楞嚴經言', '六塵壞'는 '六塵變壞'로 되어 있다.

176 神秀: 당나라의 선승으로 선종의 하나인 北宗의 창시자이다. 〈唐玉泉寺大通禪師碑銘〉에 "禪師尊稱大通 諱神秀 本姓李 陳留尉氏人也 心洞九漏 懸解先覺(선사의 존칭은 대통이요, 이름은 신수이다. 성은 이씨이며 진류 울씨현 사람이다. 마음은 악이 생기는 모든 번뇌를 통찰하고 생사고락을 초월하여 선각자가 되었다.)"이라는 서술이 있다.

177 慧能: 당나라의 선승으로 '육조대사'로도 불린다. 『宋高僧傳』의 〈唐韶州今南華寺慧能傳〉에 "釋慧能 姓盧氏 南海新興人也 其本世居范陽(스님 혜능은 성이 노씨이다. 남해 신흥 사람인데 조상은 대대로 범양에서 살았다.)"이라는 서술이 있다.

178 本: '亦'의 오기. 불교 문헌과 『동파시집주』에 모두 '亦'으로 되어 있다.

179 神秀偈曰~何處有塵埃: 『동파시집주』「천석」〈軾欲以石易畫 […] 三詩之意〉의 "明鏡旣無臺" 구절에 있는 주석인 "神秀於五祖堂前南廊壁上書偈曰 […] 六祖慧能在碓房聞之 題其傍云(신수 선사가 오조의 당 앞 남쪽 행랑 벽 위에 게를 썼다. […] 육조 혜능이 쌀을 빻는 방에 있다가 듣고는 그 곁에 기록했다.)"을 활용한 것이다. 중략된 부분은 작품 본문에 있는 것과 같다.

180 金剛經: 불교 경전 중 하나로 우리나라에 가장 널리 보급된 경전이다. 『금강반야바라밀경』이라고도 한다.

181 須陀洹: 불교의 초기 수행 단계 중 첫 번째 단계. 잘못된 견해를 탈피하여 비로소 진리를 추구하는 흐름에 들어섰다는 의미이다.

182 金剛經曰~而寔無所入: 『동파시집주』「歌」〈次韻魯直書伯時所畫王摩詰〉의 "分身來入流(분신이 되어 들어오네.)" 구절에 있는 주석이다. 『금강경』에는 "須陀洹 名爲入流 而無所入"으로 되어 있다.

滅度[183]也.' 良价禪師[184]觀影而大悟, 有偈曰, '我今獨自往, 處處得逢渠, 渠今正是我, 我今不是渠.'[185] 或問龍光和尙[186]曰, '一身何以赴四大?'[187] 答曰, '千江同一月, 萬戶盡逢春.'[188] 此其道之至妙處也, 以白旃檀[189]塗身, 能除一切熱惱而得淸涼也.[190] 至於說法已入於無罣[괘]礙三昧, 是時, 天雨曼陀羅花, 故維摩經云, '天女散花, 至大弟子, 便着不墜, 一切弟子, 神力去花, 不能令去.'[191] 此其得道之妙眞者也, 自然有月墮淸晝, 花發晩春底氣像也. 楞嚴經云, '覺明空昧, 相待成淫, 故有風輪執持世界共一癡.' 佛氏謂之世界者, 一癡想所成,[192] 是以

183 滅度: 모든 번뇌를 남김없이 없애고 고통의 인간 세상을 넘는 열반의 경지.

184 良价禪師: 중국 당나라의 선승으로 '洞山 양개선사'라고도 한다. 『전등록』〈潭州前雲巖曇晟禪師法嗣〉에 "筠州洞山良价禪師 會稽人也 姓俞氏 幼歲從師 因念般若心經 以無根塵義問其師 其師駭異曰 吾非汝師 即指往五泄山禮默禪師披剃 年二十一 嵩山具戒(균주 땅 동산 양개선사는 회계인이며, 성은 유씨이다. 어려서 스승을 따라 『반야심경』을 읽다가 '無根塵'의 뜻을 스승에게 물었다. 그 스승이 놀라고 기이해하며 나는 너의 스승이 아니라며 바로 오설산 예묵선사를 찾아가서 스님이 되라고 했다. 스물한 살에 숭산에서 구족계를 받았다.)"라는 서술이 있다.

185 良价禪師~我今不是渠: 『동파시집주』「紀行」〈泛潁〉의 "散爲百東坡 頃刻復在玆(흩어져 백 명의 동파가 되더니 어느새 다시 이곳에 있네.)" 구절에 있는 주석이다. '良价禪師觀影而大悟'는 '良价禪師遇水觀影大悟'로 되어 있다.

186 龍光和尙: 당나라 말기 선승인 諲禪師. 소주 용광사에 머물러서 세칭 용광화상으로 불린다.

187 四大: '四天供'의 오기. 인용 문헌에 '四天供'으로 되어 있다.

188 或問龍光和尙曰~萬戶盡逢春: 『동파시집주』「釋老 下」〈次舊韻贈淸凉長老〉의 "豈知江月解分身" 구절에 있는 주석이다. 주석에서는 『전등록』을 인용했는데, '或問'은 '僧問', '龍光和尙曰'은 '龍光和尙', '一身何以赴四大'는 '賓頭盧一身何以赴四天供(빈두로 존자는 한 몸으로 어떻게 천지사방에 베풀 수 있는 것입니까?)'으로 되어 있다. 『전등록』에는 "(僧)問賓頭盧一身爲什麽赴四天供"으로 되어 있다.

189 白旃檀: 향나무의 일종으로 檀香, 眞檀 등으로 불리며 약재로도 사용된다.

190 以白旃檀~得淸涼也: 『동파시집주』「花」〈再和潛師〉의 "爲散氷花除熱惱(흩어져 얼음꽃이 되어 극심한 마음의 모든 괴로움을 없애 주네.)" 구절에 있는 주석이다. 문헌에는 '華嚴經 云'이 앞에 있다.

191 故維摩經云~不能令去: 『동파시집주』「수답 하」〈偶與客飮孔常父 [⋯] 用其韻答之〉의 "盡力去花君自癡(힘을 다해 꽃을 제거하니 그대 스스로 어리석네.)" 구절에 있는 주석이다. '維摩經云'은 '維摩經言'으로 되어 있다.

192 佛氏謂之世界者 一癡想所成: 『동파시집주』「수답 하」〈見和仇池〉의 "下與風輪共一癡(아래로는 풍륜과 함께 어리석음)" 구절에 있는 주석이다. 거기에는 '佛氏謂之界者 一癡想所成也'로 되어 있다. 풍륜은 세상을 바치는 三輪 가운데 가장 밑에 있는 것을 가리키는 불교 어휘로 퇴락한 말세를 가리킨다.

佛詩曰, '決散浮雲孤月上, 大千世界一世明,[193] 桃花洞裡花開後, 不待春風自有春,[194] 金色頭陀笑不休, 數孕青山對苐屋,[195] 喚

19

取人間木人問, 此理從來不屬知.'[196] 彗師[197]唱曰, '夜靜水寒魚不食, 滿船空

193 決散浮雲孤月上 大千世界一世明: 『南明泉和尙頌證道歌事實 卷第一』 〈永嘉大師證道歌南明泉禪師繼頌〉의 한 구절이다. '世界'는 '沙界'로 되어 있다.
今日分明須剖析 오늘은 분명하게 쪼개야만 하니
爭肯區區徇世情 어찌 구구하게 세상의 정을 따르리?
決散浮雲孤月上 뜬구름 흩어지고 외로운 달 솟으니
大千沙界一時明 모래알 같은 대천세계가 일시에 광명천지로다.

194 桃花洞裡花開後 不待春風自有春: 서강대본에는 뒷구절의 '春風'이 '東風'으로 되어 있다. 『남명천화상송증도가사실 권제1』 〈영가대사증도가남명천선사계송〉의 한 구절이다. '花開後'는 '花開處'로 되어 있다.
誰能向外誇精進 누가 밖을 향해 정진을 자랑하랴?
取捨心生染汙人 취하고 버리는 맘 생겨 사람을 더럽히네.
桃源洞裏花開處 무릉도원 골짜기 속 꽃피는 곳엔
不待東風自有春 동풍을 기다리지 않고도 저절로 봄이라네.

195 金色頭陀笑不休 數孕青山對苐屋: '孕'과 '苐'는 각각 '朶'와 '茅'의 오자이다. 서강대본에는 '朶'과 '茅'으로 되어 있다. 『남명천화상송증도가사실 권제1』 〈영가대사증도가남명천선사계송〉의 한 구절이다.
證道歌　歌此曲 증도가, 이 곡조를 노래함이여!
涅槃會上曾親囑 열반 회상에서 일찍이 친히 부탁하여 맡기시니
金色頭陀笑不休 금색 두타는 웃음을 그치지 않는데
數朶青山對茅屋 몇 자락 푸른 산만 한 칸 초가집 마주 보네.

196 喚取人間木人問 此理從來不屬知: 『남명천화상송증도가사실 권제1』 〈永嘉大師證道歌南明泉禪師繼頌〉의 한 구절이다. '人間'은 '機關'으로 되어 있다.
喚取機關木人問 조종하는 나무 인형을 불러서 물어보라.
此理從來不屬知 이 이치는 예부터 앎에 속하지 않는다네.
若謂無知是眞道 만약 알지 못함을 참된 도라고 한다면
秋風臺殿黍離離 가을바람 부는 누대 전각에는 기장만 무성하리.

197 彗師: 송나라 선사인 冶父道川. 『續傳燈錄 卷第三十』 「大鑑下第十六世」 〈淨因成禪師法嗣〉에 "無爲軍冶父實際道川禪師 崑山狄氏子 初爲縣之弓給 聞東齋謙首座 爲道俗演法 往從之 習坐不倦 一日因不職遭笞 忽於杖下大悟 遂辭職依謙 謙爲改名道川 [···] 有以金剛般若經請問者 師爲頌之 今盛行於世(무위군의 야보실제도천선사는 곤산 땅 적씨의 자손이다. 처음에 현에서 궁급 직책을 맡았는데 동재 겸수좌가 도 닦는 이와 속인을 위하여 불법을 설명한다는 말을 듣고 가서 따라 게으름 피우지 않고 익혔다. 하루는 직무를 수행하지 못하여 곤장을 맞게 되었는데, 홀연히 곤장을 맞다가 크게 깨닫고는 마침내 사직하고 겸에게 의탁했다. 겸이 도천으로 개명하여 주었다. [···] 『금강반야경』을 가지고 청하여 묻는 사람이 있자, 선사가 그를 위하

載月明歸.'[198] 此時, 佛家空寂之象也, 大凡, 一盈一虛, 天地之正道也, 故儒者生有死, 至玄至虛者, 氣化之本源也, 故佛者無生死也. 攸久攸長者 太虛之靈機也 故仙者有生無死也[199] 然而孺子孺者也,[200] 名敎中自有樂地, 何必慕因果, 而學呴嘘[201]哉? 他日將奮翼於名利之場, 躍鱗於亨貞之衢, 而孺子所可學者, 自有其書, 孺子勉之."

因袖一部金編出而授之, 乃太乙寶經[202]也. 夢玉拜而受之, 百拜感泣而辭退. 須臾, 羽駕飄翩, 騰空而去矣. 夢玉歸視其書, 乃兵學算數, 神妙變化之術也. 光陰易邁, 三霜既闋, 廓然如失, 日夜呼泣而已. 歎曰: "兎生三日, 走馳三畝, 魚生三日, 遊於江湖, 先人遺訓於予者, 非止於守圭竇, 奉墳墓而已, 男子初度之日, 桑弧蓬矢, 以射四方者, 以其有

20

四方之志也. 我何以規規於閨門之內, 爲女子弱喪之態哉?"

於是, 屬家事於從父兄弟, 破脫家累, 出門而去, 未知夢玉去向何處. 且看下弖分解.

여 송을 지었는데 지금 세상에서 성행하고 있다.)"라는 서술이 있다.

198 夜靜水寒魚不食, 滿船空載月明歸: 야보선사가 지은 頌의 일부이다.
千尺絲綸直下垂 천 자 길이 낚싯줄 곧바로 내리니
一波纔動萬波隨 물결 하나 일더니 일만 파도가 따라온다.
夜靜水寒魚不食 밤은 고요하고 물은 차가워 입질이 없어
滿船空載月明歸 배는 공연히 달빛만 가득 싣고 돌아오네.

199 攸久攸長者~有生無死也: 번역 대본인 국립중앙도서관본에는 없어서 서강대본을 참고하여 보완했다. 앞에서 유불도를 함께 말하고 있는 상황을 고려할 때 이 내용이 들어가는 것이 자연스럽다.

200 孺子孺者也: '孺子儒者也'의 오기. 서강대본에는 '孺子儒者也'로 되어 있다.

201 呴嘘: 몸속의 공기를 내뿜고 새로운 공기를 들이마시는 도가의 호흡법.

202 太乙寶經: 인간의 길흉화복을 점치는 복술서로 『太乙經』이라 부르기도 한다.

第二弓

眞丈夫浪吟山水窟 假女冠茶說風流陣

却說【난외: 出[203]】, 夢玉鞭一驢, 命小奚出自候潮門,[204] 聽浙右之潮聲, 慷慨而語曰: "昔甘羅[205]十二歲, 揄揚於王公之前, 王勃[206]十四歲, 放蕩於山水之間. 余年則優於王, 何必讓一頭於二字哉? 乃先以山水爲意, 曠其胷次, 然後可以干萬乘, 而厠百僚也." 遂歷捍海塘,[207] 憩於湧金門外酒樓上, 俯臨西湖六橋上風物, 牧笛聲中, 起千古興亡之感, 茂樹陰邊, 列百群烟花之徒[208]曰: "蘋渡

---

203 出: 오른쪽 상단에 '出'이라 쓰여 있는데, 의미는 알 수 없다.

204 候潮門: 오대 시기에 건축된 항주의 성문 가운데 하나로 옛 이름은 竹車門이다. 남송 紹興 28년(1158)에 죽거문 옛터에 중건했는데, 성문이 錢塘江에 임해 있어 하루 두 차례 조수를 만난다고 하여 후조문이라는 이름이 붙었다.

205 甘羅: 전국시대 秦의 정치가. 『사기』「樗里子甘茂列傳」에 다음의 서술이 있다. "甘羅者 甘茂孫也 茂既死後 甘羅年十二 事秦相文信侯呂不韋 […] 甘羅曰 君侯何不快之甚也 文信侯曰 […] 吾自請張卿相燕而不肯行 甘羅曰 臣請行之 文信侯叱曰 去 我身自請之而不肯 女焉能行之 甘羅曰 大項橐生七歲爲孔子師 今臣生十二歲於茲矣 君其試臣 何遽叱乎 於是甘羅見張卿曰 […] 張唐曰 請因孺子行 令裝治行(감라는 감무의 손자이다. 감무가 죽고 감라는 열두 살에 진나라 재상 문신후 여불위를 섬겼다. […] 감라가 말했다. '군후께서는 어째서 심히 불쾌해하십니까?' 문신후가 말했다. '[…] 내가 장당에게 연나라 재상이 되어 달라고 청했으나 기꺼이 가려고 하지 않는다.' 감라가 말했다. '신이 그에게 가라고 청하겠습니다.' 문신후가 꾸짖으며 말했다. '물러가라. 내가 청해도 받아들이지 않았는데 네가 어찌 가게 할 수 있단 말이냐?' 감라가 말했다. '항탁은 일곱 살에 공자의 스승이 되었습니다. 지금 신은 열두 살입니다. 군후께서 신을 시험해 보면 되는데 어찌 급하게 꾸짖습니까?' 이에 감라가 장당을 보고 말했다. […] 장당이 말했다. '어린아이의 청으로 가노라.' 그러고는 행장을 차려 길 떠날 준비를 하게 했다.)"

206 王勃: 당나라의 문인 왕발은 〈滕王閣序〉로 명성을 떨쳤다. 왕발이 열네 살에 〈등왕각서〉를 지었다는 설이 있지만 확실하지 않다. 명나라 楊愼이 편찬한 『丹鉛總錄』「사적류」〈紫電青霜〉에 "唐王勃滕王閣序 紫電青霜 王將軍之武庫 正用此事 以十四歲之童子 胸中萬卷 千載之下 宿儒猶不能知其出處 豈非間世奇才(당나라 왕발의 〈등왕각서〉의 '자전, 청상검 같은 보검들이 왕장군의 무기고처럼 가득하다.'라는 글은 바로 이 일을 쓴 것이다. 열네 살의 어린아이로 가슴 속에 만 권을 담았구나. 천 년 후 노련한 선비도 오히려 그 출처를 모르니 어찌 세대에 드문 기이한 인재가 아니겠는가?)"라는 서술이 있다.

207 捍海塘: 바다를 막는 둑. 『신당서』「지리 오」〈鹽官〉에 "鹽官有捍海塘隄 長百二十四里 開元元年重築(염관현에 바다를 막는 둑이 있는데 길이가 124리이다. 개원 원년에 중축했다.)"이라는 기록이 있다. 중국 後梁 開平 4년(910)에 武肅王 錢鏐가 처음으로 전당강 하구에 바다를 막는 둑인 한해당을 쌓았다고 한다.

208 列百群烟花之徒: 서강대본에는 '列百郡烟花之都'로 되어 있으나, 번역 대본인 국립중앙도서관본을 따랐다.

口[209] 漁父鳴榔而語, 紅蓼灘頭 釣擊楫而歌."[210] 不覺詩思湧出, 詠詩一絶云:

21

漠漠輕烟護[211]碧紗, 一天浸在白鷗波

輿云往跡何須問, 歌舞樓坮宿暮鴉

仍呼酒胡節來 透瓶一香 椀痛飮後, 乘醉作西江月一闋曰:

一場富貴蟻夢,[212] 百年光陰鳥過[213]

209 蘋渡口: '白蘋渡口'의 오기. 인용 원전과 서강대본 모두 '白蘋渡口'로 되어 있다.

210 蘋渡口~釣擊楫而歌: 100회본『李卓五先生批評忠義水滸傳』39회에 나오는 宋江이 심양정에서 본 풍경 묘사 가운데 한 구절을 변용한 것이다. 그 구절은 "白蘋渡口 時聞漁父鳴榔 紅蓼灘頭 每見釣翁擊楫(흰 마름 꽃핀 포구 나루에서는 이따금 어부들이 고기 잡느라 뱃전을 두드리는 소리가 들리고, 여뀌가 붉게 물든 여울 가에서는 매번 낚시꾼들이 노를 치며 노래하는 모습이 보인다.)"이라는 구절을 변용한 것이다. 이하『수호전』으로 표기한다.

211 漠漠輕烟護: 송나라 시인 왕지도(王志道)의 〈僑寄山居霍然幾月凡見之於目 […] 閑適之趣云爾〉에 있는 구절인 "漠漠輕烟護鵲巢(자욱한 연기 까치 집을 감싸고)"에서 가져온 것이다.

212 蟻夢: '개미굴의 꿈'이라는 의미로 인생사 한바탕의 헛꿈이라는 南柯一夢의 고사를 말한다. 사라지고 마는 한때의 헛된 부귀영화를 의미한다. 〈南柯太守傳〉에 다음의 내용이 있다. "東平淳于棼 吳楚遊俠之士 […] 所居宅南有大古槐一株 枝幹修密 清陰數畝 淳于生日與群豪大飮其下 唐貞元七年九月 因沈醉致疾 […] 昏然忽忽 彷彿若夢 見二紫衣使者 跪拜生曰 槐安國王遣小臣致命奉邀 […] 生與妻拜首南去 登車擁騎 言笑甚歡 累夕達郡 郡有官吏僧道耆老音樂車輿 武衛鑾鈴 爭來迎奉 人物闐咽 鐘鼓喧嘩 不絕十數里 見雉堞臺觀 佳氣鬱鬱 入大城門 門亦有大榜 題以金字 曰南柯郡城 […] 王笑曰 卿本人間 家非在此 生忽若惛睡 瞢然久之 方乃發悟前事 遂流涕請還 王顧左右以送生 生再拜而去 […] 夢中倏忽 若度一世矣 生感念嗟歎 遂呼二客而語之 驚駭 因與生出外 尋槐下穴 生指曰 此即夢中所驚入處 […] 尋穴究源 旁可袤丈 有大穴 根洞然明朗 可容一榻 上有積土壤 以爲城郭臺殿之狀 有蟻數斛 隱聚其中 中有小臺 其色若丹 二大蟻處之 素翼朱首 長可三寸 左右大蟻數十輔之 諸蟻不敢近 此其王矣 即槐安國都也 […] 是夕 風雨暴發 旦視其穴 遂失群蟻 莫知所去(동평 사람 순우분은 오·초나라에 이름이 알려진 협객이다. […] 사는 집 남쪽에는 오래된 큰 괴나무가 있었는데 나뭇가지가 길고 빽빽하여 시원한 그늘은 몇 이랑이었다. 순우생(순우분)은 날마다 여러 호걸과 나무 아래서 실컷 퍼마셨다. 당나라 정원 7년 9월에 크게 취해 병이 났다. […] 혼미하고 몽롱해져 마치 꿈속인 듯했다. 보니 자줏빛 옷을 입은 사자 둘이 나타나 순우생 앞에 꿇어앉으며 말했다. '괴안국 왕께서 소신들을 파견하여 모셔 오라 명하셨습니다.' […] 순우생과 아내는 절을 올리고 남쪽으로 떠났다. 수레에 오르자, 기마가 그들을 호위했다. 담소하고 매우 기뻐하며 여러 날 만에 남가군에 도착했다. 고을에 있는 관리, 승려, 노인이 음악과 수레, 호위와 방울을 가지고 다투어 와서 맞이했다. 사람 말소리가 시끄럽고 음악 소리가 요란하여 십수 리 끊어지지 않았다. 성첩과 건물을 보니 아름다운 기운이 가득했다. 큰 성문으로 들어가니 문 옆에 큰 현판

如令竹帛[214]名寥寂, 鄧禹[215]有鬼笑我
花被風狂瘦弱, 月仍雲怪遮欄

이 있는데 금 글씨로 '남가군성'이라 했다. […] 왕이 웃으며 말했다. '경은 본디 인간 세상 사람이니 집이 여기가 아니오.' 순우생은 흐릿하게 잠 속으로 빠져드는 듯했다. 한참 동안 혼미해하다가 바야흐로 이전의 일을 깨닫고는 마침내 눈물을 흘리며 돌아가기를 청하니 왕이 좌우를 돌아보고 순우생을 보내게 했다. 순우생은 재배하고 떠났다. […] 꿈속 한순간이 마치 일생을 보낸 듯했다. 순우생이 생각에 잠겨 탄식하다가 드디어 두 손님을 불러 말을 해주었다. 깜짝 놀라며 순우생과 문밖으로 나가 회나무 아래 구멍을 찾아보았다. 순우생이 손가락으로 가리키며 말했다. '여기가 곧 꿈속에서 놀라 들어간 곳이네.' […] 구멍을 찾아 근원을 찾으니, 옆으로 길이가 한 길쯤 되는 곳에 큰 구멍이 있었는데 뿌리 아래가 훤히 뚫려 있어 의자 하나를 놓을 만했다. 위에는 흙이 쌓여 있었는데 성곽이나 대전의 모습이었다. 많은 개미 무리가 그 가운데 숨어서 모여 있었고 가운데 단사 빛의 작은 대가 있었다. 큰 개미 두 마리가 거기에 거처했는데 흰 날개 붉은 머리에 길이는 3촌쯤 되었다. 좌우에 큰 개미 수십 마리가 두 마리를 보좌하여 다른 여러 개미는 감히 근처에 오지도 못했다. 바로 왕이었고 곧 괴안국의 도성이었다. […] 그날 저녁 갑자기 비바람이 일어났다. 아침에 구멍을 보니 끝내 개미 떼가 보이지 않았는데, 간 곳을 모르겠다.)"

213 鳥過: 새가 날아 지나간다는 말로, 세월이 빨리 지나감을 의미한다. 『문선』「권십오」 〈잡시 10수 張景陽〉에 "人生瀛海內 忽如鳥過目(사람이 이 세계 안에서 사는 것은 새가 눈앞을 스쳐 지나가는 것 같은 잠깐 사이)"이라는 글이 있다. 이는 晉나라 張協이 쓴 시의 한 구절이다. 景陽은 장협의 자이다. 蘇軾의 시에서도 비슷한 구절을 찾을 수 있다. 『동파시집주』「簡寄」 〈和寄天選長官〉에 "流光安足恃 百歲同過鳥(세월을 어떻게 믿을 수가 있겠는가? 백 년도 눈앞을 지나가는 새와 같다.)"라는 구절이 나온다.

214 竹帛: 대나무와 비단으로, 역사 기록을 의미한다. 옛날에는 대나무 쪽이나 비단 폭에 글을 적은 것에서 유래했다. 『후한서』「열전」 〈鄧禹傳〉에 다음의 기록이 있다. "及漢兵起 更始立 豪桀多薦擧禹 禹不肯從 及聞光武安集河北 即杖策北渡 追及於鄴 光武見之甚歡 謂曰 我得專封拜 生遠來 寧欲仕乎 禹曰 不願也 光武曰 即如是 何欲爲 禹曰 但願明公威德加於四海 禹得效其尺寸 垂功名於竹帛耳 光武笑 因留宿閒語(한나라에서 병사를 일으켜 경시제 劉玄(광무제의 족형)이 옹립되자 호걸들이 대부분 등우를 천거했다. 등우는 즐겨 따르지 않다가 광무제가 하북 지역을 안정시켰다는 말을 듣고 바로 채찍을 들고 북쪽으로 건너가 업 땅까지 따라가 만났다. 광무제가 보고는 매우 기뻐하며 말했다. '나는 마음대로 제후를 봉하고 관직에 임명할 수 있소. 그대가 먼 곳에서 왔으니 분명 벼슬하려는 것이오?' 등우가 말했다. '원하지 않습니다.' 광무제가 말했다. '그렇다면 무엇을 하고자 하오?' 등우가 말했다. '다만 밝으신 나리의 위엄과 덕이 온 세상에 더해지고, 저는 얼마 안 되는 힘이나마 바쳐서 공명을 죽백에 드리울 수 있기만을 바랄 뿐입니다. 광무제가 웃고 그대로 머물러 묵으며 한가로이 이야기했다.)"

215 鄧禹: 후한 광무제 때의 명신. 광무제를 도와 천하를 평정하는 데 큰 공을 세워 高密侯에 봉해졌다. 『후한서』「열전」 〈등우전〉에 "鄧禹 字仲華 南陽新野人也 年十三 能誦詩 受業長安 時光武亦遊學京師 禹年雖幼 而見光武知非常人 遂相親附 數年歸家(등우는 자가 중화이며, 남양 신야 사람이다. 열세 살에 시를 암송할 수 있을 정도여서 장안에서 공부했다. 그때 광무제도 수도 장안에서 공부하고 있었다. 등우는 비록 나이가 어렸지만 광무제를 보고 비범한 사람이라는 것을 알았다. 서로 다정하게 지내다가 몇 해 후 집으로 돌아갔다.)"라는 기록이 있다.

醉鄕[216]一夜頭須白,[217] 無人知廣陵散[218]

因投筆下樓, 由沙河壙周覽城郭, 樓坮之壯麗, 東登望海樓, 樓高十八丈,[219] 守登最上頭, 眼力所窮之處, 如一條銀線橫亘雲際, 問之, 則是南海潮頭也. 仍吟五絶一首云:

樓爲觀海高, 纔得見橫線

---

216 醉鄕: 술에 취했을 때 온갖 걱정을 잊는 별천지의 경계를 말한다. 당나라 문인 王績의 〈醉鄕記〉에 "醉之鄕 去中國不知其幾千里也 其土廣然無涯 無丘陵阪險 其氣和平一揆 無晦明寒暑 其俗大同 無邑居聚落 其人甚淸 無愛憎喜怒(취향이 중국과 몇천 리 떨어져 있는지는 알 수 없다. 그 땅은 넓고 커서 끝이 없고 언덕과 험지가 없다. 그 기운은 화평하여 이치가 한결같고 어둠과 밝음, 추위와 더위가 없다. 그 풍속은 크게 같아, 모여 살거나 마을을 이루어 사는 일도 없다. 그곳 사람들은 청순하여 사랑과 증오, 즐거움과 분노도 없다.)"라는 글이 있다.

217 醉鄕一夜頭須白: 『수호전』 72회에 송강이 명기인 李師師에게 준 樂府가 있는데, 그 안에 있는 "義膽包天 忠肝蓋地 四海無人識 離愁萬種 醉鄕一夜頭白(의로운 담력은 하늘을 감싸고 충성은 땅을 덮는데 세상에 알아주는 사람이 없네. 이별의 근심이 하도 많아 취한 세상에서 하룻밤 사이에 백발이 되었구나.)"이라는 글을 활용한 것이다.

218 無人知廣陵散: 〈광릉산〉은 중국의 옛 거문고 곡조로 嵇康이 지었다는 설이 있다. 『晉書』「열전」〈혜강〉에 다음의 기록이 있다. "康將刑東市 太學生三千人請以爲師 弗許 康顧視日影 索琴彈之曰 昔袁孝尼嘗從吾學廣陵散 吾每靳固之 廣陵散於今絶矣 時年四十 海內之士 莫不痛之 帝尋悟而恨焉 初康嘗游於洛西 暮宿華陽亭 引琴而彈 夜分忽有客詣之 稱是古人 與康共談音律 辭致淸辯 因索琴彈之 而爲廣陵散 聲調絶倫 遂以授康 仍誓不傳人 亦不言其姓字(혜강이 장차 동쪽 저자에서 형벌을 받게 되었을 때 태학생 3천 명이 스승 삼기를 청했으나 허락되지 않았다. 혜강이 해 그림자를 돌아보고 거문고를 찾아 연주하며 말했다. '예전에 원효니가 일찍이 나를 좇아 〈광릉산〉을 배웠다. 내가 매번 〈광릉산〉을 매우 아끼며 가르쳐 주지 않았으니 〈광릉산〉은 이제 단절되었구나.' 그때 나이가 마흔 살이었다. 나라 안의 선비들 가운데 애통하게 여기지 않는 이가 없었다. 황제가 이윽고 깨닫고는 한탄했다. 처음에 혜강이 일찍이 낙서 지방에서 노닐다가 날이 저물어 화양정에 묵으면서 거문고를 당겨 연주했다. 한밤중에 홀연히 어떤 손님이 찾아와 옛 친구라 일컫고는 혜강과 음률을 함께 얘기했는데 언사가 분명하고 조리가 있었다. 인하여 거문고를 찾아 그것을 연주하니 〈광릉산〉이었다. 성조가 무척이나 빼어났다. 마침내 혜강에게 주며 사람에게 전하지 않겠다고 맹세하게 하고 또한 이름을 말하지 않았다.)"라는 기록이 있다. 『동파시집주』「수답 중」〈次韻曺九章見贈〉의 "中散何曾靳孝尼(혜강은 어찌 일찍이 효니에게 아까워했는가?)" 구절에 '(嵇)康將刑東市~廣陵散於今絶矣'까지 주석으로 달려 있다. 다만 '太學生三千人請以爲師 弗許(태학생 3천 명이 스승으로 삼게 해달라고 했으나 허락하지 않았다.'라는 구절은 빠져 있다. 혜강의 관직이 중산대부에 이르렀기에 후세 사람들이 '중산'이라고 호칭했다.

219 東登望海樓 樓高十八丈: 망해루는 중국 항주의 서호 남쪽 봉황산에 있던 누각이다. 『동파시집주』「누각」〈望海樓晩景五絶〉 제목에 "杭州圖景云 東樓一名望海樓 在舊治中和堂北 太平寰宇記云 樓高十八丈 唐武德七年置(『항주도경』에서는 동루는 일명 망해루인데 이전 관청의 중화당 북쪽에 있다고 한다. 『태평환우기』에서는 누각의 높이는 18장이고 당나라 무덕 7년(625)에 설치했다고 한다.)"라는 주석이 있다.

若敎與雲齊, 也應露全面

透迤上寶雲樓, 千門萬戶,[220] 金碧照耀, 亦足壯人心目, 轉訪孤山處士[221]之宅, 鶴骨已仙, 巖扉寂寞, 雲水[222]軥輈[223]之聲,

22

草泥郭索之行,[224] 低俙舊時風物, 仍感作滿江紅一闋曰:

處士遺墟, 無覓處, 放生池畔

但老槐無枝, 古橋中斷

欲向青山無消息, 夕陽歸去採樵伴

搖月中, 女蘿枝垂垂 若翠幔

岩骨癯, 花光老

草根淺, 鳥聲亂

轉過梨花村, 萬樹花空, 餘香染地而已, 仍入茶坊裏呼茶, 茶博士曰: "只有泡

---

220 寶雲樓 千門萬戶: 보운루는 항주에 있는 보운사를 가리킨다. 『동파시집주』 「湖」 〈次韻仲殊雪中遊西湖二首〉의 "寶雲樓閣鬧千門(보운사 누각에 많은 인가가 시끄럽고)" 구절을 활용한 것이다. 이 구절에 "寶雲 寺名(보운은 절 이름이다.)"이라는 주석이 있다.

221 孤山處士: 송대의 隱者 임포를 가리킨다. 『宋史』 「열전」 〈隱逸 上〉에 "林逋 字君復 杭州錢塘人 少孤 力學 不爲章句 性恬淡好古 弗趨榮利 家貧衣食不足 晏如 初放遊江淮間 久之歸杭州 結廬西湖之孤山(임포는 자가 군복으로 항주 전당 사람이다. 어려서 아버지를 여의고 힘써 공부했으나 문장을 짓지는 않았다. 성품이 평안하고 고요하며 옛것을 좋아했다. 영화와 이익을 좇지 않아 집이 가난하고 의식이 부족하여도 편안히 여겼다. 처음에 양자강과 회수 사이에서 마음껏 노닐다가 얼마 후 항주로 돌아가 서호의 고산에 초가를 짓고 살았다.)"이라는 기록이 있다.

222 雲水: '雲木'의 오기. 인용한 글과 서강대본 모두 '雲木'으로 되어 있다.

223 軥輈: 새 울음소리. 『梅山續稿』 〈題共閒亭〉에 "花光搖曳猶多事 鳥語軥輈徒自喧(꽃 빛이 흔들림에 오히려 일이 많은데 새 울음소리는 한갓 스스로 시끄럽다.)"이라는 구절이 있다.

224 雲水軥輈之聲 草泥郭索之行: 임포의 〈山居詩〉 "草泥行郭索 雲木叫鉤輈(진흙 수렁을 지나가는 게와 높은 나무에서 지저귀는 자고새 소리)"를 활용한 것이다. '鉤輈' 또한 자고새 울음소리이다. 당나라 李群玉의 〈九子坡聞鷓鴣〉에 "落照蒼茫秋草明 鷓鴣啼處遠人行 正穿詰曲崎嶇路 更聽鉤輈格磔聲(아득한 하늘 낙조 아래 가을 초목은 밝은데 자고새 우는 곳에 먼 길 가는 나그네. 때마침 구불구불 험한 길을 뚫고 나가니 자고새의 울음소리 다시 들린다.)"이라는 구절이 있다.

茶, 品劣不合於尊賓之口." 夢玉曰: "貴里甚處有美茶?" 茶博士曰: "東隣桂徵士[225]家, 應有美茶, 而本非賣茶之家, 何以得飮?" 夢玉: "桂家之茶, 果爲極品耶?" 茶媼替博士而對曰: "桂家之小姐, 神於造茶, 纔飮一椀, 便覺腋生清風."[226] 夢玉曰: "然則桂媼果是奇才也." 茶媼曰: "非但造茶之奇妙也, 容貌超等, 恍惚若初上之月, 綽約如半開之花, 今方擇婿, 而絶無對耦之良匹矣." 夢玉曰: "媼能

23

爲我行媒乎?" 媼曰: "桂爺豈信茶媼之言, 而許親於過去相公乎?" 夢玉曰: "能用何計, 則可接娘子春風之面乎?" 媼尋思良久, 眉頭一縱, 計上心來曰: "相公若幻得女冠樣子, 托以賣茶行色, 轉入桂家, 則必愛相公如玉之姿, 庶可容納於閨閫之際, 此爲桂姐接面之道也." 夢玉媼之畫計, 可謂出人意表也. 乃借得桂徽[규女上服[227]]裙衩之服, 扮作行脚女冠, 往入茶市, 買小龍團[228]十餠,

225 徵士: 학식이나 덕행, 節行 등으로 천거를 받았으나 벼슬에 나아가지 않은 초야의 선비를 말한다.『六臣註文選』〈陶徵士誄〉에 "陶潛隱居有詔禮 徵爲著作郎 不就故謂徵士(도연명이 은거함에 임금이 조서를 내려 저작랑을 하라고 불렀으나 벼슬에 나아가지 않았기에 징사라고 이른 것이다.)"라는 주석이 있다.

226 腋生淸風: 겨드랑이에 맑은 바람이 일어난다는 말로 좋은 차를 찬미하는 뜻이다. 당나라 시인 盧仝의 〈走筆謝孟諫議寄新茶〉에 "五碗肌骨清 六碗通仙靈 七碗喫不得也 唯覺兩腋習習清風生(다섯 잔을 마시니 살과 뼈가 맑아지고, 여섯 잔을 마시니 신선과 통하네. 일곱 잔은 채 마시지도 않았건만 겨드랑이에서 산들산들 맑은 솔바람이 일어나는 것을 느끼네.)"이라는 구절이 있다.

227 규女上服: '閨女上服'으로 추정된다.

228 小龍團: 茶餠(찻잎을 벽돌 모양이나 원반형으로 뭉친 것) 위에 용 무늬를 새긴 진귀한 차.『동파시집주』「果實」〈荔支嘆〉의 "君不見武夷谿邊粟粒芽 前丁後蔡相籠加" 구절에 "大小龍茶始於丁晉公而成於蔡君謨 歐陽永叔聞君謨進小龍團 驚歎曰 君謨士人也 何至作此事(대소룡차는 丁謂(진공에 봉해짐)에게서 시작되어 蔡襄(군모는 자)에게서 완성되었다. 구양영숙이 군모가 올린 소룡단의 향을 맡고 놀라 감탄하여 '채양은 선비인데 어찌 이 일을 할 정도에 이르렀는가?'라고 했다.)"라는 주석이 있다.『續茶經』「七茶之事」에는 "張芸叟 墁畫錄 [⋯] 貢不過四十餠 專擬上貢 雖近臣之家 徒聞之而未嘗見也(張舜民(운수는 자)의『만화록』에서는 '(용단) 조공하는 양이 40다병을 넘지 않아 오직 임금에게만 진상했기에 비록 가까운 신하라도 말로만 들었을 뿐 보지는 못했다.'라고 했다.)"라는 기록이 있다.

裹以靑油帕, 逓往桂山人家. 直入重門之內, 一箇丫鬟應喝退, 女冠曰: "雖京師宰相內眷, 不閑女冠出入, 況此一箇茶婆, 管甚利害, 而如是嚴阻耶?" 熱鬧之際, 大娘猛聞得茶婆, 卽命丫鬟勿防, 婆遂入施禮, 大娘曰: "婆之所住, 果在那邊? 茶則果是何等佳品也?" 婆曰: "小女住在建州武夷溪邊, 而所賣之茶, 卽蔡君謨所造小龍團也." 大

24

娘乃喚出小姐, 品茶優劣. 一回看時, 娉婷之態, 戀婉之語, 卽欲軟他剛腸,[229] "小女, 雖以賣茶爲生, 未嘗學如此瞞人餙詐之術耳." 小姐曰: "吾直戱耳! 乞婆恕之, 然茶品莫貴龍鳳團,[230] 而肉理實潤者爲重, 故凡八餠重一斤,[231] 婆之茶, 雖不甚下品, 而少欠浮輕, 色未紫潤矣." 婆曰: "建州茶, 天下之極品也, 姐姐何毁之若是也?" 小姐笑曰: "吾聞建州人善爲茗戰, 婆亦建人也. 欲與吾爲茗戰耶?" 婆笑曰: "何敢耳? 但此茶差劣於大龍團, 而絶勝於粟粒芽[232] · 葉家白[233]等雜品也." 小姐曰: "請與子論茶可乎?" 婆曰: "諾." 姐曰: "甚色爲上, 甚品爲次也?" 婆曰: "陸羽[234]茶經云, '紫者爲上, 綠者爲次, 筍者爲上, 芊[235]者爲次.'[236]

229 剛腸: 국립중앙도서관본에는 剛腸 뒷부분이 누락되어 있다. 서강대본에는 "小姐嫩笑而語曰, 此茶得無以松黃餙面耶(소저가 엷게 웃으며 말했다. '이 차는 송홧가루로 겉면을 꾸민 것이 아니겠습니까?)"'라는 구절이 이어진다. 번역문에는 이를 포함했다.

230 龍鳳團: 소룡단의 다른 이름.

231 茶品~重一斤: 『歐陽文忠公集』「歸田錄 권제2」에 "茶之品 莫貴於龍鳳 謂之團茶 凡八餠重一斤(차의 품질로는 용봉단보다 귀한 것이 없다. 차 잎을 둥글게 만들었다고 하여 '단다'라고 하는데 무릇 여덟 다병의 무게가 한 근이다.)"을 인용한 것인데 일부 구절을 생략하고 있다. 『동파시집주』「茶」〈和錢安道寄惠建茶〉의 "粃糠團鳳友小龍(보잘것없는 단봉차에 소룡차를 벗 삼아)" 구절에 달린 주석에도 같은 글이 있다.

232 粟粒芽: 싸라기와 비슷하게 생긴 초봄에 따는 차의 싹. 상권 각주 228 참고.

233 葉家白: 복건성 건계에서 나는 차의 품종 중 하나. 『동파시집주』「懷舊 상」〈岐亭五首〉에 "仍須煩素手 自點葉家白(이에 모름지기 흰 손을 놀려 스스로 엽가 백차를 우린다.)"이라는 구절이 있다.

234 陸羽: 당나라 문인으로 일생을 차 연구에 매진하여 茶聖이라는 호칭을 얻었으며 자신의 이론을 집대성하여 『茶經』을 저술했다. 『신당서』「隱逸」에 "羽 字鴻漸 一名疾 字季疵 復州竟陵人

然而湖州紫者筍茶,[237] 以其綠脚下垂, 故爲茶之極品者, 愛其魚紫綠之色也."
姐曰: "何地所産爲第一品也?" 婆曰: "揚子江有中冷水, 爲天下點茶[238]第一品

25

也,[239] 以無錫[240]惠山寺石泉水, 爲第二品也,[241] 日注爲兩浙間第一, 而洪州[242]之白芽, 又出於日注之上矣.[243] 湖州[244]金沙泉所造, 箇箇精美, 似與洪浙間齊等

不知所生 或言有僧得諸水濱畜之 [...] 羽嗜茶 著經三篇 言茶之原之法之具尤備 天下益知飮茶矣(육우의 자는 홍점이다. 일명 육질이라고도 하고 자는 계자이다. 복주 경릉 사람이다. 태어난 곳을 모르는데 어떤 이는 스님이 물가에서 얻어 길렀다고 말하기도 한다. [...] 육우는 차를 좋아하여『다경』세 편을 지었는데 차의 근원, 차 만드는 법, 다기를 더욱 갖추어 말하여 세상 사람들이 차 마시는 것을 잘 알게 되었다.)"라는 기록이 있다.

235 芹: '芽'의 오기.『다경』의 기록에 따라 수정했다. '芽'는 새로 돋아난 찻잎 중 가늘고 약해 아래로 처진 잎을 가리킨다.

236 陸羽茶經云~芹者爲次:『다경』「一地源」에 "陽崖陰林 紫者上 綠者次 笋者上 芽者次(햇빛 드는 언덕의 숲 그늘에서 자란 차 중에서는 자줏빛을 띤 잎이 가장 좋고 푸른빛을 띤 것은 그다음이다. 죽순 모양의 찻잎이 가장 좋고 싹 모양의 잎이 그다음이다.)"라는 구절이 있다.『동파시집주』「茶」〈種茶〉의 "紫筍雖不長(자색 차와 죽순 모양 찻잎이 비록 자라지는 않았으나)" 구절에도 주석으로 달려 있는데 "陸羽茶經云 紫者爲上 綠者爲次 筍者爲上 芹者爲次"로 되어 있어『옥선몽』과 같음을 알 수 있다.

237 然而湖州紫者筍茶: '然而湖州紫筍茶者'의 오기. 서강대본에는 '然而湖州紫筍茶'로 되어 있다.『운부군옥』「十一軫」〈紫筍〉에 "茶名 有湖州顧渚之紫筍 常州有義興之紫筍(차 이름이다. 호주 고저 지역의 자순이 있고, 상주에는 의흥 지역의 자순이 있다.)"이라는 기록이 있다.

238 點茶: 마른 찻잎을 다기에 담은 후 뜨거운 물을 부어 우려내는 방식. 송나라 때 유행했다고 한다.

239 揚子江~第一品也:『동파시집주』「寺觀」〈遊金山寺〉의 "中冷南畔石盤陁(중냉수 흐르는 남쪽의 비탈진 돌)" 구절에 있는 주석이다. '第一品也'는 '第一'로 되어 있다.

240 無錫: 중국 강소성 태호 북쪽에 있는 도시.

241 以無錫~第二品也:『동파시집주』「泉石」〈焦千之求惠山泉詩〉의 "精品厭凡泉 願子致一斛(좋은 품질의 차는 평범한 샘물을 싫어하니 그대가 한 섬의 물을 보내 주기를 바라오.)"이라는 구절에 나오는 주석이다. '第二品也'는 '第二'로 되어 있다.

242 洪州: 중국 강서성에 속한 옛 지명.

243 日注爲兩浙間第一~日注之上矣:『동파시집주』「茶」〈和錢安道寄惠建茶〉의 "奴隷日注臣雙井(일주차를 노예로, 쌍정차를 신하로 삼다.)" 구절에 있는 "草茶成於兩浙 兩浙之品日注爲第一 自景祐以來洪州雙井白芽漸盛 近歲製作尤精 其品遠出日注之上 遂爲草茶第一(잎차는 절강성 주변 지방에서 만들어졌다. 절강성 주변 지방의 차 가운데에서는 일주차가 으뜸이었는데, 경우 연간(1034~1038) 이후로 홍주 지역에서 나는 쌍정차와 백아차가 점차 유행했다. 근세에

耳. 蜀州有雀舌,[245] 鳥嘴, 揀芽, 麥顆等品, 而此皆嫩茶之名也,[246] 不足評泊也." 姐曰: "請聞煎茶之方." 婆曰: "潘茶經云, '凡候湯有三沸, 如魚眼微有聲者爲一沸, 四向如涌泉連珠者爲二沸, 騰波鼓浪者爲三沸, 三沸則湯已老矣.'[247] 李約云, '茶須熳火炙, 活火煎.' 活火者, 炭之有焰方熾者,[248] 盖熳火所以鼓鍊津液也." 姐大喜曰: "婆之品茶, 賽鴻漸[249]而軼長康[250]矣, 體格心機, 靈警若此, 蘊諸中者, 不可槩量, 調絲品竹, 必無不會, 幸勿韜光, 以引發深閨之幻蒙." 婆曰: "閭巷綦縞之跡, 只會喫茶喫飯, 有何慧術之可問哉?" 姐曰: "婆於音律格範, 必不齟齬, 請聞五音之體." 婆曰: "小女雖無所識,

---

는 더욱더 정밀하게 제작되어 품질이 일주차보다 훨씬 뛰어나 마침내 잎차 가운데 제일이 되었다.)"이라는 주석을 활용한 것이다.

244 湖州: 중국 절강성에 속한 지명.

245 雀舌: 갓 돋은 차나무의 새싹으로 만든 차. 참새의 혀 모양과 흡사하여 지어진 이름.

246 蜀州有雀舌~此皆嫩茶之名也: 『동파시집주』「茶」〈種茶〉의 "戢戢出鳥咮" 구절에 있는 "蜀州雀舌鳥嘴揀芽麥顆等品 盖取其嫩芽所造 以其芽似之也(촉주 지역의 작설차, 조취차, 간아차, 맥과차 등의 품목은 대개 새싹을 취하여 만든 것이다. 그 싹이 그것과 비슷하기 때문이다.)"라는 주석을 활용한 것이다. 『동파시집주』「茶」〈怡然以垂雲新茶見餉報以大龍團仍戲作小詩〉에는 "揀芽分雀舌(간아차를 작설차와 구분하고)"이라는 구절이 있다.

247 潘茶經云~三沸則湯已老矣: 『동파시집주』「試選」〈試院煎茶〉의 "蟹眼已過魚眼生(물이 끓어 거품이 게의 눈처럼 일어나는 혜안은 이미 지나 물고기 눈 같은 거품이 생기네.)"이라는 구절에 있는 주석이다. '者'와 '矣'만 없을 뿐 나머지는 같다. 여기서 '潘茶經'이 문제가 된다. 『동파시집주』「惠貺」〈生日劉景文以古畫松鶴爲壽且貺佳篇次韻爲謝〉의 "微言在參同" 구절의 주석에는 "潘按神仙傳(반이 신선전을 참고하여)"이라는 글이 있어 그 말을 한 사람을 먼저 제시하고 있는 것이다. 작품 속의 '潘'은 『다경』에 있는 말을 인용한 사람으로 보는 것이 적절하다. 『옥선몽』의 작가가 착각하여 "潘"을 넣은 듯하다.

248 李約云~炭之有焰方熾者: 『동파시집주』「시선」〈시원전다〉의 "君不見昔時李生好客手自煎 貴從活火發新泉(그대는 보지 못했는가? 옛날에 손님 청해 손수 차 달이기 좋아한 이약이 잘 피워 낸 숯불로 갓 길어 온 샘물 달이기 귀히 여긴 것을)" 구절에 달린 주석이다. 다만 '李約云'은 '李約嗜茶自煎謂人曰(이약이 차를 즐겨 스스로 달이면서 사람들에게 말하기를)'로, '活火者'는 '活火謂'로 되어 있다. 이약은 당나라 순종의 여덟째 아들이다. 『구당서』「열전」에 "邵王約 本名潊 順宗第八子 初授國子祭酒 封高平郡王 貞元二十一年進封(소왕 이약은 본명이 이서이다. 순종의 여덟째 아들이다. 처음에 국자제주에 제수되었다가 고평군왕에 봉해졌다. 정원 21년에 높여 소왕이 되었다.)"이라는 기록이 있다.

249 鴻漸: 육우의 字. 상권 각주 234 참고.

250 長康: 東晉의 화가 顧愷之를 가리킨다. 장강은 고개지의 字. 고개지는 시문, 서법, 금수·산수 그림 등에 다재다능하여 才絕, 畫絕, 癡絕의 삼절로 일컬어진다.

26

而盖嘗管子[251]地角[252]篇曰, '凡聽徵 如負猪豕覺而駭, 聽羽 如鳴馬在野, 聽宮 如牛鳴窌, 聽商 如離群羊, 聽角 如鷄登木以鳴.'[253] 禮曰, '宮爲君, 商爲臣, 角爲民, 徵爲事, 羽爲物. 五者不亂, 則無怗懘之患也,[254] 此乃五聲之體也. 金音鏗鏘, 石聲磑硿, 匏音嗢噦[옥월], 土音窾坎, 革音韃鞳, 木音格鬱, 絲音淸越, 竹音寥亮, 此乃八音之體也.' 凡聲, 高聲磪, 正聲緩, 達聲贏, 微聲韽, 侈聲筰, 弇聲鬱, 薄聲甄, 厚聲石,[255] 皆在於舌端之造化, 指末之權變也." 桂姐卽起, 奉身申禮曰: "妾當自此, 敬修師生之禮矣, 妾有一張琵琶, 請師一遭撚攏, 以發靈巧之機." 婆曰: "繁瘠廉內, 足以感動, 然後可與言樂,[256] 豈以小女之謏才, 敢當尊姐之過奬耶?" 姐曰: "請師勿爲過謙." 遂出一軸琵琶, 槽以邏沙[257]

251 管子: 춘추시대 齊나라의 사상가이자 정치가인 管仲이 지었다고 전해지는 역사서.

252 地角: '地員'의 오기. '지원'은 『관자』의 편명이다.

253 管子地角篇~如鷄登木以鳴: 『관자』에 나오는 말인데, 『동파시집주』「음악」〈聽賢師琴〉의 "但聞牛鳴盎中雉登木(다만 소가 움 속에서 울고 꿩이 나무에서 우는 소리만 들었다.)" 구절에도 주석으로 달려 있다. 『관자』와 『동파시집주』에는 모두 '聽羽', '聽宮', '聽商', '聽角' 앞에 '凡'이 있고, '窌'는 '窌中'으로 되어 있다.

254 宮爲君~無怗懘之患也: 『예기』「樂記 第十九」에 나오는 구절이다. '也'는 '矣'로 되어 있다.

255 凡聲~厚聲石: 『周禮』「春官宗伯 下」의 "凡聲 高聲磪 正聲緩 下聲肆 陂聲散 險聲斂(낮은 소리인 하성은 방자하고, 치우친 소리인 피성은 산만하며, 험한 소리인 험성은 오그라든다.) 達聲贏 微聲韽 回聲衍(되돌아오는 소리인 회성은 퍼지고) 侈聲筰 弇聲郁 薄聲甄 厚聲石" 구절이다. 『옥선몽』에는 밑줄 친 부분이 생략되었다.

256 繁瘠廉內~然後可與言樂: 『예기』「악기 제19」의 "使其曲直繁瘠廉內節奏 足以感動人之善心已矣(그 굽고 곧고 번다하거나 생략하거나 날카롭거나 부드럽고 풍만한 소리의 곡절과 가락의 변화로 사람의 선한 마음을 감동시키기에 충분했다.)"라는 구절을 활용한 것이다. '繁瘠廉內'은 '번다함과 짧음, 날카로움과 풍만함' 정도로 해석할 수 있다. 『禮記注疏』에서는 이에 대하여 "曲謂聲音回曲 直謂聲音放直 繁謂繁多 瘠謂省約 廉謂廉稜 內謂肥滿 節奏 謂或作或止(곡은 소리가 굽은 것을 이른다. 직은 소리가 곧은 것을 이른다. 번은 번다함을, 척은 간략한 것을 이른다. 염은 날카로움을, 육은 부드럽고 풍만함을 이른다. 절주는 연주하거나 그치는 것을 이른다.)"라는 주석을 달고 있다. 또한 "曲直 歌之曲折也 […] 繁瘠廉內 聲之鴻殺也者 鴻謂粗大 殺謂細小 言樂聲須弘大而多 則內與繁聲是也 殺謂聲音細小 則瘠與廉聲是也(곡직은 노래의 변화이다. […] 번척염육은 소리가 크거나 줄어듦이다. 홍은 투박하고 큰 것을, 쇄는 세밀하고 작은 것을 이른다. 음악 소리가 넓고 크며 번다하면 바로 육성과 번성이요, 쇄는 소리가 세밀하고 작은 것을 이르니 척성과 염성이다.)"라는 주석도 있다.

257 邏迦: 티베트 지역의 옛 명칭. 邏些, 邏娑로도 쓴다.

之檀, 絃以鵾鷄[258]之肋, 九寡之珥

27

餙其約,[259] 龍香[260]之板粧其撥,[261] 未彈而聲隱匣中, 不調而曲在指末. 婆再三謙讓, 迺援而鼓之, 星星香撥, 如在造化翁手中動得耳, 七盤嶺上, 鸞鈴之響, 十二峯頭, 雲雨之調, 曲曲有心, 節節斷腸, 續轉關六幺, 濩索梁州,[262] 玉連瑣[263]等雜関, 箇箇珠諾玉盤, 這這水咽氷灘, 聽者莫不局聳耳肅, 不覺日已暮矣, 况此桂家小姐, 眞箇風流女子, 兀自心魂蕩漾, 不能定情. 須臾, 洞房張燭, 華廚進饌, 窓横龜背, 香風冉冉, 透黃紗簾捲蝦鬚, 皓月團團懸紫綺, 于時, 桂

258 鵾鷄: 『楚辭』「九辯章句 第八楚辭」의 "鵾鷄啁哳而悲鳴" 구절에 "鵾鷄似鶴 黃白色 啁哳 聲繁細(곤계는 학과 비슷한데 황백색이다. 조찰은 소리가 번다하고 가는 것이다.)"라는 주석이 있다.

259 九寡之珥餙其約: 『文選補遺』 〈笛賦〉의 "吟清商 追流徵 歌伐檀 號孤子"라는 구절에 "西漢枚乘七發曰 […] 孤子之鉤以爲隱 九寡之珥以爲約 註曰 鉤珥皆寶也 隱約皆琴上飾也 取孤子寡婦之寶而用之 欲其聲多悲聲(서한 매승의 〈칠발〉에 […] '아비 없는 자식의 帶鉤로 은을 만들고, 아홉 아들을 둔 과부의 귀걸이로 약을 삼았다.'라는 구절이 있는데, 주석에 '대구와 귀걸이는 모두 보배이다. 은과 약은 모두 거문고 위의 장식이다. 아비 없는 자식과 과부의 보배를 가지고 이용한 것은 그 소리에 슬픈 소리가 많게 하고자 함이다'라고 했다.)"이라는 주석이 있다. '九寡'는 '아홉 번 과부가 된 여인'이라는 해석도 있다.

260 龍香: 매우 좋은 향나무.

261 撥: 술대. 현을 튕겨 연주하는 데 쓰는 막대기. 『동파시집주』「음악」 〈宋叔達家聽琵琶〉의 "數絃已品龍香撥(몇 가닥 줄이 이미 용향으로 만든 술대로 튕겨지고)" 구절에 "楊貴妃琵琶 以邏逤檀爲槽 龍香板爲撥(양귀비의 비파는 나사 지역의 박달나무로 몸통을 만들었고, 용향 나무로 술대를 만들었다.)"이라는 주석이 있다.

262 轉關六幺~濩索梁州: 비파 연주곡들이다. 『동파시집주』「음악」 〈古纏頭曲〉의 "轉關濩索動有神(전관곡과 호색곡이 신들린 듯 울리고)" 구절에 "琵琶曲有轉關六幺濩索梁州 皆其名也(비파곡에는 전관육요와 호색양주가 있는데 모두 그 이름이다.)"라는 주석이 있다. 『燕在閣知新錄』 〈비파〉에는 "蔡寬夫詩話曰 轉關六幺言聲調閒婉也 濩索謂音節繁促也(채관부의 『시화』에서 말했다. '전관육요는 성조가 완곡함을 말한다. 호색은 음절이 번다하고 빠른 것을 이른다.')"라는 주석이 있다.

263 玉連瑣: 비파 연주곡 중 하나. 『동파시집주』「음악」 〈宋叔達家聽琵琶〉의 "新曲翻從玉連瑣(신곡은 옥련쇄곡을 따라서 飜曲하니)" 구절에 "玉連瑣今曲名 […] 公歐陽詩云 杜彬琵琶皮作絃 自從彬死世莫傳 玉連瑣聲入黃泉(옥련쇄는 지금의 곡명이다. […] 구양수의 시 〈贈沈博士歌〉에서는 '두빈의 비파는 가죽으로 현을 만들었다. 두빈이 죽은 후에는 세상에 전해지지 않아 옥련쇄곡 소리도 황천으로 들어갔다.'라고 읊었다.)"이라는 주석이 있다.

姐柳眉一攢, 信手題詩曰:

花燈脉脉暈酣輝, 香沁酥胷玉一圍,

麗質難禁風雨蕩, 却將春恨上瑤徽.[264]

茶婆應聲而答曰:

假花贋草競春輝, 不及宮簾繡鵠圍,

萬斛胷中無限

28

意, 憑將玉笋弄珠徽.

桂姐怪其詞意, 改容而問曰: "師之所咏, 若有托情遣懷之處, 敢問何故也?" 婆笑曰: "兒女子羞澀難言之懷, 不足向人說道也." 姐曰: "吟咏本非女子能事, 易致此等處, 綻露眞情, 不如玉柱而弄珠絃, 莫辭更坐彈一曲." 婆乃斂容, 更端轉撥絃, 約莫彈到三二更. 姐曰: "向前所奏, 妾所前日畧聞者也. 或有世間稀秘之闋, 足以解穢者邪?" 婆曰: "小女學譜於玉觀眞人, 就中一闋, 名曰錦纏頭,[265] 此世間稀秘之音, 請爲姐姐一彈矣." 乃援撥鼓之, 其詞曰:

鵾絃鐵撥世無耳, 樂府舊腔傳賀叟[266]

264 花燈脉脉暈酣輝~却將春恨上瑤徽: 『수호전』 73회의 이규와 연청이 납치된 유태공의 딸을 구하는 장면에서 그녀의 이름다움을 묘사한 시, "弓鞋窄窄剪春羅 香沁酥胷玉一窩 麗質難禁風雨蕩 不勝幽恨蹙秋波"를 활용한 것이다. 『금병매』 98회에서 서문경의 사위인 진경제와 한애저가 만나 서로 마음에 둘 때를 그린 시 "弓鞋窄窄剪春羅 香沁酥胷玉一窩 麗質不勝裊娜態 一腔幽恨蹙秋波"도 유사하다. '瑤徽'는 아름다운 거문고를 말하는데, 내용을 고려하여 비파로 번역했다.

265 錦纏頭: 詞의 곡조 이름. 錦纏道, 錦纏絆이라고도 한다. '금전두'는 머리에 쓰는 비단 수건을 지칭하는 단어로, 악공이 연주를 잘했을 때 상으로 머리에 감아 주던 비단이나 기생에게 칭찬의 뜻으로 주던 재물 등을 일컫는 말로 의미가 확장되었다.

266 賀叟: 당나라 현종 개원 연간(713~741)의 악공 賀懷智. 『동파시집주』 「음악」 〈古纏頭曲〉의 "鵾絃鐵撥世無有" 구절에 "唐開元中 賀懷智善琵琶 以石爲槽 鵾鷄筋作絃 用鐵發彈之(당나라 개원 연간 비파를 잘 타는 하회지는 돌로 몸통을, 곤계근으로 현을 만들어 쇠로 연주했다.)"라는 주석이 있다.

粉胸繡臆無消息, 抱得檀槽到白首

蘂珠[267]仙子年二八, 指法偸學呼韓婦[268]

女媧團土迷八紘, 戀疋匏瓜淚盈斗

靑衫若逢湓浦客,[269] 紅袖可揷曹綱[270]手

惡緣恐結哀駘佗,[271] 便着布裳躬井臼

---

267 蘂珠: 仙宮의 명칭. 『태평어람』「理所」에 "玉晨大道君治蘂珠貝闕(옥신 대도군이 여주패궐을 다스린다.)"이라는 구절이 있다.

268 呼韓婦: 흉노에게 끌려간 왕소군을 지칭한다. 『동파시집주』「음악」〈고전두곡〉의 "指法已似呼韓婦(운지법은 이미 왕소군을 닮았네.)" 구절에 "王昭君 字嬙 元帝選入掖庭 時呼韓邪來朝 帝以宮女五人賜之 昭君入宮數歲不得見 乃請行 呼韓邪臨辭 昭君豐容靚麗 帝見大驚 欲留之而難於失信 昭君善琵琶(왕소군의 자는 장이다. 전한 원제 때 궁궐로 뽑혀 들어왔다. 당시 호한야가 조회하러 오자 원제는 궁녀 5인을 하사했다. 왕소군은 입궁한 지 몇 해가 되었는데도 원제를 보지 못했기에 가기를 청했다. 호한야가 떠나려는데 왕소군은 풍만한 용모에 깨끗하고 아름다웠다. 원제가 보고 너무 놀라며 머물게 하고 싶었으나 신뢰를 잃을까 하여 곤란해했다. 왕소군은 비파를 잘 탔다.)"라는 주석이 있다.

269 湓浦客: 湓浦客의 오기. 서강대본에도 湓浦客으로 되어 있다. 『동파시집주』「음악」〈고전두곡〉의 "靑衫不逢湓浦客(푸른 적삼이 분포의 객을 만나지 않아)" 구절에 "白樂天言 送客湓浦口 聞舟中夜彈琵琶 問其人 本長安倡女 年長色衰 嫁爲商人婦 樂天爲作琵琶行 末云 就中泣下誰最多 江州司馬靑衫濕(백낙천이 말했다. '분포 어귀에서 손님을 전송할 때 배 안에서 밤늦게 들려오는 비파 소리를 듣고 연주한 사람에게 물으니 본래 장안의 창녀였는데 나이 들고 미모가 쇠하여 시집가 장사꾼의 아내가 되었다고 했다.' 백낙천이 위하여 〈비파행〉을 지었는데 마지막 구에 '그중에서 누가 가장 많이 울었나? 강주사마(당시 백낙천의 직책)의 푸른 소매가 흠뻑 젖었네.'라고 했다.)"이라는 주석이 있다. 이 주석은 백낙천의 〈비파행〉 서문을 요약한 것이다.

270 曹綱: 당나라 현종 때 비파 연주로 유명한 인물. 『樂府雜錄』「비파」에 "貞元中有王芬曹保 保其子善才 其孫曹綱 皆襲所藝. 次有裴興奴 與綱同時 曹綱善運撥 若風雨 而不事扣絃 興奴長於攏撚 時人謂 曹綱有右手 興奴有左手(당나라 정원 연간(785~805)에 왕분과 조보가 있었다. 조보의 아들 선재, 손자 조강도 모두 기예를 익혔다. 다음으로 배흥노가 있었는데 조강과는 같은 시대였다. 조강은 손가락을 움직이며 연주하는 것을 잘했는데, 풍우와 같이 빠르면서도 현을 튕기는 데 힘들이지 않았다. 흥노는 손가락으로 현을 누르며 연주하는 데 능했다. 그리하여 당시 사람들이 '조강은 오른손, 흥노는 왼손'이라고 일컬었다.)"라는 기록이 있다.

271 哀駘佗: 『장자』「德充符」에 "魯哀公問於仲尼曰 衛有惡人焉 曰哀駘它 丈夫與之處者 思而不能去也 婦人見之 請於父母曰 與爲人妻 寧爲夫子妾者 十數而未止也(노나라 애공이 공자에게 물었다. '위나라에 추남이 있는데 이름은 애태타라고 합니다. 그와 함께 지낸 사내들은 그를 생각하며 떠나지 못합니다. 여인들이 그를 보면 부모에게 다른 사람의 아내가 되느니 차라리 그 남자의 첩이 되겠다며 간청하는데 수십 명에 그치지 않는다고 합니다.)"라는 구절이 있다. 이에 대하여 곽상은 "惡人 惡醜貌 […] 李云 哀駘 醜貌 佗 其名(악인은 아주 못생긴 것이다. […] 이가 말하기를 '애태는 추한 용모요, 타는 그 이름이다.'라고 했다.)"이라고 주석하였다.

29

我今容貌愧潘衛,[272] 誰薦華堂合巹酒

六么護索動有神, 雷輥一聲鳴竹牖

四鉉齊撥擁袂立, 手結蟠桃爲君壽

世人只解錦纏頭,[273] 誰識張郞已配杜[274]

---

272 潘衛: 潘岳과 衛玠. 晉나라 사람으로 둘 다 빼어난 풍채와 외모로 유명했다.『晉書』「열전」에 "岳美姿儀 辭藻絶麗 尤善爲哀誄之文 少時常挾彈出洛陽道 婦人遇之者 皆聯手縈繞 投之以果 遂滿車而歸 時張載甚醜 每行 小兒以瓦石擲之(반악은 모양과 행동이 아름다웠고 문장도 몹시 고왔는데 특히 애뢰문에 뛰어났다. 젊었을 때 항상 활을 끼고 낙양 길로 나갔는데 부인들이 그를 만나면 모두 손을 잡고 에워싸며 과일을 던지는 바람에 수레에 과일을 가득 채워 돌아왔다. 그때 장재는 매우 추하여 다닐 때마다 어린아이들이 기와나 돌을 던졌다.)"라는 서술이 있다. 또한『진서』「열전」에 "祖父瓘曰 此兒有異於衆 顧吾年老 不見其成長耳 總角乘羊車入市 見者皆以爲玉人 觀之者傾都 驃騎將軍王濟 玠之舅也 俊爽有風姿 每見玠 輒嘆曰 珠玉在側 覺我形穢 又嘗語人曰 與玠同游 冏若明珠之在側 朗然照人(위개의 조부인 위관이 말했다. '이 아이는 보통 사람과 다르다. 내 나이 늙음을 돌아보니 그 자라는 것을 보지 못하겠구나.' 위개가 총각으로 양이 끄는 수레를 타고 저자에 들어가면 보는 사람들이 그를 옥 같은 사람이라 여겨서 구경하는 자가 도읍에 가득했다. 표기장군 왕제는 위개의 장인이다. 위개가 준수하며 풍채도 좋으니 매번 위개를 보면 문득 감탄하여 말했다. '주옥이 옆에 있어 나의 거칢을 깨닫게 한다.' 그리고 일찍이 사람들에게 말했다. '위개와 함께 노닐면 명주가 옆에 있는 것처럼 빛나 낭랑하게 사람을 비춘다.')"이라는 서술이 있다.

273 鵾絃鐵撥世無耳~世人只解錦纏頭: 소식의 〈古纏頭曲〉을 변용한 것이다. 〈고전두곡〉은 다음과 같다. "鵾絃鐵撥世無有 樂府舊工惟尙叟 一生喙硬眼無人 坐此困窮今白首 翠鬟女子年十七 指法已似呼韓婦 輕帆渡海風掣回 滿面塵沙和淚垢 靑衫不逢湓浦客 紅袖漫揷曹綱手 爾來一見哀駘佗 便著臂韝躬井臼 我慚貧病百不足 强對黃花飮白酒 轉關濩索動有神 雷輥空堂戰窓牖 四絃一抹擁袂立 再拜十分爲我壽 世人只解錦纏頭 與汝作詩傳不朽(곤계의 현, 쇠술대 세상에 다시 없으니 악부의 옛 악공에 오직 상수만이 대적할 솜씨. 일생 말을 세게 하고 안하무인이었으니 이로 인해 곤궁해져 이제 백발이 되었구나. 푸른 머리 곱게 쪽찐 열일곱 살 여인의 비파 연주 솜씨는 이미 왕소군과 비슷하네. 가벼운 돛으로 바다를 건너는데 바람이 도로 돌리니 얼굴 가득 흙먼지에 눈물이 얼룩졌네. 푸른 적삼이 분포의 손님을 만나지 않았거늘 붉은 소매에는 괜히 조강의 손이 들어 있구나. 이전에 애태타를 한 번 보고는 토시 끼고 몸소 물 긷고 방아질했네. 가난과 병으로 온갖 것이 부족함이 부끄러워 억지로 노란 국화를 보며 백주를 마신다. 전관과 호삭 곡조가 신들린 듯 울리니 우레같은 소리가 빈집 창을 흔든다. 네 줄을 한 번 쓰다듬고는 소매 잡고 일어나 충분히 재배하며 나의 장수를 빌어 주네. 세상 사람들은 다만 금전두만 알 뿐이어서 너에게 시를 지어 주니 사라지지 않게 전하게.)"『옥선몽』에는 밑줄 친 부분이 그대로 드러나고 있다.

274 張郞已配杜: '張郞'은 장석, '杜'는 두난향을 가리킨다.『搜神記』에 "漢時有杜蘭香者 自稱南康人氏 以建業四年春 數詣張傳 傳年十七 望見其車在門外 婢通言 阿母所生 遣授配君 可不敬從 傳先名改碩 碩呼女前 視可十六七 說事邈然久遠 […] 至其年八月旦 復來 […] 出薯蕷子三枚 大如雞子 云 食此令君不畏風波辟寒溫 碩食二枚欲留一 不肯 令碩食盡言 本爲君作妻

桂姐忽聞中曲繾綣之意, 已致十分驚訝, 暗暗從燈下流眄廝覰, 及至末曲, 緩緩掉尾, 情狀快得呈露, 旁人不解曲中之意, 只顧喝采而已. 桂姐始覺被瞞, 翠眉忽皺, 檀口自呆, 只做紫漲面皮, 莫知所處心思, 自言曰, '吾旣被他瞞過, 而不可狼籍發機, 陷奇男於不測之地, 踈漏形迹, 致閨壼之瑕累, 自當從容掩跡, *毋*觸於他人眼孔.' 因舒顔自持而語曰: "此闋曾所未聞, 百鳥喧啾中, 始見一箇孤鳳, 只覺逼人淸亮耳." 遂低頭嘿筭曰, '此人風範才格, 旣是十分俊俏, 儘吾之敵耦也. 顧文君貞麗之姿, 尙有失節於長卿挑琴之

30

日,[275] 以爲千古之美談, 吾何愛字貞之節, 而拒此難得之人哉?' 須臾, 更深人

情無曠遠 以年命未合 且小乖 大歲東方卯 當還求君(한나라 때 두난향이라는 사람이 있었는데 스스로 남강 사람이라고 했다. 건업 4년 봄에 자주 장전을 예방했다. 장전의 나이는 열일곱 살이었는데 문밖에서 멀리 수레를 바라보니 두난향이 시비를 통하여 말했다. '서왕모 소생으로, 보내어 그대의 배필이 되라고 했으니 공경하여 따르지 않을 수 없습니다.' 장전은 앞서 이름을 장석으로 고친 바 있다. 장석이 여인을 불러 앞으로 나오게 하여 살펴보니 열예닐곱 살은 되어 보였다. 이야기하는 일들이 아득한 옛날에 있었던 것이었다. […] 그해 8월 초하루에 다시 왔다. […] 크기가 달걀만 한 마 세 개를 꺼내어 주며 말했다. '이것을 먹으면 그대는 바람과 파도를 두려워하지 않고 추위와 더위도 피할 수 있을 것입니다.' 장석이 두 개만 먹고 하나는 남겨두려 하자 싫어하며 다 먹으라 하고는 말했다. '본래 그대를 위하여 아내가 되려고 했습니다. 정은 크게 소원해지지 않았으나 운명이 합하지 않아 조금 어긋나고 말았습니다. 태세가 동쪽 묘성의 자리에 있을 때 마땅히 돌아와 그대를 찾겠습니다.')"이라는 글이 있다. 『태평광기』「女仙七」〈杜蘭香者〉에 이와 비슷하지만 다른 이야기가 실려 있다.

275 顧文君~長卿挑琴之日: 문군은 전한시대 거상 卓王孫의 딸. 장경은 전한시대 문인 사마상여의 字. 『사기』「열전」〈사마상여전〉에 "臨邛中多富人而卓王孫家僮八百人 程鄭亦數百人 二人乃相謂曰 令有貴客 爲具召之 […] 至日中 謁司馬長卿 長卿謝病不能往 臨邛令不敢嘗食 自往迎相如 相如不得已 彊往 一坐盡傾 酒酣 臨邛令前奏琴曰 竊聞長卿好之 願以自娛 相如辭謝爲鼓一再行 是時卓王孫有女文君新寡 好音 故相如繆與令相重 而以琴心挑之 […] 及飮卓氏 弄琴 文君竊從戶窺之 心悅而好之 恐不得當也 旣罷 相如乃使人重賜文君侍者通殷勤 文君夜亡奔相如 相如乃與馳歸成都(임공현에는 부자가 많았는데 그중 탁왕손은 집에 노복이 8백 명이나 되었고, 정정에게도 노복 수백 명이 있었다. 두 사람이 서로 만나서 말했다. '현령에게 귀한 손님이 있다고 하니 함께 초대합시다.' […] 정오쯤 되어 사마상여를 청했다. 사마상여는 병을 핑계로 갈 수 없다고 사양했다. 임공 현령은 감히 먼저 먹을 수 없어 스스로 사마상여를 맞이하러 갔다. 사마상여가 하는 수 없이 억지로 가니 자리에 있던 사람들이 모두 경도되었다. 주흥이 무르익자, 임공 현령이 먼저 거문고를 연주하며 말했다. '장경이 좋아한다는 말을 들었으니 스스로 즐겨 보시기를 원합니다.' 사마상여는 사양하다가 결국 그들을 위해 한두 곡조를

散, 獨有兩箇, 兀在燈前, 茶婆歛矜而跪曰: "姐姐緣何納悶? 得無見過於小女耶? 甚心不安." 桂姐瀕然作色曰: "澤中之麋蒙虎皮[276]曰[277] 譸張,[278] 武擔之神假女樣[279]而伎倆, 豈從貽累於女子, 亦欠光明於丈夫, 得非欲瞞人, 而自瞞其身者乎?" 夢玉卽起, 避席而謝曰: "僕死罪死罪, 以椛[280]穢麁鹵之質, 冒巾幗婉孌之服, 唐突於帷房之內, 要接娘子之慧範. 大抵, 鸚鵡能言, 不離鳥性, 獼猴假面, 不叚獸形,[281] 故意不能逃形於娘子之明鑒, 雖欲自訟其罪, 莫可容喙, 惟娘

연주했다. 이때 탁왕손에게는 막 과부가 된 딸 탁문군이 있었는데 음악을 좋아했다. 그래서 사마상여는 현령과 서로 존중하는 체하고는 거문고로 탁문군을 유혹하려 했다. […] (사마상여가) 탁씨의 집에서 술을 마시며 거문고를 탈 때, 탁문군은 문틈으로 몰래 엿보고는 마음으로 기뻐하고 좋아하면서도 짝이 되지 못할까 걱정했다. 자리가 파하고 나서 사마상여가 사람을 시켜서 탁문군의 시종에게 후한 선물을 주고 마음을 전하게 했다. 탁문군은 그날 밤 도망하여 사마상여에게로 갔다. 사마상여는 곧바로 함께 성도로 달아났다.)"라는 글이 있다.

276 澤中之麋蒙虎皮: 못에 사는 큰 사슴에게 호랑이 가죽을 씌운다는 말로, 제후가 천자의 자리를 빼앗으면 반드시 많은 사람이 분노하며 궐기하여 공격한다는 의미이다. 『사기』「楚世家」에 "今韓以器之在楚 臣恐天下以器讎楚也 臣請譬之 夫虎肉臊 其兵利身 人猶攻之也 若使澤中之麋蒙虎之皮 人之攻之必萬於虎矣 裂楚之地 足以肥國 詘楚之名 足以尊主 […] 於是楚計輟不行('지금 한나라가 제기를 초나라로 옮기려 한다면 신은 천하가 초나라를 원수로 삼을까 걱정입니다. 신이 비유를 들어 보겠습니다. 호랑이는 고기는 비리나 그 날카로운 무기는 자신을 지키는 데 유리합니다. 그런데도 사람들은 오히려 호랑이를 사냥하려 합니다. 만약 못에 사는 큰 사슴에게 호랑이 가죽을 씌운다면 사람들의 공격은 필시 호랑이보다 만 배는 더할 것입니다. 초나라의 땅을 나누면 나라는 충분히 부유해지고, 초나라의 명분을 꾸짖으면 임금을 높이기에 족할 것입니다.' […] 이에 초나라가 계획을 철회하여 행하지 않았다.)"이라는 기록이 있다.

277 曰: '而'의 오기. 뒤의 문장과 대구를 이루는 것을 볼 때 '而'가 합당하다. 서강대본에는 '而'로 되어 있다.

278 譸張: 터무니없는 말로 사람을 속임.

279 武擔之神假女樣: 명나라 鄭樸이 지은 『蜀王本紀』에 "武都丈夫化爲女子 顔色美好 蓋山之精也 蜀王娶以爲妻 不習水土 疾病欲歸 蜀王留之 無幾物故 蜀王發卒之武都擔土 於成都郭中葬之 蓋地三畝 高七丈 號曰武擔(무도에 살던 한 남자가 여자로 변했는데 안색이 아름다웠으니 아마도 산의 정령이었던 듯하다. 촉나라 왕이 취하여 아내로 삼았다. 기후와 풍토에 익숙하지 않아 병이 들어 돌아가고자 했으나 왕이 머물게 하자 얼마 지나지 않아 죽었다. 촉나라 왕이 병졸을 무도에 보내 흙을 담아 오게 하여 성도 성곽 안에 장사를 지냈다. 대략 삼 묘의 땅에 높이가 일곱 장이나 되는 무덤을 만들어 무담이라고 했다.)"이라는 글이 있다.

280 椛: '穢'의 오기. 서강대본에는 '穢'으로 되어 있다.

281 鸚鵡能言~不叚獸形: 『예기』「曲禮 上」에 있는 "鸚鵡能言 不離飛鳥 猩猩能言 不離禽獸(앵무새가 말은 할 수 있지만 나는 새에 불과하고, 원숭이가 말은 할 수 있지만 금수에 불과하다.)"라는 글을 변용한 것이다.

子死生之." 桂姐曰: "古語云, '風不來樹不動, 般不搖水不渾.'[282] 蓋緣妾之不謹於防閑, 自墮於愧窘之地也. 安敢歸咎於丈夫乎? 敢問貴里貴氏貴號,

31

某樣某樣?" 夢玉對曰: "僕乃錢塘人, 姓名錢夢玉者也. 孤露餘喘, 浪遊於繩檢之外, 到此地頭, 竟做該死的大罪, 而幸遇娘子弘量, 延此性命, 無乃造物者先定之緣, 巧湊今夕邪?" 桂娘粲然啓齒, 和香和笑, 鬨動春心. 于時, 庭蘭泛風帷屛鎖, 夜桂子飄香, 生憎微月隔雲端, 蓮房守紅, 死恨好花藏葉底, 明眸善睞, 男如封涉也生心朱絃暗挑 女似麻姑能動念,[283] 鷰懶鶯慵衽席上, 露烟花慧性, 羞雲怯雨枕頭邊, 結山海芳盟. 懶[284]當夜, 兩箇如膠似漆, 如魚若水, 千般旖旎, 萬種妖嬈, 端的描畫不得, 黑鬒鬒鬢兒, 細彎彎眉兒, 光溜溜眼兒, 香噴噴口兒, 粉瑩瑩臉兒, 玉纖纖手兒, 花簇簇鞋兒,[285] 遠視似花花解語, 近看如

---

282 般: '船'의 오기. 작가가 인용한 원문과 서강대본 모두 '船'으로 되어 있다. 風不來樹不動 船不搖水不渾은 일에는 이유가 있다는 말이다. 『수호전』 21회에 장문원이 기생 파석을 유혹하는 장면에서 서술한 속담이다.

283 明眸善睞~女似麻姑能動念: 『수호전』 24회에 왕파가 서문경에게 반금련을 꾀어 주는 장면에서 나오는 "甜言說誘 男如封涉也生心 軟語調和 女似麻姑能動念(달콤한 말로 꾀면 봉섭 같은 남자라도 정욕이 일어나고, 부드러운 말로 조화를 이루면 마고 같은 여자라도 정념이 일어나게 할 수 있다.)"이라는 구절에서 가져온 것이다. '봉섭'은 명확하지는 않으나 裴鉶이 지은 「封陟傳」의 주인공 '봉척'이라는 주장이 있다. 봉척은 아름다운 선녀의 유혹에도 넘어가지 않은 인물이다. '마고'는 여신이다. 『신선전』 「王遠」에 "又麻姑手爪不如人爪 形皆似鳥爪 蔡經心中私言 若背大癢時 得此爪以爬背 當佳也 方平已知經心中所言 即使人牽經鞭之曰 麻姑 神人也 汝何忽謂其爪可以爬背耶(또한 마고의 손톱은 사람 손톱과 달랐다. 그 형태는 새의 발톱과 같았다. 채경이 마음속으로 사사로이 말했다. '만약 등이 심하게 가려울 때 저 손톱으로 등을 긁으면 좋겠다.' 방평은 이미 채경이 마음속으로 한 말을 알았다. 즉시 사람을 시켜 채경을 묶어 채찍질하게 하며 말했다. '마고는 신인이다. 너는 어찌 가벼이 그 손톱으로 등을 긁을 수 있다고 생각하는가?')"라는 서술이 있다. 『수호전』의 이 글은 『금병매』에도 나온다.

284 懶: 문맥상 '賴'의 오기인 듯하다. 서강대본에는 '當夜'로만 되어 있다.

285 黑鬒鬒鬢兒~花簇簇鞋兒: 『수호전』 44회에서 석수가 양웅의 아내 반교운을 처음 보았을 때의 장면을 그린 시에 있는 "黑鬒鬒鬢兒 細彎彎眉兒 光溜溜眼兒 香噴噴口兒 直隆隆鼻兒 紅乳乳腮兒(오똑하게 솟은 코, 우윳빛에 붉은색 도는 빰) 粉瑩瑩臉兒 輕裊裊身兒(가벼이 하늘거리는 몸) 玉纖纖手兒 一捻捻腰兒 軟膿膿肚兒 翹尖尖腳兒(한 번에 잡힐 듯한 허리, 부드럽게

玉玉生香.[286] 於是, 桂娘效蘇若蘭[287]龜紋圖體贈錢郎曰:

32

龜紋圖體

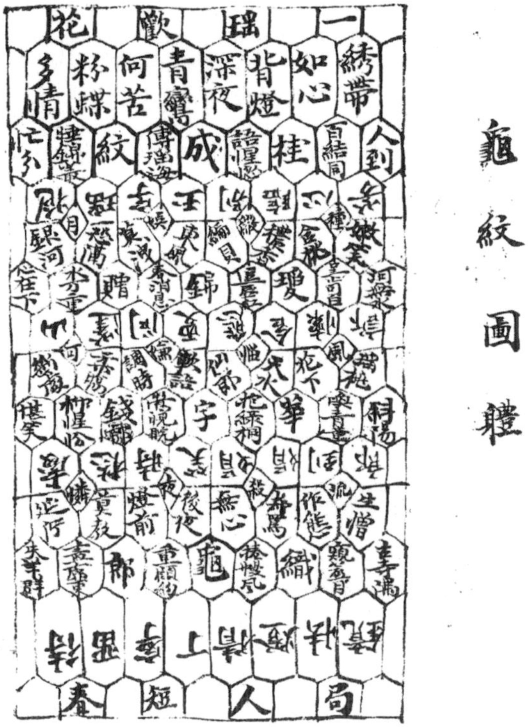

통통한 배, 뾰족하게 들린 발) 花簇簇鞋兒 肉奶奶胸兒 白生生腿兒(유방이 통통한 가슴, 생동감 있는 흰 다리)"라는 구절에서 가져온 것이다. 『옥선몽』에는 밑줄 친 부분이 생략되었다.

286 遠視似花~玉生香: 『수호전』 81회에서 연청이 이사사를 만났을 때 그 모습을 묘사한 시에 나오는 "白玉生香花解語(백옥이 향을 뿜고 꽃이 말을 알아듣네.)"라는 구절과, 『금병매』 78회에서 서문경이 처음 본 남씨를 묘사한 시에 나오는 "比花花解語 比玉玉生香(꽃에 비하니 꽃이 말을 알아듣고 옥에 비하니 옥에서 향기가 난다.)"이라는 구절을 활용한 것이다.

287 蘇若蘭: 위진남북조시대의 여류 시인 蘇惠. 『晉書』 「열녀전」 〈竇滔妻蘇氏〉에 "竇滔妻蘇氏 始

33

夢玉凝神半晌, 效織錦圖回文體, 以酧之曰:

織錦圖體

平人也 名蕙 字若蘭 善屬文 滔苻堅時爲秦州刺史 被徙流沙 蘇氏思之 織錦爲回文旋圖詩以贈滔 宛轉迴圈以讀之 詞甚淒惋 凡八百四十字 文多不錄(두도의 아내 소씨는 시평 사람이다. 이름은 혜, 자는 약란인데 문장에 능했다. 두도는 부견 때 진주 자사를 지내다가 유사(지금의 고비사막 부근)로 좌천되었다. 소씨는 그리워하다가 비단을 짜 회문선도시를 넣어 두도에게 보냈다. 이는 돌려 가면서 읽는 것인데 글이 아주 애절하고 구슬펐다. 모두 840자인데 글이 많아 싣지 않는다.)"이라는 기록이 있다.

34

一回酬唱, 互相佳莽, 夢玉曰: "娘乎之文, 可謂鴈唳哀哀而會節, 鸝鳴嚮嚮而成章,[288] 謝媼詠絮之才,[289] 崔娥待月之詞,[290] 不足比肩於娘子矣." 瓊娘曰: "弄瓦之手, 素是戞拙, 難及於丈夫魁梧手段, 郎君之詩, 譬如霞輝星彩, 匪繪而自煥, 龍章鳳色, 不繡而自奇,[291] 豈如矜虫鬪鶴[292]之流, 競奇爭姸而已哉?" 夢玉曰: "疾行無善迹, 迺藝家之恒論也.[293] 倉卒構思, 鼓而不鍊, 何足稱道哉?" 遂

288 鴈唳哀哀~而成章: 『五嶽山人集』「書七首」〈寄北郡憲副李公夢陽書一首〉에 나오는 구절이다. '而'는 '以'로 되어 있다.

289 謝媼詠絮之才: 사씨 여자가 버들개지를 읊는 재주. 사온은 동진시대 여성 문인 謝道韞. 『진서』「열녀전」〈王凝之妻謝氏〉에 "王凝之妻謝氏 字道韞 安西將軍奕之女也 聰識有才辯 叔父安嘗問 毛詩何句最佳 道韞稱吉甫作頌 穆如清風 仲山甫永懷 以慰其心 安謂有雅人深致 又嘗內集 俄而雪驟下 安曰 何所似也 安兄子朗曰 散鹽空中差可擬 道韞曰 未若柳絮因風起 安大悅(왕응지의 아내 사씨는 자가 도온이며 안서장군 사혁의 딸이다. 총명하고 식견이 있으며 말을 잘하는 재주가 있었다. 숙부 사안이 일찍이 『시경』의 어느 구절이 가장 좋으냐?'라고 물은 적이 있다. 도온은 '윤길보가 지은 頌의 화목하기가 맑은 바람 같구나.'라는 구절과 '중산보가 회포를 읊어 그 마음을 위로했네.'라고 한 구절을 일컬었다. 사안이 고아한 사람이 심오한 데 이르렀다고 여겼다. 또 집안사람이 모였을 적에 갑자기 눈이 펑펑 내렸다. 사안이 말했다. '무엇과 비슷하냐?' 사안의 형의 아들 사랑이 말했다. '공중에 소금을 흩뿌리는 것과 거의 차이가 없습니다.' 도온이 말했다. '버들개지가 바람에 날린다고 하는 것만 못합니다.' 사안이 크게 기뻐했다.)"이라는 기록이 있다. 『世說新語』에서도 유사한 내용을 찾아볼 수 있다. 이에 글재주가 뛰어난 여성을 咏絮之才, 詠絮之才, 咏雪之才 등으로 칭한다.

290 崔娥待月之詞: 미인 최씨가 쓴 '달을 기다린다는 詞'. 최아는 당나라 문인 元稹이 지은 『앵앵전』의 여주인공 최앵앵이다. 재주와 용모가 출중하며 서화, 바둑, 자수 등에 능한 재녀로 묘사되어 있다. 남주인공 장생이 최앵앵에게 마음을 전하는 장면에 "張大喜 立綴春詞二首以授之 是夕 紅娘復至 持彩箋以授張曰 崔所命也 題其篇曰 明月三五夜 其詞曰 待月西廂下 迎風戶半開 拂牆花影動 疑是玉人來(장생이 매우 기뻐하며, 즉시 춘사 2수를 지어서 주었다. 이날 저녁 홍랑(최앵앵의 시비)이 다시 와서 색깔 있는 편지를 장생에게 주며 말했다. '최씨 아씨의 명입니다.' 시의 제목은 〈명월삼오야〉인데 그 내용은 이러했다. '서쪽 곁채 아래에서 달을 기다리며 문 반쯤 열고 바람을 맞아들였지. 담장을 쓸며 꽃 그림자 일렁이기에 혹시 임이 오셨나 했네.')"라는 구절이 있다.

291 譬如霞輝星彩~不繡而自奇: 『五嶽山人集』「序十一首」〈李先生文集序一首〉에 나오는 구절을 활용한 것이다. '如'는 '彼', '自煥'과 '自奇'는 그냥 '煥'과 '奇'로 되어 있다.

292 矜虫鬪鶴: 애써 다듬어 만든 보잘것없는 문장. 『오악산인집』「序二十首」〈詩言龍鳳集序一首〉에 "末世風頹 矜虫鬪鶴遞相述(말세에 풍교가 퇴락하여 애써 다듬은 보잘것없는 문장을 서로 번갈아 기술한다.)"이라는 글이 있다. '鶴'을 '鷄'의 오기로 보기도 한다.

293 疾行無善迹 迺藝家之恒論也: 『文章辨體彙選』에 나오는 구절이다. 원문에는 '迺'가 없다.

相與情愛恰恰, 信誓團團, 雖有一時悵別之懷, 永矢百年相從之義, 荏苒之間, 這輪紅日滄滄地上山來, 恁地大娘老爺了不知機密, 看做過去婆娘而已. 少焉, 陰風慘憺, 殺氣憑陵, 方自疑怪之際, 自村後竹林中, 大發喊聲, 砲響震山, 一枝嘍囉, 撥風下山來, 瓊娘喫了一驚, 急謂夢玉曰: "此必江淮間蕩賊, 摽掠至此, 郎君急急逃命, 愼勿係戀於一女子." 夢

35

玉乃慌忙踰墻而走. 這箇夥賊, 直向梨花洞中, 東衝西突, 橫七豎八[294]廝打.[295] 沒多時, 從閑門上放火, 竟天價燒,[296] 青的黑的絳的旗脚,[297] 眩眩相撞, 鈸兒錚兒鐃兒鬨聲,[298] 聒聒相盪 凝粧士女人叢中, 金墜玉崩 翫景遊人, 片時間, 星飛雲散, 斑毛老子倉黃地不定喘息, 綠髮兒郎, 奔走處殺開血,[299] 呼父母索乳兒, 刀釰中剁做肉泥,[300] 桃東西畫卯賈人, 弓砲前, 都塗肝腦, 其餘被擄

294 橫七豎八: 무질서하고 어수선한 모양. 『수호전』에 나온다.

295 廝打: 서로 맞잡고 때리며 싸움.

296 竟天價燒: 『수호전』 6회에 노지심이 瓦罐寺를 불태우는 장면에 나오는 구절인 "湊巧風緊 刮刮雜雜地火起 竟天價燒起來(공교롭게도 바람이 급히 불어 타닥타닥하며 거세게 불이 일어나서 마침내 하늘까지 타올랐다.)"에서 따온 것이다.

297 青的黑的絳的旗脚: 『수호전』 3회에 노달(노지심)이 김취련을 납치해 간 정도를 때려 죽이는 장면에서 나오는 구절인 "打得眼稜縫裂 烏珠迸出 也似 開了個彩帛鋪 紅的黑的絳的都滾將出來(눈 모서리를 치니 찢어지고 검은 눈동자가 쏟아져 나오니, 마치 채색 비단 점포가 열린 듯 붉은 것, 검은 것, 진홍 것이 모두 흘러내렸다.)"에서 따온 것이다.

298 鈸兒錚兒鐃兒鬨聲: 상권 각주 297에서 인용한 『수호전』 6회와 동일한 장면의 구절인 "磬兒鈸兒鐃兒一齊響 魯達看時 只見鄭屠挺在地下(경쇠 소리, 방울 소리, 징 소리가 일제히 울렸다. 노달이 보았을 때 다만 정도가 땅에 뻗어 있는 것이 보일 뿐이었다.)"에서 따온 것이다.

299 凝粧士女人叢中~奔走處殺開血: 『수호전』 66회에 오용이 大名府를 취하는 전쟁 장면에서 나오는 "班毛老子 猖狂燎盡白髭鬚 綠髮兒郎 奔走不收華蓋傘 […] 如花仕女 人叢中金墜玉崩 翫景佳人 片時間星飛雲散(머리가 희끗희끗한 노인들은 혼란스럽고 당황스러워 흰 수염을 모두 태웠고 젊은이들은 어지럽게 달리며 도망치느라 화개산을 거두지도 못했다. […] 꽃 같은 사족 여인들은 사람들 속에서 금이 떨어지고 옥이 부서졌고, 경치를 즐기던 훌륭한 사람들은 순식간에 별같이 빠르게 달려 구름처럼 흩어졌다.)"이라는 구절을 활용한 것이다.

300 剁做肉泥: 창과 칼에 찔려 피와 살이 뭉그러지고 흩어지는 참상. 『수호전』 46회, 50회, 97회에 나오는 詞彙이다.

收俘之人, 不可勝計. 未知夢玉怎地圖命. 且看下弓分解.

第三弓

蘇州縣陳繼論道 閶門外閻公占夢

却說, 夢玉從禍網中, 開得生路, 踰桂家墻, 直走茶坊, 脫裙衩, 具冠巾, 急呼奚奴, 從間路, 忙忙而走, 約莫到一舍

36

之地, 喘喘纔定, 遂入酒店, 飮壓驚酒, 一時風劫, 殆同夢中逢虎, 往往神慄髮竪, 但不知瓊琅下落處, 不覺愕錯悲遑, 數日作惡矣. 遂向北山垂雲亭, 飮參寥泉,[301] 誦蘇東坡所詠, '北山不自高, 千仞付我足'[302]之句. 因出蘇潁之間, 過姑蘇坮,[303] 闔閭[304]之邱墓已荒, 季札[305]之高風緬邈, 響屧廊,[306] 舘桂宮,[307] 惟見麋鹿之跡, 百花洲,[308] 採香逕,[309] 堪聞鳥雀之噪, 因作懷古一律曰:

---

301 遂向北山垂雲亭 飮參寥泉: 『동파시집주』「湖」〈連日與王忠玉張全翁游西湖 訪北山清順道潛二詩僧 登垂雲亭 飮參寥泉 最後過唐州陳使君夜飮 忠玉有詩 次韻答之〉 제목의 밑줄 부분을 활용한 것이다.

302 北山不自高 千仞付我足: 상권 각주 301 해당 시의 첫 구절이다. 다만 '北山不自高'는 '北山非自高'의 오기이다.

303 姑蘇坮: 춘추시대 오나라 왕 부차가 서시를 위해 지었다는 臺.

304 闔閭: 오나라 왕 합려. 자객 전제를 보내 오왕 요를 살해하고 왕위를 찬탈한 뒤 오자서와 손무를 등용하여 국세를 성장시켰다.

305 季札: 오나라 정치인. 오왕 수몽의 넷째 아들로, 수몽이 그를 현명하게 여겨 왕위를 물려주려 했으나 세 형에게 왕위를 양보하고 형들을 보좌했다.

306 響屧廊: 오나라 왕의 궁궐. 궁궐 터가 지금의 강소성 소주 영암산에 남아 있다.

307 舘桂宮: 오나라 왕의 궁궐. 강소성 소주 영암산에 있는데, 오나라 왕 부차가 서시를 위해 지었다고 한다.

308 百花洲: 강소성 남창시의 명승지. 東湖의 세 섬이 모여 있는 곳으로, 동호 일대의 풍경을 백화주라 일컫기도 한다.

309 採香逕: 강소성 남창시의 옛 유적지. '採香徑'으로 쓰기도 한다.

忠臣拔目掛東門,[310] 百尺蘇坮碧蘚痕

玉鏡匳空餘皓月, 靑山日落近黃昏

蛾眉一瞬墟吳國,[311] 魚腹千年葬胥魂[312]

310 忠臣拔目掛東門: 오나라의 충신 오자서와 관련된 일화이다.『사기』「열전」〈오자서〉에 "吳王曰 微子之言 吾亦疑之 乃使使賜伍子胥屬鏤之劍曰 子以此死 伍子胥仰天嘆曰 嗟乎 讒臣嚭爲亂矣 王乃反誅我 [⋯] 乃告其舍人曰 必樹吾墓上以梓 令可以爲器 而抉吾眼縣吳東門之上 以觀越寇之入滅吳也 乃自剄死(오왕 부차가 말했다. '그대의 말이 아니라도 나 또한 의심하고 있었소.' 그러고는 오자서에게 사신을 보내 촉루라는 칼을 내리며 말했다. '그대는 이것으로 자결하라.' 오자서는 하늘을 우러러보며 탄식했다. '슬프다! 간신 백비가 어지럽히는데 왕은 도리어 나를 죽이는구나.' [⋯] 이에 그의 시종에게 말했다. '반드시 내 무덤에 가래나무를 심어서 오왕의 관을 짤 수 있게 하라. 그리고 내 눈을 도려내어 오나라 도성의 동문 위에 걸어 두어라. 월나라 적들이 쳐들어와서 오나라를 멸망시키는 것을 보겠다.' 그리고 목을 찔러 자결했다.)"라는 기록이 있다.

311 蛾眉一瞬墟吳國: 춘추시대 越나라의 서시와 관련된 일화이다.『吳越春秋』「句踐陰謀外傳」〈句踐十二年〉에 "越王謂大夫種曰 孤聞吳王淫而好色 惑亂沉湎 不領政事 因此而謀 可乎 種曰 可破 夫吳王淫而好色 宰嚭佞以曳心 往獻美女 其必受之 惟王選擇美女二人而進之 越王曰 善 乃使相者國中得苧蘿山鬻薪之女 曰西施 鄭旦 [⋯] 三年學服而獻於吳 [⋯] 吳王大悅曰 越貢二女 乃句踐之盡忠於吳之證也 子胥諫曰 不可 王勿受也 臣聞五色令人目盲 五音令人耳聾 [⋯] 大王受之 後必有殃 [⋯] 臣聞賢士國之寶 美女國之咎 夏亡以妹喜 殷亡以妲己 周亡以褒姒 吳王不聽 遂受其女(월나라 왕 구천이 대부 문종에게 말했다. '내가 들으니 오나라 왕 부차는 음탕하고 여색을 좋아하여 마음이 흐트러질 정도로 탐닉하느라 정사를 돌보지 않는다고 하니 이로써 계교를 세우면 되겠는가?' 문종이 말했다. '깰 수 있습니다. 대저 오나라 왕은 음탕하고 여색을 좋아하며, 태재 백비는 아첨하여 마음을 끌고 있습니다. 미녀를 바치면 반드시 받을 것이니 왕께서는 미녀 두 사람을 선택하여 바치십시오.' 월나라 왕이 말했다. '좋다.' 이에 얼굴 보는 사람을 온 나라에 보내 저라산에서 나무를 파는 사람의 딸 서시와 정단을 얻었다. [⋯] 3년을 가르쳐 오나라에 바쳤다. [⋯] 오나라 왕이 크게 기뻐하며 말했다. '월나라에서 두 여인을 바쳤으니, 구천이 오나라에 충성을 다한다는 증거이다.' 오자서가 간했다. '안 됩니다. 왕께서는 받지 마십시오. 신이 들으니 오색은 사람의 눈을 멀게 하고 오음은 사람의 귀를 멀게 한답니다. [⋯] 대왕께서 받으시면 후에 반드시 재앙이 있을 것입니다. [⋯] 신이 듣자니 어진 선비는 나라의 보배요 미녀는 나라의 재앙이라고 합니다. 하나라는 매희로 인하여 망했고, 주나라는 포사 때문에 망했습니다.' 오나라 왕이 듣지 않고 끝내 여인을 받았다.)"라는 구절이 있다.『述異記 上』에는 "吳王夫差築姑蘇之臺 三年乃成 [⋯] 別立春霄宮 爲長夜之飮 造千石酒鍾 夫差作大池 池中造靑龍舟 舟中盛陳妓樂 日與西施爲水戲 吳王於宮中作海靈舘舘娃閣 銅鋪玉檻 宮之欄楯 皆珠玉飾之(오나라 왕 부차가 고소대를 지어 3년 만에 완성했다. [⋯] 별도로 춘소궁을 지어 긴 밤 술을 마시느라 천 석의 술동이를 만들었다. 부차는 큰 못도 지었다. 못 안에는 청룡 모양의 배를 만들고, 배 안에는 기생과 악공을 성대하게 베풀어 매일 서시와 물놀이를 했다. 오나라 왕 부차가 궁중에 해령관, 관왜각을 지어 문고리는 동으로, 문턱은 옥으로 만들었고, 궁의 난간은 모두 보배와 옥으로 장식했다.)"라는 구절이 있다. 이는『태평광기』「奢侈」〈오왕부차〉에도 실려 있다. 이후 오나라는 월나라에게 망한다.

312 魚腹千年葬胥魂: 胥魂은 오자서의 혼령을 가리킨다.『사기』「열전」〈오자서〉에는 "吳王聞之大怒 乃取子胥尸盛以鴟夷革 浮之江中 吳人憐之 爲立祠於江上 因命曰胥山(오나라 왕은 이

過客斜陽無限淚, 斷猿晴鳥不勝寃【난외: 桂娘[313]】

因自法華山, 向興福院, 望太湖轉至常州·湖州之地, 震澤[314]跨在四州【常州·秀州·蘇州·湖州】之境中, 有大山小山, 凡有名處, 七十二所, 洞庭居其一,[315] 七百里波濤洶湧, 四萬頃菱葕演漾, 日月出沒於洲渚

37

之間, 風烟吐納於島嶼之際, 此眞天下之壯觀也. 始知馬遷文章, 果能觀此而渟湓淵深者, 夫乃登岳陽樓, 憑欄一嘯, 杳然有凌霄漢, 出宇宙之志矣. 然而前人之迷備矣, 不必附贅懸疣[316]於其中, 故不吟一絶, 只作浪淘沙一闋云:

浪淘沙【난외: 心中有桂娘[317]】

把酒迎湖月, 江山超忽

幾箇男兒盡消歇

말(상권 각주 310 참고)을 듣고 크게 화를 내며 오자서의 시체를 가져다 가죽으로 만든 자루에 넣어 강에 띄워 보냈다. 오나라 사람들이 불쌍히 여겨 강기슭에 사당을 세우고 이름을 서산이라고 했다.)"이라는 기록이 있다. 蛾眉一瞬墟吳國, 魚腹千年葬胥魂은 명나라 王鳳嫻의 시 〈館娃宮次韻命二女同作〉에 딸 장인화가 화답한 시 〈館娃宮次韻〉에 나오는 "蛾眉一瞬歌塵散 魚腹千年俠骨埋(미인이 눈 한 번 깜빡이자 노래는 먼지 되어 흩어지고, 물고기 밥이 된 지 천 년에 의기는 묻혔네.)"라는 구절을 변용한 것이다.

313 桂娘: 시의 위쪽 여백에 쓰여 있다.

314 震澤: 太湖의 별칭.

315 因自法華山~洞庭居其一:『동파시집주』「유상(遊賞)」〈與胡祠部遊法華山〉 제목에 있는 "法華山 興福院 在吳興西三十里" 주석과 다음 작품인 〈又次前韻贈賈耘老〉의 "具區呑滅三州界(구구는 삼주의 경계를 삼켜 버리고)" 구절에 있는 "震澤 太湖也 一名具區 […] 具區接蘇常湖秀四州界 內有大小山七十二 洞庭居其一焉(진택은 태호인데 일명 구구라고 한다. […] 구구는 소주, 상주, 호주, 수주 등 네 주의 경계에 접하고 있다. 그 안에는 크고 작은 산 72개가 있는데, 동정이 제일이다.)" 주석의 밑줄 친 부분을 활용한 것이다.

316 附贅懸疣: '덧붙은 살과 매달린 사마귀'라는 말로 남아서 쓸모가 없다는 뜻. 『장자』「내편」〈大宗師〉에 "彼以生爲附贅懸疣(저는 생을 남아 쓸모없는 것으로 여긴다.)"라는 구절이 있고, 『장자』「외편」〈騈拇〉에 "騈拇枝指 出乎性哉 而侈於德 附贅縣疣 出乎形哉 而侈於性(붙은 발가락이나 육손은 원래부터 생긴 것이지만 덕에 있어서는 군더더기다. 살에 붙은 사마귀나 달린 혹은 몸에서 생긴 것이지만 원래부터인 것보다는 군더더기다.)"이라는 구절이 있다.

317 心中有桂娘: 시의 왼쪽 여백에 쓰여 있다.

總是當年離別處, 風烟攪結

聚散苦相戞, 只恐白髮

洞庭木落波生骨

可惜明朝掉臂去, 依俙景物.

因慷慨興感, 飄然下樓而去. 是時, 永樂皇帝[318]【明成祖】, 二十二季甲辰也. 是歲四月, 車駕發北京, 親征阿魯台[319]破走之. 七月班師, 上崩于楡木州,[320] 以上崩在外, 秘不發喪, 八月梓宮至京師, 始擧哀. 太子卽位, 是爲仁宗皇帝.[321] 當是時, 四海遏密八音 縞素含痛 不可以山水爲樂, 故夢玉遂自湖州還. 至蘇州, 聞蘇州學究陳繼之

38

賢, 往謁焉. 推論道學淵源, 文章程式, 如叩種響應, 投石入水. 夢玉曰: "敢問太古之世, 亦有道學之可說歟?" 繼曰: "造書契以前, 無可據之明蹟, 然道之大原, 出于天, 斯有天, 便有道. 故伏羲得之而畫八卦,[322] 炎帝得之而首農政,[323]

318 永樂皇帝: 명나라 3대 황제인 成祖(1360~1424). 이름은 朱棣. 靖難之變을 통해 조카인 건문제를 폐위시키고 즉위했다.

319 阿魯台: 몽골의 한 부족인 타타르부의 지도자 아루타이(?~1434).

320 楡木州: '楡木川'의 오기. 영락제가 북정(北征)을 마치고 돌아오다가 죽은 곳. 서강대본에는 '楡木川'으로 되어 있다.

321 仁宗皇帝: 명나라 4대 황제. 연호는 洪熙. 영락제의 장자로 이름은 朱高熾이며 9개월 남짓 재위했다.

322 伏羲得之而畫八卦: 복희는 중국 전설상의 고대 임금이다. 包犧, 宓犧 등 다양하게 불린다. 『역경』「계사 하」에 "古者包犧氏之王天下也 仰則觀象於天 俯則觀法於地 觀鳥獸之文 與地之宜 近取諸身 遠取諸物 於是始作八卦 以通神明之德 以類萬物之情(옛날 포희씨가 천하를 다스리는 왕이 되었을 때, 우러러 하늘의 모습을 관찰하고 숙여서는 땅의 법칙을 관찰하며, 새와 짐승의 무늬와 땅의 마땅함을 살펴 가까이는 자신에게서 취하고 멀리는 사물에서 취하여, 이에 비로소 팔괘를 만들어 신명의 덕을 통하게 하고 만물의 뜻을 분류했다.)"이라는 구절이 있다.

323 炎帝得之而首農政: 염제는 중국 전설상의 고대 임금이다. 『한서』「율력 하」에 "易曰 炮犧氏沒 神農氏作 言共工伯而不王 雖有水德 非其序也 以火承木 故爲炎帝 教民耕農 故天下號曰神農氏(『주역』에서 말했다. '포희씨가 죽고 신농씨가 일어났다.' 공공이 패자가 되었으나 왕이 되

黃帝得之而懋實德,[324] 少昊得之而諧神人,[325] 顓頊所以平亂德,[326] 帝嚳所以治執中,[327] 堯以之格于上下,[328] 舜以之升聞玄德,[329] 禹以之聲敎四海[330]. 書曰, '人心惟危, 道心,[331] 惟精惟一, 允執厥中.' 此三聖人相傳之心法也. 傳之湯而聖敬

지 않았으니 비록 수덕이 있으나 그 순서가 아니었다는 말이다. 불로써 목을 이었기에 염제가 되었다. 백성들에게 농사를 가르치니 천하에서 신농씨라고 불렀다.)"라는 구절이 있다.

324 黃帝得之而懋實德: 황제는 중국 전설상의 고대 임금이다. 『한서』「율력 하」에 "易曰 神農氏沒 黃帝氏作 火生土 故爲土德 與炎帝之後戰於阪泉 遂王天下 始垂衣裳 有軒冕之服 故天下號曰軒轅氏(『주역』에서 말했다. '신농씨가 죽고 황제씨가 일어났다.' 불에서 흙이 나왔으니 토덕이 되었다. 염제의 후손과 판천에서 싸워 마침내 천하의 왕이 되었다. 처음으로 의상을 드리우고 수레와 冕服의 복색을 두었기에 천하에서 '헌원씨'라고 불렀다.)"라는 구절이 있다.

325 少昊得之而諧神人: 소호는 중국 전설상의 고대 임금이다. 金天氏 또는 金德王 등으로 불리기도 한다. 『한서』「율력 하」에 "考德曰 少昊曰 清 清者 黃帝之子清陽也 是其子孫名摯立 土生金 故爲金德 天下號曰 金天氏(『고덕』에서 말했다. '소호는 청이라고 한다.' 청은 황제의 아들 청양이니, 그 자손 지가 즉위했다. 토에서 금이 나왔으니 금덕이 되었다. 천하에서 금천씨라고 불렀다.)"라는 구절이 있다.

326 顓頊所以平亂德: 전욱은 중국 전설상의 고대 임금이다. 『한서』「율력 하」에 "春秋外傳曰 少昊之衰 九黎亂德 顓頊受之 乃命重黎 蒼林昌意之子也 金生水 故爲水德 天下號曰高陽氏(『춘추외전』에서 말했다. '소호가 쇠퇴하자 아홉 여가 덕을 어지럽혔다.' 전욱이 받아 이에 중과 여에게 명했다. 전욱은 창림씨 창의의 아들이다. 금에서 수가 나왔으니 수덕이 되었다. 천하에서 고양씨라고 불렀다.)"라는 구절이 있다.

327 帝嚳所以治執中: 제곡은 중국 전설상의 고대 임금이다. 『한서』「율력 하」에 "春秋外傳曰 顓頊之所建 帝嚳受之 清陽玄囂之孫也 水生木 故爲木德 天下號曰高辛氏(『춘추외전』에서 말했다. '전욱이 세운 것을 제곡이 받았다.' 제곡은 청양 현효의 손자이다. 수에서 목이 나와 목덕이 된다. 천하에서 고신씨라고 불렀다.)"라는 구절이 있다. 『사기』「五帝本紀」에 "帝嚳溉執中而遍天下 日月所照 風雨所至 莫不從服(제곡이 물을 대듯 치우침 없이 천하에 두루 행하니 해와 달이 비추는 곳, 바람과 비가 이르는 곳이면 따르고 복종하지 않는 것이 없었다.)"이라는 구절이 있다.

328 堯以之格于上下: 『서경』「虞書」〈堯典〉의 "欽明文思安安 允恭克讓 光被四表 格于上下(공경하고 밝으며 문채롭고 생각함에 억지로 힘쓰지 않고 편안하셨네. 진실로 공손과 겸양의 덕을 발휘하여, 그 광택이 사방에 입혀졌고, 하늘과 땅에 닿았다.)"라는 구절에서 가져온 것이다.

329 舜以之升聞玄德: 『서경』「우서」〈舜典〉의 "濬哲文明 溫恭允塞 玄德升聞 乃命以位(깊고 어질며 문채 있고 총명했으며 온화하고 공손하며 진실되고 착하여 숨은 덕행이 위에까지 들리니 마침내 요임금이 벼슬에 임명했다.)"라는 구절에서 가져온 것이다.

330 禹以之聲敎四海: 『서경』「夏書」〈禹貢〉의 "聲敎訖于四海 禹錫玄圭 告厥成功(명성과 교화가 사해에 모두 미치자, 우는 검은 옥으로 만든 홀을 바치고 일이 완성되었다고 아뢰었다.)"이라는 구절에서 가져온 것이다.

331 道心: '道心惟微'의 오기. 『서경』「우서」〈大禹謨〉에 근거했다. 서강대본에는 '道心惟微'로 되어 있다.

日躋,[332] 傳之文王而丕顯厥謨, 傳之武王而丕承其烈.[333] 由武王以上, 上而爲君, 故其道行,[334] 位天地而育萬物, 撫銅渾而調玉燭,[335] 不言而四, 之而制周禮,[336] 孔子得之而作春秋,[337] 孟子得之而著七篇.[338] 及周之衰, 聖道寢微, 駸駸然入於長夜, 欲以誘之, 利以導之也. 有談天者也, 有雕龍者,[339] 堅白

332 傳之湯而聖敬日躋: 『시경』「商頌」〈長發〉의 "湯降不遲 聖敬日躋(탕왕의 탄생이 늦지 않아 성스러운 덕과 공경하는 덕이 날로 발전했다.)"라는 구절에서 가져온 것이다.

333 傳之文王~丕承其烈: 『서경』「주서(周書)」〈君牙〉의 "丕顯哉 文王謨 丕承哉 武王烈(크게 드러나도다. 문왕의 법이여! 크게 계승했도다. 무왕의 공렬이여.)"이라는 구절에서 가져온 것이다.

334 由武王以上~故其道行: 당나라 문인 韓愈가 지은 〈原道〉의 "由周公而上 上而爲君 故其事行(주공으로부터 그 위로는 윗사람으로 왕이 되었기에 일이 행해졌다.)"이라는 구절을 변용한 것이다.

335 玉燭: 사계절의 기후가 화창한 것으로 태평성대를 비유하는 말. 『爾雅』「釋天」〈四時〉에 "春爲青陽 夏爲朱明 秋爲白藏 冬爲玄英 四氣和謂之玉燭(봄은 청양, 여름은 주명, 가을은 백장, 겨울은 현영이 된다. 사계절의 기운이 조화로우니 이를 옥촉이라고 이른다.)"이라는 구절이 있다.

336 不言而四~而制周禮: 두 구절 사이에 작은 글자로 '不言而四時信 無爲而萬品和焉 箕子傳之而敍洪範 周公得'이 적혀 있다. 그래서 온전한 문장은 '不言而四時信 無爲而萬品和焉 箕子傳之而敍洪範 周公得之而制周禮'가 된다. 번역은 온전한 문장을 따랐다.

337 春秋: 춘추시대 魯나라 隱公부터 哀公 때까지 약 242년간의 역사를 기술한 유교 경전.

338 七篇: 유교 경전인 『맹자』가 〈양혜왕〉에서부터 〈盡心〉까지 총 7편으로 이루어진 것을 가리킨다. 『사기』「열전」〈맹자〉에 "天下方務於合從連衡 以攻伐爲賢 而孟軻乃述唐虞三代之德 是以所如者不合 退而與萬章之徒序詩書 述仲尼之意 作孟子七篇(천하는 바야흐로 합종연횡에 힘을 쏟아 공격하여 정벌하는 것을 현명하다고 생각했다. 그런데 맹가는 요순시대와 하은주 삼대의 덕을 펼쳤으므로 가는 곳마다 맞지 않았다. 이에 물러나 만장 등의 제자들과 함께 『시경』과 『서경』을 순서대로 정리하고, 공자의 뜻을 서술하여 『맹자』 7편을 지었다.)"이라는 구절이 있다.

339 有談天者也 有雕龍者: 『사기』「열전」〈荀卿〉에 "荀卿 趙人 年五十始來游學於齊 騶衍之術迂大而閎辯 奭也文具難施 淳于髡久與處 時有得善言 故齊人頌曰 談天衍 雕龍奭 炙轂過髡(순경은 조나라 사람이다. 나이 50세가 되어서야 비로소 제나라에서 유학했다. 추연의 학술은 광대하고도 대단한 변론이었으며, 추석은 글은 완벽하나 실행하기 어려웠다. 순우곤과는 오랫동안 함께 지내다 보니 때때로 유익한 말을 들을 수 있었다. 그러므로 제나라 사람들이 칭송하며 말했다. '하늘을 말하는 자는 추연이요, 용을 새기듯 문장이 고상한 것은 추석이요, 기름을 담는 곡과를 지지듯 지혜가 끝없이 넘치는 것은 순우곤이다.')"이라는 구절이 있다. 남북조시대 송나라 학자인 裴駰의 『史記集解』에서는 이 구절에 대해 "劉向別錄曰 騶衍之所言 五德終始 天地廣大 盡言天事 故曰談天 騶奭 修衍之文飾 若雕鏤龍文 故曰雕龍 別錄曰 過字作輠 輠者車之盛膏器也 炙之雖盡猶有餘流者 言淳于髡智不盡如炙輠也(유향의 『별록』에서 말했다. '추연이 말한 다섯 가지 덕의 처음과 끝, 천지의 광대함은 하늘의 일을 모조리 이야기하기에 담천이라고 한 것이다. 추석의 넘치게 꾸미는 문장은 마치 용의 무늬를 조각하는 것 같아 조룡이라고 한 것이다.' 『별록』에서 말했다. '글자 過는 輠이다. 輠는 수레에서 기름을 담는 용기이다. 비록

39

而同異者,[340] 微中而解紛者,[341] 或縱橫之, 或火燒之, 或干戈之, 漢有仲舒[342]而說之不博, 唐有韓愈而論之不精, 千有余年, 斯文之正脉, 幾乎墜地. 然而道無終否之理, 故香孩[343]膺命, 奎運回泰, 程子出焉而尋墜緖, 朱子出焉而倡絶學, 箕子以下, 下而爲臣, 故其說長,[344] 匹夫而爲百世師, 一言而爲天下法,[345] 衰

모두 지진다고 해도 오히려 남아 흐르는 것이 있으니 순우곤의 지혜가 수레 기름통을 지지는 것처럼 다함이 없다는 말이다.')"라는 주석을 달고 있다.

340 堅白而同異者: 희고 단단한 돌에 대하여 희고 단단한 돌은 있을 수 없기에 단단한 돌과 흰 돌은 같을 수 없다는 주장으로, 전국시대 조나라의 사상가 公孫龍이 제창한 궤변. 『사기』「열전」〈순경〉에 "趙亦有公孫龍爲堅白同異之辯(조나라에도 또한 견백동이지변을 하는 공손룡이 있다.)"이라는 구절이 있다. 『공손룡자』「견백론」의 "堅白石三可乎 曰 不可 曰 二可乎 曰 可 曰 何哉 曰 無堅得白 其擧也二 無白得堅 其擧也二"라는 구절에 "堅也 白也 石也 三物合體而不謂之三者 人自視石 但見石之白而不見其堅 是擧所見石與白二物 故曰無堅得白 其擧也二矣 人手觸石 但知石之堅而不知其白 是擧石與堅二物 故曰無白得堅 其擧也二(단단함, 흼, 돌 세 물체가 합체가 되어 그것을 셋이라고 하지 않는 것이다. 사람이 돌을 보면 다만 돌의 흼만 보게 되고 단단함을 보지 못하니 이것은 돌과 흼 두 사물만을 든 것이다. 그래서 단단함은 없이 흼을 얻어 그 열거된 것이 둘이라고 한 것이다. 사람이 손으로 돌을 만지면 다만 돌의 단단함만 알 뿐 그 흼을 알지 못하니 이것은 돌과 단단함 두 사물만을 든 것이다. 그래서 흼은 없이 단단함을 얻어 그 열거된 것이 둘이라고 한 것이다.)"라는 주석이 있다.

341 微中而解紛者: 『사기』「滑稽傳」에 "太史公曰 天道恢恢 豈不大哉 談言微中 亦可以解紛(태사공이 말했다. '하늘의 도는 넓고도 넓으니 어찌 크다고 하지 않겠는가? 이야기가 완곡하게 정곡을 찔러 또한 분쟁을 해소할 수 있다.')"이라는 구절이 있다.

342 仲舒: 동중서. 한나라의 학자이자 관료. 『한서』「열전」〈동중서〉에 "仲舒遭漢承秦滅學之後 六經離析 下帷發憤 潛心大業 令後學者有所統壹 爲群儒首(동중서는 한나라 때에, 학문(유학)을 망친 진나라의 뒤를 이었다. 육경이 흩어졌는데 휘장을 내리고 집중하고 노력하여 큰 사업에 마음을 두어 후세의 학자들에게 통일된 바가 있게 하여 여러 유학자의 으뜸이 되었다.)"라고 했다.

343 香孩: 송나라 태조 趙匡胤을 일컫는다. 태어날 때 기이한 향기가 퍼져 이렇게 불렀다고 한다. 『송사』「본기」〈太祖〉에 "太祖 宣祖仲子也 母杜氏 後唐天成二年 生於洛陽夾馬營 赤光繞室 異香經宿不散 體有金色 三日不變(태조는 선조의 둘째 아들이며 어머니는 두씨이다. 후당 천성 2년에 낙양 땅 협마영에서 탄생했는데, 붉은빛이 방을 둘렀고, 기이한 향기가 밤이 지나도록 흩어지지 않았으며, 몸에는 금빛이 있었는데 3일이 되도록 변하지 않았다.)"이라는 구절이 있다.

344 箕子以下 下而爲臣 故其說長: 당나라 문인인 한유의 〈원도〉에 나오는 "由周公而下 下而爲臣 故其說長(주공 이후로는 아래 자리의 신하로 있었기 때문에 학설이 오래 전해졌다.)"이라는 구절을 변용한 것이다.

345 匹夫而爲百世師 一言而爲天下法: 송나라 문인 소동파가 지은 〈潮州韓文公廟碑一首〉의 첫 구절에 나오는 글로 후대 문헌에서 어렵지 않게 찾아볼 수 있을 정도로 유명하다. 한문공은 한

鉞[346]於三綱, 笙簧於五典,[347] 關石和匀,[348] 託王章於空言,[349] 禮樂刑政, 立聖制於虛位.[350] 噫! 窮天地, 亘萬古, 而君君臣臣, 父父子子, 夫夫婦婦, 免於禽獸之域者, 伊誰之力也? 微聖人, 吾其被發左衽乎?[351] 敢問高明於是非之論, 應有隱木括者矣. 異端之所以異於聖道, 何也?" 夢玉對曰: "天道恢恢, 豈不大哉? 死生有限, 治亂多門, 故不能無言於有限之物, 亦不能無歧於多門之事, 執拗自高之徒, 橫議於聖人渠程之外,

---

유이다.

346 袞鉞: 褒貶. 옛날에 袞衣를 하사하여 포상하고 斧鉞을 주어 징계했던 일에서 유래했다.

347 五典: 少昊, 顓頊, 帝嚳, 帝堯, 帝舜, 오제의 옛 도를 가리킨다. 『尙書註疏』「序」에 "伏羲神農黃帝之書 謂之三墳 言大道也 少昊顓頊高辛唐虞之書 謂之五典 言常道也(복희, 신농, 황제의 글은 삼분이라고 하니 큰 도를 말함이요, 소호, 전욱, 제곡, 제요, 제순의 글은 오전이라고 하니 변하지 않는 도를 말함이다.)"라는 구절이 있다. 『서경』「周官」에 "冢宰掌邦治 統百官 均四海 司徒掌邦敎 敷五典 擾兆民(총재는 나라의 다스림을 관장하니 백관을 통솔하고 사해를 고르게 다스린다. 사도는 나라의 교육을 관장하니 오전을 펴서 백성을 길들인다.)"이라는 구절이 있다. 대체로 인의예지신으로 일컬어진다.

348 關石和匀: 국가의 표준이 되는 법령과 제도. 『서경』「五子之歌」에 "關石和匀 王府則有 荒墜厥緖 覆宗絶祀(관석과 화균, 즉 공평하고 정확한 도량형이 왕부에 있었는데 그 질서를 실추시켜 종사가 무너졌도다.)"라는 구절이 있다. 『尙書註疏』에는 이 구절에 "關者通也 名石而可通者惟衡量之器耳 律歷志云 二十四銖爲兩 十六兩爲斤 三十斤爲鈞 四鈞爲石 是石爲稱之最重以石而稱則爲重物 故金鐵曰石 [⋯] 擧石而言之則所稱之物皆通之也 傳取金鐵重物以解言石之意 非謂所關通者惟金鐵耳('관'은 통한다는 뜻이다. '석'이란 이름으로 통할 수 있는 것은 오직 도량형 기구뿐이다. 『한서』「율력지」에 '24주가 량, 16량이 근, 30근이 균, 4균이 석이다.'라고 했다. 석이 저울의 가장 무거운 양인 것이다. 석으로 저울질한다면 이는 무거운 물건임을 의미한다. 그렇기에 금철을 석이라 한 것이다. [⋯] 석을 들어 말하면 저울질하는 물건에 모두 통할 수 있다. 금철이 무거운 물건임을 취하여 석의 뜻으로 풀어 말한 것이지, 통하는 것이 오직 금철뿐이라고 한 말은 아니다.)"라는 주석이 달려 있다.

349 託王章於空言: 『사기』「太史公自序」에 "子曰 我欲載之空言 不如見之于行事之深切著明也(나는 실체가 없는 빈말을 싣고자 했으나, 행한 일을 보여 주는 것처럼 깊고 절실하며 뚜렷하게 밝은 것만 한 것이 없었다.)"라는 구절이 있다. '왕장'은 왕도, 왕법 등을 가리킨다.

350 立聖制於虛位: 한유의 「원도」에 "仁與義 爲定名 道與德 爲虛位(인과 의는 행동하는 고정된 이름이요, 도와 덕은 개념만 있는 빈자리이다.)"라는 구절이 있다.

351 微聖人 吾其被發左衽乎: 『논어』「憲問」에 있는 "微管仲 吾其被發左衽矣(관중이 없었다면 우리는 오랑캐처럼 머리를 풀어 헤치고 옷깃을 왼쪽으로 여몄을 것이다.)"라는 구절을 변용한 것이다.

40

背馳仁義之說, 立異道義之論, 陰壞聖道, 別開邪徑, 使天下愚蒙 奴主於彼此之間,[352] 故老氏尙玄, 孑煦於仁義,[353] 希夷於聞見,[354] 挫銳解分, 和光同塵,[355] 倡爲芻狗槖籥之說,[356] 谷神玄牝之論,[357] 今其言曰, '絶聖棄智, 民利百倍, 絶仁棄義, 民復孝玆, 絶巧棄利, 盜賊無有.'[358] 所謂道德經, 五千餘言者, 卽其書也. 莊氏貢憤 蝸角於乾坤,[359] 鼠肝於人物,[360] 毫泰同體, 彭殤齊壽,[361] 倡爲巨盜揭

---

352 奴主於彼此之間: 한유의 「원도」에 있는 "入于彼則出于此 入者主之 出者奴之(저쪽으로 들어가면 반드시 여기에서 나가는데, 들어간 자는 들어간 곳을 주인으로 여기고 나간 자는 나간 곳을 종으로 여긴다.)"라는 구절을 활용한 것이다.

353 孑煦於仁義: 한유의 「원도」에 있는 "老子之小仁義 非毁之也 其見者 小也 坐井而觀天曰 天小者 非天小也 彼以煦煦爲仁 孑孑爲義 其小之也 則宜(노자가 인과 의를 작게 여긴 것은 헐뜯은 것이 아니요, 그의 견식이 하찮았기 때문이다. 우물 안에 앉아서 하늘을 보고 하늘이 작다고 말한다고 해도 하늘이 작은 것은 아니다. 그는 자그마한 은혜를 인이라 하고, 자그마한 선행을 의라 했으니 인과 의를 작게 여기는 것이 마땅하다.)"라는 구절을 활용한 것이다.

354 希夷於聞見: 『도덕경』 14장에 있는 "視之不見 名曰夷 聽之不聞 名曰希 搏之不得 名曰微(보아도 보이지 않는 것을 '이'라 하고, 들어도 들리지 않는 것을 '희'라 하며, 만져도 만져지지 않는 것을 '미'라 한다.)"라는 구절을 활용한 것이다.

355 挫銳解分 和光同塵: 『도덕경』 4장에 있는 "挫其銳 解其紛 和其光 同其塵(날카로운 것을 무디게 하고 얽힌 것을 풀어 주며 빛과 조화하고 티끌과도 동화한다.)"이라는 구절을 활용한 것이다.

356 芻狗槖籥之說: 『도덕경』 5장의 "天地不仁 以萬物爲芻狗 聖人不仁 以百姓爲芻狗 天地之間 其猶槖籥乎 虛而不屈 動而愈出(천지는 어질지도 않아 만물을 추구처럼 여기네. 성인은 어질지도 않아 백성을 추구처럼 여기네. 천지 사이는 풀무와 같아서 비어 있어도 다함이 없다가 작동하면 더 나온다.)"이라는 내용을 가리킨다. 여기서 '추구'는 풀로 만든 개 모양의 인형으로 제사 때에만 쓰고, 끝나면 곧장 버린다. 곧 필요할 때는 이용하고 그 일이 끝나면 내버리는 물건을 가리킨다.

357 谷神玄牝之論: 『도덕경』 6장의 "谷神不死 是謂玄牝 玄牝之門 是謂天地根 綿綿若存 用之不勤(곡신, 곧 골짜기의 신은 죽지 않으니, 이것을 현묘한 암컷이라 한다. 현빈의 문은 바로 천지의 근본이라 말한다. 있는 듯 없는 듯 끊임없이 이어져 그것을 쓰는 것이 수고롭지 않다.)"이라는 내용을 가리킨다.

358 絶聖棄智~盜賊無有: 『도덕경』 19장의 앞부분이다.

359 蝸角於乾坤: 『장자』 「잡편」 <則陽>의 "惠子聞之而見戴晉人 戴晉人曰 有所謂蝸者 君知之乎 曰 然 有國於蝸之左角者曰觸氏 有國於蝸之右角者曰蠻氏 時相與爭地而戰 伏尸數萬 逐北旬有五日而後反 […] 曰 通達之中有魏 於魏中有梁 於梁中有王 王與蠻氏 有辯乎 君曰 無辯(혜자가 듣고서는 혜왕에게 戴晉人을 만나게 했다. 대진인이 말했다. '달팽이라고 하는 것이 있는데 임금님도 아시지요?' 왕이 말했다. '그렇소.' 대진인이 말했다. '달팽이의 왼쪽 뿔에 나라를 세우고 있는 군주가 있는데 촉씨라고 하고, 달팽이의 오른쪽 뿔에 나라를 세우고 있는 군주가 있는데 만씨라고 합니다. 때때로 서로 영토를 다투는 전쟁을 일으켜 쓰러진 시체가 수만인

篋之說,[362] 力士負舟之喩,[363] 語脉機鋒, 如禪家頓宗, 而未嘗不跌宕, 未嘗不戲劇, 然而陳同甫[364]曰, '天下不可無此人, 亦不可無此書.' 郭子玄[365]曰, '此書不

데 패배한 적을 15일이나 추격한 뒤에 회군했습니다.' […] 대진인이 말했다. '막힘없이 환히 통하는 가운데에 魏라는 나라가 있고, 위나라 안에 梁 땅이 있고 양 땅 안에 임금님께서 계신다면 임금님과 만씨가 구분되는 것이 있습니까?' 임금이 말했다. '구분되는 것이 없소.')"이라는 내용을 가리킨다. 장자는 제나라와 위나라의 전쟁을 달팽이의 두 뿔 위에 있는 나라가 서로 싸우는 것에 비유했다. 작은 땅을 가지고 다투는 것은 의미가 없다는 사실을 일깨우고자 한 것이다. '則陽'은 당시 초나라에 머물던, 노나라 사람 팽양의 字이다.

360 鼠肝於人物: 『장자』「내편」〈대종사〉의 "俄而子來有病 喘喘然將死 其妻子環而泣之 子犁往問之曰 叱 避 無怛化 倚其戶與之語曰 偉哉造化 又將奚以汝爲 將奚以汝適 以汝爲鼠肝乎 以汝爲蟲臂乎 子來曰 父母於子 東西南北 唯命之從 陰陽於人 不翅於父母 彼近吾死而我不聽 我則悍矣 彼何罪焉 夫大塊以載我以形 勞我以生 佚我以老 息我以死 故善吾生者 乃所以善吾死也(또 얼마 있다가 자래가 병에 걸려 헐떡거리며 죽게 되자 그 아내와 자식들이 빙 둘러싸고 울고 있었다. 자리가 가서 위문하며 말했다. '쉿! 비키시오! 변화(죽음)에 놀라지 마시오.' 그러고는 문에 기대어 말했다. '기이하구나. 조화여! 또 그대를 무엇으로 만들며, 그대를 어디로 데려가려고 하는가? 그대를 쥐의 간이 되게 할 것인가? 그대를 벌레의 다리가 되게 할 것인가?' 자래가 말했다. '자식에게 부모란 동서남북 어디로 가게 하든 오직 명령을 따라야 하는 존재이다. 사람에게 음양은 단지 부모와 같을 뿐만이 아니다. 저 음양이 나를 죽음에 가까이 가게 하는데, 내가 따르지 않는다면 나만 버릇없는 자가 될 뿐이니 저 음양에 무슨 죄가 있겠는가? 대저 대자연은 나를 형체에 실어 내어 삶으로 나를 수고롭게 하고, 늙음으로 나를 편안하게 하며, 죽음으로 나를 쉬게 한다. 그 때문에 나의 삶을 좋은 것으로 여기는 것은 바로 나의 죽음을 좋은 것으로 여기기 위한 것이다.')"라는 내용을 가리킨다. 쥐의 간과 곤충의 다리는 매우 하찮은 것을 의미한다.

361 毫泰同體 彭殤齊壽: 『장자』「내편」〈齊物論〉의 "天下莫大于秋毫之末 而泰山爲小 莫壽于殤子 而彭祖爲夭(천하에 가을 털끝보다 더 큰 것이 없으니, 태산이 오히려 작은 것이 되고 어려서 죽은 아이보다 더 오래 산 것이 없으니, 팽조가 더 단명한 것이 된다.)"라는 내용을 가리킨다. 팽조는 8백 년을 살았다고 전해지는 인물이다.

362 巨盜揭篋之說: 『장자』「외편」〈胠篋〉의 "將爲胠篋 探囊 發匱之盜而爲守備 則必攝緘縢固扃鐍 此世俗之所謂知也 然而巨盜至 則負匱 揭篋 擔囊而趨 唯恐緘縢扃鐍之不固也 然則鄉之所謂知者 不乃爲大盜積者也(작은 상자를 열고 자루를 뒤지며 궤짝을 뜯는 도둑을 지키고 방비하기 위해서는 반드시 끈이나 줄을 당겨 단단히 묶고 빗장과 자물쇠를 튼튼히 채운다. 이것이 세속에서 지혜라고 이르는 것이다. 그러나 큰 도둑이 이르면 궤짝을 등에 지고, 상자를 들고, 자루를 메고 달아나면서도 오직 끈이나 줄, 빗장이나 자물쇠가 견고하지 못할까 두려워한다. 그렇다면 앞서 이른바 지혜라고 한 것은 큰 도둑을 쌓아 둔 것이 아니겠는가?)"라는 내용을 가리킨다. 세상이 지혜로 여기는 것이 도리어 지혜롭지 못한 행위임을 비유한 것이다.

363 力士負舟之喩: 『장자』「내편」〈대종사〉의 "夫藏舟於壑 藏山於澤 謂之固矣 然而夜半 有力者負之而走 昧者不知也 藏小大有宜 猶有所遯 若夫藏天下於天下 而不得所遯 是恒物之大情也(대저 배를 골짜기에 감추고 산을 연못에 감추면서 단단히 두었다고 말한다. 그러나 한밤중에 어떤 힘센 사람이 와서 짊어지고 달아나도 어리석은 사람은 알지 못한다. 작은 것과 큰 것을 마땅한 곳에 감추었다고 해도 도리어 훔쳐 달아날 수가 있다. 만약 천하를 천하에 감춘다면 훔쳐 달아날 곳이 없다. 이것이 변하지 않는 만물의 큰 진리이다.)"라는 내용을 가리킨다.

經而爲百家之冠,[366] 夸弄矯抗, 雖若侮孔氏, 誚諸子, 而其實陽擠而陰護者也. 所謂南華經[367]四十八篇, 卽其書也.' 列子好誕, 騁馭風之智,[368] 辨蕉鹿之訟,[369] 老成子學幻之說,[370] 公輸子刻鳳之譬,[371] 功[372]湊於存

---

364 陳同甫: 남송시대 정치가인 陳亮. '동포'는 그의 字. 『龍川集』〈揚雄度越諸子〉의 "天下不可無此人 亦不可以無此書(세상에 이런 사람이 없을 수 없고 이런 책도 없을 수 없다.)"라는 구절을 변용한 것이다. '용천'은 진량의 호이다.

365 郭子玄: 晉나라의 사상가인 郭象. 『晉書』「열전」에 "郭象 字子玄 少有才理 好老莊 能淸言 太尉王衍每云 聽象語 如懸河瀉水 注而不竭(곽상은 자가 자현이다. 젊어서부터 재치 있고 현명했고, 노장사상을 좋아하여 청담에 능했다. 매번 태위 왕연은 곽상의 말을 듣고 있으면 폭포수가 거침없이 흘러내려 퍼부어도 마르지 않는 것과 같다고 했다.)"이라는 구절이 있다.

366 此書不經而爲百家之冠: 곽상이 지은 「莊子序」에 나오는 구절인 "此其所以不經而爲百家之冠也(이것이 경전이 아니지만 백가의 으뜸이 되는 이유이다.)"를 변용한 것이다. 『文章辨體彙選』「序」에도 「장자서」가 실려 있다.

367 南華經: 『장자』의 별칭. 『新唐書』「藝文志」에 "天寶 元年 詔號莊子爲南華眞經(천보 원년(742)에 조서를 내려 『장자』를 『남화진경』이라고 했다.)"이라는 구절이 있다. 『唐會要』「잡기」에도 "天寶元年二月二十二日敕文 追贈莊子南華真人 所著書爲南華真經(천보 원년 2월 20일에 조칙을 내려 장자를 남화진인으로 높이고 저서를 『남화진경』이라고 했다.)"이라는 구절이 있다.

368 騁馭風之智: 『장자』「소요유」의 "夫列子 御風而行 冷然善也 旬有五日而後反(열자는 바람을 타고 다니며 시원하게 잘 지내다가 15일이 지난 뒤에 돌아온다.)"이라는 내용을 가리킨다.

369 辨蕉鹿之訟: 『열자』「周穆王」의 "鄭人有薪於野者 遇駭鹿 御而擊之 斃之 恐人見之也 遽而藏諸隍中 覆之以蕉 不勝其喜 俄而遺其所藏之處 遂以爲夢焉 順塗而詠其事 傍人有聞者 用其言而取之 […] 薪者之歸 不厭失鹿 其夜眞夢藏之之處 又夢得之之主 爽旦 案所夢而尋得之 遂訟而爭之 歸之士師 士師曰 若初眞得鹿 妄謂之夢 眞夢得鹿 妄謂之實 彼眞取若鹿 而與若爭鹿 室人又謂夢仞人鹿 无人得鹿 今據有此鹿 請二分之(들에서 나무를 하던 정나라 사람이 놀란 사슴을 만나자 막고 때려잡고는 남이 볼까 두려워 급히 구덩이 속에 감추고 파초로 덮었다. 그는 기쁨을 이기지 못하다가 잠시 후 숨긴 곳을 잊어버리자 꿈을 꾼 것으로 생각하고 길을 걸으면서 그 일에 대해 혼자 중얼거렸다. 옆에서 들은 사람이 그 말에 따라 사슴을 찾아냈다. […] 나무꾼은 사슴을 잃어버린 것을 잊지 않고 있다가 그날 밤 꿈에서 숨긴 장소를 알아내고 사슴을 가져간 사람에 대해서도 알아냈다. 날이 밝자 나무꾼은 꿈에서 본 대로 찾아가 만나고는 소송을 걸어 다투는 바람에 사사(士師, 소송 담당 관리)가 맡게 되었다. 사사가 나무꾼에게 말했다. '그대는 처음에 실제로 사슴을 잡아 놓고 망령되이 꿈이라 말했고, 진짜 꿈으로 사슴을 찾자 망령되이 사실이라고 여겼다. 저 사람이 그대의 사슴을 가져가 그대와 사슴을 두고 다투게 되었는데, 저 사람의 아내는 꿈에 따라 남의 사슴을 얻었다고 말했다. 그러니 아무도 사슴을 얻은 사람이 없다. 그런데 지금 여기 사슴이 있으니, 둘로 나누어 가지도록 하라.')"라는 내용을 가리킨다.

370 老成子學幻之說: 『열자』「주목왕」의 "老成子學幻於尹文先生 三年不告 老成子請其過而求退 尹文先生揖而進之於室 屛左右而與之言曰 昔老聃之徂西也 顧而告予曰 有生之氣 有形之狀 盡幻也 造化之所始 陰陽之所變者 謂之生 謂之死 窮數達變 因形移易者 謂之化 謂之幻 造物者其巧妙 其功深 固難窮難終 因形者其巧顯 其功淺 故隨起隨滅 知幻化之不異生死也 始可與學幻矣 吾與汝亦幻也 奚須學哉 老成子歸 用尹文先生之言 深思三月 遂能存亡自在 憣

41

亡之機, 愚弄於賢愚之際. 今其言曰, '凡盈天地間者, 初無定位, 初無實迹, 綿綿若存, 用之不勤, 故自生自化, 自消自息.'[373] 此皆老莊之餘術, 而尤爲吊詭者也. 佛氏寂滅 空生於大覺之中, 心歸於至靜之地, 故曰, '大道不難, 惟慊揀

校四時 冬起雷 夏造冰 飛者走 走者飛 終身不箸其術 固世莫傳焉(노성자가 윤문 선생에게 환술을 배우러 갔는데 3년이 되도록 일러 주지 않았다. 노성자는 잘못이 무엇인가 물으면서 돌아가게 해달라고 했다. 윤문 선생은 두 손을 모아 예를 표하고 방으로 들어오게 하고는 곁의 사람을 물리치고 말했다. '옛날에 노자가 서쪽으로 갈 때 나를 돌아보고는 생명을 지닌 기나 형체를 지닌 형상은 모두가 환이다. 조화가 시작되고 음양이 변하는 것을 삶이라고도 하고 죽음이라고도 한다. 술법을 깊이 탐구하고 변화에 통달해서 형체에 따라 옮겨 가게 되는 것을 조화라고도 하고 환술이라고도 한다. 조물주는 기교는 교묘하고 공은 심오하여 본래 궁구하기도 끝을 찾기도 어렵다. 형체를 따라가는 사람은 그 기교가 드러나더라도 그 공은 천박하여 생기자마자 곧 소멸한다. 환술과 조화가 삶이나 죽음과 다르지 않다는 것을 알아야 비로소 같이 환술을 배울 수 있게 된다고 했네. 나나 자네도 역시 모두 환인데 어찌 꼭 배워야겠는가?' 노성자가 돌아가서 윤문 선생의 말씀을 깊이 사색한 지 3개월 만에 마침내 존재하는 것과 없어지는 것을 자유로이 할 수 있게 되었다. 사철을 뒤바꾸고, 겨울에 우레를 일으키며 여름에 얼음을 만들고, 날아다니는 것들을 걸어 다니게 하고 걸어 다니는 것들을 날아다니게 했다. 그러나 평생토록 그 술법을 드러내지 않아 세상에는 전해지지 않았다.)"이라는 내용을 가리킨다.

371 公輸子刻鳳之譬: 공수자는 춘추전국시대 말 노나라의 기술자이다. 문헌에 따라 魯班, 公輸盤, 公輸般 등으로 쓰였다. 『묵자』「魯問」의 "公輸子削竹木以爲鵲 成而飛之 三日不下 公輸子自以爲至巧 子墨子謂公輸子曰 子之爲鵲也 不如匠之爲車轄 須臾劉三寸之木 而任五十石之重 故所爲功 利於人謂之巧 不利於人謂之拙(공수자가 대와 나무를 깎아 까치를 만들었다. 완성되어 날리니 3일이나 내려오지 않자, 공수자가 스스로 지극히 교묘하다고 여겼다. 묵자가 공수자에게 말했다. '그대가 만든 까치는 기술자인 내가 만든 수레의 비녀장만 못한 것입니다. 잠깐 사이에 세 치 길이의 나무를 깎아서 50석의 무게를 감당할 수 있게 했습니다. 그러므로 공이 되는 것에서 사람에게 이로운 것을 교묘하다고 하며, 사람에게 이롭지 않은 것을 졸렬하다고 합니다.')"이라는 내용을 가리킨다. 열자를 이야기하는 부분에서 묵자의 글을 인용한 것은 작가의 착각인 듯하다.

372 功: 문맥상 '巧'의 오기인 듯하다. 서강대본에는 '巧'로 되어 있다.

373 綿綿若存~自消自息: 『열자』「天瑞篇」의 "黃帝書曰 谷神不死 是謂玄牝 玄牝之門 是謂天地之根 綿綿若存 用之不勤 故生物者不生 化物者不化 自生自化 自形自色 自智自力 自消自息 謂之生化形色智力消息者 非也(황제서에서 말했다. '곡신, 곧 골짜기의 신은 죽지 않으니, 이것을 현묘한 암컷이라 한다. 현빈의 문은 바로 천지의 근본이라 말한다. 있는 듯 없는 듯 끊임없이 이어져 그것을 쓰는 것이 수고롭지 않다.' 고로 만물을 자라게 하는 것은 자라지 않으며, 만물을 변화하게 하는 것은 변하지 않는다. 저절로 자라고 저절로 변화하며, 저절로 형성되고 저절로 색깔을 띠며, 저절로 지혜로워지고 저절로 힘을 지니며, 저절로 소멸하고 저절로 자라난다. 이것을 자라게 하고 변화하게 하며, 형성되게 하고 색깔을 띠게 하며, 지혜를 쓰게 하고 힘을 갖게 하며, 소멸하게 하고 자라나게 하는 것이라고 말하는 것은 잘못된 것이다.)"라는 구절을 활용한 것이다. 상권 각주 357과도 관련이 깊다.

擇.'[374] 又曰, '是法平等, 無有高下',[375] 以慈悲爲心, 而普濟衆生, 以因果爲法, 而栖心淨土. 故其詩曰: '兩箇泥牛鬪入海, 直到如今無消息.'[376] 又曰: '忽聞上方鐘鼓動, 又添一日在浮生.'[377] 此其禪悟至妙之境也. 故伊川[378]曰, '佛書如淫聲美色, 易以惑人.'[379] 所謂大藏經五百四十函, 此其書也. 楊氏之毛,[380] 過於爲

---

374 大道不難 惟慊揀擇: 중국 수나라 때의 선종 승려 승찬(僧璨)이 지은『신심명(信心銘)』의 "至道無難 唯嫌揀擇 但莫憎愛 洞然明白(지극한 도는 어렵지 않으니 오직 선택을 꺼릴 뿐이다. 좋고 싫음마저 없다면 완전히 분명해진다.)"이라는 구절을 변용한 것이다.

375 是法平等 無有高下:『금강반야바라밀경』「淨心行善分」에 "復次須菩提 是法平等 無有高下 是名阿耨多羅三藐三菩提 以無我無人無衆生無壽者로 修一切善法 卽得阿耨多羅三藐三菩提(또한 수보리야. 이 법이 평등하여 고하가 없으니, 이것을 '아뇩다라삼먁삼보리'라 이름한다. 나도 없고 남도 없고 중생도 없고 오래 사는 것도 없는 것으로 일체 선법을 닦으면 곧 '아뇩다라삼먁삼보리'를 얻으리라.)"라는 구절이 있다.

376 兩箇泥牛鬪入海 直到如今無消息:『경덕전등록(景德傳燈錄)』「潭州龍山和尙」에 "洞山又問和尙見箇什麽道理 便住此山 師云 我見兩箇泥牛鬪入海 直至如今無消息(동산화상이 또 물었다. '화상께서는 무슨 이치를 깨달았기에 이 산에 머무시는가?' 용산화상이 말했다. '나는 두 마리 흙 소가 싸우다가 바다에 빠진 것을 보았는데 지금까지 소식이 없다.')"이라는 구절이 있다. 두 마리 흙 소는 사람이 지닌 생각과 가치의 내적인 충돌을 의미하는데, 흙 소가 물에 빠지면 녹아 없어지듯 생각과 가치의 내적인 충돌이 사라지는 깨달음의 경지를 비유한 것이다. 불교와 관련된 상권 각주 374, 375, 376은 송나라 학자 임희일(林希逸, 1193~1271)이 편찬한『장자구의(莊子口義)』「대종사(大宗師) 상」〈泉涸~所以善吾死也〉 구절에 있는 설명에 "佛家曰 是法平等 無有高下 又曰 有無俱遣 又曰 大道不難 惟嫌揀擇 皆此意也 兩箇泥牛鬪入海 直到如今無消息 一語最佳(불교에서 말한다. '이 법이 평등하여 고하가 없다.' 또 말한다. '유와 무를 함께 버린다.' 또 말한다. '큰 도는 어렵지 않으니 오직 선택을 꺼릴 뿐이다.' 모두 이 뜻이다. '두 마리 흙 소가 싸우다가 바다에 빠졌는데 지금까지 소식이 없다.'라는 이 한마디가 가장 아름답다.)"라고 한 내용과 관련된다.『신심명』의 '唯',『경덕전등록』의 '直至'와 달리 '惟'와 '直到'를 쓴 것으로 보아『옥선몽』의 작가가『장자구의』를 참고했을 가능성이 높다.

377 忽聞上方鐘鼓動 又添一日在浮生:『속전등록(續傳燈錄)』「대감(大鑑) 하(下)」,〈天童交禪師法嗣〉에 "慶元府蓬萊圓禪師 住山三十年 足不越閫 道俗尊仰之 師有偈曰 新縫紙被烘來煖 一覺安眠到五更 聞得上方鐘鼓動 又添一日在浮生(경원부에 있는 봉래 원선사는 산에 머문 지 30년이 되었어도 문지방을 넘어간 적이 없어 승려와 속인이 높여 우러렀다. 선사가 지은 게가 있다. '새로 바느질한 종이 이불이 따뜻하여 푹 자다 한 번 깨니 오경이 되었도다. 사찰의 종소리 들려오니 다시 덧없는 인생에 하루가 더해졌네.')"이라는 구절이 있다. 이 역시『장자구의』「대종사 하」"子桑戶~是惡知禮意" 구절에 있는 설명에 "我猶爲人猗 便是忽聽上方鐘鼓動 又添一日在浮生('우리는 아직 사람이구나. 아!'라는 말은 곧 '홀연히 사찰의 종소리 들려오니 다시 덧없는 인생에 하루가 더해졌네.'라는 뜻이다.)"이라고 한 내용이 있다. 원래의 게에는 '聞得'으로,『옥선몽』에는 '忽聞'으로 되어 있다.『옥선몽』의 작가는『장자구의』의 '忽聽'을 참고한 것으로 보인다.

378 伊川: 중국 송나라의 철학자 정이(程頤, 1033~1107). 이천은 그의 호이다. 형 정호(程顥)와 함께 정주학(程朱學)을 만들었다.

我, 而有無君之失, 墨氏之頂,[381] 過於兼愛, 而有無父之失, 故同室有鬪, 而不知纓冠, 鄕鄰有鬪, 而不知閉戶者也.[382] 告子[383]之仁內義外,[384] 誤見於桮棬[385]湍水[386]之理, 楊子[387]之混善混惡,[388] 枉入於性有

---

379 佛書如淫聲美色 易以惑人: 『장자구의』 「序」에 있는 구절을 그대로 인용한 것이다. 『이정유서(二程遺書)』 「元豊己未呂與叔東見二先生語」에는 "學者於釋氏之說 直須如淫聲美色以遠之 不爾 則駸駸然 入於其中矣(배우는 사람은 석가의 말에 대하여 모름지기 음란한 음악이나 미녀와 같이 여겨 멀리해야 한다. 그러지 않으면 빠르게 그 속으로 빠져들 것이다.)"라고 되어 있다. '與叔'은 송나라 학자인 여대림(呂大臨, 1040~1092)의 자이다.

380 楊氏之毛: 자신의 터럭 하나도 세상을 위해 내줄 수 없다는 양주(楊朱)의 주장을 가리킨다. 『맹자』 「진심 상」에 "孟子曰 楊子取爲我 拔一毛利而天下 不爲也(맹자가 말했다. '양자(양주)는 자신을 위하는 것에 겨우 만족하여, 하나의 털을 뽑아 세상이 이로워진다고 해도 하지 않는다.')"라는 글이 있다.

381 墨氏之頂: 타인을 자신처럼 사랑해야 한다는 묵적(墨翟)의 겸애설(兼愛說)을 가리키는 말이다. 『맹자』 「진심 상」에 "孟子曰 […] 墨子兼愛 摩頂放踵 利天下 爲之(맹자가 말했다. […] '묵자는 두루 사랑하자는 겸애를 주장했으니, 자기의 정수리부터 갈아 발꿈치에 이르더라도 세상에 이로우면 행했다.')"라는 글이 있다.

382 同室有鬪~而不知閉戶者也: 『맹자』 「이루 하」의 "今有同室之人鬪者 救之 雖被髮纓冠而救之可也 鄕鄰有鬪者 被髮纓冠而往救之 則惑也 雖閉戶可也(지금 집안에서 싸우는 사람이 있으면 그를 구함에 있어 비록 머리를 풀어 헤친 채 갓만 쓰고라도 가서 구하는 것이 옳거니와 마을에 싸우는 사람이 있으면 그를 구함에 있어 머리를 풀어 헤친 채 갓만 쓰고 가서 구하는 것은 미혹된 것이니 비록 문을 닫아도 옳은 것이다.)"라는 구절을 활용한 것이다.

383 告子: 전국시대의 사상가로 이름은 불해(不害)이다. 맹자와 인성(人性)에 대한 논쟁을 벌였는데, 사람은 본래의 선악이 없어 교육하기에 달려 있다는 성무선악설(性無善惡說)을 주장했다.

384 仁內義外: 『맹자』 「고자 상」에 "告子曰 食色 性也 仁 內也 非外也 義 外也 非內也(고자가 말했다. '식과 색이 본성이니, 인은 내재적이요 외재적이지 않으며, 의는 외재적이요 내재적이지 않습니다.')"라는 구절이 있다.

385 桮棬: 『맹자』 「고자 상」에 "告子曰 性猶杞柳也 義 猶桮棬也 以人性爲仁義 猶以杞柳爲桮棬 孟子曰 子能順杞柳之性而以爲桮棬乎 將戕賊杞柳而後以爲桮棬也 如將戕賊杞柳而以爲桮棬, 則亦將戕賊人以爲仁義與 率天下之人而禍仁義者, 必子之言夫(고자가 말했다. '본성은 버드나무와 같고 의는 버드나무로 만든 그릇과 같습니다. 사람의 본성으로 인의를 행하는 것은 버드나무로 그릇을 만드는 것과 같습니다.' 맹자가 말했다. '그대는 버드나무의 본성을 따르면서 그릇을 만드는가? 버드나무의 본성을 해친 뒤에야 그릇을 만드는가? 만일 버드나무의 본성을 해쳐서 그릇을 만든다면, 또한 사람의 본성을 해치면서까지 인의를 행할 수 있단 말이리라! 세상 사람을 몰아서 인의를 해치게 하는 것은, 틀림없이 그대의 이 말일 터이다.')"라는 구절이 있다.

386 湍水: 『맹자』 「고자 상」에 "告子曰 性猶湍水也 決諸東方則東流 決諸西方則西流 人性之無分於善不善也 猶水之無分於東西也 孟子曰 水信無分於東西 無分於上下乎 人性之善也 猶水之就下也 人無有不善 水無有不下(고자가 말했다. '본성은 여울물과 같다. 동방으로 터놓으면 동쪽으로 흐르고 서방으로 터놓으면 서쪽으로 흐르니, 인성이 선과 불선에 구분이 없음은 마치

三品之說.[389] 申韓[390]託黃帝, 而刱說刑名,[391] 宋富壞墻之喩,[392] 楚賈賣珠之論,[393] 莫非刻於規利, 壞於治仁, 故其言曰, '日中必熭[위],[394] 操刀必割.' 所謂

물이 동서에 분별이 없는 것과 같습니다.' 맹자가 말했다. '물이 진실로 동서로 나눠지지 않지만 위아래의 나눠짐도 없겠습니까? 사람의 본성이 선하다는 것은 물이 아래로 내려가는 것과 같습니다. 사람은 선하지 않음이 없고 물은 아래로 내려가지 않음이 없습니다.')"라는 구절이 있다.

387 楊子: '揚子'의 오기. 양자는 서한시대의 사상가 揚雄.

388 混善混惡: 양웅의『法彦』「수신」에 "人之性也善惡混 修其善則爲善人 修其惡則爲惡人(사람의 본성은 선과 악이 혼재해 있어 선을 닦으면 선인이 되고 악을 닦으면 악인이 된다.)"이라는 구절이 있다.

389 性有三品之說: 한유의「원성」에 "性也者 與生俱生也 情也者 接于物而生也 性之品有三 而其所以爲性者五 情之品有三 而其所以爲情者七 曰 何也 曰 性之品有上中下三 上焉者 善焉而已矣 中焉者 可導而上下也 下焉者 惡焉而已矣 其所以爲性者五 曰仁 曰禮 曰信 曰義 曰智 上焉者之于五也 主于一而行于四 中焉者之于五也 一不少有焉 則少反焉 其于四也混 下焉者之于五也 反于一而悖于四('성은 태어나면서 함께 생겨난 것이요. 정은 사물과 접촉하면서 생겨난 것이다. 성의 등급에는 세 가지가 있고 성이 되는 것은 다섯 가지가 있다. 정의 등급에는 세 가지가 있고 정이 되는 것은 일곱 가지가 있다.' '무엇입니까?' '성의 등급에는 상·중·하 세 가지가 있으니, 상품은 선할 뿐이고, 중품은 이끌어 주는 대로 올라갈 수도 내려갈 수도 있으며, 하품은 악할 뿐이다. 성이 되는 것은 다섯 가지이니 인예신의지이다. 상품은 다섯 가지에 있어 한 가지를 주로 하면서 네 가지를 모두 행한다. 중품은 다섯 가지에 있어 하나가 모자라지 않으면 조금 어그러져서 네 가지가 혼란해진다. 하품은 다섯 가지에 있어 한 가지에서 어그러져 네 가지가 모두 맞지 않게 된다.')"라는 구절이 있다.

390 申韓: 전국시대의 사상가 申不害와 韓非子를 지칭한다.

391 刱說刑名: 刑名學. 신불해, 한비자 등이 제창한 것으로 강력한 법과 형벌로 나라를 다스려야 한다는 학설이다.

392 宋富壞墻之喩:『한비자』「說難」에 "宋有富人 天雨牆壞 其子曰 不築 必將有盜 其鄰人之父亦云 暮而果大亡其財 其家甚智其子 而疑鄰人之父 此二人說者皆當矣 厚者爲戮 薄者見疑 則非知之難也 處之則難也(송나라에 부자가 있었다. 하루는 비가 많이 내려서 담이 무너졌다. 그의 아들이 말했다. '담을 새로 쌓지 않으면 반드시 도둑이 들어올 것입니다.' 이웃의 노인도 역시 그렇게 말했다. 밤에 정말로 많은 재물을 잃게 되었다. 그 집에서는 아들이 매우 지모가 있다고 여기면서도 이웃의 노인은 도둑으로 의심했다. 이 두 사람이 한 말은 모두 타당하다. 그런데도 심하면 죽임을 당하고, 덜해도 의심을 받는다. 알기는 어렵지 않다. 대처하여 처리하기가 어려운 것이다.)"라는 내용이 있다.

393 楚賈賣珠之論:『한비자』「外儲說」에 "楚人有賣其珠於鄭者 爲木蘭之櫃 薰以桂椒 綴以珠玉 飾以玫瑰 輯以翡翠 鄭人買其櫝而還其珠 可謂善賣櫝矣 未可謂善鬻珠也 今世之談也 皆道辯說文辭之言 人主覽其文而忘有用(정나라에 구슬을 파는 초나라 사람이 있었는데, 목란으로 궤를 만들고, 계수와 산초의 향을 입히고, 주옥으로 엮고, 장밋빛 옥으로 꾸미고, 물총새의 깃으로 묶었다. 정나라 사람은 그 궤를 사가고 그 구슬은 돌려주었다. 이는 궤를 잘 팔았다고 할 수

說難孤憤[395]等編, 卽其書也. 陳許假神農,[396] 而傅會虛僞, 賢君饔飧之治,[397] 市價不貳之法,[398] 莫非無小惠而妨大德, 昵私情而昧大理, 故其法, 合精粗而平價, 比君民而並耕者也. 陳學之義理雙行,[399] 陸學之文質蒙,[400] 莫非別立門戶,

는 있지만 구슬을 잘 팔았다고 할 수는 없다. 지금 세간의 이야기는 모두 말재간에 꾸미는 말만 하는데도 군주는 꾸밈만 살피고 효용성은 소홀히 하고 있다.)"이라는 내용이 있다. 겉모습에 현혹되어 내면의 중요성을 잃게 된다는 교훈을 담고 있다. 여기에서 상자만 사고 구슬을 돌려준다는 의미의 '買櫝還珠'라는 성어가 나왔다. 『옥선몽』의 '楚賈賣珠'가 틀린 말은 아니나 내용으로 볼 때 '楚賈櫝珠'가 더 적합한 것으로 보인다.

394 위: 오른쪽 여백에 쓰인 한글 독음이다.

395 說難孤憤: 세난과 고분은 『한비자』의 편명이다.

396 陳許假神農: '陳許'는 陳相과 許行. 『맹자』「등문공 상」에 "有爲神農之言者許行 自楚之滕 踵門而告文公曰 遠方之人 聞君行仁政 願受一廛而爲氓 […] 陳良之徒陳相與其弟辛 負耒耜而自宋之滕曰 聞君行聖人之政 是亦聖人也 願爲聖人氓 陳相 見許行而大悅 盡棄其學而學焉(신농씨의 말을 행하는 허행이 초나라에서 등나라로 가서 문에 이르러 문공에게 고하며 말했다. '멀리 떨어진 곳의 사람이 임금께서 인정을 펼치신다고 들었습니다. 한 거처를 받아 백성이 되기를 원합니다.' […] 진량의 무리인 진상과 그 동생 진신이 쟁기와 보습을 짊어지고 송나라에서 등나라로 가서 말했다. '임금께서 성인의 정치를 행한다고 들었으니, 이 또한 성인입니다. 성인의 백성이 되기를 원합니다.' 진상이 허행을 만나 보고 크게 기뻐 여태까지 그 배움(유학)을 다 버리고 그에게서 배웠다.)"이라는 내용이 있다.

397 賢君饔飧之治: 어진 임금은 아침밥과 저녁밥을 손수 지어 먹어야 한다는 뜻으로, 진상과 맹자의 논쟁에서 나온 말이다. 『맹자』「등문공 상」에 "陳相見孟子 道許行之言曰 滕君則誠賢君也 雖然未聞道也 賢者 與民竝耕而食 饔飧而治 今也滕有倉廩府庫 則是厲民而以自養也 惡得賢(진상이 맹자를 보고 허행의 말을 일렀다. '등나라의 임금은 진실로 현군입니다. 그러나 아직 도를 알지 못합니다. 현군은 백성과 더불어 나란히 농사지어 먹고, 아침저녁을 손수 지어 먹으면서 정치를 합니다. 지금 등나라에는 곡물 창고와 재물 창고가 있으니 이는 백성들을 괴롭혀서 자기를 살찌게 하는 것이니, 어찌 참된 현군이라고 할 수 있겠습니까?')"이라는 내용이 있다.

398 市價不貳之法: 시장 가격을 모두 같게 한다는 뜻으로, 진상과 맹자의 논쟁에서 나온 말이다. 『맹자』「등문공 상」에 "從許子之道則市賈 不貳 國中無僞 雖使五尺之童 適市 莫之或欺 布帛長短同則賈相若 麻縷絲絮輕重同則賈相若 五穀多寡同則賈相若 屨大小同則賈相若 曰 夫物之不齊 物之情也 或相倍蓰 或相什伯 或相千萬 子比而同之 是亂天下也 巨屨小屨同價 人豈爲之哉 從許子之道 相率而爲僞者也 惡能治國家(진상이 말했다. '허행의 말을 따르면 시장의 물가는 모두 같고 나라 안에는 거짓이 없어, 비록 5척의 어린이를 시장에 보내도 속이는 일은 없을 것입니다. 배와 비단은 길이가 같으면 그 값이 같고, 삼실과 명주실은 무게가 같으면 값이 같으며, 오곡은 분량이 같으면 값이 같고, 신은 크기가 같으면 값이 서로 같습니다.' 맹자가 말했다. '대체로 만물의 질이 고르지 않음은 만물의 실상이어서, 가격이 혹 두 배나 다섯 배, 혹 열 배나 백 배, 혹 천 배나 만 배의 차이가 납니다. 그대는 양만 비교하여 값을 모두 같게 하니, 이는 천하를 어지럽게 하는 것입니다. 큰 신과 작은 신이 같은 값이라면 사람들이 어찌 신을 만들겠습니까? 허자의 도를 따른다면 서로를 끌고 나가서 거짓을 행하게 하는 것이니 어찌 나라를 다스릴 수가 있겠습니까?')"라는 내용이 있다.

399 陳學之義理雙行: '陳學之義利雙行'의 오기. 인용 원전과 서강대본에 모두 '義利雙行'으로 되어

自成一家之則也. 豈若吾道, 正正方方, 蕩蕩平平, 大小精粗, 無不合理底大頭腦也! 敢問九經,[401] 各自有入門一款大宗旨大綱領, 亦可一一歷陳耶?" 陳生曰: "大學是爲學之綱領,[402] 不先乎大學, 無以提挈綱領, 而盡論孟之精微, 不參之論孟, 無以融會貫通, 極中庸之歸趣.[403] 大抵, 致知[404]乃夢與覺之關, 誠意[405]乃善與惡之關也.[406] 論語之言,

---

있다. '陳學'은 송나라 학자 陳亮의 학설을 가리킨다. 『龍川集』「又甲辰答書」에 "義利雙行 王霸竝用(의와 이를 함께 행하고 왕도와 패도를 아울러 쓴다.)"이라는 구절이 있다. 윤증이 송시열을 비판한 말로도 유명하다. 이승수, 「『玉樓夢』에 나타난 王霸併用論의 역사적 맥락과 사상적 함의」, 『한국학논집』 35(2001), 127~129쪽.

400 陸學之文質蒙: '陸學之文質相蒙'의 오기. 서강대본에도 '文質相蒙'으로 되어 있으며, 앞의 글과의 대구를 고려했다. '육학'은 송나라 육구연의 학설을 가리킨다. 육학은 훗날 양명학으로 발전했다.

401 九經: 유교의 아홉 경전. 『初學記』「문부」〈경전〉에 "釋名曰 經者 徑也 典常也 言如徑路無所不通 可常用也 白虎通曰 五經 易尚書詩禮樂(『석명』에서 말했다. '경은 길이요, 전은 일상이다. 통하지 않는 곳이 없는 길 같아서 늘 쓸 수 있다는 말이다.' 『백호통』에서 말했다. '오경은 『역경』, 『상서(서경)』, 『시경』, 『예경』, 『악경』이다.')"이라는 구절이 있다. 이 구절에 대해 "古者以易書詩禮樂春秋爲六經 至秦焚書 樂經亡 今以易詩書禮春秋爲五經 又禮有周禮儀禮禮記 曰三禮 春秋有左氏公羊穀梁 三傳 與易書詩通數 亦謂之九經(옛날에는 『역경』, 『서경』, 『시경』, 『예경』, 『악경』, 『춘추』를 육경이라고 했는데 진나라의 분서갱유 때 『악경』이 없어졌다. 지금은 『역경』, 『시경』, 『서경』, 『예경』, 『춘추』를 오경이라고 한다. 또한 『예경』에는 『주례』, 『의례』, 『예기』가 있으니 이를 '삼례'라고 한다. 『춘추』에는 『좌전』, 『공양전』, 『곡량전』 등 '삼전'이 있다. 『역경』, 『서경』, 『시경』과 함께 두루 세어서 또한 '구경'이라고 한다.)"이라고 설명하고 있다. 그러나 『역경』, 『서경』, 『시경』, 『예기』, 『춘추』, 『효경』, 『논어』, 『맹자』, 『주례』를 '구경'으로 보기도 하는 등 다양한 논의가 있다.

402 大學是爲學之綱領: 『朱子學的』「精蘊」에 있는 "朱子曰 大學是爲學綱領"이라는 구절을 가져온 것이다.

403 不先乎大學~極中庸之歸趣: 『주자학적』「정온」에 있는 "朱子曰 [···] 不先乎大學 無以挈提綱領 而盡論孟之精微 不參之論孟 無以融會貫通 而極中庸之歸趣(주자가 말했다. '[···] 『대학』을 먼저 배우지 않으면 강령을 지닐 수 없어, 『논어』, 『맹자』의 정밀함에 끝내 이를 수 없다. 『논어』와 『맹자』를 참고하지 않으면 사물의 이치에 통할 수 없어 『중용』의 깊고 중요한 뜻에 다다를 수가 없다.')"라는 구절을 가져온 것이다.

404 致知: 『대학』의 8조목 중 하나.

405 誠意: 『대학』의 8조목 중 하나.

406 致知~善與惡之關也: 『주자학적』「정온」에 나오는 구절이다.

43

無所不包, 其所以示人者, 莫非操存涵養之要, 體驗充廣之功,[407] 添一字不得也. 孟子之書, 明白親切, 無甚可疑, 而段段痛切, 句句的確, 有必然之效也.[408] 中庸之書, 溫潤嚴明如美玉 而其樞紐不越乎誠之一字, 讀中庸者, 毋跂于高, 毋駭子奇, 必沉潛乎句讀文義之間, 以會其歸, 必戒謹乎不睹不聞之中, 以踐其實也.[409] 詩之爲經, 人事洽於下, 天道備於上, 而無一理之不具, 故本之二南, 以求其端, 參之列國, 以盡其變, 正之於雅, 以大其規, 和之於頌, 以要其止,[410] 言惡者, 可以懲創, 人之逸志也.[411] 尙書直須見得二帝三王之心, 斂[412]之一字, 書中開卷第一義也,[413] 學禮先看儀禮, 儀禮載其事, 禮記明其理. 大抵,

---

407 論語之言~體驗充廣之功: 『주자학적』「정온」의 "朱子曰論語之言 無所不包而其所以示人者 莫非操存涵養之要 七篇之旨 無所不究而其所以示人者 類多體驗充廣之功 集注添一字不得減一字不得(주자가 말했다. '『논어』의 말에는 어느 하나 빠진 것이 없어 사람에게 보여 주는 것은 심지를 바로잡고 학문을 넓혀 심성을 닦는 요체이다. 『맹자』 일곱 편의 주지는 궁구하지 않는 바가 없어 사람에게 보여 주는 것은 대부분 체험하고 확충시키는 단서가 된다. 집주에 한 글자를 더해도 안 되고 한 글자를 덜어 내도 안 된다.')"이라는 구절을 활용한 것이다.

408 孟子之書~有必然之效也: 『주자학적』「정온」의 "朱子曰 孟子之書 明白親切無甚可疑者 只要日熟讀 又曰孟子說得段段痛切 孟子句句的確 有必然之效(주자가 말했다. '『맹자』의 글은 명백하고 친절하며 특별히 의심되는 것이 없으니 다만 매일 깊이 읽어야 할 것이다.' 또 말했다. '『맹자』에서 말하는 것은 문단마다 통쾌하고 자구마다 확실하여 반드시 그렇게 되는 효능이 있다.')"이라는 구절을 활용한 것이다.

409 而其樞紐不越乎誠之一字~以踐其實也: 『주자학적』「정온」의 "中庸大指專以發明實理之本然欲人之實此理之無妄 故其言雖多而其樞紐不越乎誠一之言也 讀中庸者 毋跂於高 毋駭於奇 必沈潛乎句讀文義以閒 以會其歸 必戒謹恐懼乎不睹不聞之中 以踐其實(『중용』의 큰 뜻은 오로지 실재 이치의 본연을 밝혀 사람들이 이치를 실천함에 망령됨이 없게 하고자 하는 것이다. 그래서 그 말이 비록 많으나 그 핵심은 '誠', 한 글자를 벗어나지 않는다. 『중용』을 읽는 자는 높은 것을 넘보지 말고 기이한 것에 현혹되지 않으며, 반드시 구두와 글의 뜻 사이에 깊이 잠겨 그 귀결을 이해하고, 반드시 보지 않고 듣지 않은 것을 삼가 경계하고 두려워하며 실재를 실천해야 한다.)"이라는 구절을 활용한 것이다. 이이의 『성학집요』에도 같은 글이 실려 있다.

410 以要其止: 이 글 뒤에 '凡詩之言善者 可以感發人之善心'이 빠져 있다. 서강대본에는 '言善者 可以感發人之善心'으로 되어 있다.

411 詩之爲經~人之逸志也: 『주자학적』「정온」에 있는 구절을 그대로 인용하고 있다. '本之二南'에 '故'를 붙인 것만 차이가 난다. 이어지는 "凡詩之言善者 可以感發人之善心 惡者 可以懲創人之逸志(『시경』의 선한 말은 사람의 착한 마음이 일어나게 하고, 악한 말은 사람의 방탕한 마음을 징계한다.)"라는 구절을 아울러 활용한 것이다.

412 斂: '欽'의 오기. 인용 원전과 서강대본에는 '欽'으로 되어 있다.

禮儀三百, 便是儀禮中士冠禮, 諸侯冠禮之類, 大節有三百條, 威義三千,

44

如始加再加三加坐如始立如齋之類. 小節有三千條也.[414] 周禮一書, 廣大精密, 周家之法度備焉.[415] 易之爲書, 文家[416]之祖, 義理之宗, 伏羲畫掛, 止有奇耦之畫, 何嘗有許多說話? 文王作繇辭,[417] 周公作爻辭,[418] 亦是爲卜筮說, 到孔子方說從義理去. 凡太極兩儀, 四象[419]八卦,[420] 此乃亦學之綱領, 開卷第一義也.[421] 所謂太極者, 象數未刑[422]而其理已具之稱, 刑[423]器已具而其理無眹之

413 尙書~第一義也: 『주자학적』「정온」의 "朱子曰 尙書貫通猶是第二義 直須見得二帝三王之心 […] 欽之一字 書中開卷第一義也(주자가 말했다. 『서경』에서 꿰뚫어 통하는 것은 오히려 제2의 뜻이다. 다만 모름지기 요, 순과 하나라 우왕, 은나라 탕왕, 주나라 문왕의 마음을 곧장 보여 주니 […] 공경한다는 의미인 '欽' 한 글자가 이 책의 서두를 여는 제일의 요지이다.')"라는 구절을 활용한 것이다.

414 學禮先看儀禮~小節有三千條也: 『주자학적』「정온」에 있는 "朱子曰 學禮先看儀禮 儀禮是全書 其他皆是講說 儀禮是經 禮記是解儀禮 如儀禮有冠禮 禮記便有冠義 儀禮有昏禮 禮記便有昏義 儀禮載其事 禮記明其理 禮儀便是 儀禮中 士冠禮諸侯冠禮之類 大節有三百條 威儀如始加再加三加又如坐如尸立如齋之類 皆是其中小節 有三千條(주자가 말했다. 『예경』을 배우려면 먼저 『儀禮』를 보아야 한다. 『의례』는 모든 것을 모아 놓은 책이요, 나머지는 모두 강론하여 설명하는 것이다. 『의례』는 경전이요, 『예기』는 『의례』를 풀이한 것이다. 『의례』에 관례가 있다면 『예기』에는 관의가 있고, 『의례』에 혼례가 있다면 『예기』에는 혼의가 있다. 『의례』에 예의의 실행을 수록하고 있다면 『예기』는 그 이치를 밝히고 있다. 예와 의가 바로 이것이다. 『의례』에는 士冠禮, 諸侯冠禮 등 큰 대강 3백 조목이 있다. 위의(威儀)로는 관례의 첫 번째 절차로 상투를 틀고 치포관을 쓰는 시가, 관례의 두 번째 절차로 초립이나 유건을 쓰고 신을 신는 재가, 관례의 세 번째 절차로 복두나 갓을 쓰고 도포를 입는 삼가, 제사에 신위 대신 앉히는 시동처럼 바르게 앉아야 하는 좌여시, 제사를 지내기 위해 몸과 마음을 깨끗이 하고 행동할 때처럼 바르게 서 있어야 하는 입여제 등 중간 대강과 작은 대강이 3천 조목이다.')"라는 구절을 활용한 것이다.

415 周禮一書~周家之法度備焉: 『주자학적』「정온」에 나오는 구절이다. 다만 원전에는 '備'가 '在'로 되어 있다.

416 家: '字'의 오기. 인용 원전과 서강대본에는 모두 '字'로 되어 있다.

417 繇辭: 괘의 조짐으로 나타난 내용 또는 점괘에 적혀 있는 내용.

418 爻辭: 주역의 괘를 이룬 여섯 개의 획 또는 이에 대한 설명.

419 四象: 음양을 태음, 태양, 소음, 소양으로 구분한 것이다.

420 八卦: 음양을 토대로 천하 만상을 여덟 가지 상으로 나타낸 것이다.

421 易之爲書~開卷第一義也: 『주자학적』「정온」의 "易之爲書 文字之祖 義理之宗 […] 伏羲畫卦

曰,[424] 無爲而爲有爲之主, 無形之主, 合而言之, 萬物體統一太極也, 分而言之, 一物各具一太極也.[425] 實造化之樞紐, 品彙之根祇也, 故曰, '無極而太極, 非太極之外, 復有無極也.' 以其無氣與形, 而天地萬物之理, 無不在是, 故曰, '無極而太極也.'[426]太極生兩儀, 兩儀生四象, 四象生八卦, 八卦生十六, 十六生三十二,

45

三十二生六十四卦,[427] 生生不已, 變化無窮矣. 大抵, 聖經蘊奧處, 固不敢硬擔勇荷, 而僕於高明, 當退一步, 低一頭耳. 竊聞學射者, 先學彀率, 論琴者, 先說曲譜, 獨於文章, 豈無程式之可言歟?" 夢玉對曰: "錢體成圓, 屛體成方, 鉤形尙曲, 箸形尙直, 擅巧分門, 各成體格, 故郊廟之詞, 莊以嚴, 戎兵之詞, 莊而肅, 朝會之詞, 大而雝, 公讌之詞, 樂而法, 樂府雄高而尙氣, 楚騷深永而導志, 垓下之歌,[428] 出自流離, 煮豆之詩,[429] 成於草率, 而並自奇工, 深情素志, 激而成

止有奇偶之畫 何嘗有許多說話 文王作繇辭 周公作爻辭 亦是爲卜筮設 到孔子方說從義理去 太極兩儀 四象八卦 此乃易學綱領 開卷第一義" 구절을 거의 그대로 가져온 것이다.

422 刑: '形'의 오기. 인용한 원전과 서강대본에 모두 '形'으로 되어 있다.

423 刑: '形'의 오기. 인용한 원전과 서강대본에 모두 '形'으로 되어 있다.

424 所謂太極者~其理無眹之日: '日'은 '目'의 오기. 인용한 원전과 서강대본에 모두 '目'으로 되어 있다. 『주자학적』「정온」에 있는 구절을 그대로 인용한 것이다.

425 合而言之~一物各具一太極也: 『주자학적』「정온」의 "朱子曰 人人有一太極物物有一太極 合而言之 萬物體統一太極也 分而言之 一物各具一太極也(주자가 말했다. '사람마다 하나의 태극이 있고, 사물마다 하나의 태극이 있다. 합쳐서 말하면 만물이 하나의 태극으로 통합되며, 나누어 말하면 하나의 물건이 하나의 태극을 각각 갖추고 있다.')"라는 구절을 활용한 것이다.

426 實造化之樞紐~無極而太極也: 『주자학적』「정온」의 "朱子曰 上天之載 無聲無臭而實造化之樞紐 品匯之根柢也 故曰無極而太極 非太極之外 複有無極也 […] 以其具天地萬物之理而無器與形 故曰太極本無極(주자가 말했다. '하늘의 일은 소리도 없고 냄새도 없으나 실로 조화의 중추이며, 만물의 바탕이기에 무극이 태극인 것이요, 태극 밖에 또 다른 무극이 있는 것은 아니다. […] 천지 만물의 이치는 갖추어져 있으나 모양이나 형태가 없기에 무극이 태극이라고 하는 것이다.')"이라는 구절을 활용한 것이다. 『옥선몽』의 '無氣與形'이 인용 원전에는 '無器與形'으로 되어 있다. 서강대본도 '無氣與形'으로 되어 있다.

427 太極生兩儀~三十二生六十四卦: 『居業錄』「經典」에 있는 구절을 그대로 인용한 것이다.

言, 此乃文章之權例也.[430] 文之流曰, 書·奏·說·策·辨·論·解·錄·傳·序·記·跋也. 詩之流曰, 賦·頌·銘·贊·誄·箴·行·吟·題·怨·嘆·篇·操·引·謠·謳·歌·曲·詞·調也. 三言始於夏侯湛,[431] 四言始於帝庸作歌,[432] 五言始於蘇李,[433] 六言始於谷永,[434] 七

---

428 垓下之歌: 해하에서 한나라 유방에게 포위되었을 때 초나라 항우가 죽음을 앞두고 지어 부른 노래. "力拔山兮氣蓋世 時不利兮騶不逝 騶不逝兮可奈何 虞兮虞兮奈若何(힘은 산을 뽑고 기운은 세상을 뒤덮었으나 때가 이롭지 못하여 오추마가 나아가지 않네. 오추마가 나아가지 않으니 어찌할까? 우미인아! 우미인아! 그대를 어찌할까?)"

429 煮豆之詩: 조식이 형 조비의 명을 받고 즉석에서 지은 시. 七步詩라고도 불린다. "煮豆燃豆萁 豆在釜中泣 本是同根生 相煎何太急(콩대를 태워 콩을 삶으니 콩은 가마솥 안에서 우는구나. 본디 같은 뿌리에서 태어났거늘 서로 삶아 대기를 어찌 이리 급히 하는가?)"

430 錢體成圓~此乃文章之權例也: 『談藝錄』에 있는 다음 구절을 활용한 것이다. "夫任用無方 故情文異尚 譬如錢體爲圓 鉤形爲曲 箸則尚直 屛則成方 […] 至於衆工小技 擅巧分門 亦自力限有涯 […] 郊廟之詞莊以嚴 戎兵之詞壯以肅 朝會之詞大以雝 公燕之詞樂而則 […] 樂府雄高 可以厲其氣 離騷 深永可以裨其思 […] 至於垓下之歌 出自流離 煮豆之詩 成於草率 命辭慷慨並自奇工 此則深情素氣 激而成言 詩之權例也(비유하자면 맡겨 쓰는 데는 일정한 방향이 없다. 그래서 정감이 넘치는 시문은 서로 높이 보는 것이 다르다. 비유하자면, 돈의 형태는 원을 이루고 고리는 구부러지며 젓가락은 곧은 것을 높이 치고 병풍은 네모나다. […] 심지어 여러 공인의 작은 기술도 공교함에 부문이 나누어져 있어, 또한 자력으로만 하기에는 한계가 있는 것이다. […] 그러므로 郊祭나 廟祭에서의 글은 웅장하면서 엄숙하고, 군사 관련 말은 씩씩하면서 엄격하다. 임금과 신하가 조회할 때의 말은 크면서 화락하며, 잔치 때의 말은 즐거우면서 법식이 있다. […] 악부는 웅장하고 고결하여 사람의 기운을 끌어올리고, 이소는 깊고 길어서 사람의 뜻을 돕는다. 심지어 해하가는 떠돌다가 지어졌고 자두시는 급박한 상황에서 이루어졌으나 둘 다 공교하며 깊은 정과 본래의 뜻이 표출되어 말을 이루니 이것이야말로 문장이 변통하는 예이다.)" 『옥선몽』의 작가는 전체 구절에서 자신이 필요하다고 생각한 부분만 인용하여 활용하고 있다. 『文章辨體彙選』에도 『담예록』이 실려 있다.

431 夏侯湛: 서진시대의 문장가. 『진서』「열전」〈夏侯湛〉에 "字孝若 譙國譙人也 祖威 魏兗州刺史 父莊 淮南太守 湛幼有盛才 文章宏富 善構新詞 而美容觀 與潘岳友善 每行止同輿接茵 京都謂之連璧(자는 효약. 초국 초 땅 사람이다. 조부 위는 위나라 연주 자사였고, 아버지 장은 회남태수를 지냈다. 하후담은 어려서부터 재주가 많았고 문장도 넓고 풍부하여 새로운 글을 잘 엮었다. 용모도 아름다워 반악과 우정이 깊어 매번 다닐 때는 수레를 같이 타고 머물 때는 자리를 함께하여 도성 사람들이 '연벽'이라고 했다.)"이라는 구절이 있다.

432 帝庸作歌: 순임금이 지어 불렀다는 노래. 『서경』「虞書」〈益稷〉에 "帝庸作歌曰 勅天之命 惟時惟幾 乃歌曰 股肱喜哉 元首起哉 百工熙哉(순임금이 노래를 지었다. '하늘의 명을 경계하되 오직 때로 하며 기미로 할 것이다.' 이에 노래했다. '좌우 보필하는 신하가 기뻐하면 제왕이 일어나고 모든 일이 빛나리라.')"라는 구절이 있다.

433 蘇李: 前漢 때의 蘇武와 李陵을 지칭한다. 『事文類聚』「別集 문장부」〈詩 上〉에 "五言之始 李陵與蘇武云 攜手上河梁 遊子暮何之詩 五言自陵始(오언시의 시초는 이릉이 소무에게 준 '손을 잡고 다리에 오르니 날 저무는데 나그네는 어디로 가려는가?'라고 한 시이니 오언시는 이릉

46

言始於栢梁,[435] 九言始於高貴鄕公,[436] 四六起於王駱,[437] 名分一本, 體有萬

에게서 시작되었다.)"라는 구절이 있다. 『한서』「열전」〈소무전〉에 "初 武與李陵俱爲侍中 武使匈奴明年 陵降不敢求武 […] 武曰 武父子亡功德 皆爲陛下所成就 […] 常願肝腦塗地 今得殺身自效 雖蒙斧鉞湯鑊 誠甘樂之 臣事君猶子事父也 子爲父死亡所恨 願勿復再言 陵與武飮數日 復曰 子卿壹聽陵言 武曰 自分已死久矣 王必欲降武 請畢今日之驩 效死於前 陵見其至誠 喟然歎曰 嗟乎, 義士! 陵與衛律之罪上通於天. 因泣下霑衿, 與武決去(처음에 소무와 이릉은 함께 시중 벼슬이었다. 소무가 흉노로 사신 간 이듬해에 항복한 이릉은 소무를 찾지 못했다. […] 소무가 대답했다. '우리 부자는 공덕이 없는데도 모두 폐하로 인하여 성취했습니다. […] 항상 (폐하를 위하여) 간과 뇌를 땅바닥에 으깨어 죽기를 원했습니다. 지금 죽어 충성을 다한다면 도끼에 맞거나 솥에 삶아진다고 해도 진실로 달고 즐겁게 여길 것이오. 신하가 임금을 섬기는 것은 자식이 아버지를 섬기는 것과 같습니다. 자식이 아버지를 위하여 죽으면 한 되는 것이 없습니다. 다시 두 번 말하지 않기를 바랍니다.' 이릉이 소무와 함께 여러 날 술을 마시고는 다시 말했다. '자경(소무의 자)은 내 말을 한 번만 더 들어보십시오.' 소무가 말했다. '나는 이미 오래전에 죽었습니다. 흉노의 왕이 반드시 나를 투항시키려고 한다면 오늘 술 마시는 즐거움이 끝나면 앞에서 죽을 것이오.' 이릉이 그 지극한 마음을 보고 길게 탄식하며 말했다. '아, 의로운 사람! 나 이릉과 위율의 죄는 이미 하늘까지 닿았습니다.' 인하여 울어 눈물로 자신의 옷소매를 적시며 소무와 이별하고 갔다.)"라는 내용이 있다.

434 谷永: 전한의 문인으로 元帝 건소 연간에 태상승에 올랐고, 북지 태수 등을 거쳐 대사농을 역임했다.

435 栢梁: 백량대. 전한 武帝가 자신이 축조한 백량대에서 신하들에게 칠언시를 짓게 했는데, 이를 백량시라고 한다. 『玉海』「宮室」〈한백량대〉에 "武紀 元鼎二年春起栢梁臺[漢武舊事曰 以香栢爲梁 香聞數十里] 古文苑 漢武帝元封三年 作栢梁臺 詔羣臣二千石 有能爲七言詩者 乃得上座 帝曰 日月星辰和四時 自梁王以下 作詩者二十五人[所紀之年不同 盖臺建於元鼎而賦詩乃元封也](「무제본기」에서는 '원정 2년 봄에 백량대를 세웠다.'라고 했다.[『한무구사』에서 말했다. 향백으로 대들보를 만들었기에 10리 떨어진 곳에서도 향기가 났다.] 『고문원』에서는 '한나라 무제 원봉 3년에 백량대를 짓고 이천석(한나라 관리의 등급과 급여) 이상의 군신을 조칙을 내려 불렀는데, 칠언시를 지을 수 있는 사람만 상석에 앉았다. 무제가 시를 지었다. '해와 달과 별에 사계절이 화평하네.' 양왕으로부터 시를 지은 자가 25명이다.[기록된 연도가 같지 않다. 백량대는 원정 연간에 건립되었는데 시를 지은 시기는 원봉 연간이다.])"라는 기록이 있다.

436 高貴鄕公: 魏나라 황제 曹髦. 『詩人玉屑』「詩體 上」에 "風雅頌既亡 一變而爲離騷 再變而爲西漢五言 三變而爲歌行雜體 四變而爲沈宋律詩 五言起於李陵蘇武 或云枚乘 七言起於漢武柏梁 四言起於漢楚王傅韋孟 六言起於漢司農谷永 三言起於晉夏侯湛 九言起於高貴鄕公(풍, 아, 송의 『시경』이 없어진 후 한 번 변하여 이소, 즉 초사가 되었고, 두 번 변하여 전한시대의 오언시가 되었으며, 세 번 변하여 가행과 잡체가 되었고, 네 번 변하여 沈佺期와 宋之問의 율시가 되었다. 오언시는 이릉과 소무 혹은 매승에서 시작되었고, 칠언시는 한나라 무제가 자신이 지은 백량대에서 신하들에게 시를 짓게 한 데서 시작되었으며, 사언시는 하나라·초나라 시기에 왕부 벼슬을 한 위맹에게서 시작되었고, 육언시는 중국 한나라의 문인으로 대사농 벼슬을 한 곡영에게서 시작되었으며, 삼언시는 서진시대의 문장가 하후담에게서 시작되었고, 구언시는 고귀향공으로 불렸던 위나라 임금 조모에게서 시작되었다.)"이라는 구절이 있다. 『옥선몽』에서는 '四言起於漢楚王傅韋孟' 대신에 '四言始於帝庸作歌'라고 하고 있다. 『사문유취』「별집

殊, 故詩言志而綺靡, 賦陳事而瀏亮, 碑叙德而文質相半, 誄陳哀而悽惋爲主, 銘以示後, 故博約而溫潤, 箴以陳戒, 故頓挫而淸壯, 頌彬蔚而褒述功德, 論精微而評議得失, 奏體平徹而閒雅, 說體偉煒而譎誑,[438] 辨者辨其是非, 善於分析, 解者解其疑惑, 而貴於明白, 錄者所以條列事實, 傳者所以歷叙名蹟, 贊以美其儀範, 序以宣其志意, 記貴簡練而述其觀覽, 跋貴古奇而評其著述, 策經綸而貴激昂, 書信息而致情曲. 其餘各體, 區分而類別者, 莫不有柯則, 而若夫詩者, 百文宗萬物之戶也,[439] 故有離合[440]回文,[441] 建除[442]六甲,[443] 藁砧[444]雜

문장부」〈詩 上〉에 "四言之始 帝庸作歌曰(사언시의 시작, 순임금이 노래를 지어 불렀다.)"이라는 구절이 있다.

437 王駱: 당나라 초기 문인 王勃과 駱賓王을 지칭한다. 楊炯, 盧照隣과 함께 초당 4걸로 불린 당나라 초기의 대표적인 시인이다. 이들은 모두 사륙변려문으로 유명했는데, 특히 왕발의 〈滕王閣序〉가 명문으로 꼽힌다.

438 詩言志而綺靡~說體偉煒而譎誑: 진나라의 문장가 陸機의『文賦』에 있는 "詩緣情而綺靡 賦體物而瀏亮 碑披文以相質 誄纏綿而淒愴 銘博約而溫潤 箴頓挫而淸壯 頌優游以彬蔚 論精微而朗暢 奏平徹以閒雅 說煒曄而譎誑(시는 정에 인연하되 화려하고, 부는 사물을 진술하되 맑고 밝으며, 비는 문식을 하지만 질박하고, 뇌는 슬프고 괴롭지만 처량하다. 명은 넓은 내용에 언어는 간략하나 온화하고 윤택하다. 잠은 어조를 바꾸나 청신하고 웅장하다. 송은 여유롭지만 빛나고 무성하다. 논은 정밀하여 분명하다. 주는 투철하여 품위가 있다. 설은 훌륭하면서도 속임이 있다.)"이라는 구절을 변용한 것이다.

439 若夫詩者 百文宗萬物之戶也:『예문유취』「잡문부」〈詩〉에 "詩含神霧曰 詩者 天地之心 君德之祖 百福之宗 萬物之戶也(『시함신무』에서 말했다. '시는 천지의 마음이며 임금 덕의 근본이요, 온갖 복의 으뜸이며 만물이 통하는 문이다.')"라는 구절이 있다.

440 離合: 雜體詩의 하나로 시구의 일정한 글자를 파자한 다음 다시 합성하여 의미를 전달하는 형식이다.『淵鑑類函』「文學部」〈詩五〉에 있는 다음의 작품을 예로 들 수 있다. "後漢孔融離合郡姓名詩曰 漁父屈節水潛匿方[離魚字] 與時進止出行施張[離日字魚日合成魯] 呂公磯釣闔口渭旁離[口字] 九域有聖無土不王[離或字 口或合成國] 好是正直女回予匡[離子字] 海外有截隼逝鷹揚當離乙字[恐古文與今文或有不同 合成孔也] 六翮將奮羽儀未張[離鬲字] 龍蛇之蟄俾也可忘[離虫字合成融] 玫琁隱曜美玉韜光[去玉成文 不須合] 無名無譽放言深藏[離與字] 按轡安行誰謂路長[離才字合成擧](후한 때 공융이 〈이합군성명시〉에서 읊었다. '어부처럼 뜻을 굽혀 잠시 물가에서 살며 곧은 성품 숨겼다가[漁에서 魚를 떼어낸다] 때를 보아 진퇴를 결정하되 나가게 되면 주장을 실천하여 펼치겠지만[時에서 日을 떼어낸다. 日과 魚를 합하면 魯가 된다.] 강태공 여상처럼 바위에서 낚시하며 위수 가에서 입 닫고 있으리.[呂에서 口를 떼어낸다.] 세상에 성인이 나고 왕이 없는 땅이 없으리니[域에서 或을 떼어낸다. 口와 或을 합치면 國이 된다.] 나는 정직함을 사랑하니 네가 나쁜 짓을 하면 나는 바로잡으리라.[好에서 子를 떼어낸다.] 나라 밖이 정돈되니 준응(隼鷹: 매)이 날아오르네.[截에서 乙을 떼어낸다. 아마도 옛 문자와 지금의 문자가 다른 듯하다. 子와 乙을 합치면 孔이 된다.] 날개를 펼치려 하나 아직 펴지 못했으니[翮에서 鬲을 떼어낸다.] 동면하는 용과 뱀처럼 잊힌 사람이 되겠나.[蛇

에서 虫을 떼어낸다. 鬲과 虫을 합치면 融이 된다.] 아름다운 옥이 빛을 숨기듯[玟에서 玉을 없애면 文이 된다. 꼭 맞지는 않는다.] 명리와 명예를 구하지 않고 깊이 숨어 마음껏 말하리라.[譽에서 與를 떼어낸다.] 말고삐 잡아 세우며 천천히 가니 누가 길이 멀다고 하겠는가?[按에서 才를 떼어낸다. 與와 才를 합치면 擧가 된다.])"

441 回文: 시문을 앞에서 읽어도 거꾸로 읽어도 모두 뜻이 통하게 하는 형식이다.『동파시집주』「제영 하」〈題織錦圖上回文三首〉의 제목 아래 "回文詩 起於竇滔妻蘇氏於錦上織成之 蓋順讀與倒讀 皆成詩句也 第二篇千字錦 第三篇回文錦 皆用此事 蓋晉書列女傳 竇滔 苻堅時爲秦州刺史 被徙流沙 蘇氏思之 織錦爲回文旋圖詩以贈滔 宛轉循環以讀之 詞甚悽惋 凡八百四十字 文多不録也(회문시는 두도의 아내 소씨가 비단에 짜서 완성했다. 대개 순서대로 읽어도 거꾸로 읽어도 모두 시구를 완성한다. 제2수의 '천자금', 제3수의 '화문금' 어휘는 모두 이 일을 활용한 것이다. 대개『진서』「열녀전」에 '두도는 5호16국 가운데 前秦의 제3대 임금인 부견 때에 진주 자사였다가 사막 지역으로 유배 가게 되었다. 소씨는 사모하여, 비단으로 수를 놓아 〈회문선도시〉를 만들어 두도에게 주며 천천히 돌려 가며 읽게 했다. 글이 매우 처량했는데 모두 840자였다. 글이 길어 적지는 않는다.)"라는 주석이 있다. 〈제직금도상회문삼수〉의 제1수는 "春晩落花餘碧草 夜涼低月半枯桐 人隨遠鴈邊城暮 雨映疎簾繡閣空(봄이 늦어 꽃은 지고 푸른 풀만 남았는데 차가운 밤 달은 오동나무에 반쯤 걸려 있네. 사람은 멀리 날아가는 기러기 따라가니 변성에 해 저물고 성긴 발에 비 뿌리니 화려한 누각은 텅 비었네.)"인데 거꾸로 읽으면 "空閣繡簾疏映雨 暮城邊雁遠隨人 桐梧半月低涼夜 草碧餘花落晩春(빈 누각 수놓은 발에 드문드문 빗방울 비추는데 늦은 저문 성 하늘가 기러기는 멀리 사람을 따라가네. 오동나무에 반달이 나지막하게 비치는 서늘한 밤에 풀은 짙푸른데 남은 꽃이 늦봄에 떨어지네.)"이 된다.

442 建除: 고대 방술가들이 길흉화복의 글자와 연결하여 배열한 天文 12辰에 해당하는 建, 除, 滿, 平, 定, 執, 破, 危, 成, 收, 開, 閉 글자를 넣어 지은 시이다. 맨 앞 두 글자를 따서 건제체 또는 건제시라고 한다.『시인옥설』「詩體 上」"至於建除"라는 구절에 "鮑明遠有建除詩 詩每句首冠以建除平滿等字 其詩雖佳 蓋鮑本工詩 非因建除之體而佳也(포명원이 건제시를 지었다. 그 시는 매 구의 맨 앞이 '건제만평' 등의 글자로 되어 있다. 그 시가 비록 아름답지만, 포명원이 본래 시를 잘 지어서 그런 것이지 건제의 체이기 때문에 아름다운 것은 아니다.)"라는 주석이 있다. 이 시는 모두 24구이며, 작품의 일부는 다음과 같다. "建旗出燉煌 西討屬國羌 除去徒與騎 戰車羅萬箱 滿山又填谷 投鞍合營牆 平原亙千里 旗鼓轉相望 [⋯] 開壤襲朱紱 左右佩金章 閉帷草太玄 茲事殆愚狂(깃발 세우고 돈황을 나서 서쪽으로 속국 강을 토벌하니 군사 무리와 기병 외에도 전차가 만 량이네. 산에 가득하고 골을 메우며 말 안장을 던져 병영의 담장을 만들 정도라네. 넓은 평원 천여 리에 걸쳐 깃발과 북이 서로 돌며 바라보네. [⋯] 땅을 개척하여 그 공으로 붉은 인끈을 받고 좌우에 금장을 차네. 장막을 닫고『초현』이나 쓰는 것은 그때는 자못 어리석고 미친 짓이었네.)"

443 六甲: 육십갑자를 운자로 사용하여 짓는 詩體.『예문유취』「잡문부」〈시〉에 "陳沈炯 [⋯] 又六甲詩曰 甲拆開衆果 萬物具敷榮 乙飛上危幕 雀乳出空城 [⋯] 癸巳空施位 詎以召幽貞(진나라 시인 심형은 [⋯] 또한 육갑시를 지었다. '초목이 싹을 틔워 여러 과일이 열리니 만물이 활짝 피었네. 새는 높은 장막 위로 날고 참새는 빈 성에서 나와 새끼를 먹이네. [⋯] 헤아려 보니 자리가 이미 비었거늘 어찌 그윽한 정을 불러내리?)"이라는 기록이 있다.

444 藁砧: 古樂府詩 〈藁砧今何在〉의 처음 두 글자를 따 명명한 시체로 隱語와 僻辭를 사용한다.『예문유취』「잡문부」〈시〉에 "齊王融 [⋯] 藁砧詩曰 藁砧今何在 山上復有山 何當大刀頭 破鏡飛上天(제나라 시인 왕융은 [⋯] 호침시를 지었다. '볏짚과 다듬잇돌은 지금 어디에 있나? 산 위에 또 산이 있네. 어찌 큰 칼 머리를 감당하리오? 깨진 거울이 날아 하늘로 올라간다.')"이라는 기록이 있다.『요산당외기(堯山堂外記)』「六朝」〈王融〉에 "乃古樂府所載藁砧詩也 藁砧者 砆也 音愶於夫 藁砧今何在者 問夫何在也 山山 出也 大刀頭有環 義取於還 破鏡上天者

組,[445] 謎字[446]卦名,[447] 鍼穴[448]將軍,[449] 鳥獸草木之體,[450] 有平頭 上尾 蜂腰 鶴

言月半當還也 蓋隱語也(곧 고악부에 실려 있는 호침시이다. 호침은 도끼이다. 음이 지아비 夫에 맞다. '볏짚과 다듬잇돌은 지금 어디에 있나?'는 남편이 어디 있는지 묻는 것이다. '산 위에 산이 있다'는 것은 出 자이니, 남편이 이미 나갔다는 말이다. 큰 칼 머리에는 環, 곧 고리가 있다. 돌아올 還에서 뜻을 취한 것이다. '깨진 거울이 하늘로 올라간다.'라는 것은 달이 이지러지는 때이다. 보름이 되면 돌아올 것이라는 말이다. 모두 은어이다.)"라는 기록이 있다. 따라서 시는 "남편은 어디에 있나? 이미 나갔구나. 언제 돌아올까? 달이 이지러지면 오겠지."라는 뜻이 된다. '砆'는 옥을 닮은 돌인데, 다른 문헌에는 '鈇', 곧 도끼로 되어 있다. 『名義考』〈藁椹〉에 "古樂府藁椹謂夫也 古有罪者 席藁伏於椹上 以鈇斬之 言藁椹則兼言鈇矣 鈇與夫同音 故隱語藁椹爲夫也 藁禾稈 椹斫木櫍 俗作砧 鈇斧也(고악부의 호침은 지아비를 말한다. 옛날에 죄 지은 자는 볏짚 자리를 깔고 받치는 나무인 모탕에 엎드리게 한 후 도끼로 베어 버렸으므로 고침이라고 말하는 것은 도끼를 함께 말하는 것이다. 그런데 도끼 '鈇'와 지아비 '夫'는 음이 같다. 그러므로 은어로 '고침'을 지아비라고 한다. 고는 볏짚이고, 침은 나무를 벨 때 받치는 것이다. 세상에서는 '砧'으로 쓰는데, 이는 도끼라는 뜻이다.)"라는 설명이 있다.

445 雜組: 五雜組詩. 옛 악부(樂府)의 이름. 3언6구 여섯을 한 수로 하고, 머리 구로 제목을 삼는다. 후대 사람들이 모방하여 지으면서 하나의 시체가 되었다. 『예문유취』「잡문부」〈시〉에 "又古五雜組詩曰 五雜組 岡頭草 往復還 車馬道 不獲已 人將老 又代五雜組詩曰(또한 옛 오잡조시가 있다. '제사 음식을 담는 제기처럼 산마루에는 풀이 가득. 수레와 말이 다니는 길에는 갔다가 다시 오곤 하는데, 어쩔 수 없이 사람은 늙어만 가는구나.' 제나라 왕융이 또한 '대오잡조시'를 지었다.)"이라는 구절이 있다.

446 謎字: 詩謎. 시구를 이용하여 수수께끼를 만드는 시. 洪邁의 『夷堅甲志』〈시미〉에 "元祐間 士大夫好事者 取達官姓名爲詩謎 如雪天晴色見虹蜺 千里江山遇帝畿 天子手中朝白玉 秀才不肯著麻衣 謂韓公絳 馮公京 王公珪 曾公布(송 원우 연간에 사대부 가운데 호사가들은 높은 관직에 있는 사람의 이름으로, '눈 내린 하늘이 맑게 개니 무지개가 나타나고, 천리 강산은 경기 지역에 이르렀네. 천자의 손에는 조회할 때의 백옥이 있고, 뛰어난 인재는 삼베옷 입기를 꺼리지 않네'와 같은 '시미'를 지었다. 이는 한강, 풍경, 왕규, 증포를 이르는 것이다.)"라는 기록이 있다.

447 卦名: 卦名詩. 『주역』의 괘 명칭을 구에 넣어 짓는 시. 『예문유취』「잡문부, 〈시〉에 "梁簡文帝卦名詩曰 櫛比園花滿 徑復水流新 […] 蓮舟雖未濟 分密已同人(양나라 2대 임금 간문제 소강이 괘명시를 지었다. '즐비한 동산에 꽃이 가득하고 갔다가 오는 물은 새롭게 흐르네. […] 연꽃 장식 배가 비록 아직 건너지 못했으나 교분이 친밀하여 이미 한 사람이 되었네.')"이라는 시가 있다. 여기에서 比, 復, 未濟, 同人은 모두 괘의 명칭이다.

448 鍼穴: 鍼穴名詩. 침과 뜸, 경혈의 위치와 명칭 등으로 읊은 시. 『예문유취』「잡문부」〈시〉에 "梁元帝 […] 又鍼穴名詩曰 金推五百里 日晩唱歸來 […] 下關那早閉 人迎已復開(양 원제 소역이 […] 또한 침혈명시를 지었다. '서쪽 5백 리에 날이 저물어 노래 부르며 돌아오네. […] 하관이 그렇게 일찍 닫더니 사람들이 맞이하니 이미 다시 열리네.')"라는 시가 있다. 여기서 五里, 歸來, 下關, 人迎은 모두 혈 이름이다.

449 將軍: 將軍名詩. 장군의 이름으로 짓는 시. 『예문유취』「잡문부」〈시〉에 "梁元帝 […] 又將軍名詩曰 虎旅皆成陣 龍騎盡能陏 鳴鞭俱破虜 決勝往長楡 […] 度河還自許 偏與功名俱(양 원제가 […] 또 장군명시에 호려가 모두 진을 이뤘으나 용기가 능히 찢을 수 있네. 채찍을 울리며 파로와 함께하니 결승은 장유로 가네. […] 도하가 자력으로 돌아오니 오로지 공명이 갖추어지네.)"라는 시가 있다. 虎旅, 龍騎, 破虜, 決勝, 渡河 등은 모두 장군 이름이다.

膝 大韻 小

47

韻 旁細[451] 正紐之病,[452] 有正名 同類 連珠 雙聲 連綿 雙擬 扇格 回文 隔句

---

450 鳥獸草木之體: 새나 짐승, 풀, 나무의 이름으로 짓는 시체. 『예문유취』「잡문부」, 〈시〉에 다음의 기록이 있다. "梁元帝 [···] 鳥名詩曰 方舟去鵁鶄 鶂引欲相要 晨鳧移去舸 飛鶩動歸橈 [···] 復聞朱鷺曲 鉦管雜迴潮 又獸名詩曰 豹韜求祕術 虎略選良臣 水涉黃牛浦 山過白馬津 [···] 王孫及公子 熊席復橫陳 [···] 又樹名詩曰 趙李競追隨 輕杉露弱枝 杏梁始東照 柘火未西馳 [···] 逢君桂枝馬 車下覓新知 又草名詩曰 胡王迎娉主 塗經薊北遊 金錢買含笑 銀釭影梳頭 [···] 況度蒲昌海 落月似懸鉤(양 원제가 [···] 새 이름으로 조명시를 지었다. '방주가 지작 새를 떠나니 고니가 이끌어 서로 보려 하네. 신부 새는 큰 배에서 옮겨 가고 나는 제비는 노 저어 돌아오는 대로 움직이네. [···] 다시 붉은 해오라기 곡조(주로곡)를 들으니, 징과 피리 소리 섞여 사라졌다 다시 들리네.' 또한 짐승 이름으로 수명시를 지었다. '육도삼략의 표도에서 비술을 구하고 호랑이의 지략으로 어진 신하를 고른다. 물로는 황우포를 건너고 산으로는 백마진을 지난다. [···] 왕손(사자를 가리킨다)과 공자가 곰 가죽 자리에 다시 비스듬히 눕네.' 또한 나무 이름으로 수명시를 지었다. '열매 맺지 않는 오얏이 다투어 따르니 가벼운 옷깃에 여린 가지 드러난다. 은행나무 대들보는 동으로 비추는데 늦여름에 쓰는 산뽕나무 불은 아직 서쪽으로 전해지지 않았네. [···] 계수나무 가지 아래에서 말을 탄 그대를 만나 수레 아래에서 새로운 사람을 찾네.' 또한 풀 이름으로 초명시를 지었다. '호왕(왕은 조개풀인 왕추(王芻)를 가리킨다)이 아름다운 군주를 맞아 계북(계는 엉겅퀴)을 지나 노니네. 돈(금전화)으로 막 핀 꽃(함소화)을 사니 은등잔은 빗은 머리를 비춘다. [···] 때마침 창포 바다를 건너는데 지는 달은 고리에 걸린(현구자) 듯하구나.')"라는 기록이 있다.

451 旁細: '旁紐'의 오기. 인용 원전과 서강대본에는 모두 '旁紐'로 되어 있다.

452 有平頭~正紐之病: 『사문유취』「고금문집」〈雜著〉"詩有八病"에 李淑의 『詩苑』을 인용하면서 "梁沈約曰 詩病有八 一曰平頭[第一第二字不得與第六第七字同聲···] 二曰上尾[謂第五字不可與第十字同聲···] 三曰蜂腰[謂第二字不得與第五字同聲···] 四曰鶴膝[謂第五字不得與第十字同聲···] 五曰大韻[如聲鳴爲韻 上九字不得用驚傾平字] 六曰小韻[除本韻一字外 九字中不得兩字同韻···] 七曰旁紐 八曰正紐[謂十字內兩字雙聲爲正紐 若不共一字而有雙聲爲旁紐 如流六爲正紐 流柳爲旁紐] 八種唯上尾鶴膝最忌 餘病亦通(양나라 심약이 말했다. '시에는 여덟 가지 병폐가 있다. 첫째, 평두이다.[첫째 둘째 자가 여섯째 일곱째 자와 같은 소리여서는 안 되는 것을 말한다.···] 둘째, 상미이다.[다섯째 자가 열째 자와 같은 소리여서는 안 되는 것을 말한다.···] 셋째 봉요이다.[둘째 자가 다섯째 자와 같은 소리여서는 안 되는 것을 말한다.···] 넷째, 학슬이다.[다섯째 자가 열째 자와 같은 소리여서는 안 되는 것을 말한다.···] 다섯째, 대운이다.[만약 聲, 鳴을 운자로 하면 앞의 아홉 글자에는 驚, 傾, 平 자를 쓰지 않는다.] 여섯째, 소운이다.[본 운자 한 글자를 제외하고 나머지 아홉 글자 가운데 두 글자를 같은 운으로 쓰지 않는다.···] 일곱째는 방뉴이고, 여덟째는 정뉴이다.[열 글자 안에 두 글자의 발음에서 최초의 자음이 같은 쌍성일 경우, 정뉴가 된다. 한 글자는 아니지만 쌍성인 경우, 방뉴가 된다. 流와 六은 정뉴이고, 流와 柳는 방뉴이다.] 여덟 개에서 오직 상미와 학슬을 가장 꺼려야 하지만, 나머지 병폐도 또한 그렇다.)"이라고 기록하고 있다.

響字之對,[453] 詠造化, 則陰陽失其權衡, 詠山河, 則流峙失其標格, 詠物色, 則

453 有正名~響字之對: 『사문유취』「고금문집」〈잡저〉에서 이숙의 『시원』을 인용하면서 "唐上官儀曰 詩有六對 一曰正名對 天地日月是也 二曰 同類對 花葉草芽是也 三曰 連珠對 蕭蕭赫赫是也 四曰 雙聲對 黃槐綠柳是也 五曰 疊韻對 彷徨放曠是也 六曰 雙擬對 春樹秋池是也 又曰 詩有八對 一曰的名對 送酒東南去 迎琴西北來是也 二曰 異類對 風織池間樹 蟲穿葉上文是也 三曰 雙聲對 秋露香佳菊 春風馥麗蘭是也 四曰 疊韻對 放蕩千般意 遷延一箇心是也 五曰連綿對 殘河若帶 秋月如眉是也 六曰 雙擬對 議月眉欺月 論花頰勝花是也 七曰 廻文對 情新因意得 意得因情新是也 八曰 隔句對 相思復相思 夜夜淚沾衣 空歎復空歎 朝朝君未歸是也(당나라 시인 상관의가 말했다. '시에는 육대가 있다. 첫째는 정명대이니 '천지일월'처럼 대가 되는 것이 그것이다. 둘째는 동류대이니 '화엽초아'처럼 동일한 화초류를 대로 하는 것이 그것이다. 셋째는 연주대이니 '소소혁혁'처럼 같은 글자를 배치하는 대가 그것이다. 넷째는 쌍성대이니 '황회록류'처럼 초성이 같은 것으로 대를 삼는 것이 그것이다. 다섯째는 첩운대이니 '방황방광'처럼 같은 운자를 대로 삼는 것이 그것이다. 여섯째는 쌍의대이니 '춘수추지'처럼 시간이나 공간 등에서 대가 되는 것이 그것이다.' 또 말했다. '시에는 팔대가 있다. 첫째 적명대이니 '술을 보내 동남으로 가고 거문고 맞아 서북으로 오네.' 같은 것이 그것이다.(동서와 남북이 대가 된다.) 둘째 이류대이니 '바람은 연못 사이 나무를 베 짜듯이 돌고 벌레는 잎사귀 무늬를 뚫어 만드네' 같은 것이다.(풍과 충, 지와 초가 서로 다른 사물이다.) 셋째 쌍성대이니 '가을 이슬은 국화에 향기를 더하고 봄바람은 난초에 향을 더하네.' 같은 것이다.(가국과 여란은 쌍성으로 초성 자음이 같다.) 넷째 첩운대이니 '방탕한 온갖 생각에 천연히 하나의 마음이라.' 같은 것이다.(방탕과 천연은 첩운으로 운자가 같다.) 다섯째 연면대이니 '은하수는 띠와 같고, 가을 달은 눈썹과 같다.' 같은 것이다. 여섯째 쌍의대이니 '달을 말하면서 눈썹은 달을 업신여기고, 꽃을 논하면서 뺨은 꽃보다 아름답네.' 같은 것이다.(한 구에서 같은 글자가 두 번 나오는 것으로 앞의 쌍의대와는 다르다.) 일곱째 회문대이니 '정이 새로워 인하여 뜻을 얻고 뜻을 얻으니 인하여 정이 새롭네.' 같은 것이다.(앞 구를 거꾸로 돌려도 뜻이 통하는 것이다.) 여덟째 격구대이니 '그립고 또 그리워 밤마다 눈물이 옷을 적시네. 헛되게 탄식하고 또 헛되게 탄식하나 아침마다 님은 오지 않네.' 같이 대를 이루는 것이 그것이다.(한 구에 같은 글자를 앞뒤로 쓰면서 1구와 3구, 2구와 4구가 대응하는 방식이다.)"라고 기록한 것을 활용한 것이다. 같은 책의 '扇對格'에서는 "凡詩四句 以第一句對第三句 第二句對第四句 謂之扇格 蓋出於白氏金針 然至梅聖俞作續金針 引前人詩云 昔時花下留連飮 暖日夭桃鶯亂吟 今日江邊容易別 淡煙衰草馬嘶頻(대저 4구 시에서 1구와 3구, 2구와 4구가 대를 이르는 것을 선격이라고 한다. 대개 백낙천의 『金針詩格』에서 시작되었다. 그런데 梅堯臣(성유는 字)이 『속금침시격』을 지으면서 앞사람의 시를 인용하며 말했다. '옛날에는 꽃 아래에 머물러 술 마시니 따뜻한 날 복숭아나무에서 앵무새는 어지러이 울더니 오늘은 강변에서 쉬 이별하니 엷은 연기 속 시든 풀에 말이 자주 울어댄다.')"이라고 하고 있다. 또한 『시인옥설』「命意」〈造語〉 '響字'에 "潘邠老云 七言詩第五字要響 如返照入江翻石壁 歸雲擁樹失山村 翻字失字是響字也 五言詩第三字要響 如圓荷浮小葉 細麥落輕花 浮字落字是響字也 所謂響者 致力處也 予竊以爲字當活 活則字字自響(반대림(빈로는 字)이 말했다. '칠언시에서는 다섯째 글자에 울림이 있어야 하니, '강물에 비친 석양 절벽에 번쩍이고 저녁 구름 나무를 덮고 산촌을 가린다.' 같은 시에서는 翻과 失 자가 향자이다. 오언시에서는 셋째 글자에 울림이 있어야 하니 '둥근 연꽃잎은 작은 잎을 띄우고, 가는 보리는 가벼운 꽃을 떨구네.' 같은 시에서는 浮와 落 자가 향자이다. 이른바 향은 힘을 다해야 하는 곳이다.' 내가 가만히 생각해 보니 글자는 마땅히 살아 있어야 한다. 살아 있으면 글자마다 스스로 울림이 있게 될 것이다.)"이라는 글이 있다.

歲功失其運用. 方其吟詠鼓舞之際, 情隱於未抉, 思泯於未抽, 怔怔忰忰, 繹而未形, 翳翳軋軋, 感而未通, 收視反聽, 涵慮定情, 雷霆震之而不懼, 魑魅促之而不驚, 及其精與物構, 形與神通, 拈而成句, 屬而成章,[454] 籠天地於形內, 挫萬物於筆端,[455] 斂情於無間, 而人不病其拘, 放情於六合, 而人不責其蕩,[456] 壯哉! 文垣之氣帥也, 豈可以淺見庸舌客, 易說去哉? 且夫書法屢變, 其體不一, 周禮保氏, 有六書之灋, 一曰象形, 二曰指事, 三曰諧聲, 四曰會意, 五曰轉注, 六曰假借也. 自蒼頡鳥跡書降, 凡五變, 曰古文, 曰籒,

48

曰篆, 曰隸, 曰草,[457] 散出爲各種體格, 曰種[458]鼎篆·科斗篆·獜書·龍書·垂

---

454 詠造化~屬而成章: 『明文海』「論癸」〈躭詩論〉에 있는 "方其思而未得之時 情隱於未抉 思泯於未抽 [···] 怔怔忰忰 繹而未形 翳翳軋軋 感而未通 收視返聽 瞳瞳朧朧 瞑目涵慮 一志定情 雷霆震之而不懼 魑魅促之而不驚 [···] 及其情與物觸 應與感通 [···] 拈而成句 屬而成章 [···] 詠造化 則收藏顯伏 陰陽失其權衡 詠山河 則峻秀吞吐 流峙失其標格 [···] 詠草木禽獸 則殊形異象 歲功失其運用(바야흐로 생각하여도 얻을 수 없을 때는 정은 은밀하여 드러나지 않고, 생각은 사라져 나오지 않는다. [···] 넋이 나간 듯 답답한 듯 풀어내려 해도 형언할 수 없어, 흐릿하고 몽롱하여 느껴지나 통하지 않습니다. 눈을 감고 귀를 기울여 생각에 잠긴 채 뜻을 하나로 하여 마음을 진정하면 벼락이 내리쳐도 두렵지 않고 귀신이 재촉해도 놀라지 않는다. [···] 그 정과 사물이 닿는 데에 이르면 응함이 느낌과 통하게 되어 [···] 손에 잡힐 듯 한 구를 이루며, 구가 이어져 장을 이룬다. [···] 조화를 읊으면 수장한 것이 드러나거나 숨어 음양이 중심을 잃고, 산하를 읊으면 빼어난 것이 삼켜지거나 내뱉어져 물과 봉우리가 기품을 잃으며, 초목금수를 읊으면 형상을 이상하게 하여 계절의 순서가 운용하는 것을 잊는다.)"이라는 구절을 활용한 것이다. 원전에는 '영조화(詠造化)' 부분이 뒤에 있다. 〈탐시론〉은 명나라 문인 張治道가 지은 글이다.

455 籠天地於形內 挫萬物於筆端: 서진의 문인 陸機의 〈文賦〉에 나오는 글이다.

456 斂情於無間~人不責其蕩: 『명문해』「논계」〈탐시론〉에 나오는 "若詩者則不然 取於內而無所求 感於外而無所制 斂情於一心而人不病其拘 放情於六合而人不責其蕩(시와 같은 것은 그렇지 않다. 안에서 취하되 구할 것이 없고 밖에서 느끼되 제한이 없다. 한마음에서 정을 모아도 사람들이 그 구애됨을 병으로 여기지 않으며, 천하 사방에서 마음대로 해도 사람들이 그 방탕함을 책망하지 않는다.)"이라는 구절을 활용한 것이다.

457 周禮保氏~曰草: 『山堂肆考』「書法」〈六書〉에 "伏羲氏命朱襄氏造六書 周禮 保氏以六書教國子 一曰象形 二曰指事 三曰諧聲 四曰會意 五曰轉注 六曰假借(복희씨가 주양씨에게 명하여 육서를 만들게 했다. 『주례』에 보씨가 육서로 제후의 아들들을 가르쳤다고 되어 있다. 육서는 상형, 지사, 해성, 회의, 전주, 가차이다.)"라는 구절에 바로 이어진 〈八體〉에 "自蒼頡以降 書

露篆·懸針篆·鵠頭篆·鳳尾篆·印篆·璽篆·奇字篆·飛白篆·瓔珞篆·玉箸篆·倒薤篆·九節篆·垂雲篆等體, 不一其規, 而自小篆, 散而八分【漢王次仲[459]所作】生, 八分破而隸書【秦程邈[460]所作】出, 隸書流而行書作, 行書枉而草書聖,[461] 自隸以下, 盖不足觀也.[462] 歐陽詢[463]八訣[464]云, '丶[주]如高峰墜石, 乙[은]如長空新月, 一[괴]若千里之陣雲, 丨[수]如萬歲之枯藤, ㇏[궐]如嶺松倒折, 落掛絶壁, ㇇[급]如萬鈞之弩,[465] ノ[별]如利劒截斷之角, ㇏[불]如一波常三過

凡五變 曰古文 曰籒 曰篆 曰隸 曰草(창힐 이후로 서체는 무릇 다섯 번 변하는데 고문, 주, 전, 예, 초이다)"이라는 구절을 활용한 것이다.

458 種: '鍾'의 오기. 鐘鼎文은 은주시대에 청동기로 만든 鐘과 鼎 등에 적은 銘文이다. 서강대본에는 '鍾'으로 되어 있다.

459 王次仲: 한나라의 서예가로 해서체를 창시했다고 알려져 있다. 『宣和書法』「正書敍論」에 "字法之變 至隸極矣 然猶有古焉 至楷法則無古矣 在漢建初 有王次仲者 始以隸字作楷法 所謂楷法者 今之正書也(글자의 법도 변화는 예서에 이르러 지극했으나 오히려 옛날에 있었던 것이지만 해서법에 이르면 옛날에 없던 것이다. 한나라 건초 연간(76~84)에 왕차중이 처음으로 예서를 가지고 해서법을 만들었으니, 이른바 해서법은 오늘날의 정서이다.)"

460 程邈: 진나라 옥리였던 정막은 예서를 만들었다. 『蒙求集注』「정막예서」에 "秦時始造隸書 起於官獄多事 苟趨省易 施之於徒隸也 […] 或曰秦時下邽人程邈爲衙獄吏 得罪幽系雲陽十年 從獄中作大篆 少者增益 多者損減 方者使員 員者使方 奏之始皇 始皇善之 出以爲御史使定書 或曰 邈所定乃隸字也(진나라 때 처음 예서를 만들었다. 관청의 옥에 일이 많은 데서 시작하여 빠르게 글자를 간략하게 하여 그것을 옥졸들에게 쓰게 했던 것이다. […] 혹자는 말한다. '진나라 때 하규 사람 정막이 관청의 옥리가 되었다가 죄를 짓고 운양의 옥에 갇힌 지 10년에 감옥 안에서 대전을 만들고는 필획이 적은 것은 더하고, 많은 것은 줄이고, 모난 것은 둥글게 하고, 둥근 것은 모나게 하여 진시황에게 아뢰었다. 진시황이 좋게 여겨 옥에서 풀어 주고 어사로 삼아 글을 바로잡게 했다.' 혹자는 말한다. '정막이 바로잡은 것이 예서이다.')"라는 글이 있다.

461 行書枉而草書聖: '行書狂而草書聖'의 오기. 인용 원전과 서강대본 모두 '行書狂而草書聖'으로 되어 있다.

462 自小篆~盖不足觀也: 『山堂肆考』「서법」〈전서〉에 있는 글이다. '盖不足觀也'가 '吾不欲觀'으로 되어 있을 뿐 내용상 차이는 없다.

463 歐陽詢: 당나라 초기 서예가. 『구당서』「열전」〈구양순〉에 "潭州臨湘人 […] 詢初學王羲之書 後更漸變其體 筆力險勁 爲一時之絶 人得其尺牘文字, 咸以爲楷範焉(담주 임상 사람이다. […] 구양순은 처음에는 왕희지의 서법을 학습하다가 후에 점점 글자체가 바뀌고 필력이 날카롭고 매서워져 당대에 가장 빼어난 사람이 되었다. 사람들이 편지글을 얻으면 모두 모범으로 삼았다.)"이라는 글이 있다.

464 八訣: 글자의 점과 획의 여덟 가지 모양에 대해 서술한 구양순의 글.

465 萬鈞之弩: '萬鈞之弩發'의 오기. 인용 원전과 서강대본 모두 '萬鈞之弩發'로 되어 있다.

筆.'[466] 此書法之綱領也. 盖字音有七, 一曰角牙音【皆字·快字之類】, 二曰徵舌音【池字·治字·尼字之類】, 三曰商齒音【之字·齒字·時字之類】, 四曰羽唇音【非字·皮字·眉字之類】, 五曰宮喉音【異字·屎字之類】, 六曰變徵半舌音【梨字之類】, 七曰變宮半喉音【而字之類】也.[467] 音有淸濁, 曰全淸【江字·東字之屬】, 曰次淸【呼字·灰字之屬】, 曰全濁

49

【豪字·在字之屬】, 曰不淸不濁【王字·明字之屬】, 此所以協音律, 而正雅樂者也." 陳繼改容持敬而言曰: "高明之卓見博識, 可謂穎脫不凡, 他日, 廊廟之器, 捨子其誰也?" 遂與數日團話, 罄竭底蘊, 繼甚奇重之. 夢玉拜辭而退, 遂於姑蘇城外吳趨里中, 僦屋居焉, 因欲貫蘇州府而應擧焉. 一日, 夜選得一夢, 身在於千仞絶壁之上, 而荷衣仙女, 從半空中折花戲之. 頃刻閒, 變滅無迹, 一大虫跳出, 深林霄霳之地, 幾不免虎口之災, 忽見阿彌陀佛一聲棒喝, 大虫遁走, 遂魂悸神慑, 怳然而起, 十分駭懼, 莫知吉凶. 仍聞閶門[468]外, 有閻日者, 善於占夢, 明日, 夢玉賚銀一兩, 往問之, 閻公捧腹而語曰: "凡夢有六候, 一曰正夢, 二曰蘁夢, 三曰思夢, 四曰寤夢, 五曰喜夢, 六曰懼夢.[469] 敢問大疋何夢之

466 歐陽詢八訣云~乀[불]如一波常三過筆: 『산당사고』「서법」〈해서〉에 나오는 글이다. '云'은 '謂'로, '高峰墜石'과 '長空新月'은 '高峰之墜石', '長空之新月'로, '絶壁'은 '石崖'로 되어 있으나 내용상 큰 차이는 없다.

467 盖字音有七~七曰變宮半喉音[而字之類]也: 조선 후기 朴性源이 1747년에 지은『華東正音通釋韻考』「범례」에 "五音初聲[五音合二變爲七音] 角[牙音ㄱㅋㆁ] 徵[舌音ㄷㅌㄴ] 變徵[半舌音ㄹ洪武韻作半徵半商] 商[齒音ㅈㅊㅅ] 羽[唇音ㅂㅍㅁ] 宮[喉音ㅇㅎ] 變宮[半喉音ㅿ洪武韻作半商半徵](초성의 오음[오음에 두 가지 변음을 합쳐 칠음이 된다.] 각[아음ㄱㅋㆁ], 징[설음 ㄷㅌㄴ], 변징[반설음 ㄹ홍무운에서는 반징반상], 상[치음 ㅈㅊㅅ], 우[순음 ㅂㅍㅁ], 궁[후음 ㅇㅎ], 변궁[반후흠 △홍무운에서는 반상반징])"이라는 서술이 있다.

468 閶門: 소주성의 서문.

469 凡夢有六候~懼夢: 『열자』「周穆王」에 "覺有八徵 夢有六候 [···] 奚謂六候? 一曰正夢 二曰蘁夢 三曰思夢 四曰寤夢 五曰喜夢 六曰懼夢 此六者 神所交也(깨어 있음에는 여덟 가지 징험이 있고, 꿈을 꾸는 데는 여섯 가지 징후가 있다. [···] 무엇을 여섯 가지 징후라 하는가? 첫째는

欲占也?"

50

夢玉曰: "洛浦之女,[470] 遇之何吉? 董仙之虎,[471] 噬之何凶? 天竺之神,[472] 救之何德? 神其靈矣, 叩之則應, 伏乞感以數通, 勿秘昭未." 閻公曰: "一體之盈虛消息, 皆通於天地, 應於物類, 故陰氣壯則夢夢[473]涉大水而恐懼, 陽氣壯 則夢涉大火而燔焫, 陰陽俱壯 則夢生殺, 甚飽則夢與, 甚飢則夢取, 以浮虛爲疾者, 則夢必揚, 以沈實爲疾者, 則夢必溺. 藉帶而寢則夢蛇, 夢飮酒者憂, 夢歌舞者哭,[474] 是以天道先心而定命, 人事仍物而諏鬼, 大疋之夢, 一喜一懼, 吉凶

평안한 상태에서 꾸는 꿈인 정몽, 둘째는 놀라 깨는 꿈인 오몽, 셋째는 깨어 있을 때 무언가를 생각하다가 꾸는 꿈인 사몽, 넷째는 깨어 있는데 졸려서 꾸는 꿈인 오몽, 다섯째는 즐거운 꿈인 희몽, 여섯째는 무서운 꿈인 구몽이다. 이 여섯 가지는 정신이 교감하는 것이다.)"라는 구절이 있다.『周禮』「春官宗伯」〈占夢〉에서도 6몽을 찾아볼 수 있다.

470 洛浦之女: 曹植이 지은 〈洛神賦〉에 나오는 낙신 宓妃. 사람과 신의 길이 달라 결국 헤어진다는 내용이다. 전몽옥의 꿈에서 사라진 선녀를 가리킨다.

471 董仙之虎:『신선전』〈董奉〉에 다음의 글이 있다. "董奉者 字君異 侯官縣人也 […] 又君異居山間 爲人治病 不取錢物 使人重病愈者 使栽杏五株 輕者一株 如此數年 計得十萬余株 郁然成林 […] 於是杏子大熟 君異於杏林下作簞倉 語時人曰 欲買杏者 不須來報 徑自取之 得將穀一器置倉中 即自往取一器杏云 每有一穀少而取杏多者 即有三四頭虎噬逐之 此人怖懼而走 杏即傾覆 虎乃還去 到家量杏 一如穀少 又有人空往偷杏 虎逐之到其家 乃噛之至死 家人知是偷杏 遂送杏還 叩頭謝過 死者即活(동봉은 자가 군이로 후관현 사람이다. […] 산속에서 살면서 사람들에게 병을 치료해 주며 돈은 받지 않고, 중병에서 나은 자는 살구나무 다섯 그루를, 경증인 자는 한 그루를 심게 했다. 이렇게 몇 년이 지나자 10만여 그루 나무가 무성히 숲을 이루었다. […] 살구가 많이 익자 동봉은 살구나무 숲에 창고를 짓고 사람들에게 말했다. '살구를 사려는 사람은 와서 알릴 필요 없이 스스로 가져가되 곡식 한 그릇을 창고에 놓았으면 한 그릇의 살구를 가져가게 하라.' 매번 곡식은 적게 내고 살구를 많이 가져가는 자가 있으면 바로 범 서너 마리가 물려고 쫓아왔다. 그 사람이 두려워 도망가는데 살구가 기울어져 떨어질 때면 범은 돌아갔다. 집에 오면 살구의 양은 곡식이 부족한 만큼이었다. 또 어떤 사람이 빈손으로 가서 살구를 훔치자, 범이 그 집까지 쫓아가 물어 죽였다. 집안 사람이 살구 훔친 것을 알고 마침내 살구를 돌려보내며 머리를 조아려 사과하면 죽은 자가 곧 살아났다.)" 전몽옥의 꿈에 서술된 '虎口之災'를 가리킨다.

472 天竺之神: 부처. 전몽옥의 꿈에 나타난 아미타불을 가리킨다.

473 夢夢: '夢' 하나의 연문이다. 서강대본에는 '夢'으로 되어 있다.

474 一體之盈虛消息~夢歌舞者哭:『열자』「주목왕」에 나오는 구절이다. 다만 '以浮虛爲疾者' 앞에 '是以'가 있고, '則夢蛇' 뒤에 '飛鳥銜髮則夢飛 將陰夢火 將疾夢食(날아가는 새가 머리털을 물

相牢, 敢不處乩." 乃焚香拂龜, 澄心默禱, 灼文視卦, 遂題繇辭曰:

土耶木耶【杜字】, 金耶帛耶【錦字】, 月蛾叫冤, 花鶯哄禍, 虎苛書地【牢獄】, 鴻厄聞天【上達】, 遇督稍緩, 逢山夬原【都督陳山】.

夢玉曰: "繇辭玄遠難解, 乞師詳細指敎之." 閻公曰: "他日

51

自可曉寤, 不必煩洩天機也." 夢玉拜辭而退, 畢竟夢玉身數何如, 且看下弓分解.

第四弓

引鳳樓綵蘭投牋 蘇州獄錦玉供招

却說, 夢玉占夢而歸, 心甚疑訝, 繇中之辭, 終是曉解不得. 隣居士人杜希卓, 乃蘇州巨富也, 有一女新寡, 貯在一座珠樓而名曰引鳳樓, 與夢玉之家, 檐牙相接, 而不欲富人相交, 故絶不往來, 日而[475]經史爲業矣. 適値九月重陽之節, 菊蘂吐黃, 楓葉流丹, 夢玉方讀書, 爲黃妳所惱, 掩卷而出 散步中, 忽有一孕[476]大雪白菊, 飄粘於衣裾之會, 夢玉以爲爲風句引而來者也, 視之尋常. 俄而, 又有醉楊妃一枝, 落於履綦之背, 夢玉訝其再來, 仰而視之, 則嬋娟一美人, 捲珊瑚簾, 眉[477]淺睡之痕, 微露

면 날아가는 꿈을 꾼다. 날씨가 음산해질 듯하면 불을 꿈꾸고, 병이 나려 할 듯하면 먹는 꿈을 꾼다.)'이라는 구절이 더 있다. '夢飮酒者憂 夢歌舞者哭(술 마시는 꿈을 꾼 사람은 근심이 생기고 춤추는 꿈을 꾼 사람은 통곡하게 된다.)'은 '飮酒者憂 歌舞者哭'으로 되어 있다. 『옥선몽』의 작가가 문맥을 분명히 하기 위해 '夢'을 추가한 것으로 보인다.

475 而: '以'의 오기. 서강대본에는 '以'로 되어 있다.

476 孕: '朶'의 오기. 서강대본에는 '朶'로 되어 있다.

477 眉: 문맥상 '眉帶'가 되어야 한다. 서강대본에는 '眉帶'로 되어 있다.

52

半面, 嫣然一笑, 髣髴太陽昇朝霞, 芙蕖出綠波, 纔都[478]一巡, 便覺令人斷腸, 夢玉猜[479]得這般情緖, 以目送情, 脉脉相視, 而碧落難梯, 白玉無翰, 無以致身於珠樓縹緲之上. 已而, 娘子以碧霞箋一幅投下, 夢玉忙手拾取, 展而視之, 則寫出蝶戀花一闋曰:

幾箇黃昏幾箇曉, 錦瑟絃斷, 芳緣誰誤了

蝶也已去花也老, 化翁新寵妬芳草

悲時苦多懽[480]時少, 此理從古, 甚麿人知道

獨倚珠欄情渺渺, 花也無情蝶也惱

尾附數行玉字云: "今夜寂莫無人之際, 畫樓西畔, 桂堂之東, 有一扇板扇,[481] 板扇之,[482] 有一道金梯, 妾當於此專等, 或可賁趾耶?" 夢玉得此甚喜, 苦待黃昏時候, 覷其無人, 翩然自桂堂之東, 覓一條路, 躡金梯而上, 娘子果於珠簾

53

間等候. 玉燭初張, 繡戶無人, 環視左右, 則紅泥墻壁, 塗以烈椒香桂之津, 沉檀楹桷, 刻以奇禽異獸之狀. 氍[483]壁衣, 耀若彤霞之映日, 白玉屛風, 蕩若銀海之扇風, 竹桄掛墮馬之髻,[484] 價廉千金, 花凳奠金鳳之釵, 貴踰百朋.[485] 鴛鴦

---

478 都: '覩'의 오기. 서강대본에는 '覩'로 되어 있다.

479 猜: '猜'의 오기. 서강대본에는 '猜'로 되어 있다.

480 懽: '歡'의 오기. 서강대본에는 '歡'으로 되어 있다.

481 板扇: '板扉'의 오기. 서강대본에는 '板扉'로 되어 있다.

482 板扇之: '板扉之內'의 오기. 서강대본에는 '板之內'로 되어 있다.

483 氍: '紅氍'의 오기. 서강대본에는 '紅氍'로 되어 있다.

484 墮馬之髻: '髻'는 여인의 머리 장식으로 본래 머리에 더하여 얹었던 다리를 가리키는데, 타마계는 이 중에서도 특히 길게 늘어뜨린 것을 가리킨다. 『성호사설』「萬物門」 〈髻粧〉에 "墮馬者 或是垂至扵騎馬也(타마는 아마도 머리 장식이 타는 말 등에까지 드리워진다는 것인 듯하다.)"라는 설명이 있다.

幷栖, 粲粲角枕之繡, 鳳凰雙飛, 明明玉鏡之匳. 更有一部靑玉案, 案上置烈女傳一卷, 簽以紅玉籤子, 水精筆筒, 揷彤霞金沙牋數幅, 硯以紫龍之卵, 墨以香麝之臍. 五色銅琯之筆, 亂載筆床, 寶猊爐中, 爇鷹嘴之香, 香氣郁烈擁鼻, 令人心目蕩漾, 如入神仙之宮. 娘子見夢玉, 含羞不忍擧頭, 施禮而坐. 夢玉揖而跪曰: "娘子之玉質花容, 決非下界之女子也. 幸有三生之宿緣, 不外窮閭之僑蹤, 致此辱招, 不勝感悚." 娘子愀然歛容而語曰: "妾是杜士人希卓之女, 小名綵菱者也. 家親無他繼嗣, 只有一賤媳,[486] 鍾愛偏重, 年纔十五, 擇婿於秦氏之

54

子矣. 妾有前生未消之厄, 未及于歸, 便遭崩城之痛, 獨守孤樓孀宿, 已二年矣. 賦命旣薄, 恨瓠瓜,[487] 緣未斷,[488] 羨織女之有郎, 鏡裏之孤鸞相吊,[489] 軟腸

485 百朋: 지극히 많은 재물을 비유한다. '朋'은 화폐 단위이다. 『시경』「小雅」〈菁菁者莪〉에 "菁菁者莪 在彼中陵 旣見君子 錫我百朋(무성하고 무성한 쑥이 저 구릉 가운데 있네. 이미 군자를 만나니 나에게 백붕을 주는구나.)"이라는 구절이 있다. 이에 대한 설명에는 "古者 貨貝 五貝爲朋 錫我百朋者 見之而喜 如得重貨之多也(옛날에는 조개(패)를 돈으로 썼다. 5패를 붕이라고 했으니, '나에게 백붕을 주었다는 것'은 만나서 기쁜 것이 마치 중한 재물을 많이 얻음과 같다는 것이다.)"라고 했다. 5패가 '一串', 兩串이 '일붕'이라는 견해도 있다.

486 賤媳: '賤息'의 오기. 서강대본에는 '賤息'으로 되어 있다.

487 恨瓠瓜: '恨瓠瓜之無匹'의 오기. 조식의 〈낙신부〉에 "歎匏瓜之無匹兮 詠牽牛之獨處(짝 없는 포과성을 탄식하고 홀로 있는 견우성을 노래한다.)"라는 구절이 있다. 이에 대해 『六臣註文選』「賦癸」〈낙신부〉에서 그 구절에 "匏瓜星名 獨在河鼓東 故云無匹 牽牛星名 在河之傍 其織女相隔 故云獨處 此惣無伉儷之耦(포과는 별 이름이다. 하고 별 동쪽에 홀로 있기에 짝이 없다고 한 것이다. 견우는 별 이름이다. 은하수 곁에 있으면서 직녀와는 서로 떨어져 있기에 홀로 있다고 한 것이다. 이는 모두 짝이 없다는 것이다.)"라는 주석을 달고 있다.

488 緣未斷: 앞에 '情'이 누락되었다. 서강대본에는 '情緣未斷'으로 되어 있다.

489 鏡裏之孤鸞相吊: 『태평어람』「羽族部 三」〈鸞〉에 "范泰鸞鳥詩序曰 罽賓王結罝峻祁之山 獲一鸞鳥 王甚愛之 欲其鳴而不致也 乃飾以金樊 饗以珍羞 對之逾戚 三年不鳴 夫人曰 聞鳥見其類而後鳴 可懸鏡以映之 王從言 鸞睹影感契 慨焉悲鳴 哀響中霄 一奮而絶(남북조시대 송나라의 문인 범태가 지은 〈난조시〉 서문에서 말했다. '계빈왕이 준기산에 그물을 쳐서 난새 한 마리를 잡았다. 왕이 난새를 매우 아끼며 우는 소리를 듣고 싶어 했으나 그렇게 되지 않았다. 이에 금으로 새장을 장식하고 귀한 먹이를 먹이며 더욱 가까이 대했으나 3년 동안이나 울지 않았다. 부인이 말했다. '새는 무리를 보면 운다고 들었으니 거울을 걸어 자기 모습을 보게 하는 것이 좋겠습니다.' 왕이 그 말대로 했더니 난새가 거울에 비친 모습을 보고 느끼어 슬피 울었다.

寸斷, 琴中之彩鳳無媒, 玉容虛老, 適値金風蕭瑟, 玉樹凋零, 爲釋一段孤愁, 捲簾流目矣. 幸見郎君, 儀範超越, 風流俊俏, 不勝愚惷繾綣之情, 故敢以爛箋一張, 欲屈尊貴之身, 兒女子唐突之罪, 百身難贖, 眞是羞愧欲死耳." 夢玉笑而覺[490]之曰: "人生百年之間, 如鷙鳥之過眼前, 何必拘拘守節義, 虛送春風之顔面乎? 今夜之遇, 若非裵航玉杵之緣,[491] 是綠華玉環之約,[492] 請借紙筆以通愚

애절한 소리가 하늘에 울리는가 싶더니 난새가 한 번 날개를 퍼덕이고 죽었다.')"이라는 글이 있다.

490 覺: 서강대본에는 '寬'으로 되어 있다.

491 裵航玉杵之緣: 『태평광기』「신선 오십」〈裵航〉에 다음과 같은 글이 있다. "唐長慶中 有裵航秀才 因下第遊于鄂渚 […] 覩一女子 […] 航驚怛, 植足而不能去 […] 良久謂嫗曰 向覩小娘子豔麗驚人 […] 願納厚禮而娶之 可乎 嫗曰 渠已許嫁一人 但時未就耳 我今老病 只有此女孫 昨有神仙 遺靈丹一刀圭 但須玉杵臼擣之百日 方可就吞 當得後天而老 君約取此女者 得玉杵臼 吾當與之也 […] 航拜謝曰 願以百日爲期 必攜杵臼而至 更無他許人 嫗曰 然 航恨恨而去 及至京國 殊不以擧事爲意 但於坊曲鬧市喧衢 而高聲訪其玉杵臼 曾無影響 […] 數月餘日 或遇一貨玉老翁曰 近得虢州藥鋪卞老書 云有玉杵臼貨之 郎君懇求如此 此君吾當爲書導達 航媿荷珍重 果獲杵臼 […] 遂步驟獨挈而抵藍橋 昔日嫗大笑曰 有如是信士乎 吾豈愛惜女子而不酬其勞哉(당나라 장경 연간에 배항이라는 서생이 있었는데 과거에 떨어지고 악저에서 노닐고 있었다. […] (배항이) 한 여자(운영)를 보았다. […] 배항이 깜짝 놀라 우두커니 선 채 갈 수가 없었다. […] 한참 후 배항이 노파에게 말했다. '전에 어린 낭자를 보았는데 사람을 놀라게 할 정도로 아름다웠습니다. […] 두터이 사례하고 아내로 맞고 싶은데 되겠습니까?' 노파가 말했다. '그 아이는 이미 어떤 사람에게 시집가게 되어 있으나 아직 가지는 않았습니다. 늙고 병든 나는 이 손녀만 두고 있습니다. 어제 신선이 영험한 단약 한 수저를 주었는데, 반드시 옥절구로 백 일 동안 빻아야 먹고 장수할 수 있습니다. 그대가 내 손녀를 취하기로 약속하고 옥절구를 얻어 오면 손녀를 주겠습니다.' […] 배항이 인사하고 감사하며 말했다. '백 일만 주시면 반드시 절구를 가지고 오겠으니 다른 사람에게는 허락하지 마시기를 바랍니다.' 노파가 말했다. '그렇게 하지요.' 배항이 무척이나 애석해하며 갔다. 서울에 이르러 과거에는 마음을 두지 않고 방방곡곡 도시의 번화한 거리에서 큰 소리로 옥절구만 찾았으나 조금도 반응이 없었다. […] 몇 달 며칠 만에 우연히 옥 파는 노인을 만났는데 (그가) 말했다. '근래에 괵주 땅 약방의 변씨 성을 가진 늙은이가 편지를 보내 옥절구를 판다고 합니다. 낭군께서 이처럼 간절히 구하시니 내가 글을 보내 알리겠습니다.' 배항이 진중하게 감사의 뜻을 표하고 결국 옥절구를 얻었다. […] 빠른 걸음으로 홀로 가지고 가 마침내 남교에 이르렀다. 지난번 노파가 웃으며 말했다. '이처럼 미더운 선비가 있습니까? 내가 어찌 손녀를 아껴 노고에 보답하지 않겠습니까?')"

492 綠華玉環之約: 『태평광기』「女仙 二」〈萼綠華〉에 "萼綠華者 女仙也 年可二十許 上下青衣 顔色絕整 以晉穆帝昇平三年己未十一月十日夜 降於羊權家 自云是南山人 不知何仙也 自此一月輒六過其家 權字道學 […] 綠華云 我本姓楊 又云是九嶷山中得道羅郁也 […] 贈權詩一篇 並火澣布手巾一 金玉條脫各一枚條脫似指環而大 異常精好 […] 授權尸解藥 亦隱景化形而去(악록화는 여선이다. 나이는 20여 세 정도로 위아래로 푸른 옷을 입었으며 얼굴색이 빼어났다. 진나라 목제 승평 3년 기미년(359) 11월 10일 밤에 양권의 집에 내려와 스스로 남산

鄙之誠."

菱娘笑而起, 捧出金沙箋一幅, 與錢郎, 錢郎援筆寫七律一首曰:

獨宿姮娥莫怨天, 忍將玉貌度芳年

非無姜女靡他

55

誓,[493] 其奈張家邂逅緣[494]

款蹙緗裙籠瑞雪,[495] 輕移寶襪襯金蓮[496]

사람이라고 했으나, (양권은) 어떤 신선인지 알지 못했다. 이로부터 한 달에 여섯 번 양권의 집에 들렀다. 양권은 자가 도학이다. […] 악녹화가 자신은 본래 성이 양이라 했고 또 구의산에서 득도한 나욱이라고 했다. […] 양권에게 시 한 편과 화건포 수건 하나, 금옥으로 만든 조탈 하나를 주었다. 조탈은 가락지 비슷하면서 컸는데 비상할 정도로 아름다웠다. […] 양권에게 시해약(몸은 두고 영혼만 빠져나가 신선이 되게 하는 약)을 주니 양권이 변신하여 모습을 감추고 사라졌다.)"라는 글이 있다.

493 姜女靡他誓: 『시경』「鄘風」〈柏舟〉에 "汎彼柏舟 在彼中河 髧彼兩髦 實維我儀 之死矢靡他 母也天只 不諒人只(둥둥 떠 있는 저 잣나무 배여! 황하 가운데에 있도다. 저 다팔머리 드리운 분이시여! 실로 나의 짝이시니 죽을지언정 맹세코 다른 사람에게 가지 않으리라. 하늘 같은 어머님이 이토록 사람 마음 몰라 주시는가?"라는 노래가 있다. 『毛詩』「鄘柏舟詁訓傳」〈국풍 정씨전〉에서는 "柏舟 共姜自誓也 衛世子共伯 蚤死 其妻守義 父母欲奪而嫁之 誓而弗許 故作是詩以絶之(백주는 공강이 스스로 서약한 노래이다. 위나라 세자 공백이 일찍 죽자 그 아내 공강은 의리를 지켜 수절했다. 부모가 뜻을 꺾어 시집보내려고 하자 맹세하고 허락하지 않으며 이 노래를 지어 거절했다.)"라고 설명하고 있다.

494 張家邂逅緣: 원나라 王實甫가 지은 〈西廂記〉의 주인공 장군서가 시련 끝에 종국에는 연인 최앵앵을 다시 만나 혼인하여 사는 것을 가리킨다. 〈서상기〉는 당나라 문인 元稹이 지은 전기소설 〈앵앵전〉을 바탕으로 했다. 〈앵앵전〉은 장생과 최앵앵의 이별을 결말로 삼고 있다.

495 款蹙緗裙籠瑞雪: 『수호전』 81회의 "當下李師師 輕移蓮步 款蹙湘裙 走到客位(그때 이사사가 가볍게 아름다운 발걸음을 옮겨 상 땅에서 난 실로 짠 치마를 입고 천천히 걸어 손님들에게 왔다.)"와 4회의 "金釵斜插 掩映烏雲 翠袖巧裁 輕籠瑞雪(금빛 비녀 비스듬히 꽂아 검은 머리 은은히 비치고, 공교히 재단된 비취빛 옷소매에는 가벼이 흰 피부를 담고 있네.)"이라는 구절에서 따온 것이다. 모두 『수호전』에 등장하는 미녀를 묘사한 글로, 연청이 본 이사사, 노달이 본 김취련의 모습이다.

496 輕移寶襪襯金蓮: 『사문유취』「人倫部」〈미녀〉 '玉奴蓮步'에 "齊東昏侯 有美人潘妃 名玉奴 東昏鑿金爲之花以貼地 令潘妃行其上曰 此步步生蓮花也(제나라의 동혼후에게는 이름이 옥노인 반비라고 하는 미인이 있었다. 동혼후가 황금으로 연꽃을 만들어 땅바닥에 붙이고 반비에게 그 위를 걷게 하고는 말했다. '걸음걸음마다 연꽃이 피어나는구나.')"라는 글이 있다. 『자치통감』 등에도 나온다.

莫教阿玉[497]修孤節, 我是梁家色界仙

詩成, 傳與菱娘, 菱娘又抽彤霞牋一幅, 吟一律謝之.

萬斛紅愁貯粉胷, 對君一笑强羞容

雖慙蔡女貞心毁,[498] 敢惜文君暗夜從[499]

月姥應媒前世約, 天翁已許此宵逢

明朝與子分離後, 復恐蓬山隔萬重

【난외: 此一節爲獲獄實囚[500]】

因出碧琉璃瓶, 以七寶盞酌江南烏程酒[501]一盃勸之【난외: 酒是色媒人[502]】, 錢郎不辭而飮之, 因醉撫靑玉案, 遂咏靑玉案詞曰:

【난외: 靑玉案[503]】

夜闌錦帳重重掩, 怕微月 窺繡枕

497 阿玉: 상대방의 미칭으로 쓴 표현으로 '阿'는 주로 친밀감을 나타내는 접두어이다.

498 雖慙蔡女貞心毁: '채녀'는 후한 蔡邕의 딸 蔡琰을 가리킨다. 『후한서』「열녀전」〈董祀妻〉에 "陳留董祀妻者 同郡蔡邕之女也 名琰 字文姬 博學有才辯 又妙於音律 適河東衛仲道 夫亡無子 歸寧于家 興平中 天下喪亂 文姬爲胡騎所獲 沒於南匈奴左賢王 在胡中十二年 生二子 曹操素與邕善 痛其無嗣 乃遣使者以金璧贖之 而重嫁於祀(진류현에 사는 동사의 아내는 같은 마을 채옹의 딸로 이름이 염이고 자가 문희이다. 박학하여 말솜씨가 좋았고 음률에도 뛰어났다. 하동 땅의 위중도에게 시집갔으나 남편이 죽고 자식이 없어 친정으로 돌아왔다. 후한 흥평 연간(194~195)에 천하가 전쟁으로 어지러워지자 문희가 오랑캐 기병에 잡혀갔다가 흉노의 좌현왕에게로 들어가 오랑캐 땅에 12년 있으면서 두 아들을 낳았다. 평소 채옹과 친했던 조조가 후사가 없음을 애통하게 여겨 사신을 보내 금과 보배로 속량시켜 동사에게 다시 시집보냈다.)"라는 기록이 있다.

499 敢惜文君暗夜從: 탁문군이 사마상여를 따라 야반도주한 것을 가리킨다. 상권 각주 275 참고.

500 此一節爲獲獄實囚: '이 한 구절이 옥사에 연루되어 실제로 갇히게 되는 이유이다.'라는 말로, 앞으로 전개될 전몽옥의 투옥을 알려 주는 것이다. 시를 필사한 상단에 쓰여 있다.

501 烏程酒: 중국 강락현 烏程鄕에서 나오는 맑은 물로 빚은 술. 맛이 매우 좋은 술로 이름나 있다.

502 酒是色媒人: 이 부분을 필사한 상단에 쓰여 있다. 『수호전』 24회에서 서문경이 반금련을 만나는 장면에 "西門慶得見潘金蓮 十分情思 […] 西門慶心裏瞧科 已知有五分了 自古 風流茶說合 酒是色媒人(서문경이 반금련을 보고 좋아하는 마음이 가득했다. […] 서문경이 마음속으로 알아채니 이미 반 정도 남은 것을 알았다. 자고로 풍류는 차를 이야기하며 하나 되고, 술은 사람에게 색정을 매개한다고 했다.)"이라는 글이 있다. 『금병매』에도 나온다.

503 靑玉案: 필사된 시 위에 적혀 있다. 이는 詞牌이다.

碧衫如花唾[504]痕沁, 漏聲催夜, 美人含笑, 勸勸一盃飮

粉態輕盈迷世界, 念[505]此夜風流有誰禁

不勞媒妁命鳩鴆,[506] 或恐春信漏泄, 願敎鶯鶯口長噤[507]【난외: 詩讖[508]】

56

菱娘覽過, 頓覽[509]悲悵, 遂吟點絳唇一闋曰:

一種風流, 可憐芳盟固難負

不辭隕首, 恨到花欲瘦

好箇靑春, 委却理瑟手

君知否, 送君歸後, 無復此夜酒

錢郎未解其意, 以好語調和之曰: "好事雖多魔, 吾與娘子, 旣結百年之約, 則何必畏人言, 而阻芳緣哉? 以明日同往陋居, 雖使文君當爐, 馬卿滌器,[510]

504 唾: 문맥상 '睡'의 오기인 듯하다. 서강대본에는 '睡'로 되어 있다.

505 念: 아래에 있는 '或恐春信漏泄' 구절의 맨 앞에 들어가야 하는 글자일 수 있다. '청옥안'의 형식에 여덟 자나 여섯 자는 없기 때문이다.

506 鳩鴆: 비둘기와 짐새. 믿을 수 없음을 말한다. 굴원의 〈이소경〉에 "吾令鴆爲媒兮 鴆告余以不好 雄鳩之鳴逝兮 余猶惡其佻巧(내가 짐새에게 중매하라 하니, 짐새는 나에게 인연이 좋지 않다고 하네. 수컷 비둘기가 울며 가는데, 나는 그 경박함이 싫다네.)"라는 구절이 있다. 『楚辭章句』에서는 각 구절에 대하여 "鴆 惡鳥也 明有毒殺人 以喩讒賊 言我使鴆鳥爲媒以求簡狄 其性讒賊 不可信用 還詐告我言不好 逝 往也 言又使雄鳩銜命而往 其性輕佻巧利 多語而無要實 復不可信也(짐은 악한 새이다. 분명 독이 있어 사람을 죽이니 남을 비방하여 해치는 것을 비유한 것이다. 내가 짐새에게 중매를 부탁하여 간적(중국 전설상의 여신)과 맺어지기를 구했으나 그 성품이 비방하여 해치기를 잘하므로 믿을 수 없기에 도리어 나에게 거짓으로 좋지 않다고 알렸다는 말이다. '逝'는 간다는 말이다. 또한 수컷 비둘기에게 명령을 받들어 가게 했으나 그 성품이 경박하여 말만 많고 실체가 없기에 다시 믿을 수 없다는 말이다.)"라는 주석을 달고 있다.

507 願敎鶯鶯口長噤: '청옥안'의 형식으로 볼 때 이 구절에서 끝날 수는 없다. 뒤에 4자, 4자, 5자가 더 있어야 한다.

508 詩讖: 필사된 시 위에 적혀 있다. 이후 전몽옥이 채릉의 시비인 금옥의 供招로 인해 살인자로 의심받게 되는 것에 대한 讖言이라는 뜻이다.

509 覽: 문맥상 '覺'의 오기인 듯하다. 서강대본에는 '覺'으로 되어 있다.

510 雖使文君當爐 馬卿滌器: 『사기』「열전」〈사마상여〉에 다음의 기록이 있다. "文君夜亡奔相如

不足羞也. 何娘子之若是煩惱耶也?" 菱娘曰: "古人道, 風流不與愁相約, 纔到風流便是愁,[511] 此正妾之愁到時也. 念吾以薄祿之相, 雖荷君一顧之重,[512] 豈可以幺麿[513]一女子之故, 貽累於家門, 爲父母之羞哉?" 當下菱娘所使丫鬟錦玉, 在洞房從門縫裏竊聽, 頗有鳴屧之響, 菱娘因點頭止語, 相與就寢交懽, 誓海盟山, 重結三生緣業, 尤雲殢雨偏, 憐百般嬌嬈, 新情款洽之後, 各整衣裳, 相與

相如乃與馳歸成都 家居徒四壁立 卓王孫大怒曰 女至不材 我不忍殺 不分一錢也 人或謂王孫 王孫終不聽 文君久之 不樂曰 長卿第俱如臨邛 從昆弟假貸猶足爲生 何至自苦如此 相如與俱之臨邛 盡賣其車騎 買一酒舍酤酒 而令文君當鑪 相如身自著犢鼻褌 與保庸雜作 滌器於市中 卓王孫聞而恥之 爲杜門不出(이에 탁문군은 밤에 사마상여에게로 도망쳤다. 사마상여는 곧바로 함께 성도로 달아났다. 집은 사방 네 벽만 서 있을 뿐이었다. 탁왕손(탁문군의 부친)이 매우 화가 나서 말했다. '딸이 쓸모가 없으나 차마 죽일 수는 없으니 한 푼의 돈도 나누어 주지 않겠다.' 어떤 사람이 탁왕손에게 말해 보기도 했지만 탁왕손은 끝내 듣지 않았다. 시간이 흐르자 탁문군이 불만스럽게 말했다. '장경(사마상여의 자)! 함께 임공으로 가서 내 형제들에게 돈을 빌리면 족히 생계를 꾸려 갈 수 있을 것인데 무엇 때문에 스스로 이렇게 고생하는 것입니까?' 사마상여는 함께 임공으로 가서 수레와 말을 팔아 술집 한 채를 사서 술을 팔면서 탁문군에게는 술 끓이는 화로를 맡게 했다. 상여는 스스로 독비곤(농부가 여름에 일할 때 입는, 무릎까지 오는 짧은 홑바지)을 입고 고용인과 함께 잡일을 하며 길거리에서 그릇을 닦았다. 탁왕손이 듣고 부끄러워하며 두문불출했다.)"

511 風流不與愁相約 纔到風流便是愁: 『전등신화』 〈秋香亭記〉에서 여주인공 채채가 남주인공 상생에게 준 시의 한 구절이다.

512 一顧之重: 伯樂一顧. 준마를 알아보는 백락이 한 번 돌아보면 말의 가격이 열 배나 올랐다고 하는 고사에서 비롯되었다. 『戰國策』 「燕策」에 다음의 기록이 있다. "蘇代爲燕說齊 未見齊王 先說淳於髡曰 人有賣駿馬者 比三旦立市 人莫之知 往見伯樂曰 臣有駿馬 欲賣之 比三旦立於市 人莫與言 愿子還而視之 去而顧之 臣請獻一朝之賈 伯樂乃還而視之 去而顧之 一旦而馬價十倍 今臣欲以駿馬見於王 莫爲臣先後者 足下有意爲臣伯樂乎(소대가 연나라를 위해 제나라에 유세하려고 했다. 제나라 왕을 보지 못하자 먼저 순우곤에게 유세하며 말했다. '어떤 사람이 준마를 팔려고 3일 연속으로 시장에 서 있었으나 아무도 알아보지 못하자 백락을 찾아가 말했습니다. '저에게 준마가 있는데 이를 팔려고 3일 연속으로 시장에 서 있었으나 말을 거는 자도 없었습니다. 그대가 와서 둘러봐 주시고 떠나면서 돌아봐 주시기 바랍니다. 제가 하루치 값을 드리겠습니다.' 백락이 이에 가서 둘러보고는 떠나면서 한 번 돌아보았더니 하루아침에 말 가격이 열 배가 되었습니다. 지금 제가 그 준마가 되어 제나라 왕 앞에 나타났는데 저의 앞뒤가 되어 줄 사람이 없습니다. 선생께서 저를 위해 백락이 되실 마음은 없으신지요?')"

513 幺麿: 작다, 변변치 못하다는 의미이다. 麿은 麼와 통용된다. 서강대본에는 '么磨'로 되어 있다.

57

摻手而別, 錢郞菱娘曰[514]: "此後夜夜相從, 庶續一生之情, 願勿以暫別爲悵." 菱娘曰: "何可必也?" 因倀倀而分, 錢郞下樓潛歸草堂時, 則四更一點時候也. 因呼小奚名義童者, 爲更点燭, 開衾就睡矣. 菱娘自送錢郞之後, 轉輾玉枕, 悼怅不寐, 惹得萬端愁緖, 審思自言曰: "欲從錢郞之約, 則貽羞於父母, 爲家門一代之累, 不從錢郞之約, 則失身[515]於君子, 爲吾身百年之恨, 去就兩難, 寧欲溘然無知, 而只怨紅顔之薄命." 因於邑不自勝, 幾至五更之末, 因呼錦玉, 使滅燭而退, 就壁上解下銀鞸玉珌小佩刀, 以手自裁, 手到處, 嬌花斷魂, 刀落時, 嫩玉戕身, 挨[애]到天明時分, 錦玉纔覺昏睡, 轉入帷房裏問寢, 斗覺神㥘髮堅,[516] 枕頭邊氣息寂寥, 茵席上腥血迸流, 慌忙就寢撫之, 則卽一赫然屍身也. 不

58

覺臆塞聲促, 急呼媽媽爺爺曰: "娘子死矣!" 杜生夫妻吃了一驚, 不卞天高地厚, 十顚九倒, 急往視之, 則尸冷久矣, 搥胷氣絶, 只呼'綵菱綵菱, 此何事也?', 當場光景, 慘怛矜惻, 不忍見也. 希卓哭子[517]半晌, 纔得收拾精神, 問蹺蹊於錦玉, 錦玉畧畧說到昨夜之事, 喧傳隣里, 莫不嗟惜驚怪, 不知這問[518]委折, 而間間有猜得本事者, 暗暗指目於錢秀才, 該坊里正曰: "此事不可埋滅, 自當白府雪寃."

遂馳一張報牒[519]曰:

---

514 錢郞菱娘曰: 문맥상 '錢郞謂菱娘曰', 또는 '錢郞顧謂菱娘曰'의 오기인 듯하다. 서강대본에는 '錢郞顧謂菱娘曰'로 되어 있다. 번역은 이에 의거했다.

515 失身: 문맥상 '失信'의 오기인 듯하다. 서강대본에는 '失信'으로 되어 있다.

516 堅: 문맥상 '豎'의 오기인 듯하다. 서강대본에는 '豎'로 되어 있다.

517 子: 문맥상 '了'의 오기인 듯하다. 서강대본에는 '了'로 되어 있다.

518 問: 문맥상 '間'의 오기인 듯하다. 서강대본에는 '間'으로 되어 있다.

【報狀式】吳趍里里正爲牒報事, 該里居士人杜希卓之女, 年始十六, 喪夫孀居矣. 昨夜良, 忽然剸刃喪命, 事在黖黗之料, 而不無涉疑之端, 爲只爲是良爾, 合行牒呈,[520] 伏請照驗施行, 須至牒呈者. 右牒呈 知府衙門.[521]

永樂二十二年 甲辰九月初十日, 吳趍里 里正署名【着押】.[522]

59

知府監訖, 卽令當案孔目與押牢做公的人, 持法器訊杖等物, 呵喝隘巷而來, 直到希卓家, 知府親入檢驗, 仰面合面俱無傷損, 只有項脰問[523]剸刃之處, 而刃末夾脰稍右, 微橫向左, 刃落在旁, 血痕沁刃半寸許矣. 卽令灰封, 召屍親杜希卓, 問致斃顚末, 則希卓只道丫鬟錦玉詳悉本事云云. 知府拿入錦玉, 卽令孔目出問目辭意:

"白等[숣든], 汝[네]矣主娘致斃緣由, 汝常在其側必也, 詳悉始終是尼[이니], 汝矣主娘, 不勝喪耦獨處之寃, 引決自裁是隱喩[인니], 或暮夜間, 無禮之人, 强騙致死是隱喩, 抑亦餓色之鬼喎唆要去, 申禮自防, 故反爲伊人所害是隱喩, 致斃委曲, 一無隱諱, 箇箇從實直告."

"杜娘所領丫鬟錦玉, 年十三. 矣女以杜娘侍俾, 屢年

60

奉事, 未嘗離側舵除良, 一自杜娘孀居之後, 逼侍洞房, 娘娘動靜, 一無不知【是白加尼】[이숣더니], 昨日初更時分, 矣宅墻東居錢秀才, 偸身入樓, 娘子不甚

519 報牒: 공문이나 통지문으로 주로 상부 기관에 업무를 보고하는 문서를 가리킨다.
520 牒呈: 조선시대에 하급 관아에서 상급 관아로 올렸던 공문서를 말한다.
521 知府衙門: 府를 다스리던 관리인 知府가 머물렀던 관아를 가리킨다.
522 着押: 문서에 이름과 手決을 써넣은 것을 말한다.
523 問: 문맥상 '間'의 오기인 듯하다. 서강대본에는 '間'으로 되어 있다.

拒却【是白齊】[이숣], 矣女雖不知肯綮, 似有前日之約矣. 繼以詞律唱和【是如可】[이다가] 末乃要與俱去【是去乙】[이거늘], 娘娘牢拒, 以爲豈以么麽一女子之故, 貽累於父母哉! 秀才再三固請【是白良置】[이숣아두], 娘娘終不肯諾【是如】[이다]. 矣女方舐窓偸覗【是白加尼】[이숣더니], 秀才聞矣女屧響. 揮手止語【是白只】[이숣니], 矣女自料不緊, 因爲退宿, 不知厥後之事【是乎乃】[이오나], 必是强要其去【是如可】[이다가], 終是牢却, 故行此凶獰叵測之事是乎尼, 伏乞細細窮覈, 以爲杜娘子復讐之地, 千里血祝."

知府卽令拿來錢夢玉, 嚴枷抑, 執訊杖, 羅立問目:

"白等, 汝矣僑居本坊若干年【是旀】[이며], 通行杜氏之門若干日

61

是旀, 暮夜無人之時, 潛入孀婦獨居之室者, 有何和應之姦計是旀, 巧唆士人之女, 要與俱去者, 有何圑弄之凶腸是旀, 畢竟强誘不得, 肆其毒手, 戕害據義之女子, 盖緣何故而然也? 行凶情節, 一無粧撰, 箇箇從實直告."

"罪人錢夢玉, 年十三, 矣身本以錢塘儒生, 早喪父母, 僑居治下吳趍里中, 不滿一朔矣. 矣身所寓之室, 與杜希卓家, 垣墻相連【是白良置】[이숣아두], 以貧富不同, 故絶不相通【是白加尼】[524] 今月初九日分, 矣身【適音】[맛츰]在家讀書【是如可】,[525] 睡困步庭【是白如中】[이견다희], 有一朶黃菊飄撲於衣袂【爲有去乙】[하잇거늘], 矣身仰頭視之, 則有一年少娘子, 從樓上戱劇而【追于】[조초], 投下一幅花箋, 書中示以乘昏上來之意【是如乎】.[526] 矣身百般審思【是如可】,[527] 以年少搖蕩所致, 反爲情慾所使, 黃昏【岐等】[기드려], 忘死闖

524 是白加尼: 이옵더니.
525 是如可: 이다가.
526 是如乎: 이더니.
527 是如可: '是'는 본문 글자 크기로 필사되어 있으나 이두이다.

62

入【是乎則】[이온즉], 厥娘候在簾間懽欣迎【是乎等以】[이온들로], 矣身【茂火】[더불어], 以盡一時之情願, 又以如干詞律, 具[528]敍滿腔端緖, 而厥娘詞中有曰, '敢惜交君暗夜從'之句, 故矣身喩以馬卿之事, 以探其意, 則厥娘以貽累家門爲難, 故矣身不敢强請, 仍爲還栖矣, 不意厥後有此罔測之變. 矣身所經歷如此【叱是白遣[529]】[뿐이숣고], 更無仰供之事【是沙餘良】[이사남아]. 昨日投樓詞箋【果】[과], 當夜酬唱詩軸【乙】,[530] 這這垂覽, 以爲矣身伸白之地, 千里哀懇."

知府問曰: "昨夜汝矣歸家之時, 或有目擊者乎?" 夢玉供曰: "矣身執燭奴義童知之, 更無碍眼之人." 知府卽命一邊詩軸現納, 一邊拿致義童, 更爲問曰:

"白等, 汝矣主人夢玉, 昨夜良, 往于杜孀之家, 作姦情狀, 汝必詳知【是尼】,[531] 其闖入之際, 正是何樣時候【是旀】,[532] 其閃還之時,

63

又是甚麽更刻【是加隱喩】[이던디], 與杜女懽合通姦的實【是旀】, 末捎管甚利害戕殺守義之女乎, 其蹺蹊汝心, 詳悉一無陰護, 細細從實直告."

"夢玉奴子義童, 年十四. 矣身主爺, 昨夜黃昏時分, 出自中門, 迤西而去是白齊, 矣身以爲乘輿踏月而出, 故初不致訝【是白遣】, 矣身則以愛睡所致, 頹翻鼾息[533]【是白加尼】. 夜深後主爺還家, 喚醒矣身張燭【是如乎】, 矣身驚起点燈【是乎矣】, 以尊嚴之故, 不敢問其行止【是白遣】, 起看時候【是乎則】, 更鼓纔報四更

528 具: 문맥상 '俱'의 오기인 듯하다. 서강대본에는 '俱'로 되어 있다.

529 叱是白遣: '叱是白遣'의 오기. 서강대본에는 '叱是白遣'으로 되어 있다.

530 乙: 본문과 같은 크기로 필사되어 있으나 이두이다.

531 是尼: 이니.

532 是旀: 이며.

533 鼾息: 문맥상 '鼾'의 오기로 보인다. 서강대본에는 '鼾'으로 되어 있다.

一点矣, 主爺因倚枕昏眠, 恰趁朝爨乃起【是乎所】, 作姦與否, 矣身未能詳知【是白乎矣】. 杜娘之剚刃則, 已在罷漏之後云, 此乃主爺還之後也. 主爺之蒙此誣告, 極爲曖昧【是如乎】, 細細探究, 以爲錢爺白頃之地, 千萬伏乞."

64

知府悉捧應問, 各人供招之後, 夢玉等各項罪人, 悉爲嚴械牢, 各別嚴勅守護, 一邊修屍帳, 具申馳報于都督府曰:

"初檢官[534]蘇州知府爲牒報事. 本州自官門南距十里吳趁里, 士人杜希卓之女停屍處, 率應參各人, 馳到驗檢【是乎則】, 年可十六歲女子, 南頭北足, 仰臥致死【爲有去乙】, 出置光明處, 翻轉按摩【是乎則】, 渾身上下, 他無傷損, 項脰間只有剚刃一處[곳] 爲有[히잇] 置[535][두]. 大抵, 此獄頗多可疑之端【是白在如中이】[숣견다희], 靑年孀宿見玉郞, 而情慾乍動, 黃昏闖入期花娘, 而剛腸自軟, 攎[536]情詞律, 出於錦玉之口, 則杜女之失行綻露, 貽累家門, 登於夢玉之招, 則杜女之牢却分明, 始有桑中之約, 而不顧失身, 終斬月下之奔, 而以此戕命. 及其剚刃之際, 無人看證, 則戕杜者誰歟? 及其牢拒之, 再三强要, 則非錢

65

之罪耶? 謂之自裁, 則杜孀釋恨之日, 更何啣恨而引決? 謂之被害, 則夢玉托情之夜, 必無割情而肆毒, 然而乘夜踰墻, 而奪人之節, 自有其律, 誘以同車,[537] 而致人之死, 合置何辟? 雖無手刃之事, 由我之過,[538] 在所難免, 旣有强要之

534 初檢官: 초검을 담당하는 벼슬아치. 초검은 주로 사건이 발생한 지역의 지방관이 맡았다.

535 處 爲 置: 본문과 같은 크기로 필사되어 있으나 이두이다.

536 攎: 문맥상 '攄'의 오기. 서강대본에는 '攄'로 되어 있다.

537 誘以同車: 『시경』「邶風」 〈북풍〉에 "惠而好我 携手同車(나를 사랑하고 좋아하는 이와 손잡고 함께 수레 타고 가리라.)"라는 구절이 있다.

538 由我之過: 由我之律. 직접 살인하지는 않았지만 죽음의 원인을 제공한 책임을 물어 처벌하는

跡, 則若主之律,[539] 亦何可逃? 錢夢玉段, 以元犯本府天字號[540]屍帳良懸錄, 杜婢錦玉段, 前後動靜, 在外竊聽, 故以看證懸錄, 錢奴義童段渠矣, 主人出入之時, 旣云目擊, 則頗知其幾微, 故以干連懸錄, 其餘切隣[541]等人段, 別無參證可問之端, 故姑爲保囚, 以待處分【爲只爲是良爾】, 合行牒呈, 伏請照驗施行, 須至牒呈者, 右牒呈, 都督府. 永樂二十二甲辰九月十六日, 蘇州知府姓署名【著押】."

卽日 差人火急報來, 未知都督決案何如. 且看下弓分解.

66

第五弓

浙東都督疑獄啓聞 刑部尙書公案判決

却說, 蘇州府屍帳文案來到, 都督覽訖, 卽爲回題曰:

屍帳捧上【是在果】, 今此獄情, 都係疑案【果如乎】, 杜女之投花戱人, 有甚於蔡姬[542]之失節, 夢玉之乘夜入樓, 亦足爲封涉[543]之罪人, 女之耽兮,[544] 男子剛

것으로 조선시대 법률 용어이다. 일곱 가지 人命 사건 가운데 劫殺에는, 威勢로 다른 이를 핍박하여 自盡하게 한 威逼致死가 포함되어 있다. 조선에서는 이 위핍치사에서 직접 죽이지는 않았지만 죽음의 원인을 제공한 책임이 있는 자를 검안에 被告로 기록했고, 이때 피고에게 적용된 법리가 '유아지율'이다. 한상권, 「대명률 위핍치사의 법리와 조선에서의 적용」, 『법사학연구』 50(2014).

539 若主之律: '苦主之律'의 오기. '苦主'는 피살자 또는 피살자 친족으로서 고소하는 사람이다. 서강대본에는 '苦主之律'로 되어 있다.

540 天字號: 천자문 중 첫 번째인 '天' 자 번호를 매긴 문서. 예전에는 토지대장이나 족보 등 각종 자료에 번호를 매길 때 『천자문』의 글자 순서를 활용했다.

541 切隣: '겨린'의 원래 말. 살인 사건을 저지른 범인의 이웃에 사는 사람을 가리킨다.

542 蔡姬: 『사기』 「齊太公世家」 〈제환공〉에 다음의 기록이 있다. "二十九年 桓公與夫人蔡姬戱船中 蔡姬習水 蕩公 公懼 止之 不止 出船 怒 歸蔡姬 弗絕 蔡亦怒 嫁其女 桓公聞而怒 興師往伐(29년 환공이 부인 채희와 뱃놀이를 했다. 채희는 물에 익숙하여 환공이 탄 배를 흔들었다. 환공이 무서워하며 그치라고 했지만 그치지 않았다. 배에서 내려서는 화가 나 채희를 친정으로 돌려보냈다. 채 땅에서도 화가 나서 딸 채희를 시집보냈다. 환공이 듣고 분노하여 군사를 일으켜 정벌하러 갔다.)" 『춘추좌전』 「僖公」에 "齊侯之夫人三 王姬 徐嬴 蔡姬 皆無子(제후의 부인은 셋으로 왕희, 서영, 채희인데 모두 자식이 없었다.)"라는 기록도 있다.

腸者, 幾人? 仲可懷也, 父母之累亦可念,[545] 捲幔邀郎, 始緣慾火之自誤, 申禮自防, 終拒復關之車來,[546] 目挑心招, 以副烟花之積願, 則更何銜寃, 而遽決溝瀆之小諒,[547] 情撓意蕩, 以結山海之芳盟, 貽[548]更何生嫌, 而反施鋒鍔之毒手乎? 以夢玉歸之强騙之科, 則丫鬟之所供, 足爲發明. 以杜女謂無相從之說, 則花箋之微意, 亦爲符證, 然而不明自裁之端, 則歸之勿論之科, 則

67

易致宜府[549]之幽怨, 不暴行凶之節, 而置之反受之律, 則易招陽界之誣屈, 於此於彼, 都是黖黙之事, 此獄事不可輕易論勘, 玆當具由.

啓聞[550]【是遺[551]】, 夢玉以下應問各人等, 各別嚴囚守, 直其餘切隣等人, 姑爲

543 封涉: '封陟'의 오기. 상권 각주 283 참고.

544 女之耽兮: 『시경』「위풍」「氓」에 "士之耽兮 猶可說也 女之耽兮 不可說也(남자가 색에 빠지는 것은 말할 수 있으나, 여자가 색에 빠지는 것은 말할 수 없도다.)"라는 구절이 있다.

545 仲可懷也 父母之累亦可念: 『시경』「정풍」〈將仲子〉에 "將仲子兮 無踰我里 無折我樹杞 豈敢愛之 畏我父母 仲可懷也 父母之言 亦可畏也(바라건대 중자여! 우리 마을로 넘어오지 마소서. 내가 심은 버들을 꺾지 마소서. 어찌 아까워서리오, 내 부모님 두려워서라네. 중자는 그립지만, 부모의 말씀 또한 두렵다오.)"라는 구절이 있다.

546 終拒復關之車來: 『시경』「위풍」「맹」에 "乘彼垝垣 以望復關 不見復關 泣涕漣漣 旣見復關 載笑載言 爾卜爾筮 體無咎言 以爾車來 以我賄遷(저 무너진 담장에 올라가서 복관을 바라보노라. 복관을 보지 못하여 눈물만 줄줄 흘렸는데, 이제 복관을 보고 웃으며 이야기하네. 거북점과 시초점을 쳐서 점괘에 나쁜 말이 없다면 그대 수레를 몰고 오라. 나는 재물을 가지고 옮겨 가리라.)"이라는 구절이 있다. 복관은 남자가 거처하는 곳을 뜻하며, 실제로는 그 남자를 가리킨다.

547 溝瀆之小諒: 사소한 信義. 『논어』에서 管仲의 공을 평가한 말. 『논어』〈憲問〉에 "子貢曰 管仲非仁者與 桓公殺公子糾 不能死 又相之 子曰 管仲相桓公 霸諸侯 一匡天下 民到于今受其賜 微管仲 吾其被髮左衽矣 豈若匹夫匹婦之爲諒也 自經於溝瀆而莫之知也(자공이 말했다. '관중은 어진 사람이 아닐 것입니다. 제나라 환공이 공자 규를 죽였을 때 따라 죽지 않고 재상이 되었습니다.' 공자가 말했다. '관중이 환공의 재상이 되어 제후들의 패자가 되게 하고, 천하를 바로잡아 백성들이 지금까지 그 혜택을 받고 있다. 관중이 없었다면 나는 오랑캐처럼 머리를 풀고 옷깃을 왼쪽으로 여몄을 것이다. 어찌 평범한 사람들이 작은 신의를 지킨다며 스스로 도랑에서 목을 매어 죽어도 아무도 알아주지 않는 것과 같겠느냐?')"라는 구절이 있다.

548 貽: 음은 '감'이고 '구걸하다', '재물을 탐내다'라는 의미이므로 문맥에 맞지 않는다. '則'을 쓰려다가 실수한 것으로 보인다. 서강대본에는 '則'으로 되어 있다.

549 宜府: '冥府'의 오기로 보인다. 서강대본에는 '冥府'로 되어 있다.

550 啓聞: 지방 장관이 중앙에 아뢰는 것을 가리킨다.

放送以待, 判下處分宜當向事.

回題後, 都督卽爲具由草伏[552]以 聞[553]:

【始面】樞密院【本朝云承政院】開坼, 合臣【詥走】某謹封, 【連幅後面】臣[554]某【平行】浙東都督臣姓名, 伏以本省所屬蘇州士人杜希卓之女, 年少新寡, 與比隣寓人錢夢玉, 從樓上目成投花擲箋, 約以暗夜相從, 其懽合通姦, 已出於各人供拱招, 而當夜忽然剚刃致斃, 事枉黖黓無證之案【是白如乎】. 以夢玉探花繾綣之情, 必無行凶於耽愛之女, 以杜女投橘[555]

68

揉搓之態, 亦無死節於失行之後, 於死於生, 俱爲疑案, 不敢擅斷【爲臥乎事是良爾】[하누온이의ᄋ금] 詮次[져처로], 善啓向教是事. 永樂二十二年, 九月二十日, 浙東省都督臣姓名.

答曰: 獄情不甚明白, 令地方官團束該囚, 上使推刑部, 另念查勘, 勿使死者啣寃, 生者濫刑, 以副朕慎刑之意.

批旨判下之日, 都督火速發關, 令本府團束罪人, 與應問諸人, 促刻上使, 皇帝恃命[556]刑府開坐起, 按律究覈, 刑部尙書陳山按問, 悉捧各人招辭, 參考屍

551 是遣: '是遣'의 오기. 서강대본에는 '是遣'으로 되어 있다.

552 草伏: '草狀'의 오기. 서강대본에는 '草狀'으로 되어 있다.

553 聞: 앞에 한 글자가 빠졌는데, '啓聞'으로 보아도 무방할 듯하다.

554 臣: 자기를 낮추는 의미로 본문의 글씨보다 작게 쓰고 있다.

555 杜女投橘: '투귤'은 여인들이 반하여 귤을 던진다는 뜻으로, 죽은 두채릉이 미남자인 전몽옥에게 반한 것을 말한다. 〈춘향전〉을 비롯한 우리나라 여러 고전 작품에 "醉過揚州橘滿車하던 두목지의 풍채"라는 서술이 많다. 당나라의 시인 두목(목지는 字)의 미모와 풍채가 뛰어나 그가 술에 취해 양주 거리를 걸으면 여성들이 관심을 끌려고 귤을 던져 수레에 가득 찰 정도였다고 한다. 비슷한 예로 『사문유취』「肖貌部」〈投果滿車〉에 "潘岳 美姿容 少時嘗挾彈 出洛陽道 婦人遇之者 皆連手縈遶 投之以果 遂滿車而回(반악은 아름다운 용모였다. 젊었을 때 탄궁을 끼고 낙양 길에 나서면 만나는 부녀자들이 모두 손을 마주 잡고 둘러싸서 과일을 던지는 바람에 수레에 가득 차서 돌아왔다.)"라는 글이 있다. 이와 비슷한 내용이 여러 문헌에 실려 있다.

556 恃命: 문맥상 '特命'의 오기로 보인다. 서강대본에는 '特令'으로 되어 있다.

帳與本邑勘報, 細細審理, 卽爲翻案.

【快扶錢】判曰[557]: 謹按蘇州府所上屍帳, 考檢文案, 與各人所供, 則杜女之自裁的實[爲如乎]. 檢報內, 刃末夾脰稍右, 微橫向左, 刃落在旁, 血痕沁刃半寸云, 假令今有某甲欲刺某乙之頸, 則甲之右卽[558]之左也, 甲之左卽乙之右也, 以甲之右手, 刺乙之脰, 而或有差誤, 則刃末自

69

當從脰之左旁, 稍橫入脰之右邊矣, 豈有刺右向左之理乎? 若使乙者自刺其頸, 則固當以右手刺其右旁, 而其勢宜有稍橫向左之理矣. 此乃杜女自裁之一斷案也. 且凡剚人之人, 欲其必死而剚之, 則雖使刃入數寸, 猶恐不死, 豈有血沁半寸而止哉? 必是自刺其頸, 故不暇深剚, 而痛創氣絶, 遂致殞命也, 血痕安得深濡乎? 此乃杜女自裁之二斷案也. 若夫錦玉滅燭之時, 杜女宛然生在, 而已爲五更之末矣. 義童点灯之時, 錢生已歸其家, 而纔到四更之初矣. 四更歸家之人, 何以戕害五更在樓之人乎? 此乃杜女自裁之三斷案也. 大抵, 杜女必是素性耿介, 足能以禮自持, 而情慾所動, 不能自克, 雖有失節之歡, 一片慧性, 尙念貽羞於父母, 一以難負約於君子, 一以難遺辱於門戶, 去就兩難, 愁緖紛集, 芳魂暗銷, 以偏嗇

70

不圓之性, 寧欲溘然不知, 致此輕生之小諒也. 錢夢玉極爲曖昧是乎矣, 旣有干犯於其門,[559] 則不無由我之辜, 當減死一等, 徒三年定配磨鍊【是遣】, 干連

557 判曰: '判' 위에 '快扶錢'이라고 쓰여 있다. 서강대본에는 없다.

558 卽: 뒤의 '左卽乙之右也'을 참고할 때 '卽乙'의 오기로 보인다. 서강대본에는 '卽乙'로 되어 있다.

559 其門: 문맥상 '其間'의 오기로 보인다. 서강대본에는 '其間'으로 되어 있다.

參訂[560]諸人, 一并放送向事, 該部以此意草記.

刑部啓曰: 蘇州女致死之獄, 詳細究覈, 則杜女之自裁的實. 錢夢玉之行凶, 極爲晻曖, 故用由我之律, 錢夢玉徒三年定配何如.

制曰: 允.

卽日夢玉出獄, 受刑配所以洋州地爲定. 夢玉初以罹鴻之厄於禍穽, 竟以塞馬之福, 生出鬼關, 天道之好還, 不可誣也, 必將揚其璸聲, 以鳴國家之盛,[561] 故必先遺以無妄之災,[562] 以苦其心瞿瞿蹶蹶, 增益其所不能也.[563] 夫十二月, 往于洋州, 洋州卽江南

71

名勝之區, 而遷客騷人多會于此, 滿目風烟, 非觸物興思, 因境生情, 足爲悲歌朗詠之具也. 夢玉往來盧山[564]漢水之間, 一日, 投太平興國寺, 觀野梅始花, 歎其生於寂莫之濱, 因感念自況, 作南鄕子一闋云:

匝地冷烟靑,

560 參訂: '參證'의 오기로 보인다. 서강대본에는 '參證'으로 되어 있다.

561 必將揚其璸聲 以鳴國家之盛: 당나라 韓愈의 〈送孟東野書〉에 "抑不知天將和其聲 而使鳴國家之盛邪 抑將窮餓其身 思愁其心腸 而使自鳴其不幸邪(알지 못하겠다. 하늘이 장차 그들의 소리를 화락하게 하여 국가의 성대함을 울리게 할 것인지 아니면 장차 그들의 몸을 곤궁하고 굶주리게 하며 그들의 마음을 그립고 시름겹게 하여 스스로 그 불행에 울게 할 것인지.)"라는 구절을 활용한 것이다. 한유가 뛰어난 벗인 孟郊, 李翱, 張籍 등이 크게 쓰임 받아서 신세 한탄이 아닌 국가의 융성을 노래하기를 바란 것이다.

562 無妄之災: 뜻밖에 당하는 재앙이나 화. 『주역』「無妄卦」〈六三〉에 "無妄之災 或繫之牛 行人之得 邑人之災(뜻밖에 당하는 재앙이다. 매어 둔 소를 길 가던 사람이 가져갔는데 마을 사람들이 재앙을 받게 된다.)"라는 구절이 있다.

563 增益其所不能: 『맹자』「고자 하」에 "天將降大任於是人也 必先苦其心志 勞其筋骨 餓其體膚 空乏其身 行拂亂其所爲 所以動心忍性 曾益其所不能(하늘이 장차 큰 임무를 이 사람에게 내리려 할 적에는 반드시 먼저 그 심지를 괴롭게 하며, 그 근골을 수고롭게 하며, 그 체부를 굶주리게 하며, 그 몸을 빈궁하게 한다. 그리하여 그 하는 바를 방해하고 어지럽게 하니, 이것은 그의 마음을 분발시키고 성질을 참게 함으로써 그 할 수 없는 바에 도움을 더하기 위해서이다.)"이라는 구절이 있다.

564 盧山: 문맥상 '廬山'의 오기로 보인다. 서강대본에는 '廬山'으로 되어 있다.

花意惶忪媚遠汀

巧耐衝寒生得太嬌獰

玄冥無力施威靈

月掛珊瑚屏,

栖枝嫩雪染粉馨

淡粧素服須誰立亭亭

却敎離人髮欲星

因寓洋州府內, 忽忽度日, 正值歲除之旅館寒灯, 耿耿不寐, 撫念踪跡, 無以排愁遺[565]悶, 故强飮屠蘇酒[566]一盃, 作水調詞[567]一闋, 陶寫情懷云:

風送香一陣, 春入老梅谿

獨立亭亭歲暵, 何處是靈鷄

我欲乘雲飛去, 秪見吳山楚水, 漭蒼遠烟齊

斜日和霜白,

72

晛眼玉凄凄

翅雲箔, 噢明月, 海天低

565 愁遺: 문맥상 '愁遣'의 오기로 보인다. 서강대본에는 '愁遣'으로 되어 있다.

566 屠蘇酒: 설날에 마시는 약주의 이름이다. 『酒譜』「酒之事」에 "今人元日飮屠蘇酒云可以辟瘟氣亦曰藍尾酒 或以年高 最後飮之 故有尾之義爾(요즘 사람들은 설날에 도소주를 마시면 염병을 막아 준다고 말한다. 남미주라고도 한다. 간혹 나이 많은 사람이 가장 늦게 마시기에 꼬리의 뜻이 있는 것이리라.)"라는 기록이 있다.

567 水調詞: 곡조의 이름. 수양제가 처음으로 지었다는 설이 있다. 『樊川詩集注』「揚州三首」의 "誰家唱水調 明月滿揚州(어느 집에서 수조사를 부르는가? 밝은 달이 양주에 가득하네.)"라는 구절에 "煬鑿汴河 自造水調(수양제가 운하인 변하를 착공하면서 스스로 수조사를 지었다.)"라는 주석이 있다. '번천'은 두목의 호이다.

謫仚有恨無人, 送我上雲梯

只等金鷄消息,[568] 叵耐玉龍品題,[569] 擧盃一流睇

虛輪盈幾日, 含笑倚檻西

新歲卽仁宗皇帝, 洪熙元年乙巳也. 夢玉聞廬山下茶蘼洞, 有紫微老人者, 善推星命云. 夢玉往問身命, 敬致而跪曰: "生本吳越武肅王[570]之遺苗, 錢姓夢玉者也, 世尊[571]錢塘矣. 命途奇薄, 早違庭訓, 不能勅勵節行, 橫被浩厄, 落在匪所, 莫非滄浪之自取,[572] 而愚迷不寤, 故欲就有道者正焉, 伏願尊師指敎焉."

---

568 金鷄消息: 사면 소식. 금계는 머리를 황금으로 장식한 닭 모양의 장대이다. 『신당서』「백관지」에 "有赦 建金雞 置鼓宮城門之右 大理及府縣囚徒至 則擊之(사면이 있으면 금계를 세우고 궁궐 문 오른쪽에 북을 설치했다가 대리국 및 부현의 죄수들이 이르면 바로 쳤다.)"라는 기록이 있다. 『태평어람』「羽族部」〈鷄〉에는 "其日將赦 庫令於殿門外建金雞 宋孝王不識其義 問於光祿大夫司馬膺之 赦建金雞 其義何也 膺之曰 案海中星占曰 天雞星動 當有赦 由是 帝王以雞爲候(그날 장차 사면이 이루어지려 하자 고령이 궁궐 문 밖에 금계를 세웠다. 송효왕이 그 뜻을 몰라 광록대부 사마응지에게 사면함에 금계를 세우는 뜻이 무엇인지 물었다. 응지가 말했다. '해중성점을 살펴보면 천계성이 움직이면 마땅히 사면해야 한다고 했습니다. 이 때문에 제왕이 닭으로 징조를 삼는 것입니다.')"라는 기록도 있다.

569 玉龍品題: 피리 소리. 옥룡은 피리 이름이다. 『事物異名錄』「禮制部」〈笛〉에 "玉龍 羅隱詩 玉龍無主渡頭寒 按玉龍 笛名(옥룡: 나은의 시에 '옥룡은 주인이 없고 나루터는 차네.'라고 했는데 살펴보니 옥룡은 피리 이름이다.)"이라는 글이 있다. 원나라 시인 張翥의 〈題錢舜擧仙女梅下吹笛圖〉에 "閒拈玉龍自品 愛冰姿與花爭潔(한가로이 피리를 들어 홀로 부는데, 꽃과 맑음을 다툴 만한 얼음 같은 자태 사랑스럽네.)"라는 구절도 있다.

570 武肅王: 오대십국시대 오월의 개국왕. 『吳越備史』「무숙왕」에 "武肅王 姓錢氏 諱鏐 字具美 杭州安國縣人(무숙왕은 성은 전이고 이름은 류이며 자는 구미이다. 항주 안국현 사람이다.)"이라는 기록이 있다. 소식의 〈表忠觀碑〉에 "謹按故武肅王鏐 始以鄕兵, 破走黃巢 名聞江淮 復以八郡兵 討劉漢宏幷越州 以奉董昌而自居於杭 及昌以越叛 則誅昌而幷越 盡有浙東西之地 傳其子文穆王元瓘(삼가 생각건대 고 무숙왕 전류가 처음에 향병으로 황소를 패주시켜 명성이 양자강과 회수 지역에 알려졌습니다. 다시 팔군병으로 劉漢宏을 토벌하여 월주를 병합하고 董昌을 받들어 스스로 항주에 거처했습니다. 동창이 월주를 근거로 배반하자 동창을 죽이고 월주도 병합하여 절강의 동서 땅을 모두 가지게 된 후, 그 아들 문목왕 원관에게 전했습니다.)"이라는 글이 있다.

571 世尊: 문맥상 '世奠'의 오기로 보인다. 서강대본에는 '世奠'으로 되어 있다.

572 莫非滄浪之自取: 『맹자』「이루 상」의 다음 글을 활용한 것이다. "孟子曰 […] 有孺子歌曰 滄浪之水淸兮 可以濯我纓 滄浪之水濁兮 可以濯我足 孔子曰 小子聽之 淸斯濯纓 濁斯濯足矣 自取之也 夫人必自侮 然後人侮之 家必自毁 而後人毁之 國必自伐 而後人伐之(맹자가 말했다. […] 어떤 아이가 창랑의 물이 맑으면 내 갓끈을 빨 수가 있고 창랑의 물이 흐리면 내 발을 씻을 수 있다고 노래 부르자 공자께서 말씀하시기를 '너희는 들어 보아라. 물이 맑으면 갓끈을 빨

老人曰: "大雅四局云何?" 夢玉曰: "生之八字, 癸巳年戊午月辛丑日己亥時也." 老人布蓍揲筴, 潛心黙筭而後言曰: "大雅之命數, 先咷 後來成立, 不可端倪."[573] 卽題占辭曰:

觀此星命, 先否後泰, 年帶地殺, 早別桐竹,[574] 胎夾亡身, 橫罹

73

魚網, 歲次凶曜, 望前窘途, 日躔袛宿, 念後坦路, 官旺乘位, 雲衢涉,[575] 白虬夾日, 華盖西指,[576] 玄龜乘時, 雲駟北飛, 才夾貴人, 沁宮錦瑟, 辰入庫藏, 郭家

고 물이 흐리면 발을 씻는다고 한 것은 스스로가 그렇게 한 것이다. 대저 사람은 스스로 업신여긴 다음에야 남이 업신여기고, 집안은 반드시 스스로 무너뜨린 다음에야 남이 무너뜨리며, 나라는 반드시 스스로 정벌토록 한 뒤에야 남이 정벌하게 된다.')"라는 글을 활용한 것이다.

573 先咷 後來成立 不可端倪: 서강대본에는 '先咷後笑 後來成立 不可端倪(먼저 울고 나중에 웃을 것입니다. 뒤에 이루는 것은 예측할 수 없습니다.)'로 되어 있다. 문맥상 서강대본이 적절하여 번역은 이를 따랐다.

574 早別桐竹: 일찍이 양친을 잃음. 『예기』「문상」에 "或問曰 杖者何也 曰 竹桐一也 故爲父苴杖 苴杖 竹也 爲母削杖 削杖 桐也 或問曰 杖者以何爲也 曰 孝子喪親 哭泣無數 服勤三年 身病體羸 以杖扶病也(어떤 사람이 물었다. '지팡이는 무엇입니까?' '대나무와 오동나무는 한가지이다. 부친상에는 저장을 쓰는데 저장은 대나무이다. 모친상에는 삭장을 쓰는데 삭장은 오동나무이다.' 어떤 사람이 물었다. '지팡이는 왜 짚는 것입니까?' '효자가 부모상을 당하면 수없이 곡읍을 하고 3년을 모시느라 몸은 병들어 쇠약해지기에 지팡이로 병을 부축하는 것이다.')"라는 기록이 있다. 『세종실록』「오례」〈상복〉에도 "苴杖 竹也 爲父所以杖用竹者 父是子之天 竹圓亦象天 內外有節 象子爲父 亦有內外之痛 又貫四時而不變 子之爲父 亦經寒溫而不變 故用之 削杖 桐也 爲母桐者 言同也 取內心悲痛同於父也 以外無節 象家無二尊外屈於夫 削之使下方者 取母象地也(저장은 대나무이다. 아버지를 위해 지팡이로 대나무를 사용하는 것은, 아버지는 아들의 하늘인데 대나무의 둥근 것이 또한 하늘을 닮았기 때문이다. 안팎에 마디가 있는 것은 아들이 아버지를 위해 또한 안팎으로 슬퍼하고 있음을 본뜬 것이요, 또 사시사철 변하지 않는 것은 아들이 아버지를 위해 또한 추위와 더위를 겪어도 변하지 않는다는 것이기에 대나무를 사용한다. 삭장은 오동나무이다. 어머니를 위해 오동나무를 사용하는 것은 '同', 즉 '같음'을 말함이다. 속마음으로 슬퍼함이 아버지와 같음을 취한 것이다. 밖에 마디가 없는 것은 집에서는 두 분을 모두 높일 수 없고, 밖에서는 지아비에게 굽히는 것을 본뜬 것이다. 이를 깎아서 아래를 네모나게 한 것은 어머니가 땅의 상징인 것을 취한 것이다.)"라는 기록이 있다. 다른 조선 문인의 문집에서도 비슷한 글을 찾을 수 있다.

575 雲衢涉: 서강대본에는 '雲衢濶涉(벼슬의 길이 트일 것입니다.)'으로 되어 있다. 점사가 모두 네 자로 되어 있는 것으로 볼 때 서강대본이 적절하여 번역은 이를 따랐다.

576 華盖西指: 華蓋西臨. 성인 또는 성군이 곧 나타날 것이라는 말이다. 『全唐文記事』 권108에

金穴,[577] 文武吉星, 拱照門闌, 入則鰲扉, 出當虎閫, 富貴功名, 汾陽[578]可方, 食肉四十, 一場春夢, 一日幾何, 問于南柯.[579]

"酉陽雜俎曰 張燕公嘗讀勃夫子學堂碑頌 帝車南指 遁七曜於中階 華盖西臨 高五雲於太甲 四句悉不解 訪之一公【案一公謂僧一行也】一公言 北斗建午 七曜在南方 有是之祥 無位聖人當出 華盖以下 卒不可悉(『유양잡조』에서 말했다. '장연공이 일찍이 왕발의 공자 학당의 비문(〈益州夫子廟碑〉)을 읽다가 帝車南指 遁七曜於中階 華盖西臨 高五雲於太甲 네 구가 궁구하여도 이해가 되지 않아 일공을 찾아갔다.【살펴보니 일공은 일행 스님이라고 한다.】일공이 말하기를 북두성이 남쪽에 있고 칠요가 남방에 있으니 이 상서로움은 지위에 얽매이지 않는 성인이 나온다는 것이다. 화개 이하는 끝내 궁구할 수가 없다고 했다.')"라는 글이 있다. 또한『古今注』「輿服」〈화개〉에 "華蓋 黃帝所作也 與蚩尤戰於涿鹿之野 常有五色雲氣 金枝玉葉 止於帝上 有花葩之象 故因而作華蓋也(화개는 황제가 만든 것이다. 치우와 탁록 벌판에서 싸울 때 항상 오색구름이 금빛 가지 옥 잎처럼 황제 위에 머물러 있었는데 꽃이 흩어진 모습이었다. 그로 인하여 화개를 만들었다.)"라는 글도 있다. 이에 대해『지봉유설』「文字部」〈文義〉에서는 "余謂此句義 古人已不能解 況後人乎 […] 大抵此等文字有出處 難以强解也 或謂太甲卽太乙 恐不是(내가 이른다. '이 구절의 뜻은 고인도 이미 이해할 수 없었는데 하물며 후세 사람이랴?' […] 대저 이러한 문자는 출처가 있으니 억지로 해석하기가 어렵다. 어떤 이는 태갑이 곧 태을이라고 하는데 아마도 틀린 듯하다.)"라고 하고 있다. 조선 후기 朴性陽의『芸窓文集』「芸窓瑣錄」〈익주묘비〉에서는 "按古今註 指南車 黃帝征蚩尤時作 謂指南則蚩尤之在南可知 華盖亦黃帝作 涿鹿之征 常有五色雲氣止於帝上 因而作也 勃之意 武王征紂而有天下 故以此爲況 言帝車南征 時則蚩尤作霧 七政晦冥 中逵者天腹 赤道日月五星之所由也 華盖西臨 謂武王之定鼎於西都也 又其德敎所覃 最著于東方 太甲者六甲之首 卽近北之位 鄒魯是也 藏瑞於此 以待聖人之出也(『고금주』를 살펴보니, 지남거는 황제가 치우를 정벌할 때 만든 것이다. '지남'이라고 했으니, 치우가 남쪽에 있었음을 알 수 있다. 화개 또한 황제가 만든 것이다. 탁록 정벌 때에 항상 오색구름이 황제 위에 머물러 있었기에 인하여 만들었다. 왕발의 뜻은 무왕이 주왕을 정벌하여 천하를 소유하게 되었기에 이것으로 예를 든 것이다. 황제의 수레가 남쪽으로 정벌할 때 치우가 안개를 만들었고 칠정(해, 달, 화성, 수성, 목성, 금성, 토성)이 어두워졌다. 중규는 하늘 가운데 적도로 해와 달 그리고 오성이 경유하는 곳이다. 화개서림은 무왕이 서쪽 도읍에 왕국을 설립하여 또한 그 덕과 교화가 미쳐 동방에서 잘 드러날 것이라는 말이다. 태갑은 육갑의 으뜸으로 북에 가까운 위치이니 추 땅과 노 땅이 바로 그것이다. 이곳에 서기를 감추어 성인이 나오기를 기다린 것이다.)"라고 하고 있다.

577 郭家金穴:『蒙求』「郭況金穴」에 "後漢郭況眞定槀人 光武郭皇后弟 帝善況小心謹愼 年始十六拜黃門侍郞 […] 帝數幸其第 會諸侯親家飮燕 嘗賜金錢縑帛 豊盛莫比 京師號況家爲金穴(후한 때의 곽황은 진정군 고현 사람으로 광무제의 황후 곽씨의 아우이다. 광무제는 곽황이 조심하고 근신하는 것을 좋게 여겨 나이 열여섯 살에 황문시랑에 임명했다. […] 광무제가 자주 그의 집에 거둥하여 제후와 친척들을 모아 놓고 술잔치를 벌였다. 늘 돈과 비단을 상으로 내려 주는데 풍성하기가 비할 데 없어서 경사에서는 곽황의 집을 '금 나오는 구멍'이라고 불렀다.)"이라는 기록이 있다.

578 汾陽: 당나라의 정치인 郭子儀. 당나라 숙종 때 안사의 난을 평정하고 분양왕에 봉해졌다.「郭汾陽行樂圖」가 존재할 만큼 부귀영화의 상징적인 인물로 꼽힌다.

579 南柯: 南柯之夢. 상권 각주 212 참고.

題畢, 老人斂蓍藏龜, 自曲棐[580]中出一部異書, 授之曰: "大雅畢日[581]必有用此之處矣, 勉記之." 夢玉視之, 乃六丁六甲[582]秘訣也, 夢玉拜謝而歸. 得此以後, 檢上推下, 筭來稍慰謫去之愁矣. 洋州儒士蘇希孟, 卽南州之聞人也, 優於文辭, 家計不甚淸寒, 愛人喜施, 尤好俊藝之士, 聞之則視千里如門限, 必往訪焉, 遇之則傾囷倒廩, 罄竭交歡, 故南方之人, 喚做風流伯焉. 一日, 聞夢玉之聲名, 來訪於逆旅之中, 一

74

見便下床而拜曰: "大雅卽吾之師表也, 願借尺地於百尺樓下, 使蔑劣之人, 垂槖而來, 裲載而歸, 則其幸當如何?" 夢玉曰: "何先生過處撝謙, 使謫客不安於心也?" 希孟遂與結交而去. 其後再三至門, 交誼款洽, 而後言曰: "錢兄一顧陋居, 則光生閭里, 価增款段,[583] 何錢兄之靳其動趾也?" 夢玉曰: "敢不從命?" 一日, 天氣和煥, 錦繡林花香陣陣, 琉璃界浦日瀜瀜, 不覺心蕩神怡, 因巾屨而出, 往訪蘇希孟家. 希孟方設賞花釣魚之遊, 騷人韻士, 塡門滿座, 劇談謎語, 前唱後賡. 堂下有一小池, 錦鱗游泳, 池畔牡丹盛開, 黃的是姚氏之種, 紫的是魏氏之香,[584] 輕紅方酣, 恍若丹實之闖萍, 玉淸初綻, 依如縞珠之披蚌, 賞春之

580 曲棐: 서강대본에는 '曲琴'으로 되어 있다. 문맥상 '曲棐', 즉 '굽은 상자'도 문제가 없어서 그대로 번역한다.

581 畢日: 문맥상 '異日'의 오기로 보인다. 서강대본에는 '異日'로 되어 있다.

582 六丁六甲: 도교에서 말하는 陰神인 여섯 丁神과 陽神인 여섯 甲神을 가리키는데, 天帝의 부림을 받는다고 한다.

583 款段: 굼뜨고 느린 말. 『후한서』「열전」〈馬援傳〉에 "士生一世 但取衣食裁足 乘下澤車 御款段馬 爲郡掾史 守墳墓 鄕里稱善人 斯可矣(선비가 한평생을 살면서 먹을 것과 입을 것만 있으면 되고, 못가를 다니기에 편리한 작은 수레인 하택거를 타고 느린 말을 몰며, 마을의 낮은 관리인 연사가 되어 조상의 묘를 지키며 마을 사람들에게 좋은 사람이라고 칭찬을 들으면 충분할 것이다.)"라는 글이 있다. 여기에서는 소희맹이 자신을 낮추어 한 말이다.

584 黃的是姚氏之種 紫的是魏氏之香: 姚黃魏紫. 매우 희소하여 귀중한 모란을 가리킨다. 구양수의 『洛陽牡丹記』「花釋名」에 "洛人善別花 見其樹知爲某花云 獨姚黃易識 其葉嚼之不腥 魏家花者 千葉肉紅花 出於魏相仁溥家 始樵者於壽安山中見之 斲以賣魏氏 [⋯] 錢思公曰 人

游女, 惜花之詞客, 無不會焉. 夢玉未至[585] 蹴席而升, 蘇公見之, 驚喜下堂而迎之曰: "錢兄不吝千金之寶軀, 枉顧陋巷, 榮溢樽俎, 不翅百朋之錫也." 歡天喜地, 笑容可掬, 夢玉拜

75

拜而坐. 須臾, 酒至數巡, 主人取一幅綵箋而進曰: "願錢兄一唾珠花, 以識此日勝會, 未知兄意何如?" 夢玉曰: "戞拙之文, 不足賁餙高筵敢辭." 主人曰: "錢兄幸勿謙退." 因以賞花釣魚爲題, 以春景閹韻得景字. 夢玉遂賦一篇云:

仙人綠玉杖,[586] 脚踏霜鰲頂[587]

謂牡丹花王 今姚黃真可爲王 而魏花乃后也(낙양 사람들은 꽃을 잘 구별하여 나무만 보고도 누구네 집 꽃인지 안다고 한다. 유독 요씨 집안의 노란 모란은 쉽게 구별되는데, 그 잎은 씹어도 비리지 않다. 위씨 집안의 모란꽃은 천 개의 이파리에 붉은 꽃이 피는데, 재상 위인부의 집에서 시작되었다. 처음에 나무꾼이 수안산 산속에서 보고 캐어 위인부에게 판 것이다. […] 전사공(송나라의 문인 전유연)이 말했다. '사람들이 모란을 꽃의 왕이라고 하는데, 지금 요씨 집안의 노란 모란은 참으로 왕이 될 만하고, 위씨 집안의 모란꽃은 왕후이다.')"라는 글이 있다.

585 未至: 서강대본에는 '末至'로 되어 있다.

586 綠玉杖: 신선이 짚고 다닌다는 전설상의 지팡이. 당나라 시인 이백의 〈廬山謠寄盧侍御虛舟〉에 "我本楚狂人 鳳歌笑孔丘 手持綠玉杖 朝別黃鶴樓(나는 본래 초나라 광인으로 봉황 노래 부르며 공자를 비웃었지. 손에 녹옥장을 쥐고 아침에 황학루를 떠났다네.)"라는 구절이 있다.

587 鰲頂: 오정은 전설상의 다섯 神山을 떠받치고 있다는 자라의 머리를 뜻한다. 『열자(列子)』「湯問篇」에 "渤海之東不知幾億萬里 有大壑焉 […] 其中有五山焉 一曰岱輿 二曰員嶠 三曰方壺 四曰瀛洲 五曰蓬萊 […] 而五山之根無所連箸 常隨潮波上下往還 不得暫峙焉 仙聖毒之 訴之於帝 帝恐流於西極 失羣仙聖之居 乃命禺彊使巨鰲十五擧首而戴之 迭爲三番 六萬歲一交焉 五山始峙而不動(발해의 동쪽 몇억만 리나 되는지 알 수 없는 곳에 큰 골짜기가 있다. […] 그 가운데 다섯 산이 있는데 대여, 원교, 방호, 영주, 봉래이다. […] 다섯 산의 뿌리는 서로 연결되어 붙어 있지 않아서 항상 조수의 물결에 따라 오르락내리락 왔다 갔다 하며 잠시도 우뚝 서 있지 못했다. 신선과 성인이 이를 위태롭게 여겨 상제에게 호소했다. 상제는 그 산들이 서쪽 끝으로 흘러가 여러 신선과 성인들이 살 곳을 잃게 될까 두려워 곧 우강(『산해경』「大荒北經」에 '북해의 물가에 신이 있는데 사람의 얼굴에 새의 몸을 하고 있다. 두 마리 푸른 뱀으로 귀걸이를 하고 붉은 뱀을 밟고 있는데 이름이 우강이다.'라는 기록이 있다.)에게 명하여 큰 자라 열다섯 마리에게 머리를 들어 다섯 산을 머리에 이게 하되, 삼교대로 번갈아 이게 하니, 6만 년 만에 한 차례씩 교대하게 되었다. 비로소 다섯 산은 우뚝 서서 움직이지 않았다.)"이라는 글이 있다. 서강대본에는 '鰲頃'으로 되어 있으나, 문맥상 '鰲頂'이 적절하다고 본다.

步空忽臨睨, 鄒律[588]含春景

把筆描其奇, 乾坤散苕穎

染靛紺池塘, 含酎醉嶠嶺

主人風韻足, 憑眸一笑領

詩思風檣驅, 談鋒鐵馬騁

安排二難席, 透澈三昧境

花癡點客衣, 魚點[589]避人影

擎得四海春, 臨軒觀動靜

李白不解遊, 桃園夜燭秉

座中羈旅客, 染指烹黿鼎[590]

願言從子遊, 一飲顧廚[591]茗

588 鄒律: 鄒衍의 음률. 추연은 전국시대 제나라 사람으로 陰陽家이며 음률에 정통했다. 『태평어람』「地部」〈穴〉에 "劉向別錄曰 方士傳言 鄒衍在燕 有谷 地美而寒 不生五穀 鄒子居之 吹律而溫氣至 而生黍穀 今名黍谷(유향의 『별록』에서 말했다. '신선술을 닦는 사람이 전한 말이다. 추연이 연나라에 있을 때 계곡이 있었는데 땅은 좋았으나 추워서 오곡(五穀)이 자라지 않았다. 추연이 살면서 피리를 불자 따뜻한 기운이 이르러 기장 등의 곡식이 자랐다. 지금 그곳의 이름은 서곡이다.')"이라는 기록이 있다.

589 魚點: 서강대본에는 '魚詁'로 되어 있으나 원전에 따라 번역했다.

590 染指烹黿鼎: 『춘추좌전』「宣公」에 "楚人獻黿於鄭靈公 公子宋與子家將見 子公之食指動 以示子家曰 他日我如此 必嘗異味 及入 宰夫將解黿 相視而笑 公問之 子家以告 及食大夫黿 召子公而弗與也 子公怒 染指於鼎 嘗之而出 公怒 欲殺子公 子公與子家謀先 子家曰 畜老猶憚殺之 而況君乎 反譖子家 子家懼而從之 夏弑靈公(초나라 사람이 정나라 영공에게 자라를 바쳤는데, 공자송(자는 자공)이 자가(정나라의 대부 공자귀생, 자가는 자)와 함께 영공을 알현하러 갔다. 자공이 움직이는 집게손가락을 자가에게 보여 주며 말했다. '다른 날에 내 손가락이 이처럼 움직이면 틀림없이 기이한 음식을 맛보았다.' 들어가니 요리사가 자라를 자르고 있어 서로 마주 보고 웃었다. 영공이 그 까닭을 물으니, 자가가 그 사실을 고했다. 대부에게는 자라를 먹게 하면서 자공은 부르기만 하고 주지 않았다. 자공이 화가 나 손가락을 솥에 넣어 맛을 보고 나가니, 영공이 노하여 자공을 죽이려 했다. 자공이 자가와 함께 먼저 모의하니 자가가 말했다. '가축도 늙으면 오히려 죽이기를 꺼리는데 하물며 군주이겠습니까?' 그러자 자공이 도리어 자가를 참소하려 했다. 자가가 두려워 여름에 영공을 시해했다.)"이라는 기록이 있다.

591 顧廚: 俊廚顧及. 재주와 덕이 매우 뛰어난 사람을 가리킨다. 『후한서』「黨錮列傳」〈序〉에 다음의 기록이 있다. "海內希風之流 遂共相摽搒 指天下名士 爲之稱號 上曰 三君 次曰 八俊 次曰 八顧 次曰 八及 次曰 八廚 猶古之八元八凱也 […] 郭林宗宗慈巴肅夏馥范滂尹勳蔡衍羊陟爲八顧 顧者言能以德行引人者也 […] 度尚張邈王考劉儒胡母班秦周蕃向王章爲八廚

蘇公一覽, 彈指擊節稱賞曰: "雖唐時鉅工, 無以加此." 滿座輪視, 閣筆問姓詢名, 莫不前席, 最上座有一人,

76

紗帽角帶, 儼然端坐, 此乃洋州知府也. 錢詩輪到知府前, 知府拍案一讀曰: "此是誰家秀才做出狂濯之口氣也?" 主人曰: "此乃賦鵬人錢秀才也." 知府猛可省悟曰: "無乃本府罪籍中所載錢夢玉大雅麽?" 夢玉前對曰: "生果是也." 知府曰: "有眼不識泰山, 使大雅辱在泥塗, 而尙欠一次款接, 良可愧也. 或可一顧以消吾鄙吝之萌[592]耶?" 夢玉曰: "非公事不敢至公門, 子羽之所愼也.[593] 且生方在罪籍之中, 遭譴在此, 安敢厠跡於法官之軒檻乎?" 知府曰: "大丈夫遇適志之人, 則自當水火不避, 何必拘於俗例, 以失肺腑之人乎?" 已而夕陽在山, 太守歸而主人起, 夢玉亦拜辭而退, 知府一自夢玉知面之後, 逐日問其起居, 豊

【蕃 姓也 音皮】廚者言能以財救人者也(천하 안에서는 명망을 우러러보는 문화가 생겨 서로 칭송하면서 천하의 명사들을 가리켜 칭호를 붙여 주었다. 가장 높은 것은 삼군이고, 다음은 팔준, 다음은 팔고, 다음은 팔급, 다음은 팔주라고 했다. 옛날의 팔원(순임금이 등용했다는 고신씨의 才子 8인), 팔개(순임금이 등용했다는 고양씨의 재자 8인) 같은 것이다. […] 곽림종, 종자, 파숙, 하복, 범방, 윤훈, 채연, 양척을 팔고라고 했다. 고는 덕행으로 타인을 인도할 수 있는 사람이라는 뜻이다. […] 도상, 장막, 왕고, 유유, 호모반, 진주, 피향, 왕장을 팔주【蕃는 성으로 음은 피이다.】라고 했다. 주는 재물을 풀어 남을 구할 수 있는 사람이라는 뜻이다.)"

592 鄙吝之萌: 어진 이와 떨어지게 되어 마음이 흔들린다는 뜻이다. 『후한서』「열전」〈周黃徐姜申屠〉에 "黃憲 字叔度 汝南愼陽人也 世貧賤 父爲牛醫 […] 同郡陳蕃周擧常相謂曰 時月之閒不見黃生 則鄙吝之萌復存乎心 及蕃爲三公 臨朝歎曰 叔度若在 吾不敢先佩印綬矣(황헌은 자가 숙도로, 여남 신양 사람이다. 대대로 빈천하여 아버지는 소를 다루는 의사였다. […] 같은 군의 진번과 주거가 늘 서로 말했다. '몇 달 동안 황생을 보지 못하면 비속하고 인색함이 다시 마음에 싹튼다.' 진번이 삼공이 되자, 조정에 임하여 탄식했다. '숙도가 있었다면 내가 감히 먼저 벼슬의 인끈을 찰 수 없었을 것이다.')"라는 기록이 있다.

593 子羽之所愼也: 『논어』「雍也」에 "子游爲武城宰 子曰女得人焉爾乎 曰有澹臺滅明者 行不由徑 非公事 未嘗至於偃之室也(자유가 무성의 재신이 되었는데 공자가 말했다. '네가 여기에서 사람을 얻었느냐?' 자유가 말했다. '담대멸명이라는 자가 있으니, 다닐 때 지름길을 통하지 않고 공적인 일이 아니면 제 방에 온 적이 없습니다.')"라는 구절이 있다. 여기에 "武城 魯下邑 澹臺姓 滅明名 字子羽(무성은 노나라 하읍이다. 담대는 성이고 멸명은 이름이며 자는 자우이다.)"라는 주석이 있다.

其廚傳, 備其傔從,

77

以供億於旅舍之中, 夢玉固讓不受. 一日, 知府設宴於望樓, 夢玉預焉. 未知太守風流如何, 且看下弓分解.

玉仙夢卷之上

옥선몽 하권

01

玉仙夢卷之下 宕菴 著

第六号

望雲樓太守設宴 天漢臺謫客看星

却說, 洋州知府重修望雲樓, 設大宴以落之, 樓在横湖之上, 竹塢蓼嶼, 羅列在眼, 望月臺·涵虛亭, 週遭相通, 園池凡三十餘所, 而此樓爲最焉. 知府卽令肩輿請夢玉, 夢玉再三固辭, 不得已詣焉. 知府延之上座, 與之周覽棟宇之制, 四阿【춘혀】軒敞, 八襲門疏朗, 沈檀牔風【박궁】, 對對垂飛鳳之翼, 編竹櫨星【셰실청】, 雙雙開老虬之眼, 刻華藻於侏儒【대궁】, 樓梧相撐, 緻文石於瓴甓, 煥爛成章. 知府衣四裌之衫【챵의】, 岸唐巾【탕건】, 揮扇香, 逍遙於其上, 有襜褕【褙子】而昵侍者, 有股褶【동젹울이】而聽令者, 帍[호]裙【힝주치마】而跪者, 進酒之婢也, 勒

02

帛【纏袋[1]】而趨者, 奉盤之奴也.

須臾, 衆賓序坐, 大托[2]具進, 殫水陸之品, 極飛走之味, 婁護五侯之鯖【부뷔음】,[3] 百和咸濟, 潁老骨董之羹【즙탕】,[4] 五味俱存, 鷰髀猩唇, 髦殘象白, 羅八珍

1 纏袋: 서강대본에는 한글 '젼딕'로 되어 있다. 앞뒤가 모두 한글로 되어 있는 것을 감안할 때 서강대본이 더 적절한 것으로 보인다.

2 大托: '大卓'의 오기로 보인다. 서강대본에는 '大卓'으로 되어 있다.

3 婁護五侯之鯖【부뷔음】: 『서경잡기』에 다음의 기록이 있다. "五侯不相能 賓客不得往來 婁護豊辯傳食五侯間 各 得其歡心 競致奇膳 護乃合以爲鯖 世稱五侯鯖 以爲奇味焉(오후(한나라 성제의 외숙인 왕담, 왕근, 왕립, 왕상, 왕봉. 같은 날 제후에 임명되어 오후라고 불렸다.)는 서로 사이가 좋지 않아 빈객이 왕래할 수 없었다. 누호는 말재주가 좋아서 오후 사이를 다니며 밥을 얻어먹으며 각각 환심을 사니 다투어 기이한 음식을 보냈다. 누호가 이를 합쳐서 청을 만들었는데 세상에서는 '오후청'이라고 부르며 진귀한 맛이라고 여겼다.)" 『옥선몽』에서는 음식을 합쳤다는 점에 착안하여 '비빔'이라고 한 것이다.

4 潁老骨董之羹【즙탕】: 谷董羹. 어육 등을 섞어서 곤죽처럼 범벅이 되게 끓인 국. 『仇池筆記』 〈盤遊飯谷董羹〉에 "羅浮潁老取凡飮食雜烹之 名谷董羹 詩人陸道士出一聯云 投醪谷董羹鍋內 掘

於案上, 黃鮐【틔】丹鷚, 霜鵽露鵠,[5] 經九沸於鼎中, 海東之魚菜, 塞北之羊酪, 南蠻之醍醐, 西域之蒟醬, 東西南北之美饌, 春之花餻, 夏之水團, 秋之蜜餠, 冬之馳酥, 春夏秋冬之珍羞, 蟹足葤窣鎗鐺【노고】, 煎郭索之湯【게탕】, 豕腹膨脝銅銚【초오】, 進蕩平之菜, 粔敉【散子[6]】染鴈紅之莧【강닝비름[7]】, 餶飿【강졍】粘金栗之粒, 長而紅者, 謂之蓼花, 短而窣者, 謂之水菜. 蜜果, 沙果, 中桂, 蓮根, 正果, 栢子, 朴散等物, 形形色色, 沙蒸【산승】·輕團, 椰子, 饅餡, 龍眼, 水茶各種, 奇奇妙妙, 淇園之竹瀝, 衡陽之橘餠, 越裳之桂蠹, 朝鮮之竹蛤, 非土産而何來? 錦色之梨, 赤莩之栗, 鷄頭之芡, 牛仍之柹,[8] 非時果而亦進. 熱膏之湯熾, 榾[골]

03

榾【식발등걸승】而方沸, 笠骨之炙載, 笊籬[라리]【적쇠】而初熟. 至於酒品, 則頃刻而成者, 謂之逡巡, 支離醉者, 謂之千日,[9] 三重酎, 一宿釀, 謂酒家之新方,

---

窖盤遊飯碗中(나부산의 영로가 모든 음식을 섞어 끓여 곡동탕(골동탕)이라고 이름했다. 시인 육도사(육유충)가 시 한 연을 내어 말했다. '골동탕이 끓는 솥에 막걸리를 붓고 반유반(젓, 포, 회, 고기 등을 넣어 만든 밥. 골동밥이라고도 한다.) 사발 속에 구멍을 낸다.')"이라는 기록이 있다. 『옥선몽』에서는 음식을 섞어 끓였다는 점에 착안하여 '잡탕'이라고 한 것이다.

5 鷰髀猩唇~霜鵽露鵠: 팔진미 가운데 하나. 서진의 시인 張協의 「七命」에 있는 "晨鳧露鵠 霜鵽黃雀 圜案星亂 方丈華錯 […] 燕髀猩唇 髦殘象白 靈淵之龜 莱黃之鮐 丹穴之鷚 玄豹之胎 燀以秋橙 酤以春梅 接以商王之箸 承以帝辛之杯(들오리와 이슬 내릴 때 잡은 큰 고니, 서리 내릴 때 잡은 사막새와 황작이 식탁에 둥글게 펼쳐져 있고, 사방 열 자인 식탁에 풍성히 섞여 있네. […] 제비의 대퇴부와 성성이의 입술, 들소 삶은 고기와 코끼리 기름, 깊은 못의 거북이, 동래 고국 황현 땅의 태어, 단혈의 종다리, 검은 표범의 태반을 가을 등나무로 요리하고 봄 매화로 섞어서 주왕의 젓가락과 술잔으로 접대한다.)"라는 구절을 활용한 것으로 보인다.

6 散子: 서강대본에는 '산자'로 되어 있다. 앞뒤가 모두 한글로 되어 있는 것을 감안할 때 서강대본이 더 적절해 보인다.

7 강닝비름: 서강대본에는 '강남비름'으로 되어 있다. 서강대본이 더 적절해 보인다.

8 牛仍之柹: 고욤, 山梨, 아그배 등을 가리킨다. 오경희 외, 『해제로 보는 조선시대 생물자원사-조선후기②(19세기)』(환경부 국립생물자원관, 2016), 203쪽.

9 謂之千日: 『博物志』「잡설」에 "昔劉玄石於中山酒家沽酒 酒家與千日酒 忘言其節度 歸至家當醉 而家人不知 以爲死也 權葬之 酒家計千日滿 乃憶玄石前來酤酒 醉當醒耳 往視之 云玄石亡

二經爵, 三雅盃, 備陶人之妙制, 淸濁俱進, 淸曰醥, 而濁曰醠, 厚薄兼全, 厚曰醲, 而薄曰醨. 荊南之烏程, 暖休休而不醉, 豫北之竹葉, 聲蓬蓬入腦, 勁者謂齊物論椒雨蘸唇, 和者謂養生主薇露灌頂, 西凉葡萄之味, 憶楊妃之潤肺, 西河枸杞之方, 聞仙女之引年, 甛而辣者, 釀桂糖而爲酒, 烈而香者, 雜梨薑而成膏, 洞庭春, 雲安春以山水而得名, 桃花酒, 蓮葉酒, 以花卉而稱美, 箕都之紅露, 一盞卽醺人, 海關之白酥, 三椀不過崗, 紅消散, 碧英膏, 乃消食之良劑, 玉蘂茶, 蘭英酒, 亦解酲之妙方, 其餘鏊子【쳘】邊饋餾之氣, 卓兒【탁ᄌᆞ】上飣餖之饌, 不可殫述. 已而噴噴之聲旣訖, 儼儼之容方作, 茗艼

04

而欲眠者, 酕醄而亂酗者, 誒髁不正者, 吳詬無節者, 箇箇摹景不得耳.

知府卽命大張音樂, 兼進奇戲諸物, 以爲飾喜之具,[10] 兩行珠翠環階立, 一派笙歌下堂來, 歌的是春踏踏, 山有花, 將進酒, 子夜吳, 囀弄得鶯語鷺聲, 舞的是醉回回 活觀音 柳靑娘 鮑老兒,[11] 句引得蜂狂蝶亂也. 有坎坎擊缶者也, 有鼛鼛伐鼓者, 琴韵淸切, 宛是臨水瀉灘之調, 笙音寥喨, 端的繞花出洞之聲, 太

來三年 已葬 於是開棺 醉始醒 俗云 玄石飮酒, 一醉千日(옛날에 유현석이 중산의 술집에서 술을 샀다. 술집에서는 천일주를 주었는데, 마시는 기준을 말해 주는 것을 잊었다. 집에 돌아가서 취했는데, 집안사람이 죽은 줄 알고 임시로 장사를 지냈다. 술집에서는 천 일이 되었음을 계산해 보고, 유현석이 지난날 사 갔던 술에 취했다가 깨어났으리라 생각하고 가 보았으나 유현석이 죽은 지 3년이나 되었으며 이미 장사를 지냈다고 했다. 이에 관을 열자 취했다가 비로소 깨고 있었다. 민간에서는 유현석이 술을 마시고 한 번 취하니 천 일이 지났다고 했다.)"이라는 글이 있다.

10 以爲飾喜之具: 『예기』「樂記」에 "夫樂者 先王之所以飾喜也 軍旅鈇鉞者 先王所以飾怒也(대저 음악은 선왕이 기쁨을 드러내는 방법이었으며, 군대와 부월은 선왕이 노여움을 드러내는 방법이었다.)"라는 글이 있다.

11 歌的是春踏踏~鮑老兒: 『수호전』 82회에 천자가 투항한 송강 등에게 잔치를 베풀어 주는 장면의 "歌的是朝天子 賀聖朝 感皇恩 殿前歡 治世之音 舞的是醉回回 活觀音 柳靑娘 鮑老兒 淳正之態(노래는 조천자, 하성조, 감황은, 전전환으로 태평한 시대의 소리이고, 춤은 취회회, 활관음, 유청낭, 포로아로 순정한 자태이다.)"라는 글을 활용한 것이다. 『옥선몽』에서는 천자 앞에서 벌인 잔치가 아니기 때문에 노래 이름을 바꾼 것으로 보인다.

平簫三難之曲,[12] 爲君難, 爲臣難, 九里簫回心之曲, 一聲高, 一聲低, 伽倻琴步虛之詞,[13] 仙女傳腔, 唐琵琶歸鴈之操, 羈人斷腸, 奚琴細篥之節拍, 橫笛牙箏之間奏, 莫不虞夔[14]調律 晉曠[15]理音.

已而雜戲繼進, 代鼓而舞者[북춤], 四枹齊動之也者, 棹般[16]而歌者[빅ᄯᅥ라

12 三難之曲: 『堯山堂外記』「삼국 魏」〈조식〉에 "譙樓畫角之曲 有三弄相傳爲曹子建所作 其初弄曰 爲君難爲臣又難 難也難 再弄曰 創業難守成亦難 難也難 三弄曰 起家難保家亦難 難又難('초루화각곡'에는 세 곡조가 있는데 조식(자는 자건)이 지었다고 전한다. 첫째 곡조에서는 임금 되기도 어렵고 신하 되기도 어려우니 어렵고도 어렵다고 노래한다. 둘째 곡조에서는 창업하기도 어렵고 수성하기도 어려우니 어렵고도 어렵다고 노래한다. 셋째 곡조에서는 집안을 일으키기도 어렵고 집안을 보전하기도 어려우니 어렵고도 어렵다고 노래한다.)"이라는 글이 있다. 그런데 『刻餘叢考』「畫角聲」에는 "譙樓畫角聲 相傳爲明太祖所演以示警者 […] 說見海鹽錢琦所著語測('초루화각성'은 명나라 태조가 펼쳐 경계를 보이려 했다고 전한다. […] 이 이야기는 해염현 사람 전기가 지은 『어측』에 보인다.)"이라는 기록도 있다.

13 步虛之詞: 악부 형식 가운데 하나로 道家의 노래이다. 『文章辨體』「歌行」〈步虛詞〉에 "樂府解題曰 步虛詞 道家曲也 備言衆仙縹緲輕擧之美(『악부해제』에서 말했다. '보허사는 도가의 곡이다. 여러 신선의 아득히 휘날리며 가볍게 움직이는 아름다움을 갖추어 말했다.')"라는 글이 있다. 『異苑』에는 "陳思王遊山 忽聞空裏誦經聲 清遠道亮 解音者則而寫之 爲神仙聲 道士效之 作步虛聲也(조식(진사왕)이 산에서 노니는데 문득 공중에서 경을 외는 소리가 들렸다. 맑고 멀리 퍼지기에 음을 아는 자에게 본받아 베끼게 하니 신선의 소리였다. 도사가 모방하여 '보허성'을 지었다.)"라고 기록하고 있다.

14 虞夔: 순임금이 다스렸던 우나라의 음악을 맡았던 신하. 태평성세의 훌륭한 음악을 가리킨다. 『서경』「舜典」〈虞書〉에 "帝曰 夔 命汝典樂 教胄子 直而溫 寬而栗 剛而無虐 簡而無傲 詩言志 歌永言 聲依永 律和聲 八音克諧 無相奪倫 神人以和 夔曰 於 予擊石拊石 百獸率舞(순임금이 말했다. '기야, 너를 전악에 임명한다. 주자(천자, 경대부 등의 맏아들)를 가르치되 곧으면서도 온화하며 너그러우면서도 엄숙하며 강하면서도 사나움이 없으며 간략하면서도 오만함이 없게 하라. 시는 뜻을 말하고, 노래는 말을 길게 하는 것이다. 음악 소리는 읊조림을 따르고, 음률은 소리를 조화시키는 것이다. 여덟 음이 잘 어울려서 서로 차례를 빼앗지 않아야 신과 사람이 화합할 것이다.' 기가 말했다. '아! 제가 석경을 치고 두드리자 온갖 짐승이 춤을 춥니다.')"라는 글이 있다.

15 晉曠: 음률을 잘 아는 것으로 유명했던 晉나라의 맹인 악사 師曠. 『新序』「雜事」에 "晉平公閒居 師曠侍坐 平公曰 子生無目眹 甚矣 子之墨墨也 師曠對曰 天下有五墨墨 而臣不得與一焉(진나라 평공이 한가롭게 있을 때 사광이 모시고 앉아 있었다. 평공이 말했다. '그대는 태어나면서부터 눈동자가 없었으니 그대의 깜깜함이 심하구나.' 사광이 대답했다. '천하에는 다섯 가지 깜깜함(뇌물받는 신하, 불충한 신하, 간신배, 상하 불화, 하급 관리로 인한 백성의 불안 등 다섯 가지를 모르는 임금)이 있는데 저는 하나도 해당이 되지 않습니다.')"이라는 기록이 있다. 『사기』「樂書」에 "平公曰 音無此最悲乎 師曠曰 有 平公曰 可得聞乎 師曠曰 君德義薄 不可以聽之 平公曰 寡人所好者音也 願聞之 師曠不得已 援琴而鼓之 一奏之 有玄鶴二八集乎廊門 再奏之 延頸而鳴 舒翼而舞(진나라 평공이 물었다. '음악에서 가장 슬픈 것이 없는가?' 사광이 말했다. '있습니다.' 평공이 물었다. '들어 볼 수 있겠는가?' 사광이 말했다. '임금의 덕과 의리가 얇아 들을 수 없습니다.' 평공이 말했다. '과인이 좋아하는 바는 음악이니 듣기를 원한다.' 사광이 부득이 거문

기], 萬頃滄波去也. 回雙龍戲珠[고부막춤[17]], 繞畵扇而蹲蹲, 獨鶴朝天[등ᄯᅳ락이], 抱花燈而翩翩, 靑桶帽矮矬樂工, 誦悔懺也將脚踏, 潑戱[18]褉脧眫優人, 按格範只把頭搖. 角抵【씨름】相撲之戱, 鴛

05

鴦脚玉環步,[19] 齊聲喝采. 撞竿【효ᄯᅧᆨ장이[20]】倒掛之枝, 蜘蟵足水蟹步, 莫不絶倒, 黑漆幞頭傀儡子【골ᄯᅩ[21]】, 箇箇面是背非, 綠藍裙子優婆塞【사당】, 這這雲情水性. 列立而踢毬【져기[22]】者, 飛兩脚誓不落, 分隊而拔河【줄달희기】者, 奮雙腕誓不讓人, 巧於藏鉤【ᄑᆞᆯ검질[23]】者, 執玉鞭而鉤在若箇, 善爲猜枚【먹국질[24]】

고를 안고 타니 한 번 연주에 검은 학 열여섯 마리가 행랑의 문에 모였다. 다시 연주하니 목을 빼어 울고 날개를 펴며 춤을 췄다.)"라는 기록이 있다.

16 棹般: '棹船'의 오기. 서강대본에는 '棹船'으로 되어 있다.

17 고부막춤: 서강대본에는 '고부락춤'으로 되어 있다. 자세한 것은 알 수 없다.

18 潑戱: 당나라 때 서역에서 들어온 潑寒胡戱. 발한호희는 연희자가 가면을 쓰고 벗은 몸으로 북을 치고 노래하며 서로 쫓아다니면서 물을 뿌리는 놀이이다. 『구당서』「西戎」〈康國〉에 "其人皆深目高鼻 多鬚髥 […] 人多嗜酒 好歌舞於道路 […] 以十二月爲歲首 有婆羅門爲之占星候氣以定吉凶 頗有佛法 至十一月 鼓舞乞寒 以水相潑 盛爲戱樂(그 나라 사람들은 모두 깊은 눈과 높은 코에 수염이 많다. […] 그 나라 사람들은 대부분 술을 즐기며 길에서 춤추고 노래 부르는 것을 좋아했다. […] 12월을 정초로 삼아, 높은 계급인 바라문이 별을 점치거나 기운을 살펴 길흉을 판단했는데 자못 불교의 법도가 있었다. 11월이 되면 북을 울리며 추위 잘 보내기를 구하는 乞寒戱를 추었는데, 서로 물을 뿌리면서 성대하게 놀았다.)"이라는 기록이 있다.

19 鴛鴦脚玉環步: 『수호전』에서 무송이 선보인 무술. 『수호전』 29회에 "原來說過的打蔣門神撲手先把拳頭虛影一影 便轉身 卻先飛起左腳 踢中了 便轉過身來 再飛起右腳 這一撲有名喚做玉環步鴛鴦腳 這是武松平生的眞才實學 非同小可(원래 장문신을 칠 때 먼저 주먹을 허공에 날리고는 곧바로 몸을 돌려 먼저 왼발을 날려 차 맞혔다. 곧바로 몸을 돌려 다시 오른발을 날렸다. 바로 이것이 옥환보, 원앙각이라고 하는 것이다. 이것은 무송이 평생 익힌 진정한 기술로 가볍게 볼 수 없는 기술이다.)"라는 글이 있다.

20 효ᄯᅧᆨ장이: 솟대쟁이. 솟대 꼭대기에서 양편으로 두 가닥씩 네 가닥의 줄을 늘여 놓고 그 위에서 여러 가지 재주를 부리는 사람을 가리킨다. 朴齊家의 『貞蕤集』「城市全圖應令」에 "東國撞竿天下無 步繩倒空縋如蟏(우리나라 솟대쟁이는 천하에 다시 없다네. 줄에서 걷기도 하고 공중에 거꾸로 매달린 것이 거미와 같네.)"라는 구절이 있다.

21 골ᄯᅩ: 꼭두각시.

22 져기: 서강대본에는 '졔기'로 되어 있다.

23 ᄑᆞᆯ검질: 옥가락지를 한쪽 손에 숨긴 뒤 두 손 가운데 어느 손에 감추었는지 알아맞히는 놀이. 서

者, 握銀子而枚數幾何, 輕身而捷隱者, 迷藏【숨벅국질[25]】之兒也, 尖口而辨慧者, 啞謎【수시격기】之童也, 甖【기금즛길】者, 彳亍[척촉]而尬行, 摮【손등치기】者, 叉瓜[조장]而旁擊也, 有投壺貫耳, 横矢之節也, 有圍棊雙關, 排拶[좔]之法. 象碁【장긔】之車[ᄎ]馳馬奔, 陸博【雙陸】之呼五喚白, 骰子【骨牌】之拈, 兩兩白鷗飛踈雨, 籤兒【투젼】之投, 二水中分白鷺洲,[26] 其餘山棚水嬉, 坐部立部, 詭異之觀, 浮靡之音, 不可勝記. 知府曰: "今日不可無大雅之佳作, 以賁華扁, 大雅請留六偉之製." 夢玉沉吟, 一盞茶時, 卽援筆而寫進曰:

06

述夫龍伯遷都, 奠水國於軫野, 工倕運智, 翼仙構於离[27]維. 晶盤湧螺, 一片嶼, 浮浮來何處?[28] 彩霧嘘唇[29]百層樓, 起於空中, 蘇仙訖雪堂之功,[30] 勝子增岳

강대본에는 '풀검질'로 되어 있다.

24 먹국질: 주먹에 쥔 물건의 개수를 알아맞히는 놀이.

25 숨벅국질: 서강대본에는 '듀먹국질'로 되어 있다. '숨벅국질'이 적절한 것으로 보인다.

26 二水中分白鷺洲: 당나라 시인 이백의 〈登金陵鳳凰臺〉에 "三山半落青天外 二水中分白鷺洲(삼산은 푸른 하늘 밖으로 반쯤 떨어져 있고, 두 강물은 백로주에서 그 중간이 나뉘었네.)"라는 구절이 있다. 삼산은 강소성 江寧縣에 있는 산이고, 백로주는 같은 지역 서남쪽의 大江 가운데 있는 모래섬이다. 여기서는 투전에서 찌를 나눈 모습을 형용한 것이다.

27 离: '离'는 八方의 하나. 정남을 중심으로 45도 범위 이내.

28 浮浮來何處: '浮來何處'의 오기. '浮'가 두 번 필사되었다. 서강대본에는 '浮來何處'로 되어 있다.

29 嘘唇: '嘘蜃'의 오기. '嘘蜃樓'는 신기루이다. 서강대본에는 '嘘唇'으로 되어 있다.

30 蘇仙訖雪堂之功: '蘇仙'은 소동파로 잘 알려진 북송의 문인 소식을 가리킨다. 『豫章黄先生文集』「題東坡字后」에 "性喜酒 然不能四五龠 已爛醉 不辭謝而就卧 鼻鼾如雷 少焉蘇醒 落筆如風雨 雖謔弄皆有義味 眞神仙中人 此豈與今世翰墨之士争衡哉(성품이 술을 좋아했으나 네다섯 약(용량의 단위. 1홉의 10분의 1)도 마시지 못하고 이미 몹시 취하면 사양하지 않고 누우러 간다. 우레처럼 코를 골다가 잠시 후에 깨어나 비비람처럼 붓을 들어 글씨를 쓴다. 비록 장난으로 하여도 모두 의미가 있으니 진실로 신선 속의 사람이다. 어찌 지금 세상의 문인들과 견줄 수 있겠는가?)"라는 구절이 있다. '예장황선생'은 송나라 문인 黃庭堅을 가리킨다. 또한 『帶經堂詩話』에서는 "漢魏已來二千餘年間 以詩名其家者衆矣 顧所號爲仙才者 唯曹子建李太白蘇子瞻三人而已(한나라, 위나라 이래 2천여 년 동안 시로 명가를 이룬 자가 많다. 다만 신선의 재주로 불린 사람은 조식, 이백, 소식 세 사람뿐이다.)"라고 했다. 『대경당시화』는 청나라의 문인 王士禛의 저술이다. '雪堂'은 소식이 황주로 유배된 뒤 지은 초가집이다. 그의 「설당기」에 "蘇子得廢圃於

樓之制,[31] 仍舊以葺, 其新孔嘉, 太守桂藉芳名, 荀班雅望. 子賤三月之化,[32] 乳翟含徽,[33] 士元百里之才,[34] 威鳳栖棘. 金章動色, 遙映祝融之遺墟,[35] 玉佩颺

東坡之脅 築而垣之 作堂焉 號其正曰 雪堂 堂以大雪中爲之 因繪雪於四壁之間 無容隙也(내가 동쪽 언덕 옆에 버려진 밭을 얻어 집을 짓고 담을 둘러 당을 짓고는 본채를 설당이라 했다. 큰 눈이 내리는 가운데 그 집을 지었기 때문이다. 인하여 사방 벽에 눈 그림을 빈틈 없이 그렸다.)"라는 글이 있다.

31 勝子增岳樓之制: '滕子增岳樓之制'의 오기. 서강대본에는 '滕子增岳樓之制'로 되어 있다. '勝子'는 송나라의 문인 滕宗諒이다. 송나라의 문인 范仲淹의 「岳陽樓記」에 "慶曆四年春 滕子京謫守巴陵郡 越明年 政通人和 百廢具興 乃重修岳陽樓 增其舊制 刻唐賢今人詩賦於其上 屬予作文以記之(송 경력 4년 봄에 자경(등종량의 자)이 문책을 받아 파릉군을 다스렸다. 후년에 정사가 잘되어 인심이 화합하고 온갖 폐지되었던 것이 모두 복구되었다. 이에 악양루를 중수하여 옛 모습보다 더 크게 짓고, 그 위에 당나라의 현인들과 지금 사람들의 시와 부를 새기고 나에게 글을 지어 기록해 달라고 부탁했다.)"라는 구절이 있다.

32 子賤三月之化: 자천은 노나라 사람이다. 공자의 제자로 이름은 宓不齊이다. 『說苑』「政理」에 "宓子賤治單父 彈鳴琴 身不下堂而單父治 巫馬期亦治單父 以星出 以星入 日夜不出 以身親之 而單父亦治 巫馬期問其故於宓子賤 宓子賤曰 我之謂任人 子之謂任力 任力者固勞 任人者固佚(복부제가 선보를 다스릴 때 거문고만 타고 대청 아래로 내려가는 일이 없었지만 선보가 잘 다스려졌다. 무마기(공자의 제자)도 선보를 다스렸는데, 별빛이 있는 새벽에 나오고 별이 뜨는 밤에 들어가며 밤낮으로 떠나지 않고 몸소 일을 처리하여 선보가 또한 잘 다스려졌다. 무마기가 복부제에게 그 까닭을 물었다. 복부제가 말했다. '나는 남에게 맡겼다고 할 것이고, 그대는 자기의 힘에 맡겼다고 할 것이오. 자기의 힘에 맡긴 사람은 진실로 힘들고, 남에게 맡긴 사람은 진실로 편안합니다.')"이라는 구절이 있다.

33 乳翟含徽: 왕발의 「益州夫子廟碑」에 "仙鳧旦擧 影入銅章 乳翟朝飛 聲含玉軫(오리가 아침에 날아오더니 그림자가 관인에 들어오고, 새끼 꿩이 아침에 날아오더니 소리가 거문고 가락을 머금고 있네.)"이라는 구절을 활용한 것이다. 전몽옥이 태수가 선정을 베풀어 양주가 잘 다스려지고 있음을 말한 것이다.

34 士元百里之才: '백리지재. 즉 백 리를 다스릴 재주'는 縣 하나를 맡아 다스리기에 적당한 자질을 말한다. '士元'은 유비의 謨士인 龐統의 자이다. 『삼국지』「촉서」〈방통전〉에 "吳將魯肅遺先主書曰 龐士元非百里才也 使處治中別駕之任 始當展其驥足耳 諸葛亮亦言之於先主 先主見與善譚 大器之 以爲治中從事(오나라 장군 노숙이 선주(유비)에게 편지를 보내어 말했다. '방통은 백 리를 다스릴 정도의 재주를 갖고 있는 것이 아닙니다. 治中이나 別駕의 소임을 맡겨야 비로소 뛰어난 재능을 펼칠 수 있습니다.' 제갈량 또한 유비에게 그렇게 말했다. 유비가 보고 이야기를 잘 나눈 후에 큰 그릇으로 여겨 치중종사로 삼았다.)"라는 기록이 있다. 여기에서는 태수의 자질이 양주 태수에 머물기에 아깝다는 찬사로 쓴 것이다.

35 遙映祝融之遺墟: 화평해진다는 의미이다. 축융은 남방의 신이다. 『산해경』「海外南經」에 "南方祝融 獸身人面 乘兩龍(남방의 축융은 짐승의 몸에 사람의 얼굴을 하고 두 마리 용을 타고 다닌다.)"이라는 기록이 있다. 당나라 시인 한유의 〈남해신묘비〉에 "海於天地間 爲物最鉅 自三代聖王 莫不祀事 考於傳記 而南海神次最貴 在北東西三神河伯之上 號爲祝融(바다는 천지 사이에서 사물로는 가장 크니, 3대의 성왕으로부터 제사 지내 섬기지 않음이 없었다. 전하는 기록을 고찰하면 남해 신의 서열이 가장 존귀하여 북해, 동해, 서해의 세 신과 하백의 위에 있다고 하며 축융이라 불렀다고 한다.)"이라는 구절이 있다.

聲, 下臨銀漢之左界.[36] 凡四節物色,[37] 盡入品題, 民稱風流太守, 三十所園池, 都歸管領, 自謂江山主人. 鴻儒碩士與共遊, 芝蘭之室,[38] 遷客羈人多會此, 榕橘其鄕. 治化則百里同俗, 千里同風, 遊賞則五步一樓, 十步一閣,[39] 盖聞滕閣鎭南昌之府,[40] 桂殿蘭宮, 君山壓洞庭之湖, 銀坮金闕, 旣有湖山遊覽之所, 則詎無樓臺壯麗乎餙乎?[41] 顧茲土好事者絶無, 惟此樓營搆也已久, 踈椽敗壁, 閱百劫之星霜, 繡戶紋窓, 飽三江之風雨. 丹靑剝落, 老可畵篔之壁[42]

---

36 下臨銀漢之左界: 송나라 소식이 지은 〈天漢臺〉의 "漾水東流舊見經 銀漢左界上通靈(양수가 동쪽으로 흐른다는 것은 시경에 보이고, 은하수 서쪽은 천상에서 영혼과 통한다.)"이라는 구절을 활용한 것이다.

37 凡四節物色: 서강대본에는 '卄四節物色'으로 되어 있다. '凡四節物色'이 더 적합한 것으로 보인다.

38 芝蘭之室: 좋은 향기가 풍기는 방이라는 뜻으로, 현인군자를 비유적으로 이르는 말이다. 『공자가어』「六本」에 "與善人居 如入芝蘭之室 久而不聞其香 卽與之化矣(선한 사람과 함께 지내면 지초와 난초가 있는 방에 들어간 것과 같아서 오래되면 그 향기를 맡을 수 없어 그것에 동화된다.)"라는 글이 있다.

39 五步一樓 十步一閣: 당나라 시인 두목의 〈阿房宮賦〉에 "六王畢 四海一 蜀山兀 阿房出 覆壓三百餘里 隔離天日 驪山北搆而西折 直走咸陽 二川溶溶 流入宮墻 五步一樓 十步一閣 廊腰縵廻 簷牙高啄(여섯 왕조(전국시대)가 끝나고 사해가 통일되니 촉산이 우뚝하고 아방궁이 나왔네. 3백여 리를 덮고 눌러 하늘의 해를 격리시켰네. 여산이 북쪽으로 얽히다 서쪽으로 꺾여 바로 함양으로 달려오고, 두 강물이 넘실넘실 궁궐 담장으로 흘러든다. 다섯 걸음마다 누대가 하나요, 열 걸음마다 누각이 하나인데 행랑의 긴 통로는 완만하게 휘돌고 처마는 높아 쪼는 듯했다.)"이라는 구절이 있다. '아방궁'은 진시황 때 지은 궁궐의 이름이다. 『사기』「진시황본기」에 "於是始皇以爲咸陽人多 先王之宮廷小 […] 先作前殿阿房 東西五百步 南北五十丈 上可以坐萬人 下可以建五丈旗(이에 진시황은 함양에 사람은 많은데 선왕이 지은 궁전은 작다고 생각했다. […] 먼저 전전인 아방궁을 지었는데, 동서의 길이가 5백 보, 남북의 길이가 50장이었으며 위에는 1만 명이 앉을 수 있고 아래에는 5장 높이의 깃발을 세울 수 있다.)"라는 기록이 있다.

40 盖聞滕閣鎭南昌之府: 등각은 중국 강서성에 있는 滕王閣이다. 등왕 李元嬰이 세웠다고 하여 붙여진 이름이다. 왕발이 쓴 〈등왕각서〉는 "南昌故郡 洪都新府(남창은 옛날 군의 이름이요, 홍도는 새로운 부의 이름이다.)"라는 구절로 시작한다.

41 壯麗乎餙乎: '壯麗之餙乎'의 오기. 서강대본에는 '壯麗之餙乎'로 되어 있다.

42 老可畵篔之壁: '老可'는 '與可'의 오기. 서강대본에는 '與可'로 되어 있다. '여가'는 송나라 화가 文同의 자이다. 문동은 소식의 이종사촌 형으로 대나무 그림으로 유명하다. 『송사』「열전」〈문동〉에 "軾 同之從表弟也 同又善畫竹 初不自貴重 四方之人持縑素請者 足相躡於門 同厭之 投縑於地 罵曰 吾將以爲襪(소식은 문동의 이종사촌 동생이다. 문동은 또한 대나무를 잘 그렸으나 처음에는 스스로 귀하게 여기지 않아 사방 사람들이 그림 그릴 흰 비단을 가지고 와서 청하는 발길이 문앞에 이어졌다. 문동은 그것이 싫어서 비단을 땅에 던지며 욕했다. '내가 장차 버선을 만들어 버리겠다.')"이라는 기록이 있다.

07

無徵, 庭宇荒凉, 芝師翫月之簾[43]安在? 不有易榱之新制, 何安獵勝之象賓?[44]

於是, 召匠郢襄, 寫村荊蜀,[45] 斫瓊樹而成樑, 輸般[46]揮鑿, 壞鐵山而鑄釘, 昆吾鎔爐,[47] 綺綴流星, 超黃埃而煒燁, 璇題獨日, 揷靑天而穹崇, 文翬斯飛[48]斗栱, 宿五湖之霧, 尺蠖成響翼廂, 納七澤[49]之風, 文士所以會同, 過客所以來憩,

---

43 芝師翫月之簾: 미상.

44 獵勝之象賓: '獵勝之衆賓'의 오기로 보인다. 서강대본에도 '獵勝之象賓'으로 되어 있다.

45 寫村荊蜀: 『사기』「진시황본기」에 "隱宮徒刑者七十餘萬人 乃分作阿房宮 或作麗山 發北山石椁 乃寫蜀荊地材皆至(거세형인 궁형과 강제노역형인 도형을 받은 자가 70여만 명이었다. 나누어서 아방궁을 짓고 혹은 여산을 만들면서 북산의 석곽이 파헤쳐 오고 촉과 형 땅의 나무 재목이 모두 왔다.)"라는 구절을 활용한 것이다.

46 輸般: 수반은 춘추전국시대 말 노나라의 기술자인 公輸子로 다양한 기계와 물건을 만든 것으로 알려져 있다. 상권 각주 371 참조. 『묵자』「공수」에 "公輸盤爲楚造雲梯之械 成 將以攻宋(공수반이 초나라를 위해 구름사다리를 만들어 완성되자 장차 송나라를 공격하려고 했다.)"이라는 기록이 있다.

47 昆吾鎔爐: 곤오는 중국 전설상의 인물로, 불로 도자기나 철을 주조한 것으로 알려져 있다. 『사기』「楚世家」에 "楚之先祖出自帝顓頊高陽 高陽者 黃帝之孫 昌意之子也 高陽生稱 稱生卷章 卷章生重黎 重黎爲帝嚳高辛居火正 […] 而以其弟吳回爲重黎後 復居火正 爲祝融 吳回生陸終 陸終生子六人 坼剖而產焉 其長一曰昆吾 二曰參胡 三曰彭祖 四曰會人 五曰曹姓 六曰季連 羋姓 楚其後也(초나라의 조상은 전욱고양씨로부터 나왔다. 고양씨는 황제의 손자이자 창의의 아들이다. 고양씨는 칭을 낳았고 칭은 권장을 낳았으며 권장은 중려를 낳았다. 중려는 제곡고신씨의 화정(불을 관장하는 관리)이 되었다. […] (제곡고신씨가) 아우 오회에게 중려의 뒤를 잇게 하고 다시 화정 자리에 앉혀 축융이라 했다. 오회는 육종을 낳았다. 육종은 아들 여섯을 배를 갈라 낳았다. 맏이는 곤오, 둘째는 삼호, 셋째는 팽조, 넷째는 회인, 다섯째는 조성, 여섯째는 계련인데 성을 미라 했다. 초나라는 그 후손이다.)"라는 기록이 있다. 『여씨춘추』「심분람」〈郡守〉에 "奚仲作車 蒼頡作書 后稷作稼 皐陶作刑 昆吾作陶 夏鯀作城 此六人者所作當矣(해중은 수레를 만들고, 창힐은 글을 만들었으며, 후직은 농사법을 만들고, 고요는 형법을 만들었으며, 곤오는 그릇을 만들고, 하곤은 성을 만들었다. 이는 여섯 사람이 마땅히 만든 것이었다.)"라는 글이 있다.

48 文翬斯飛: 『시경』「소아」〈斯干〉의 "如鳥斯革 如翬斯飛(새가 놀라 날개를 펴고, 꿩이 날아가는 것과 같다.)"라는 구절을 활용한 것이다.

49 七澤: 초나라에 있다는 일곱 개의 못. 사마상여의 〈子虛賦〉에 "齊王曰 雖然 略以子之所聞見而言之 仆對曰 唯唯 臣聞楚有七澤 嘗見其一 未覩其余也 臣之所見 蓋特其小小者耳 名曰雲夢 雲夢者 方九百里 其中有山焉(제왕이 말했다. '비록 그렇다 하더라도 간단하게나마 그대가 듣고 본 것을 말해 보시오.' 엎드려 대답했습니다. '네. 신은 초나라에 일곱 개의 못이 있다고 들었는데, 일찍이 한 곳을 보았을 뿐 나머지는 보지 못했습니다. 신이 본 것은 특히 작고 작은 것일

璇霄引弄玉之簫, 仙禽在楝,[50] 花辰奉靑蓮之硯, 玉女憑欄, 訪風景於崇阿,[51] 鬻花富貴, 極娛遊於暇日, 泉石膏肓, 爰設濟勝之需, 俾盡餙喜之具, 瓊廚炊玉飯, 浙東之長腰, 金盤堆銀膾, 槎頭之縮頸,[52] 斑猂輸五雲之鼎, 盛姬傳餐, 玉龍馱九霞之樽, 痲姑送酒, 神摯理曲,[53] 琴削龍門之綠桐, 潘岳調腔, 笙劓汶陽之碧篠, 獨乏瓊林之賁額, 遂忝玄卿之勒銘,[54] 蛇神銜枝於玉樓,[55] 旣承優許,

---

뿐으로 이름이 운몽입니다. 운몽은 사방이 9백 리이고 그 가운데에 산이 있습니다.')"이라는 구절이 있다.

50 璇霄引弄玉之簫 仙禽在楝: 『열선전』 「簫史」에 "簫史者 秦穆公時人也 善吹簫 能致孔雀白鶴於庭 穆公有女 字弄玉 好之 公遂以女妻焉 日教弄玉作鳳鳴 居數年 吹似鳳聲 鳳凰來止其屋 公爲作鳳台 夫婦止其上 不下數年 一旦皆隨鳳凰飛去 故秦人爲作鳳女祠於雍宮中 時有簫聲而已(소사는 진 목공 때의 사람이다. 퉁소를 잘 불어서 공작과 백학을 정원에 부를 수 있었다. 목공에게 딸이 있었는데 자가 농옥이다. 소사를 좋아하니, 목공이 마침내 딸을 시집 보냈다. (소사는) 날마다 농옥에게 봉황의 울음소리를 내도록 가르쳤다. 몇 년이 지나 퉁소 소리가 봉황 소리와 유사하게 되자 봉황이 와서 그 집에 머물렀다. 목공이 봉대를 짓자 부부가 그 위에 머무르며 몇 년 동안 내려오지 않다가 어느 아침에 봉황을 따라 날아갔다. 진나라 사람들이 위하여 옹궁에 봉녀사를 지었는데 때때로 퉁소 소리가 났다.)"라는 글이 있다.

51 訪風景於崇阿: 왕발의 〈등왕각서〉에 있는 "儼驂騑於上路 訪風景於崇阿(길 위에 네 마리 말을 위엄 있게 달려, 높은 언덕으로 아름다운 풍광을 찾아가네.)"라는 구절에서 가져온 것이다.

52 槎頭之縮頸: 방어 형태의 물고기 별칭. '槎頭縮頸鯿' 또는 '槎頭鯿', '縮頭鯿'이라고 한다. 『두공부초당시전』 「大曆二年秋在夔所作」 〈解悶十二首〉의 "復憶襄陽孟浩然 淸詩句句盡堪傳 卽今耆舊無新語 漫釣楂頭縮項鯿(다시 생각나누나 양양의 맹호연, 맑은 시 구구절절 영원히 전해지리. 지금 노인들 새로운 시어 하나 없이, 그저 사두축항편만 낚고 있구나.)"이라는 구절에 "項一作頸 鯿卑連切 襄陽耆舊傳 漢中鯿魚甚美 常禁人捕 以槎斷水 因謂之槎頭鯿(항은 경으로도 쓴다. 편은 비와 련의 반절음이다. 『양양기구전』에서는 한수에 편어가 매우 아름다워 항상 사람들이 잡는 것을 금하느라 뗏목으로 물을 막았기에 사두편이라고 일컬었다고 한다.)"이라는 주석이 있다. 『동파시집주』 「題詠 上」 〈監洞霄宮兪康直郎中所居四詠-退圃〉의 "百丈休牽上瀨船 一鉤歸釣縮頭鯿(여울을 오르는 배를 백 길 밧줄로 끄는 것 멈추고 갈고리를 하나 들고 돌아와서 방어를 낚는다)"이라는 구절에도 비슷한 주석이 있다.

53 神摯理曲: '摯'는 魯나라의 음악을 관장했던 악사이다. 『논어』 「泰伯」의 "師摯之始 關雎之亂 洋洋乎 盈耳哉(악사 지가 처음 연주한 관저 악곡의 종장이 양양하게 넘실대며 귀를 채웠다.)"라는 구절에 "師摯 魯樂師 名摯也(사지는 노나라 악사로 이름이 지이다.)"라는 주석이 있다. 『논어』 「微子」의 "太師摯適齊(태사 지가 제나라에 갔다.)"라는 구절에 "太師 魯樂官之長 摯其名也(태사는 노나라 악관의 장이다. 지는 그 이름이다.)"라는 주석이 있다. '神摯'는 '지'가 그만큼 뛰어나다는 것을 강조한 말인 듯하다.

54 遂忝玄卿之勒銘: 『동파시집주』 「遊賞」 〈游羅浮山一首示兒子過〉의 "負書從我盍歸去 群仙正草新宮銘 汝應奴隸蔡少霞 我亦季孟山玄卿(책을 지고 나를 따라 어찌 돌아가지 않는가, 신선들이 신궁의 명을 짓고 있는데. 너는 마땅히 채소하를 노예로 부릴 것이요, 나 또한 산현경과 백중세를 이룰 것이다.)"이라는 구절에 "唐有夢書新宮銘者云 紫陽眞人山玄卿撰 其畧曰 良常西麓

鸞錢猥及於草舍, 敢

08

竭鄙誠, 一言恭䟽, 六偉[56]齊唱.

阿郎偉抛樑東, 曉聲敲日聽隆隆, 紅光直破湖心出, 未信烏輪自海中.

阿郎偉抛樑南, 匡廬一髮翠如藍, 靑山偃蹇如高士, 夢裏應尋惠遠菴.[57]

阿郎偉抛樑西, 碧桃花落梅風低, 近聞金母頭成雪,[58] 多事周王八馬蹄.[59]

原澤東池 新宮宏宏 崇軒轞轞(당나라에서 꿈에 신궁의 명을 쓴 자가 이르기를 자양진인 산현경이 찬한 것이라고 했다. 그 대략은 다음과 같다. '양상산 서쪽 기슭과 원택 동쪽 연못에 있는 신궁은 크고 넓으며 숭헌은 우뚝 솟아 있다.')"이라는 주석이 있다. '山玄卿'은 '山元卿'으로도 불린다.

55 蛇神銜枝於玉樓: 『李義山文集』「雜著」〈李賀小傳〉에 "長吉將死時 忽晝見一緋衣人駕赤虯 持一版書 若太古篆或霹靂石文者云 當召長吉 長吉了不能讀 欻下榻叩頭言 阿㜷呼母聲也 老且病 賀不願去 緋衣人笑曰 帝成白玉樓 立召君爲記 天上差樂不苦也 長吉獨泣 邊人盡見之 少之長吉氣絶(이하(당나라 시인. 장길은 字)가 죽기 전, 대낮에 홀연히 붉은 옷을 입은 사람이 붉은 규룡(虯龍)을 타고 나타났는데, 태고전이나 혹 벽력석문 같은 글자로 새겨진 판을 들고는 '이하를 불러들여라.'라고 했다. 이하는 전혀 읽을 수가 없어 홀연히 평상에서 내려와 머리를 조아리며 말했다. '아니(어머니를 부르는 말)가 늙고 병들어 저는 가고 싶지 않습니다.' 붉은 옷을 입은 사람이 웃으며 말했다. '천제께서 백옥루를 지어 놓고 글을 쓰도록 즉시 그대를 부른 것입니다. 하늘에는 즐거움만 있을 뿐 괴로움이 없습니다.' 이하가 홀로 눈물을 흘리자, 주변 사람들이 모두 보았다. 잠시 후에 이하는 숨이 끊어졌다.)"이라는 글이 있다.

56 六偉: 상량문을 가리킨다. 동서남북 상하 각 방위의 앞에 '兒郎偉抛梁'이 공통으로 들어가기 때문에 兒郎詞, 兒郎文, 兒郎之頌이라고도 한다.

57 惠遠菴: 혜원은 동진의 고승 惠遠法師. 정토종의 시조로 알려져 있다. 『고승전』「晉廬山釋慧遠」에 "釋慧遠 本姓賈氏 雁門婁煩人也 [···] 桓乃爲遠復於山東更立房殿 即東林是也 遠創造精舍 洞盡山美 卻負香爐之峰 傍帶瀑布之壑 仍石壘基即松栽構 清泉環階 白雲滿室(스님 혜원의 본성은 가씨로, 안문 누번 땅 사람이다. [···] 자사 桓伊가 혜원을 위해 여산 동쪽에 승방과 불전을 건립했으니 바로 동림사이다. 혜원이 정사를 조성할 때 산수의 아름다움을 다 살렸다. 향로봉을 등지고 옆으로는 폭포가 떨어지는 계곡이 띠처럼 펼쳐져 있었다. 이에 돌로 기초를 쌓고 소나무 숲을 조성하니 맑은 개울물이 계단을 에워싸고 흰 구름이 방 안에 가득했다.)"이라는 글이 있다.

58 近聞金母頭成雪: 金母는 서왕모이다. 오행에서 금은 서쪽이므로 '금모'라고 한다. 사마상여의 〈大人賦〉에 "低回陰山翔以紆曲兮 吾乃今日睹西王母皬然白首 載勝而穴處兮 亦幸有三足烏爲之使 必長生若此而不死兮 雖濟萬世不足以喜(음산(서왕모가 거처하는 산)에서 머리를 숙이고 배회하며 빙 둘러 날아올라, 내가 이에 오늘 서왕모를 눈으로 보니 머리가 눈처럼 하얗구나.

阿郎偉抛樑北, 夜踏湖光禮斗極, 欲要上元陳素誠, 神光離合固難測.

阿郎偉抛樑上, 閶闔晴開秩蕩蕩, 莫是靑童追赤松,[60] 空中忽聞步虛響.

阿郎偉抛樑下, 九烟靑羃齊州野, 三公不換此江山, 薄暮西岩見漁者.[61]

머리에 장식물을 얹고 동굴 속에서 살고 있는데 다행히도 세 발 달린 까마귀가 있어서 그녀를 위해 일한다. 반드시 이처럼 장생하며 죽지 않는다고 하면 비록 만 대를 산다고 해도 즐겁지 않으리라.)"라는 구절이 있다.

59 多事周王八馬蹄: 周王은 '周穆王'이다. 『列子』「주목왕」에 "周穆王時 西極之國 有化人來 入水火 貫金石 反山川 移城邑 […] 居亡幾何 謁王同游 王執化人之袪 騰而上者中天迺止 暨及化人之宮 […] 由此穆王自失者三月而復 更問化人 化人曰 吾與王神游也 形奚動哉 且曩之所居奚異王之宮 曩之所游 奚異王之圃 […] 王大悅 不恤國事 不樂臣妾 肆意遠游 命駕八駿之乘 […] 馳驅千里 至於巨蒐氏之國 […] 遂宿于崑崙之阿 赤水之陽 […] 遂賓于西王母觴于瑤池之上 西王母爲王謠 王和之 其辭哀焉(주나라 목왕 때 서쪽 끝 나라에서, 물과 불에도 들어가고 쇠와 돌도 뚫으며 산과 냇물을 뒤엎고 성읍도 옮기는 도사가 왔다. […] 얼마 안 되어 목왕에게 다른 곳으로 놀러 가자고 청했다. 목왕이 도사의 옷소매를 잡자 솟아오르더니 중천에 이르자 이에 멈추니 도사의 궁궐에 도착했다. […] 이로 말미암아 목왕은 망연자실하다가 3개월 만에야 회복했다. 목왕이 다시 도사에게 묻자, 도사가 말했다. '저와 임금님께서는 정신이 놀고 온 것이니, 형체야 어찌 움직였겠습니까? 또한 아까 임금님께서 계시던 곳이 어찌 임금님의 궁전과 다르며, 아까 임금님께서 놀던 곳이 어찌 임금님의 정원과 다르겠습니까?' […] 목왕은 이 말을 듣고 크게 기뻐하며 나랏일은 생각하지 않고 충신과 애첩도 좋아하지 않으며 마음 내키는 대로 먼 곳에 가서 노는데, 준마 여덟 마리가 끄는 수레를 타고 출발했다. […] 천 리를 몰아 거수 씨의 나라에 도착했다. […] 마침내는 곤륜산의 언덕, 적수의 남쪽에서 묵었다. […] 마침내는 서왕모의 손님이 되어 요지 위에서 술을 마셨다. 서왕모는 왕을 위해 노래를 부르고 목왕이 화답을 했는데 그 가사가 매우 애처로웠다.)"이라는 글이 있다.

60 莫是靑童追赤松: '靑童'은 푸른 옷을 입은 仙童을, '赤松'은 신선 '적송자'를 가리킨다. 『열선전』에 "赤松子者 神農時雨師也 服水玉以教神農 能入火自燒 往往至崑崙山上 常止西王母石室中 隨風雨上下 炎帝少女追之 亦得仙 俱去 至高辛時 復爲雨師 今之雨師本是焉(적송자는 신농씨 때의 우사이다. 그는 수옥(『搜神記』에는 '氷玉'으로 되어 있다.)을 복용하며 신농씨에게 그것을 가르쳐 주었다. 그는 불 속으로 들어가 스스로 태울 수 있었다(『수신기』에는 '能入火不燒', 즉 '불에 들어가도 타지 않았다.'로 되어 있다). 종종 곤륜산에 이르면 항상 서왕모의 석실에 머물렀다. 비바람을 따라 오르내릴 수 있었다. 신농씨의 딸이 그를 따라 신선이 되어 함께 떠났다. 고신씨 때에 다시 우사가 되었다. 지금의 우사들이 본래 이런 것이다.)"이라는 기록이 있다.

61 三公不換此江山 薄暮西岩見漁者: 송나라 문인 戴復古(자는 式之)의 〈釣臺〉에 있는 "萬事無心一釣竿 三公不換此江山 平生誤識劉文叔 惹起虛名滿世間(만사에 무심하여 낚싯대 하나 드니 삼공의 자리도 이 강산과 바꿀 수가 없네. 평소 유문숙(후한 광무제 劉秀의 자)을 잘못 알고 지낸 탓에 세상 가득 헛된 이름만 알려졌을 뿐이네.)"이라는 구절을 활용한 것이다. '조대'는 '釣壇'이라고도 하는데 후한의 嚴光이 은거하며 낚시하던 곳이다. 『후한서』「逸民列傳」〈엄광〉에 "嚴光 字子陵 一名遵 會稽餘姚人也 少有高名 與光武同遊學 及光武即位 乃變名姓 隱身不見 帝思其賢 乃令以物色訪之 […] 帝從容問光曰 朕何如昔時 對曰 陛下差增於往 因共偃卧 光以足加帝腹上 明日 太史奏客星犯御坐甚急 帝笑曰 朕故人嚴子陵共卧耳 除爲諫議大夫 不屈 乃耕於富春山 後人名其釣處爲嚴陵瀨焉(엄광의 자는 자릉이다. 일명 엄준이라고도 하는데 회

伏願上樑之後, 人幷二難, 地具四美.[62] 壺中日月, 鎭長春於酒人, 鏡裏山川, 遞作主於文士. 筆硯供江湖之月, 白鷗點破碧琉璃, 几案生吳楚之烟, 赤烏擁出紅紅瑪瑙,[63] 垂百代名

09

跡不朽, 閱千秋樓顔如新.

知府拍掌軒渠, 以楚聲大讀, 卽命剞劂以顔之. 少焉, 虞淵日落, 楚戶烟生,

계 여요 사람이다. 어려서부터 명성이 높아 광무제와 함께 유학했다. 광무제가 즉위하자 성과 이름을 바꾸고 몸을 숨겨 나타나지 않았다. 광무제가 그의 어짊을 생각하여 모습으로 찾으라고 명령했다. [⋯] 광무제가 조용히 엄광에게 물었다. '짐이 예전과 어떠한가?' 엄광이 대답했다. '폐하께서는 전과 많이 차이가 납니다.' 그러고는 함께 드러누웠는데 엄광이 광무제의 배 위에 발을 올렸다. 다음 날, 태사가 객성이 임금의 자리를 침범하여 매우 위급하다고 아뢰자 광무제가 웃으며 말했다. '짐이 친구 엄자릉과 함께 누웠던 것일 뿐이다.' 그러고는 간의대부를 제수했으나 굽히지 않고 부춘산에서 농사를 지었다. 후세 사람들은 엄광이 낚시하던 곳을 '엄릉뢰'라고 이름했다.)"이라는 글이 있다. 여기에 "顧野王 輿地志曰 七里瀨在東陽江下 與嚴陵瀨相接 有嚴山 桐廬縣南 有嚴子陵漁釣處 今山邊有石 上平 可坐十人 臨水 名爲嚴陵釣壇也(고야왕의『輿地志』에서 말했다. '칠리뢰는 동양강 아래에 있는데, 엄릉뢰와 서로 접해 있다. 엄산이 있는데 동려현 남쪽에 엄광이 낚시하던 곳이 있다. 지금 산 둘레에 위가 평평하여 10여 명은 앉을 수 있는 돌이 물가에 임해 있는데, 이름이 '엄릉조단'이다.)"라는 주석을 달고 있다.

62 人幷二難 地具四美: 「등왕각서」의 "四美具 二難幷(네 가지 아름다움을 갖추고 두 가지 어려움을 아울렀다.)"이라는 구절을 활용한 것이다.『文選』「雜擬 上」에 실려 있는 謝靈運의 〈擬魏太子鄴中集詩八首〉 서문에 "建安末 余時在鄴宮 朝遊夕讌 究歡愉之極 天下良辰美景賞心樂事 四者難幷 今昆弟友朋 二三諸彥 共盡之矣 古來此娛 書籍未見 何者(건안 말에 나는 때때로 업궁에 있으면서 아침에 노닐고 저녁에 잔치하며 즐거움의 극치를 다했다. 천하의 좋은 시절과 아름다운 경치, 경치를 감상하는 마음, 유쾌한 일 네 가지는 아울러 갖기가 어려운데, 이제 동생과 벗 등 두세 선비가 그것을 함께 다했다. 예부터 이러한 즐거움이 서적에 보이지 않는 것은 무엇 때문인가?)"라는 글이 있다. 한편『문선』「贈答 三」에 실려 있는 劉越石의「答盧諶詩幷序」에는 "音以賞奏 味以殊珍 文以明言 言以暢神 之子之往 四美不臻(음악은 연주된 것을 감상하고, 맛은 특별히 맛있는 음식으로 하고, 글은 말을 분명히 하며 말은 정신을 맑게 하는데, 그대가 떠난 후 이 네 가지 아름다움이 더는 없네.)"이라는 구절이 있다. 여기에 "四美音味文言也(네 가지 아름다움은 음악, 음식, 글, 말이다.)"라는 주석이 있다. '二難'은 두 가지 얻기 힘든 것으로 어진 주인과 귀한 손님을 말한다.

63 赤烏擁出紅紅瑪瑙: '赤烏擁出紅瑪瑙'의 오기. '紅'이 중복 필사되었다. 서강대본에는 '赤烏擁出紅瑪瑙'로 되어 있다. '적오'는 전설상의 상서로운 새를 일컫는다.『尙書大傳』에 "武王伐紂 觀兵于孟津 火流於王屋 化爲赤烏 三足(무왕이 주를 정벌할 때 맹진에서 열병하고 있는데, 불이 무왕의 거처로 흘러오더니 변하여 세 발 달린 적오가 되었다.)"이라는 기록이 있다. 이는 천명을 받는 상서로움으로 해석된다. '紅瑪瑙'는 붉은빛이 도는 진귀한 보석이다.

乃撤筵退樂, 與夢玉同歸鈴閣, 欲以明日復爲蓼嶼之遊, 夢玉不可曰: "樂不可極, 極之而哀, 古人所戒,[64] 且今夕觀天機, 則罡前雲氣黃潤, 必是來晨降雨之兆, 且朝視東方, 雲積土, 暝視西上, 雲如累盃, 銀河猪越, 斗間黿動, 此皆大洒之候也. 明日安敢謀遊乎?" 知府愕然曰: "大雅果是通才也!" 當夜天明時候, 果然雨下如注, 盡日乃止, 知府服其靈驗. 翌日夜, 天朗氣淸, 月色如晝, 是日卽四月十四日也. 知府與夢玉, 同登天漢坮翫月, 已而, 夢玉望天, 忽作驚惶狀, 知府怪問之, 夢玉曰: "乾文大異凡常." 知府固請故其, 夢玉低聲而麿之曰: "此臣子所不敢言也! 流星犯紫薇垣, 自天柱經天床, 陰德星甚明, 又有木星犯垣,

10

國家必有憂矣. 夫紫薇垣者, 天子之常居也, 木與流俱犯, 則必大喪. 天柱者, 建政立法之府也, 而流犯則君憂, 天床者, 主寢舍燕息之星也, 而流犯則人君易位, 陰德者, 主施德之星也,[65] 而明則新君踐極, 咎徵若此, 誠可怪也."

---

64 樂不可極 極之而哀 古人所戒: 『예기』「曲禮 上」에 "敖不可長 欲不可從 志不可滿 樂不可極(오만함을 키우면 안 되고, 욕심나는 대로 따르면 안 되며, 뜻을 가득 채우면 안 되고, 즐거움도 지극한 데까지 추구하면 안 된다.)"이라는 말이 나온다. 또한 『회남자』「道應訓」에 "夫物盛而衰 樂極則悲(대저 사물은 성하면 쇠하게 되고, 즐거움은 지극하면 슬픔이 온다.)"라는 글도 있다. 한나라 무제가 지은 〈秋風〉에 "歡樂極兮哀情多(환락이 극에 달하면 슬픔이 많다.)"라는 구절도 있다.

65 流星犯紫薇垣~施德之星也: '流星犯紫薇垣'은 '流星犯紫微垣'의 오기. 서강대본에는 '流星犯紫微垣'으로 되어 있다. 『晉書』「천문 상」에 "紫宮垣十五星 其西蕃七 東蕃八 在北斗北 一曰紫微大帝之坐也 天子之常居也 主命主度也 一曰長垣 一曰天營 一曰旗星 爲蕃衛 備蕃臣也 […] 東垣下五星曰天柱 建政教 懸圖法 門內東南維五星曰 尚書 主納言 夙夜諮謀 龍作納言 此之象也 尚書西二星曰 陰德陽德 主周急振撫 宮門左星內二星曰 大理 主平刑斷獄也 門外六星曰天床 主寢舍 解息燕休 西南角外二星曰 內廚 主六宮之內飲食 主后妃夫人與太子宴飲 東北維外六星曰天廚 主盛饌(자궁(자미궁)의 담은 열다섯 개의 별인데 서쪽 울타리에 일곱 개, 동쪽 울타리에 여덟 개가 있다. 북두의 북쪽에 있는 것을 자미라고 하는데 대제의 자리로 천자가 항상 거주하는 곳이다. 명운과 도수를 주관한다. 장원, 천영, 기성은 번위가 되니, 울타리를 방비하는 신하이다. […] 동쪽 담장 아래에 있는 다섯 성을 천주라고 하는데, 정교를 세우고 법도를 공포한다. 문안 동남쪽 구석에 있는 다섯 별은 상서라고 하는데, 납언을 주관하며 밤낮으로 협의한다. 용을 납언으로 삼았다는 것이 이 형상이다. 상서 서쪽에 있는 두 별은 음덕과 양덕이라고 하는데, 위급함을 구하고 진정시켜 어루만지는 일을 주관한다. 궁문 왼쪽의 별 안에 있는 두 별

知府聞之, 不覺隕心, 緘口垂淚而已, 因敗意而歸焉. 盖是夜, 仁宗登司天臺, 見星變歡曰: "天命也!" 明日, 召蹇義楊士奇[66]語之, 泫然流涕, 遂出二勑賜之. 其後, 繡衣御史杜士榮, 按江湖間列邑, 行到洋州府, 士榮則希卓之族姪也. 聞洋州知府與錢夢玉, 昕夕相從, 頗有斷金之契, 大怒曰: "罪人守[67]敢與太守納款, 與之遊者, 亦體統,[68] 不可不論罪上達." 卽命本府, 枷囚夢玉, 草奏將馳啓, 而當夜倚枕假寐, 非夢非寐之際, 有哭聲哀哀, 自遠而漸近, 有一女子當前, 視之則再從妹菱娘也. 士榮驚曰: "賢妹旣非陽界之人, 則何寃訴, 而來見我也?" 菱娘收淚而言曰: "賢兄欲爲忘擧, 以誤無辜之人, 故敢此來告, 勿以枯朽之物,

11

視之㥫然. 小妹之於錢郎, 有前生未了之緣, 叨受一宿之顧, 而死有餘榮, 故

은 대리라고 하는데, 형벌을 공평히 하고 옥사를 결정하는 일을 주관한다. 문밖에 있는 여섯 별은 천상이라고 하는데, 잠자는 곳을 주관하여 편히 쉬게 한다. 서남쪽 모퉁이 밖에 있는 두 별은 내주라고 하는데, 육궁의 음식을 주관하고 후비부인과 태자의 잔치를 주관한다. 동북쪽 구석 바깥에 있는 여섯 별은 천주라고 하는데, 성찬을 주관한다.)"이라는 기록이 있다.

66 召蹇義楊士奇: 건의와 양사기는 모두 명나라 때의 대신이다. 『明史』「열전」에 "蹇義 字宜之 巴人 初名容 洪武十八年進士 授中書舍人 奏事稱旨 帝問 汝蹇叔後乎 容頓首不敢對 帝嘉其誠篤 爲更名義 手書賜之 滿三載當遷 特命滿九載曰 朕且用義 由是朝夕侍左右 小心敬愼 未嘗忤色(건의는 자가 의지로, 파 사람이다. 초명은 용이다. 홍무 18년에 진사시에 합격하여 중서사인에 제수되었는데 임금에게 아뢰면 모두 그 뜻에 부합했다. 임금이 물었다. '너는 건숙의 후손인가?' 건용이 머리를 조아리고 감히 답하지 못하자, 임금이 그 정성되고 독실한 것을 가상히 여겨 이름을 건의로 고쳐 주면서 손수 글로 써서 하사했다. 3년이 되면 마땅히 자리를 옮겨 줘야 하는데 특별히 9년을 채우라고 명하며 말했다. '짐은 또한 의리 있는 자를 쓴다.' 이에 아침저녁으로 좌우에서 모시는데 조심하고 공경하며 삼가 싫은 빛을 보인 적이 없었다.)"이라는 기록이 있다. 같은 책에 "楊士奇 名寓 以字行 泰和人 早孤 隨母適羅氏 已而復宗 貧甚力學 授徒自給 多游湖湘間 館江夏最久 建文初 集諸儒修太祖實錄 士奇已用薦徵授教授當行 王叔英復以史才薦 遂召入翰林 充編纂官(양사기는 이름은 우인데, 字로 알려졌다. 태화 사람이다. 어려서 아버지를 여의고 어머니를 따라 나씨에게로 갔다가 얼마 있지 않아 양씨로 돌아왔다. 매우 가난했으나 학문에 힘써 학생을 가르치며 자급자족했다. 동정호와 상강 사이에서 노닐며 강하에서 가장 오랫동안 묵었다. 건문 초에 여러 선비를 모아 『태조실록』을 편수했는데, 양사기는 이미 천거되어 교수로 일하고 있었다. 왕숙영이 다시 역사를 편찬하는 재주가 있다고 천거하여 마침내 불려 들어가 한림이 되어 편찬관에 충원되었다.)"이라는 기록이 있다.

67 守: '安'의 오기로 보인다. 서강대본에는 '安'으로 되어 있다.

68 亦體統: '亦失體統'의 오기로 보인다. 서강대본에는 '亦失體統'으로 되어 있다.

方思結草報恩, 而反以賤妾之故, 旣喫許多苦辱, 又遭千里竄配, 此皆小妹之罪. 小妹方呼訴於上帝, 欲爲酬恩之計, 而白放不遠, 賢兄又欲沮其前路, 陷此奇偉之人於萬仞坑塹, 賢兄若不段轍, 則將有奇殃於兄身, 愼之愼之!" 言訖, 乍陰乍陽, 回嘯一聲, 因忽不見. 士榮魂悸魄動, 恍然驚起, 沉思半晌, 猛省其誤, 卽命放釋夢玉, 送人知府衙中, 僕僕謝過, 明日敬禮而去. 五月十一日, 仁宗大漸, 蹇義等受遺詔, 召皇太子於南京, 翌日昇遐. 六月初三日, 皇太子還自南京, 始發哀, 中外諸臣, 各上慰箋, 洋州知府, 請製於夢玉, 夢玉遂代製曰:

[平行]洋州知府臣姓名, 伏聞洪熙元年五月十二日[冬至云, 冬至令節, 正朝云, 正朝令節, 皆平行. 誕辰無令節二字], [極行]大行皇帝【本朝云大行大王】昇遐, 臣不勝攀號, 摧痛之至, 謹奉 箋稱

12

[中行]慰者, 臣姓名誠惶誠恐, 稽首稽首 [中行]上言. 伏以鳳曆御宇, 方切祝嵩之忱, 龍馭賓,[69] 遽纏泣弓之痛,[70] 溥斯哀矣, 曷不慰乎? 欽惟【本朝云恭惟】皇帝陛下【本朝云尊號主上殿下】, 寧考貽謨, 禹子纘緖, 三時問膳, 遹追孝於胄筵,[71] 一念紹庭,[72] 俾緝熙於嗣服,[73] 豈意藻衮之永閟, 遽見麻冕之遘哀? 伏念

69 龍馭賓: '龍馭賓天'의 오기로 보인다. 서강대본에는 '龍馭賓天'으로 되어 있다. '용어'는 임금의 수레, '빈천'은 하늘의 손님이 되었다는 말이다. 임금이 수레를 타고 하늘로 올라가 손님이 되었다는 것이니, 이는 임금의 죽음을 의미한다.

70 遽纏泣弓之痛: 泣弓은 임금의 죽음을 뜻한다. 『史記』「封禪書」에 "黃帝采首山銅 鑄鼎於荊山下 鼎既成 有龍垂胡髯下迎黃帝 黃帝上騎 群臣後宮從上者七十餘人 龍乃上去 餘小臣不得上 乃悉持龍髯 龍髯拔墮 墮黃帝之弓 百姓仰望黃帝既上天 乃抱其弓與胡髯號 故後世因名其處曰鼎湖 其弓曰烏號(황제가 수산의 구리를 채취하여 형산 아래서 세발솥을 주조했다. 세발솥이 완성되자 용이 수염을 드리우고 내려와 황제를 맞이했다. 황제가 올라타자, 따라서 오른 여러 신하와 후궁이 70여 명이었다. 용이 이내 하늘로 올라가려고 하자, 미처 오르지 못한 하급 신하들이 용의 수염을 잡는 바람에 용 수염이 뽑혀 떨어지고 황제의 활도 떨어졌다. 이미 하늘로 올라간 황제를 우러러 바라보던 백성들은 활과 수염을 끌어안고 큰 소리로 울었다. 고로 후세에 그곳을 '정호'라고 했고, 그 활을 '오호'라고 했다.)"라는 기록이 있다.

71 遹追孝於胄筵: '胄筵'은 세자에게 經史를 교육하는 자리로 离筵, 書筵이라고도 한다. 『시경』「대

臣職縻南州, 誠懸北闕, 逮之歎,[74] 叩地攀號, 莫遂奔問之忱, 瞻天獻慰. 無任望[中行]天仰[中行]聖哀痛屛營之至, 謹奉[中行]箋稱[中行]慰以[中行]聞.

洪熙元年六月初五日, 洋州臣姓名謹上箋

【皮封】洋州知府臣姓名謹封【踏印】

【槓封】臣謹封[75]

【裏毛皮結封頭】洋州知府臣姓【着押】謹封

【裏袱上印】洋州知府大行皇帝陳慰尉箋.

是月十二日, 皇太子卽位, 是爲宣宗皇帝. 中外諸臣, 皆上登極賀箋, 知府又

아」〈文王有聲〉의 "築城伊淢 作豐伊匹 匪棘其欲 遹追來孝(성을 쌓되 도랑은 그대로 따르고, 풍읍을 만들되 그 성에 걸맞게 하시니, 그 욕심을 빨리 이루려는 게 아니라 선인의 뜻에 따라 효를 이루는 것이다.)"라는 구절에서 가져온 말이다.

72 一念紹庭: 『시경』「周頌」〈訪落〉에 "紹庭上下 陟降厥家 休矣皇考 以保明其身(뜨락을 오르내리며 집안 오르내림을 계승하리니 돌아가신 아버님의 훌륭함을 본받아 나의 몸을 보전하리라.)"이라는 구절이 있다. 이는 주나라 성왕이 아버지 무왕의 도를 본받고자 한 것처럼 지금의 왕이 선왕의 도를 계승했다는 의미이다.

73 俾緝凞於嗣服: 嗣服은 선대의 위업을 계승하거나 물려받음을 의미한다. 『시경』「대아」〈下武〉에 "永言孝思 昭哉嗣服(길이 효를 말하면서 밝게 선왕의 일을 이으셨네.)"이라는 구절이 있다. 이에 대해 『毛詩正義』에서는 "箋云 服 事也 明哉武王之嗣行祖考之事 謂伐紂定天下(箋(이해하기 어려운 부분을 해설하여 뜻을 밝히거나 자기의 의견을 써 넣은 것)에서 말한다. '복은 일이다. 밝게 무왕이 그 선조의 일을 계승했다는 것은 주 임금을 정벌하고 천하를 평정한 일을 이른다.)"라는 주석을 달고 있다. '緝凞'는 계속하여 밝힌다는 말로, 임금의 학문이 성현의 경지에 접근해 가는 것을 가리킨다. 『시경』「대아」〈문왕〉에 "穆穆文王 於緝熙敬止(깊고 원대하신 문왕이시여! 아! 계속하여 밝혀서 공경하여 머무르셨다.)"라는 구절이 있다. 『대학』에서는 이를 인용하면서 "詩云 穆穆文王 於緝熙敬止 爲人君 止於仁 爲人臣 止於敬 爲人子止於孝 爲人父 止於慈 與國人交 止於信(『시경』에서 '깊고 원대하신 문왕이시여! 아! 계속하여 밝혀서 공경하여 머무르셨다.'라고 했으니, 임금이 되어서는 어진 상태에 머물고, 신하가 되어서는 공경함에 머물며, 아들이 되어서는 효에 머물고, 아버지가 되어서는 자애로움에 머물며, 나라의 사람들과 어울림에 있어서는 믿음에 머물렀다.)"이라고 한 구절이 있다. 이에 대해서 "穆穆 深遠之意 於 歎美辭 緝 繼續也 熙 光明也 敬止 言其無不敬而安所止也 引此而言聖人之止 無非至善(목목은 깊고 원대하다는 뜻이다. 오는 감탄사이다. 집은 계속이라는 말이다. 희는 밝다는 말이다. 경지는 불경스러움이 없이 머문 곳에서 편안하다는 것을 말한다.)"이라는 주석을 달고 있다.

74 逮之歎: 문맥상 오기로 보여 서강대본에 있는 '徒切靡逮之歎'으로 번역했다. 뒤의 구절이 4자 6자라는 것을 고려했다. '靡逮之歎'은 따라가려고 해도 미치지 못하는 한스러움을 뜻한다. 여기서는 죽은 임금을 따라가지 못하는 슬픔을 말한다.

75 【槓臣封】謹封: '【槓封】臣謹封'의 오기로 보인다. 서강대본에는 '【槓封】臣謹封'으로 되어 있다.

請於夢玉. 夢玉又代製曰:

洋州知府臣姓名, 恭遇洪熙元年六月十二日, 嗣皇帝登極, 臣

13

不勝慶忭之至, 謹奉 [平行]箋稱賀者, 臣誠懽誠忭, 稽首稽首 [平行]上言.

伏以曆數[76]承堯, 仰貽謨之洪緖, 謳謌歸啓,[77] 覩逮極[78]之新休, 帝德重光, 人文再闡. 欽惟[極行]皇帝陛下, 德合乾健,[79] 運撫離明,[80] 朱邸[81]宣猷, 已慰億兆

76 曆數: 천하의 운명이나 운수. 임금이 될 순서. 『논어』「堯曰」에 "堯曰 咨爾舜 天之曆數在爾躬 允執其中(아! 너 순아. 임금이 될 하늘의 순서가 네 몸에 있으니 진실로 그 중도를 잡아라.)"이라는 구절이 있다.

77 謳謌歸啓: 啓는 우임금의 아들이다. 『맹자』「萬章 上」에 "萬章問曰 人有言 至於禹而德衰 不傳於賢而傳於子 有諸 孟子曰 否 不然也 天與賢則與賢 天與子則與子 […] 禹薦益於天七年 禹崩 三年之喪畢 益避禹之子於箕山之陰 朝覲訟獄者 不之益而之啓曰 吾君之子也 謳歌者 不謳歌益而謳歌啓曰 吾君之子也(만장이 물었다. '사람들이 우임금에 이르러 덕이 쇠하여 어진 사람에게 자리를 전하지 않고 자식에게 전했다고 하는데, 그런 일이 있습니까?' 맹자가 답했다. '아니다. 그렇지 않다. 하늘이 어진 사람에게 주면 어진 사람에게 주는 것이고, 하늘이 자식에게 주면 자식에게 주는 것이다. […] 우임금이 익을 하늘에 천거한 지 7년 만에 우임금이 돌아가셨다. 삼년상을 마치자 익이 우임금의 아들을 피하여 기산의 북쪽으로 가 있었는데, 문안을 드리고 정사를 논하는 사람들과 법을 집행하는 사람들이 익에게 가지 않고, 계에게 가서 우리 임금님의 아들이시라고 했으며, 칭송하며 노래 부르는 사람들이 익을 칭송하며 노래 부르지 않고, 계를 칭송하고 노래 부르며 우리 임금님의 아들이시라고 했다.')"라는 구절이 있다.

78 逮極: '建極'의 오기로 보인다. 서강대본에는 '建極'으로 되어 있다. 『書經集傳』「周書」〈홍범〉은 "皇極 皇建其有極(황극은 황제가 치우침 없는 바른 표준을 세상에 세우는 것이다.)"이라는 구절에 "皇君 建立也 極猶北極之極 至極之義 標準之名 中立而四方之所取正焉者也(황은 임금이요, 건은 세운다는 말이다. 극은 북극의 극과 같으니 지극하다는 뜻이요, 표준이라는 명칭이다. 나라의 중앙에 세워져 사방에서 바름으로 취하는 것이다.)"라는 주석이 달려 있다.

79 德合乾健: 乾健은 하늘의 강건한 덕을 가리킨다. 『주역대전』「周易上經」〈乾元亨利貞〉에 "乾健也 健而無息之謂乾 夫天專言之 則道也 天且弗違是也('건'은 굳셈이다. 굳세게 하여 쉼이 없는 것을 '건'이라 한다. '천'은 전적으로 말하면 '도'이니 하늘도 어기지 않는다는 것이 이것이다.)"라는 구절이 있다.

80 離明: 밝음을 말한 것으로, 훌륭한 임금이 밝게 다스리는 것을 가리킨다. 『주역』「說卦傳」에 "離也者 明也 萬物皆相見 南方之卦也 聖人南面而聽天下 嚮明而治 蓋取諸此也(이는 밝음이니 만물이 서로 보게 되는 남방의 괘이다. 성인이 남쪽을 향한 임금 자리에 앉아 다스리심에 밝음을 향하여 다스리신다고 하는 것은 다 여기에서 취한 것이다.)"라는 구절이 있다.

81 朱邸: 대문을 붉게 칠한 집. 공이 있는 황족이나 貴官의 문에 붉은색을 칠한 데에서 유래한 말이다. 여기에서는 선종이 태자로 있을 때를 말한 것이다.

人之駿望, 銀潢膺卜, 克嗣六七聖之鴻基, 故茲貳宮主鬯之餘, 聿見重宸御極之化, 伏念臣誠深拱北,[82] 職縻鎭南, 躬逢聖時, 莫厠獸舞之列, 跡滯遐土, 徒仰龍飛之期以無任, 望天仰聖, [中行]激切屛營之至, 謹奉[中行]箋稱[中行]賀以[中行]聞.

洪凞元年六月十二日, 洋州知府臣姓名, 謹上箋【皮封同上】.

改元以明年爲宣德元年, 大赦天下, 頒赦文曰:

皇帝若曰, 克定厥家,[83] 天子孝以纂承爲重, 旣右烈考,[84] 聖人寶以傳受爲公, 所以寡躬, 叨守丕搆. 惟朕以先皇

14

眇弱之嗣, 逮中國虞危之時, 翼燕貽謨, 縱軫夙宵之祗畏, 芻豢悅口,[85] 未知稼穡之艱難. 洎虞舜陟方之辰, 蔑夏啓繼道之責, 服麻冕於桐寢, 一念諒陰, 泣軒弓於荊山,[86] 四海遏密,[87] 然而兆民不可以無主, 萬機不可以曠持. 謳歌訟

82 拱北: 『논어』「爲政」에 있는 "爲政以德 譬如北辰居其所 而衆星共之(덕으로 정사를 펼치면 북두성이 가만히 제자리를 지키고 있어도 뭇 별이 옹위하는 것처럼 될 것이다.)"라는 구절에서 나온 것이다.

83 克定厥家: 『시경』「周頌」〈閔予小子之什〉에 "桓桓武王 保有厥土 于以四方 克定厥家(굳센 무왕이 좋은 병사를 가지고 사방에 행하여 이 나라를 안정시켰다.)"라는 구절이 있다.

84 旣右烈考: 『시경』「주송」〈臣工之什〉에 "綏我眉壽 介以繁祉 旣右烈考 亦右文母(내게 장수를 내려 주어 많은 행복을 빌며 공 많은 선친인 문왕을 높이고 모친인 太姒도 높였네.)"라는 구절이 있다.

85 芻豢悅口: 芻豢은 고기 음식을 뜻한다. 『맹자』「고자 상」에 있는 "理義之悅我心 猶芻豢之悅我口(의리가 우리의 마음을 즐겁게 하는 것은 마치 고기 음식이 우리의 입을 즐겁게 하는 것과 같다.)"라는 구절에 "草食曰芻 牛羊是也 穀食曰豢 犬豕是也(풀을 먹는 것을 '芻'라 하니 소와 양이 그것이다. 곡식을 먹는 것을 '豢'이라 하니, 개와 돼지가 그것이다.)"라는 주석이 있다.

86 泣軒弓於荊山: 軒은 중국 전설상의 제왕인 황제 헌원씨이다. 하권 각주 70 참고.

87 四海遏密: 『서경』「虞書」〈舜典〉에 "舜攝二十八載也 帝乃殂落 百姓如喪考妣三載 四海遏密八音(순임금이 섭정하신 지 28년이 되었다. 임금이 세상을 떠나자, 백성이 마치 부모상을 당한 것처럼 삼년상을 지냈고, 천하에 음악 소리가 끊어져 조용해졌다.)"이라는 구절이 있다. 백성이 군주의 상을 매우 슬퍼하는 것을 이른다.

之皆歸, 共推天命, 關石和勻[88]之攸在, 欣戴眇躬, 五運相推, 春秋不能逃迭遷之序, 三靈改卜, 日月不能謝代照之機. 肆予勉徇衆心, 忝登大寶, 漢帝御宇, 聿宣春和之渙音, 唐宗承基, 載覃雷雨之解澤,[89] 旣乘時而撫運, 可及物而推恩.

自本月二十五日昧爽以前, 除謀叛大逆, 謀叛子孫, 子孫謀殺毆罵祖父祖父,[90] 妻妾謀殺夫, 奴婢謀殺主, 謀故殺人, 魘魅蠱毒, 關係國家綱常, 贓汚强竊盜, 雜犯死罪外, 徒流以下, 付處安置充軍, 已至配所, 未至配所, 已發覺未發覺,

15

已決正未決正, 咸宥除之, 敢以宥旨前事, 相告言者, 以其罪罪之. 在官者各加一資, 資窮者代加.[91]

於戲! 誕膺繼序之期, 聿受景福, 或敷有過之典, 以答天休, 故玆詔【本朝云敎】示, 想宜知悉.

卽命布告天下, 綸綍所到, 疲癃皆起. 洋州知府召夢玉, 喩以溫綍中渙汗之意,[92] 奉巵酒獻賀, 夢玉拜謝皇恩, 所感涕淚交零. 知府曰: "大雅自今以後, 埋頭於科業, 早圖功名." 夢玉敬諾. 明日, 投興國寺, 重繹前工, 矻矻硏磨, 文藝日

88 關石和勻: 국가의 표준이 되는 법령과 제도. 상권 각주 348 참고.

89 雷雨之解澤: 사면령의 혜택. 『주역』「夏下咸傳」에 "象曰 雷雨作解 君子以赦過宥罪(象傳에서 말했다. '우레와 비가 일어남이 解卦이니, 군자는 그로써 과실을 저지른 자를 용서하고 죄 있는 자를 벌하지 않는다.)"라는 구절이 있다.

90 祖父祖父: 문맥상 '祖父母父母'의 오기로 보인다. 서강대본에는 "祖父母父母'로 되어 있다.

91 資窮者代加: 資窮은 관리들의 정규적인 진급 상한선이었던 堂下官 최고 위계를 가리킨다. 階窮이라고도 한다. 代加는 진급을 할 사람이 자궁이 되었을 때, 그 몫을 아들이나 손자·조카·동생·사위 등에게 주어서 대신 진급시키는 것을 말한다.

92 溫綍中渙汗之意: 溫綍은 따뜻한 임금의 말이라는 뜻으로, 임금의 명령에 대한 경칭이다. 渙汗은 땀이 나오면 다시 들어갈 수 없듯이 번복할 수 없는 제왕의 명령을 뜻한다. 『주역』「夏下豊傳」에 "九五 渙汗其大號 渙王居 无咎(구오는 흩어짐에 땀이 나듯이 크게 호령하다. 흩어지는 데 왕이 있는 것이니 허물이 없다.)"라는 구절이 있다.

富, 踢透得十分造詣, 科甲庶幾如拾草芥. 八月赴應天付[93]鄕試, 未知夢玉科名何如. 且看下弓分解.

第七弓

放金鷄[94]揚名解額[95] 射黃甲[96]居魁蓮榜

却說, 是時, 新皇踐阼, 科規嚴正, 特差公明之人, 爲考功官, 擇良日開場屋, 幷揭詩·賦·義·疑四題, 詩題曰, '南柯夢', 賦題曰,

16

'烏有先生',[97] 義題曰, '夢作乂'[98] 疑心題曰, '孟子曰周于德者, 而邪世不能亂,[99] 德莫夫子, 猶未免陳蔡之亂,[100] 何歟?' 夢玉卽爲製進, 詩曰【南柯夢】:

---

93 應天付: '應天府'의 오기. 응천부는 명나라 태조가 도읍으로 삼은 곳으로 후의 남경이다.

94 金鷄: 赦免. 상권 각주 568 참고.

95 解額: 향시 합격자의 정원이나 그 명단.

96 射黃甲: 과거에서 갑과로 급제한 것을 뜻한다. 『山堂肆考』「科第」〈登第〉에 "黃甲由省中降下唱名畢 以此升甲之人 附于卷末 用黃紙書之 故曰黃甲(황갑(갑과 합격자 명단)이 성안에서 내려와 이름을 다 부른 후에 이로써 갑과에 오른 사람을 문서 끝에 붙인다. 노란 종이를 써서 쓰기 때문에 황갑이라고 한 것이다.)"이라는 글이 있다.

97 烏有先生: 한나라 사마상여의 〈子虛賦〉에 등장하는 가공의 인물. 〈자허부〉는 오유선생, 子虛, 亡是公이 문답을 전개하는 내용이다. '烏有'는 '어찌 이런 일이 있을 수 있겠는가'라는 뜻으로, 실재하지 않는다는 말이다.

98 夢作乂: 『서경』「夏書」〈禹貢〉에 "江漢朝宗于海 九江孔殷 沱潛既道 雲土 夢作乂 厥土惟塗泥 厥田惟下中 厥賦上下(강수와 한수가 바다로 모여들자, 아홉 가닥의 강수가 크게 바로잡혔고 타수와 잠수가 이미 소통되니, 雲澤에 땅이 생겼고 夢澤이 다스려졌다. 그 흙은 진흙이었다. 그 밭은 下 가운데 중간인 팔등이었고, 그 부세는 上 가운데 아래인 삼등이었다.)"라는 글이 있다.

99 周于德者 而邪世不能亂: 『맹자』「盡心 下」에 "周于利者 凶年不能殺 周于德者 邪世不能亂(財利가 넉넉한 자는 흉년이 그를 죽일 수 없고, 덕이 넉넉한 자는 악한 세상이 그를 어지럽게 할 수 없다.)"이라는 구절이 있다.

100 德莫夫子 猶未免陳蔡之亂: 『孔子家語』「在厄」에 "楚昭王聘孔子 孔子往拜禮焉 路出于陳蔡 陳蔡大夫相與謀曰 孔子聖賢 其所刺譏 皆中諸侯之病 若用於楚則陳蔡危矣 遂使徒兵距孔子 孔子不得行 絶糧七日 外無所通 黎羹不充 從者皆病 孔子愈慷慨講誦 絃歌不衰 乃召子路而

以晝[101]爲覺非達觀, 古莽阜落[102]均爲夢
失鹿好幻焦隍訟,[103] 化蝶不詭莊園諷
六候[104]靡質黃神邈,[105] 痴腹不滿三巡甕

問焉 曰 詩云 匪兕匪虎 率彼曠野 吾道非乎 奚爲至於此(초나라 소왕이 공자를 초빙했다. 공자가 가서 이에 답례하고자 길을 나서니 진나라와 채나라를 지나게 되었다. 진나라와 채나라의 대부들이 모여서 서로 모의하며 말했다. '공자는 성현으로서, 그가 풍자하고 기롱하는 것은 모두 제후들의 병통에 맞는다. 만일 초나라에서 등용하게 된다면, 진나라와 채나라에게는 재앙이 될 것이다.' 마침내 군대의 무리를 시켜 공자의 길을 가로막았다. 공자는 길을 더 갈 수가 없어, 식량이 떨어진 지 7일이 되도록 바깥과 통할 수가 없었다. 나물국조차 충분하지 않았고 따르던 이들은 모두 병이 나고 말았다. 공자는 더욱 강개하게 글을 외우고, 거문고 타며 노래하기를 쉬지 않으면서, 자로를 불러 물었다. 『시경』에서 들소도 아니고 범도 아니면서 저 들판을 쫓아다닌다고 하더니, 나의 도가 그릇된 것인가? 어찌 이 지경에 이르렀는가?')"라는 구절이 있다. 『논어』「先進」에 있는 "子曰 從我於陳蔡者 皆不及門也(공자가 말했다. '진나라와 채나라에서 나를 따르던 자들이 지금은 모두 문하에 없구나.')"라는 구절에는 "孔子嘗厄於陳蔡之間 弟子多從之者 此時 皆不在門 故孔子思之 蓋不忘其相從於患難之中也(공자가 일찍이 진나라와 채나라 사이에서 곤액을 당하셨을 때 제자 중에 따르는 자가 많았는데, 이때에는 모두 문하에 있지 않았다. 그러므로 공자가 그들을 생각한 것이니, 대개 환난 가운데 서로 따르던 것을 잊지 않은 것이다.)"라는 집주가 달려 있다.

101 晝: 뒤의 내용을 고려할 때 '晝'의 오기로 보인다. 서강대본에는 '晝'로 되어 있다.

102 古莽阜落: '고망'과 '부락'은 모두 나라 이름이다. 『列子』「周穆王」에 "西極之南隅有國焉 不知境界之所接 名古莽之國 陰陽之氣所不交 故寒暑亡辨 日月之光所不照 故晝夜亡辨 其民不食不衣而多眠 五旬一覺 以夢中所爲者實 覺之所見者妄. […] 東極之北隅有國 曰阜落之國 其土氣常燠 日月餘光之照其土 不生嘉苗 其民食草根木實 不知火食 性剛悍 彊弱相藉 貴勝而不尙義 多馳步 少休息 常覺而不眠(서쪽 극지의 남쪽 구석에 나라가 있는데, 경계가 맞닿아 있는 곳을 알 수 없다. 나라 이름은 '고망'인데, 음양의 기운이 교차하지 않아 추위와 더위의 구별이 없다. 해와 달의 빛이 비치지도 않아 낮과 밤의 구분이 없다. 그곳 사람들은 먹지도 입지도 않은 채로 잠을 많이 자 50일에 한 번 깬다고 한다. 그래서 꿈속에서 한 일이 실제이고, 깨어서 보는 것은 허망한 일이라고 한다. […] 또 동쪽 극지의 북쪽 구석에 나라가 있는데 이름이 '부락'이다. 그 땅의 기운은 항상 따뜻하고, 해와 달의 남은 빛이 그 땅을 비추기에 좋은 곡식이 생산되지 않는다. 그곳 사람들은 풀뿌리와 나무 열매를 먹고 살며 불에 익혀 먹을 줄을 모른다. 성질도 사나워서 강한 자와 약한 자가 서로 범하며 승리만을 귀하게 여길 뿐, 의를 숭상하지 않는다. 많이 달리고 걸으면서도 거의 쉬지 않으며 늘 자지 않고 깨어 있다.)"이라는 글이 있다.

103 失鹿好幻焦隍訟: 상권 각주 369 참고. 관련 고사를 고려할 때 '焦'는 '蕉'의 오기이다. 서강대본에는 '蕉'로 되어 있다.

104 六候: 六夢. 상권 각주 469 참고.

105 靡質黃神邈: 한나라의 문인 반고(班固)의 「유통부(幽通賦)」에 "黃神邈而靡質兮 儀遺讖以臆對(황제의 시대 아득해져 물을 곳 없으니, 남겨진 참서를 법도로 삼아 생각한 것으로 맞추어 보네)"라는 구절이 있다. 해몽을 잘했던 황제의 시대가 오래 지나 물을 곳이 없어 남겨 놓은 참서(讖書)에 준하여 살펴보겠다는 뜻이다. 이는 꿈을 제대로 풀이할 사람이 없음을 말한 것이다.

天地現在渟于棼,[106] 半世百佺兼千偬
喝月嘯釼荊楚間, 傲睨八荒窮途慟
白墮强醉懸弧夕,[107] 花欄嫩日明膠烘
廣東十里靈瑩地, 參天大槐當衚衕
此身如遊華胥國,[108] 精神出沒醯鷄甕
紫衣敬致槐安命, 星傔喝喝繽迎送
小車靑油駕白牡, 淸風如濯寒門𤝖[109]

106 渟于棼: '淳于棼'의 오기. 서강대본에는 '淳于棼'으로 되어 있다. '淳于棼'은 〈南柯太守傳〉의 주인공이다. 상권 각주 212 참고.

107 白墮强醉懸弧夕: '白墮'는 晉나라 때 술을 잘 만들기로 유명했던 劉白墮를 이른다. 후에 향기롭고 좋은 술의 대명사로 불린다. 『洛陽伽藍記』「法雲寺」에 "河東人劉白墮善能釀酒 季夏六月 時暑赫晞 以甖貯酒 暴於日中 經一旬 其酒味不動 飮之香美 醉而經月不醒(하동 사람 유백타는 술을 잘 빚었다. 늦여름 6월 덥고 햇살이 내리쬘 때, 옹기에 술을 담아 낮에 태양 빛에 두어 열흘이 지나면 그 술맛이 최고가 되어 마시면 향이 좋고 취하면 한 달이 지나도 깨지 않는다.)"이라는 글이 있다. '懸弧'는 활을 매단다는 말로 생일을 뜻한다. 『예기』「內則」에 "子生 男子設弧於門左 女子設帨於門右(자식이 탄생했을 때, 사내이면 문 왼편에 활을 설치하고, 여자이면 문 오른편에 수건을 설치한다.)"라는 구절이 있다.

108 華胥國: 전설상의 이상국. 『열자』「황제」에 "晝寢而夢 遊於華胥氏之國 華胥氏之國在弇州之西 台州之北 不知斯齊國幾千萬里 蓋非舟車足力之所及 神游而已 其國無師長 自然而已 其民無嗜慾 自然而已 不知樂生 不知惡死 故無夭殤 不知親己 不知踈物 故無愛憎 不知背逆 不知向順 故無利害 都無所愛惜 都無所畏忌 入水不溺 入火不熱 斫撻無傷痛 指擿無痟癢 乘空如履實 寢虛若處床 雲霧不硋其視 雷霆不亂其聽 美惡不滑其心 山谷不躓其步 神行而已 黃帝既寤 怡然自得(낮잠을 자다가 꿈속에서 화서씨의 나라로 여행을 갔다. 화서씨의 나라는 엄주의 서쪽, 태주의 북쪽에 있다. 이 나라까지 거리가 몇천 리나 되는지 알 수 없지만 배나 수레나 다리 힘으로는 갈 수 없고 정신으로만 가서 놀 수 있을 뿐이었다. 그 나라에는 스승이나 어른이 없고 자연 상태일 뿐이었다. 그 백성들도 욕망이 없고, 자연히 지낼 뿐이었다. 사는 것을 좋아할 줄도 모르고 죽는 것을 싫어할 줄도 모르므로 젊은 나이에 일찍 죽는 일도 없다. 자기를 친애할 줄도 모르고, 외물을 소홀히 할 줄도 모르므로 사랑하거나 증오하는 일이 없다. 배반할 줄도 모르고 따를 줄도 모르므로 이롭게 하거나 해치는 일도 없다. 모두 아끼고 사랑함도 없고, 모두 두려워하거나 꺼리는 것도 없다. 물에 들어가도 빠지지 않고, 불에 들어가도 뜨거워하지 않았다. 매를 맞아도 상처나거나 아파하지 않고, 손가락으로 긁어도 간지러워하지 않았다. 실지로 땅에서 다니는 것처럼 공중을 날아다녔고, 침상 위에 있는 것처럼 허공에서 잠을 잤다. 구름과 안개도 그들의 시각을 방해하지 못했고, 우레도 그들의 청각을 어지럽히지 못했으며, 좋고 나쁜 것이 그들의 마음을 골몰하게 하지 못했다. 산과 골짜기도 그들의 발걸음을 막지 못하여 다만 마음대로 걸어 다닐 뿐이었다. 꿈에서 깨어난 황제는 뚜렷이 무엇인가 체득한 것이 있었다.)"이라는 글이 있다.

109 淸風如濯寒門𤝖: 朱子의 문집인 『晦庵集』「書」〈答鞏仲至〉에 있는 "遞中辱書 獲聞比日盛暑

帳御簇擁東華館,[110] 如入茅君三十洞[111]

錦衣官榮分楚魚,[112] 玉簫緣重騎秦鳳[113]

[…] 新詩見寄 尤荷不鄙 讀之便覺烏石靈源 去人不遠 當此炎燠 灑然如狃寒門而濯清風也(역마로 보내신 편지를 받고 근래 더운 날씨에 […] 새로 지은 시를 보내 주시니, 저를 비루하게 여기지 않는 줄을 더욱 잘 알겠습니다. 시를 읽어 보노라면 곧 烏石泉과 靈源泉이 사람들에게서 멀지 않음을 느끼게 되니, 이 무더운 더위를 맞이해서 시원하기가 마치 한문에 날아올라 시원한 바람에 씻은 듯합니다.)"라는 구절을 활용한 것이다. '寒門'은 북방의 매우 추운 지방이다. 『회남자』「墬形訓」에 "北方曰北極之山 曰寒門(북방을 북극산이라고 하고, 한문이라고 한다.)"이라는 글이 있다. 또한 『초사』〈遠游〉에 "舒并節以馳騖兮 逴絶垠乎寒門(천천히 절조 있게 달려가니, 아득히 북문에 이르네.)"이라는 구절에 대하여 한나라 문인 王逸은 "寒門 北極之門也(한문은 북극의 문이다.)"라고 주석을 달았다.

110 東華館: 〈남가태수전〉에서 순우분이 괴안국에 들어갔을 때 잠시 쉬었던 곳. "旋有一騎傳呼曰 王以駙馬遠降 令且息東華館 因前導而去(갑자기 말을 탄 이가 나타나 소리쳤다. '대왕께서는 부마가 멀리서 왕림하셨으니 동화관에서 쉬라고 하셨습니다.' 그러고는 앞장서 갔다.)"라는 기록이 그것이다.

111 如入茅君三十洞: 茅君은 신선이 된 인물이다. 『신선전』에 "茅君者 名盈字叔申 鹹陽人也 高祖父濛 字初成 學道於華山 丹成 乘赤龍而升天 即秦始皇時也 有童謠曰 神仙得者茅初成 駕龍上天升太清 時下玄洲戲赤城 繼世而往在我盈 帝若學之臘嘉平 其事載史紀詳矣(모군은 이름이 영이고 자는 숙신으로 함양 사람이다. 고조부 몽은 자가 초성인데, 화산에서 도를 배워 단약이 완성되자 적룡을 타고 승천했으니, 바로 진시황 때였다. 동요가 있다. '신선술을 얻은 모초성이 용을 타고 하늘로 올라 태청에 들었네. 때때로 현주에 내려와 적성에서 노니네. 대를 이어 내려와 나 모영에게 이르렀구나. 만약 황제께서 배우신다면 납월을 가평이라 하시리.' 그 일이 『사기』에 자세히 실려 있다.)"라는 글이 있다. 『동파시집주』「泉石」〈楊康功有石狀如醉道士爲賦此詩〉에 있는 "楚山固多猿 青者黠而壽 化爲狂道士 山谷恣騰蹂 誤入華陽洞 竊飲茅君酒 君命囚巖間 巖石爲械杻(초나라의 산엔 진실로 원숭이가 많은데, 파란 놈은 영리하고도 오래 산다. 미친 도사로 변하여 산골짜기를 멋대로 뛰어다니다가 화양동으로 잘못 들어가 모군의 술을 훔쳐 마셨다네. 모군이 명하여 바위 사이에 가두니, 암석이 바로 형틀이 되었네.)"라는 구절에 "仙經 載句曲山即三十六洞天之第八洞 名曰華陽洞 大茅君之所治也 神仙傳 大茅君名盈 次弟名固 小弟名衷 太上老君拜盈爲司命真君 固爲定籙君 衷爲保命君 故號三茅君(『선경』에 실려 있는 구곡산은 바로 36동천 가운데 제8동천으로 이름이 화양동인데 대모군의 치소라고 했다. 『신선전』에서는 대모군의 이름은 영이고, 그 아래 동생의 이름은 고, 막냇동생의 이름은 충인데, 태상노군이 영을 사명진군에, 고를 정록군에, 충을 보명군에 제수했기 때문에 삼모군이라 한다고 했다.)"이라는 주석이 있다. '三十洞'은 '三十六洞'으로 할 경우, 글자 수가 맞지 않아 택한 것으로 보인다.

112 錦衣官榮分楚魚: 分楚魚는 인자하고 지혜롭게 정치하는 것을 말한다. 한나라의 문인 劉向의 『新序』「雜事 二」에 "楚人有獻魚楚王者曰 今日漁獲 食之不盡 賣之不售 棄之又惜 故來獻也 左右曰 鄙哉 辭也 楚王曰 子不知漁者仁人也 蓋聞囷倉粟有餘者 國有餓民 後宮多幽女者 下民多曠夫 餘衍之蓄 聚於府庫者 境內多貧困之民 皆失君人之道 故庖有肥魚 廄有肥馬 民有餓色 是以亡國之君 藏於府庫 寡人聞之久矣 未能行也 漁者知之 其以比喻寡人也 且今行之 於是乃遣使恤鰥寡而存孤獨 出倉粟發幣帛而振不足 罷去後宮不御者 出以妻鰥夫 楚民欣欣大悅 鄰國歸之 故漁者一獻餘魚而楚國賴之 可謂仁智矣(초나라 사람이 초나라 왕에게 물고

衰年養痾南柯郡, 吉日五馬紫遊韁

繡舄銀盤尊貴極, 武衛妓

17

圍傢徒衆

一釵誅滅檀蘿國,[114] 淨掃蝸角風塵鬪[115]

竹枝絳巾懷前事, 瑤方上仙和而哄[116]

기를 바치면서 말했다. '오늘 잡은 것인데 다 먹을 수도 없고 팔 수도 없는데 버리자니 아까워 와서 바칩니다.' 좌우의 신하들이 말했다. '비루합니다. 사양하십시오.' 초나라 왕이 말했다. '그대들은 어부가 어진 사람임을 모르는구려. 듣자니 창고에 곡식이 남아돌면 나라에 굶주리는 백성이 있고, 후궁에 홀로 거처하는 여인이 많으면 평민 가운데는 노총각이 많으며, 남는 물건을 창고에 쌓아 두면 경내에는 빈곤한 백성이 많다고 하오. 이 모두는 임금의 도를 잃어버린 것이오. 그렇기에 부엌에 살진 물고기가 있고, 마구간에 살진 말이 있으면 백성들에게는 굶주린 기색이 있게 되니 이로써 나라를 망하게 하는 임금이 되오. 창고에 물건이 저장되었다는 것을 과인이 들은 지 오래되었으나 아직 행동하지는 못했소. 어부가 알고 견주어 과인을 깨닫게 했으니 지금 행하겠소.' 이에 사신을 파견하여 홀아비와 과부를 구호하고 부모 없는 어린아이와 자식 없는 늙은이를 살피게 했다. 창고의 곡식을 내고, 재물과 비단을 풀어 부족한 사람들을 구하며 임금을 모시지 않는 후궁들을 폐하여, 나가 홀아비에게 시집가게 하자 초나라 백성들이 기뻐하고 이웃 나라 사람들이 귀의했다. 어부가 남는 고기를 한 번 바친 것에 힘입어 초나라가 바르게 되었으니 가히 어질고 지혜롭다고 하겠다.)"라는 글이 있다. 〈남가태수전〉에서 순우분이 태수가 되어 선정을 베푼 것을 가리킨 것이다.

113 玉簫緣重騎秦鳳: 秦穆公의 딸인 弄玉과 簫史의 결연을 가리킨다. 하권 각주 50 참고. 왕의 딸과 혼인하여 부마가 된 것을 가리킨 말이다.

114 一釵誅滅檀蘿國: '檀蘿國'은 〈남가태수전〉에서 순우분이 다스리는 남가군을 침입한 나라이다. "是歲 有檀蘿國者 來伐是郡 王命生練將訓師以征之 乃表周弁將兵三萬 以拒賊之衆於瑤臺城 弁剛勇輕進 師徒敗績 弁單騎裸身潛遁 夜歸城 賊亦收輜重鎧甲而還 生因囚弁以請罪 王並捨之(그해에 단라국이 남가군에 쳐들어왔다. 왕은 생에게 장수를 뽑고 군사를 훈련하여 정벌케 했다. 이에 표를 올려 주변에게 병사 3만을 거느리고 요대성에서 적의 무리를 막게 했다. 주변은 용감했으나 경솔하게 전진하는 바람에 병사들이 패했다. 주변은 한 마리 말을 타고 벗은 몸으로 숨어 달아났다가 밤에 성으로 돌아오니 적들 또한 수레에 실린 짐과 갑옷을 거두어 돌아갔다. 생이 주변을 가두고 죄를 청했으나 왕은 둘 다 풀어 주었다.)"라는 내용이 있다.

115 淨掃蝸角風塵鬪: '鬪'는 韻을 고려하면 '鬨'이 더 적절할 것으로 보인다. 서강대본에는 '鬨'으로 되어 있다. '蝸角'은 '蝸角之爭'으로, 하찮은 일로 싸우는 작은 전쟁을 말한다. 상권 각주 359 참고. 〈남가태수전〉에서 남가군의 작은 영토를 두고 괴안국과 단라국이 전쟁한 것을 묘사한 것이다.

116 竹枝絳巾懷前事 瑤方上仙和而哄: '瑤方'은 '瑤芳'의 오기. 서강대본에는 '瑤芳'으로 되어 있다. '瑤芳'은 〈남가태수전〉에서 순우분과 혼인한 공주의 이름이다. "左右侍者令生拜 王曰 前奉賢尊命 不棄小國 許令次女瑤芳奉事君子 生但俯伏而已 不敢致詞 王曰 且就賓宇 續造儀式

一枕未圓黃粱熟,[117] 瞥然醒悟神愁瞢
向來富貴都幻境, 狂歌一盪孤憤[118]貢
世間萬事無非夢, 呵呵化翁跳丸[119]弄

[…] 有群女 或稱華陽姑 或稱青溪姑 或稱上仙子 或稱下仙子 […] 復有一女謂生曰 昨上巳日 吾從靈芝夫人過禪智寺 於天竹院觀石延舞婆羅門 吾與諸女坐北牖石榻上 時君少年 亦解騎來看 君獨強來親洽 言調笑謔 吾與窮英妹結絳巾 掛於竹枝上 君獨不憶念之乎(좌우 시자들이 생에게 절하게 하니 왕이 말했다. '일전에 존명을 받들었는데 소국을 마다하지 않고 차녀 요방으로 군자를 받들게 허락했네.' 생은 다만 엎드렸을 뿐, 감히 말을 하지 못했다. 왕이 말했다. '빈관으로 가 있게. 이어서 혼인 의식을 치르겠네.' […] 일군의 여자들은 화양고, 청계고, 상선자, 하선자라고 칭했다. […] 또 어떤 여자가 순우생에게 말했다. '지난 상사일에 저는 영지부인을 따라 선지사에 갔다가 천죽원에서 석연이 추는 바라문 춤을 바라보았습니다. 저는 여러 여자와 북쪽 창가 돌 평상 위에 앉아 있었습니다. 그때 소년이었던 당신 또한 말에서 내려 구경했습니다. 당신은 홀로 마구 와서 접근하더니 말과 웃음으로 희롱하기에 저와 궁영매가 진홍빛 수건을 맺어 대나무 가지 위에 걸어 두었습니다. 당신 혼자 그것을 기억하지 못하는지요?)"

117 一枕未圓黃粱熟: 부귀영화가 하룻밤의 꿈이라는 말로, '남가지몽'과 같은 의미이다. '黃粱夢', '邯鄲之夢'이라고도 한다. 〈枕中記〉에 "開元七年 道士有呂翁者 得神仙術 行邯鄲道中 息邸舍 攝帽弛帶 隱囊而坐 俄見旅中少年 乃盧生也 […] 吾嘗志于學 富於游藝 自惟當年 青紫可拾 今已適壯 猶勤畎畝 非困而何 言訖而目昏思寐 時主人方蒸黍 翁乃探囊中枕以授之曰 子枕吾枕 當令子榮適如志 其枕青瓷而竅其兩端 生俯首就之 見其竅漸大明朗 乃舉身而入 遂至其家 […] 盧生欠伸而悟見其身 方偃於邸舍 呂翁坐其傍 主人蒸黍未熟 觸類如故 生蹶然而興 曰 豈其夢寐也 翁謂生曰 人生之適亦如是矣(개원 7년에 신선술을 익힌 도사 여옹이 한단으로 가는 도중에 여관에서 쉬었다. 모자를 벗고 허리띠를 느슨하게 풀고 행낭에 기대어 앉았다. 잠시 후 여행 중인 소년을 만났는데 곧 노생이었다. […] '저는 일찍이 학문에 뜻을 두고 육예(六藝: 禮, 樂, 射, 御, 書, 數)에서 노닐어 진작에 높은 벼슬에 오르리라 생각했습니다. 지금 이미 장년인데 밭고랑과 이랑에서 힘들게 일하니 곤궁한 게 아니면 무엇입니까?' 말을 마치자 눈이 어두워지며 자고 싶어졌다. 그때 주막 주인은 막 조밥을 짓고 있었다. 여옹이 행낭 속에서 베개를 찾아 노생에게 주면서 말했다. '그대가 내 베개를 베면 뜻하는 대로 그대를 영화롭게 해주겠네.' 그 베개는 청자였는데 양 끝에 구멍이 있었다. 노생이 머리를 숙여 취침하며 그 구멍을 보니 점점 커지고 환해졌다. 이에 몸을 일으켜 들어가 한 집에 이르렀다. […] 노생이 기지개를 켜면서 깨어나 자기 몸을 보니 여관에 누워 있었다. 여옹은 옆에 앉아 있었고, 주인이 짓던 조밥은 아직 익지 않아 알고 있던 모든 게 전과 다름없었다. 노생은 벌떡 일어나면서 말했다. '어찌 이 모든 게 꿈이란 말인가?' 여옹이 노생에게 말했다. '인생의 흐름이 또한 이와 같다네.')"라는 글이 있다. 〈남가태수전〉에서 순우분이 꿈에서 막 깨어났을 때의 모습을 비유한 것이다.

118 孤憤: 세상에 용납되지 못하여 마음속으로 분개함을 말한다. 『韓非子集解』의 「고분」에 "法術之士 既無黨與 孤獨而已 故其材用終不見明 卞生既以抱玉而長號 韓公由之寢謀而內憤(법술가들은 당파가 없어 고독할 뿐이다. 그렇기에 재능이 끝내 분명하게 드러나지 않는다. 변생이 옥을 품고 길게 울었다(초나라 사람 卞和가 옥 원석을 얻어서 厲王에게 바쳤다가 돌로 오인받아 왼발을 베였고, 그 후 무왕에게 바쳤다가 오른발을 베였다. 다시 문왕이 즉위하자 변화는 원석을 안고 초산(형산) 아래에서 사흘 밤낮을 통곡했다). 한공(한비자)도 이로 인하여 계책을 그만두고 마음속으로 격분했다.)"이라는 주석이 있다.

賦曰【烏有先生】:

系玄虛之靈胄, 氏中葉之混沌,[120]

留誕蹟而幻花, 掛空名而浮雲

幽人覿於髣髴,[121] 訝長卿之云云

撟無眹於浪傳, 錫何詐之佳號

遊談叢而吊詭, 盖先生之云有

登諧史之志怪,[122] 載迂儒之談空

罵之微猶有質, 栖蚊睫[123]而荒唐,

臨靑邱而穆頫, 若有人於箇中

招虛子而說獵, 與亡公而論地

何胷次之廣大, 呑雲夢而如芥[124]

然視之而不見, 果其人之何狀

119 跳丸: 광대가 양손으로 여러 개의 공을 빠르게 던지고 받는 재주. 구슬 놀이를 일월의 운행에 비유해 빠른 세월을 지칭하기도 한다. 한유의 〈秋懷詩〉에 "憂愁費晷景 日月如跳丸(근심 속에 세월을 보내노라니, 해와 달의 흐름이 구슬 놀이와 같네.)"이라는 구절이 있다.

120 系玄虛之靈胄 氏中葉之混沌: 후한의 반고가 지은 〈幽通賦〉에 있는 "系高頊之玄胃兮 氏中葉之炳靈(고욱을 이은 뛰어난 후손이여, 성씨의 중엽엔 이름난 영령 있었네.)"이라는 구절을 활용한 것이다. 여기서는 오유선생의 가계를 玄虛(심오하면서도 허무한 이치. 도가 사상을 말한다)와 혼돈으로 표현하고 있다.

121 幽人覿於髣髴: 〈유통부〉에 "夢登山而迥眺兮 覿幽人之髣髴. 攬葛藟而授余兮 眷峻谷曰勿墜(꿈에 산에 올라 멀리 바라보다가 神人을 어렴풋이 보았네. 칡덩굴을 잡아 나에게 주고, 험준한 산을 돌아보며 떨어지지 말라 하네.)"라는 구절이 있다.

122 遊談叢而吊詭~登諧史之志怪: 『談叢』과 『諧史』는 명나라 문학가 江盈科의 저서이다. 강영과는 자가 進之, 호는 綠蘿山人, 雪濤이다. 소품문을 비롯한 傳奇와 諧謔, 笑話 등에 뛰어났다고 알려졌다.

123 栖蚊睫: 모기 눈썹에 서식한다는 焦冥이라는 곤충을 말한다. 아주 미세한 것을 일컫는 말이다. 상권 각주 36 참고.

124 呑雲夢而如芥: 기개가 장대하고 가슴이 넓다는 말. 사마상여의 「子虛賦」에 "楚有七澤 其一曰雲夢 方九百里 […] 雲夢者八九 其於胸中曾不蔕芥(초나라에는 칠택이 있는데 그중 하나인 운몽택은 사방이 9백 리이다. […] 운몽택 같은 것 여덟아홉 개를 삼켜도 가슴속에 조금도 거리낌이 없다.)"라는 구절이 있다. 하권 각주 49 참고.

如罔魎之問影,[125] 若遇人之說夢[126]

無形外而道在, 羌未得其云

18

已

憑虛慌而影響, 未始有夫無者

無面目之可顯, 有蹤跡之難名

師所存而沒捉, 以烏有而宜稱

紛循華與鏡機,[127] 假名字而齊聲

指虛無而引路, 架空中而起樓

125 如罔魎之問影: '魎'은 '兩'의 오기. 『장자』「齊物論」의 "罔兩問景曰 曩子行 今子止 曩子坐 今子起 何其無特操與 景曰 吾有特而然者邪 吾所待又有待而然者邪 吾待蛇蚹蜩翼邪 惡識所以然 惡識所以不然(망량이 그림자에 물었다. '조금 전에는 그대가 걷더니, 지금은 그대가 멈췄으며, 조금 전에는 그대가 앉아 있더니, 지금은 그대가 일어서 있으니, 어찌 일정한 지조가 없는가?' 그림자가 이렇게 말했다. '내가 의지하는 것이 있어서 그러한가? 내가 의지하고 있는 것 또한 의지하고 있는 것이 있어서 그러한가? 내가 뱀의 비늘이나 매미의 날개에 의지하는 것인가? 어떻게 그런 줄 알며, 어떻게 그렇지 않은 줄 알겠는가?')"이라는 구절에 대하여 "罔兩 景外之微陰也(망량은 그림자 바깥쪽의 흐릿한 윤곽이다.)"라는 郭象의 주석과 "罔兩 景之景(망량은 그림자의 그림자이다.)"라는 尙秀의 주석이 있다. 이는 만물이 스스로 존재하는 것이 아니며, 그 근원도 알 수 없다는 장자의 말로 오유선생의 특징을 설명한 것이다.

126 若遇人之說夢: 『白雲小說』에 "言未訖 忽欠伸而覺 乃一夢也 遂以夢事 具言于尹曰 夢中便說夢作 此所謂夢中夢也 相對胡盧 因戱占一絶曰 睡鄕偏與醉鄕隣 兩地歸來只一身 九十日 一春都是夢 夢中還作夢中人(말이 끝나지 않았는데 갑자기 하품하며 기지개를 켜다 깨어 보니 곧 하나의 꿈이었다. 마침내 꿈속의 일을 尹世儒(고려 후기 문인. 자는 學錄)에게 갖추어 설명하고는 말했다. '꿈속에서 다시 꿈에서 지은 걸 말했으니, 이것이 소위 꿈속의 꿈인 것이네.' 서로 대하고서 한참 깔깔 웃다가 인하여 장난삼아 절구 하나를 입으로 읊었다. '잠의 세계가 유독 술의 세계와 이웃했는데 두 땅에서 돌아오니 다만 하나의 몸이라네. 90일의 한바탕 봄은 모두 꿈이었으니 꿈속에서 다시 꿈속 사람이 되었구나.')"라는 구절이 있다.

127 鏡機: 魏나라의 조식이 지은「七啓」에 나오는 가상의 인물이다. 『六臣註文選』「七上」〈七啓 八首〉에 "玄微子隱居大荒之庭 […] 於是鏡機子聞而將往說焉(현미자가 먼 곳인 대황에 은거하고 있었다. […] 이에 경기자가 듣고 가서 말하려고 했다.)"이라는 구절이 있다. 이에 대해 "玄微 幽玄精微也(현미는 오묘하고 정밀함이다.)"와 "鏡機 鏡照機微也 亦假立而應之(경기에서 경은 비춘다는 뜻이고, 기는 희미하다는 뜻이다. 또한 거짓으로 세워서 응한 것이다.)"라는 李善의 주석이 있다.

傳其神於四字, 自無中而生有

逃空虛而聞跫,[128] 烏不黔而名言[129]

非南郭之喪我,[130] 異蜂窠之遁身

旣銘氷而鏤雪, 更駕虛而鑿空

登贗評而上下, 躂文園之伎倆

從虛虛而實實, 儘有有而無無

棗花假而在齊,[131] 觸國誕而談楚[132]

固一轍於不根, 詎伊人之眞在

粧虛事而設譬, 賦大人之餘手

談藐姑而果在,[133] 號罔象而何居[134]

---

128 逃空虛而聞跫: 『장자』「徐无鬼」에 "逃空虛者 藜藋柱乎鼪鼬之逕 踉位其空, 聞人足音跫然而喜(텅 빈 골짜기에 숨어 사는 사람은 명아주와 콩잎이 족제비나 다닐 만한 좁은 길마저 막고 있어 빈 골짜기에서 홀로 걷다 쉬다 하다가 다른 사람이 걸어오는 발소리만 들어도 기뻐한다.)"라는 구절이 있다.

129 烏不黔而名言: 『장자』「天運」에 "夫鵠不日浴而白 烏不日黔而黑(고니는 날마다 씻지 않아도 희고, 까마귀는 날마다 검은 물을 들이지 않아도 검다.)"이라는 구절이 있다.

130 非南郭之喪我: 『장자』「제물론」의 "南郭子綦隱几而坐 仰天而噓 嗒焉似喪其耦(남곽자기가 궤안에 기대어 앉아 하늘을 우러러 긴 숨을 내쉬는데, 마치 물아의 경계를 잊어버린 듯했다.)"에서 가져온 것이다.

131 棗花假而在齊: 『晏子春秋』「外篇 下」에 "景公謂晏子曰 東海之中 有水而赤 其中有棗 華而不實 何也 晏子對曰 昔者秦繆公乘龍舟而理天下 以黃布裹烝棗 至東海而捐其布 破黃布 故水赤 烝棗 故華而不實 公曰 吾詳問子何爲 對曰 嬰聞之 詳問者 亦詳對之也(제나라 경공이 안자에게 말했다. '동해 가운데에 붉은색 물이 있고 그 안에 대추가 있는데 꽃은 피지만 열매가 없다고 하오. 왜 그렇소?' 안자가 대답했다. '옛날 진나라 목공이 용 배를 타고 올라 천하를 다스릴 때 누런 포에 찐 대추를 싸서 가다가 동해에 이르자 그 포를 버렸습니다. 그 누런 포가 터지는 바람에 물은 붉게 되었고, 찐 대추이기에 꽃은 피지만 열매는 없는 것입니다.' 제나라 경공이 말했다. '내가 그대에게 거짓으로 물었는데, 그대는 어찌 대답하는 것이오?' 안자가 대답했다. '제가 들으니, 거짓으로 물은 것은 거짓으로 대답하는 것이라고 합니다.')"라는 구절이 있다.

132 觸國誕而談楚: '觸國'은 『장자』「則陽」에 나오는 달팽이의 왼쪽 뿔에 있다는 작은 나라이다. 상권 각주 359 참고.

133 談藐姑而果在: 『장자』「소요유」에 "肩吾問於連叔曰 吾聞言於接輿 大而無當 [⋯] 連叔曰 其言謂何哉 曰 藐姑射之山 有神人居焉 肌膚若冰雪 淖約若處子 不食五穀 吸風飮露 乘雲氣御飛龍 而遊乎四海之外 其神凝 使物不疵癘而年穀熟 吾以是狂而不信也 連叔曰 然 瞽者無以與乎文章之觀 聾者無以與乎鍾鼓之聲 豈唯形骸有聾盲哉 夫知亦有之(견오가 연숙에게 물

謇不聞而不覩, 彼何樣之人斯

台千秋而一笑, 樂其誕而綴辭

義曰【夢作乂】:

吁! 今之夢, 非疇昔之夢耶? 昔之不作, 而今何爲作也? 昔之不乂, 而今何爲乂也? 噫! 九年之水汩鴻, 則防其夢也, 千里

19

之壤陸沉, 則乂何夢矣? 水三竿紅沉橘柚田, 似夢非夢, 波萬頃綠漲菰蒲洲, 欲夢未夢. 水多夢不成,[135] 嗟![136] 我民不成[137]作也, 大夢水旋覺, 噫! 甫田無所

없다. '내가 접여의 말을 들었는데 크기만 하고 타당한 것이 없었다. [⋯] 연숙이 말했다. "무엇이라고 말하던가?' 견오가 말했다. '막고야 산에 신인이 살고 있는데 살과 피부는 빙설 같고 가냘프고 아름다운 맵시는 처녀 같으며, 오곡을 먹지 않고 바람으로 호흡하고 이슬을 마시며, 구름의 기운을 타고, 나는 용을 몰며 세상 밖에서 노니는데, 신묘한 기운이 모이면 사물들이 병들거나 상하지 않게 하며, 해마다 곡식이 잘 익게 한다는군. 나는 미쳤다며 믿지 않았네.' 연숙이 말했다. "그렇군. 눈먼 자는 무늬와 빛깔의 경관을 함께할 수 없으며, 귀먹은 자는 종과 북소리를 함께할 수 없네. 어찌 오직 몸에만 눈멀고 귀먹은 것이 있겠는가? 무릇 지혜에도 있다네.)" 라는 글이 있다.

134 號罔象而何居: 『장자』「達生」에 "桓公田於澤 管仲御 見鬼焉 公撫管仲之手曰 仲父何見 對曰 臣無所見 公反 誒詒爲病 數日不出 齊士有皇子告敖者曰 公則自傷 鬼惡能傷公 [⋯] 桓公曰 然則有鬼乎 曰 有 沈有履 灶有髻 戶內之煩壤 雷霆處之 東北方之下者 倍阿鮭蠪躍之 西北方之下者 則泆陽處之 水有罔象 丘有峷 山有夔 野有彷徨 澤有委蛇(제나라 환공이 택지에서 사냥할 때 관중이 수레를 몰았는데, 귀신을 보고는 환공이 관중의 손을 잡으며 말했다. '중보(관중을 높여 부르는 말)도 뭔가 보았소?' 관중이 대답했다. '신은 아무것도 보지 못했습니다.' 환공이 돌아와 끙끙거리며 병을 앓아 며칠 동안 나가지 못했다. 그러자 제나라 선비 황자고오라는 사람이 말했다. '공께서 스스로 병을 만드신 것입니다. 귀신이 어떻게 공을 상하게 할 수 있겠습니까?' [⋯] 환공이 말했다. '그러면 귀신은 있는 것이오?' 황자고오가 말했다. '있습니다. 진흙탕에는 리, 부뚜막에는 결, 집 안의 더러운 땅에는 뇌정이라는 귀신이 살고 있습니다. 동북방 아래쪽에는 배아왜롱이 날뛰고, 서북방 아래쪽에는 일양이라는 귀신이 살고 있습니다. 물속에는 망상, 언덕에는 신, 산에는 기, 들에는 방황, 택지에는 위사라는 귀신이 있습니다.')"라는 구절이 있다. 『搜神記』에서는 "水中之怪 龍罔象 土中之怪曰 賁羊 夏鼎志曰 罔象如三歲兒 赤目 黑色 大耳 長臂 赤爪 索縛則可得食(물속 괴물은 용과 망상, 흙 속 괴물은 분양이라고 한다. 『하정지』에서는 말했다. '망상은 세 살 난 아이만 하다. 눈은 붉고 얼굴빛은 검으며, 귀는 크고 팔은 길며, 손톱은 붉다. 밧줄로 묶어 잡아 먹을 수 있다.')"이라고 서술하고 있다.

135 水多夢不成: 당나라 시인 沈如筠의 시 〈閨怨〉에 있는 "雁盡書難寄 愁多夢不成(기러기 다 가버려 편지 부치기 어렵고, 근심이 많아 꿈조차 꿀 수가 없네.)"이라는 구절을 내용에 맞게 활용한 것이다.

乂焉. 逮夫玄圭[138]敷績, 驅積水而歸之壑, 金簡[139]告吉, 排淮泗而注之水.[140] 大陸露全面, 地最下而維陽,[141] 厥土惟塗泥, 民降丘而爲田. 八百里其害乃去, 乃占我夢, 十千耦厥民云徂,[142] 其夢維何?[143] 犁鉏同作, 孰非夢中之事, 溝[144]克

136 嗟: '嗟'의 오기. 서강대본에는 '嗟'로 되어 있다.

137 不成: '不可'가 적절한 듯하다. 서강대본에는 '不可'로 되어 있다.

138 玄圭: '玄'은 검은빛, '圭'는 큰 笏이다. 고대에 특별한 공을 세운 사람에게 주는 물건이다. 『서경』「夏書」〈禹貢〉에 "東漸于海 西被于流沙 朔南曁聲敎 訖于四海 禹錫玄圭 告厥成功(동쪽으로는 바다에 다다르고, 서쪽으로는 사막 지대에 미쳤으며, 북쪽과 남쪽 모두 교화를 입어 온 세상에 퍼졌다. 우임금은 검은빛의 옥으로 만든 홀을 하사받고, 일을 모두 이루었음을 알렸다.)"이라는 구절이 있다. 이에 대해 『尙書注疏』에서는 "禹功盡加于四海 故堯賜玄圭以彰顯之 言大功成(우임금의 공이 사해에 모두 더해지자, 요임금이 현규를 내려 주어 널리 알려 드러냈으니 큰 공이 이루어졌음을 말한 것이다.)"이라는 주석이 있다.

139 金簡: 우임금이 형산 남쪽 구루봉에서 얻었다고 하는 金簡玉字로 된 책을 말한다. 『吳越春秋』「越王無餘外傳」에 "在于九山東南天柱 號曰宛委 赤帝在闕 其巖之巓 承以文玉 覆以磐石 其書金簡 青玉爲字 編以白銀 皆瑑其文 禹乃東巡登衡嶽 血白馬以祭 不幸所求 禹乃登山仰天而嘯 因夢見赤繡衣男子 […] 東顧謂禹曰 欲得我山神書者 齋於黃帝岩嶽之下 三月庚子登山發石 金簡之書存矣 禹退又齋 三月庚子登宛委山 發金簡之書 案金簡玉字 得通水之理(구의산 동남에 있는 하늘 기둥을 완위산이라고 하는데, 적제가 그 궁궐에 살고 있다. 그 산의 정상에는 무늬 있는 옥으로 받치고 반석으로 덮어 놓은 '금간'이 있는데, 푸른색 옥으로 글자를 쓰고 흰색 은으로 묶었다. 문자들은 모두 볼록하게 새겨져 있다. 우임금이 동으로 가서 형산에 올라 백마의 피로 제사를 지냈으나 찾지 못했다. 우임금이 산꼭대기로 올라가 하늘을 향해 부르짖다가 붉은 비단에 수놓은 옷을 입은 남자를 보는 꿈을 꾸었다. […] 동쪽으로 고개를 돌려 우임금에게 말했다. '우리 산신의 책을 얻으려면 황제의 바위산 아래에서 재계하고, 3월 경자일에 다시 산꼭대기로 올라와 돌을 들춰 보면 금간의 책이 있으리라.' 우임금이 물러 나와 다시 재계하고 3월 경자일에 완위산에 올라가 금간의 책을 찾았다. 금간에 쓰인 옥 글자를 살펴보고 물길을 소통시키는 이치를 알게 되었다.)"라는 기록이 있다.

140 排淮泗而注之水: 『맹자』「滕文公 上」에 "禹疏九河 瀹濟漯而注諸海 決汝漢 排淮泗而注之江 然後中國可得而食也(우임금이 구하를 소통시켜 제수와 탑수의 물길을 터서 바다로 흐르게 했다. 여수와 한수의 둑을 트고, 회수와 사수의 물을 빼내어 양자강으로 흐르게 했다. 그 이후 나라가 얻어 먹을 수 있게 되었다.)"라는 구절이 있다. 문헌을 근거로 할 때, '水'는 '江'의 오기. 서강대본에는 '江'으로 되어 있다.

141 地最下而維陽: '陽'은 '揚'의 오기. 서강대본에는 '揚'으로 되어 있다. 『서경』「夏書」〈禹貢〉에 "旣載壺口(이미 호구산에서 시작했다.)"라는 구절이 있다. 이에 대하여 『書經集傳』에는 "然禹治水施功之序 則皆自下流始 故次兗次青次徐次揚次荊次豫次梁次雍 兗最下 故所先 雍最高 故獨後(그런데 우임금이 물을 다스림에 공력을 베푸는 순서는 모두 하류에서부터 시작했다. 그래서 연주, 청주, 서주, 양주, 형주, 예주, 양주, 옹주의 순으로 이루어졌다. 연주가 가장 낮기에 먼저 한 것이고, 옹주가 가장 높기에 유독 뒤에 한 것이다.)"라는 주석이 있다.

142 十千耦厥民云徂: 『시경』「周頌」〈噫嘻〉에 "駿發爾私 終三十里 亦服爾耕 十千維耦(네 개인 밭을 크게 경작하여 30리를 다 갈고, 또한 밭 가는 일에 종사하되 일만 인으로 짝지으라.)"라는 구절이 있다. 이는 임금이 백성 모두 짝이 되어 부지런히 경작하기를 바라는 노래이다.

乂, 人皆夢裡相逢. 無此疆爾界,[145] 甘與子同夢,[146] 其始播百穀,[147] 皆曰吾夢吉. 旣耕旣耨, 可見黃粱之夢, 實苞,[148] 聿致禾黍之方實夢,[149] 然則耕作乂治之民, 莫非春夢中矣. 余於禹貢夢作乂之義, 如夢喚醒, 焉請申之. 盖夢入水中, 九載不作, 而疏水之後, 夢土始乂, 則倘所謂夢作乂者非耶, 何以明?[150] 洚水方割, 而夢地最下, 則不乂不作, 厥惟

20

久矣. 及夫大堯咨嗟, 神禹焦勞, 檋山檋泥, 疏水殺湍, 則昔之未作者, 今焉可作? 前之未乂者, 今焉可乂? 爲此書者, 可與說夢矣. 由是觀之, 作有肇興之義, 而夢之田肇興, 於疏水之後, 則謂之夢作者宜矣. 乂有重治之義, 而夢之土, 重治於殺湍之餘, 則謂之夢乂者可也. 斯義也, 敢曰夢夢然不知也哉! 大抵

---

143 乃占我夢~其夢維何: 『시경』「小雅」〈斯干〉에 있는 "乃占我夢 吉夢維何 維熊維羆 維虺維蛇(내 꿈을 점쳐 보니, 길몽은 무엇인가? 곰과 큰 곰과 큰 뱀과 뱀이로다.)"라는 구절을 활용한 것이다. 이 노래는 임금이 거처에 편안히 지내며 夢兆가 좋기를 바라는 노래이다.

144 溝: 서강대본에는 '溝塗'로 되어 있다. 번역은 서강대본을 따랐다.

145 無此疆爾界: 『시경』「周頌」〈思文〉에 "無此疆爾界 陳常于時夏(이 경계와 저 경계 할 것 없이 나라에 常道를 펼치셨도다.)"라는 구절이 있다.

146 甘與子同夢: 『시경』「齊風」〈鷄鳴〉에 "蟲飛薨薨 甘與子同夢 會且歸矣 無庶予子憎(벌레가 날며 윙윙거려도 그대와 함께 꿈꾸는 것을 달게 여기지만, 모였다가 장차 돌아가게 되면 행여 나 때문에 당신조차 미워하리라.)이라는 구절이 있다. 애공이 여색에 빠지자, 어진 후비가 날이 새려고 할 때 임금에게 빨리 나아가 조회를 보라고 채근하여 경계한 노래로 보기도 한다.

147 其始播百穀: 『시경』「빈풍」〈칠월〉에 "晝爾于茅 宵爾索綯 亟其乘屋 其始播百穀(낮에는 띠를 베고 밤에는 새끼를 꼬아서 하루빨리 지붕을 잇고 처음 백곡을 파종한다.)"이라는 구절이 있다. 농사는 늦출 수 없음을 노래한 것이다.

148 實苞: '實方實苞'의 오기. 서강대본에는 '實方實苞'로 되어 있다. 『시경』「대아」〈생민〉에 "誕后稷之穡 有相之道 茀厥豐草 種之黃茂 實方實苞 實種實褎 實發實秀 實堅實好 實穎實栗 卽有邰家室(후직의 농사는 서로 도와주는 도리가 있구나. 무성한 풀을 제거하고 아름다운 곡식을 심으니, 패어 싹이 트려고 하며, 점점 자라서 우거지고, 피어나 솟아나며, 단단하게 아름다워지고, 이삭이 여물고 알차더니, 곧 집안을 보양하네.)"이라는 구절이 있다.

149 禾黍之方實夢: '禾黍之夢'의 오기. '方實'은 앞의 '實苞' 가운데 들어가야 할 것이 잘못 필사된 듯하다. 서강대본에는 '禾黍之夢'으로 되어 있다.

150 何以明: 서강대본에는 '何以明之'로 되어 있다.

雲披之土[151]始見, 則不可謂雲作乂也, 震澤之水始定,[152] 則不可謂震作乂也, 至於夢之地, 則土見已盡, 水定已久, 而宜於作乂, 則其曰作乂者, 豈謂夢外之說乎? 嗚呼! 滔天之波濤旣宿, 而驪夢初覺, 極目之洲渚旣平, 而鷺夢方閑, 丘塍漸露, 漠漠野田之宿草, 疆理初分, 靑靑郊陌之眠柳. 於是乎農夫駿發, 去汚萊而偕作, 役車方輿, 就原隰而乃乂, 菑之畬之, 庶見日日而作, 杇止盈止, 便是蒸蒸而乂, 作乂之訓, 可謂克味其夢矣. 噫! 千戴之下, 經旨漸晦, 孰能日星於夢作之義也, 孰能丹[153]於夢乂之旨乎? 李世[154]談經, 無乃夢覺關頭耶,

21

吁! 謹義.

曰[155]【孟子曰, 周于德者, 邪世不能亂, 德莫如夫子, 而猶未免陳蔡之亂, 何歟?】:

對. 於戲! 尺霧障天, 而天之大無損, 寸雲蔽日, 而日之明自若,[156] 則夫子陳蔡之厄, 其何異於尺霧之障天, 寸雲之滿日耶?[157] 噫! 不惑者, 夫子之德也, 不緇

151 雲披之土: '雲坡之土'의 오기. 서강대본에는 '雲坡之土'로 되어 있다.

152 震澤之水始定: 『서경』「하서」〈우공〉에 "三江旣入 震澤底定(세 강줄기가 바다로 들어가니, 진택이 안정되었다.)"이라는 구절이 있다.

153 丹: '丹靑'의 오기인 듯하다. 서강대본에는 '丹靑'으로 되어 있다.

154 李世: '季世'의 오기. 서강대본에는 '季世'로 되어 있다.

155 曰: 앞에 나타난 글의 제목을 고려할 때 '疑曰'의 오기로 보인다. 서강대본에는 '疑曰'로 되어 있다.

156 尺霧障天~而日之明自若: 『자치통감』「太宗文武大聖大廣孝皇帝 下之上」에 있는 "上手詔曰 五岳陵霄 四海亙地 納汙藏疾 無損高深 […] 志沖欲以匹夫解位天子 朕若有罪 是其直也 若其無罪 是其狂也 譬如尺霧障天 不虧於大 寸雲點日 何損於明(임금이 손수 쓴 조서를 내려 일렀다. '오악은 하늘 높이 솟아 있고, 사해는 사방으로 육지 끝까지 뻗어 있어서 더러운 것을 받아들이고 나쁜 것을 감추되 높고 깊음에는 어떠한 손상도 없다. […] 단지충이 필부로서 천자의 지위를 해임하고자 했는데, 짐이 만약 죄가 있다면 이는 그가 정직한 것이요, 만약 죄가 없다면 이는 그가 미친 것이다. 비유하면 한 자의 안개가 하늘을 가려도 큰 하늘에 손상이 없고, 한 치의 구름이 해를 가려도 밝음에 손상이 없는 것과 같다.')"이라는 구절을 활용한 것이다.

者, 夫子之德也,[158] 則陳蔡之厄, 是不過横來之厄, 而厄不能移不惑之德, 陳蔡之亂, 不過不虞之患, 而患不能亂不緇之德, 故夫子繼而有於予何之訓, 則周于德者, 邪世不亂之義, 尤可驗於夫子矣! 豈可以夫子之亂, 疑其邪世不亂之義哉? 噫! 變生於不虞, 則雖以聖德而難免也, 患起於横逆, 則雖以聖德而難避, 故至德之周文, 嘗有羑里之囚,[159] 懋德之成湯, 亦有夏臺之厄,[160] 然而未嘗聞羑里之囚, 能浼周文之德, 亦未聞夏臺之厄, 能移成湯之德, 則今夫夫子雖未免陳蔡之亂, 而其德泰然而損,[161]

---

157 寸雲之滿日耶: '寸雲之蔽日耶'의 오기. 서강대본에는 '寸雲之蔽日耶'로 되어 있다.

158 不緇者 夫子之德也: 『논어』「陽貨」에 있는 "不曰堅乎 磨而不磷 不曰白乎, 涅而不緇(단단하다고 하지 않겠는가? 아무리 갈아도 얇아지지 않으니. 깨끗하다고 하지 않겠는가? 아무리 물들여도 검어지지 않으니.)"라는 구절을 활용한 것이다.

159 羑里之囚: '羑里'에 갇혔던 주나라 문왕을 가리킨다. 『사기』「殷本紀」에 "九侯有好女 入之紂 九侯女不喜淫 紂怒殺之 而醢九侯 鄂侯 爭之彊 辨之疾 并脯鄂侯 西伯昌聞之 竊嘆 崇侯虎知之 以告紂 紂囚西伯羑里 西伯之臣閎夭之徒 求美女奇物善馬以獻紂 紂乃赦西伯 西伯出而獻洛西之地 以請除炮格之刑 紂乃許之 賜弓矢斧鉞 使得征伐 爲西伯(구후에게 아름다운 딸이 있는데 주왕에게 들여보냈다. 구후의 딸이 음란함을 좋아하지 않자, 주왕이 노하여 죽이고 구후도 젓갈로 담갔다. 악후가 강하게 논쟁하고 힘써 변론하자, 악후마저 육포로 만들었다. 서백 창(문왕의 이름)이 그 소식을 듣고 남몰래 탄식하자, 숭 땅의 제후 호가 알고 주왕에게 밀고했다. 주왕이 서백을 유리에 잡아 가두었다. 서백의 신하인 굉요의 무리가 미녀와 진기한 물건과 명마를 구해 주왕에게 바치자, 주왕은 곧 서백을 사면했다. 서백이 감옥에서 나와 낙수 서쪽 땅을 바치며 포락형(불에 뜨겁게 달군 쇠로 살을 지지는 형벌)을 면제해 달라고 청했다. 주왕이 허락하고 활과 화살, 큰 도끼와 작은 도끼를 하사하며 정벌하게 하고 서백으로 삼았다.)"이라는 기록이 있다.

160 夏臺之厄: 『사기』「夏本紀」에 "帝桀之時 自孔甲以來而諸侯多畔夏 桀不務德而武傷百姓 百姓弗堪 乃召湯而囚之夏臺 已而釋之 湯修德 諸侯皆歸湯 湯遂率兵以伐夏桀 桀走鳴條 遂放而死 桀謂人曰 吾悔不遂殺湯於夏臺 使至此 湯乃踐天子位(걸왕 때 공갑 이래로 제후들 대부분이 하나라에 반란을 일으켰는데도 걸왕은 덕치에 힘쓰지 않고 무력으로 백성들을 해치니 백성들이 견딜 수가 없었다. 탕을 불러들여 하대에 가두었다가 얼마 지나지 않아 석방했다. 탕이 덕치를 행하자 제후들이 모두 탕에게 귀의했다. 탕이 마침내 군사를 거느리고 하나라의 걸왕을 정벌했다. 걸왕은 명조로 달아났다가 마침내 추방되어 죽었다. 걸왕이 사람들에게 말했다. '내가 끝내 하대에서 탕을 죽이지 못해 이 지경에 이르렀으니 후회스럽다.' 탕이 천자 자리에 즉위했다.)"라는 기록이 있다.

161 損: '無損'의 오기. 서강대본에는 '無損'으로 되어 있다.

22

便如一盃濁水, 不能渾河濟之淸, 一箇蒼蠅, 不能點白玉之潤, 則大哉, 夫子之德也! 積於內而理亂皆正, 蘊於中而治亂不變, 故雖以匡人之暴而不能害焉,[162] 雖以桓魋之愚而不能浼焉,[163] 則信乎, 孟子所謂周于德而不亂之訓也, 正謂夫子之謂也. 遂謂之說曰, '德旣備於夫子, 而邪世之不能亂天理之常也. 聖莫如乎夫子, 而陳蔡焉莫能容氣數之變也?' 以言其天理之常, 則亞聖之訓, 在所可必也, 以言其氣數之變, 則尼父[164]之厄, 亦所難免也. 然則無妄之災, 邪世之所自邪, 而於聖人何傷乎? 橫暴之辱, 亂民之所自亂, 而於聖德何損乎? 圍匡之厄, 困則困矣, 而不動其操, 則豈可謂亂於邪乎? 拔樹之辱, 暴則暴矣, 而不變其常, 則不可亂其德矣. 所立之確, 而邪不能亂德者, 聖人之守常也, 所遇之非, 而患生於不虞者, 聖人之處變也. 鄒聖人[165]之

23

論, 宣聖[166]之遭, 幷行而不悖, 則信乎! 周于德不亂之義, 正合於夫子厄陳蔡

162 匡人之暴而不能害焉: 『논어』「子罕」에 있는 "天之將喪斯文也 後死者 不得與於斯文也 天之未喪斯文也 匡人其如予何(하늘이 장차 사문(유학)을 없애려 하셨다면 뒤에 죽는 사람(공자 자신)이 사문에 참여하지 못했을 것이다. 하늘이 사문을 없애려 하지 않으시니 광 땅 사람들이 나를 어찌하겠는가?)"라는 구절을 활용한 것이다.

163 桓魋之愚而不能浼焉: 『사기』「공자세가」에 있는 "孔子去曹適宋 與弟子習禮大樹下 宋司馬桓魋欲殺孔子 拔其樹 孔子去 弟子曰 可以速矣 孔子曰 天生德於予 桓魋其如予何(공자가 조나라를 떠나 송나라로 가서 제자들과 큰 나무 아래에서 예를 익혔다. 송나라의 사마 벼슬의 환퇴가 공자를 죽이려고 그 나무를 뽑아 버렸다. 공자가 떠나니 제자들이 말했다. '서두르시는 것이 좋겠습니다.' 공자가 말했다. '하늘이 나에게 덕을 주셨으니 환퇴가 나를 어찌하겠는가?')"라는 구절을 활용한 것이다.

164 尼父: 공자의 존칭. 『예기』「檀弓 上」에 "魯哀公誄孔丘曰 天不遺耆老 莫相予位焉 嗚呼哀哉 尼父(노나라 애공이 공구(공자)를 조문하는 글에서 말했다. '하늘이 존경받을 노인을 머물러 있게 하지 않아서 나의 자리를 돕지 못하게 하는구나. 아! 슬프다. 이보여!')"라는 구절이 있다.

165 鄒聖人: 맹자. 맹자는 추 땅 출신이다. 뒤의 '宣聖之遭'를 고려할 때 '鄒聖之論'이 더 적합한 것으로 보인다. 서강대본에는 '鄒聖'으로 되어 있다.

166 宣聖: '大成至聖文宣王'의 약칭으로 공자를 말한다.

之日也. 夫大抵聖賢立言之旨, 有微旨焉, 有深意焉, 苟能反覆參互, 橫堅[167]詳究, 則庶不失墨白[168]之辨矣, 亦可明朱紫之眩矣.[169] 今若不究乎此, 而渾淪說去糊塗來[170]者, 豈可知聖人之道乎, 亦可謂知此章之義乎? 此其所以發明聖賢之意者, 深且切矣. 若或不探其實, 不索其理, 則何異於掩鏡照[171]哉? 愚嘗欲理會於此, 而一陳於先覺者, 雅矣. 今於執事之問, 敢不悉告? 吁! 謹對.

做訖, 以松雪玉帖之體, 繕寫呈券, 考官覽過, 擊節稱賞曰: "筆健文雄, 全無骫骳[위피]鈍濁之意, 不害爲今世詞伯." 以四場俱中, 擢爲甲科第一人, 聲名藉甚江湖間. 九月定會試, 南北卷[172]取士之例, 夢玉以南卷儒生, 應擧北京 聚士禮圍中, 有司臨試, 揭論·表·策三題, 論題曰, '稗說論', 表題曰, '擬玉皇下土臣

---

167 橫堅: '橫竪'의 오기. 서강대본에는 '橫竪'로 되어 있다.

168 墨白: '黑白'이 적절해 보인다. 서강대본에는 '黑白'으로 되어 있다.

169 朱紫之眩矣: '朱'는 정색으로 바른 것, '紫'는 간색으로 비슷하지만 다른, 사이비를 가리킨다. 『맹자』「진심 하」에 "孔子曰 惡似而非者 [⋯] 惡紫 恐其亂朱也(공자께서 말씀하셨다. '사이비를 미워한다. [⋯] 자색이 주색을 어지럽히는 것을 미워한다.')"라는 구절이 있다. 『논어』「양화」에는 "子曰 惡紫之奪朱也(공자가 말했다. '자색이 주색을 빼앗는 것을 미워한다.')"라는 구절이 있다.

170 渾淪說去糊塗來: '去糊塗'는 본문 옆에 작은 글씨로 적혀 있다. 앞의 '說去'를 고려할 때 '說來'가 적절해 보인다. 서강대본에는 '說來'로 되어 있다.

171 掩鏡照: 서강대본에는 '掩鏡而索照'로 되어 있다. 번역은 서강대본을 따랐다.

172 南北卷: 남권과 북권. 명대 과거시험에서 응시자의 출신 지역에 따라 남북으로 나누어 정해진 인원을 선발하던 제도이다. 『明史』「志」〈選擧 二〉에 "初制 禮闈取士 不分南北 自洪武丁丑 考官劉三吾 白信蹈所取宋琮等五十二人 皆南士 三月 廷試 擢陳䢿爲第一 帝怒所取之偏 命侍讀張信等十二人覆閱 䢿亦與焉 帝猶怒不已 悉誅信蹈及信䢿等 戍三吾於邊 親自閱卷 取任伯安等六十一人 六月復廷試 以韓克忠爲第一 皆北士也 然訖永樂間 未嘗分地而取 洪熙 元年 仁宗命楊士奇等定取士之額 南人十六 北人十四 宣德 正統間 分爲南北中卷 以百人爲率 則南取五十五名 北取三十五名 中取十名(처음 제도에 과거로 선비를 뽑았지만 남북으로 나누지는 않았다. 홍무 정축년에 시험관 유삼오, 백신도가 송종 등 52명을 뽑았는데 모두 남쪽 선비였다. 3월 정시에서는 진안이 일등으로 뽑혔다. 임금이 치우치게 뽑은 것에 진노하며 시독 장신 등에게 다시 살펴보라고 명했는데 진안이 또 들어갔다. 임금이 오히려 화가 그치지 않아 백신도, 장신, 진안 등을 다 죽이고, 유삼오는 변방에서 수자리를 살게 하고는 친히 시권을 열람하여 임백안 등 61명을 뽑았다. 6월에 다시 정시를 치러 한극충을 일등으로 했는데 모두 북쪽 선비였다. 그러나 영락에 이르도록 지역을 나눠서 뽑지는 않다가 홍희 원년에 인종이 양사기 등에게 명하여 뽑을 선비의 정원을 남쪽 사람 16명, 북쪽 사람 14명으로 정했다. 선덕과 정통 연간에 남권, 북권, 중권으로 나누었다. 백 명을 기준으로 한 비율로 남쪽에서 55명, 북쪽에서 35명, 중부 쪽에서 10명을 뽑았다.)"이라는 기록이 있다.

許風産[173]乞富貴', 策題, '問無稽之言'.

24

論曰【稗說論】:

論曰, 聖人不以事細而忽至理, 不以詞拙而廢格言. 故鄙俚之談, 或有義理上感發, 狂憤之言, 或有去就上微諷, 惟在聽者之審擇而已. 世之論者, 以稗說爲不足聽, 而吾獨以爲未也, 何者? 聖人沒而微言絶, 處士横而稗說出. 故好奇之家, 或有無稽之言, 博識之門, 偏多不根之論者, 盖以論淡泊而無味,[174] 雜說奇巧而易曉也.

左氏倡爲浮誇之辭, 而史家有異同之論,[175] 莊子俑爲吊詭之談, 而道家有荒唐之跡. 以至于索隱行怪之徒, 架虛鑿空之流, 踵以爲譎慌沒捉之文, 而曰演義, 曰雜記, 曰僿論, 曰瑣綠, 曰別傳, 曰新語, 曰類說, 曰故事者, 比比有之. 故其說, 非神則夢, 非兵則盜. 證之以巫覡, 假之以禽獸. 開闢之事, 無攷而或有詳說, 冥府之迹, 沒信而或有的傳者, 則其文固不可矜式, 其說固不可準

25

定也.

---

173 許風産: 『옥선몽』의 주인공 전몽옥이 꿈을 꾸기 전 조선에서 살고 있던 허거통. 아래에 나오는 表의 제목은 '擬玉皇下土臣許巨通乞富貴'로 되어 있다. 따라서 작가가 헛갈린 것이거나 잘못 기재한 것일 수도 있으나, '風産'을 자나 호로 삼았을 가능성도 있다.

174 論淡泊而無味: 뒤에 있는 '雜說奇巧而易曉'와 대구를 이룬다고 본다면 '잡설'과 대가 되어야 하는 것이 적절해 보인다. 서강대본에는 '正論淡泊而無味'로 되어 있다. 번역은 서강대본을 따랐다.

175 左氏倡爲浮誇之辭 而史家有異同之論: 당나라 한유의 〈進學解〉에 "春秋謹嚴 左氏浮誇 易奇而法 詩正而葩 下逮莊騷 太史所錄 子雲相如 同工異曲(『춘추』의 근엄함과 좌구명의 『춘추좌씨전』에서 보이는 들뜨고 과장됨과 『주역』의 기이하나 법칙 있음과 『시경』의 바르지만 아름다움이 있습니다. 아래로는 장자와 이소, 사마천의 『사기』 기록, 揚雄(자운은 자)과 사마상여에 이르렀으니, 재주는 같아도 표현하는 형식이나 느낌은 각각 다릅니다.)"이라는 구절이 있다.

然而文人之口氣, 好新而貪奇, 雖欲別立門戶, 別設畦畛, 而其腸胃, 則皆自九經中出來. 故不敢背馳於秉彝之天, 不敢沒脚於蔑法之場, 終歸於彰善懲惡之一關捩也, 則不可以其荒誕, 而都歸於不緊之科者也. 設爲修善之方, 而必有善果之應, 設爲稔惡之跡, 而必有坫厄之報. 見之者, 翟然[176]有改過之意, 讀之者, 油然有潔行之志. 由此觀之, 稗官之功, 亦可徵[177]哉! 何以明其然也?

陳壽作志, 而忠臣忘軀, 水滸成傳, 而義士奮身. 西游之記出, 而怪鬼戢其妖術, 屏梅之書作,[178] 而悍婦懲其妬心. 演楚漢之義, 而英雄知曆數之有歸, 倡剪燈之話, 而蕩子知風流之有節. 太史公所謂'談言微中, 亦可以解紛者',[179] 抑亦爲稗官而說歟? 大抵六藝之文, 五經之語, 汪洋放沛, 嶄截峻拔, 浩浩乎不可尙已. 譬之如菽粟之飯, 日用而不知其味者也. 至於稗官

26

之說, 則千奇萬怪, 華采彬蔚, 機鋒纖利, 譬之如爽口之羞, 娛腸之饌, 備諸珍味味,[180] 膿脆腥腴者, 不可常御, 而時時間進也, 固不可退韶護,[181] 而就鄭衛[182]也, 亦不可重吾礪, 而輕荊璞[183]也. 謹論.

176 翟然: 깜짝 놀라는 모양이라는 뜻인 '瞿然'의 오기.

177 可徵: '豈微'의 오기. 서강대본에는 '豈微'로 되어 있다.

178 屏梅: 瓶梅의 오기. 서강대본에도 '屏梅'로 되어 있다.

179 太史公所謂談言微中 亦可以解紛者: 『사기』「滑稽列傳」에 "太史公曰: 天道恢恢 豈不大哉 談言微中 亦可以解紛(태사공이 말한다. '천도는 넓고 넓으니 어찌 크다고 하지 않겠는가? 그러나 이야기가 은연중에 맞으면 분란을 해결할 수 있다.')"이라는 글이 있다.

180 備諸珍味味: '備諸珍味'의 오기. 서강대본에는 '備諸珍味'로 되어 있다.

181 韶護: 순임금과 탕임금의 음악. 기품이 있고 바른 음악을 뜻한다. 『六臣注文選』「碑文 下」〈頭陀寺碑文 一首〉에 있는 "步中雅頌 驟合韶護(걸을 때는 아와 송 음악에 맞추고, 달릴 때는 소와 호 음악에 맞춘다.)"라는 구절에 "鄭玄曰韶舜樂 護湯樂也(정현이 말했다. 소는 순임금 음악이요, 호는 탕임금 음악이다.)"라는 주석이 있다.

182 鄭衛: 정나라와 위나라의 음악. 음란한 음악을 뜻한다. 『예기』「樂記」에 "五者皆亂 相凌 謂之慢 如此則國之滅亡 無日矣 鄭衛之音 亂世之音也 比於慢矣 桑間濮上之音 亡國之音也 其政散 其民流 誣上行私而不可止也(오음이 모두 어지러워져서 번갈아 서로 침범하는 것을 '慢'이라

表曰【擬玉皇下土臣許巨通乞富貴】:

窮當益堅, 老當益壯.[184] 自慚黠則小, 而痴則多. 謀事在人, 成事在天. 盍察身欲貴, 而家欲富, 浮雲如也, 執鞭爲之.[185] 伏念臣身在人間, 命懸天上, 聾者拳法, 啞人傳喝, 縱曰百工具備, 蘇秦妄發 項羽落傷,[186] 每逢一時厄會. 念微臣百事迂闊, 而平生八字崎嶇. 生計則破東補西,[187] 未免豊年之乞, 身世則半上落下, 便同齋餘之僧. 十稔工夫阿彌陀, 每捫耳郭,[188] 七年德談銀廣大,[189] 惟恃

고 한다. 이와 같으면 나라가 멸망하는 데 하루도 걸리지 않을 것이다. 정나라와 위나라의 음악은 난세의 음악으로 '만'에 가깝고, 상간과 복상의 음악은 망국의 음악으로 정치는 산란해지고, 백성들은 유랑하여 윗사람을 속이며 사사로이 행하는 것을 그치게 할 수 없다.)"라는 구절이 있다.

183 荊璞: 형 땅의 원석 옥돌. 후에 和氏璧이라는 보물이 된다. 『한비자』「화씨」에 "楚人和氏得玉璞楚山中 奉而獻之厲王 厲王使玉人相之 玉人曰 石也 王以和爲誑而刖其左足 […] 和乃抱其璞而哭於楚山之下 三日三夜 泣盡而繼之以血 王聞之 使人問其故 曰 天下之刖者多矣 子奚哭之悲也 和曰 吾非悲刖也 悲夫寶玉而題之以石 貞士而名之以誑 此吾所以悲也 王乃使玉人理其璞而得寶焉 遂命曰 和氏之璧(초나라 사람 변화가 초산에서 옥 덩이를 얻어서 여왕에게 바쳤다. 왕이 옥 장인을 시켜 살펴보게 하니 말했다. '돌입니다.' 여왕은 변화가 속인다고 생각하여 왼쪽 발꿈치를 잘랐다. […] 변화가 옥 덩이를 안고 초산 아래에서 3일 밤낮을 울었다. 다 울고 나니 피가 이어 흘렀다. 문왕이 이를 듣고 사람을 보내어 그 까닭을 물었다. '천하에 발꿈치를 잘리는 형벌을 받은 자가 많은데 그대는 어찌하여 그렇게 슬피 우는가?' 화씨가 말했다. '저는 발꿈치가 잘렸다고 하여 슬퍼하는 것이 아닙니다. 보옥을 돌이라 규정하고 곧은 선비를 속이는 사람이라 하기에 슬퍼하는 것입니다. 이것이 내가 슬퍼하는 이유입니다.' 문왕이 이에 옥 장인에게 옥돌을 다듬게 하여 보배를 얻고는 마침내 '화씨의 보배'라고 이름했다.)"이라는 글이 있다. 하권 각주 118 참고.

184 窮當益堅 老當益壯: 『후한서』「열전」〈馬援〉에 "常謂賓客曰 丈夫爲志 窮當益堅 老當益壯(항상 손님들에게 말했다. '장부가 뜻을 세우면 곤궁할수록 더욱 견고해야 하고, 늙을수록 더욱 씩씩해져야 한다.')"이라는 글이 있다.

185 執鞭爲之: 『논어』「述而」에 있는 "富而可求也 雖執鞭之士 吾亦爲之(부를 구할 수 있는 것이라면 채찍을 잡는 천한 일을 하는 사람이 되더라도 나는 또한 하겠다.)"라는 구절을 활용한 것이다.

186 蘇秦妄發 項羽落傷: "항우도 낙상할 적이 있고 소진도 망발할 수 있다."라는 속담을 漢譯한 것이다. 능력 있는 사람도 실수할 수 있다는 뜻이다. 소진은 辯說에 능했던 전국시대의 遊說家이고, 항우는 중국을 놓고 한나라 고조 유방과 다툰 인물이다.

187 破東補西: 이곳에 있는 것으로 저곳을 메운다는 말로, 부족한 상태에서 융통하기 위해 애쓴다는 뜻이다. 移東補西라고도 한다.

188 每捫耳郭: "귓불만 만진다"라는 속담을 漢譯한 것이다. 손써 볼 방도가 없어 결과만 기다리는 것을 비유적으로 이르는 말이다.

189 七年德談銀廣大: '광대 덕담'. 실속 없이 수다스럽게 늘어놓는 듣기 좋은 말이라는 의미. 전몽

鼻梁. 肆切佩瓢捉風之愚,

27

妄擬臨渴掘井之計. 石崇舍音, 王玠聽直,[190] 猶望侏儒之參轎,[191] 敦寧子弟, 弘文士夫, 每思螳螂之拒轍. 艱難到骨, 忍聞窮措大之稱名, 富貴拔身, 惟在造化翁之處分. 玆將赤手起家之願, 敢冀白骨難忘之恩. 九死十生, 敢曰天道之難信, 一擧兩得, 庶卜身數之大通. 鬚三尺而食後令監,[192] 莫謂自有分數, 腎百斤而房內曰者, 何必强爲大設?[193] 今若許一時榮華, 庶將免觸處狼狽. 軺軒子平轎客, 可謂彼丈夫我丈夫,[194] 扇子椽高柱門, 何羨金富者李富者? 如鯨背瓦家裡, 誰傷張飛之臍?[195] 若蟹卵湯巾[196]前, 自許虎狼之鼻.[197] 是臣願也, 惟帝

옥 자신의 생애와 연결하여 서술한 것으로 보인다.

190 石崇舍音 王玠聽直: '石崇舍音 王愷聽直'의 오기. 서강대본에는 '石崇舍音 王瓚聽直'으로 되어 있다. 석숭과 왕개는 모두 晉나라의 부호이다. 『진서』「열전」〈석숭〉에 "財産豐積 室宇宏麗 後房百數 皆曳紈繡 珥金翠 絲竹盡當時之選 庖膳窮水陸之珍 與貴戚王愷羊琇之徒以奢靡相尚 愷以粭澳釜 崇以蠟代薪 愷作紫絲布步障四十里 崇作錦步障五十里以敵之 崇塗屋以椒 愷用赤石脂 崇愷爭豪如此(석숭은 재산이 풍부하게 쌓였고, 집이 몹시 넓고 화려했으며, 처첩의 방이 백여 개나 되었는데, (처첩들은) 모두 화려하게 수놓은 비단옷을 끌고 다녔고, 금과 비취로 귀걸이를 했다. 관악기와 현악기는 당시의 좋은 것들을, 주방의 음식은 바다와 육지의 맛있는 것을 모두 갖추었으며 왕실의 친척인 왕개, 양수의 무리와 사치스러움을 서로 자랑했다. 왕개가 엿으로 가마솥을 채우면 석숭은 밀랍으로 땔나무를 대신했다. 왕개가 자줏빛 실로 짠 베로 40리나 되는 가림막을 치면, 석숭은 비단으로 50리나 되는 가림막으로 여기에 대항했다. 석숭이 후추로 집을 칠하자 왕개는 적석지로 칠했다. 석숭과 왕개는 이처럼 호사스러움을 경쟁했다.)"라는 기록이 있다.

191 侏儒之參轎: '난쟁이 교자꾼 참여하듯'이라는 속담을 한역한 것이다. 감당할 수 없는 일을 한다는 뜻으로 자기 처지를 생각하지 않고 턱없는 일에 참가할 때를 비유하는 말이다.

192 鬚三尺而食後令監: '수염이 석 자라도 먹어야 양반'이라는 속담을 한역한 것이다.

193 何必强爲大設: '何必强爲大說'이 적절하다. 서강대본에는 '何必强爲大談'으로 되어 있다.

194 彼丈夫我丈夫: 『맹자』「滕文公 上」에 "成覸謂齊景公曰 彼丈夫也 我丈夫也 吾何畏彼哉(성간이 제나라 경공에게 말했다. '저 사람도 장부요 나도 장부인데, 내가 어찌 저를 두려워하겠습니까?')"라는 구절이 있다.

195 傷張飛之臍: "장비야 내 배 다칠라."라는 속담을 말하는 듯하다. 오만하고 속없이 겉으로 난 체하는 행동을 비웃어 이르는 말이다.

196 蟹卵湯巾: 곱게 뜬 탕건. 탕건은 갓을 쓸 때 받쳐 쓰는 모자의 일종이다.

念哉! 臣伏望曲垂聖恩, 俯察微懇, 則泰來否往, 寧有羝觸藩之憂,[198] 持狹欲奮,[199] 庶遂豚穰田之願.[200] 臣謹當額塌於地, 頤掛于天, 塔結九層, 圖報淪肌浹骨之澤, 竿

28

進一步, 寧忽磨頂放踵之思.

策曰:

問古人云, '無稽之言勿聽',[201] 載籍者, 亦有無稽之言歟? 陰陽未分之前, 鴻濛肇判之際, 或有可稽之言歟? 鍊綵石補天, 斷鰲足而立極,[202] 出於何書? 聲初

---

197 虎狼之鼻: 虎鼻. 관상학에서 말하는, 호랑이 코를 닮았다는 코 모양으로 부귀공명할 상으로 일컬어진다.

198 有羝觸藩之憂: 이러지도 저러지도 못하는 상황을 가리킨다. 『주역』「大壯卦」〈上六〉에 "羝羊觸藩 不能退 不能遂(숫양의 뿔이 울타리에 걸려 물러나지도 나아가지도 못한다.)"라는 구절이 있다.

199 持狹欲奮: '持狹欲奢'의 오기. 송나라 문인 황정견의 〈代書〉에 "祝田操豚蹄 持狹所欲奢(돼지 족발 하나 잡고 밭에 풍년을 비니, 작은 것을 가지고 바라는 것은 과분하구나.)"라는 구절이 있다. 서강대본에는 '持狹欲奢'로 되어 있다.

200 遂豚穰田之願: '遂豚穰田之願'의 오기. 豚蹄穰田. 변변치 않은 것으로 많은 것을 바란다는 말. 『사기』「골계열전」에 "威王八年 楚大發兵加齊 齊王使淳于髡之趙請救兵 齎金百斤 車馬十駟 淳于髡仰天大笑 冠纓索絕 王曰 先生少之乎 髡曰 何敢 王曰 笑豈有說乎 髡曰 今者臣從東方來 見道傍有禳田者 操一豚蹄 酒一盂 祝曰 甌窶滿篝 汙邪滿車 五穀蕃熟 穰穰滿家 臣見其所持者狹而所欲者奢 故笑之(위왕 8년에 초나라가 군대를 크게 일으켜 제나라를 침범했다. 제나라 위왕이 순우곤에게 황금 백 근과 네 마리 말이 끄는 수레 열 대를 예물로 가지고 조나라로 가서 구원병을 청하게 했다. 순우곤이 하늘을 우러르며 크게 웃는 바람에 관 끈이 모두 끊어졌다. 위왕이 말했다. '선생은 이것을 적다고 생각하오?' 순우곤이 대답했다. '어찌 감히 그렇겠습니까?' 위왕이 말했다. '웃었으니, 설명이 있겠지요?' 순우곤이 말했다. '지금 신이 동쪽에서 오다가 길가에서 밭에 빌고 있는 자를 보았는데, 돼지 족발 하나와 술 한 잔을 손에 쥐고 높은 밭에서는 광주리에 넘치고, 낮은 밭에서는 수레에 가득 차게 하고, 오곡이 풍성하게 익어서 우리 집에 넘쳐 나게 해달라고 축원하더군요. 신은 손에 쥔 것은 보잘것없으면서 원하는 것이 그처럼 많은 것을 보고 웃은 것입니다.')"라는 글이 있다. 豚蹄盂酒라고도 한다.

201 無稽之言勿聽: 『서경』「虞書」〈大禹謨〉에 "無稽之言勿聽 弗詢之謀勿庸(근거 없는 말은 듣지 말며, 상의하지 않은 계책은 쓰지 말아야 한다.)"이라는 구절이 있다.

202 鍊綵石補天 斷鰲足而立極: '斷鰲足而立極'과 대구를 이루려면 '鍊綵石而補天'이 자연스럽다. 서강대본에는 '鍊綵石而補天'으로 되어 있다. 『회남자』「覽冥訓」에 "往古之時 四極廢 九州裂 天不兼覆 地不周載 火爁炎而不滅 水浩洋而不息 猛獸食顓民 鷙鳥攫老弱 於是女媧煉五色

生而九大競,[203] 光初開而十日出,[204] 攷之何史? 媧牝鳴晨,[205] 軒龍下鬚,[206] 全不可信. 堯之幽囚,[207] 舜之遠放,[208] 極爲敗理, 以聖人之大德, 亦不免無稽之誣耶? 武王之棗, 已蒸而生於海中, 則假說者誰歟?[209] 子産之魚, 已烹而游於池中,[210] 則欺告者誰歟? 髑髏之朽而說南面之樂,[211] 傳之者信乎? 蜩鷽之微而笑

石以補蒼天 斷鼇足以立四極(옛날에는 동서남북의 사극이 무너지고 구주가 찢어져 있었다. 하늘은 전부 덮지 않았고 땅은 두루 실어 주지 않았다. 불은 세차게 번져서 꺼지지 않고 물은 넘쳐흐르며 멈추지 않았다. 사나운 짐승이 착한 백성을 잡아 먹고, 맹금은 노약자를 움켜 갔다. 이에 여와가 오색의 돌을 단련하여 하늘을 깁고, 큰 거북의 다리를 잘라 사극을 세웠다.)"이라는 구절이 있다.

203 聲初生而九大競: '聲初生而九天競'의 오기. 서강대본에는 '聲初生而九天競'으로 되어 있다.

204 十日出: 『山海經』「大荒南經」에 "東南海之外 甘水之間 有羲和之國 有女子名曰羲和 方浴日於甘淵 羲和者 帝俊之妻 生十日(동남쪽 바닷가 밖과 감수 사이에는 희화국이 있다. 희화라고 이름하는 여자는 바야흐로 해를 감연에 목욕시킨다. 희화는 준 임금의 아내로 열 개의 해를 낳았다.)"이라는 구절이 있다.

205 媧牝鳴晨: 서강대본에는 '蝸牝鳴晨'으로 되어 있다. 구체적인 사항은 미상이다.

206 軒龍下鬚: 하권 각주 70 참고.

207 堯之幽囚: 『分類補註李太白詩』「古樂府」〈遠別離〉에 "或言堯幽囚 舜野死(어떤 사람은 요임금은 옥에 갇히고 순임금은 들판에서 죽었다고 말하네.)"라는 구절이 있다. 이 구절에 대하여 "竹書云 昔堯德衰 爲舜所囚也 […] 竹書云 舜所堯後 偃塞丹朱 使不與父相見也(『竹書紀年』에서는 예전에 덕이 쇠한 요임금은 순임금에 의해 갇혔다고 한다. […] 『죽서기년』에서는 순임금이 요임금을 가둔 후, 그 아들 단주를 막아 아버지를 보지 못하게 했다고 한다.)"라는 주석이 있다.

208 舜之遠放: 순임금이 창오산을 巡狩한 일을 우임금에게 쫓겨난 것으로 보는 전설이 있다고 한다. 『순자』「正論」에 "世俗之爲說者曰 堯舜擅讓 是不然 天子者 埶位至尊 無敵於天下 夫有誰與讓 […] 夫曰堯舜禪讓 是虛言也 是淺者之傳 是陋者之說也(세속에서 사람들이 '요임금과 순임금이 왕위를 선양했다.'라고 말하나 그렇지 않다. 천자는 지위가 지극히 높아 세상에 적수가 없는데 누구에게 선양한다는 것인가? […] 대저 요임금과 순임금이 선양했다고 말하는 것은 헛된 말이다. 이는 천박한 사람들이 전하는 말이며 고루한 사람들이 주장하는 것이다.)"라는 구절이 있다. 또한 『한비자』「說疑」에는 "舜逼堯 禹逼舜 湯放桀 武王伐紂 此四人者 人臣弑其君者也 而天下譽之 察四王之情 貪得人之意也(순임금은 요임금을 핍박했고, 우임금은 순임금을 핍박했으며, 탕임금은 걸임금을 내쫓고, 무왕은 주임금을 벌했다. 이 네 사람은 신하로서 군주를 시해한 자들이다. 그런데도 천하에서는 그들을 칭찬한다. 네 임금의 정황을 살펴보면 남에게 인정받기를 탐한 것이다.)"라는 구절도 있다.

209 武王之棗~則假說者誰歟: 하권 각주 131 참고.

210 子産之魚 已烹而游於池中: 『맹자』「萬章 上」에 "昔者有饋生魚於鄭子産 子産使校人畜之池 校人烹之 反命曰 始舍之圉圉焉 少則洋洋焉 攸然而逝 子産曰 得其所哉 得其所哉 校人出曰 孰謂子産智 予既烹而食之 曰得其所哉 得其所哉(옛날에 살아 있는 물고기를 정자산에게 선물로 주었다. 정자산은 연못 담당 관리에게 연못에서 기르도록 했다. 관리는 그것을 삶아 먹고

南圖之翼,[212] 說之者誠乎? 武都之丈夫, 寧有化女子之理乎?[213] 淮南之老公, 豈有變童子之術乎?[214] 塚中之人能詩,[215] 畵中之女能歌,[216] 不根之說, 歷歷指

는 돌아와 보고했다. '처음 풀어놓자 비실비실하더니, 잠시 후 기운을 차려 유연히 가버렸습니다.' 정자산이 말했다. '제자리를 찾았구나! 제자리를 찾았구나!' 그러자 관리가 밖으로 나와 말했다. '누가 정자산을 지혜롭다 하는가? 내가 이미 삶아서 그걸 먹었는데도 제자리를 찾았구나! 제자리를 찾았구나! 라고만 한다.')"라는 구절이 있다.

211 髑髏之朽而說南面之樂: 『장자』「至樂」에 "莊子之楚 見空髑髏 […] 髑髏曰 死無君於上 無臣於下 亦無四時之事 從然以天地爲春秋 雖南面王樂 不能過也 莊子不信曰 吾使司命復生子形 爲子骨肉肌膚 反子父母妻子閭里知識 子欲之乎 髑髏深矉蹙頞曰 吾安能棄南面王樂而復爲人間之勞乎(장자가 초나라에 갔다가 해골을 보았다. […] 해골이 말했다. '죽음에는 위로 군주가 없고 아래로 신하가 없으며, 또한 사계절에 따르는 일도 없다. 자유롭게 천지자연을 봄가을로 삼으니 비록 천하를 다스리는 왕의 즐거움이라 할지라도 이보다 더할 수가 없다.' 장자가 믿지 못하여 말했다. '내가 수명 관장 신에게 그대의 형체를 살리게 하여, 그대의 뼈와 살점과 살결을 만들고, 그대의 부모와 처자와 동네 아는 사람들에게 돌려보내도록 하겠다. 그대는 그것을 바라는가?' 해골이 눈살을 심하게 찡그리고 이맛살을 찌푸리며 말했다. '내가 어찌 남면하는 왕의 즐거움을 버리고 인간의 괴로움을 반복하겠는가?')"라는 구절이 있다.

212 蜩鷽之微而笑南圖之翼: 『장자』「소요유」에 "北冥有魚 其名爲鯤 鯤之大 不知其幾千裏也 化而爲鳥 其名爲鵬 鵬之背 不知其幾千裏也 怒而飛 其翼若垂天之雲 […] 蜩與學鳩笑之曰 我決起而飛 搶楡枋而止 時則不至而控於地而已矣 奚以之九萬里而南爲(북쪽 바다에 물고기가 있는데 그 이름은 곤이다. 곤의 크기는 몇천 리나 되는지 모를 정도이다. 이것이 변하여 새가 됐는데 그 이름은 붕이다. 붕의 등은 몇천 리나 되는지 모를 정도이다. 떨쳐 일어나 날아오르면 그 날개는 하늘을 드리운 구름 같았다. […] 매미와 비둘기가 비웃으며 이렇게 말했다. '우리가 결연히 일어나 날아도 느릅나무 박달나무에 막히면 멈추는데, 때로는 이르지도 못하고 땅바닥에 떨어지고 말 뿐이다. 어찌 9만 리 날아 남쪽까지 간단 말인가?)"라는 구절이 있다.

213 武都之丈夫 寧有化女子之理乎: 『蜀王本紀』에 나오는 이야기이다. 상권 각주 279 참고.

214 淮南之老公 豈有變童子之術乎: 『태평광기』「신선 八」〈劉安〉에 "漢淮南王劉安者 漢高帝之孫也 […] 於是乃有八公詣門 皆鬚眉皓白 門吏先密以白王 王使閽人 自以意難問之曰 我王上欲求延年長生不老之道 中欲得博物精義入妙之大儒 下欲得勇敢武士扛鼎暴虎橫行之壯士 今先生年已耆矣 似無駐衰之術 […] 八公笑曰 我聞王尊禮賢士 […] 吾年雖鄙陋 不合所求 故遠致其身 且欲一見王 雖使無益 亦豈有損 何以年老而逆見嫌耶 王必若見年少則謂之有道 皓首則謂之庸叟 恐非發石采玉 探淵索珠之謂也 薄吾老 今則少矣 言未竟 八公皆變爲童子 年可十四五 角髻青絲 色如桃花 門吏大驚, 走以白王 王聞之 足不履 跣而迎 登思仙之台(한나라 회남왕 유안은 한나라 고조의 손자이다. […] 팔공이 궁궐 문에 왔는데, 수염과 눈썹이 희게 세었다. 문지기가 몰래 왕에게 고하자, 왕이 문지기에게 스스로 난처해하는 뜻으로 물어 말하게 했다. '우리 왕은 위로는 해를 늘려 오래 살며 늙지 않는 도인을, 가운데로는 사물에 넓어 의미에 정통하고 오묘함에 든 큰선비를, 아래로는 용감한 무사로 솥을 들고 호랑이를 잡으며 천하에 횡행하는 장사를 구합니다. 지금 선생은 나이가 이미 늙었으니, 노쇠함을 멈추게 하는 기술이 없는 듯합니다.' […] 팔공이 웃으며 말했다. '나는 왕이 어진 선비를 존중한다고 들었습니다. […] 내 나이가 비록 비루하여 구하는 바에 합하지 않으나 멀리서 찾아와 한번 왕을 보고자 하니 무익하다고 해도 어찌 손해됨이 있겠습니까? 어찌 나이가 들었다고 하여 보기를 거절하고 꺼려하는 것입니까? 왕이 젊은 사람을 보면 도가 있다고 하고, 머리가 흰 사람에게는 용

證歟? 採桑之嫗, 前爲黃眉之妻,[217] 林之僧,[218] 後爲錦襠之子. 亢倉之耳視

렬한 늙은이라고 하는 것이라면 아마도 돌을 채굴하여 옥을 캐고, 연못을 탐색하여 진주를 찾는 것이 아니라고 이를 것입니다. 나의 늙음을 박대하니 지금 젊어지겠습니다.' 말이 끝나기도 전에 팔공이 변하여 동자가 되었는데, 나이는 열네댓 살에 청색 실 같은 총각 상투에 안색은 복숭아꽃 같았다. 문지기가 매우 놀라 왕에게 달려가 고하자, 왕이 듣고는 신을 신지 않고 맨발로 영접하며 사선대에 올랐다.)"라는 구절이 있다.

215 塚中之人能詩: 『태평광기』「鬼 三十九」〈鄭郊〉에 "鄭郊 河北人 擧進士下第 游陳蔡間 過一塚上有竹二竿 青翠可愛 因駐馬吟曰 塚上兩竿竹 風吹常裊裊 久不能續 聞塚中言曰 何不云下有百年人 長眠不知曉 郊驚問之 不復言矣(정교는 하북 사람이다. 진사 시험에 낙방하여 진나라와 채나라 사이에서 노닐다가 어떤 무덤을 지났다. 위에 대나무 두 그루가 있었는데 푸르른 것이 사랑스러워 인하여 말을 멈추고 시를 읊었다. '무덤 위의 두 그루 대나무, 바람 불면 항상 하늘거리네.' 그리고 오랫동안 이어 짓지 못하고 있었는데, 무덤 속에서 말했다. '어찌하여 '아래에는 백 년 묵은 사람이 있어, 오래 자느라 새벽이 온 줄도 모르네.'라고 하지 않는가?' 정교가 놀라 물었으나 다시 말하지 않았다.)"라는 기록이 있다.

216 畵中之女能歌: 『酉陽雜俎』「諾皐記 上」에 "元和初 有一士人失姓字 因醉臥廳中 及醒 見古屛上婦人等 悉於床前踏歌 歌曰 長安女兒踏春陽 無處春陽不斷腸 舞袖弓腰渾忘卻 蛾眉空帶九秋霜 其中雙鬟者問曰 如何是弓腰 歌者笑曰 汝不見我作弓腰乎 乃反首髻及地 腰勢如規焉 士人驚懼 因叱之 忽然上屛 亦無其他(원화 연간 초에 성명을 알 수 없는 어떤 선비가 취하여 대청에 누워 있었다. 술이 깨어 옛 병풍에 있던 부인들이 모두 상 앞에서 발을 구르며 노래를 불렀다. 노래는 이러했다. '장안의 소녀가 봄의 경치를 살피니, 모든 봄의 경치가 애를 끊을 정도였다. 춤추는 소매가 허리를 활처럼 만들어 혼연히 망각한 듯했는데 눈썹에는 공연히 가을 서리를 띠었네.' 그 가운데 두 갈래의 머리를 한 사람이 물었다. '어떤 것이 허리를 활처럼 만드는 것이오?' 노래 부른 사람이 웃으며 말했다. '너는 내가 허리를 활처럼 휘게 한 것을 보지 못했는가?' 이에 머리를 반대로 하여 정수리를 땅에 대니 허리의 형세가 동그랗게 되었다. 선비가 놀랍고 두려워 질책하자 홀연히 병풍 위에는 또한 어떤 다른 것도 없었다.)"라는 글이 있다.

217 採桑之嫗 前爲黃眉之妻: 『태평광기』「신선 六」〈동방삭〉에 "朔以元封中 遊鴻濛之澤 忽遇母採桑於白海之濱 俄而有黃眉翁 指母以語朔曰 昔爲我妻 託形爲太白之精 今汝亦此星之精也 吾却食呑氣 已九十餘年 目中童子 皆有青光 能見幽隱之物 三千年一返骨洗髓 二千年一剝皮伐毛 吾生來已三洗髓五伐毛矣(동방삭이 원봉 연간에 홍몽택에서 노닐다가 갑자기 백해 물가에서 뽕잎을 따는 어머니를 만났다. 잠시 후 누런 눈썹의 노인이 어머니를 가리키며 동방삭에게 말했다. '예전 나의 아내로, 몸에 태백성의 정기를 타고났다. 이제 너도 또한 이 별의 정기를 가지고 있다. 내가 화식을 끊고 정기를 삼킨 지 이미 90여 년이다. 눈동자는 모두 푸른빛을 띠어 감춰진 사물을 능히 볼 수가 있다. 3천 년에 한 번씩 뼈를 바꾸고 골수를 씻었고, 2천 년에 한 차례 껍질을 벗기고 털을 갈았다. 내가 태어난 이후 이미 세 번 골수를 씻고 다섯 번 털을 갈았다.')"라는 글이 있다.

218 林之僧: '惠林之僧'의 오기. 서강대본에는 '惠林之僧'으로 되어 있다. 소식의 〈僧元澤傳〉에 "洛師惠林寺 故光祿卿李憕居第 祿山陷東都 憕以居守死之 子源 少時以貴遊子 豪侈善歌 聞於時 及憕死 悲憤自誓 不仕不娶不食肉 居寺中五十餘年 寺有僧圓澤 富而知音 源與之遊 甚密促膝交語竟日 人莫能測 一日相約遊蜀青城峨眉山 […] 遂自荊州路 舟次南浦 見婦人錦襠負罌而汲者 澤望而泣曰 吾不欲由此者 爲是也 源驚問之 澤曰 婦人姓王氏 吾當爲之子 孕三歲矣 吾不來 故不得乳 今旣見 無可逃者 […] 後十三年中秋月夜 杭州天竺寺外 當與公相見 源悲悔而爲具沐浴易服 至暮 澤亡而婦乳 三日 往視之 兒見源果笑(낙양 혜림사는 고인이 된

29

目聽,[219] 痲姑之毛伐骨反,[220] 摠涉荒誕, 盖從何說而何稽歟? 大抵, 古昔聖人修辭立誠,[221] 戒邪說之殄行, 放淫辭之亂眞, 愼其樞機, 禁其滑稽後, 可以爲萬堂堂之論,[222] 而竟未辟叔季之訛言者, 其故曷以? 惟我皇朝, 紅羅啓基,[223] 金甲

광록경 이징이 거처하던 곳이다. 안녹산이 동도를 함락시켰을 때, 이징은 지키다가 죽었다. 그 아들 이원은 젊어서 귀공자로 호기롭고 사치하며 노래를 잘한다고 당시에 소문이 났다. 아버지 이징이 죽자, 비분하여 벼슬도 하지 않고 아내도 두지 않으며 고기도 먹지 않겠다고 맹세하고 절에서 50여 년을 살았다. 혜림사에는 원택이라는 스님이 있었는데 포용적이면서도 소리를 잘 알아, 이원과 교유가 매우 친밀하여 무릎을 맞대고 온종일 이야기했으나 남들은 헤아리지 못했다. 하루는 서로 촉 땅 청성에 있는 아미산을 유람하기로 약속했다. […] 마침내 형주의 육로에서 시작하여 배를 타고 남포에 이르렀다가 비단 배자를 입고 항아리를 지고 물을 긷는 여인을 보았다. 원택이 바라보고는 울며 말했다. '내가 이리로 오려고 하지 않은 것이 이것 때문입니다.' 이원이 놀라 물으니, 원택이 말했다. '부인의 성은 왕씨인데, 내가 마땅히 그녀의 아들이 되어야 합니다. 잉태한 지 3년인데, 내가 오지 않았기 때문에 낳지 못한 것입니다. 이제 이미 보았으니 도망칠 수가 없습니다. […] 30년 후 중추 달밤에 항주 천축사에서 마땅히 공과 서로 만날 것입니다.' 이원이 슬피 후회하다가 갖추어 목욕하고 옷을 갈아입었다. 저녁이 되자 원택은 죽고 부인은 아이를 낳았다. 3일 후 가서 보니 아이가 이원을 보고 과연 웃었다.)"라는 구절이 있다.

219 亢倉之耳視目聽: 『열자』「仲尼」에 "陳大夫曰 吾國亦有聖人 子弗知乎 曰 聖人孰謂 曰老聃之弟子 有亢倉子者 得聃之道 能以耳視而目聽 魯侯聞之大驚 使上卿厚禮而致之(진나라 대부가 말했다. '우리나라에도 역시 성인이 있는데 그대는 모르십니까?' 숙손씨가 말했다. '성인이라니 누구를 이르는 말씀입니까?' 진나라 대부가 말했다. '노담(노자)의 제자에 항창자라는 사람이 있습니다. 노자의 도를 터득하여 능히 귀로 보고 눈으로 들을 수가 있습니다.' 노나라의 제후가 듣고 크게 놀라 상경에게 예를 후하게 하여 초대하게 했다.)"라는 글이 있다.

220 痲姑之毛伐骨反: 毛伐骨反은 뼈와 살과 골수까지 바꾸어 가며 오래 사는 신선의 장수를 말한다. 하권 각주 217 참고. 여기서는 여신 마고의 장수를 말한다. 『신선전』〈王遠〉에 "王遠 字方平 東海人也 […] 痲姑至 蔡經亦擧家見之 是好女子 年十八九許 於頂中作髻 餘髮散垂至腰 其衣有文章而非錦綺 光彩耀日 不可名字 皆世所無有也 入拜方平 方平爲之起立 坐定 […] 痲姑自說 接待以來 已見東海三爲桑田 向到蓬萊 水又淺於往昔會時略半也 豈將復還爲陵陸乎 方平笑曰 聖人皆言 海中行復揚塵也(왕원은 자가 방평으로 동해 사람이다. […] 마고가 이르자 채경이 또한 온 집안사람들과 그녀를 만났다. 이 아름다운 여자는 나이가 열여덟이나 열아홉 정도 되어 보였다. 정수리에는 쪽을 찌고 나머지 머리카락은 흩어져 허리까지 드리웠다. 그 옷은 무늬가 있고 비단은 아니나 해가 빛나는 것처럼 빛이 났다. 이름 지을 수는 없으나 모두 세상에 없는 것이었다. 들어와 왕원에게 절을 하자 왕원이 일어섰다. 자리를 정하여 앉으니 […] 마고가 스스로 말했다. '그대를 만난 이후로 이미 동해가 세 번 뽕밭이 되는 것을 보았습니다. 봉래산에 이르러 보니 물이 또한 지난번 만났을 때보다 대략 반이나 더 얕아졌습니다. 어찌 다시 육지가 되려는 것이 아니겠습니까?' 왕원이 웃으며 말했다. '성인이 모두 말하기를 바다에서 다시 먼지를 날릴 것이라고 했습니다.')"라는 글이 있다.

221 古昔聖人修辭立誠: 『주역』「건괘」〈文言傳〉에 "君子進德修業 忠信所以進德也 修辭立其誠 所以居業也(군자는 덕에 나아가고 학업을 닦으니, 충성과 신의는 덕에 나아가는 방법이요, 말을 다듬음에 성실함을 세우는 것은 학업에 머무는 방법이다.)"라는 구절이 있다.

膺命, 治道無僞, 言路極正, 閭閻之風, 朝著之間, 無不根之論, 談天雕龍之徒,[224] 不得騁其辨,[225] 架虛鑿空之流, 擧皆囚其舌, 宜無言者無稽之弊, 而奈之何挽近以來, 昔之簡點者,[226] 往往交口而談空, 前之木訥者, 沾沾歧舌而吊詭, 無乃習俗好誕而然歟, 抑亦矯拺昧例而然歟? 諸生稽古者也, 踐言在今日, 盍各言志.

對. 於戱, 盖聞言之道, 必以其事觀之, 則言者莫敢忘言,[227] 今有後於執事者曰, '吾於道中見, 無脚之人, 行不寸步, 而瞬息來千里, 無之人, 戴不得一能筐, 而踼奮角觸天柱.[228] 相與遇於無底之野, 無

30

脚者擧足踼,[229] 無頭者伸頸而觝. 蟻鬪於封垤之中, 而聲動天地, 蚊鬧於簾牖之罅, 而勢傾丘山, 脫輪之車, 出入溪澗, 失蹄之駒, 上下山阪. 須臾, 臣無霸出自藕孔,[230] 華光藏[231]出自匏口, 揮大斧劈山根, 而山根片片破碎, 杖金槍槊地

222 可以爲萬堂堂之論: '可以爲萬世堂堂之論'의 오기. 서강대본에는 '可以爲萬世堂堂之論'으로 되어 있다.

223 紅羅啓基: 紅羅는 홍라산으로 북경 북쪽 회유구에 있는 산이다. '紅螺山'이라고도 한다. 우리에게는 원 순제가 명 태조에게 쫓겨 달아나다가 죽은 곳으로 알려져 있다. 조선 문인 李器之는 〈一菴燕記〉에서 "路中望見一座大山在西北 問之 則紅羅山也 距此三四十里 卽元順帝走死處也(도중에 서북쪽에 있는 큰 산 하나를 멀리 바라보고는 물으니 바로 홍라산이었다. 이곳에서 34리 떨어져 있는데 곧 원나라 순제가 도망가다가 죽은 곳이다.)"라고 했다. 이와 유사한 기록을 조선 연행록에서 자주 볼 수 있다.

224 談天雕龍之徒: 齊나라 騶衍과 騶奭을 가리킨다. 상권 각주 339 참고.

225 不得騁其辨: 말과 관련되는 내용으로 볼 때, '不得騁其辯'의 오기로 볼 수 있다. 서강대본에는 '不得騁其辯'으로 되어 있다.

226 昔之簡點者: '昔之簡默者'의 오기. 서강대본에는 '昔之簡默者'로 되어 있다.

227 莫敢忘言: '莫敢妄言'의 오기. 서강대본에는 '莫敢妄言'으로 되어 있다.

228 無脚之人~而踼奮角觸天柱: 문맥이나 대구를 고려하여 서강대본의 '無脚之人 行不能寸步 而瞬息來千里 無頭之人 戴不得一筐 而奮角觸天柱'로 수정 번역했다.

229 擧足踼: 뒤의 문장과 대구를 고려할 때 '擧足而踼'이 적절하다. 서강대본에는 '擧足而踼'으로 되어 있다.

230 臣無霸出自藕孔: '巨無霸出自藕孔'의 오기. 서강대본에는 '巨無霸出自藕孔'으로 되어 있다.

府, 縷縷綻裂,[232] 斷臂之卒, 滿引强弓, 折股之兵, 踏張勁弩, 不霧而天地晦冥, 不風而旗脚飄颻, 萬馬橫奔, 而蹄不印沙, 三軍無傷, 而血流漂杵. 于時, 晦夜之月色明朗, 嚴冬之花光爛熳, 豆人寸馬, 觀者如雲, 啞者言其勝負, 盲者翫其形便, 山僧免冠, 露髻而嗔, 處女脫裩, 搖閬而遁, 山前石佛, 拍掌大笑, 路邊長栍, 張袖起舞. 少焉, 天怒地忿, 日月逆行, 江海倒流, 不祥之物, 一齊呵禁, 無脚者, 躡屩而走, 入無口之壺, 無頭者, 岸巾而走, 入無隙之牖, 芒乎惚乎, 因忽不見云爾.' 則

31

執事許之乎? 悖理言,[233] 無義之說, 聖人不信, 大凡聖人之言, 蕩蕩平平, 當於理, 合於義, 然後掛于齒, 入于耳, 故必也言高而必曰天, 言卑而必曰地, 論孝於父子, 論忠於君臣, 耳聽而目視, 手持而足行. 織絲而衣, 蒸米而飯, 鹽爲醬, 麯爲酒, 莫不順其性而導之, 故其言何嘗有無稽之歎耶? 愚也, 願以有稽之言, 一陳於當路之君子; 雅矣, 今何幸執事憂人言之漸訛, 欲捄其弊, 承綸發策, 以求矯革之方, 愚也, 敢不樂爲之說乎? 遂爲之說曰,

'雅說殄行,[234] 壁經垂戒,[235] 遁辭知窮, 鄒書著說,[236] 盖言者德之符也, 德存則

'巨無霸'는 新나라 왕망 때의 거인으로, '巨毋霸'라고도 한다. 『漢書』「열전」〈왕망전 하〉에 "夙夜連率韓博上言 有奇士 長丈 大十圍 來至臣府 曰欲奮擊胡虜 自謂巨毋霸 出於蓬萊東南 五城西北昭如海瀕 軺車不能載 三馬不能勝(숙야 지방의 태수 한박이 글을 올렸다. '키는 한 장에 크기는 열 아름이나 되는 기이한 선비가 신의 관아로 와서 오랑캐를 분발하여 치고 싶다고 했습니다. 스스로 거무패라고 하며, 봉래 동남쪽 오성 서북의 소여해 바닷가에서 태어났다고 했습니다. 작은 수레인 초거에는 실을 수 없고 세 마리 말로는 당해 낼 수 없었습니다.')"이라는 기록이 있다.

231 華光藏: 도교의 신 華光天王을 말하는 듯하나 분명하지 않다.

232 縷縷綻裂: 앞 문장을 고려할 때 '而地府縷縷綻裂'이 적절해 보인다. 서강대본에는 '而地府縷縷綻裂'로 되어 있다.

233 悖理言: '悖理之言'이 적절하다. 서강대본에는 '悖理之言'으로 되어 있다.

234 雅說殄行: '邪說殄行'의 오기. 『서경』「虞書」〈舜典〉에 있는 "朕聖讒說殄行 震驚朕師 命汝作納言(짐은 참소하는 말이 선행을 없애, 짐의 무리를 놀라게 하는 것을 미워한다. 이에 너를 납

言必正, 言者心之機也, 機變則言必詭, 故揆事會理, 辟其邪而勿聽, 順軌合度, 愼其口而勿妄, 播之聽聞而爲一代之正論, 傳之竹帛而爲萬古之信跡.

嗚![237] 世道淆漓, 習俗荒誕, 壽後之文, 註誤居多, 需世之論, 浮誇轉深, 則豈可書書而可信, 亦可

32

言言而可聽哉? 是以必先度其人而正其誼, 揆其事而會其理, 則巧言惑人, 聽之者知其詭, 甘言誘人, 而聽之者知其邪, 挾山超海之言, 自歸於詖辟, 銘氷鏤塵之論, 自歸於虛妄, 孰敢以沒實之言, 能移聽者之心哉?

雖然, 心不正則言不實, 言不實則事不信. 故欲信其事, 先實其言, 欲實其言, 先正其心. 其心旣正, 則吾言不悖出, 其心已正, 則彼言必審聽. 稽之古而合於義, 然後言之, 稽之今而當於理, 然後信之. 故徒惡訛言之亂眞, 而不知正訛之術, 只人辟邪說誤之人,[238] 而不求反正之道, 則不幾乎反鏡而索照乎? 必也正吾心, 以正萬民之心, 正民心, 以正四方之心, 然後無稽之言, 自起自滅. 苟欲言

언에 임명한다.)"이라는 구절을 활용한 것이다. 서강대본에는 '邪說殄行'으로 되어 있다.

235 壁經垂戒: 『한서』「예문지」에 "易曰 河出圖 雒出書 聖人則之 [⋯] 秦燔書禁學 濟南伏生獨壁藏之 [⋯] 古文尚書者 出孔子壁中 武帝末 魯共王壞孔子宅 欲以廣其宮 而得古文尚書及禮記論語孝經凡數十篇 皆古字也 共王往入其宅 聞鼓琴瑟鍾磬之音 於是懼 乃止不壞(『주역』에서 말했다. '하수에서 그림이 나오고 낙수에서 글이 나오니 성인이 그것을 법칙으로 삼았다.' [⋯] 진나라가 책을 불사르고 학문을 금했을 때, 제남의 복생이 홀로 벽에 감추었다. [⋯] 『고문상서』는 공자의 집 벽 안에서 나왔다. 한나라 무제 말년에 노나라 공왕이 궁궐을 넓히고자 공자의 집을 허물다가 『고문상서』, 『예기』, 『논어』, 『효경』 등 대략 수십 편을 얻었는데 모두 고자로 되어 있었다. 공왕이 그 집에 들어가다가 북, 가야금, 거문고, 종, 경 소리를 듣고는 두려워 허무는 것을 멈추었다.)"라는 기록이 있다.

236 遁辭知窮 鄒書著說: 鄒書는 『맹자』를 일컫는다. 『맹자』「公孫丑 上」에 있는 "遁辭知其所窮(회피하는 말에서 궁색함을 안다.)"이라는 구절을 활용한 것이다.

237 嗚: 서강대본에는 '嗚呼'로 되어 있다.

238 只人辟邪說誤之人: 앞 문장과의 대구를 고려할 때, '只辟邪說之誤人'의 오기로 보인다. 또한 '只人' 다음에 '而'를 썼다가 먹으로 지운 흔적이 있다. 서강대본에는 '只辟邪說之誤人'으로 되어 있다.

路之歸正, 盍於正心上勿勿焉.' 請因明問而條陳之.

粤若循蜚以上, 疏仡以前,[239] 人文初闢, 書契未出, 則鴻濛事跡, 安有可稽之道乎? 鍊石補天, 斷鰲立

33

極, 出於淮藻山經之文, 則索隱之說, 烏可取信? 九天相競, 十日代出, 著於劉子盧子之書, 則好誕之論, 難爲實蹟, 風媧造律,[240] 軒皇葬喬,[241] 則鳴牝乘龍之疑, 不待稽而可破, 舜避河南, 禹避陽城,[242] 則幽囚遠放之誣, 不待辨而自明.

239 循蜚以上 疏仡以前: 『春秋命歷序』에 "自開闢至獲麟 二百二十七萬六千歲 分爲十紀 每紀爲二十六萬七千年 凡世七萬六百年 一曰九頭紀 二曰五龍紀 三曰攝提紀 四曰合雒紀 五曰連通紀 六曰序命紀 七曰循蜚紀 八曰因提紀 九曰禪通紀 十曰疏仡紀(천지개벽부터 획린【노나라 애공 14년. 『춘추』에 있는 '애공 14년 봄에 서쪽으로 사냥 나가 기린을 잡았다.'라는 글귀에서 유래한 것으로, 죽음 또는 절필의 의미로 쓰인다.】까지 227만 6천 년이다. 10기로 나누는데 1기는 26만 7천 년이니, 인간 세상으로 치면 7만 6백 년이다. 첫째 구두기, 둘째 오룡기, 셋째 섭제기, 넷째 합락기, 다섯째 연통기, 여섯째 서명기, 일곱째 순비기, 여덟째 인제기, 아홉째 선통기, 열째 소흘기이다.)"라는 기록이 있다. 『廣雅』 「釋天」에는 "天地辟設人皇以來 至魯哀公十有四年 積二百七十六萬歲 分爲十紀曰 九頭五龍挺提合雄建通序命脩蜚因提禪通流記(천지개벽하여 인황이 세워진 이후 노나라 애공 14년까지 276만 년이다. 10기로 나누는데 구두기, 오룡기, 정제기, 합웅기, 건통기, 서명기, 수배기, 인제기, 선통기, 유기기이다.)"라고 되어 있어 차이가 난다.

240 風媧造律: 風媧는 女媧이다. 『三皇本紀』에 "女媧氏亦風姓 虵身人首 有神聖之德 代宓犧立 號曰女希氏(여와씨 또한 성이 풍이다. 뱀의 몸에 사람 머리를 가지고 신성한 덕이 있었다. 복희를 대신하여 일어나 여희씨라고 했다.)"라는 구절이 있다.

241 軒皇葬喬: 軒皇은 황제헌원씨를 말한다. '喬'는 황제헌원씨의 무덤이 있는 '교산'이다. 『태평어람』 「皇王部」 〈황제헌원씨〉에 "神農氏衰 黃帝修德化民 諸侯歸之 [···] 凡五十五戰 而天下大服 或傳以爲仙 或言壽三百歲 葬于上郡陽周之喬山(또한 말했다. '신농씨가 쇠퇴하자 황제가 덕을 닦고 백성을 교화하니 제후가 귀의했다. [···] 무릇 55번 싸워 온 세상이 크게 복종했다. 어떤 사람은 전하여 신선이 되었다고 하고, 어떤 사람은 3백 년 장수하여 상군 양주에 있는 교산에 장사 지냈다고 한다.)"이라는 구절이 있다.

242 舜避河南 禹避陽城: 『맹자』 「萬章 上」에 "堯崩 三年之喪畢 舜避堯之子於南河之南 天下諸侯朝覲者 不之堯之子而之舜 訟獄者 不之堯之子而之舜 謳歌者 不謳歌堯之子而謳歌舜 [···] 舜崩 三年之喪畢 禹避舜之子於陽城 天下之民從之 若堯崩之後不從堯之子而從舜也(요임금이 세상을 떠나고 나서 삼년상을 마치자, 순임금은 요임금의 아들을 피해서 남하의 남쪽으로 갔다. 그런데 조회에 참석하는 모든 제후가 요임금의 아들에게 가지 않고 순임금에게 가고, 송사하는 사람들도 요임금의 아들에게 가지 않고 순임금에게 갔으며, 덕을 노래하는 사람들도 요임금의 아들을 노래하지 않고 순임금을 노래했다. [···] 순임금이 세상을 떠나고 나서 삼년상을

噫! 興訛造訕之徒, 誚賢侮聖之言, 烏足濡筆而答問哉? 蒸棗之花, 景公之詭問, 而晏子所以微諷也, 烹魚之游, 校人之詭對, 而鄒賢所以取譬也. 噫! 善爲謔而有不爲虐之道,[243] 欺以方而有不可欺之理也,[244] 夫髑髏之樂, 出於貢憤之說, 則非謂朽骨之能言也, 蜩鷽之笑, 出於齊諧之談,[245] 則非謂虫鳥之能笑也. 噫! 莊老齊物之襟, 跌宕之懷, 設爲隱語, 而自有諷切之意矣. 武都之女, 蜀主之所淫, 則將亡之國, 必有怪物之先興, 小山之童, 劉安之所惑,[246] 而好仙之家, 必有妖術之來告矣. 長眠不知曉之句, 塚中人之所賡, 而鄭生之言, 實爲疑案, 兒女踏

34

春陽之曲, 畵中女之所唱, 而唐士之說, 亦無明證, 這箇不根之說, 何可縷陳耶? 黃眉翁前生之緣, 無根於方朔之所傳, 圓澤僧後身之證, 荒唐於李源之所

마치자, 우임금은 순임금의 아들을 피해 양성으로 갔다. 이때 세상 사람들이 우임금을 따르기를 마치 요임금이 죽은 뒤에 요임금의 아들을 따르지 않고 순을 따랐던 것처럼 했다.)"라는 구절이 있다.

243 善爲謔而有不爲虐之道: 『시경』「衛風」〈淇奧〉에 있는 "善戲謔兮 不爲虐兮(농담을 잘하되 지나치지 않았다.)"라는 구절을 활용한 것이다.

244 欺以方而有不可欺之理也: 『맹자』「萬章 上」에 있는 "君子可欺以其方 難罔以非其道(군자는 그럴듯한 방법으로 속일 수는 있어도 도가 아닌 것으로는 속이기 어렵다.)"라는 구절을 활용한 것이다.

245 蜩鷽之笑 出於齊諧之談: 齊諧는 괴이한 일을 기록한 책, 또는 괴이한 일을 많이 아는 사람으로 해석된다. 『장자』「內篇」〈逍遙遊〉에 "齊諧者 志怪者也 諧之言曰 鵬之徙於南冥也 水擊三千里 摶扶搖而上者九萬里 去以六月息者也(『제해』는 괴이한 일을 모은 책이다. 『제해』에는 이런 말이 있다. '붕이 남쪽 바다로 옮겨 갈 때 3천 리에 이르는 물결이 일어나고 회오리바람을 따라 9만 리 높은 곳에 올라 유월 바람을 타고 간다.')"라는 구절이 있다. 하권 각주 212 참고.

246 小山之童 劉安之所惑: 『淮南鴻烈解』「序」에 "淮南子 名安 厲王長子也 […] 於是 遂與蘇飛李尙左吳田由雷被毛被伍被晉昌等八人及諸儒大山水山之徒 共講論道德 總統仁義而著此書(회남자는 이름이 안이고 여왕의 장자이다. […] 이에 마침내 소비, 이상, 좌오, 전유, 뇌피, 모피, 오피, 진창 등 여덟 명과 대산, 소산 등 여러 유학자 무리와 함께 도덕을 강론하고 인의를 총괄하여 이 책을 지은 것이다.)"라는 글이 있다. 여기서는 늙은 사람을 싫어하는 유안으로 인하여 어린 동자로 변했다는 여덟 명의 신선, 곧 팔공을 말한 것으로 보이나 착각이 있는 듯하다. 하권 각주 214 참고.

逢, 亢倉之耳目, 根於老氏玄虛之道, 麻姑之毛骨, 本於仙家換脫之方, 本非可據之事, 故載於無據之文, 本非可信之跡, 故出於沒信之口矣, 何必釋其疑而煩說哉? 大抵言出於人之口, 而口承於心之令, 故心善則言善, 心惡則言惡, 心詭則言必詭, 心狂則言必狂, 古往今來宙,[247] 上下四方之宇, 旣有百千萬人, 則斯有百千萬事, 旣有百千萬事, 則便有百千萬言, 迂怪之士, 譎慌之人, 往往生於其間, 不能守正正之槩, 不能持堂堂之衡, 或有誤見義理者, 或有不正心術者, 或有別出己意, 造疑山於平地, 假幻花於空林, 鉤幽揑[탈]虛, 眩人耳目者, 此乃無稽之言所由生也. 如或正人君子, 立型範以率, 言之者, 非禮勿言, 非義勿言, 聽之者, 非禮

35

勿聽, 非義勿聽, 則庶可以矯末世之話欛, 納一世於正路矣, 何必家喩而戶說, 禁其言辭之誕妄哉? 欽惟我聖朝, 金丸膺夢, 朱衣叶祥,[248] 立學校, 興禮俗, 愼言語, 節聽視, 岩廊有正言之臣, 史局有直筆之士, 虛僞之徒, 不能售其巧, 浮浪之流, 不能衒其藝, 莊嶽之間, 未聞楚人之咻,[249] 朝著之上, 不見齊贅之

247 古往今來宙: '古往今來之宙'의 오기. 서강대본에는 '古往今來之宙'로 되어 있다.

248 金丸膺夢 朱衣叶祥: 『명사』 「본기」 〈태조 一〉에 "生四子 太祖其季也 母陳氏 方娠 夢神授藥一丸 置掌中有光 吞之 寤 口餘香氣 及產 紅光滿室 自是夜數有光起 鄰里望見, 驚以爲火輒奔救 至則無有(네 아들을 낳았는데, 태조 주원장이 막내였다. 어머니 진씨가 임신했을 때, 신이 환약 하나를 주기에 손바닥에 두었는데 빛이 나서 삼키는 꿈을 꾸고는 깨어났는데, 입에 남은 향기가 있었다. 출산할 때는 붉은빛이 방 안을 가득 채웠다. 이날 밤부터 자주 빛이 일어났는데, 이웃 사람들이 바라보고는 놀라 불이 났다고 생각하여 급히 구하러 갔으나 이른즉 빛이 사라졌다.)"라는 기록이 있다. 우리나라에서 제작한 『皇明通紀輯要』 「太祖高皇帝紀」 〈壬辰〉에서는 "先是 陳太后 夢一神人朱衣象笏 饋丸藥 光照室 吞之 旣覺 異香襲體 遂娠焉 及誕 異香紅氣 凝結不散(이에 앞서 진태후가 붉은 옷을 입고 상아홀을 지닌 어떤 신인이 환약을 바치자, 빛이 방을 비춤에 환약을 삼키는 꿈을 꾸고 깨어났는데 기이한 향이 몸에 스며들어 있었다. 마침내 임신했다. (태조가) 탄생할 때가 되니 기이한 향과 붉은 기운이 뭉쳐져 흩어지지 않았다.)"이라고 기록하고 있다.

249 莊嶽之間 未聞楚人之咻: 莊嶽은 제나라의 거리 이름이다. 『맹자』 「등문공 하」에 "孟子謂戴不勝曰 子欲子之王之善與 我明告子 有楚大夫於此 欲其子之齊語也 則使齊人傳諸 使楚人傳諸 曰 使齊人傳之 曰 一齊人傳之 衆楚人咻之 雖日撻而求其齊也 不可得矣 引而置之莊嶽之

謔,[250] 金科玉條, 井井方方, 距百家之邪說, 囿一代之確論, 宜其論議, 咸歸於正, 記誦不入於謬, 民有可稽之言, 士有可稽之文, 奈之何挽近以來, 民風耽怪, 謂屋雀之有角,[251] 士習樂誕, 謂刮龜之成氈,[252] 以必無之言, 釀成必有之事, 牽合傅會, 揑造虛無, 移人之視聽, 聽之者, 亦不審詳, 以爲是信然, 百僞朋興, 歸正無策, 此其故曷以? 愚則以爲欲捄無稽之弊, 莫如正心, 何則? 心爲喉舌之主, 而虛靈無跡, 如車輪之轉而無定, 如戶樞之運而不止,[253] 耳之所聞, 目之所覩, 技巧層生, 發

36

之於喉舌, 而或有興戎者, 或有出好者, 苟失其正, 則見詭而樂其詭, 聞誕而樂其誕, 譬如孔翠之紋, 靑漸入綠, 綠漸入黃, 黃漸入朱, 駸然入於至奇至巧之

間數年 雖日撻而求其楚 亦不可得矣(맹자가 대불승에게 말했다. '그대는 그대의 왕이 선정하기를 바라는가? 내가 분명하게 그대에게 말해 주겠다. 이곳에 있는 어떤 초나라 대부가 그의 아들이 제나라 말을 하기를 바라면, 제나라 사람에게 가르치게 하겠는가? 초나라 사람에게 가르치게 하겠는가?' 대불승이 말했다. '제나라 사람에게 가르치게 할 것입니다.' 맹자가 말했다. '한 명의 제나라 사람이 가르치는데 많은 초나라 사람이 떠들어 댄다면, 비록 날마다 종아리를 때려도 제나라 말을 하기를 요구하더라도 될 수 없다. 그러나 그를 끌어다가 장악의 거리에 여러 해 동안 두면, 비록 날마다 종아리를 쳐서 초나라 말을 하기를 요구하더라도, 또한 될 수 없는 것이다.')"라는 글이 있다. 환경의 중요성을 강조한 말인데, 여기서는 제나라에서 초나라의 말이 들릴 이유가 없다는 뜻으로 쓰였다.

250 不見齊贅之謔: 齊贅는 제나라 유세가 순우곤을 말한다. 해학과 변론에 능했다. 『사기』「골계열전」〈순우곤〉에 "淳于髡者 齊之贅婿也 長不滿七尺 滑稽多辯 數使諸侯 未嘗屈辱(순우곤은 제나라 사람의 데릴사위이다. 키는 일곱 척도 못 되지만 익살스럽고 변설에 능해 제후들에게 자주 사신으로 갔으나 굴욕을 당한 적이 없었다.)"이라는 기록이 있다.

251 謂屋雀之有角: 『시경』「召南」〈行露〉에 있는"誰謂雀無角 何以穿我屋(누가 참새에게 뿔이 없다 했나? 그렇다면 어떻게 내 지붕을 뚫었겠는가?)"이라는 구절을 활용한 것이다. 터무니없는 모함을 뜻한다.

252 謂刮龜之成氈: 소식의 〈東坡八首〉에 "刮毛龜背上 何時得成氈(거북의 등에서 터럭을 긁어내어, 언제 털방석을 만들겠는가?)"이라는 구절을 활용한 것이다. 수고스럽기만 하고 소득이 없는 일을 뜻한다.

253 如戶樞之運而不止: 『여씨춘추』「季春紀」〈盡數〉에 있는 "流水不腐 戶樞不蠹 動也(흐르는 물은 썩지 않고, 문지도리는 좀먹지 않는다. 움직이기 때문이다.)"라는 구절을 활용한 것이다.

境, 則喉舌之所出, 惟從心志之所令, 釀成至奇至巧之言, 悖於理而傷於義, 作於事而害於政, 故心不失正, 則齒之所啓, 舌之所掉, 莫不規圓而規方,[254] 繩直而準平, 至於文詞記實之言, 自合於撫範而不忒,[255] 譬如平坦之路, 無橫奔之馬, 挺拔之木, 無屈曲之枝, 一言而爲天下之正法, 一言而爲百代之正論,[256] 凡於聽聞之際, 無猶豫狐疑之端, 亦於論議之間, 無贋鼎僞玉之譏,[257] 秩秩然其言有根, 亹亹然其文可信, 苟正其心, 則何患乎言之無稽哉! 可使一世人人爲顔閔之說辭,[258] 家家爲魚狐之筆法,[259] 純實無僞, 躋萬民於一信字上矣. 篇尾

254 莫不規圓而規方: '莫不規圓而矩方'의 오기. 서강대본에는 '莫不規圓而矩方'으로 되어 있다. 『玉篇』「夫部」에 "規 正圓之器也(규는 동그라미를 바르게 그리는 기구이다.)"라고 되어 있다. 『옥편』「矢部」에 "圓曰 規 方曰 矩(원을 그리는 것은 규, 네모(직각)를 그리는 것은 구라고 한다.)"라고 되어 있다.

255 自合於撫範而不忒: '自合於模範而不忒'의 오기. 서강대본에는 '自合於模範而不忒'으로 되어 있다.

256 一言而爲百代之正論: 앞 문장에 '一言'이 나온 것을 고려할 때, 여기에서 '一言'은 '一字'로 쓰는 것이 적절해 보인다. 서강대본에는 '一字'로 되어 있다.

257 贋鼎僞玉之譏: 贋鼎은 '가짜 솥'이라는 뜻이다. 『한비자』「說林 下」에 "齊伐魯 索讒鼎 魯以其鴈往 齊人曰 鴈也 魯人曰 眞也 齊曰 使樂正子春來 吾將聽子 魯君請樂正子春 樂正子春曰 胡不以其眞往也 君曰 我愛之 答曰 臣亦愛臣之信(제나라가 노나라를 정벌하고서 참정(솥의 이름)을 요구하자 노나라가 가짜를 보냈다. 제나라 사람이 말했다. '가짜입니다.' 그러자 노나라 사람이 말했다. '진품입니다.' 제나라 사람이 말했다. '악정자 춘을 오게 하라. 내 장차 그에게 들어 볼 것이다.' 이에 노나라 군주가 악정자 춘에게 부탁했다. 악정자 춘이 말했다. '어찌 진짜를 보내지 않는 것입니까?' 노나라 군주가 말했다. '내가 그것을 아낀다네.' 악정자 춘이 답했다. '신 또한 신의 신뢰를 아낍니다.')"이라는 구절이 있다.

258 人人爲顔閔之說辭: 顔閔은 안연과 민자건을 일컫는다. 공자의 제자 중에서도 특히 덕행이 뛰어났던 인물들로 알려져 있다. 『논어집주』「爲政」에 "子張學干祿 子曰 多聞闕疑 愼言其餘 則寡尤 多見闕殆 愼行其餘 則寡悔 言寡尤 行寡悔 祿在其中矣(자장이 녹봉 구함에 대해서 배우고자 하니 공자가 말했다. '많이 들어 의심나는 것을 빼고 나머지를 신중하게 말하면 허물이 적을 것이다. 많이 보아 위태로운 것을 빼고 나머지를 신중하게 행동하면 후회가 적을 것이다. 말에 허물이 적고, 행동에 후회함이 적다면 녹봉은 그 가운데에 있다.')"라는 구절이 있다. 이에 대한 주석 가운데 "程子曰 修天爵則人爵至 君子言行能謹 得祿之道也 子張學干祿 故告之以此 使定其心而不爲利祿動 若顔閔則無此問矣(하늘이 주는 작위를 닦으면 사람이 주는 작위가 이르니, 군자가 언행을 삼가는 것이 녹봉을 얻는 방법이다. 자장이 녹봉 구함에 대해서 배우고자 했기에 이것으로 일러 주어 그 마음을 안정시켜 이익과 녹봉 때문에 흔들리지 않도록 한 것이다. 만약 안연과 민자건이라면 이런 질문을 하지 않았을 것이다.)"라는 글이 있다.

259 家家爲魚狐之筆法: 魚狐는 史魚와 董狐. 사어는 史鰌라고도 불리는 衛나라의 대부로 직언을 잘했다. 『논어집주』「衛靈公」에 "子曰 直哉史魚 邦有道 如矢 邦無道 如矢(곧구나. 사어여! 나

矣, 又贅一說

37

曰, '正心, 爲正言之本, 而正心之道, 莫若誠.' 故傳曰, '欲誠其心者,[260] 先誠其意.' 易曰, '閑雅存其誠.'[261] 誠者, 萬事之本, 而一心之主也. 誠之所存, 辭令自順, 誠之所發, 文詞自實. 開口而無橫鶩之辭, 擧筆而無隱辟之文. 昭然如靑天白日, 而奴隸皆知其淸明, 璨然若隋珠荊玉,[262] 而婦孺皆知其珍寶. 矧乎欲正

라에 도가 있을 때도 살대처럼 곧았으며, 나라에 도가 없을 때도 살대처럼 곧았다.)"라는 구절이 있다. 이에 대하여 "史 官名 魚 衛大夫 名鰌 […] 史魚自以不能進賢退不肖 旣死猶以尸諫 故夫子稱其直(사는 관직 명칭이다. 어는 위나라 대부로 이름은 추이다. […] 사어가 스스로 어진 사람을 나오게 하지 못하고, 불초한 사람을 물러나게 하지 못했다고 해서 죽었으니, 주검을 가지고 간한 것과 같다. 그러므로 공자께서 곧음을 칭찬한 것이다.)"이라는 주석이 있다. 동호는 晉나라의 사관으로 직필로 유명하다. 『좌전』「宣公 二年」에 "乙丑 趙穿攻靈公於桃園 宣子未出山而復 大史書曰 趙盾弑其君 以示於朝 宣子曰 不然 對曰 子爲正卿 亡不越竟 反不討賊 非子而誰 宣子曰 嗚呼 詩曰 我之懷矣 自詒伊慼 其我之謂矣 孔子曰 董狐 古之良史也 書法不隱 趙宣子 古之良大夫也 爲法受惡 惜也 越竟乃免(을축에 조천이 도원에서 영공을 공격했다. 조선자가 산을 넘어 도망가지 않고 돌아왔다. 태사(동호)가 기록했다. '조돈(선자)이 군주를 시해했다.' 그것을 조정에 보여 주니 조선자가 말했다. '아니다.' 동호가 대답했다. '정경 벼슬인 그대가 도망치다가 국경을 넘지 아니했으나 돌아와 적을 토벌하지도 않았으니, 그대가 아니면 누구인가?' 조선자가 말했다. '오호라! 『시경』에 이르기를 내가 생각함이 스스로 우환을 남겼다고 했는데, 바로 나를 두고 한 말이구나.' 공자가 말했다. '동호는 옛날의 훌륭한 사관이니 서법에 숨김이 없고, 조선자는 옛날의 훌륭한 대부이니 법을 위해 오명을 받아들였다. 애석하구나. 국경을 넘었다면 오명은 면했을 텐데.')"이라는 기록이 있다.

260 欲誠其心者: '欲正其心者'의 오기. 뒤에 나오는 '先誠其意'를 볼 때, 誠意正心을 이야기하는 것이 맞다. 서강대본에는 '欲正其心者'로 되어 있다.

261 閑雅存其誠: '閑邪存其誠'의 오기. 서강대본에는 '閑邪存其誠'으로 되어 있다. 『주역』「上經乾傳 第一」에 "庸言之信 庸行之謹 閑邪存其誠 善世而不伐 德博而化(늘 말함에 미덥게 하고, 늘 행동함에 삼가며, 사악한 마음을 막아 성실함을 보존하고, 세상에 좋은 일을 해도 자랑하지 않으며, 덕이 널리 퍼지고 교화가 된다)"라는 구절이 있다.

262 璨然若隋珠荊玉: '隋珠'와 '荊玉'은 모두 귀한 보물이다. 『搜神記』에 "隋縣溠水側 有斷蛇邱 隋侯出行 見大蛇被傷中斷 疑其靈異 使人以藥封之 蛇乃能走 因號其處斷蛇邱 歲餘 蛇銜明珠以報之 珠盈逕寸 純白而夜有光 明如月之照 可以燭室 故謂之隋侯珠 亦曰 靈蛇珠 又曰 明月珠(수현의 자수 옆에는 끊어진 뱀의 언덕이라는 뜻의 '단사구'가 있다. 수후가 나서서 길을 가다가 큰 뱀이 상처를 입어 가운데가 잘린 것을 보았다. 신령하고 기이한 뱀이라는 의심이 들어 사람을 시켜 약을 발라 주고 붙여 주게 하니 뱀이 이에 능히 기어갈 수 있었다. 인하여 그곳을 '단사구'라고 불렀다. 1년 남짓 후 뱀이 명주를 물고 와 보답했다. 명주의 지름은 한 치를 넘었는데, 희디희었으며 밤에도 빛이 있어 달이 비추는 것같이 밝아 방을 밝힐 수 있었다. 그래서

其心, 而不以其誠, 則安能正人心, 而稽人之言哉? 伏願執事, 轉以聞之. 吁! 謹對.

夢玉以騎馬之才,[263] 展探驪之手,[264] 做訖輒呈, 有司擢爲壯元. 進士擢榜後, 以甲科第一人筵達, 未知皇上褒寵何如, 且看下弓分解.

명주를 수후주라고 하는데, 영사주라고도 하고 명월주라고도 한다.)"라는 기록이 있다. 형산의 옥은 이른바 '和氏璧'이다. 하권 각주 183 참고.

263 騎馬之才: 말을 탄 상태로 글을 짓는 재주라는 뜻으로 글을 빨리 짓는 뛰어난 능력을 말한다. 『삼국지』「위지」〈王粲傳〉에 "軍國書檄 多琳瑀所作也(군사 관련 일이나 국정에서의 격서는 대부분 진림과 완우가 지었다.)"라는 기록이 있다. 이에 대하여 "典略曰 琳作諸書及檄 草成呈太祖 太祖先苦頭風 是日疾發 臥讀琳所作 翕然而起曰 此愈我病 […] 太祖嘗使瑀作書與韓遂 時太祖適近出 瑀隨從 因於馬上具草 書成呈之 太祖攬筆欲有所定而竟不能增損(『전략』에서 말했다. '진림이 여러 글과 격문을 지어 초고를 태조에게 올렸다. 태조는 이전부터 두통으로 고통받고 있었다. 이날 병이 났는데 누워서 진림이 지은 것을 읽고는 흡족해하며 일어나 이 글이 내 병을 낫게 했다고 말했다. […] 태조가 일찍이 완우에게 글을 지어 한수에게 주게 했다. 때마침 태조가 가까운 곳으로 나가게 되자, 완우가 따르다가 말 위에서 초고를 지어 글이 완성되자 올렸다. 태조가 붓을 들고 바로잡으려 했으나, 끝내 한 글자를 보태지도 덜지도 못했다.')"이라는 글이 있다. '倚馬之才'의 오기로 보는 의견도 있는데, 倚馬之才 또한 글을 빨리 짓는 뛰어난 재주를 말하지만 이는 晉나라 袁宏과 관련된다. 『世說新語』「文學」에 "桓宣武北征 袁虎時從 被責免官 會須露布文 喚袁倚馬前令作 手不輟筆 俄得七紙 殊可觀(환선무가 북정에 나섰을 때, 원굉이 따라갔다가 어떤 일에 책임을 지고 면직되었다. 그런데 마침 포고문을 내야 할 일이 생기는 바람에 원굉을 불러 말 머리에 기대어 짓게 하니 손에서 붓을 놓지 않고 잠깐 사이에 일곱 장을 써냈는데 특별히 볼 만했다.)"이라는 글이 있다.

264 展探驪之手: 잠자는 驪龍, 곧 검은 용의 턱 아래에서 구슬을 가져온다는 뜻으로 조심스럽게 위험을 감수하여 큰 이익을 얻는다는 말이다. 또는 위험을 감수하고 임금의 뜻을 얻는 것을 말한다. 『장자』「잡편」〈列禦寇〉에 "人有見宋王者 錫車十乘 以其十乘驕稚莊子 莊子曰 河上有家貧 恃緯蕭而食者 其子沒於淵 得千金之珠 其父謂其子曰 取石來鍛之 夫千金之珠 必在九重之淵而驪龍頷下 子能得珠者 必遭其睡也 使驪龍而寤 子尚奚微之有哉 今宋國之深 非直九重之淵也 宋王之猛 非直驪龍也 子能得車者 必遭其睡也 使宋王而寤 子爲齏粉夫(송나라 왕을 뵙고 포상으로 수레 열 대를 하사받은 사람이 그 열 수레를 가지고 장자에게 교만하게 굴었다. 장자가 말했다. '황하 물가에 집이 가난하여 쑥대를 묶어 파는 것으로 생업을 이어 가는 자가 있었다. 그 아들이 깊은 못에 들어가 천금의 진주를 얻어 오자 그 아버지가 아들에게 일러 말했다. '돌을 가지고 와서 부숴 버려라. 천금의 진주는 반드시 구중의 깊은 연못에 있는 검은 용의 턱밑에 있었을 것이다. 네가 진주를 얻을 수 있었던 것은 틀림없이 그 검은 용이 잠잘 때를 만났기 때문이다. 만일 검은 용을 깨우기라도 했다면 어찌 네 몸의 일부분인들 남아 있었겠는가?' 지금 송나라의 깊음은 다만 구중의 못 정도가 아니고, 송나라 왕의 사나움은 다만 검은 용 정도가 아니다. 그대가 수레를 얻을 수 있었던 것은 반드시 송나라 왕이 잠든 때를 만났기 때문일 것이다. 가령 송나라 왕을 깨우기라도 했다면 그대는 다 부서져 가루가 되었을 것이다.')"라는 글이 있다.

第八弓

壯元榜陳繼推轂 昭寧宮柴車典禮

却說, 是時, 皇上有寵姬薛貴妃, 有一翁主, 而尙未揀擇駙馬

38

矣. 皇上曰: "今科壯元者, 若有門地儀表之超倫者, 定爲朕壻矣." 及至擢榜, 乃錢夢玉也. 皇上問近臣曰: "錢夢玉者, 何如人也?" 翰林學士陳繼進對曰: "臣與錢夢玉有雅分, 畧知其抱負與先系耳. 其來歷, 則吳越武肅王後裔. 冠冕珪組, 世世烜爀, 又有潘衛之風彩,[265] 兼抱李杜之文章, 可謂當世人之傑也. 臣昔在蘇州, 與夢玉浹朔從遊, 其器局造詣, 非臣輩之所可企及也." 皇上大喜曰: "果如卿言, 則今古罕得之人物也. 卿休矣, 吾之壻定矣!" 明日設殿試, 進士入格儒生, 以次唱名, 夢玉頭穿烏紗軟巾, 身着杏子襴衫, 趨蹌而進, 皇上喜甚曰: "奇哉! 奇哉! 吾當面試其才耳." 卽命呼新來, 作進退詩, 限七步製進, 令宮娥敏步者, 步於八花磚上, 黃門催下詩令, 纔到六步, 夢玉輒對曰:

一朶紅雲捧御床,[266] 滿庭鵷鷺肅蹌蹌

皇天至大無遺物, 寸腹

39

何謀答寵光

265 潘衛之風彩: 潘衛는 晉나라 사람으로 용모가 빼어난 것으로 유명한 반악과 위개를 가리킨다. 상권 각주 272 참고.

266 一朶紅雲捧御床: 『동파시집주』「宮殿」 〈上元侍飮樓上三首呈同列〉에 있는 "侍臣鵠立通明殿 一朶紅雲捧玉皇(모시는 신하들은 통명전에 똑바로 서 있고 한 무리 붉은 구름이 옥황상제를 받드네.)"이라는 구절을 활용한 것이다. 여기에는 다음의 주석이 있다. "翼聖傳載 玉帝坐處 常有紅雲擁之 雖眞仙亦不得見其面也(『익성전』에는 '옥황상제가 앉아 있는 곳에 항상 붉은 구름이 감싸고 있어 비록 참 신선이라고 해도 그 얼굴을 볼 수가 없다.'라고 적혀 있다.)"

皇上大加衮褒, 又別命箴·銘·頌三體製進, 一曰, 君舟民水箴, 二曰, 靈台八窓銘, 三曰, 惟皇作極頌. 夢玉承命而退, 半晌搆思, 逐題製進曰【君舟民水】:

"伏以匪民罔辟,[267] 繫苞桑而其亡,[268] 愚夫勝予, 御朽索而斯懍.[269] 聖人爲之若將隕,[270] 前哲知其不敢憑肆, 迺察乎克艱克愼之機, 喩以至危至險之物, 滔滔皆是, 方寸間而千里, 沉沉其逝, 萬頃上之一葉. 渡河無維楫, 謂此舟之何舟? 平地起風波, 雖非水而亦水, 是以易貴利涉之爻, 垂至象於乘木,[271] 詩懼胥溺之患,[272] 存烟戎[273]於臨淵,[274] 譬彼舟不知所届, 有如水難測其深, 中流遇風, 賈生所以流涕,[275] 罔水行舟,[276] 殷紂所以覆國, 泛其流, 不其嚴乎? 就其深,

267 匪民罔辟: 『서경』「太甲 中」에 있는 "民非后 罔克胥匡以生 后非民 罔以辟四方(백성은 임금이 없으면 서로 바로잡으며 살 수 없고, 임금은 백성이 없으면 천하에 임금 노릇을 할 수 없다.)"이라는 구절을 활용한 것이다.

268 繫苞桑而其亡: 『주역』「繫辭 下」〈否卦〉에 있는 "其亡其亡 繫于苞桑(망할까 망할까 염려하며 뽕나무에 매어 놓는다.)"이라는 구절을 활용한 것이다. 임금이 나라의 위태로움을 생각하여 조심하고 방비한다는 뜻이다.

269 愚夫勝予 御朽索而斯懍: 『서경』「夏書」〈五子之歌〉에 "其一曰 皇祖有訓 民可近 不可下 民惟邦本 本固邦寧 予視天下 愚夫愚婦 一能勝予 一人三失 怨豈在明 不見是圖 予臨兆民 懍乎若朽索之馭六馬 爲人上者 柰何不敬(그 첫째에게 말했다. '임금의 조상(우임금)께서 교훈을 남기시어 백성은 가까이하되 얕잡아 보아서는 안 된다. 백성은 나라의 근본이니, 근본이 견고해야 나라가 편안한 법이다. 내가 천하를 둘러보니 미련한 지아비와 부인일지라도, 한 사람이 능히 나를 이길 수 있다고 하셨다. 임금 한 사람이 세 가지 잘못을 했으니, 그 원망이 어찌 밝게 드러나도록 하겠는가? 드러나 보이지 않을 때 미리 도모해야 한다. 나는 수많은 백성을 대함에 썩은 새끼줄로 여섯 마리 말을 몰고 가는 것과 같이 두려워하니, 백성의 윗사람이 된 자가 어찌 공경하지 않을 수 있겠는가?')"이라는 구절이 있다.

270 聖人爲之若將隕: 『서경』「商書」〈湯誥〉에 나오는 "俾予一人 輯寧爾邦家 玆朕未知獲戾于上下 慄慄危懼 若將隕于深淵(나(탕임금) 한 사람으로 그대들의 나라를 화목하고 편안하게 만들라 하시니, 이에 내가 위아래에 죄를 짓게 될지 몰라 마치 깊은 못에 떨어질 것처럼 벌벌 떨며 두려워한다.)"이라는 구절을 활용한 것이다.

271 易貴利涉之爻 垂至象於乘木: 『주역』「下經豐傳」〈坎下巽上〉에 "利涉大川 乘木有功也(큰 시내를 건너는 것이 이로움은 나무를 타서 공이 있는 것이다.)"라는 구절이 있다. '나무'를 뜻하는 巽과 '물'을 뜻하는 坎으로 된 渙卦는 나무를 타고 강을 건너는 형상이다.

272 詩懼胥溺之患: 『시경』「大雅」〈桑柔〉에 "其何能淑 載胥及溺(어찌 착할 수 있으리오? 곧 서로 물에 빠질 텐데.)"이라는 구절이 있다.

273 烟戎: 炯戒의 오자. 서강대본에는 '炯戒'로 되어 있다.

274 存烟戎於臨淵: 『시경』「小雅」〈小旻〉에 "戰戰兢兢 如臨深淵 如履薄氷(전전긍긍함에 깊은 못에 임한 듯이 하고 얇은 얼음을 밟듯이 하라.)"이라는 구절이 있다.

亦曰殆矣. 臣拜手獻箴曰:

40

濟不通兮, 至危者舟, 莫測深兮, 至僉者水,[277] 克艱厥后, 其艱如舟, 可畏非民, 其畏如水, 君明厥德, 何危於舟? 民安厥業, 何畏於水? 苟違其德, 將覆厥舟, 苟失其業, 益深厥水, 戰戰兢兢, 罔忽舟水. 臣拜獻箴, 敢效勺水."

銘曰【靈台八囪】:

伏以居天下之廣, 謂其臺曰靈. 心爲入德門, 著克明於曾傳,[278] 孰不出由戶,[279] 聞斯義於鄒書. 人萬物之最靈, 心一身之主宰, 體兩儀之玄鍵, 開闔從便基. 方寸之丹田, 應物無迹, 遯翁所以取象竹牖,[280] 茂叔所以托意風扉,[281] 陳善閉邪.

---

275 譬彼舟不知所屆~賈生所以流涕: 賈生은 漢나라 문인 賈誼이다. 『한서』「열전」〈賈誼〉에 "誼數上疏陳政事 多所欲匡建 其大略曰 […] 此業壹定 世世常安 而後有所持循矣 若夫經制不定 是猶度江河亡維楫 中流而遇風波 船必覆矣 可爲長太息者此也(가의는 자주 상소를 올려 정사에 대해 의견을 펼쳤다. 그 대략은 다음과 같다. […] '이 과업이 한 번 정해지면 대대로 항상 평안하여 후에도 그대로 시행될 것입니다. 만약에 법과 제도가 정해지지 않는다면 이것은 닻과 노 없이 강을 건너는 것과 같아 중류에서 풍파를 만나면 반드시 배가 뒤집힐 것입니다. 길이 탄식할 것이 이것입니다.')"라는 글이 있다.

276 罔水行舟: 물이 없는 곳에 배를 띄운다는 말로, 상황을 고려하지 않고 무모하게 일을 밀어붙이는 것을 뜻한다. 『서경』「虞書」〈益稷〉에 "無若丹朱傲 惟慢遊是好 傲虐是作 罔晝夜額額 罔水行舟 朋淫于家 用殄厥世(단주(요임금의 아들)처럼 오만하여, 게으름 피우며 놀기만 좋아하고, 오만하고 포악한 짓을 밤낮 없이 쉬지 않고 하며, 물이 없는 곳에서 배를 띄우고, 떼를 지어 집 안에서 음탕하게 놀아, 그 대를 끊고 만 것처럼 하지 마라.)"라는 구절이 있다.

277 至僉者水: '至險者水'의 오기. 서강대본에는 '至險者水'로 되어 있다.

278 心爲入德門 著克明於曾傳: 曾傳은 『大學』을 말한다. 공자의 제자인 증자가 지었다고 하여 붙여진 별칭이다. 『대학』에서 『서경』「堯典」을 인용하여 "克明峻德(능히 큰 덕을 밝힌다.)"이라고 했다.

279 孰不出由戶: 『논어』「雍也」에 "誰能出不由戶 何莫由斯道也(누군들 문을 통하지 않고서 나갈 수 있겠는가? 어찌 이 도를 따르지 않는가?)"라는 구절이 있다.

280 遯翁所以取象竹牖: 遯翁은 송나라 학자 朱熹의 호이다. 주희의 〈次范碩夫題景福僧開窓韻〉에 "昨日土牆當面立 今朝竹牖向陽開 此心若道無通塞 明暗如何有去來(어제는 흙담을 마주한 듯했는데, 오늘 아침은 대나무 창문이 해를 향해 열린 듯하네. 이 마음이 도처럼 통하고 막힘이 없다면, 밝음과 어두움이 어찌 오가겠는가?)"라는 구절이 있다.

281 茂叔所以托意風扉: 茂叔은 송나라 학자 周敦頤의 자이다. 주돈이의 〈書春陵門扉〉에 "有風還

君子爲之納約,[282] 投間抵隙, 聖人貴其開明, 是以臺錫文王, 察祲之名,[283] 窓依羲皇, 劃卦之數, 湛然受虛明之氣, 其爲靈也昭昭, 瀅乎無物累之私, 盍於斯而勿勿. 竊附擊牖之意, 敢效銘盤之儀,[284] 遂爲之銘曰:

41

我居克廣, 水智山仁, 有臺曰靈, 半畔塘邊, 孰經營是, 曰維天君. 搆精栖神, 虛靈澄澈, 爰設其窓, 厥數有八, 入則安宅, 出則正路,[285] 洞開光明, 無物交蔽. 毋閉正道, 惹禍之門, 毋闢私逕, 求利之關, 銘言在茲, 牖厥生民.

頌曰【惟皇作極】:

伏以合萬殊而歸一極, 是天下之標. 歛五福, 宣三皇, 得時中之位, 維羣黎徧爲德爾.[286] 非大人何以作之? 粤若天道牖民, 膺龜文之呈上,[287] 皇靈範物, 符

自掩 無事晝常關 開闔從方便 乾坤在此間(바람 불면 도로 절로 닫히고, 일 없어 낮에는 항상 닫혀 있네. 편의대로 열리고 닫히니, 천지가 이 사이에 있구나.)"이라는 구절이 있다.

282 君子爲之納約: 서강대본에는 '君子謂之納約'으로 되어 있다.

283 是以臺錫文王 察祲之名: 주희가 지은 『詩經集傳』「大雅」〈靈臺〉에 "經始靈臺 經之營之 庶民攻之 不日成之 經始勿亟 庶民子來(영대를 짓는데, 측량하고 표시하니 백성들이 지어 하루도 안 되어 이루었네. 짓는 데 서두르지 말라 해도 자식처럼 와서 하네.)"라는 노래가 있다. 그 주석에 "靈臺 文王所作 謂之靈者 言其倏然而成 如神靈之所爲也 […] 國之有臺 所以望氛祲 察災祥 時觀游 節勞佚也(영대는 문왕이 지은 것인데 '영'이라고 한 것은 마치 신령이 한 것같이 빠르게 완성되었다는 말이다. […] 나라에 대를 두는 것은 요사한 기운을 내다보고 재앙과 상서로움을 관찰하며 때로 구경하고 놀면서 수고로움과 편안함을 조절하기 위해서이다.)"라고 했다.

284 敢效銘盤之儀: 서강대본에는 '敢效銘盤之義'로 되어 있다. 번역은 서강대본을 따랐다.

285 入則安宅 出則正路: 『맹자』「離婁 上」의 "仁 人之安宅也 義 人之正路也(인은 사람의 편안한 집이요, 의는 사람의 바른길이다.)"라는 글을 활용한 것이다.

286 維羣黎徧爲德爾: 『시경』「소아」〈天保〉에 있는 "神之弔矣 詒爾多福 民之質矣 日用飮食 群黎百姓 徧爲爾德(신령님이 강림하시어 그대에게 많고 많은 복을 주셨네. 백성들은 소박하여 나날이 편안히 먹고 사는 일뿐이네. 여러 백성이 두루 그대의 덕을 행하네.)"이라는 구절을 활용한 것이다.

287 膺龜文之呈上: 『서경』「虞書」〈大禹謨〉에 "帝曰 禹 官占惟先蔽志 昆命于元龜 朕志先定 詢謀僉同 鬼神其依 龜筮協從 卜不習吉 禹拜稽首 固辭 帝曰 毋 惟汝諧(순임금이 말했다. '우야! 관에서 하는 점은 먼저 뜻을 정한 후에 큰 거북에게 점을 친다. 내 뜻이 먼저 정해졌기에 사람

龍德之正中,[288] 統網紀於四方, 有獻有守, 比脊棟於一室,[289] 無黨無偏, 語德則萬化攸基, 傳道則百王同軌, 履五位而敷庶, 會其歸其,[290] 囿萬品而底寧, 于汝錫汝.[291] 格玄符於上下, 物之陶匀, 建黃宅於中央, 民所標準. 肆取象於斗極, 緊垂訓於箕疇. 猗我

42

皇朝, 躋皇路而履平,[292] 群方取則, 據寶位而觀化, 象務同塗.[293] 雨露均華, 同歸我大中至正, 天地正位. 誕敷汝圭臬銅渾.[294] 猗頌聲復作於紅羅, 豈皇極專美於玄古? 遂拜舞蹈抃獻頌曰:

天有北極, 象緯拱列, 易有太極, 八卦成立. 無陂無側, 惟皇之極, 四海九州,

들에게 물어 의논했더니 모두 의견이 같았다. 귀신이 의지했고 거북점과 시초점도 합하여 따랐다. 점은 길함을 되풀이하지 않는다.' 우가 절하고 머리를 조아리며 고사하자, 순임금이 말했다. '그러지 마라. 오직 너만 적합하다.')"라는 구절이 있다.

288 符龍德之正中: 『주역』「上經乾傳」〈건괘〉에 "九二曰 見龍在田 利見大人 何謂也 子曰 龍德而正中者也 庸言之信 庸行之謹 閑邪存其誠 善世而不伐 德博而和 易曰 見龍在田 利見大人 君德也(구이에서 일렀다. '나타난 용이 밭에 있으니 대인을 봄이 이롭다.' 했으니 무슨 말인가? 공자가 말했다. '용은 덕이 있고 치우침이 없는 정중한 것이다. 말할 때 믿음으로 하고 행동할 때 삼감으로 한다. 사악함을 막고 그 정성을 보존하며 세상을 착하게 하지만 자랑하지 않고 덕을 넓게 펼쳐 교화한다.' 역에서 말한다. '용이 밭에 있으니, 대인을 봄이 이롭다고 한 것은 군자의 덕을 가리킨다.')"라는 구절이 있다.

289 比脊棟於一室: 서강대본에는 '譬脊棟於一室'로 되어 있다. 번역은 서강대본을 따랐다.

290 會其歸其: 『서경』「周書」〈洪範〉에 "無偏無黨 王道蕩蕩 無黨無偏 王道平平 無反無側 王道正直 會其有極 歸其有極(치우치지 않고 불공평하지 않으면 왕도가 넓고 넓을 것이다. 불공평하지 않고 치우치지 않으면 왕도가 평탄하고 평탄할 것이다. 도리에 어긋나지 않고 기울지 않으면 왕도가 바르고 곧을 것이니, 극이 있는 곳에 모이고 극이 있는 곳으로 귀의할 것이다.)"이라는 구절을 활용한 것이다.

291 于汝錫汝: 『서경』「周書」〈洪範〉에 "皇極 皇建其有極 斂是五福 用敷錫厥庶民 惟時錫厥庶民 于汝極 錫汝保極(황극은 임금이 법칙을 세우는 것이니, 이 오복을 거두어 여러 백성에게 복을 펴서 주면 오직 그때 백성이 너의 법칙에 귀의하고 너에게 법칙을 보존하게 해줄 것이다.)"이라는 구절을 활용한 것이다.

292 躋皇路而履平: 서강대본에는 '隮皇路而履平'으로 되어 있다.

293 象務同塗: '衆務同塗'로 고쳐 번역했다.

294 圭臬銅渾: 圭臬은 해시계, 銅渾은 천문을 관측하는 혼천의이다.

惟極是歸, 父子君臣, 惟極是會, 歛時五福, 用之敷錫, 無有淫明, 不敢比德, 穆穆在上, 厥中之執, 帝德罔愆, 而康而色, 士懷精白, 民去比慝, 不有皇建, 于何導率, 仰瞻璇題, 獻頌于國. 皇上親自考覽, 以紫泥之筆, 逐句批評, 盛獎踰衮, 怳若唐宗之得仁傑,[295] 宋帝之得晏殊,[296] 直付及第, 賜宴三日後, 特除翰林學士, 卽命日官擇良日, 設婚宮, 以昭寧翁主下嫁於錢夢玉之意下詔, 夢玉上蹴固辭.

【皮封】上前開坼,【合衿臣處】署名謹封,【連幅後面】署名. 翰林學士臣錢夢玉誠惶誠恐, 頓首頓首, 謹百拜上言于

43

皇帝陛下. 伏以, 臣本無似之賤品, 生於甕牖繩樞之下, 門地至微, 資稟至劣, 跧伏田廬, 不敢衒名於閭巷童孺之口, 只以雕虫之小技, 擄掇於科臼之中矣.

295 怳若唐宗之得仁傑: 唐宗은 당 고종이다. 『구당서』「열전」〈적인걸〉에 다음의 기록이 있다. "高宗將幸汾陽宮 以仁傑爲知頓使 并州長史李沖玄以道出妒女祠 俗云盛服過者 必致風雷之災 乃發數萬人別開御道 仁傑曰 天子之行 千乘萬騎 風伯清塵 雨師灑道 何妒女之害耶 遽令罷之 高宗聞之 歎曰 眞大丈夫也(고종이 분양궁에 행차할 때 적인걸을 지둔사로 삼았다. 가는 길이 투녀사를 지나게 되자, 병주장사인 이충현은 속세에서는 성대한 복장을 한 사람이 지나면 반드시 바람과 우레의 재앙이 이른다고 한다고 했다. 이에 수만 명을 선발하여 임금이 갈 길을 따로 만들려고 하자 적인걸이 말했다. '천자의 행차에는 천 대의 수레와 만 마리의 말이 따르고, 풍백이 먼지를 맑게 하고 우사가 길을 깨끗이 합니다. 어찌 투녀의 해가 있겠습니까? 급히 명령하여 그만두게 하십시오.' 고종이 듣고 말했다. '진정한 대장부로다.')"

296 宋帝之得晏殊: 宋帝는 송 眞宗이다. 『宋史』「열전」〈안수〉에 다음의 기록이 있다. "晏殊 字同叔 撫州臨川人 七歲能屬文 景德初 張知白安撫江南 以神童薦之 帝召殊與進士千餘人並試廷中 殊神氣不慴 援筆立成 帝嘉賞 賜同進士出身 宰相寇準曰 殊江外人 帝顧曰 張九齡非江外人邪 後二日 覆試詩賦論 殊奏 臣嘗私習此賦 請試他題 帝愛其不欺 既成 數稱善 擢秘書省正字(안수는 자가 동숙으로 무주 임천 사람이다. 일곱 살에 글을 지었다. 경덕 초에 강남을 안무하던 장지백이 신동으로 천거했다. 진종이 안수와 진사 천여 명을 불러 궁중에서 시험을 치르게 했다. 안수는 정신과 기운에 두려움이 없이 붓을 잡아 곧바로 글을 완성했다. 진종이 기리며 칭찬하고는 '사동진사출신' 등급으로 합격시키자 재상 구준이 말했다. '안수는 강 건너 강남 사람입니다.' 진종이 돌아보며 말했다. '장구령도 강 건너 강남 사람이 아니었던가?' 이틀 뒤, 진종이 합격자를 모아 시, 부, 논으로 다시 시험을 치자 안수가 아뢰었다. '신이 일찍이 사사로이 이 주제의 부를 익혔으니 다른 주제로 시험하시기를 청합니다.' 진종이 속이지 않음을 사랑했다. 마침내 글이 완성되자 거듭 칭찬하면서 비서성 정자로 발탁했다.)"

偶入於本鄉發解之額, 叨玷於太學貢士之案,[297] 榮已極矣, 分已過矣, 而得君三日旋蒙賜第之恩, 又柀翰職之授,[298] 造化培養之恩, 天地陶甄之德, 山高海深, 欲報無地, 攢手祝天而已矣. 千萬夢寐不到之地, 沁宮錦鸞之華選, 猥及於千不似萬不近之賤, 臣聞命之日, 直欲攢地逃命, 而不可得也. 伏念臣容貌則無何晏傳粉之美,[299] 才格則乏于尉咏蘭之佳, 自顧其身, 百無可取, 而以陛下日月之鑑, 有何可採於臣身, 降此踰涯之榮寵乎? 臣雖奊垢, 安敢忘分而冒進? 伏乞聖上, 俯垂察焉, 亟收成命, 特許鐫免. 臣無任屛營祈懇之至,

44

謹昧死以聞. 宣德元年, 十月初十日, 翰林學士臣錢夢玉.

答曰: "省䟽具悉, 婚議朕志已定, 非爾所可圖免, 爾其勿辭, 斯速成禮." 下詔促定婚日, 日官啓曰: "今月十八日, 六合相應, 紅紗滅沒, 天賊·元嗔等忌, 俱無所拘, 何以爲之? 敢稟." 制曰: "依爲之." 卽日婚禮都監, 特以錢塘人柴車口傳差出,

禮部爲差定事. 宣德元年十月初十日行, 樞密院都承旨臣姓名次知, 口傳監察御使柴車遷轉本官【某戈只譙使內良如爲】, 口傳施行【爲有置有等以】, 合下仰照驗施行須知帖者, 右帖下監察御史柴車準此. 宣德元年十月初十日, 尙書, 侍

297 貢士之案: 貢士는 향시에 급제하여 임금 앞에서 치르는 殿試에 응시하는 사람을 말한다. 『예기』「射儀」에 "古者天子之制 諸侯歲獻貢士於天子 天子試之射宮(옛날 천자의 제도에, 제후들이 해마다 천자에게 선비를 천거하면 천자가 사궁에서 그들을 시험했다.)"이라는 구절이 있다.

298 又柀翰職之授: '又被翰職之授'의 오기. 서강대본에는 '又被翰職之授'로 되어 있다.

299 無何晏傳粉之美: '無何晏傳粉之美'의 오기. 서강대본에는 '無何晏傳粉之美'로 되어 있다. 『蒙求』「平叔傅粉」에 다음의 글이 있다. "魏志 何晏字平叔 南陽宛人 尙金鄕公主 爲吏部尙書駙馬都尉 世說曰 平叔美姿 面至白 明帝疑其傅粉 夏月令食湯餠 汗出 以巾拭之 轉皎白也(『위지』에 따르면 하안은 자가 평숙으로 남양 완 땅 사람이다. 금향 공주와 부부가 되어 이부상서와 부마도위를 지냈다. 『세설신어』에 '하안은 아름다운 자태에 얼굴이 지극히 희었다. 명제는 분을 발랐다고 의심하여 여름날에 뜨거운 국수를 먹게 했다. 땀이 나서 수건으로 닦으니 도리어 더욱 희었다.'라고 했다.)"

郎【著押】.

十八日旭朝, 婚禮都監淸宮路備儀物, 等候於昭寧宮. 先設納徵之禮, 以一品例行之, 靑紵絲三匹, 紅紵絲一匹, 禮服則山松特髻一頂, 大袖

45

衫霞帔褙子一套, 常服則珠翠添紗冠一頂, 綠襈長襖長裙四套, 金釧一雙, 金連珠鐲一雙, 銀胭脂盒一箇, 唐粉盒二箇, 綾紗羅各八匹, 絹三十二匹, 綿一百兩, 大紅羅一對, 脚紙一對, 茶二十袋, 羊八牽,[300] 猪六隻, 鵝十二隻, 酒六十甁,[301] 果四盤, 麵四十袋, 餠一百箇. 次設請期[302]禮, 紅紵絲一對, 羊二牽,[303] 酒十甁, 果二盤. 次設親迎禮, 紅紵絲一對, 彩段一匹. 禮物旣備之後, 翁主垂百子之障,[304] 垂金碧之兜, 出貴妃宮, 往于婚宮, 尙宮以下妃嬪媵嬙, 箇箇玉餙餛粧,[305] 這這月態花容, 陪擁前後, 醲香瑞彩, 奪人眼目. 錢翰士[306]著萬縷之服, 乘彩虹之轎, 自翰院進于婚宮, 宮監以下掖隷院隷, 賁其服色, 簇擁左右, 衆樂齊奏, 萬人爭隨, 都監準備, 鋪陳碧幢翠幙, 朱幡絳幄, 齊齊整整, 兩邊列孔雀之屛, 四下擁黃鵠之簾, 落花流水紫綿褥上, 繡以萬福之源, 茜紅

---

300 羊八牽: '餠八牽'으로 썼다가 '餠'을 지우고 작은 글씨로 '羊'을 써넣었다. 서강대본에는 '羊八牢'로 되어 있다. 번역은 서강대본을 따랐다.

301 酒六十甁: 서강대본에는 '酒十六甁'으로 되어 있다. 번역은 서강대본을 따랐다.

302 請期: 혼인날을 정하여 신부의 집에 가부를 묻는 의식이다.

303 羊二牽: 서강대본에는 '羊李牢'로 되어 있다. 번역은 서강대본을 따랐다.

304 百子之障: '百子圖'. 사내아이 여럿이 노는 모습을 그려 아들 많이 낳기를 기원하는 그림. 『시경』「大雅」〈文王之什〉에 "思齊大任 文王之母 思媚周姜 京室之婦 大姒嗣徽音 則百斯男(점잖으며 거룩한 태임은, 주나라 문왕의 훌륭한 어머니이시니, 태왕의 비인 태강께 효도하여, 주나라 왕실의 며느리가 되었다. 태사는 이 아름다운 평판을 잘 계승하고, 많은 아들을 두었네.)"이라는 구절이 있다.

305 箇箇玉餙餛粧: '箇箇玉餙銀粧'의 오기. 서강대본에는 '箇箇玉餙銀粧'으로 되어 있다.

306 錢翰士: 전몽옥이 '翰林學士'에 있으므로, '錢翰林'의 오기. 서강대본에는 '錢翰林'으로 되어 있다.

46

銷金七寶座前, 刻以五倫之始, 白玉童子, 抱香囊而對立, 黃金寶鷄, 含珍果而雙飛, 紅羅複斗帳, 百結同心, 金屈戍, 黃紗杏子帕, 兩扇合歡玉籠鬆, 中設香楠木, 金嵌玉刻, 玲瓏一卓子. 天竈具鳳凰之餐,[307] 宮廚進錦繡之餅, 賁列仙品, 安排禮需, 剪彩鋪床, 紅脉脉幷蔕之蓮, 刻金貼席, 綠叢叢連理之枝. 翁主備宮樣粧, 縈金貽玉, 雕花鏤月, 以待新郎之奠鴈. 已而, 翰林至, 兩家使者, 來來去去, 喝拜致語云:

"切[308]以禮重婚姻, 玆實人倫之大, 義當配耦, 爰思宗事之承, 張設靑廬,[309] 熒煌花,[310] 供蘋藻,[311] 首嚴見廟之儀, 贄備棗榛,[312] 抑講拜堂之禮, 集珠履玳簪之客, 環金釵玉珥之賓. 慶會良宵, 觀光盛事. 爐董寶鴨,[313] 已拈沉水之香, 步擁金蓮,[314] 請下香綏之拜."

---

307 天竈具鳳凰之餐: 서강대본에는 '天竈俱鳳凰之餐'으로 되어 있다.

308 切: 문맥상 '竊'이 적절하다.

309 張設靑盧: '張設靑廬'의 오기. 靑廬는 푸른 장막으로 만든 집이다. 『類說』「酉陽雜俎」〈청려〉에 "士大夫家婚禮露帳謂之入帳 新婦乘鞍 北朝餘風也 北方婚禮 用靑布幔爲屋 謂之靑廬 於此交拜(사대부 집안의 혼인에는 땅에 장막을 펼쳐 놓는데 그것을 입장이라고 한다. 신부가 말안장에 오르는 것은 북방 풍습의 영향이다. 북방에서는 혼인할 때 푸른 베 장막으로 집을 만드는데 그것을 청려라고 한다. 그곳에서 교배례를 한다.)"라는 기록이 있다. 서강대본에는 '張設靑廬'로 되어 있다.

310 熒煌花: '熒煌花燭'의 오기. 서강대본에는 '熒煌花燭'으로 되어 있다.

311 供蘋藻: '祀供蘋藻'의 오기. 蘋藻는 개구리밥과 마름풀로 소박한 제수를 상징하는 물건이다. 『시경』「召南」〈采蘋〉에 "于以采蘋 南澗之濱 于以采藻 于彼行潦 […] 于以奠之 宗室牖下(개구리밥을 뜯네. 남쪽 산골 물가에서. 마름풀을 뜯네. 저 길 도랑물에서 […] 그것을 두네. 제사 지낼 종가의 사당 들창 아래에)"라는 구절이 있다. 서강대본에는 '祀供蘋藻'로 되어 있다.

312 贄備棗榛: 『춘추좌씨전』'장공 24년'에 있는 "御孫曰 男贄 大者玉帛 小者禽鳥 以章物也 女贄不過榛栗棗脩以告虔也(대부 어손이 장공에게 간하여 말했다. '남자의 폐백은 큰 것은 옥과 비단이요, 작은 것은 가축이나 새이니, 이로써 물건을 구별하는 것입니다. 여자의 폐백은 개암, 밤, 대추, 육포로 공경을 표하는 것에 불과합니다.')"라는 구절을 활용한 것이다.

313 爐董寶鴨: '爐熏寶鴨'의 오기. 서강대본에는 '爐熏寶鴨'으로 되어 있다.

314 步擁金蓮: 金蓮은 '金蓮燭'으로 황금 장식을 한 연꽃 모양의 등불이다.

47

鷓鴣天詩云[315]:

婚禮今朝講拜堂, 誠心全仗玉爐香

神祇上下同昭格, 王母東公共降祥[316]

魚得水 鳳求凰, 葱葱喜氣藹蘭房

百年夫婦今宵合, 夢叶熊羆早弄璋[317]

交拜致語云:

切[318]以男遵乾道, 女順坤儀, 禮有尊卑, 拜無先後, 男先下膝, 女略沾裙,[319]

---

315 鷓鴣天詩云: '鷓鴣天詩云'의 오기. '鷓鴣天'은 詞牌의 이름이다.

316 王母東公共降祥: 王母는 서왕모, 東公은 동왕공이다. 『神異經』「東荒經 十則」에 "昆侖之山有銅柱焉 其高入天 所謂天柱也 […] 上有大鳥 名曰希有 南向 張左翼覆東王公 右翼覆西王母 背上小處無羽 一萬九千里 西王母歲登翼上 會東王公也(곤륜산에 동으로 된 기둥이 있었는데 하늘을 뚫고 들어갈 정도로 높아 '천주'라고 한다. […] 위에 '희유'라고 하는 큰 새가 있었는데, 왼쪽 날개를 펼쳐 동왕공을, 오른쪽 날개를 펼쳐 서왕모를 덮어 씌운다. 등에는 털이 없는 작은 곳이 있는데 1만 9천 리나 된다. 서왕모는 해마다 날개 위로 올라가 동왕공을 만난다.)"라는 글이 있다.

317 夢叶熊羆早弄璋: '熊羆'와 '弄璋'은 아들 낳는 것을 의미한다. 『시경』「小雅」〈鴻雁之什〉에 "下莞上簟 乃安斯寢 乃寢乃興 乃占我夢 吉夢維何 維熊維羆 維虺維蛇 大人占之 維熊維羆 男子之祥 維虺維蛇 女子之祥 乃生男子 載寢之床 載衣之裳 載弄之璋(돗자리 위에 대자리 까니 잠자리가 편안하네. 잠자리에서 일어나 나의 꿈을 점쳐 보네. 길몽이 무엇인가? 곰과 큰곰, 살무사와 뱀 꿈을 꿨네. 큰 점쟁이가 점을 치고는 곰과 큰곰은 아들 낳을 징조이고, 살무사와 뱀 꿈은 딸 낳을 징조라 하네. 이에 아들을 낳았는데 잠자리 침상에 놓고 하의를 입힌 후 구슬을 가지고 놀게 했네.)"이라는 구절이 있다.

318 切: 문맥상 '竊'이 적절하다.

319 女略沾裙: 沾裙은 치마에 손을 대며 간략히 인사한다는 뜻인 듯하다. 『燕齋閣知新錄』「家禮婦人拜考證」에 "婦人首飾盛多 自難俯伏地上 周天元令 命婦爲男子拜 史官書之 以表其異 則古者婦人之拜 首不至地 可知也 然則婦人之拜 當以深拜 頗合於古(부인은 머리 장식이 성대하여 스스로 몸을 굽혀 바닥에 엎드리기 어렵다. 북주 천원 연간에 命婦에게 남자 절을 하도록 명하자, 사관이 기록하여 그 특이함을 드러냈으니, 옛날에 부인의 절은 머리가 땅에 닿지 않았음을 알 수 있다. 그런즉 부인의 절은 깊은 절로 하는 것이 고례에 자못 합당하다.)"라는 구절이 있다. 여기에 다음의 주석이 있다. "南俗立拜已久 不可驟變 但須深屈其膝 毋但如北俗之沾裙 叉手以右爲尙 每拜以四爲節(남방 풍속에 서서 절하는 것이 이미 오래되었으니 갑자기 바꿀 수 없다. 다만 모름지기 무릎을 깊이 굽히되 살짝 치마를 잡는 정도의 북쪽 풍속처럼은 하지 마라. 두 손을 포갤 때는 오른손을 위로 하며, 매번 절을 할 때 네 번 하는 것을 절도로 한다.)" 이 내용은 조선시대 柳長源이 편찬한 『常變通攷』「통례」〈居家雜儀〉에도 그대로 실려 있다.

雖相見之如賓, 儆齊眉之到老,[320] 可無拙句, 少贊容儀.[321]

請攔門詩云[322]:

仙娥縹緲下人寰, 咫尺榮歸洞府間

今日門闌多喜色, 花箱利市不須慳

答攔門詩云:

從來君子不懷金, 此意追尋意轉深

欲望朱親[323]聊闊略

48

毋煩紹介久勞心

請交拜詩云:

古往今來男求女, 女若求男也不妨

且請兩邊齊下拜, 今宵同共入蘭房

320 儆齊眉之到老: 擧案齊眉에서 나온 말로, 부부가 서로 손님처럼 공경한다는 뜻이다.

321 切以男遵乾道~少贊容儀: 『伍倫全備諺解』「卷三」에 "夫人이 가겨시니 請컨대 新人은 交拜禮를 行ᄒᆞ쇼셔. 업듸어 뻐 男은 乾道를 遵ᄒᆞ고 女ᄂᆞᆫ 坤儀를 順ᄒᆞᄂᆞᆫ디라. 禮ᄂᆞᆫ 尊卑 이시나 拜ᄂᆞᆫ 先後ㅣ 업스니 男이 몬져 膝을 下ᄒᆞ면 女ㅣ 잠깐 裙을 沾ᄒᆞᄂᆞ니 願컨대 서ᄅᆞ 공경홈을 손ᄀᆞᆺ티 ᄒᆞ야 齊眉到老홈을 본바드쇼셔. 가히 拙句로 져기 客儀를 기림이 업스리잇가?(夫人去了 請新人行交拜禮 伏以男遵乾道 女順坤儀 禮有尊卑 拜無先後 男先下膝 女略沾裙 願相敬之如賓 儆齊眉之到老 可無拙句少贊容儀)"라는 구절이 있다.

322 請攔門詩云: 攔門은 혼례 때 문을 막는 것이다. 『東京夢華錄』「娶婦」에 "至迎娶日 兒家以車子或花檐子發迎客 引至女家門 女家管待迎客 與之綵段 作樂催妝上車檐 從人未肯起 炒咬利市 謂之起檐子 與了然後行 迎客先回至兒家門 從人及兒家人乞覓利市錢物花紅等 謂之攔門(혼인날이 되면 남자 집에서 수레나 꽃가마로 신부를 맞이할 사람을 보낸다. 여자 집에 이르면 여자 집에서는 신부 맞이할 사람을 후하게 대접하면서 비단을 준 후 음악을 연주하고 최장시를 읊으며 신부를 수레나 가마에 오르게 한다. 수행하는 사람들은 즐겨 일어나지 않고 시끄럽게, 경사이니 돈을 달라고 떠들어 댄다. 이를 '기첨자'라고 한다. 경사에 맞는 돈을 준 후에 행하여 신부를 맞이할 사람이 먼저 돌아가 남자 집 문에 도착하면, 수행한 사람과 남자 집안의 사람들이 경사이니 돈이나 예물 등을 달라고 한다. 이를 '난문'이라고 한다.)"이라는 글이 있다.

323 朱親: '諸親'의 오기로 보인다.

請儐相詩云:

銀臺紅燭影交光, 鼎沸笙歌宴晝堂

爲報筵中佳客道, 請差儐相引新郎

儐相交詩云:

佳期劉院會眞仙,[324] 多謝東君儐命專[325]

自愧才踈辭弗獲, 當供末職侍華筵

索請利市詩云:

星娥窈窕望仙郞, 莫道迢迢玉漏長

須覓紅綃並利市,

49

便歸洞府效鸞鳳[326]

---

324 佳期劉院會眞仙: '劉院'은 '劉阮'의 오기. 서강대본에는 '劉阮'으로 되어 있다. 유완은 후한 사람인 유신과 완조이다. 『태평광기』「女仙」〈天台二女〉에 "劉晨阮肇 入天台採藥 遠不得返 經十三日饑 遙望山上有桃樹子熟 遂躋險援葛至其下 噉數枚 饑止體充 欲下山 […] 出一大溪 溪邊有二女子 色甚美 […] 二女遂忻然如舊相識曰 來何晩耶 因邀還家 南東二壁 各有絳羅帳 帳角懸鈴 […] 俄有群女持桃子 笑曰 賀汝壻來 酒酣作樂 夜後各就一帳宿 婉態殊絶 至十日求還 苦留半年 […] 更懷鄕 歸思甚苦 女遂相送 指示還路 鄕邑零落 已十世矣(유신과 완조가 천태산에 들어가 약초를 캐다가 멀리 가서 돌아오지 못했다. 13일 동안 굶주렸는데 멀리 산 위를 바라보니 잘 익은 복숭아가 있었다. 칡넝쿨을 당겨 험한 곳에 높이 올라 복숭아나무 아래에서 몇 개를 먹었더니 배고픔이 그치고 체력이 보충되었다. 하산하려고 […] 큰 시내로 나왔는데, 시냇가에는 매우 아름다운 두 여인이 있었다. […] 두 여인이 마치 예전부터 알고 있었다는 듯이 기쁘게 말했다. '어찌 이리 늦게 오셨습니까?' 그러고는 맞이하여 집으로 돌아갔다. 남쪽, 동쪽 두 벽에는 각각 붉은 비단 장막이 쳐져 있었고, 장막 끝에는 방울이 달려 있었다. […] 잠시 후 많은 여인이 복숭아를 가져와 웃으며 말했다. '너의 서방이 오신 것을 축하한다.' 술을 마시고 음악을 연주하며 즐기다가 밤이 깊은 후 각각 장막으로 가서 자니 아름다운 태도가 매우 뛰어났다. 열흘이 되어 돌아가기를 요구하다가 애써 반년을 머물렀다. […] 다시 고향을 생각하고 돌아가고 싶은 마음에 몹시 괴로워하자 여인들이 마침내 보내 주며 돌아갈 길을 알려 주었다. 돌아와 보니 마을은 황폐했고, 이미 열 세대가 지나 있었다.)"라는 글이 있다.

325 多謝東君儐命專: 서강대본에는 '多謝東君儐命傳'으로 되어 있다. 번역은 서강대본을 따랐다.

326 便歸洞府效鸞鳳: 鸞鳳은 난새와 봉새로 모두 뛰어난 인물을 가리킨다. 여기서는 금실 좋은 부부를 뜻한다.

索女利市詩云:

青鸞含信入秦樓,[327] 紅葉題詩寄楚溝

今夕佳期欣會遇, 不妨剩與錦纏頭

儐相揷花詩云:

不假陽和運化勻, 一枝丹桂十分春

廣寒殿裏曾親折, 揷向香帷左相人

又云:

昨夜陽和信恩陳, 花神漏泄一枝春

少年得此天新意, 揷向香帷右相人

尋請新郎詩云:

星移斗轉已多時, 爲報秦樓玉女知[328]

迎請粉郎臨綺席,

50

秖今便送入羅幃

請壽帶花詩云:

仙娥此席遇仙郎, 銀燭高燒照艷粧

敢請百年長壽帶, 揷歸洞府傚鸞鳳

327 青鸞含信入秦樓: 秦樓는 秦穆公이 딸 농옥과 사위 소사를 위해 지어 준 누대이다. 봉루 혹은 봉대라고도 한다. 부마가 사는 화려한 주택을 의미한다. 『分門集注杜工部詩』「燕飮」〈鄭駙馬宅宴洞中〉의 "自是秦樓壓鄭谷(본래 진루가 정곡을 압도하니)"이라는 구절에 "秦樓以秦女弄玉吹簫於樓上得仙故曰 秦樓 鄭谷以鄭子眞耕於谷口故曰 鄭谷 [⋯] 秦樓壓鄭谷言駙馬富貴非谷口貧賤之比也(진루는 진녀 농옥이 누상에서 피리를 불어 신선이 되었기에 '진루'라고 하였다. 정곡은 정자진이 계곡 입구에서 농사를 지었기에 '정곡'이라 하였다. [⋯] '秦樓壓鄭谷'은 부마의 부귀가 계곡 입구의 빈천함에 비할 것이 아니라는 말이다.)"라는 주석이 있다. 하권 각주 50 참고.

328 爲報秦樓玉女知: 진목공의 딸 농옥의 고사이다. 하권 각주 50 참고.

簪壽帶花詩云:

好花壽帶問來,[329] 出自佳人玉手裁

付與粉郎頭上揷, 海棠今夜一枝開

請引新郎詩云:

銅壺玉漏正遲遲, 好是新郎入帳時

更請細吹五雲曲, 一齊攀送羅帷[330]

新郎入席詩云:

鬱蔥佳氣滿華堂, 良夜燒殘寶篆香

且請仙郎臨綺

51

席, 三盃飮罷入蘭房

請開門詩云:

雲鎖巫山萬里深, 銅壺聲悄夜沉沉

朱門掩却還閑事, 恐負仙娥久望心

請卷幔詩云:

銅壺滴盡漏聲殘, 未見文簫駕彩鸞[331]

329 好花壽帶問來: 7언이어야 하므로, 서강대본의 '好花壽帶問何來'를 따라 번역했다.

330 一齊攀送羅帷: 7언이어야 하므로, 서강대본의 '一齊攀送到羅帷'를 따라 번역했다.

331 未見文簫駕彩鸞: 文簫는 傳奇의 주인공. '文蕭'라고도 한다. 당나라 裵鉶이 지은 〈文蕭〉에 다음의 글이 있다. "大和末歲 有書生文蕭者 海內無家 因萍梗抵鍾陵郡 [⋯] 鍾陵有西山 山有游帷觀 即許仙君遜上升地也 [⋯] 時文蕭亦往觀焉 睹一姝 [⋯] 姝曰 吾與子數未合而情之忘 乃得如是也 遂相引至絶頂坦然之地 [⋯] 有二仙娥各持簿書 請姝詳斷 其間多江湖沉溺之事 某日風波誤殺孩稚 姝怒曰 豈容易而誤耶 仙娥持書既去 忽天地黯晦 風雷震怒 [⋯] 有仙童自天而降 持天判 宣曰 吳彩鸞以私慾而泄天機 謫爲民妻一紀 姝遂號泣 與生攜手下山而歸鍾陵(대화 말년에 문소라는 서생이 있었는데, 나라 안에 집이 없어 떠돌다가 종릉에 이르렀다. [⋯] 종릉에는 서산이 있고, 산 위에는 유유관이 있는데, 바로 선인 허손이 올라간 자리이다. [⋯] 그때 문소도 또한 가서 구경하다가 어떤 예쁜 여인을 보았다. [⋯] 예쁜 여인이 말했다. '내가 그대와 여러 차례 만나 정을 나누는 것을 잊은 적이 없었는데 이처럼 얻게 되는군요.'

見說洞房春色好, 大家齊揭綉簾看

請揭帳詩云:

捲上羅帷露玉容, 兩情黙黙意冲冲

而今一見春風面, 不結同心心也同

請下床詩云:

相去都來跬步間, 綵雲元不隔巫山[332]

兩心想已皆傾倒,

52

莫向人前强作難

請交拜詩云:

一拜須還一拜儀, 何須强項苦相持

마침내 이끌어 높은 곳 평평한 땅에 이르렀다. […] 두 명의 선녀가 각각 장부를 들고 예쁜 여인에게 자세히 판단해 달라고 청했다. 그 안에는 강과 호수에 빠지는 일이 많았는데, 어떤 날에는 풍파가 일어 어린아이가 실수로 죽는 일도 있었다. 예쁜 여인이 화를 내며 말했다. '어찌 쉽게 실수한단 말인가?' 선녀들이 문서를 가지고 돌아가자 갑자기 하늘이 어두워지면서 바람, 번개, 우레가 쳤다. […] 선동이 하늘에서 하늘 판결문을 가지고 와서 선포했다. '오채란이 사사로운 욕망으로 천기를 누설했으니, 인간세계로 귀양 가서 30년 동안 백성의 처가 되어라.' 예쁜 여인 오채란이 마침내 울며 부르짖다가 문소의 손을 이끌고 산에서 내려와 종릉으로 갔다.)"

332 綵雲元不隔巫山: '雲雨之情'과 관련된 서술이다. 宋玉의 〈高唐賦〉에 "昔者 楚襄王與宋玉游于雲夢之台 望高唐之觀 其上獨有雲氣 崒兮直上 忽兮改容 須臾之間 變化無窮 […] 玉曰 昔者 先王嘗游高唐 怠而晝寢 夢見一婦曰 妾 巫山之女也 爲高唐之客 聞君游高唐 願荐枕席 王因幸之 去而辭曰 妾在巫山之陽高丘之陰 旦爲朝雲 暮爲行雨 朝朝暮暮 陽台之下 旦朝視之 如言 故爲立廟 號曰 朝雲(예전에 초나라 양왕이 송옥과 운몽대에서 노닐다가 고당관을 바라보니 그 위에 유독 구름 기운이 있었는데, 모여 위로 오르다 갑자기 형태를 바꾸니, 잠깐 사이에 변화가 무궁했다. […] 송옥이 말했다. '예전에 선왕(楚懷王)께서 고당관을 유람하다가 피곤하여 낮잠을 주무시는데, 꿈에서 어떤 부인이 '저는 무산의 신녀로 고당관의 손님이 되었는데 왕께서 고당관을 유람하신다는 소식을 들었으니 잠자리를 모시기를 원합니다.'라고 말했습니다. 왕께서 인하여 총애하고 사랑했습니다. 신녀가 떠나며 하직하기를 '저는 무산 남쪽에 있는 높은 언덕 북쪽에서 아침에는 구름이 되고 저녁에는 내리는 비가 되어 아침저녁으로 양대 아래에 있습니다.'라고 말했습니다. 아침에 바라보니 그 말과 같았습니다. 그래서 사당을 세우고 朝雲이라고 불렀습니다.')"이라는 글이 있다.

莫敎屈膝鴛幃底, 還記人前不肯時

請拔花詩云:

英姿不與衆花同, 妙奪乾坤造化工

盡道滿頭春色媚, 劉郎認取一枝紅

請解襟詩云:

斗轉星移夜已深, 仙郞玉女意沉吟

鴛幃欲展風流事, 纖手何妨與解襟

於是, 奠醮禮畢, 合卺共牢, 眞所謂蘂珠[333]仙娘下塵寰, 玉府星官降雲衢, 錦衣對對, 花帽雙雙, 緋袍簇簇, 錦襖攢攢, 觀者

53

疊肩亞背, 莫不嘖嘖稱美. 禮訖, 同入小寢, 翰林卓犖之貌, 翁主娉婷之態, 可謂兩美俱合. 翌日, 皇上降麻誥, 加錢夢玉駙馬都尉兼兵部侍郎, 賜第於織錦坊, 屋五百間, 田三百頃, 蒼頭二千名, 兼賜瓜子金五十錠, 朱提銀一百流, 夜光壁[334]十枚, 大秦珠十斛, 琉璃帳一事, 瑪瑙盤二座, 珊瑚筆格一箇, 琥珀酒鍾二雙, 大浣袍一領, 氷錦褥一件, 茱萸錦三百疋, 秋雲羅五百對, 各種物色, 充牣於屋中, 一時富貴榮名, 聳動一世. 卽日, 侍郎入闕謝恩, 退居昭寧宮, 居數日, 將往錢塘掃除墳墓, 以此意呈辭:

駙馬都尉兼兵部侍郞, 臣錢夢玉右謹啓.

臣矣段, 臣矣父母墳山, 在於浙西省錢塘地【是白如乎節】, 屢年在京, 不得省掃【爲白有是昆】. 下去省掃【爲白良結望白良去乎】詮次, 善啓向效是事【望良白

333 蘂珠: 蘂珠는 '蘂珠宮'으로 신선이 사는 공간이다. 『雲笈七籤』「黃庭內景經」 〈上淸章 第一〉의 "上淸紫霞虛皇前 太上大道玉晨君 閑居蕊珠作七言 散化五形變萬神 是爲黃庭曰內篇"이라는 구절에 "蘂珠上淸境宮闕名(예주는 상청 선경에 있는 궁궐의 이름이다.)"이라는 주석이 있다.

334 夜光壁: '夜光璧'의 오기. 서강대본에는 '夜光璧'으로 되어 있다.

內臥乎亦在】[견]謹啓.

54

宣德元年十一月初一日.

特命給由, 翌日登程, 朱輪翠盖, 塡途塞巷, 行道一旬, 始到錢塘界. 錢塘太守負弩矢先驅,[335] 閭巷婦孺莫不掛紅獻賀, 拭目瞻光, 嗟歎健羨. 朽楡之古社荒蕪, 桑梓之先業依俙, 侍郎不勝感愴, 歷謁先墓, 泣涕數掬, 因改封塋域, 各置墓奴, 守護樵牧, 悉召宗族故舊, 設大宴以慶之, 恍若蘇秦之歸洛陽,[336] 韓琦之返相州,[337] 錦還之榮, 足以夸一世, 榮一鄕矣. 留數旬, 駙馬以朝廷重臣, 不

335 負弩矢先驅: '錢塘太守負弩矢先驅'의 오기. 본문에는 작은 글씨로 '矢先'이라고 적고 있어 주석처럼 보이나, 본문으로 처리하는 것이 적절하다. 서강대본에는 '錢塘太守負弩矢先驅'로 되어 있다. '負弩矢先驅'는 존경을 표하는 행동이다. 『사기』「열전」〈사마상여〉에 "至蜀 蜀太守以下郊迎 縣令負弩矢先驅 蜀人以爲寵(사마상여가 촉에 도착하자 촉의 태수와 이하의 관리들이 교외로 나와 맞이했고, 현령이 쇠뇌와 화살을 지고 앞에서 길을 인도할 정도로, 촉 사람들은 영광으로 여겼다.)"이라는 글이 있다.

336 蘇秦之歸洛陽: 『사기』「열전」〈蘇秦〉에 다음의 글이 있다. "蘇秦者 東周洛陽人也 東事師於齊 而習之於鬼谷先生 出游數歲 大困而歸 兄弟嫂妹妻妾竊皆笑之曰 周人之俗 治產業 力工商 逐什二以爲務 今子釋本而事口舌 困不亦宜乎 蘇秦聞之而慚 自傷乃閉室不出 […] 北報趙王 乃行過雒陽 […] 周顯王聞之恐懼 除道使人郊勞 蘇秦之昆弟妻嫂側目不敢仰視 俯伏侍取食 蘇秦笑謂其嫂曰 何前倨而後恭也 嫂委蛇蒲服 以面掩地而謝曰 見季子位高金多也(소진은 동주 낙양 사람이다. 동으로 제나라로 가서 스승을 섬기고 귀곡 선생에게 배웠다. 나가서 수년을 유세했지만 매우 어려워지는 바람에 돌아왔다. 형과 동생, 형수, 누이, 아내와 첩이 은근히 비웃으며 말했다. '주나라 사람의 풍속에 산업을 다스리고 공상에 힘쓰며 10분의 2의 이익을 좇는 것을 임무로 삼는다. 지금 그대가 근본을 놓아 버리고 입과 혀에 종사하니 어려워지는 것이 또한 마땅하지 않겠는가?' 소진이 듣고 부끄러워하여 상심하고 두문불출했다. […] 북으로 조왕에게 보고하러 가면서 낙양을 지나게 되었다. […] 주나라 현왕이 소식을 듣고 두려워하며 길을 쓸고 사람들에게 교외까지 마중 나가 위로하도록 했다. 소진의 형과 아우, 아내, 형수가 곁눈질하며 감히 고개를 들어 바라보지 못한 채 엎드려 모시고 밥을 먹었다. 소진이 웃으며 그 형수에게 말했다. '어찌 전에는 오만하더니 지금은 공손한가요?' 형수가 꿈틀꿈틀 기어와 얼굴을 땅에 대고 사죄하며 말했다. '둘째 서방님의 지위가 높고 재물이 많은 것을 보았기 때문입니다.')"라는 글이 있다.

337 韓琦之返相州: 구양수의 〈相州晝錦堂記〉에 "公相人也 […] 公在至和中 嘗以武康之節, 來治於相 乃作晝錦之堂于後圃 旣又刻詩於石以遺相人(위국공 한기는 상주 사람이다. […] 공은 지화 연간에 무강의 절도사가 되어 상주를 다스렸다. 이에 후원에 주금당을 짓고 시를 돌에 새겨 상주 사람들에게 남겨 주었다.)"이라는 글이 있다. 『宋史』「열전」〈韓琦〉에도 "韓琦 字稚圭 相州 安陽人 […] 熙寧元年七月 復請相州以歸 […] 六年 還判相州(한기는 자가 치규로, 상

敢擅留於外邑, 故不得已與諸親叙別. 未知夢玉去就何如. 且看下弓分解.

第九弓

吉安府龍賊拒命伏法 鐵門洞鞠女歸化結緣

却說, 駙馬自錢塘還京, 入闕肅謁, 皇上喜甚, 慰其往返之

55

勞, 駙馬稽首拜謝而退. 戊申二月, 吉安府土賊鞠龍弼等作亂, 知府不能制之, 卽命罷黜, 下詔銓官, 無拘權貴, 擇宰臣中文武兼全之人, 以擬吉安之守. 吏部以附馬錢夢玉注擬, 皇上雖愛之難之,[338] 旣有詔命, 故不得已落點. 侍郞卽日肅謝, 下直乘馹登程. 到任之日, 召文武吏屬, 細問賊之窩窟, 則鞠龍弼者, 乃言安士豪,[339] 而距本府五十里, 有地名鐵門洞者, 此乃鞠家庄也. 龍弼世居鐵門洞, 得金穴致富, 貲至累巨萬, 倉頭數千名,[340] 又解風角遁甲之術, 誘惑愚民, 招亡納叛, 其黨四萬餘人, 教以弄槍弄棒之法, 分爲三十六隊, 每隊各有一頭領總之. 龍弼爲都頭領, 自號天魔將軍, 巢穴殆將居邑之半, 錢知府聞之曰: "此賊誓不踰年." 明日, 懸千金之賞於牙門之上, 募曰: "才智勇力過人者, 有肯從我遊者, 吾當竭力而事之, 與之同立於天子之朝."

주 안양 사람이다. 희령 원년 7월에 다시 상주로 돌아가게 해달라고 청했다. […] 6년에 다시 판상주가 되었다.)"라는 글이 있다.

338 雖愛之難之: 서강대본에는 '雖愛而難之'로 되어 있다. 번역은 서강대본을 따랐다.

339 言安士豪: '吉安士豪'의 오기. 서강대본에는 '吉安士豪'로 되어 있다.

340 倉頭數千名: '蒼頭數千名'의 오기. 서강대본에는 '蒼頭數千名'으로 되어 있다.

56

居十餘日, 有八箇囫圇酌人,[341] 生得猙獰麄鹵, 箇箇生鐵打成, 人人頑銅鑄就, 臂膊有千百斤氣力, 眼睛射幾萬道寒光, 拳打來獅子心寒, 脚踢處蚖蛇喪膽,[342] 蜘蟵肚款繫豚佩, 鷺鶿腿緊拴豹裩, 邪睨杏子眼, 高掀落鬍, 踵門而立曰: "俺們欲見知府相公, 打些一腸閑話[343]去了." 門子慌了, 目睜口呆, 那裏攔當得注?[344] 知府聽得炒鬧之聲, 使人探聽, 卽爲迎入, 下堂而揖, 延之上座, 施禮而言曰: "下官聞見固陋, 未嘗與諸先生有半面之分, 今日辱臨陋居, 感荷沒量, 敢問諸先生綽號云何?" 八人對曰: "小可們, 行不更姓, 坐不更名,[345] 第一箇曰鳶元羅,[346] 第二箇曰 佟突萑, 第三箇 曰乜矛奴, 第四箇之[347] 乙支幺, 第五箇曰先于丟,[348] 第六箇曰 乞伏哶,[349] 第七箇曰 屈突闕, 第八箇曰五鹿唆." 鳶兀羅起身而言曰: "小可們賦性莽撞, 不和於俗,

57

這腔熱血, 耻爲淸行濁之人, 而潑皮無賴,[350] 悲歌江涯之間若干年矣. 若有

341 囫圇酌人: 백화문으로 볼 때 '囫圇的人'의 오기. 서강대본에는 '囫圇的人'으로 되어 있다.

342 有八箇囫圇酌人~脚踢處蚖蛇喪膽: "有八箇囫圇酌人 生得猙獰麄鹵 箇箇生鐵打成 人人頑銅鑄就, 臂膊有千百斤氣力 眼睛射幾萬道寒光 拳打來獅子心寒 脚踢處蚖蛇喪膽"에서 밑줄 친 부분은『수호전』에 나오는 서술이다. '囫圇', '生得猙獰', '麄鹵' 등의 어휘는 다른 문헌에서도 찾아볼 수 있지만『옥선몽』의 작가가 대부분『수호전』의 구절을 활용한 점을 고려했다. 이하 같다.

343 一腸閑話: '一場閑話'의 오기. 서강대본에는 '一場閑話'로 되어 있다.

344 目睜口呆 那裏欄當得注: '目睜口呆 那裏攔當得住'의 오기.『수호전』에 나오는 서술이다. 서강대본에는 '目睜口呆 那裏攔當得住'로 되어 있다.

345 行不更姓 坐不更名:『수호전』 17회 楊志가 나오는 장면에 '行不更名 坐不改姓'으로 되어 있다.

346 鳶元羅: '鳶兀羅'의 오기. 서강대본에는 '鳶兀羅'로 되어 있다.

347 第四箇之: '第四箇曰'의 오기. 서강대본에는 '第四箇曰'로 되어 있다.

348 先于丟: '侁于丟'의 오기. 서강대본에는 '僥于丟'로 되어 있다.

349 乞伏哶: '乞伏吽'의 오기. 서강대본에는 '乞伏吽'로 되어 있다.

350 這腔熱血~潑皮無賴: '耻爲淸行濁之人'은 '耻爲言淸行濁之人'의 오기. "這腔熱血 耻爲淸行

識得我們的, 火裏火裏去, 水裏水裏去,[351] 近者聞足下之名, 如雷灌耳, 故敢此來謁, 然而螢火光, 照人不亮, 足下恕之."[352] 知府再拜而言曰: "言無數句, 話不一席, 今日得諸先生, 端的是 天開眼, 與諸君結爲兄弟之誼, 不願同日生, 只願同日死." 八人感泣而起, 挿燭也似拜了六拜, 匾匾的伏曰: "哥哥, 剮[과]我斫我,[353] 任意也." 知府曰: "俺之頂踵毛髮, 無非皇帝之攸賜, 而沒了微忽報答之策矣. 適也待罪玆土, 而鞠賊負迷天之大罪, 擾攘我疆土, 蹂躪[유란]我民人, 此乃俺之效命報國之日也. 而術疎才劣, 莫知所勉, 未免華宗之浪戰, 賢弟們何不敎俺計策?" 乜矛奴跪曰: "兵法卒不可用, 以其將予敵也, 器械不利, 以其卒予敵也,[354] 疲殘之卒, 與無兵無異, 頑鈍之器, 與空手無異. 伏願哥哥精選甲卒, 繕利器械." 乞伏阡

58

繼對曰: "天時不如地利, 地利不如人和, 伏願哥哥先得民心." 鳶兀羅以下齊聲而對曰: "小弟們當隨事效力, 誓不與賊俱生." 知府曰: "敬受敎矣. 眞所謂說

濁之人 而潑皮無賴"에서 밑줄 친 부분은『수호전』에 나오는 서술이다. 다만『수호전』에는 백화문에 따라 '言淸行濁的人'으로 되어 있다. 서강대본에는 '耻爲言淸行濁之人'으로 되어 있다.

351 若有識得我們的~水裏水裏去:『수호전』15회에서 阮小七이 한 말이다. 다만 '若是有識我們的 水裏水裏去 火裏火裏去'로 되어 있다.

352 螢火光 照人不亮 足下恕之:『수호전』12회에 나오는 구절이다. 다만 '螢火之光 照人不亮 恐後悞足下'로 되어 있다. 서강대본에는 '螢火光'이 '螢火之光'으로 되어 있다.

353 言無數句~哥哥 剮[과]我斫我: "言無數句, 話不一席 今日得諸先生 端的是 天開眼 與諸君結爲兄弟之誼 不願同日生 只願同日死 八人感泣而起 挿燭也似拜了六拜 匾匾的伏曰 哥哥 剮[과]我斫我"에서 밑줄 친 부분은『수호전』에 있는 서술이다. 다만 '不願同日生'은 '不求同日生'으로 되어 있다.

354 兵法卒不可用~以其卒予敵也:『漢書』「열전」〈조조〉에 "故兵法曰 器械不利 以其卒予敵也 卒不可用 以其將予敵也 將不知兵 以其主予敵也 君不擇將 以其國予敵也 四者 國之至要也(고로 병법에서 말했습니다. '병기가 날카롭지 못하면 병졸을 적에게 주는 것이요, 병졸을 쓸 수 없으면 장수를 적에게 주는 것이요, 장수가 병졸을 알지 못하면 주군을 적에게 주는 것이요, 주군이 장군을 잘 택하지 못하면 나라를 적에게 주는 것이다.' 이 네 가지는 나라의 지극한 요체입니다.)"라는 글이 있다.

開星月無光彩, 道破江山水倒流.” 知府又募得荊楚勇士, 奇村釗客,[355] 丏俟矮[356] 獨孤腣,[357] 九方空[알], 尉遲喊, 鬬八八, 党風車, 刁摠律, 駱鬱壘, 柯肐膊, 凌霹靂等十人, 以爲幕裨. 明日設將壇·開坐·起点閱軍兵, 悉歸老弱, 募年十六以上, 四十以下, 得精銳三千人. 厚其犒, 教以弓馬之技, 出內賜金四十錠, 銀八十流, 召筋角匠, 銅鐵匠, 敕造各樣軍器, 鵶角鎗千枝, 攢風五百枝, 鴈翎刀萬柄, 丈人矛三百桿, 鐵胎弓千張, 狼牙箭四萬枝, 撁車弩三百張, 金蘸斧三百本, 開山斧一百本, 水磨鞭五百手, 鷄心鎚五百件.[358] 器械無不精利, 軍兵無不輕銳, 又能撫綏邑民, 勞來遠人, 百姓按堵服從,

59

莫不願爲知府死者. 知府於是, 移檄鐵門洞, 以十月初三日約戰, 戰于玉串橋. 知府建杏黃旗, 乘鐵驄馬, 率三千兵馬, 布八門陣, 其門則生·傷·杜·景·死·驚·開·休也, 其神則蓬·任·冲·甫·英·禽·芮·柱心也. 八宮位正, 則數不愆, 神不惑, 故八其門, 所以定位也. 衡抗於外, 軸布於內, 風雨附其四維, 所以備物也. 虎張翼而進, 蛇向敵而蟠, 飛龍翔鳥, 上下其勢, 以致用也. 設疑兵以固其餘城, 置遊軍以按其後列, 門其將發, 然後合戰. 地張則二廣迭擧, 掎角則四奇背出, 必使陷堅陣, 拔深壘, 若星馳天旋, 雷動山破【此風后遺法,[359] 獨孤

355 奇村釗客: '奇材釗客'의 오기. 서강대본에는 '奇材釗客'으로 되어 있다.

356 丏俟矮: 서강대본에는 '万俟矮'로 되어 있다.

357 獨孤腣: 서강대본에는 '獨孤瞭'로 되어 있다.

358 鵶角鎗千枝~鷄心鎚五百件: 모두 『수호전』에 나오는 무기이다. 다만 攢風은 '攢風鑽', 丈人矛는 '丈八矛'로 되어 있다. 서강대본에는 각각 '攢風槍', '丈八矛'로 되어 있다. 또한 서강대본에는 '撁車弩'가 '榫車弩'로 되어 있다. 무기 이름의 번역은 『수호전』을 따른다.

359 此風后遺法: 風后는 병서 『握奇經』을 지닌 황제의 신하이다. 『사기』 「五帝本紀」에 "獲寶鼎 迎日推筴 擧風后力牧常先大鴻以治民(보정을 얻고, 일을 맞이하며 점대로 미루어 짐작했다. 풍후, 역목, 상선, 대홍을 등용하여 백성을 다스렸다.)"이라는 구절이 있다. 여기에 다음의 주석이 있다. "鄭玄曰 風后 黃帝三公也 班固曰 力牧 黃帝相也 [⋯] 帝王世紀云 黃帝夢大風吹天下之塵垢皆去 又夢人執千鈞之弩 驅羊萬群 帝寤而歎曰 風爲號令 執政者也 垢去土 后在也 天

反[360]所作要訣也.】[361] 知府坐臺上, 三令五申, 指麾諸將, 第一呼喬兀羅, 使丂俟矮接應, 第二呼佟突萱, 使獨孤脺接應, 第三呼乜矛奴, 使九方穹[362]接應, 第四呼乙支幺, 使刁揔狎接應, 第五呼侁于丢, 使駱鬱壘按應,[363] 第六呼乞伏件,[364]

60

使柯肐膊接應, 第七呼屈突闟, 使淩霹靂接應, 第八呼五鹿唆, 使尉遲喊接應, 又令闞八八·党風車爲游擊將, 各率百餘騎扎住. 知府頂鳳翅盔, 衣爛銀甲, 全副披掛, 立於門旗下, 援花腔鼓一擊, 這厮龍弼率三十六頭, 魚鱗密布, 鴈翅

下豈有姓風名后者哉 夫千鈞之弩 異力者也 驅羊數萬群 能牧民爲善者也 天下豈有姓力名牧者哉 於是依二占而求之 得風后於海隅 登以爲相 得力牧於大澤 進以爲將(정현이 말했다. '풍후는 황제의 삼공이다.' 반고가 말했다. '역목은 황제의 재상이다.' […] 『제왕세기』에서 말했다. '황제가 큰 바람이 천하의 먼지와 때를 다 제거하는 꿈을 꾸었고, 또 꿈을 꾸었는데 어떤 사람이 천 균의 쇠뇌를 쥐고 양 만 마리를 모는 꿈을 꾸었다. 황제가 깨어나 찬탄하며 말했다. '바람(풍)은 호령이니 집정자이다. 먼지(垢)에서 흙(土)을 없애니, 후(后)가 있다. 천하에 성이 풍이고 이름이 후인 사람이 있는 것이 아니겠는가? 무릇 천 균의 쇠뇌를 지녔다는 것은 힘(力)이 남다르다는 것이다. 양 수만 마리를 몰고 다니는 것은 백성을 잘 다스린다는(牧) 것이다. 천하에 성이 력이고 이름이 목인 사람이 있는 것 아니겠는가?' 이에 이 두 점에 따라 찾아 바닷가에서 풍후를 얻어 재상으로 등용하고, 큰 못에서 역목을 얻어 장수로 올렸다.')"이라는 주석이 있다. 아울러 풍후가 지었다는 『악기경』에 "八陣 四爲正 四爲奇 餘奇爲握奇 或總稱之(팔진은 넷은 정병(天, 地, 風, 雲)으로 하고 넷은 기습병(龍, 虎, 鳥, 蛇)으로 한다. 나머지 기습병을 握奇라고 하는데, 혹은 악기가 팔진의 총칭이기도 하다.)"라는 글이 있다.

360 獨孤反: '獨孤及'의 오기. 독고급은 당나라 재상으로 『風后八陣圖記』를 저술했다. 하권 각주 359 참고.

361 八宮位正~獨孤反所作要訣也: 『동파시집주』「懷舊 上」〈岐亭 五首〉에 "談笑雜呱泣 西方正苦戰 誰補將帥缺 披圖見八陣(담소 중에 아이 울음소리 섞이니 서방이 정말 고전 중이로다. 누구로 빠진 장군을 채울까? 지도를 펼쳐 팔진을 살펴본다.)"이라는 구절이 있다. 이 구절에는 "獨孤及作風后八陣圖 記其要云 夫八宮之位正則數不慝 神不惑 故八其陣 所以定位也 衡抗於外 軸布於內 風雨附其四維 所以備物也 虎張翼以進 蛇向敵而蟠 飛龍翔鳥 上下其勢以致用也 至若疑兵以固其餘地 遊軍以按其後列 門具將發 然後合戰 弛張則二廣迭擧 犄角則四奇背出 必使陷堅陣 拔深壘 若星馳天旋 雷動山破"라는 주석이 있다. 밑줄 친 부분이 저본과 다르지만 내용상 큰 차이는 없다. 번역은 저본을 따른다. 다만 저본에는 獨孤及이 '獨孤反', 餘地가 '餘城', 遊軍은 '置遊軍', 弛將은 '地將'으로 되어 있다. 이는 『동파시집주』에 맞춰 번역했다. 서강대본에는 '獨孤反', '餘地', '置遊軍', '弛將'으로 되어 있다.

362 九方穹: '九方空'의 오기. 서강대본에는 '九方空'로 되어 있다.

363 按應: '接應'의 오기. 서강대본에는 '接應'으로 되어 있다.

364 乞伏件: '乞伏吽'의 오기. 서강대본에는 '乞伏吽'로 되어 있다.

齊分, 聽了鼓聲, 口中打著胡哨響, 蟹眼鶴頂, 只望前面來.[365] 其前鋒卽第一隊熊弼, 卽龍弼之弟也, 第二隊承天, 卽龍弼之姪也, 第三隊綵蘭, 卽熊弼之女也, 此所謂鞠家三親衛也. 第六隊武斗繹, 第八隊段空接, 第十隊杜億身, 十一隊唐鱉惡, 十五隊胡刀督, 十八隊毛蘭槍, 十九隊刺豬飛, 二十一隊宋骨買, 二十五隊于格, 三十隊扈通, 此所謂鞠家十無敵也. 鳶兀羅望見鞠兵, 颼地一箭, 射住陣脚,[366] 擧號砲三聲後, 兩軍一齊動手, 刀劒白鋪千里雪, 旌旗紅展一天霞也. 有取出摽槍來摽的, 也取出弓箭來射的, 八虎將十幕裨輪起, 鞭鎚横七竪八, 飛蝗一般射將來, 雨黙一般打將來, 酣

61

戰半日, 未決勝負. 第二呼佟突夢,[367] 火雜雜地輪着大斧,[368] 衝陣而入, 九隊將殺老姿, 奮戟而出曰: "你來你來, 怕酌不筭好漢!"[369] 佟突曹觜邊起箇霹靂, 團做一堆, 一箇金醮斧直奔頂門, 一箇渾鐵槍不離心坎.[370] 鬪了半晌, 老姿霍

365 蟹眼鶴頂 只望前面來: 『수호전』 80회에 태위 고구가 양산박을 공격하는 장면에서 나오는 서술인데 '來'는 없다.

366 陣脚: 진의 최전방으로, 교전하기 전에 이곳에서 화살을 쏘아 적과의 거리를 가늠한다.

367 佟突夢: '佟突曹'의 오기. 서강대본에는 '佟突曹'으로 되어 있다.

368 刀劒白鋪千里雪~火雜雜地輪着大斧: "刀劒白鋪千里雪 旌旗紅展一天霞也 有取出摽槍來摽的 也取出弓箭來射的 八虎將十幕裨輪起 鞭鎚横七竪八 飛蝗一般射將來 雨黙一般打將來 酣戰半日 未決勝負 第二呼佟突曹 火雜雜地輪着大斧"에서 밑줄 친 부분은 『수호전』에 나오는 서술이다. 다만 "旌旗紅展一天霞 刀劒白鋪千里雪"(55회)은 순서가 바뀌었고, "取出弓弩來射的 也有取出石子來打的 也有取出標鎗來標的"(40회)은 생략되거나 단어가 바뀌었다. "横七竪八"(34회, 38회, 40회)은 그대로 수용되었고, "我蝗一般射將來"(20회)는 '我'가 '飛'로 오기되었다. 서강대본에는 '飛'로 되어 있다. "如雨一般打將來"(98회)는 "雨黙一般打將來"로 변용되었는데, 문맥상 '黙'은 '點'의 오기이다. 서강대본에는 '點'으로 되어 있다. "火雜雜地輪着大斧"(40회)은 그대로 수용되었다.

369 你來你來 怕酌不筭好漢: 『수호전』 2회에서 사태공이 왕진에게 하는 말이다. 다만 '酌'은 '的'의 오기이다. 서강대본에는 '的'으로 되어 있다.

370 佟突曹觜邊起箇霹靂~一箇渾鐵槍不離心坎: "佟突曹嘴邊起箇霹靂 團做一堆 一箇金醮斧直奔頂門 一箇渾鐵槍不離心坎"에서 밑줄 친 부분은 『수호전』에 나오는 서술이다. 다만 "嘴邊起箇霹靂"(4회)은 '嘴'가 '觜'로 오기되었다. 서강대본에는 '嘴'로 되어 있다. "慌做一團"(5회,

地勒回馬, 落荒而走, 突訔正赶時, 獨孤膞奔雷也, 似吼一聲,[371] 飛馬接應, 兩箇同赶老姿. 四隊長跋覺長出援老婆,[372] 鬪了良久, 渾如飛鳳迎鸞, 戰不多時, 好似角鷹拏兎,[373] 突訔把那廝老姿剁做肉醬, 瞭撞了覺長, 挺在地下, 斫做兩段, 鞠兵兩隊, 剿蕩無餘. 知府大喜, 重賞兩人, 諸將務勝, 儘氣力出戰, 連破九隊, 斬九頭領, 鞠賊收兵收而退.[374] 越明日更戰,[375] 兩軍爲合廝打,[376] 沒多時, 陰雲四塞, 盲風大作, 雷公騎火獸而逞威, 電母掣金蛇而施力, 大木和根並拔, 深波徹底捲乾,[377] 野猪惡犬衝壘, 撞陣而入, 大蟒頑蛇, 撲天攢地, 而狻猊舞爪而攫, 獅子搖頭而噬,[378] 吉府陣角, 面面披靡, 諸將諕魂不着體.[379] 知府曰:

21회, 25회, 56회)도 "團做一堆"로 오기되었다. 서강대본에는 '團做一堆'로 되어 있다. 양지와 삭초가 대결하는 장면에서 나오는 "一箇金醮斧直奔頂門 一箇渾鐵槍不離心坎"(13회)은 그대로 수용되었다.

371 獨孤膞奔雷也 似吼一聲: 『수호전』 1회에 태위 홍신 앞에 큰 벌레가 튀어나오는 장면에 "奔雷也 似吼一聲"이라는 서술이 있다.

372 老婆: '老姿'의 오기. 서강대본에는 '老婆'로 되어 있다.

373 鬪了良久~好似角鷹拏兎: 『수호전』 31회에 무송이 장태공을 죽이고 그 딸을 납치해 간 도사와 싸우는 장면에서 나오는 서술이다. 『옥선몽』에 그대로 수용되었다.

374 收兵收而退: '收兵而退'의 오기. 뒤의 '收'는 연문이다. 서강대본에는 '收兵而退'로 되어 있다.

375 越明日更戰: 서강대본에는 '越明日更爲合戰'으로 되어 있다.

376 兩軍爲合廝打: 서강대본에는 '兩軍廝殺'로 되어 있다. 문맥상 큰 문제는 없으나, 하권 각주 375 구절에 들어갈 '爲合'이 이 구절로 들어온 듯하다.

377 雷公騎火獸而逞威~深波徹底捲乾: 『수호전』 52회에 양림, 백승 등이 고렴과의 전투 중 매복하는 장면에서 "搖天撼地起狂風 倒海翻江飛急雨 雷公忿怒 倒騎火獸逞神威 電母生嗔 亂掣金蛇施聖力 大樹和根拔去 深波徹底捲乾(하늘과 땅을 뒤흔들며 광풍이 일어나고 바다와 강을 뒤덮으며 급한 비가 날렸다. 우레는 화를 내며 불 짐승을 거꾸로 타고 위엄을 부렸고, 번개는 성을 내며 금빛 뱀 모양을 어지럽게 길게 늘이며 성스러운 힘을 펼쳤다. 큰 나무는 뿌리째 뽑히고, 깊은 물결은 땅을 말 정도로 바닥까지 이어졌다.)"이라는 구절이 있다. 약간의 차이는 있으나 비슷하게 서술되고 있음을 알 수 있다.

378 野猪惡犬衝壘~獅子搖頭而噬: 『수호전』 52회에 고렴이 전투 중 요술을 부리는 장면의 "狻猊舞爪 獅子搖頭 閃金獬豸逞威雄 奮錦貔貅施勇猛 豺狼作對吐獠牙 直奔雄兵 虎豹成群張巨口來嚙劣馬 帶刺野豬沖陣入 捲毛惡犬撞人來 如龍大蟒撲天飛 呑象頑蛇鑽地落(산예는 발톱을 휘두르고 사자는 머리를 흔들었다. 금빛 나는 해치는 위엄과 웅장함을 떨치고 화려한 비휴는 용맹을 펼쳤다. 짝을 이룬 승냥이와 이리는 툭 튀어나온 이를 드러내며 곧바로 용감한 병사들에게 달려들었고, 무리를 이룬 호랑이와 표범은 큰 입을 벌려 노둔한 말을 물었다. 가시 돋친 멧돼지는 진으로 뛰어들고, 털이 말린 사나운 개는 사람을 치며 왔다. 용처럼 큰 뱀은 하늘을 박차고 날고 코끼리를 삼킨 완강한 뱀은 땅을 뚫고 떨어졌다.)"이라는 구절을 활용한 것이다.

"吾聞鞠賊稍解遁甲之術, 能呼喚雨云.[380] 此必是這廝妖術也, 吾嘗遇紫微老人, 受六丁六甲之訣, 今日當用此術, 倒使這廝受苦." 乃着鶴氅衣, 登

62

將臺, 搖七星旗, 向空中念念一呪, 踏罡步斗,[381] 頃刻間, 風勢雷聲, 諸種惡獸都向鞠陣衝撞, 龍賊抵擋無術, 賊卒散亡殆半. 知府曰: "大朝之兵, 當以正道服敵, 不必以妖術除凶, 只可示其神明而已." 更向北斗, 念念一咀,[382] 須臾風雷無聲, 惡獸無跡, 諸將莫不稱其神聖, 鞠兵不敢更爲接戰, 閉陣三日, 寂無消息. 知府召諸將問計曰: "賊謀難測, 彼將伺我無備, 用其賺術, 諸君須各準備應變." 乞伏件[383]進曰: "彼廝姦計, 不過伏兵於五鹿坂, 誘我入境, 小將當爲先鋒, 殿於五鹿坂, 以遏伏兵之横出, 諸將赶入彼境, 與彼賊搏戰, 則賊窟庶可剿滅, 此亦將計就計之術也." 乙支幺進曰: "彼賊所居之地, 草木叢茂, 蘆葦密織, 方當秋霜枯萎, 正合火攻, 小將請準備火攻之具, 從陣後接應." 屈突鬫進曰: "鐵門洞後有銀坑, 其中可藏數千兵, 小將請率一隊, 伏在山凹處, 兩軍交兵之際, 衝陣而出, 彼

379 諸將諕魂不着體: 『수호전』 53회에 이규가 두 명의 황건역사에게 끌려 순식간에 계주 경계에 이르렀을 때 "諕得魂不着體 手脚搖戰(두려워 혼이 몸에 붙어 있지 못했고, 손과 발이 떨렸다.)"이라는 구절이 나온다. 서강대본에는 '諸將謔魂不着體'로 되어 있다.

380 能呼喚雨云: '能呼風喚雨云'의 오기. 서강대본에는 '能呼風喚雨云'으로 되어 있다.

381 踏罡步斗: 도교의 법사가 하늘에 빌거나 술법을 부릴 때의 걸음걸이이다. 북두칠성 배열의 위치에 따라 걸음을 돌았기 때문에, 완연히 강성과 두수의 위를 걷는 것 같다고 한다. '禹步'라고도 한다.

382 念念一咀: '念念一呪'의 오기. 문맥과 앞의 내용에 근거했다. 서강대본에는 '念念一呪'로 되어 있다.

383 乞伏件: '乞伏忤'의 오기. 서강대본에는 '乞伏忤'로 되어 있다.

63

將勢分而力屈, 庶爲剋敵之方耳." 於是, 諸將各設方界, 各受節度密密區畫, 這般這般, 如此如此, 分排纔定之際, 鞠營中羽檄來到, 以明日請戰, 打著暗號. 翌日平明, 合戰鏖兵, 良久, 鞠兵佯敗而走, 乞伏吽率數百騎, 躍馬赶上, 至五鹿坂上, 扎住不進. 段工接領著一彪軍馬, 從山谷間, 吶喊而出, 乞伏吽·柯肐膊與段工接交兵厠鬪時, 喬兀羅等率數千兵, 追赶鞠兵, 已入鐵門洞口, 力戰良久, 鞠兵不利, 一枝兵從洞後銀坑中, 大發喊聲而出, 此乃吉營第七呼屈突關也. 左衝右突, 東馳西走, 鞠兵不能支吾, 退將入壘, 忽聞陣後唿哨響, 點起大火, 硫黃焰硝撒下如雨, 被風一煽, 刮刮雜雜火起. 頃刻間,[384] 竟天價燒蘆葦樹木, 連燒至陣壘營屋, 烟炎漲天, 鞠兵大敗, 生擒得六頭領, 誅于格扈通. 少頃, 有兩箇頭領, 冒烟火抵死突出, 直向知府前, 乃熊弼·綵蘭也. 綵蘭在馬上舞釼, 渾身梨花, 渾如中風飛蝶, 射不矢入, 槊

64

不鎗入. 知府看時, 生得千伶百俐, 窈窕若春蘭吐碧, 綽約如秋蓮含紅, 知府大呼曰: "沒禮沒義, 這婆娘, 何爲遵爾父之逆命, 欲害天子之命吏?" 那綵蘭曰: "小女非不知天高帝神, 而父命不得不遵, 非小女之本意也." 正鬧時, 諸將躍馬四集, 力救主將, 熊弼不敢近筋斗而走, 綵蘭方在圍中, 知府命諸將無傷害這娘, 只要活捉. 知府呼曰: "那好娘! 你旣入此中, 沒路可走, 速要歸順, 當貯你於金屋之中." 綵蘭答曰: "若貰父親之命, 則生當隕首, 死當結草, 敢不從命侍君之巾櫛乎?" 知府曰: "此在不難, 你今諭你父, 同歸化中, 則俺當覷你面皮, 並爲招安矣." 綵蘭爲書約之, 矢射下其父營中, 熊弼卽率手下百餘騎來降. 先

384 被風一煽~頃刻間: 『수호전』 46회에 양웅, 석수, 시천이 객줏집에 불을 내는 장면에서 "那草堂被風一煽 刮刮雜雜火起來 那火頃刻間 天也似般大(그 초당이 한바탕 바람을 맞으니 화르륵 딱딱 불이 일어나 잠깐 사이에 하늘을 뒤덮었다.)"라는 구절이 나온다.

是, 綵蘭夢遇九天玄女,[385] 玄女[386] "你與錢駙馬, 有赤繩之緣, 從速歸化, 以享富貴之樂." 故綵蘭諭龍[387]以歸順之意, 而龍弼不聽, 乃與其父熊弼, 突陣而出,

65

直向知府之前, 而欲活其父故, 故爲牴牾, 竟致父女俱活, 可謂忠孝兩全矣. 龍弼失了二親衛, 折了十八箇頭領, 黔驢惑人之枝[388]旣窮, 番犬伏窩之計[389]已

---

385 九天玄女: 『雲笈七籤』「墉城集仙錄敍」〈九天玄女傳〉에 "九天玄女者 黃帝之師聖母元君弟子也 […] 戰蚩尤於涿鹿 帝師不勝 蚩尤作大霧三日 內外皆迷 […] 帝用憂憤, 齋於太山之下 王母遣使披玄狐之裘 以符授帝曰 精思告天 必有太上之應 居數日 大霧 冥冥晝晦 玄女降焉 […] 玄女即授帝六甲六壬兵信之符 […] 帝遂復率諸侯再戰 蚩尤驅魑魅雜袄以爲陣 雨師風伯以爲衛 應龍蓄水以攻於帝 帝盡制之 遂滅蚩尤於絕轡之野(구천현녀는 황제의 스승이며 성모 원군 제자이다. […] (황제가) 탁록에서 치우와 전쟁을 했다. 황제의 군사는 이기지 못했고, 치우는 3일 동안 큰 안개를 일으켜 안팎이 모두 혼미했다. […] 황제가 근심스럽고 분하여 태산 아래에서 재를 올리자 서왕모가 사신을 보내 검은 여우 가죽옷을 입게 하고 부적을 황제에게 주면서 말했다. '정성스레 하늘에 고했으니 반드시 태상의 응답이 있을 것이다.' 며칠 후 큰 안개가 일어 낮인데도 어둑어둑해지면서 현녀가 내려왔다. […] 현녀가 곧 황제에게 육갑, 육조 병신부를 주었다. […] 황제가 마침내 제후를 이끌고 다시 싸웠다. 치우가 도깨비와 잡된 괴물을 몰아 진을 삼고 우사와 풍백으로 포위하며 응룡과 축수로 황제를 공격했으나 황제가 모조리 제압하고 마침내 절비 들판에서 치우를 멸망시켰다.)"라는 기록이 있다.

386 玄女: 현녀의 말이 이어지는 것으로 보아 '玄女曰'의 오기인 듯하다. 서강대본에는 '玄女曰'로 되어 있다.

387 故綵蘭諭龍: '故綵蘭諭龍弼'의 오기. 서강대본에는 '故綵蘭諭龍弼'로 되어 있다.

388 黔驢惑人之枝: '黔驢惑人之技'의 오기. 서강대본에는 '黔驢惑人之技'로 되어 있다. '黔驢之技'는 '검주 땅 노새의 재주'라는 뜻으로, 겉모습만 그럴듯할 뿐 실제로는 보잘것없는 것을 이른다. 당나라 문인 柳宗元의 〈黔之驢〉에 "黔無驢 有好事者 船載以入 至則無可用 放之山下 虎見之 龐然大物也 以爲神 蔽林間窺之 稍出近之 慭慭然莫相知 他日 驢一鳴 虎大駭遠遁 以爲且噬已也 甚恐 然往來視之 覺無異能者 益習其聲 又近出前後 終不敢搏 稍近益狎 蕩倚衝冒 驢不勝怒 蹄之 虎因喜 計之曰 技止此耳 因跳踉大𨃩 斷其喉 盡其肉 乃去(검주 땅에는 당나귀가 없었는데 호사가가 배에 싣고 들어왔다. 도착한 후에는 쓸모를 몰라 산 아래에 풀어놓았다. 범이 보고는 체구가 우람한 큰 동물이어서 신으로 생각했다. 숲속에 숨어 훔쳐보다가 조금씩 나가 가까이 다가갔으나 서로 알아보지 못했다. 어느 날 당나귀가 울자, 범은 무척이나 놀라 멀리 달아나며 자기를 잡아 먹으려는 것으로 생각했다. 매우 두려웠지만 왔다 갔다 하며 살펴보니 특별한 능력이 없다는 것을 알게 되었다. 소리에도 더욱 익숙해져 앞뒤로 가까이 가면서도 차마 건들지는 못했다. 조금 더 근처로 가서 집적거리며 가까이에서 부딪치자 당나귀는 화를 이기지 못하고 발길질했다. 범이 기뻐하며 헤아려 말했다. '재주가 이것뿐이구나.' 그러고는 뛰어올라 큰 소리를 지르며 목을 끊어 버리고 그 고기를 다 먹은 후에 떠났다.)"라는 글이 있다.

389 番犬伏窩之計: 복병을 두는 계책을 말한다. '番犬'은 집을 지키는 개다. 『수호전』 68회에서 송

失, 如熱鏊上螞蟻, 走頭無路,[390] 搔頭不知痒處, 只得叫苦,[391] 居無何, 殺開一路, 只望玉串橋一道烟走了. 闞八八·党風車·侊于丟·五鹿唆等, 飛馬赶上, 賊將忒斗繹[392]·杜億身·唐驁惡·毛蘭槍等, 冒死力戰, 相遇於玉串橋南, 一箇是巨靈神忿怒, 揮大斧劈碎山根, 一箇如華光藏生嗔, 仗金槍槊開地府, 一箇圓彪彪睁開雙眼, 肐查查斜砍斧頭來, 一箇咇剝剝咬碎牙關, 火焰焰搖得槍桿斷.[393] 鬧了沒多時, 武斗繹爲侊于丟所刺, 倒在地下, 杜億身爲五鹿唆所斫, 斷做兩段, 生擒得唐·毛兩頭領, 闞·党兩將徑奔橋南, 望龍弼赶得快, 龍賊早被吉府伏兵駱鬱壘欄住, 以絆馬索勒倒, 那疋馬顛在地面, 龍賊兩脚朝天, 方纔掙扎起時, 闞·党兩將奮戟大

강 등과 증장관 등이 전투하는 장면에 "此名番犬伏窩之計 百發中中(이것은 이름하여 개를 사냥감의 굴속에 매복시키는 계교이니, 백발백중입니다.)"이라는 글이 나온다.

390 如熱鏊上螞蟻 走頭無路: 『수호전』 56회에서 시천이 서녕의 갑옷을 훔쳐갔을 때, 그의 부인과 하녀가 당황하는 장면에 "如熱鏊上螞蟻 走頭無路 不茶不飯 慌做一團(뜨거운 냄비 위의 개미처럼 달아날 길이 없어 차도 마시지 못하고 밥도 먹지 못한 채 한바탕 당황할 뿐이었다.)"이라는 구절이 나온다.

391 搔頭不知痒處 只得叫苦: 『수호전』 39회에 송강이 심양루에 쓴 글 때문에 잡힐 위기에 처했다는 소식을 듣는 장면에서 "宋江聽罷 搔頭不知痒處 只叫得苦 我今番必是死也(송강이 듣고 나서 머리를 긁어도 가려운 곳을 모르는 것처럼 다만 '내가 이번에는 필시 죽겠구나.'라며 괴롭게 소리쳤다.)"라는 구절이 나온다. '只得叫苦'는 백화문으로 해석할 때 '只叫得苦'의 오기이다. 서강대본에는 '只得叫苦'로 되어 있다.

392 忒斗繹: '武斗繹'의 오기. 서강대본에는 '武斗繹'으로 되어 있다.

393 一箇是巨靈神忿怒~火焰焰搖得槍桿斷: 『수호전』 13회에 양지와 삭초가 교전하는 장면에서 나오는 서술이다. '巨靈神'은 黃河의 신이다. 『文選』「京都 上」 <西京賦>에 "巨靈贔屭 高掌遠蹠 以流河曲 厥跡猶存(거령이 크게 힘써서 높은 곳은 손바닥으로 쪼개고 깊은 곳은 발로 밟아 찢어서 이로써 황하 물줄기가 흐르게 했으니 그 자취가 아직도 남아 있다.)"이라는 구절이 나온다. 이에 대하여 당나라의 문인 李善은 "華 山名也 巨靈 河神也 巨 大也 古語云 此本一山 當河水過之而曲行 河之神以手擘開其上 足蹋離其下 中分爲二 以通河流 手足之跡 于今尚在(화는 산 이름이다. 거령은 황하의 신이다. 거는 크다는 뜻이다. 옛말에 '이것이 본래 하나의 산이었는데 황하수를 막고 있어 물이 굽어 흘렀다. 황하수의 신이 손으로 그 위를 쪼개고, 발로 그 아래를 밟아 떨어트려 가운데를 나누어 둘로 만들어 황하수의 흐름이 통하게 했다. 손과 발의 흔적이 지금도 있다.'라고 했다.)"라는 주석을 달았다.

66

呼而進曰: "這羯賊, 爾起那裏走? 今日快得結顆爾性命!" 渾如金甲天神, 手持降魔寶杵, 從半空中打將下來,[394] 直向腦袋上, 只一槊, 身如泰山, 倒在地下,[395] 卽以鐵索緊縛, 載於馬上, 鼓舞而歸. 段空接爲乞伏吽所捉, 承天爲鵞兀羅所捉, 胡刀督·刺豬飛·宋骨買等, 爲侈突瞢·乜矛奴·乙支幺等所捉, 一時巢穴蕩盡, 一府中唱凱蹈舞. 卽日, 天地明朗, 和氣滿城, 知府設帳幕交椅, 坐受諸將俘馘, 奏破陣樂,[396] 三十六回舞隊齊立, 二十名[397]樂工雜進, 歌的是賀聖朝·感皇恩, 太平之音, 舞的是奪崑崙·入紫塞, 頌功之曲,[398] 知府北向四拜呼萬歲. 於是, 具露布[399]獻馘於朝, 云云:

---

394 如金甲天神~從半空中打將下來: 『수호전』 97회 정표가 목주에서 송강 등과 전투를 벌이며 요술을 쓰는 장면에서 "一個金甲天神 手持降魔寶杵 從半空裏打將下來"라는 구절이 나온다. '一個'가 없고, '裏'가 '中'으로 바뀐 것 외에는 차이가 없다. '金甲天神'은 『수호전』에서 정표가 부리는 신이다.

395 身如泰山 倒在地下: 『수호전』 68회에 증승이 쏜 화살에 이규가 다리를 맞고 쓰러지는 장면에서 나오는 구절이다.

396 破陣樂: 秦王破陣樂. 『신당서』「志」〈禮樂 十一〉에 "七德舞者 本名秦王破陣樂 太宗爲秦王 破劉武周 軍中相與作秦王破陣樂曲 及即位 宴會必奏之(칠덕무는 본래 이름은 진왕파진악이다. 당나라 태종이 진왕으로 있을 때 유무주를 격파하자 군중에서 서로 〈진왕파진악〉을 지었다. 태종이 즉위하고는 연회에서 반드시 연주했다.)"라는 기록이 있다.

397 二十名: '百二十名'의 오기. 『신당서』「志」〈禮樂 十一〉에 "乃製舞圖 左圓右方 先偏後伍 交錯屈伸 以象魚麗鵝鸛 命呂才以圖教樂工百二十八人 被銀甲執戟而舞 凡三變 每變爲四陣 象擊刺往來 歌者和曰 秦王破陣樂(이에 무도를 제작했는데, 왼쪽은 둥글고 오른쪽은 각이 졌다. 앞은 25대의 군대 마차이고 뒤는 군대 행렬인데, 엇갈려 뒤섞이고 굽혔다 폈다 하고, 어리진으로써 관진법과 아진법을 형상했다. 여재에게 명하여 무도를 가지고 악공 128인을 가르쳐 은 갑옷을 입고 창을 들고 춤추게 했다. 모두 세 차례 변했는데 매번 변할 때마다 네 진이 되었다. 치고 찌르며 왕래함을 형상했는데 노래하는 이들은 진왕파진악이라고 화답했다.)"이라는 기록이 있다. 여기에는 '樂工百二十八人'으로 되어 있으나, 『通典』 등 다른 문헌에는 '樂工百二十人'으로 되어 있다. 서강대본에는 '百二十名'으로 되어 있다.

398 歌的是賀聖朝感皇恩~頌功之曲: 『수호전』 82회에 천자가 송강 등에게 잔치를 내려 주는 장면에서 "歌的是朝天子賀聖朝感皇恩殿前歡 治世之音 舞的是醉回回活觀音柳青娘鮑老兒 淳正之態(노래는 조천자, 하성조, 감황은, 전전환이니 치세의 음악이고, 춤은 취회회, 활관음, 유청낭, 포로아이니 순정한 자태이다.)"라는 구절을 활용한 것이다. 조천자, 하성조, 감황은, 전전환은 詞牌, 취회회, 활관음, 유청낭, 포로아는 춤 이름이다.

399 露布: 승리를 알리는 문서. 『통전』「禮」〈宣露布〉에 "後魏每攻戰剋 捷欲天下聞知 乃書帛 建於漆竿上 名爲露布 自此始也 其後相因施行(後魏가 매번 공격하고 전쟁하여 이기면 천하 사

伏以仁者無敵焉, 仗皇靈於下邑, 賊不足平也. 訖天誅於中權, 擁䝟貅於青油, 從其群醜, 化龍蛇爲赤子, 殲厥巨魁. 天心好生, 固舒慘之各適, 人情效順, 喜氛翳之廓淸, 破竹之辰, 掛

67

縑而晋.[400] 伏惟大明天子, 宣德聖人,[401] 服高煦於漢藩,[402] 用原吉韜戈之策,[403]

람들이 들어 알게 하려고 비단에 글을 써서 검은 장대 위에 세웠는데 노포라고 이름한 것은 이로부터 시작되었다. 그 뒤에 서로 이어서 시행했다.)"이라는 기록이 있다. '露板'이라고도 한다.

400 天心好生~掛縑而晋: 조선의 문인 李崑秀의 『壽齋遺稿』「恩課錄」〈擬唐李愬雪夜破蔡州露布〉에 "天心好生 固舒慘之各適 人情效順 喜氛翳之廓淸 破竹之辰 掛縑以進(임금님의 마음은 살리기를 좋아하시기에 본디 너그러움과 엄격함을 각기 적절하게 하고, 백성의 마음은 순종을 본받아 요사한 기운이 깨끗이 없어짐을 기뻐하니, 파죽지세로 적을 격파한 날 비단을 걸고 나아갔습니다.)"이라는 구절이 있다. '晋'에는 '進'의 뜻이 있다. 단지 '而'와 '以'의 차이는 있으나, 번역상의 문제는 없다. 서강대본에는 '掛縑而晋'으로 되어 있다.

401 宣德聖人: 명나라 5대 임금인 宣宗. 宣德은 선종의 연호이다.

402 服高煦於漢藩: 高煦는 명나라 3대 임금 성조의 둘째 아들 朱高煦이다. 漢藩은 제후국 한왕을 말한다. 『明史紀事本末』「高煦之叛」에 "成祖永樂二年 立郡王高煦爲漢王 仁宗同母弟也 [···] 庚戌 太子即位 改明年宣德元年 [···] 秋八月 北京地震 漢王高煦反 初高煦既之國樂安 反謀未嘗一日忘 [···] 高煦將出 王斌等固止之曰 寧一戰以死 就擒辱矣 高煦曰 城小 紿斌等復入宮 遂潛從間道 衣白席藁出見上 頓首自陳 群臣列奏其罪 請正典刑(성조 영락 2년에 군왕 고후를 한왕으로 삼았다. 어머니가 같은, 인종의 아우이다. [···] 경술년에 태자가 즉위하고 다음 해를 선덕 원년으로 고쳤다. [···] 가을 8월에 북경에 지진이 일어나고 한왕 고후가 반란을 일으켰다. 처음에 고후가 나라의 낙안 주에 가서는 모반을 하루도 잊은 적이 없었다. [···] (모반이 실패하고) 고후가 장차 나가려고 하자 왕빈 등이 굳게 말리며 말했다. '차라리 한번 싸워서 죽을지언정 잡히는 것은 치욕입니다.' 고후가 말했다. '성이 작다.' 왕빈 등에게 다시 궁으로 들어가게 하고는 마침내 몰래 사잇길을 따라 나와 흰옷을 입고 짚 자리에 앉아 상을 뵙고는 머리를 조아리며 스스로 진술했다. 여러 신하가 줄지어 그의 죄를 아뢰며 맞는 형벌을 바르게 하라고 청했다.)"이라는 기록이 있다.

403 用原吉韜戈之策: 原吉은 명나라 선종 때의 재상 夏原吉이다. 『명사기사본말』「고후지반」에 "上嘆曰 高煦果反 議遣陽武侯將兵討高煦 大學士楊榮力言不可曰 皇上獨不見李景隆事乎 上默然 顧原吉 原吉曰 往事可鑒 不可失也 臣見煦命將而色變 退語臣等而泣 知其無能爲也 且兵貴神速 宜卷甲韜戈以往 一鼓而平之 所謂先聲有奪人之心也 若命將出師 恐不濟(상이 탄식하며 말했다. '고후가 과연 모반했다.' 양무후(薛祿)를 보내 병사를 이끌고 고후를 토벌할 것을 의논하고 있는데, 태학사 양영이 힘써 불가하다고 하면서 말했다. '황상께서는 홀로 이경융(건문제 때의 장군)의 일을 보지 못하시는 겁니까?' 상이 말없이 원길을 돌아보았다. 원길이 말했다. '지나간 일을 거울 삼으면 실수가 없을 것입니다. 신이 보니 고후가 장군에 명하면 얼굴색이 변하여 물러나 신 등에게 말하며 웁니다. 할 수 없다는 것을 아는 것입니다. 또한 병법에서는 신처럼 빠름을 귀하게 여기니, 마땅히 갑옷을 말아 두고 병기를 숨긴 채 가서 북소리 한 번에

討黎利於平鎭, 旋何忠擲盃之誠,[404] 近而無白登之憂,[405] 遠而無朱泚之亂.[406] 痛矣賊民之鬪發, 肆然大邦之爲讎, 弄雀蒲於潢池,[407] 奚異苗民梗化,[408] 奮鉏

평정하면 이른바 먼저 위세를 떨쳐 사람(적)의 마음을 빼앗는 것입니다. 만약 장군에게 명하여 병사를 내면 잘못될 수도 있을까 두렵습니다.')"라는 기록이 있다.

404 討黎利於平鎭 旋何忠擲盃之誠: 黎利는 명나라 군대를 격퇴하고 베트남의 후려 왕조를 연 인물이다. 何忠은 명나라의 문신이다. 『명사기사본말』「安南叛服」에 "平州知州何忠懷奏潛請王師 夜步走出城二百餘里 爲賊所得 賊喜曰 何知州聞名久矣 共舉酒酌忠曰 能從我 同享富貴 忠唾地罵曰 賊奴 吾天朝臣 豈食汝犬彘食 奪杯擲中賊面 流血盈頤 遂遇害 事聞 上深悼惜之 敕旌其門 賜諡忠節(평주 지주인 하충은 임금의 군대를 청하는 글을 품고 밤에 성 밖으로 2백여 리를 걸어 나갔다가 적에게 잡혔다. 적이 기뻐하며 말했다. '하 지주의 명성을 들은 지 오래되었다.' 함께 술을 들고 하충에게 따라 주며 말했다. '나를 따르면 함께 부귀를 누릴 것이다.' 하충이 땅에 침을 뱉으며 꾸짖었다. '도적놈아! 나는 중국의 신하이다. 어찌 너의 개돼지 음식을 먹겠는가?' 이에 잔을 빼어 적의 얼굴에 던져 맞히니 턱까지 흥건하게 피가 흘렀다. 끝내 죽음을 맞았다. 그 일이 들리자, 상이 깊이 애도하고 아쉬워하며 칙서로 그 가문에 정려를 내리라 하고 '충절'이라는 시호를 내렸다.)"이라는 기록이 있다.

405 近而無白登之憂: 白登은 한나라 고조가 흉노를 정벌하다가 포위된 곳이다. 『사기』「흉노열전」에 "於是冒頓詳敗走 誘漢兵 漢兵逐擊冒頓 冒頓匿其精兵 見其羸弱 於是漢悉兵 多步兵三十二萬 北逐之 高帝先至平城 步兵未盡到 冒頓縱精兵四十萬騎圍高帝於白登七日 漢兵中外不得相救餉(이에 묵돌은 거짓으로 도망치며 한나라 병사를 유인했다. 한나라 병사가 묵돌을 추격했다. 묵돌은 그들의 정예 부대를 숨겨 두고 약한 병사를 보여 주었다. 그러자 한나라의 모든 병사는 대부분 보병이었다. 32만 명이 북으로 추격했다. 고조가 먼저 평성에 도착했으나 보병은 아직 모두 도착하지 않았다. 묵돌이 정예 부대 40만 기병을 지휘하여 고조를 백등산에서 7일 동안 포위했다. 한나라 병사는 안팎으로 서로 구원하거나 군량을 보급받지 못했다.)"라는 기록이 있다.

406 遠而無朱泚之亂: 朱泚는 '朱泚'의 오기. 서강대본에는 '朱泚'로 되어 있다. 朱泚는 당나라 9대 임금인 덕종 때의 武將으로 반란을 일으킨 인물이다. 『구당서』「열전」 〈주차〉에 "四年十月 涇原兵叛 鑾駕幸奉天 叛卒等以泚嘗統涇州 知其失權廢居 怏怏思亂 群寇無帥 幸泚政寬 乃相與謀曰 朱太尉久囚空宅 若迎而爲主 事必濟矣 姚令言乃率百餘騎 迎泚於晉昌里第 泚乘馬擁從北向 燭炬星羅 觀者萬計 入居含元殿 明日 移處白華殿(덕종 4년 10월에 경원 땅의 병사들이 반란을 일으켜 임금이 봉천으로 피난했다. 반란군이 주차가 일찍이 경원을 다스렸으나 권세를 잃고 황폐하게 살면서 원망하며 반란을 생각한다는 것을 알고 있었다. 반란의 무리에는 원수가 없었는데 주차가 관대하게 정사를 펼친 것을 다행으로 여겨 서로 모의하며 말했다. '주태위【주차. 태위(太尉)는 주차의 벼슬】께서 오랫동안 빈집에 갇혀 있다. 만약 맞이하여 우두머리로 삼으면 일이 반드시 이루어질 것이다.' 요령언이 이에 백여 명의 기병을 이끌고 주차를 진창리의 집에서 맞이했다. 주차는 말을 타고 둘러싸인 채 북으로 갔는데 촛불과 횃불이 별처럼 늘어서고 구경하는 자가 수만이었다. 함원전에 들어가 거했다가 다음 날 백화전으로 옮겨 처했다.)"이라는 기록이 있다.

407 弄雀蒲於潢池: 雀蒲는 '萑蒲'의 오기. 서강대본에는 '雀蒲'로 되어 있다. 물억새와 부들이라는 뜻으로, 도적들이 그곳에 모인다고 하여 도적, 또는 도적이 출몰하는 곳이라는 의미로 쓰인다. 『陳書』「열전」 〈留異〉에 "萑蒲小盜 共肆貪殘 念彼餘甿 兼其慨息(환포의 작은 도적들이 모두 방자하고 탐욕에 잔인하니 저 남은 백성을 생각하면 아울러 탄식만 나온다.)"이라는 기록이 있

櫌於荷蕩,[409] 殆同密人不恭,[410] 盖緣物衆而蘖牙, 遂致妖興而掉尾, 驅市井無賴之輩, 侵疆場[411]有業之民, 吾知小賊必亡, 神人俱憤, 孰居近土以盜?[412] 皇帝曰, '咨!' 謂臣以馬燧兵部之僚,[413] 卑臣以廣漢潁川之任.[414] 於是, 以邊郡佩魚

다. 또한 『漢書』 「열전」 <高駢>에 "況自萑蒲盜起 朝廷徵用至多 上至帥臣 下及裨將 以臣所料 悉可坐擒(하물며 환포에서 도적이 일어나자, 조정에서는 징용을 지극히 많이 해서 위로는 장수와 신하, 아래로는 비장에까지 미칩니다. 신의 헤아림으로는 모두 앉아서 잡을 수 있습니다.)"이라는 기록도 있다.

408 奚異苗民梗化: 苗民은 '三苗'를 가리킨다. 『사기』 「五帝本紀」에 "三苗在江淮荊州數爲亂 於是舜歸而言於帝 請流共工於幽陵 以變北狄 放讙兜於崇山 以變南蠻 遷三苗於三危 以變西戎 殛鯀於羽山 以變東夷 四罪而天下咸服(삼묘가 강회와 형주에서 자주 난을 일으켰다. 이에 순임금은 돌아와 요임금에게 말하여 공공을 유릉으로 유배 보내 북적을 교화시키고, 환두를 숭산에 내쳐 남만을 교화시키고, 삼묘를 삼위산으로 쫓아내 서융을 교화시키고, 곤을 우산에서 죽여 동이를 교화시키자고 청했다. 이 넷에게 죄를 묻자, 천하가 모두 복종했다.)"이라는 기록이 있다.

409 奮鉏櫌於荷蕩: 鉏櫌는 호미와 곰방메로, 전쟁 때 무기 대신 들고 나올 수 있는 농기구이다. 賈誼의 <過秦論>에 "鉏櫌棘矜 非銛於句戟長鎩也 適戍之衆 非抗於九國之師(호미와 곰방메, 괭이 자루와 창 자루는 갈고리 창이나 긴 창보다 날카롭지도 않았다. 수자리에 유배 갔던 무리들은 9국의 군대에 맞설 정도가 아니었다.)"라는 구절이 있다. '櫌'와 '櫌'는 통한다. 이는 『사기』 「진시황본기」에서도 볼 수 있다.

410 殆同密人不恭: 密人은 주 문왕 때 반란을 일으킨 밀수국 사람들을 말한다. 『시경』 「대아」 <皇矣>에 "密人不恭 敢距大邦 侵阮徂共 王赫斯怒 爰整其旅 以按徂旅 以篤于周祜 以對于天下(밀수국인이 공손하지 않아 감히 큰 나라에 대항하고 완을 침략하며 공으로 가니 문왕이 몹시 분노하여 군대를 정비하고 막아 냄으로써 주나라의 복을 두터이 하고 천하에 드러냈네.)"라는 구절이 있다.

411 侵疆場: '侵疆域'의 오기. 疆場은 戰場을 의미한다. 서강대본에는 '侵疆域'으로 되어 있다.

412 孰居近土以盜: 韓愈의 <平淮西碑>에 "皇帝以命臣愈 臣愈再拜稽首而獻文曰 唐承天命 遂臣萬邦 孰居近土 襲盜以狂(황제께서 나 한유에게 명하셨으니, 나는 두 번 절하고 머리를 조아리며 다음의 글을 올렸다. '당나라가 천명을 받들어 마침내 온 천하를 신하로 삼았으니, 누가 가까운 땅에 살면서 반란과 도둑질로 미쳐 날뛰겠는가?')"이라는 구절이 있다. 서강대본에는 '孰居此土以盜'로 되어 있다.

413 謂臣以馬燧兵部之僚: 馬燧는 당나라 덕종 때의 장군이다. 『구당서』 「열전」 <馬燧>에 "建中二年六月 朝於京師 加檢校兵部尚書 令還太原 初 田悅新代承嗣統兵 恐人不附己 詐效誠款 燧上疏明其必反 宜先備之(건중 2년 6월, (마수가) 서울에 가서 조회하자, 검교에 병부상서로 품계를 올려 태원으로 돌아가라고 명령했다. 처음에 전열이 새로이 전승사를 대신하여 병사를 통솔했는데, 사람들이 자기에게 붙지 않을까 두려워 거짓으로 정성된 마음을 드렸다. 마수는 상소하여 그가 반드시 모반할 것임을 밝히면서 마땅히 먼저 준비해야 한다고 했다.)"라는 기록이 있다.

414 卑臣以廣漢潁川之任: 廣漢은 한나라 10대 임금 선제 때의 문인 조광한이다. 『한서』 「열전」 <조광한>에 "遷潁川太守 郡大姓原褚宗族橫恣 [⋯] 先是 潁川豪桀大姓相與爲婚姻 吏俗朋黨 廣漢患之 厲使其中可用者受記 出有案問 既得罪名 行法罰之 廣漢故漏泄其語 令相怨咎 又

之跡, 行外閫執禽之功, 赫赫業業有嚴,[415] 上承皇威之震疊, 正正堂堂之陣, 下有卒伍之騰驤, 列校執蝥而爭登, 三軍超乘而賈勇, 抱馬援裹革之願,[416] 誓當探虎穴而卽窮,[417] 奮祖生擊楫之思, 那堪聞鷄聲而起

68

舞[418] 爰驅熊虎之士, 載臨梟獍之徒, 王化則七旬兩階,[419] 軍功則一月三捷,[420]

敎吏爲缿筩 及得投書 削其主名 而託以爲豪桀大姓子弟所言 其後彊宗大族家家結爲仇讎 姦黨散落 風俗大改 吏民相告訐 廣漢得以爲耳目 盜賊以故不發 發又輒得 壹切治理 威名流聞 及匈奴降者言匈奴中皆聞廣漢(조광한이 영천 태수가 되었다. 군의 큰 성씨인 원과 저의 종족들이 제멋대로 굴고 있었다. […] 이에 앞서 연천 땅의 호걸인 큰 성씨는 서로 혼인하고, 아전들은 붕당을 이루었다. 조광한이 걱정이 되어 엄격하게 그 가운데 쓸 만한 자를 시켜 접수하게 하고 나아가 자세히 심문하여 죄가 있으면 법을 행하여 벌했다. 조광한이 고의로 그 말을 누설하여 서로 원망하고 꾸짖게 했다. 또한 아전에게 투서함인 항통을 만들게 하여 투서가 오면 투서한 사람의 이름은 없애고 호걸인 큰 성씨의 자제가 말한 것으로 했다. 그 후 세력이 강하고 큰 종족들이 집집마다 원수가 되어 간당들은 흩어져 몰락하고 풍속은 크게 달라졌다. 백성과 아전이 서로 대놓고 알려 주어 조광한은 눈과 귀로 삼았다. 도적이 이로써 일어나지 않았고, 일어나면 또한 바로 잡아들이니 모든 것이 잘 다스려져 위엄과 명성이 떠돌았다.)"이라는 기록이 있다.

415 赫赫業業有嚴: 『시경』「대아」〈常武〉에 "赫赫業業 有嚴天子(빛나고 빛나면서 높고 높으시니 위엄 있는 천자로다.)"라는 구절이 있다.

416 抱馬援裹革之願: 馬援은 광무제 劉秀를 도와 후한 건립에 공을 세운 武將. 『후한서』「열전」〈馬援〉에 "初 援軍還 將至 故人多迎勞之 平陵人孟冀 名有計謀 於坐賀援 […] 援曰 方今匈奴烏桓尙擾北邊 欲自請擊之 男兒要當死於邊野 以馬革裹屍還葬耳 何能臥床上在兒女子手中邪 冀曰 諒爲烈士 當如此矣(처음에 마원의 군대가 돌아와 도착하자 많은 사람이 환영하며 위로했다. 계략과 지모로 이름난 평릉 사람 맹익이 마원에게 축하 인사를 했다. […] 마원이 말했다. '지금 흉노와 오환이 여전히 북쪽 변경을 시끄럽게 하고 있으니 스스로 이들을 정벌할 것을 청하려고 하오. 사나이는 마땅히 변방의 들에서 죽어 말가죽으로 시체를 싸서 돌아와 장사를 지낼 뿐이오. 어찌 침상 위에 누워 아녀자의 수중에서 죽을 수 있겠소?' 맹기가 말했다. '진실로 열사는 마땅히 이와 같아야 한다.')"라는 기록이 있다.

417 誓當探虎穴而卽窮: 『삼국지』「吳書」〈呂蒙傳〉에 "蒙年十五六 竊隨當擊賊 當顧見大驚 呵叱不能禁止 歸以告蒙母 母恚欲罰之 蒙曰 貧賤難可居 脫誤有功 富貴可致 且不探虎穴 安得虎子 母哀而舍之(여몽의 나이 열대여섯 살에 몰래 등당을 따라가 적을 공격했다. 등당이 돌아보고 매우 놀라 책망했으나 멈추게 할 수가 없어 돌아와 여몽의 어머니에게 알렸다. 어머니가 성을 내며 벌하려고 하자 여몽이 말했다. '빈천하면 살기가 어렵습니다. 만일 공을 세우면 부귀가 이르게 됩니다. 호랑이 굴에 들어가지 않으면 어찌 호랑이 새끼를 잡을 수 있겠습니까?' 어머니가 슬퍼하며 내버려두었다.)"라는 기록이 있다.

418 奮祖生擊楫之思 那堪聞鷄聲而起舞: 奮祖生擊楫之思는 '奮祖生擊楫之思'의 오기. 서강대본에는 '奮祖生擊楫之思'로 되어 있다. 祖生은 晉나라의 장군 祖逖이다. 『晉書』「열전」〈祖逖〉에

逆折諸獸之妖術, 皇天誘衷, 先遏五鹿之伏兵, 群帥用命, 犬豕革面, 無戰聲於晴天, 鯨鯢就誅, 訖忒功於吉日,[421] 夢回金鷄,[422] 庶弛旰食宵衣,[423] 戰酣玉龍, 爭見敗鱗殘甲,[424] 始也戎衣何日定,[425] 今焉捷書淸晝同[426]

"與司空劉琨俱爲司州主簿 情好綢繆 共被同寢 中夜聞荒雞鳴 蹴琨覺曰 此非惡聲也 因起舞 [⋯] 帝乃以逖爲奮威將軍 豫州刺史 給千人稟 布三千匹 不給鎧仗 使自招募 仍將本流徙部曲百餘家渡江 中流擊楫而誓曰 祖逖不能清中原而復濟者 有如大江 辭色壯烈 衆皆慨歎(사공 유곤과 함께 사주 주부가 되었는데, 정이 친밀하게 얽혀 함께 이불을 덮고 같이 잠을 잤다. 한밤중에 때도 없이 우는 닭 소리를 듣고는 유곤을 발로 차 깨우며 말했다. '이것은 나쁜 소리가 아닐세.' 그러고는 일어나 춤을 추었다. [⋯] 임금이 이에 조적을 분위 장군, 예주 자사로 임명하면서 천 명분의 군량과 3천 필의 베만 주고, 무기는 주지 않으면서 스스로 군사를 모집하도록 했다. 이에 조적은 본류를 백여 집이 있는 부곡(일종의 사병)에 옮겨 장강을 건너다가 중류에 이르자 노를 치면서 맹세하며 말했다. '중원을 깨끗이 평정하지 못하고 다시 건너면 장강에 대고 맹세하건대 다시 오지 않겠다.' 말과 안색이 장렬하여 모든 사람이 듣고 강개하며 탄식했다.)"이라는 기록이 있다.

419 王化則七旬兩階: 『서경』「虞書」〈大禹謨〉에 "三旬 苗民逆命 益贊于禹曰 [⋯] 禹拜昌言曰 兪 班師振旅 帝乃誕敷文德 舞干羽于兩階 七旬有苗格(30일이 되도록 묘족이 명을 거역하자 익이 우를 도와 말했다. [⋯] 우가 뛰어난 말에 절하며 말했다. '옳도다.' 그리고 군사를 돌려 개선했다. 순임금이 이에 문덕을 크게 펴고, 방패와 새 깃을 들고 두 섬돌 사이에서 춤을 추니, 70일 만에 묘족이 바르게 되었다.)"이라는 글이 있다.

420 軍功則一月三捷: 『시경』「소아」〈采薇〉에 "戎車既駕 四牡業業 豈敢定居 一月三捷(전투 수레에 멍에를 맨 네 마리 수컷 말이 훌륭하니 어찌 감히 편안하게 거처하랴? 한 달에 세 번 승리하리라.)"이라는 구절이 있다.

421 訖忒功於吉日: '訖武功於吉日'의 오기. 서강대본에는 '訖武功於吉日'로 되어 있다.

422 夢回金鷄: 金鷄는 새벽을 알리는 수탉의 美稱이다. 『神異經』에 "蓋扶桑山 有玉雞 玉雞鳴則金雞鳴 金雞鳴則石雞鳴 石雞鳴則天下之雞鳴 悉鳴則潮水應之矣(대개 부소산에 옥계가 있다. 옥계가 울면 금계가 울고, 금계가 울면 석계가 울고, 석계가 울면 온 세상의 닭이 운다. 모두 울면 조수가 응한다.)"라는 구절이 있다.

423 庶弛旰食宵衣: 旰食宵衣는 해가 진 뒤 저녁을 먹고 날이 새기 전에 일어나 옷을 입는다는 뜻으로 임금이 부지런히 정사를 본다는 말이다. 당나라 문인 陳鴻의 〈長恨傳〉에 "唐開元中 泰階平 四海無事 玄宗在位歲久 倦於旰食宵衣 政無小大 始委於丞相 稍深居遊宴 以聲色自娛(당나라 개원 연간에 나라가 태평하여, 온 세상에 일이 없었다. 임금의 자리에 오른 지 오래된 현종은 부지런히 정사 보는 일에 권태를 느껴 정사에 크고 작은 일에 상관없이 승상에게 위임한 채 깊은 곳에 거처하면서 잔치를 즐기고 음악과 미색으로 스스로 즐거움을 삼았다.)"라는 글이 있다.

424 爭見敗鱗殘甲: 敗鱗殘甲은 하늘 가득히 내리는 눈을 의미한다. 여기서는 패전을 비유한 표현으로 쓰였다. 송나라 문인 張元의 〈雪〉에 "戰退玉龍三百萬 敗鱗殘甲萬空飛(싸움에서 물러난 옥룡 3백만 마리, 해진 비늘과 상한 껍데기가 하늘 가득 날린다.)"라는 구절이 있다.

425 始也戎衣何日定: 당나라 문인 駱賓王의 〈在軍登城樓〉에 "戎衣何日定 歌舞入長安(전쟁은 언제 평정되어 노래하고 춤추며 장안으로 들어갈까?)"이라는 구절이 있다.

天子大喜, 御朝元殿受朝賀, 諸將士頒賞有次, 陞遷錢夢玉吏部尚書. 飮至之日,[427] 天子親迎於春明門外, 大加褒寵, 貴妃以下皇親貴戚, 莫不歡慶勞迎. 居無何, 臺臣奏言: "禮曰, '逆家子不取,'[428] 今錢玉夢取龍賊之姪女, 大失禮貌, 且爲駙馬者, 安敢擅置妾御? 請貶夢玉之秩, 加鞠女竄配, 以肅朝綱." 皇上雖寢其奏, 駙馬聞之惶悚, 卽放綵蘭歸之閭閻. 綵蘭不勝其寃, 囓指出血, 上言于國曰:

69

吉安府逆黨歸化女鞠綵蘭【著手寸】, 右謹啓.

臣矣段, 臣矣女本以龍賊之姪女, 頑不知天高帝靈, 而敢抗王師, 雖被賊叔之逼迫, 不能自守其良心, 然而欲誅其罪, 則雖粉骨虀身, 不足以懲其罪也. 幸賴命吏之寬仁, 容此螻蟻之命於覆載之間, 此莫非皇恩之攸曁, 而自有生民以來, 蒙國恩者, 未有如臣矣女之偏厚者也. 欲擢臣矣女之髮, 報聖德萬分之一, 而山益高海益深, 罔知攸報, 故欲報之於報事之人, 而自托於帷房之中, 若治其濫詐之罪, 則自知難卞矣. 果然, 公議之難逃, 至有臺臣之徹章, 以臣矣女之罪, 連及於駙馬之身, 駙馬始悟其失, 放臣矣女於閭閻, 不敢復近, 席藁私室, 以待

426 今焉捷書淸晝同: 당나라 시인 杜甫의 〈洗兵馬行〉에 "中興諸將收山東 捷書夜報淸晝同 河廣傳聞一葦過 胡危命在破竹中(나라를 중흥시킬 여러 장수가 산동을 수복하니, 승리를 알리는 글이 밤에도 보고되어 맑은 대낮 같다네. 황하가 넓다지만 소문에 작은 거룻배 하나로 지났다 하니 오랑캐의 위태로운 운명 파죽지세에 있구나.)"이라는 구절이 있다.

427 飮至之日: 飮至는 개선하고 돌아와 종묘에 고하고 술을 마시는 의식이다. 『春秋左傳正義』「隱公 五年」에 "歸而飮至 以數軍實(돌아와서 음지를 하고 군실을 계산한다.)"이라는 기록이 있다. 이에 대하여 "飮於廟 以數車徒器械及所獲也(종묘에서 술을 마시고, 수레 무리·병기계 및 획득한 것을 계산한다.)"라는 주석이 있다. 이어 "飮至 飮於廟也(음지는 종묘에서 술 마시는 것이다.)"라는 설명도 있다.

428 逆家子不取: 『大戴禮記』「本命」에 "女有五不取 逆家子不取 亂家子不取 世有刑人不取 世有惡疾不取 喪婦長子不取(장가들지 말아야 할 여자가 다섯 있다. 패역한 집안의 자식에게는 장가들지 않는다. 음란한 집안의 자식에게는 장가들지 않는다. 대대로 형벌을 받은 사람이 있으면 장가들지 않는다. 대대로 나쁜 병이 있으면 장가들지 않는다. 어머니를 여읜 장녀에게는 장가들지 않는다.)"라는 글이 있다.

陛下之處分. 臣矣女則雖萬死而猶有餘榮, 不可恤也,[429] 駙馬則豈不寃且惜哉? 第伏念臣矣女以孤危之蹤, 不作椹鑕之魂, 而

70

得一日立於天下, 上以有君, 下以有夫, 則當自瞑目就死, 而以兒女之淺腹, 又敢希恩於萬一, 貰其舊染之惡, 復得爲駙馬箕帚之婢, 則臣矣女死之日, 猶生之年, 終始曲全之恩, 爲如何哉? 茲敢冒萬死泣血呼天【爲白內等】, 特蒙天恩【爲白良結堅良白去乎[430]】, 詮次 善啓向敎是事【望良白臥乎事是亦在】, 謹啓.

戊申十二月初三日, 臣矣女鞠綵蘭.【著手寸】

皇上覽之, 憐悲其意, 未知綵蘭國恩如何. 且看下弓分解.

第十弓

桂小姐生還帷房 盧火參巧造雲棚[431]

却說, 皇上命駙馬召還綵蘭, 加綵蘭郡夫人之資, 使在駙馬媵妾之列, 以錢夢玉兼春坊學士, 欲任以國政, 夢玉上書固辭曰:

71

"臣托屬宮禁, 參預朝政, 則非但嫁禍於臣身也, 天下皆以爲陛下以私治天下矣, 得無有損於聖德乎?" 上稱善, 卽日上章乞解尙書之任, 特命許遞, 只帶春坊之宮,[432] 使之五日一朝焉. 一日, 有賣花女, 手持各種假花來, 入昭寧宮, 宮婢

429 不可恤也: 서강대본에는 '不足恤也'로 되어 있다.

430 爲白良結堅良白去乎: 'ᄒᆞ올아되바라올거온(爲白良結望良白去乎)'의 오기. 서강대본에는 '爲白良結望良白去乎'로 되어 있다.

431 盧火參巧造雲棚: 서강대본에는 '盧大參巧造雲棚'으로 되어 있다.

爭買一朶, 獻于翁主, 卽金葡萄·垂波蓮·塘牡丹·倭水丹之類, 見甚奇妙, 不辨眞假. 翁主卽命召之, 花娘衣腌臢之服, 曳糾戾之屨, 面垢未洗, 眉愁乍歛, 惶忪若雨後之花, 黯淡如雲中之月, 雖失十分的顔色, 猶有動人底意思. 翁主愛其秀惠, 與語移日, 而翁主素好音律, 故遂及其音律之說, 花娘娟娟評品, 言如碎玉. 翁主卽命援瑟而鼓之, 花娘謙辭不得, 遂鼓一兩行, 凄凄切切, 令人暗消魂. 翁主聞之, 愀然推手止之曰: "娘子有何哀怨之事, 而形於指末耶? 願聞其說." 花娘歛容而跪曰: "貴主旣已覷破小女之衷

72

曲, 則小女敢不罄訴寃臆哉? 小女昔年結緣於過去相公, 纔接一夜之面, 而適値蕩賊之擾攘, 奔竄逃命, 不知相公下落之處, 而悵悵道路, 成都之破鏡難合,[433] 銀浦之成橋無期, 至寃塡胷, 故自發於手端之語耳." 翁主憐悲其言, 笑而

432 只帶春坊之宮: 앞에서 전몽옥이 춘방학사가 된 것을 고려할 때, '只帶春坊之官'의 오기. 서강대본에는 '只帶春坊之官'으로 되어 있다.

433 成都之破鏡難合: 당나라 문인 孟棨의『本事詩』〈情感〉에 "陳太子舍人徐德言之妻 後主叔寶之妹 封樂昌公主 才色冠絕 德言爲太子舍人 時陳政方亂 德言知不相保 謂其妻曰 以君之才容 國亡必入權豪之家 斯永絕矣 儻情緣未斷 猶冀相見 宜有以信之 乃破一鏡 各執其半 約曰 他日必以正月望日賣於都市 我當在 即以是日訪之 及陳亡 其妻果入越公楊素之家 寵嬖殊厚 德言流離辛苦 僅能至京 遂以正月望日訪於都市 有蒼頭賣半鏡者 大高其價 人皆笑之 德言直引至其居 設食 具言其故 出半鏡以合之 仍題詩曰 鏡與人俱去 鏡歸人不歸 無復嫦娥影 空留明月輝 陳氏得詩 涕泣不食 素知之 愴然改容 即召德言 還其妻 仍厚遺之 聞者無不感歎 仍與德言陳氏偕飮 令陳氏爲詩曰 今日何遷次 新官對舊官 笑啼俱不敢 方驗作人難 遂與德言歸江南 竟以終老(진나라의 태자사인 서덕언의 아내이며 후주 숙보의 누이인 낙창공주는 재예와 미모가 매우 뛰어났다. 덕언이 태자사인이 되었을 때 진나라의 정치가 바야흐로 혼란스러웠다. 서덕언이 서로 지킬 수 없음을 알고 아내에게 일러 말했다. '그대의 재주와 용모로 나라가 망하면 분명 권세가에 들여보내져 이에 영영 헤어질 것이오. 만약 인연이 끊어지지 않으면 오히려 다시 만나기를 바랄 수 있으니 마땅히 신물을 두어야 할 것이오.' 이에 거울 하나를 쪼개 각각 반쪽을 가지고는 약속하며 말했다. '훗날 반드시 정월 보름에 서울의 시장에서 파시오. 내가 마땅히 그곳에 있다가 그날로 찾아가겠소.' 진나라가 멸망하자 아내는 월공 양소(隋 高祖를 도와 천하를 평정한 장군)의 집에 들여보내졌는데 매우 두터운 총애를 받았다. 서덕언은 이리저리 떠돌며 고생하다 겨우 서울에 이를 수 있었다. 마침내 정월 보름날에 서울의 시장을 찾아갔다. 어떤 사내종이 반쪽 거울을 팔고 있었는데 그 가격이 너무 높아 사람들이 모두 비웃었다. 서덕언은 곧바로 사내종을 이끌고 거처하는 곳으로 가 밥을 먹이고 옛일을 모두 이야기하며 반

誘之曰: "吾當爲娘子之地, 紹介於尙書之帷房, 娘子肯爲我同列乎!" 桂娘心甚感悅, 而不敢見於辭色, 謙退而言曰: "閫閣之跡, 極爲賤陋, 敢望貴主樛葛之澤耶?"[434] 翁主卽授紈綺鉛粉, 膏沐紲絆, 處之洞房, 遂請尙書而入, 爲之語曰: "台監近日懲於蘭娘之事, 必有戒色之心也, 而實欠於丈夫之風流也." 尙書曰: "翁主何爲而設此言也?" 翁主曰: "妾欲爲台行媒妁之事, 台意何如?" 尙書曰: "翁主欲使賤夫再遭臺彈耶?" 翁主嫣然一笑, 遂呼花娘, 出示之. 尙書泛眼一看, 未及省悟, 桂娘泫然流涕曰: "小女今日復見老爺之尊節, 死

73

無所恨!" 尙書怪而問之, 桂娘曰: "老爺忘却梨花洞桂瓊華乎?" 尙書大可驚悟曰: "娘子何以到此也?" 桂娘吱吱聲促抑塞, 良久, 收淚而言曰: "小女一自梨花洞遭亂之後, 具男服被擄, 處於蓼洼賊窟之中,[435] 數月而賊帥不知小女之爲

쪽 거울을 꺼내 맞춰 보고는 이에 시를 지었다. '거울과 사람이 함께 갔는데, 거울만 돌아오고 사람은 아니 왔네. 항아의 그림자는 다시 없고, 빛나는 달빛만 그저 머무네.' 아내 진씨가 시를 얻어 보고는 눈물을 흘리며 식음을 전폐했다. 양소가 알고 불쌍한 마음에 얼굴빛을 고치고 바로 서덕언을 불러 그 아내를 돌려주고 후하게 대접했다. 이 소식을 들은 사람들 가운데 감탄하지 않는 자가 없었다. 이에 양소가 서덕언과 아내 진씨와 함께 술을 마시다가 진씨에게 시를 짓게 하니, 이러했다. '오늘 거처를 옮긴 것이 몇 번이던가? 신관과 구관이 서로 마주하고 있네. 감히 웃지도 울지도 못하겠으니 사람 노릇하기가 어려운 것을 알았네.' 마침내 서덕언과 함께 강남으로 가서 노년을 보냈다.)"라는 글이 있다.

434 敢望貴主樛葛之澤耶: 樛葛은 가지가 아래로 굽은 나무인 樛木이 칡과 葛藟가 얽히는 것을 잘 받아 주어 서로 잘 어울린다는 말로, 정실부인이 여러 첩에게 잘 대해 주어 첩들도 정실부인을 잘 따른다는 의미이다. 『시경』「周南」〈규목〉에 "南有樛木 葛藟纍之 樂只君子 福履綏之(남산의 규목에 칡과 등덩굴이 감겨 있네. 즐거운 군자여, 복록으로 편안하도다.)"라는 구절이 있고, "君子自衆妾而指后妃(군자는 여러 첩이 후비를 지칭한 말이다.)"라는 주석이 있다.

435 處於蓼洼賊窟之中: 蓼洼는 '蓼兒洼' 또는 '蓼兒窪'의 줄임말로, 『수호전』에 나오는 지명이다. 『수호전』 11회에서 시진이 귀양 가다가 도망친 임충을 구해 주는 장면에 "柴進道 是山東濟州管下一個水鄉 地名梁山泊 方圓八百餘里 中間是宛子城蓼兒窪 如今有三個好漢在那裡扎寨 爲頭的喚做白衣秀士王倫 第二個喚做摸著天杜遷 第三個喚做雲裏金剛宋萬(시진이 말했다. '산동 제주 관내에 하나의 물가 마을이 있는데 지명은 양산박입니다. 둘레가 8백 리가 되는데, 중간에 완자성, 요아와라는 곳이 있습니다. 지금은 세 호걸이 거기다 산채를 열고 있는데, 우두머리는 백의수사 왕륜이라고 불리고, 모저천 두천이라고 불리며, 셋째는 운리금강 송만이라고 불립니다.')"이라는 글이 있다.

女子, 而愛其便佞, 使爲應門之僮, 故幸免强暴之辱矣. 何幸賊徒聚散無常, 一朝分潰, 故小兒始得脫出,[436] 而父母皆已被害, 一身孑孑獨存, 卽欲自斷殘縷, 化爲路傍之土, 而徒以欲見老爺, 一吐滿腔血寃而死, 故苟苟圖生, 卽投少室山下七眞觀,[437] 爲女道士, 日夕講道, 發願於金剛佛前, 而終未聞老爺之消息矣. 觀中有衛鍊師者, 卽小女之師母也, 一日, 行脚雲游自洋州地而還, 傳說江南奇聞, 而有錢塘人錢秀才者, 以杜孀之事逮獄旋放, 受配於洋州地, 而稱爲江南第一人物云. 故妾心知其老爺, 而道里敻絶,[438] 無

74

計致身, 泣向南雲, 柔腸寸寸成灰而已. 去年春夏間, 吉安府避亂士女多入少室山中, 小女試問吉府討賊之事, 則答云, '府倅錢駙馬方且規畫軍謀, 朝暮且平, 而錢駙馬卽錢塘人錢某'云, 故妾聞此之日, 如夢得醒, 始知老爺盡經浩劫, 已登龍門, 兼致沁園貴,[439] 而自悼飄溷之花, 無因点席, 只待老爺唱凱之日, 匍匐至門, 復接老爺之風儀, 則死有餘榮, 安敢望貴主逮下之念, 厠跡於奉匜之列

436 故小兒始得脫出: '故小女始得脫出'의 오기. 서강대본에는 '故小女始得脫出'로 되어 있다.

437 卽投少室山下七眞觀: 少室山은 중국 하남성 등봉시에 있는 산. 소림사가 있으며 숭산과 이어져 있다.

438 道里敻絶: 서강대본에는 '道理敻絶'로 되어 있다.

439 兼致沁園貴: 서강대본에는 '兼致沁園之貴'로 되어 있다. 내용상 차이는 없으나, 문장의 대를 고려하면 서강대본이 더 적절해 보인다. 『운부군옥』 「元」에 "沁園 沁水公主園(심원은 심수공주의 원림이다.)"이라는 글이 있다. 또한 『能改齋漫錄』 「樂府 上」 〈沁水公主園〉에 "今世樂府 傳沁園春詞 案後漢書 竇憲女弟立爲皇后 憲恃宮掖聲勢 遂以賤直請奪沁水公主園 然則沁水園者 公主之園也故 唐人類用之 崔湜長寧公主東莊侍宴詩云 沁園東郭外 鸞駕一遊盤(금세의 악부에 심원춘이라는 사패가 전하고 있다. 『후한서』를 살펴보니 두헌의 여동생이 황후가 되자, 두헌이 황후의 명성과 위세를 믿고 값을 내고 심수공주의 원림을 빼앗기를 청했다고 한다. 그렇다면 심수원은 공주의 원림이다. 그리하여 당나라 문인들은 전례로 그것을 활용했으니, 최식의 〈長寧公主東莊侍宴詩〉에 '심원 동쪽 울타리 밖, 수레 몰며 한바탕 노니네.'라고 했다.)"이라는 기록이 있다. 『후한서』 「皇后紀 下」에 "皇女致 三年封沁水公主 適高密侯鄧乾(황녀 치는 영평 3년에 심수공주로 봉해졌고 고밀후 등건에게 시집을 갔다.)"이라는 기록이 있다. 여기서는 전몽옥이 부마가 되었으므로 이르는 것이다.

乎?" 駙馬撫念疇昔, 悽然下淚, 如痴如夢, 不能定情. 翁主聞之, 尤爲矜惻曰: "娘子直女中義士也! 向者隱諱不發者, 恐被吾之嫉妬而然耶?" 桂娘再拜而謝曰: "小女死罪死罪. 向者以齟齬之跡, 只恐獲罪於貴主娘娘, 囁嚅不發, 及見老爺神精, 若墮烟霧, 不卞天高地下, 自然吐露情冤, 罪上添罪, 小女之命, 懸於娘娘, 唯娘娘死生之." 翁主笑而寬之,

75

曰: "娘子勿以我爲[440] 好侍老爺之巾櫛." 遂設東西兩廂, 各處蘭瓊兩娘子.

壬子春, 上出御題, 猗蘭操[441] · 招隱操[442] · 織婦詞,[443] 使侍臣輪次製進, 上

---

440 娘子勿以我爲: 서강대본은 '娘子勿以我爲慮'로 되어 있다. 번역은 서강대본을 따른다.

441 猗蘭操: 공자가 지은 거문고 곡 이름. 『琴操』「의란조」에 "猗蘭操者 孔子所作也 孔子歷聘諸侯 諸侯莫能任 自衛反魯 過隱谷之中 見薌蘭獨茂 喟然嘆曰 夫蘭當爲王者香 今乃獨茂 與衆草爲伍 譬猶賢者不逢時 與鄙夫爲倫也 乃止車援琴鼓之云 習習谷風 以陰以雨 之子於歸 遠送于野 何彼蒼天 不得其所 逍遙九州 無所定處 世人暗蔽 不知賢者 年紀逝邁 一身將老 自傷不逢時 託辭於薌蘭云(의란조는 공자가 지은 것이다. 공자가 차례로 제후를 찾았으나 제후가 임용하지 못했다. 위나라에서 노나라로 돌아오는 길에 은곡 가운데를 지나다가 향기 나는 난초가 홀로 무성한 것을 보고는 한숨 쉬며 탄식했다. '대저 난초는 왕자의 향이거늘 이제 홀로 무성하여 여러 풀과 섞여 있으니, 비유하자면 현자가 때를 만나지 못해 평범한 사내들과 무리를 이룬 것과 같구나.' 이에 수레를 멈추고 거문고를 잡고 연주하면서 노래했다. '골바람 솔솔 불더니 날씨가 흐리고 비가 오는구나. 그대가 돌아가려 하니 멀리 들에까지 전송하네. 어찌 된 것인가? 푸른 하늘이여! 제대로 맞는 곳을 얻지 못하여 천하를 떠도니 정착할 곳이 없구나. 세상 사람들 어둡고 막혀 어진 이를 몰라보니, 세월은 빠르게 흘러가고 이내 몸만 늙어 간다.' 스스로 때를 만나지 못한 것을 가슴 아파하며 향기 있는 난초에 의탁한 것이라고 한다.)"이라는 기록이 있다. 후세의 많은 문인이 모방하여 지었다.

442 招隱操: 거문고 곡 이름. 『晦庵先生朱文公文集』「초은조」에 "淮南小山作招隱 極道山中窮苦之狀 以風切遁世之士 使無遐心 其旨深矣 其後 左太沖陸士衡 相繼有作 雖極淸麗 顧乃自爲隱遁之辭 遂與本題不合 故王康琚作詩以反之 雖正左陸之誤 而所述乃老氏之言 又非小山本意也 十月十六夜 許進之挾琴過予書堂 夜久月明 風露凄冷 揮絃度曲 聲甚悲壯 旣乃更爲招隱之操(회남왕의 문인 가운데 하나인 소산이 <초은>을 지었는데, 산중의 어려운 상황을 극진히 말하면서 은둔하는 선비를 에둘러 타이르고 질책하여 세상을 버리고 숨어 사는 마음을 없애고자 하니 그 뜻이 심오하다. 그 후 左思(서진의 문인, 태충은 자), 陸機(서진의 문인, 사형은 자)가 서로 이어 지어 비록 극히 맑고 아름다우나 도리어 스스로 은둔하겠다는 말을 지어 마침내 본 주제와는 맞지 않았다. 그래서 왕강거(서진의 문인. 反招隱詩를 지었다.)가 시를 지어 뒤집었다. 비록 좌사와 육기의 잘못은 바로잡았으나 서술한 것이 곧 노자의 말이니 소산의 본뜻이 아니다. 10월 16일 밤에 허진지가 거문고를 가지고 내 서당을 들렀다. 밤은 길고 달은 밝으며 바람과 이슬이 처량한데 줄을 튕기며 곡에 맞춰 노래를 부르니 소리가 매우 비장했다. 이윽

親製猗蘭操云:

蘭生幽谷兮, 曄曄其芳.

賢人在野兮, 其道則光.

嗟蘭之茂兮, 與衆草爲伍.[444]

於乎賢人兮, 女其予輔.[445]

夢玉賡之曰:

蘭生陽谷兮, 播其芳.

賢人際聖世兮, 揚其光.

嗟蘭之貞兮, 耻與蕭艾爲伍.

於乎聖主兮, 非德曷輔.

고 다시 〈초은조〉를 지었다.)"라는 글이 있다. 후세의 많은 문인이 모방하여 지었다.

443 織婦詞: 악부시. 당나라 시인 元稹이 지은 작품이다. 세금 때문에 시집을 못 간 베 짜는 노처녀의 고단한 삶을 드러내어 가혹한 정치를 비판하고 애민 의식을 드러냈다고 한다. 『全唐詩』「원진」〈직부사〉에 "織婦何太忙 蠶經三臥行欲老 蠶神女聖早成絲 今年絲稅抽征早 [⋯] 東家頭白雙女兒 爲解挑紋嫁不得 簷前嫋嫋遊絲上 上有蜘蛛巧來往 羨他蟲豸解緣天 能向虛空織羅網(베 짜는 아낙네 어찌 그리 바쁜가? 누에는 세 번 잠을 자고 곧 늙자고 한다. 누에 신 성녀 일찍이 비단실을 만들었지만, 올해 명주실 세금 일찍이도 거두네. [⋯] 동쪽 집 백발의 두 여인 무늬 풀어 돋우다가 시집도 못 갔네. 처마 앞 휘청휘청 휘늘어진 실을 보니 그 위에서 거미는 교묘하게 오간다. 부럽구나! 저 벌레 하늘을 꾸밀 줄 알아 허공에다 비단 그물을 짤 수 있으니.)"이라는 구절이 있다. 후세의 많은 문인이 모방하여 지었다.

444 與衆草爲伍: 시의 구성으로 볼 때, '衆草爲伍'가 더 적절해 보인다. 공자의 〈의란조〉 구절을 그대로 가져온 듯하다. 서강대본에는 '與衆草爲伍'로 되어 있다.

445 蘭生幽谷兮~女其予輔: 『皇明統記集要』「壬子[宣德七年]」〈삼월〉에 "上下詔求賢復出 御製擬猗蘭操及四言招隱詩 賜諸大臣 猗蘭操曰 蘭生幽谷兮 曄曄其芳 賢人在野兮 其道則光 嗟蘭之茂兮 衆草爲伍 吁嗟賢人兮 予求汝輔(임금이 어진 이를 구하는 조서를 다시 내리고 〈의란조〉와 4언 〈초은시〉를 본뜬 작품을 손수 지어 여러 대신에게 내려 주었다. 〈의란조〉의 내용은 이러하다. '으슥한 골짜기에 난초가 피어 그 꽃향기 아름답네. 어진 사람이 초야에 묻혀 있어 그 도가 빛나고 있네. 아! 난초는 무성하지만 뭇 풀들과 섞여 있구나. 아아! 어진 사람이여! 나는 네가 보좌하기를 원한다.')"라는 기록이 있다. 衆草爲伍가 '與衆草爲伍'로, 吁嗟賢人兮가 '於乎賢人兮'로, 予求汝輔가 '女其予輔'로 되어 있는 부분은 차이가 있다. 반면 조선의 문인 成海應의 『研經齋全集』「風泉錄」〈皇朝御書畵記〉에는 "上求賢如不及 御製猗蘭操賜諸大臣 其詞曰(임금이 어진 이를 구했으나 되지 않자 〈의란조〉를 지어 여러 대신에게 내려 주었다. 그 가사는 이러하다.)"이라는 기록이 있다. 여기에 기록된 〈의란조〉의 내용은 『옥선몽』과 똑같다. 宣德은 명나라 5대 임금 선종의 연호이다.

上稱善. 其後乙卯正月, 上崩, 太子立, 是爲英宗皇帝. 翌年丙辰, 改元正統. 癸亥, 作「鬍子爺爺畫像贊」, 鬍子爺爺者, 卽蘇州人陳鎰也.[446] 夢玉與之甚善, 鎰鎭陜西十年, 其民愛之以其美髯, 故呼爲鬍子爺爺, 及去, 民圖其像, 事之如神, 故贊之曰:

76

"今夫花置之鏡面, 則鏡中之花, 難卞其假也. 今夫月照之水上, 則水中之月, 不分其幻也. 然而鏡中之花無香, 水中之月無輝, 玆曷故焉? 雖以造物之神巧, 猶不能摹得無眹之境, 矧玆鉛廚七分之手, 安能摹得人十分像耶? 予與陳公, 有宿昔之雅, 熟知其顔範矣. 八尺其長也, 七圍其大也, 白晳其面也, 淸明其目也, 眉也疎, 額也廣, 其頦上腮下, 鬑鬑有鬚美且長, 或黃或黑焉. 近者, 陜民有摹得公像者, 予視之, 則長可八尺, 大可七圍, 白晳其面, 淸明其目, 眉果疏, 額果廣, 頦上腮下果有鬚, 美且長, 或黃或黑焉. 與公之像貌, 不甚懸殊, 故欣然不知非眞公也. 接之, 若平生, 獨怪夫語之而不答, 謔之而不笑, 伈伈嘿嘿, 略無前日款接之容矣, 就而撫

77

之, 則妥然一幅綃面也, 始知良工只摹其一虛殼而已. 至於談笑動靜之間, 不能一豪[447]依俙而髣髴, 況乎一片靈臺之在於冲漠空洞之中者乎? 此, 乃李龍

446 卽蘇州人陳鎰也: 陳鎰은 명나라의 정치가이다. 명나라 문인 雷禮의 『國朝列卿記』, 「甘肅撫臣行實」〈陳鎰〉에 "陳鎰 字有戒 直隷蘇州府吳縣人 永樂壬辰進士 [⋯] 爲人寬厚淸愼 不事苛察 作興學校 聽理獄訟 竭誠殫力 知無不爲 [⋯] 陜人稱爲黑鬍爺爺 至刻印其像 家祀之 飮食必祀(진일은 자가 유계이고 직예성 계주부 오현 사람이다. 영락 임진년에 진사가 되었다. [⋯] 사람됨이 관후하고 청렴하며 몸가짐에 조심했다. 일에 있어서 가혹하게 따지지 않고, 학교를 일으켜 세우며, 송사를 잘 듣고 처리함에 정성과 힘을 다하여 알면 행하지 않는 것이 없었다. [⋯] 섬서 사람들이 '흑호야야'라고 일컬으며 그 초상을 새겨서 집안에서 제사를 지냈는데 음식을 먹을 때마다 반드시 제사를 지냈다.)"라는 글이 있다. 黑鬍爺爺는 '鬍子爺爺'의 다른 말이다.

眠[448]·顧虎頭[449]之所以閣筆而終身不得者也. 然則畫公之像, 而不畫公之心, 無以見公之佳處也. 是猶鏡花之無香, 水月之無輝, 復何像爲? 以其美髥, 故謂之鬍子爺爺. 稱之者誰? 陜民也. 遂爲之贊曰:

胡然而晳, 胡然而長,[450] 春風其面, 秋水其精. 公之初生, 神人鞠祥, 公之處世, 輿民有頌, 高大其門, 非公之良? 綏懷斯民, 非公之能? 公之用心, 炳若丹靑, 瞻公之像, 孰不愛敬?”

光陰倏忽, 駙馬年近四十. 自念歷年二朝,[451] 勳業已極, 不必更求定分之外, 宦情自此漸薄, 乃築凉臺·暖榭於織錦坊

447 不能一豪: ‘不能一毫’의 오기. 서강대본에는 ‘不能一毫’로 되어 있다.

448 李龍眠: 송나라의 문인화가 李公麟. 호가 龍眠居士이다. 『송사』「열전」〈文苑 六〉에 “李公麟 字伯時 舒州人 […] 雅善畫 自作山莊圖爲世寶 傳寫人物尤精 識者以爲顧愷之張僧繇之亞(이공린은 자가 백시이고 서주 사람이다. […] 그림에 특장이 있어 스스로 산장도를 그려 대대로 전해지는 보물로 삼았다. 인물을 그리는 데 더욱 정밀하여 식자들은 고개지와 장승요의 버금이라고 여겼다.)”라는 기록이 있다.

449 顧虎頭: 동진의 화가 顧愷之. 『晉書』「열전」〈文苑〉에 “顧愷之 字長康 晉陵無錫人也 […] 愷之每畫人成 或數年不點目精 人問其故 答曰 四體姸蚩 本無闕少於妙處 傳神寫照 正在阿堵中 嘗悅一鄰女 挑之弗從 乃圖其形於壁 以棘鍼釘其心 女遂患心痛 愷之因致其情 女從之 遂密去鍼而愈(고개지는 자가 장강으로 진능 무석 사람이다. […] 고개지는 매번 인물화를 그리면 때로는 몇 년 동안 눈동자를 그리지 않았다. 사람들이 그 연고를 묻자, 대답하여 말했다. ‘온몸이 잘나고 못난 것은 본래 묘한 곳에는 별로 관계가 없다. 정신을 전하고 그려 내는 것은 바로 눈동자에 있다.’ 일찍이 이웃 여인을 좋아하여 꾀었으나 따르지 않았다. 이에 벽에 그 형상을 그려 놓고 바늘로 그 심장을 찌르자 그 여인이 가슴 통증을 앓았다. 고개지가 그에 따라 정을 표하니 여인이 따랐다. 마침내 몰래 바늘을 제거하니 나았다.)”라는 기록이 있다. ‘虎頭’에 대해서는 여러 설이 있다. 『杜工部草堂詩箋』「詩箋補遺」〈題玄武禪師屋壁〉에 “何年顧虎頭 滿壁畫瀛洲(그 어느 해이던가 고 호두가 벽 가득히 영주산을 그려 놓았지)”라는 구절이 있다. 여기에 “名畫記 顧愷之 字長康 小字虎頭 […] 或曰顧愷之嘗爲虎頭將軍 […] 因號虎頭(『명화기』에 고개지의 자는 장강인데, 어릴 때 이름이 호두라고 했다. […] 혹은 고개지가 일찍이 호두장군을 했다고 한다. […] 이에 따라 호두라고 부른 것이다.)”라는 주석이 있다.

450 胡然而晳 胡然而長: 『시경』「鄘風」〈君子偕老〉에 “玉之瑱也 象之揥也 揚且之晳也 胡然而天也 胡然而帝也(옥으로 만든 귓불 장식, 상아로 만든 빗치개에 앞이마는 희고 깨끗하니 어쩌면 그리도 천신 같고 어쩌면 그리도 천제 같은지.)”라는 구절이 있다. 이를 활용한 것으로 보인다.

451 自念歷年二朝: ‘自念歷事二朝’의 오기. 서강대본에는 ‘自念歷事二朝’로 되어 있다.

78

裏, 列植奇花異草, 日與長翁主娛樂於其中, 使蘭娘舞釵, 瓊娘調瑟, 駙馬自作浩歌以暢之, 雖裴中立綠野之趣, 王摩詰輞川之樂,[452] 無以加此矣. 守廳奴盧火參者, 參蘇州獄事小奚, 名義童者也. 始終陪行, 忠義甚摯, 尙書愛之若子焉. 尙書丐閒之後, 爲主設消遣之具,[453] 結一大棚, 名曰彩雲棚. 以琉璃爲龕, 四面垂五色綾羅帳, 中置各檥花勝,[454] 皆有面目機栝, 扎起撞竿, 掛紅唐,[455] 縣百丈繩索,[456] 各種脤童,[457] 打諢發科.[458] 第一箇裝外的,[459] 頭戴五花冠, 手垂三

---

452 雖裴中立綠野之趣 王摩詰輞川之樂: 中立은 당나라 재상 裴度의 자이다. 摩詰은 당나라 시인 王維의 자이다. 벼슬에서 물러나 은거하는 생활의 즐거움을 말한다. 『신당서』「열전」〈배도〉에 "時閹豎擅威 天子擁虛器 搢紳道喪 度不復有經濟意 […] 午橋作別墅 具燠館涼臺 號綠野堂 激波其下 度野服蕭散 與白居易劉禹錫爲文章把酒 窮晝夜相歡 不問人間事(그때 환관들이 제멋대로 권력을 휘둘러 천자는 빈 그릇만 쥐고 모든 벼슬아치의 도가 사라지자, 배도는 다시는 나라를 경영하고 구할 마음을 갖지 않았다. […] 오교에 별장을 짓고 따뜻한 방과 시원한 대를 갖추어 녹야당이라고 불렀는데, 아래에는 물결이 쳤다. 배도는 한가하게 백성의 옷을 입고 백거이, 유우석과 문장을 짓고 술을 들어 밤낮이 다하도록 서로 즐기며 세상일을 묻지 않았다.)"라는 기록이 있다. 또한 『신당서』「열전」〈文藝 中〉에 "王維 […] 別墅在輞川 地奇勝 有華子岡 欹湖 竹里館 柳浪 茱萸沜 辛夷塢 與裴迪游其中 賦詩相酬爲樂(왕유가 […] 망천에 별장을 지었는데, 경관이 뛰어났다. 화자강, 의호, 죽리관, 유랑, 수유반, 신이오가 있는데, 배적과 그 속에서 노닐며 부와 시를 서로 주고받는 것을 즐거움으로 삼았다.)"이라는 기록이 있다. 왕유가 지은 시에 〈積雨輞川莊作〉이 있다.

453 爲主設消遣之具: '爲主設消遣之具'의 오기. 서강대본에는 '爲主設消遣之具'로 되어 있다.

454 中置各檥花勝: 花勝은 꽃이 아니므로, 그 수량사인 '檥'을 붙이는 것은 적절하지 않아 보인다. 서강대본에는 '中置各樣花勝'으로 되어 있다. '花勝'은 머리에 붙이는 장식물이다. 『釋名疏證保』「釋首飾」에 "花勝 華象草木華也 勝言人形容正等 一人著之則勝 蔽髮前爲飾(화승. 화는 초목의 꽃을 본뜬 것이다. 승은 사람의 용모가 적절한 것을 말하는데, 한 사람이 붙이는 것이 바로 승이다. 머리 앞을 가려 장식한다.)"이라는 기록이 있다.

455 掛紅唐: '掛紅唐絲'의 오기. 서강대본에는 '掛紅唐絲'로 되어 있다.

456 縣百丈繩索: 서강대본에는 '百丈繩索'으로 되어 있다.

457 各種脤童: 脤童은 '侲童'의 오기. '侲僮'이라고도 한다. 재주를 부리는 아이를 가리킨다. 『성호사설』「萬物門」〈踏索緣橦〉에 "又有緣橦戱 或稱尋橦 即險竿戱也 又名都盧伎 自漢武時有之 都盧國名 其人體輕而善緣 能跟掛腹 旋因橦而見伎 亦謂角觝之戱 西京賦 侲童程材 上下翩翩 突側投而跟掛 若將絶而復聯是也(또 연당희가 있는데, 어떤 이는 심당이라고 하니, 즉 험간희이다. 도로기라고도 한다. 한나라 무제 때부터 있었는데, 도로는 나라 이름이다. 도로국 사람은 몸이 가벼워서 장대를 잘 오른다. 발꿈치를 배에다 걸고 장대에서 돌면서 재주를 보여 주는데 각저희라고도 한다. 〈서경부〉에서 '어린아이가 온갖 재주 부리며 오르락내리락 민첩하게 군다. 갑자기 옆으로 떨어지다가 발꿈치를 걸고, 끊어질 듯하다가도 다시 이어지네.'라고 한 것이 그것이다.)"라는 글이 있다. 장형의 〈서경부〉에는 "侲僮程材 上下翩翻 突倒投而跟絓 譬隕

尺衫, 琥珀纓緊繫頦下, 蓮瓣靴穩踏足武, 兩廣段全幅帶當肚雙垂, 紫霞披[460] 雙行縢承股款拴, 白綾襪輕輕作步, 紅葵扇緩緩繫節.[461] 第二箇戲色的, 鴉青幞頭,[462] 毿毿繫紅毛, 描花羅襴, 扇扇懸翠羽, 黃絹襪穩襯短靿靴,[463] 桃紅扇款係紵紗中, 獅子戲搖頭猖狂, 獼猴舞張手揶揄. 第

79

三箇末色的,[464] 毬頭帽七上八下, 疊勝衫東塗西抹, 繹古談節節, 冰炙雪餅, 吊神詭箇箇, 啞喝魍膽, 念雜文一吻百舌, 誦靈讖十眞九假. 第四箇淨色的,[465] 兩兩和哄, 雙雙對唱, 依院本塡腔調曲, 按神譜打諢開場,[466] 話到格範 龜年卷舌[467]抽出綺語, 霞寓絶倒.[468] 第五箇貼淨的, 標格懦慌, 眼目張狂, 額角塗一道

絕而復聯(어린아이가 온갖 재주 부리며 오르락내리락 민첩하게 군다. 갑자기 거꾸로 떨어지다가 발꿈치를 거니, 비유컨대 끊어졌다가 다시 이어지는 것 같네.)"이라고 되어 있다.

458 打諢發科: 골계적인 동작이나 말로 사람들을 웃음 짓게 하는 것을 말한다. '發科打諢', '插科打諢'이라고도 한다.

459 第一箇裝外的: 裝外는 송나라 잡극에서 남성 조연배우를 이르는 명사. 『수호전』 82회에 송강 등이 투항한 후에 벌인 잔치에서 연극하는 장면에 "頭一個裝外的 黑漆幞頭 有如明鏡 描花羅襴(첫 번째 남성 조연 장외는 검은 칠 관에 명경 같은 것을 가졌는데 비단옷에는 꽃이 수놓아져 있다.)"이라는 구절이 나온다.

460 紫霞披: '紫霞帔'의 오기. 서강대본에는 '紫霞帔'로 되어 있다.

461 緩緩繫節: '緩緩擊節'의 오기. 서강대본에는 '緩緩擊節'로 되어 있다.

462 第二箇戲色的: 『수호전』 82회의 연극 장면에 나온다. 戲色은 본래 '引戲色'으로, 송나라 잡극에 등장하는 조연의 하나이다. 『옥선몽』은 『수호전』에 따라 '戲色'이라 했다.

463 襯短靿靴: 하권 각주 462 '第二箇戲色的' 부분에 있는 서술이다.

464 第三箇末色的: 『수호전』 82회의 잔치 중 연극 장면에 나온다. 末色은 송나라 희곡의 남성 주연을 이르는 명사이다. 末은 '末泥'의 줄임말이며, '正末'이라고도 한다.

465 第四箇淨色的: 『수호전』 82회의 잔치 중 연극 장면에 나온다. 淨色은 송나라 희곡의 조연배우 중 하나로, 주로 우스꽝스러운 행위를 연출한다.

466 依院本塡腔調曲 按神譜打諢開場: 하권 각주 465 '第四箇淨色的' 부분에 있는 "王侯歡滿面 依院本塡腔調曲 按格範打諢發科(왕과 제후는 얼굴에 기쁨이 가득한데 악보에 따라 곡조에 가사를 넣어 곡을 연주하고, 전형에 따라 익살을 부리며 사람들을 웃게 한다.)"라는 서술을 활용한 것이다. 院本은 금나라 때 行院에서 쓰던 연극 대본을 이른다. 북송의 잡극을 이어받아 元曲으로 계승되었다. 행원은 중국 전통 연극에서 배우 역할을 하던 妓女 양성소이다.

467 龜年卷舌: 龜年은 당나라의 음악가 이구년을 가리킨다. 음률에 정통하고 노래, 악기 연주, 작

明戧 面門抹兩色蛤粉, 裹油油膩膩辟魔頭, 穿邋[랍]邋遢[탑]遢潑戲襖.[469] 於是, 搬演雜劇, 裝孤打攛[찬], 吊百戲衆口喧譁, 縱諧語齊聲喝采, 裝扮的是太平年萬國來朝,[470] 雍熙世八仙慶壽,[471] 搬演的是玄宗夢遊廣寒殿,[472] 狄青夜奪崑崙關.[473] 須臾, 一箇魚山花郎,[474] 面着西凉頔, 手把聚頭扇, 撒百痴蹲蹲而出,

곡에 모두 뛰어나 현종이 아꼈다고 한다.

468 霞寓絶倒: 霞寓는 당나라 장수 고하우를 가리킨다. 변화무쌍한 전략으로 많은 전쟁에서 공을 세운 인물이다.

469 第五箇貼淨的~穿邋[랍]邋遢[탑]遢潑戲襖: 『수호전』 82회 잔치 중 연극 장면에 있는 "第五箇貼淨的 忙中九伯 眼目張狂 隊額角塗一道明戧 劈門面搭兩色蛤粉 裹一頂油油膩膩舊頭巾 穿一領刺刺榻榻潑戲襖(다섯 번째 첩정은 바쁜 구백처럼 눈을 희번덕거리며 이마에는 한 줄 밝은 금빛을 바르고, 얼굴은 두 갈래로 나누어 두 가지 색 분가루를 칠하고, 기름 먹어 미끌미끌 반질반질한 구두건 하나를 쓰고, 치렁치렁 너덜너덜한 더러운 저고리 潑戲襖를 입었다.)"라는 서술을 활용한 것이다. '貼淨'은 淨色과 짝을 맞추어 연기하는 배우이다. '邋邋遢遢'은 정결하지 못한 모습으로, 의미상 '刺刺榻榻'과 다르지 않다.

470 萬國來朝: 많은 나라가 와서 朝拜하는 장면. 이를 그린 '萬國來朝圖'가 적지 않게 전하고 있다. 『좌전』「哀公 七年」에 있는 "禹合諸侯於塗山 執玉帛者萬國(우왕이 도산에서 제후를 모았을 때 옥과 폐백을 가지고 온 나라가 일만 개였다.)"이라는 서술에 근원하고 있다.

471 八仙慶壽: 중국 전설에서 여덟 신선이 蟠桃會에 초대되어 서왕모의 장수를 축원하는 장면. 이를 그린 '팔선경수도'가 적지 않게 전하고 있다. 잔치가 끝나고 여덟 신선이 바다를 건너 돌아가는 장면인 '八仙過海' 또한 널리 알려진 전설로, 경극의 소재로도 유명하다. 팔선은 일반적으로 何仙姑, 韓湘子, 曹國舅, 藍采和, 鍾離權, 李鐵拐, 呂洞賓, 張果老를 가리킨다.

472 玄宗夢遊廣寒殿: 당나라 문인 유종원의 〈明皇夢遊廣寒宮〉에 "開元六年 上皇與申天師道士鴻都客 八月望日夜 因天師作術 三人同在雲上游月中 […] 頃見一大宮府 榜曰 廣寒清虛之府 […] 下見有素娥十餘人 皆皓衣乘白鸞往來 笑舞於廣陵大桂樹之下 又聽樂音嘈雜亦甚清麗 上皇素解音律 熟覽而意已傳 頃天師亟欲歸 三人下若旋風 忽悟若醉中夢回爾 次夜上皇欲再求往 天師但笑謝不允(개원 6년 현종이 천사 신원지, 도사 홍도객과 있었다. 8월 보름날 밤에 천사가 도술을 부려 세 사람이 함께 구름 위 달에서 노닐었다. […] 잠시 후 큰 궁전이 보였는데 방에 '광한 청허부'라고 쓰여 있었다. […] 아래로 내려다보니 젊은 여인 10여 명이 모두 흰옷에 흰 난새를 타고 왕래하면서 광릉의 큰 계수나무 아래에서 웃으며 춤을 추고 있었다. 또한 떠들썩한 음악 소리가 들렸는데 역시 매우 맑고 아름다웠다. 현종이 평소 음률에 익숙하여 자세히 눈여겨보니 뜻이 이미 전해졌다. 잠시 후 천사가 급히 돌아가고자 하여 세 사람이 회오리바람같이 내려와 갑자기 깨니 마치 취한 중에 꿈에서 돌아온 것 같았다. 다음 날 밤에 현종이 다시 가고자 했으나 천사는 다만 웃으며 사양하고 허락하지 않았다.)"이라는 서술이 있다.

473 搬演雜劇~狄青夜奪崑崙關: 『수호전』 82회 잔치 중 연극 장면에 있는 "搬演雜劇 裝孤打攛 個個青巾桶帽 人人紅帶紅袍 吹龍笛 擊鼉鼓 聲震雲霄 彈錦瑟 撫銀箏 韻驚魚鳥 吊百戲衆口諠譁 縱諧語齊聲喝采 裝扮的是太平年萬國來朝 雍熙世八仙慶壽 搬演的是玄宗夢遊廣寒殿 狄青夜奪崑崙關(이에 잡극을 공연했다. 장고가 무대 위에서 이리저리 뛰어다니는데, 각각 푸른 두건에 통건을 쓰고, 사람마다 붉은 띠에 붉은 도포를 입고 있었다. 용 피리를 불고 악어 가죽으로 만든 북을 치니 소리가 구름 낀 하늘에 울렸고, 비단 거문고를 튕기고 은빛 아쟁을 연주하

把頭一搖, 左肩聳右肩聳, 左左右右肩隨聳, 念念一呪道: "𠹳[바]囉[야]吽[라훔]阿彌陀佛, 極樂世界, 日光大主, 爺爺上云爺爺上云."[475] 引𦃇索荷荷一笑.[476]

80

虛飄飄虛飄飄, 爺爺上來何所騎?

箝狻猊而服輈兮, 笞鸞鳳而扈駕.

虛飄飄虛飄飄, 爺爺上來何所衣?

青雲衣兮白霓裳,[477] 憺偃蹇兮乍延佇.[478]

니 울림이 물고기와 새를 놀라게 했다. 많은 배우가 여러 입을 모아 시끌벅적 재담을 늘어놓으니 일제히 갈채를 보낸다. 분장은 태평한 시절에 모든 나라에서 조회하러 오고, 평화로운 시대에 초대된 여덟 신선이 서왕모의 장수를 축원하는 모습이다. 공연은 당나라 현종이 꿈속에서 광한전에서 노닐고, 송나라의 명장 적청이 밤에 곤륜관을 빼앗는 내용이다.)"이라는 서술에서 밑줄 친 부분 외에는 그대로 가져온 것이다. '裝孤'는 중국 잡극에서 관리 역할을 하는 배우이다. 狄靑은 북송의 명장이다.『夢溪筆談』「權智」에 "狄靑爲樞密副使 宣撫廣西 時儂智高據崑崙關 靑至賓州 値上元節 令大張燈燭 首夜燕將佐 次夜燕從軍官 三夜饗軍校 首夜樂飮徹曉 次夜二鼓時 靑忽稱疾 暫起如內 久之 使人諭孫元規 令暫主席行酒 少服藥乃出 數使人勤勞座客 至曉 各未敢退 忽有馳報者云 是夜三鼓 靑已奪崑崙矣(적청이 추밀부사가 되어 광서 지역의 민심을 다독였다. 그때 농지고가 곤륜산에 웅거하고 있었다. 적청이 빈주에 이르렀을 때 상원절이 되자 등촉을 크게 펼치라고 명령했다. 첫날 밤에는 장군과 보좌에게, 둘째 날 밤에는 종군관에게 잔치를 베풀고, 셋째 날 밤에는 군교를 대접했다. 첫째 날 밤에는 새벽까지 음악을 하고 술을 마시더니, 둘째 날 밤에는 이경에 적청이 갑자기 병을 핑계로 잠시 일어나 안으로 갔다. 얼마 후 사람을 보내 손원규에게 잠시 주인의 자리에서 술을 마시라고 하고는 약을 먹겠다며 나갔다. 자주 사람을 보내 자리에 앉은 사람들을 힘들게 하니, 새벽이 되어도 감히 물러나지 못하고 있었다. 그런데 갑자기 급히 달려와 알리는 사람이 '이날 밤 삼경에 적청이 이미 곤륜관을 탈환했다.'라고 했다.)"라는 기록이 있다. 적청이 곤륜관을 탈환한 기록은『송사』「열전」〈적청〉에서도 찾아볼 수 있다.

474 魚山花郎: 魚山은 梵唄의 다른 말이고, 花郎은 악사를 맡은 남성 세습무인 '화랭이'를 가리킨다.

475 爺爺上云爺爺上云: 서강대본에는 '爺爺上去上云'으로 되어 있다.

476 引𦃇索荷荷一笑: 서강대본에는 '引𦃇索荷荷一笑 爺爺上云'으로 되어 있다.

477 青雲衣兮白霓裳: 굴원의 〈東君〉에 있는 "青雲衣兮白霓裳 擧長矢兮射天狼(푸른 구름 저고리에 흰 무지개 치마를 입고, 긴 화살 메겨서 천랑성을 쏜다.)"이라는 구절을 가져온 것이다.

478 憺偃蹇兮乍延佇: 굴원의 「九歌」〈東皇太一〉에 "靈偃蹇兮姣服 芳菲菲兮滿堂(무당이 아름답게 옷을 치장하여 입고 우아하게 춤을 추니 향기가 그윽하여 온 집 안에 가득하다.)"이라는 구절이 있다. 여기서 偃蹇은 우아하게 춤을 추는 모양이다. 한나라 문학가 王逸의『楚辭章句』에서는 이 구절에 대하여 "偃蹇 舞貌 姣好也 服飾也(언건은 춤추는 모양이다. 교는 아름다움이

虛飄飄虛飄飄, 爺爺上來何所思?

郭汾王之富貴歟,[479] 李謫仙之風彩歟.

靈鷄唱而喔喔, 瞻故國而悱惻.

世上功名都抛却, 底事如彼掛高高.

虛飄飄虛飄飄, 爺爺上來還下去.

闋曰:

紅蓼灘頭, 白蘋汀畔, 皓月空凝碧.

刹刹塵塵停伎倆, 只等蓬萊消息.

筭到了天地如蝸殼,[480] 塵愁萬種, 賺得雄英頭白.[481]

偈曰:

六根束縛多年, 四大牽纏已久.

堪嗟石火光中, 翻了幾箇筋斗.

咦閻浮世界諸衆生, 泥沙堆裏頻哮吼.[482]

다. 복은 치장이다.)"라는 주석을 달고 있다. 서강대본에는 '瞻偃蹇兮乍延佇'로 되어 있다.

479 郭汾王之富貴歟: 당나라의 정치인 郭子儀가 汾陽王에 봉해진 것을 감안할 때, '郭汾陽之富貴歟'의 오기로 보인다. 상권 각주 578 참고. 서강대본에는 '郭汾陽之富貴歟'로 되어 있다.

480 天地如蝸殼: 세상일의 시시함을 이른 말. 蝸角之爭. 상권 각주 359, 하권 각주 115 참고.

481 賺得雄英頭白: '賺得英雄頭白'의 오기. 서강대본에는 '賺得英雄頭白'으로 되어 있다. 부귀공명을 얻기 위해 속아 평생을 허비한 것을 가리킨다. 『태평광기』「總敍進士科」에 "修身愼行 雖處子之不若 其有老死於文場者 亦無所恨 故有詩曰 太宗皇帝眞長算 賺得英雄盡白頭 李肇曰 進士爲時所尙久矣 是故俊人由此出者 終身爲文人 故爭名常切 爲時所弊(몸을 수양하고 행동을 삼가며 비록 처녀보다 못한 부분이 있어도 과거 시험장에서 늙어 죽으니 또한 한할 것이 없었다. 그래서 시에서는 '당 태종 황제 장구한 계책을 세워, 영웅을 속여 전부 흰머리로 만들었네.'라고 했다. 이조(당나라 문인)가 말했다. '진사는 당시에 숭상한 바가 오래되었다. 이런 연고로 이로부터 나온 빼어난 사람은 종신토록 문인이 되었다. 그리하여 명성을 쟁취하는 데 항상 간절했으니, 당시의 폐단이 되었다.')"라는 구절이 있다. 시는 당나라 문인 趙嘏가 지은 것이라고 한다.

482 偈曰~泥沙堆裏頻哮吼: 『수호전』 90회에서 智眞長老가 송강 등에게 해준 偈와 같다. 다만 '堪

81

爺爺下云.

一箇世鬟女巫, 茶紅裙, 松黃襦, 搖雙鈴星星而語. 又手一拜, 念念一呪道: "千手千眼, 觀自在菩薩, 南無極樂世界, 月光季主, 娘娘上云上云." 引綵索嚇嚇一笑. 娘娘上云.

娉亭亭娉亭亭, 娘娘上來何所騎?

駕彩鸞兮鞭青鳳, 步虛空兮襪生塵.

娉亭亭娉亭亭, 娘娘上來何所衣?

百結同心合歡錦, 搖曳輕風上霄漢.

娉亭亭娉亭亭, 娘娘上來何所思?

秦樓月滿簫聲咽,[483] 鶴背仙官來何遲?

錦屋豪華終百齡, 更鴛鴦遊綠池.[484]

繡枕瑤床都抛却, 底事如彼掛高高.

娉亭亭娉亭亭, 娘娘上來還下去.

詞曰:

梨花月上徘徊, 蘭叢露滴淋浪.

問訊玉女, 此日此時, 幽抱

82

如何攔當?

嗟'가 '堪嘆'으로 되어 있는 것은 다른 점이다. '四大'는 불가 용어로 물체를 구성하는 地, 水, 火, 風의 네 요소를 말한다.

483 秦樓月滿簫聲咽: 춘추시대에 농옥이 진루에서 피리를 불다 신선이 되었다는 이야기가 있다. 하권 각주 50 참고.

484 更鴛鴦遊綠池: 서강대본에는 '更化鴛鴦遊綠池'로 되어 있다. 7언이어야 하므로, 서강대본이 적절해 보인다.

風燭生涯, 流水年光, 算來著甚干忙.[485]

翠禽啼醒羅浮夢,[486] 搖蕩春風滿庭芳.

偈曰:

生來不識因果, 半世生長金宮.

一結氷下赤繩,[487] 更作袖中金鈴. 咄![488]

---

485 算來著甚干忙: 소동파의 〈滿庭芳詞〉에 "蝸角虛名 蠅頭微利 算來著甚干忙(달팽이 뿔의 허망한 명예, 파리 머리 위의 작은 이익. 따져 보니 뭐가 그리 바쁜가?)"라는 구절이 있다. 다음 구절에 '滿庭芳'이 나오는 것과 연관되어 의미가 생긴다.

486 翠禽啼醒羅浮夢: 『수호전』 69회에서 동평부 西瓦子 창기인 이서란의 모습을 묘사하는 시에 "翠禽啼醒羅浮夢 疑是梅花靚曉床(물총새 울음소리에 한바탕 취한 나부산의 꿈 깨니 아마도 매화가 새벽 침상에서 단장한 듯)"이라는 구절이 있다. 『龍城錄』「趙師雄醉憩梅花下」에 "隋開皇中 趙師雄遷羅浮 一日天寒日暮 在醉醒間 因憩僕車於松林閒酒肆傍舍 見一女人 淡粧素服 出迓師雄 時已昏黑 殘雪對月色微明 師雄喜之與之語 但覺芳香襲人 語言極清麗 因與之扣酒家門 得數盃相與飮 少頃有一綠衣童來 笑歌戲舞亦自可觀 頃醉寢 師雄亦懵然 但覺風寒相襲久之 時東方已白 師雄起視乃在大梅花樹下 上有翠羽啾嘈相顧 月落參橫 但惆悵而爾(수나라 개황 연간에 조사웅이 나부산에 갔다. 어느 춥고 저문 날에 취했다 깼다 하는 사이에 송림 사이의 주점 옆집에 수레를 세우고 쉬다가 보니 흰옷을 입고 소박하게 단장한 여인이 나와 사웅을 맞이했다. 때는 이미 어두웠고 잔설은 달빛을 대하여 희미하게 빛났다. 사웅이 기뻐 함께 이야기하다가 아름다운 향기가 사람에게 스미고 언어는 지극히 맑고 아름다움을 알게 되었다. 인하여 함께 술집 문을 두드려 여러 잔을 시켜 같이 마셨다. 얼마 되지 않아 푸른 옷을 입은 동자가 와서 웃으며 노래하고 춤을 추니 또한 절로 볼 만했다. 잠시 후 술에 취해 잠들었고, 사웅도 또한 정신이 없었다. 다만 바람과 찬기운이 오래 엄습하여 깨어났다. 그때 동방은 이미 밝았다. 사웅이 일어나 살펴보니 큰 매화나무 아래였는데, 위에서는 비취 새들이 지저귀며 서로 돌아보고 있었다. 달은 지고 삼성도 기울어 다만 쓸쓸한 마음뿐이었다.)"라는 글이 있다. 이후 매화를 羅浮夢이라고도 한다.

487 一結氷下赤繩: 부부의 인연 맺음을 뜻한다. 『晉書』「열전」〈索紞〉에 "索紞字叔徹 敦煌人也 [···] 孝廉令狐策 夢立冰上 與冰下人語 紞曰 冰上爲陽 冰下爲陰 陰陽事也 士如歸妻 迨冰未泮 婚姻事也 君在冰上與冰下人語 爲陽語陰 媒介事也. 君當爲人作媒 冰泮而婚成 策曰 老夫耄矣 不爲媒也 會太守田豹因策爲子 求鄕人張公征女 仲春而成婚焉(색담의 자는 숙철로 돈황 사람이다. [···] 효렴으로 추천된 영호책이 얼음 위에 서서 얼음 아래에 있는 사람과 이야기하는 꿈을 꾸었다. 색담이 말했다. '얼음 위는 양이 되고 얼음 아래는 음이 되니, 음양의 일입니다. 선비가 아내를 맞아들이려면 얼음이 풀리기 전에 해야 한다고 했으니 혼인 관련 일입니다. 그대가 얼음 위에서 얼음 아래에 있는 사람과 이야기를 나눈 것은 양이 되어 음과 이야기를 한 것이니, 중매를 하는 일입니다. 그대가 다른 사람을 위해 중매를 하면 얼음이 풀릴 무렵 성사될 것입니다.' 영호책이 말했다. '늙은이는 80, 90이 되었으니 중매할 수가 없습니다.' 때마침 태수 전표가 영호책에게 자기 아들을 위해 마을 사람 장공의 딸을 구해 달라고 하여 중춘에 혼사가 이루어졌다.)"이라는 기록이 있다. 또한 『태평광기』「定數」〈定婚占〉에 "杜陵韋固 少孤 思早娶婦 多歧 求婚不成 [···] 有老人倚巾囊 坐於階上 向月檢書 覘之 不識其字 固問曰 老父所尋者何書 固少小苦學 字書無不識者 西國梵字 亦能讀之 唯此書目所未覿 如何 老人笑

娘娘下云.

一箇白雲和尙, 七袈裟六環杖, 靑旋旋光頭新剃, 黃烘烘直裰初縫,[489] 敲鈷子吽吽而念. 合掌一禮, 緩緩一唄道: "奉獻一片香, 德用難思義, 根蟠塵沙界, 葉覆五須彌, 南無大勢祗菩薩, 光明世界, 玉華夫人, 桂娘上云上云."

引綵索哈哈一笑.

桂娘上云.

花脉脉花脉脉, 桂娘上來何所衣?

蹙蹙猩紅石榴裙, 窄窄鵝黃杏子衫.

花脉脉月脉脉, 桂娘上來何所粧?

丹臉笑回花萼麗, 綠鬟梳罷彩雲停,

曰 此非世間書 君因得見 [⋯] 固曰 然則君何主 曰 天下之婚牘耳 固喜曰 固少孤 嘗願早娶以廣後嗣 爾來十年 多方求之 竟不遂意 今者人有期此 與議潘司馬女 可以成乎 曰 未也 君之婦適三歲矣 年十七 當入君門 因問囊中何物 曰 赤繩子耳 以繫夫婦之足 及其坐則潛用相繫 雖讐敵之家 貴賤懸隔 天涯從宦 吳楚異鄕 此繩一繫 終不可逭 君之脚已繫於彼矣 他求何益(두릉 지방 사람 위고는 어려서 아버지를 여의고 일찍 아내를 맞으리라 생각했으나 많이 어그러져 구혼하여도 이루어지지 않았다. [⋯] 어떤 노인이 헝겊으로 된 배낭에 기대어 계단 위에 앉아 달빛 아래에서 책을 뒤적이고 있었다. 슬쩍 엿보았으나 글자를 알 수가 없어 위고가 물었다. '노인께서 뒤적이고 있는 것은 어떤 책입니까? 제가 어려서부터 어렵게 공부하여 모르는 문자와 글이 없습니다. 서역의 범어도 또한 읽을 수 있는데, 오직 이 책은 이해할 수 없으니 어찌 된 것입니까?' 노인이 웃으며 말했다. '이것은 인간 세상의 책이 아닌데 그대가 보게 되었군요.' [⋯] 위고가 물었다. '그렇다면 당신은 무엇을 주관하십니까?' 노인이 말했다. '세상의 혼인입니다.' 위고가 기뻐 말했다. '저는 어려서 아버지를 여의고 일찍이 빨리 장가들어 후사를 퍼트리려 하여 10년 동안 다방면으로 구했으나 끝내 뜻을 이루지 못했습니다. 지금 여기에서 만나기로 한 사람이 반 사마의 딸과 혼인을 의논하려는데 성사가 되겠습니까?' 노인이 말했다. '안 됩니다. 그대의 아내는 지금 세 살이니, 열일곱 살이 되면 그대의 집안에 들어올 것입니다.' 인하여 배낭 안에 무슨 물건이 있는지 묻자, 말했다. '붉은 새끼줄일 뿐이니 부부의 발을 묶는 것입니다. 앉아 있을 때 몰래 서로 묶으면 비록 원수의 집안이거나 귀천에 큰 차이가 있거나 하늘 아래 먼 곳에서 벼슬을 하거나 오나라 초나라의 서로 떨어진 마을에 있더라도 이 새끼줄로 한 번 묶으면 끝내 벗어날 수 없습니다. 그대의 다리는 이미 저에게 묶였으니 다른 것을 구한들 무엇이 좋겠습니까?')"이라는 글이 있다. 月下氷人, 月繩氷語라고도 한다.

488 咄: 서강대본은 '咄咄'로 되어 있다.

489 一箇白雲和尙~黃烘烘直裰初縫: 『수호전』 49회에서 석수가 반교운과 私通한 중 배여해를 처음 본 장면에 나오는 "一個靑旋旋光頭新剃 把麝香松子勻搽一領 黃烘烘直裰初縫(새로 깎은 검고 둥근 민머리에, 사향과 송자를 옷 한 벌에 고루 발랐으며, 갓 꿰맨 승복은 노랗고 번쩍번쩍했네.)"이라는 구절을 활용한 것이다.

步搖寶髻尋春去, 凌波仙襪帶月行.[490]

花脉脉月脉脉, 桂娘上來何所恨?

離別煙波凡幾年, 西廂待月月上遲,

銷金帳裏情緣惡, 嚖星中夜抱裯回,[491]

花脉脉月脉脉, 桂娘上來還下去.

詞曰:[492]

83

楚天空闊, 鴈離群萬里, 恍然驚散.

自顧影欲下寒塘, 正草枯沙淨, 水平天遠.

寫不成書, 只寄相思一点.

暮日空濠, 曉烟古塹, 訴不盡許多哀怨.

揀盡蘆花無處宿, 歎何時玉關重見.

嘹嚦憂愁嗚咽, 恨江渚難留戀.

晴觀他春畫歸來,[493] 畫樑雙鷰.”[494]

490 丹臉笑回花萼麗~凌波仙襪帶月行: 『수호전』 65회에서 안도전이 기생 이교노를 아끼는 장면에 나오는 시의 “步搖寶髻尋春去 露濕凌波步月行 丹臉笑回花萼麗 朱絃歌罷彩雲停(쪽 찐 머리에 머리 장식 보요 달고 봄놀이 떠나는데 이슬이 달빛 아래 거니는 미인의 걸음걸이를 적시네. 웃으며 돌리는 발그레한 뺨, 붉은 줄 현악기에 노래가 끝나니 채색 구름 멈추네.)”이라는 구절을 활용한 것이다.

491 抱裯回: 첩이 투기하지 않고 본처와 사이좋게 지냄을 의미한다. 『시경』「召南」〈小星〉에 “嘒彼小星 維參與昴 肅肅宵征 抱衾與裯 寔命不猶(희미한 작은 별 삼성과 묘성이구나. 이불과 홑이불을 안고 오니, 진실로 운명이 같지 않음이라.)”라는 구절이 있다.

492 花脉脉花脉脉~詞曰: 저본에는 없으나 서강대본에 있어 이를 보충했다.

493 晴觀他春畫歸來: 『옥선몽』에서 수용한 원전 작품을 고려할 때, ‘請觀他春畫歸來’의 오기이다. 서강대본에는 ‘請觀他春畫歸來’로 되어 있다.

494 楚天空闊~畫樑雙鷰: 『수호전』 90회에서 송강이 기러기를 쏜 연청의 일을 생각하면서 지은 詞와 같다. 송강의 사는 송나라 문인 장염의 사를 바탕으로 지었다. 장염의 저서 『山中白雲詞』〈解連環 孤雁〉에 “楚江空闊 悵離群萬里 恍然驚散 自顧影欲下寒塘 正沙淨草枯 水平天遠 寫不成書 只寄得相思一点(초나라 강은 공활한데 슬피 무리를 떠나 만 리나 날아온 기러기는

偈曰:

梨花村桂娘子, 生在綠羅中.

一曲琵琶誤人, 千里湖雲斷腸.

咦! 一上華筵恩分感, 便守羅帷終一生.

桂娘下云.

一箇金門羽客, 衣鶴氅衣, 持白羽扇, 敲玉磬, 偃蹇而來. 踏罡步斗, 誦靈經道: "靑靑之月, 與日同昇, 合兩成一, 大如彈, 黃如橘,[495] 萬八劫淸凉世界, 金華夫人, 鞠娘上云上云."

84

引采索許許一笑.

鞠娘上云.

紅嫋嫋綠嫋嫋, 鞠娘上來何所衣?

軍裝服色宮樣餙, 豹皮裋襠翠羽裙.

紅嫋嫋綠嫋嫋, 鞠娘上來何所粧?

巧染榴花籠瑞雪, 明鋪魚魫映烏雲.[496]

화들짝 놀라 흩어지네. 제 그림자 돌아보고 찬 연못으로 내려가려는데 모래는 깨끗하고 풀은 말랐네. 물은 잔잔하고 하늘은 멀기만 하니 글자로는 글을 이룰 수 없어 그저 한 점 그리움만 부칠 수밖에.)"이라는 구절이 있다. 『수호전』과는 밑줄 친 부분만 약간 다르다.

495 靑靑之月~黃如橘: 『동파시집주』「酬答 上」〈次韻沈長官三首〉의 "道山中食無肉 玉池淸水自生肥(듣자니 산중에는 고기 반찬이 없다는데, 신선 연못의 맑은 물로 절로 살쪘구려.)" 구절에 나오는 "九星上經云 靑靑之月 與日同昇 合兩成一 出彼玉池 入乎金屋 大如彈 黃如橘 中有佳味 甜如蜜(구성상경에 '푸르고 푸른 달이 해와 함께 올라 둘이 합하여 하나 되어 저 옥지에서 나오고 금옥으로 들어간다. 크기는 탄환 같고 노랗기는 귤과 같다. 그 속에 좋은 맛이 있으니 꿀같이 달다.)"이라는 주석을 활용한 것이다.

496 巧染榴花籠瑞雪 明鋪魚魫映烏雲: 『수호전』 29회에서 무송이 본 장문신의 첩의 모습을 노래한 시에 나오는 "冠兒小明鋪魚魫 掩映烏雲 衫袖窄巧染榴花 薄籠瑞雪 金釵插鳳 寶釧圍龍(장식인 어침을 밝게 펼친 작은 모자는 검은 머리에 어울려 돋보였고, 교묘하게 석류꽃을 물들인 좁은 소매는 눈처럼 흰 피부를 얇게 감쌌다. 금빛 비녀에는 봉황 모양이 새겨져 있고, 보배로운 팔찌에는 용 모양이 둘러져 있었다.)"이라는 구절을 활용한 것이다.

紅嫋嫋綠嫋嫋, 鞠娘上來何所恨?

煮鶴燒琴蹈危機, 憐香惜玉感情緣.[497]

寶刀中刻報恩字,[498] 懺罪通誠祝眞君.

紅嫋嫋綠嫋嫋, 鞠娘上來還下去.

詞曰:

天然標格這梅魂.

堆紅凝白, 誤生泥中, 亭亭獨立, 不染緇塵.

東君想留倩, 年年與傳花信.

昨夜前村, 雪裏有一杖先.[499]

念君子, 只願長相接, 感宋玉作賦, 憐吾寂莫.[500]

試問丹靑, 是

85

怎生描得.

497 煮鶴燒琴蹈危機 憐香惜玉感情緣: 『醒世恒言』〈賣油郎獨占花魁〉에 "焚琴煮鶴從來有 惜玉憐香幾個知(거문고를 불태우고 학을 삶는 것은 예전부터 있었지만, 옥과 향(여인)을 아끼는 것을 몇이나 알까?)"라는 구절이 있다. 또한 『사문유취』「雜著」〈燒琴煮鶴〉에 "衛懿公好鶴 以亡其國 房次律好琴 得罪至死 乃知燒煮之士 亦自有理(위나라 의공은 학을 좋아하다가 나라를 망하게 했고, 방차율은 거문고를 좋아하다가 죄를 얻어 죽음에 이르렀다. 태우고 삶는 선비들에게 또한 일리가 있음을 알겠다.)"라는 기록이 있다. 『詩人玉屑』「玉溪生」〈殺風景〉에 "義山雜纂 品目數十 蓋以文滑稽者 其一曰 殺風景 謂清泉濯足 花上曬褌 背山起樓 燒琴煮鶴 對花啜茶 松下喝道(이의산(당나라 시인 李商隱. 의산은 자)의 〈잡찬〉에 목록이 수십 개인데 대개 글로 골계를 이룬 것이다. 그 하나가 살풍경이니, '맑은 물에서 발 닦기', '꽃 위에 속옷 널어 말리기', '산을 등지고 누각 짓기', '거문고를 태우고 학을 삶기', '꽃을 보면서 차 마시기', '소나무 아래에 있는데 길 비키라는 높은 사람의 외침'을 이른다.)"라는 기록도 있다.

498 寶刀中刻報恩字: 당나라 시인 張說의 〈岳州作〉에 "冠劒日苔蘚 琴書坐廢撤 唯有報恩字 刻意長不滅(관과 검에는 날로 이끼가 생기고, 거문고와 서책은 앉은 채 버려 두네. 오직 보은이라는 글자를 마음에 새겨 길이 사라지지 않게 하리.)"이라는 구절이 있다.

499 雪裏有一杖先: 『옥선몽』에서 수용한 원전 작품을 고려할 때 '雪裏有一枝先拆'의 오기. 서강대본에는 '雪裏有一枝先拆'으로 되어 있다.

500 憐吾寂莫: '憐吾寂寞'의 오기. 서강대본에는 '憐吾寂寞'으로 되어 있다.

或恐一夜風狂, 更那堪, 數聲羌笛.

願君將此調羹, 勸行人休摘.[501]

偈曰:

鞠綵蘭, 鞠綵蘭, 起身自綠林.

兩口敵人釰, 一片報恩心.

忽然轉禍爲福, 飛入沁宮侍寢.[502]

咄! 若敎解造九層塔, 此心寧靳萬兩金.[503]

鞠娘下云.

戱訖定場張樂, 鼓鏜鏜, 缶坎坎, 琴澄澄, 簫霤霤, 笛嘐嘐, 日以爲樂, 殆將寵辱俱忘. 未知夢玉晩節何如, 且看下弓分解.

---

501 天然標格這梅魂~勸行人休摘: 朱希眞(송나라 문인 朱敦儒. 희진은 자)의 〈孤鸞 早梅〉를 활용한 것이다. 『文章辨體』「近代詞曲」〈고란 조매〉의 원문은 다음과 같다. "天然標格 是小蕚堆紅 芳姿凝白 淡竚新粧 淺點壽陽宮額 東君想留厚意 倩年年 與傳消息 昨日前村 雪裏有一枝先拆 念故人 何處水雲隔 縱馹使相逢 難寄春色 試問丹靑手 是怎生描得 曉來一番雨過 更那堪 數聲羌笛 歸去和羹未晩 勸行人休摘(천연의 품격, 작은 꽃받침에는 붉은빛 쌓이고 아름다운 자태에 흰빛 엉기니 맑고 아담하게 새로이 단장하여 수양 공주의 이마를 옅게 물들이네.(『태평어람』「時序部 十五」〈人日〉에 "송나라 무제의 딸 수양 공주가 인일(음력 1월 7일)에 함장전 처마 아래에 누워 있었다. 매화가 공주의 이마에 떨어져 오출화를 이루었는데 털어도 없앨 수 없었다. 황후가 그대로 두게 하고 언제까지일지 보았는데 3일이 지나 물로 닦으니 떨어졌다. 궁녀들이 기이하게 여겨 마침내 모방했다, 지금의 매화장이 그것이다."라는 기록이 있다.) 봄은 후의를 남겨 해마다 아름답게 소식을 전하려 하는데 어젯밤 앞마을에서 눈 속에 한 가지가 먼저 피어났구나. 벗을 생각하니 물과 구름이 막힌 어딘가에 있어 비록 역마로 서로 만난다고 해도 봄빛을 부치기는 어려워 화가에게 물어본다. 이것을 어떻게 그려 낼 수 있겠냐고. 새벽에 한바탕 비가 지났는데 한층 더하여 오랑캐 피리 소리도 들리네. 돌아가 늦지 않게 매화로 국에 간을 맞추리니, 행인에게는 따지 말라 하소서.)"

502 飛入沁宮侍寢: 沁宮은 곧 沁園이다. 하권 각주 439 참고.

503 鞠綵蘭~此心寧靳萬兩金: 『수호전』 99회에서 대혜선사가 노지심을 대하여 읊은 "魯智深魯智深 起身自綠林 兩隻放火眼 一片殺人心 忽地隨潮歸去 果然無處跟尋 咄 解使滿空飛白玉 能令大地作黃金(노지심이여, 노지심이여! 도적의 소굴에서 몸을 일으켜 불을 놓으려는 두 눈동자에 총체적으로 살인하는 마음을 가졌네. 갑자기 물결 따라 돌아가려는데 과연 찾아갈 곳이 없구나. 쯧! 하여금 하늘 가득 백옥이 날리게 할 수 있다면 능히 대지를 황금으로 만들 수 있으리라.)"이라는 법어(法語)를 활용한 것이다.

第十一弓

錢夢玉參禪靈隱寺 許巨通覺夢青鶴洞

86

却說, 己巳春, 翁主以美疹下世, 尙書年纔三十七, 便遭斷絃之痛, 尤極無意於世. 歸其賜牌·臧獲·宮觀於國, 更營私第於賣花坊中, 獨與綵娘瓊娘居室. 皇上痛其長翁主之早世, 嘅其夢玉之誼絶, 復召夢玉以禮部尙書, 夢玉上表固辭. 翼年己巳,[504] 北虜大入, 王師屢敗, 中原板蕩, 皇帝北狩. 九月郕王卽位, 是爲景帝,[505] 遙尊英宗爲太上皇.[506] 尙書見國事之倒懸, 中夜撫枕, 歎消痛恨,[507] 譬如大厦將傾, 非一木可支也,[508] 故尙書上章乞骸, 章三上, 皇上許之. 乃與綵瓊兩娘, 率如干傔從, 將歸老於錢塘, 箠室於天目山下, 扁其楣曰悅樂堂, 取陶元亮「歸去來詞」所謂'悅親戚之情話, 樂琴書而消憂'之意也. 日與宗族故舊, 燕

504 翼年己巳: 공주가 죽은 해가 '己巳'이므로 '翼年庚午'의 오기이다. 서강대본에는 '翌年庚午'로 되어 있다. '翼'과 '翌'은 통한다.

505 是爲景帝: 景泰帝로 잘 알려진 명나라 7대 임금. 서강대본에는 '是爲景泰帝'라고 되어 있다. 폐위되었다가 8대 임금 헌종이 '恭仁康定景皇帝'라는 시호를 내려주어 '景帝'라고도 한다. 번역은 경태제로 한다.

506 遙尊英宗爲太上皇: 『明史』「본기」〈英宗前紀〉에 "秋七月己丑 瓦剌也先寇大同 參將吳浩戰死 下詔親征 吏部尙書王直帥群臣諫 不聽 癸巳 命郕王居守 […] 至鷂兒嶺遇伏 全軍盡覆 辛酉 次土木 被圍 壬戌 師潰 死者數十萬 […] 辛未 帝至威寧海子 甲戌 至黑河 九月癸未 郕王即位 遙尊帝爲太上皇帝(추7월 기축에 와자의 야선이 대동을 약탈했는데, 참장 오호가 전사했다. 영종이 친히 정벌하겠다고 조서를 내리자, 이부상서 왕직이 여러 신하를 데리고 간했으나 듣지 않았다. 계사에는 성왕에게 지키라고 명했다. […] 요아령에 이르러 매복을 만나 전군이 다 무너졌다. 신유에는 토목에 갔다가 포위당하고 임술에는 군사가 궤멸되어 죽은 자가 수십만이나 되었다. […] 신미에는 위령 해자에 이르렀고, 갑술에는 흑하에 이르렀다. 9월 계미에 성왕이 즉위하고 영종을 태상황제로 추존했다.)"라는 기록이 있다.

507 歎消痛恨: '歎息痛恨'의 오기. 서강대본에는 '歎息痛恨'으로 되어 있다.

508 譬如大厦將傾 非一木可支也: 『수호전』 69회에서 송강이 交戰 상대인 동평에게 "你這個寡將 怎敢當吾 豈不聞 古人有言 大厦將傾 非一木可支(너 보잘것없는 장군이 어찌 감히 나를 당해 내겠는가? 옛사람이 큰 건물이 기울어져 나무 하나로는 지탱할 수가 없다고 한 말을 어찌 듣지 못했는가?)"라는 구절이 있다. 이런 표현은 다른 곳에도 많이 보인다.

飮於悅樂堂中, 以送餘年. 一日, 乘小輿上天目山, 尋苕水之源, 飮一杯寒淥, 因投靈隱寺, 與數三法師, 說因果之

87

理, 問空色之源. 于時, 碧囪寒處, 洞門烟鎖, 丹竈煖時, 石室雲封, 白鹿含花穿林去, 蒼猿擎果度岩來.[509] 三淸殿上擊金鍾, 道士步虛, 四聖堂前扣玉磬, 眞人禮斗.[510] 夢玉因憑几而坐, 嗒然似喪其耦,[511] 心如中酒, 漸忘世間許多悲歡. 須臾, 洞天乍低, 雲霧窈冥, 精神厭厭如井中之星, 搖搖如風外之烟, 若存若無, 忽地從半空中, 一聲響亮, 因蘧蘧而寤, 一身宛在金剛佛前香桌之下, 黃冠草屩, 散在其旁, 依舊一破落戶許巨通也. 觀其地, 則乃智異山靑鶴洞, 向來四十年, 分明事業, 都歸於一場幻境, 與邯鄲呂翁之枕, 槐安淳棼之夢,[512] 一般虛慌事也. 不知巨通之夢爲夢玉耶, 夢玉之夢爲巨通耶? 百年榮辱, 無非一場

509 碧囪寒處~蒼猿擎果度岩來: 『수호전』 53회에서 대승, 이규, 공손승이 이선산에 사는 나진인의 紫虛觀을 묘사하는 장면에 나오는 "靑梧翠竹 洞門深鎖碧窗寒 白雪黃芽 石室雲封丹竈煖 野鹿銜花穿徑去 山猿擎果引雛來(푸른 오동나무와 비취빛 대나무에 동문은 깊게 잠겨 있고 푸른 창은 차갑네. 흰 눈이 내리고 싹은 노란데 석실은 구름에 잠기고 단약 끓이는 부엌은 따뜻하네. 야생 사슴은 꽃을 물고 지름길을 뚫고 가고 산 원숭이는 과일을 들고 새끼를 데리고 온다.)"라는 구절을 활용한 것이다. 山猿擎果引雛來가 120회본 『수호전』에는 '山猿擎果度巖來(산 원숭이는 과일을 들고 바위를 넘어온다.)'로 되어 있다.

510 三淸殿上擊金鍾~眞人禮斗: 『수호전』 1회에서 태위 홍신이 용호산 삼청궁을 방문했을 때 "三淸殿上鳴金鍾 道士步虛 四聖堂前敲玉磬 眞人禮斗(삼청전 위에서 금빛 종을 울리니 도사가 보허(신 주위를 돌며 경을 읊는 도교 의식)를 하고, 사성당 앞에서 옥경을 두드리니 득도한 진인이 북두성에 예를 올린다.)"라는 구절이 나온다. '擊'과 '鳴', '扣'와 '敲' 정도에서 차이가 날 뿐이다.

511 嗒然似喪其耦: 『장자』 「내편」 〈齊物論〉에 "南郭子綦 隱机而坐 仰天而噓 嗒焉似喪其耦(남곽자기가 책상에 기대고 앉아서, 하늘을 우러러보며 한숨을 쉬는데, 멍하니 자기 자신을 잃어버린 것 같았다.)"라는 구절이 나온다. 이본에 따라 '嗒'이 '荅'으로 되어 있기도 하다. 이에 대해 곽상은 "荅本又作嗒同 […] 司馬云 耦身也 身與神爲耦(답은 본래 또한 탑이라고도 하는데, 같은 것이다. […] 사마가 '우는 몸'이라고 했는데, 몸이 정신과 짝을 이루는 것이다.)"라는 주석을 달고 있다.

512 與邯鄲呂翁之枕 槐安淳棼之夢: 하권 각주 117의 한단지몽과 상권 각주 212의 남가지몽을 이른다.

春夢也! 世間營營富貴利達者,[513] 盍觀于此? 巨通因感慨悲悵, 悟道出家, 不知所終云.

513 世間營營富貴利達者: 서강대본에는 '世間營營於富貴利達者'로 되어 있다.

AKS 역주총서 045

역주 옥선몽 譯註 玉仙夢

역해 | 임치균 · 이태희 · 장유승 · 김지영 · 이민호

제1판 1쇄 발행일 | 2025년 12월 5일

발행인 | 김낙년
발행처 | 한국학중앙연구원 출판부

출판등록 | 제1979-000002호(1979년 3월 31일)
주소 | 경기도 성남시 분당구 하오개로 323
전화 | 031-730-8773
팩스 | 031-730-8775
전자우편 | akspress@aks.ac.kr
홈페이지 | www.aks.ac.kr

ISBN 979-11-5866-807-5 94810
978-89-7105-761-2 (세트)

· 이 책은 2020년도 한국학중앙연구원 한국학기초연구 공동연구과제로 수행된 연구임 (AKSR2020-C10)